디가 니까야

길게 설하신 경[長部]

제3권 빠띠까 품

디가 니까야

Dīgha Nikāya

길게 설하신 경[長部]

제3권 빠띠까 품

초기불전연구원

법왕의 곁에서
모든 괴로움 제거하기를
모든 행복 가져오기를
죽음 없는 안온(安隱) 증득하기를!

pahātuṁ sakalaṁ dukkhaṁ
viñituṁ sakalaṁ sukhaṁ
pappotuṁ amataṁ khemaṁ
dhammarājassa santike

∴

그분

부처님

공양 올려 마땅한 분

바르게 깨달으신 분께 귀의합니다.

Namo tassa Bhagavato Arahato Sammāsambuddhassa

제3권 목차

약어

제3권 빠띠까 품 해제 ____ 13

빠띠까 경(D24)

신통 사기꾼 ____ 33

우둠바리까 사자후경(D25)

진정한 고행의 완성 ____ 83

전륜성왕사자후경(D26)

인류의 타락과 향상의 역사 ____ 117

세기경(D27)

세상의 기원 ____ 151

확신경(D28)

부처님께 바치는 확고한 믿음 ____ 183

정신경(D29)

청정한 믿음을 내게 하는 가르침 ____ 215

삼십이상경(D30)
서른두 가지 대인의 상호 ____ 259

교계 싱갈라 경(D31)
재가자의 삶 ____ 309

아따나띠야 경(D32)
아따나띠야 보호주(保護呪) ____ 333

합송경(D33)
함께 노래한 부처님 말씀 ____ 355

십상경(D34)
열 개씩 열까지 ____ 467

부록: 디가 니까야 주석서 서문 ____ 535

역자 후기 ____ 589
참고문헌 ____ 593
색인 및 찾아보기 ____ 601

약어

A. Aṅguttara Nikāya(증지부)
AA. Aṅguttara Nikāya Aṭṭhakathā = Manorathapūranī(증지부 주석서)
AAṬ. Aṅguttara Nikāya Aṭṭhakathā Ṭīkā(증지부 복주서)

BG. Bhagavadgīta(바가왓 기따)
BHD Buddhist Hybrid Sanskrit Dictionary
BPS Buddhist Publication Society
BvA. Buddhavaṁsa Aṭṭhakathā

D. Dīgha Nikāya(장부)
DA. Dīgha Nikāya Aṭṭhakathā = Sumaṅgalavilāsinī(장부 주석서)
DAṬ. Dīgha Nikāya Aṭṭhakathā Ṭīkā(장부 복주서)
Dhp. Dhammapada(법구경)
DhpA. Dhammapada Aṭṭhakathā(법구경 주석서)
Dhs. Dhammasaṅgaṇi(法集論)
DhsA. Dhammasaṅgaṇi Aṭṭhakathā = Aṭṭhasālinī(법집론 주석서)
DPPN. *G. P. Malalasekera's Dictionary of Pali Proper Names*
Dv. Dīpavaṁsa(島史), edited by Oldenberg

It. Itivuttaka(如是語)
ItA. Itivuttaka Aṭṭhakathā(여시어 주석서)

J. Jātaka(本生譚)
JA Jātaka Aṭṭhakathā(본생담 주석서)

KhpA.	Khuddakapātha Aṭṭhakathā(小誦經 주석서)
M.	Majjhima Nikāya(중부)
MA.	Majjhima Nikāya Aṭṭhakathā(중부 주석서)
Miln.	Milindapañha(밀린다왕문경)
Mtu.	Mahāvastu(Edited by Senart)
Mhv.	Mahāvaṁsa(大史), edited by Geiger
Nd1.	Mahā Niddesa(大義釋)
Nd2.	Cūla Niddesa(소의석)
Netti.	Nettippakara a(指道論)
NMD	Ven. Ñāamoli's *Pali-English Glossary of Buddhist Terms*
Pe.	Peṭakopadesa(藏釋論)
PED	*Pāli-English Dictionary*(PTS)
Pm.	Paramatthamañjūsā = Visuddhimagga Mahāṭīkā(청정도론 복주서)
Ps.	Paṭisambhidāmagga(무애해도)
Ptn.	Paṭṭhāna(發趣論)
PTS	Pāli Text Society
Pug.	Puggalapaññatti(人施設論)
PugA.	Puggalapaññatti Aṭṭhakathā(인시설론 주석서)
Pv.	Petavatthu(아귀사)
Rv.	Ṛgveda(리그베다)

S. Saṁyutta Nikāya(상응부)
SA. Saṁyutta Nikāya Aṭṭhakathā = Sāratthappakāsinī(상응부 주석서)
SAṬ. Saṁyutta Nikāya Aṭṭhakathā Ṭīkā(상응부 복주서)
Sn. Suttanipāta(經集)
SnA. Suttanipāta Aṭṭhakathā(경집 주석서)

Thag. Theragāthā(장로게)
ThagA. Theragāthā Aṭṭhakathā(장로게 주석서)
ThigA. Therīgāthā Aṭṭhakathā(장로니게 주석서)

Ud. Udāna(감흥어)
UdA. Udāna Aṭṭhakathā(감흥어 주석서)

Vbh. Vibhaṅga(分別論)
VbhA. Vibhaṅga Aṭṭhakathā = Sammohavinodanī(분별론 주석서)
Vin. Vinaya Piṭaka(율장)
VinA. Vinaya Piṭaka Aṭṭhakathā = Samantapāsādikā(율장 주석서)
Vis. Visuddhimagga(청정도론)
V Abhidhammaṭṭha Vibhavinī Ṭīkā(위바위니 띠까)
Vv. Vimānavatthu(천궁사)
VvA. Vimānavatthu Aṭṭhakathā(천궁사 주석서)

Yam. Yamaka(쌍론)
YamA. Yamaka Aṭṭhakathā = Pañcappakaraṇa(야마까 주석서)

냐나몰리	*The Middele Length Discourses of the Buddha.*
리즈 데이빗	*Dialogues of the Buddha*
월슈	*Thus Have I Heard - The Long Discourse of the Buddha*
청정도론	대림 스님 옮김, 초기불전연구원, 2004.

⊙ 일러두기

(1) 삼장(Tipitaka)과 주석서(Aṭṭhakathā)들과 『장부 복주서』(DAṬ)는 별다른 언급이 없는 한 모두 PTS본임. 그 외의 복주서(Ṭīkā)들은 미얀마 6차결집본이고 『청정도론』은 HOS본임.

D16/ii.145는 『디가 니까야』 16번 경으로 PTS본 『디가 니까야』 제2권 145쪽을, D16은 『디가 니까야』 16번 경을, D.ii.145는 『디가 니까야』 제2권 145쪽을 나타냄.

(2) 본문의 단락번호는 PTS본의 단락번호를 따랐음.

(3) 『숫따니빠따』 『법구경』 『장로게』 『장로니게』 등은 PTS본의 게송번호이고 『청정도론 복주서』(Pm)의 숫자는 미얀마 6차결집본의 단락번호임.

제3권 빠띠까 품 해제(解題)

1. 왜 『빠띠까 품』 인가

『디가 니까야』는 모두 34개의 경들로 구성되어 있으며, 이들은 다시 『계온품』과 『대품』과 『빠띠까 품』의 세 품으로 나누어지고, 각각 13개, 10개, 11개의 경들을 포함하고 있다. 『디가 니까야』 제3권은 『빠띠까 품』이라 부른다. 이는 빠알리어 빠띠까왁가(Pāṭika-vagga)를 옮긴 것인데, 여기서 빠띠까는 본 품의 첫 번째 경인 「빠띠까 경」(Pāṭika Sutta, D24)의 이름을 딴 것이다.

『디가 니까야』의 첫 번째 품을 『계온품』(戒蘊品, Sīlakhandhavagga)이라 이름한 것은 제1품에 속하는 13개의 경들이 모두 예외 없이 계의 무더기로 불리는 정형구를 포함하고 있기 때문에 이를 강조하여 붙인 것이고, 두 번째 품은 이 품에 속하는 10개의 경들의 제목에 대(大, mahā)가 들어갔거나, 다른 경들을 확장하였거나, 대(mahā)가 들어간 경들과 연관이 있는 경들을 모은 것이기 때문에 『대품』(大品, Mahāvagga)이라고 이름을 붙였다. 그러나 세 번째 품을 다만 『빠띠까 품』이라 하여 본 품의 첫 번째 경의 이름을 그냥 가져다 쓴 것은 이 자체가 벌써 본 품에는 이 품을 구성하고 있는 11개의 경 전체를 규정할 특별한 공통점이 없다는 것을 드러내고 있다. 그러므로 본 품은 잡다한 품(*miscellany*)이라 부를 수 있겠다. 34개의 긴 경들 가운데서 어떤 규칙을 발견할 수 있는 경들 23가지를 가려내어 제1품과 제2품에 배치하고, 남은 경들을 나머지 제3품으로 만들었다는 말이다.

2. 『빠띠까 품』은 출가품이다

그러면 과연 제3품 『빠띠까 품』은 전체를 아우를 어떠한 공통점도 발견할 수 없는가? 역자는 꼭 그렇지는 않다고 본다. 본 품의 전체를 관통하고 있는 기본 정신을 역자는 출가(pabbajita, 혹은 pabbajana)라고 파악한다. 이런 입장에서 본 품에 실린 경들을 개관해 보자.

먼저 「빠띠까 경」(D24)은 출가와 환속이 경의 중요한 주제며 신통과 고행이라는 이적에 눈을 팔아서는 출가의 성스러운 결실인 해탈·열반을 결코 실현하지 못한다는 메시지를 강하게 전해준다.

「우둠바리까 사자후경」(D25)의 기본 주제는 출가의 본분사가 뭐냐는 것이다. 니그로다라는 유행승과 그의 제자들은 고행과 금욕과 삼매와 신통 이상의 출가의 궁극적 목적을 알지 못한다.

「전륜성왕 사자후경」(D26)도 출가 비구들에게 인류의 타락과 향상의 유장한 역사를 말씀하시지만 출가 비구의 본분사인 자등명·자귀의, 법등명·법귀의를 설하시고 그 방법으로 네 가지 마음챙기는 공부[四念處]를 설하시는 것으로 가르침을 시작하고 마무리 지으신다.

「세기경」(D27)도 출가하여 견습 기간(일종의 행자생활)을 거치고 있는 두 바라문 학도에게 세상의 기원을 설하시지만 그 목적은 결국 네 계급이 어느 계급 할 것 없이 "몸으로 단속을 하고 말로 단속을 하고 마음으로 단속을 하여 일곱 가지 깨달음의 편에 있는 법[菩提分法]들을 닦아서 지금여기에서 [오염원들을] 완전히 적멸하게 하여 열반을 얻는다."(§30)는 사문의 본분사를 설하시기 위함이다.

「확신경」(D28)은 출가하여 장부일대사를 해결한 법의 대장군이요 부처님의 상수제자인 사리뿟따 존자가 왜 자신은 부처님께 대한 무한한 신뢰와 확신을 가지고 있는가 하는 점을 밝히는 경이다.

「정신경」(D29)은 세존께서 비구 승단에 대해서 가지고 계시는 청정한 믿음을 유감없이 보여주는 경이다.

「삼십이상경」(D30)도 출가 비구들에게 설하신 경으로 천 · 인(天 · 人)의 대 스승이신 부처님이 갖추신 32상을 구체적으로 설명하고 있다.

「아따나띠야 경」(D32)은 보호주인데 약카들이 이 보호주를 호지하는 부처님 교단과 신도들을 보호하겠다는 서원을 하는 경이다.

「합송경」(D33)과 「십상경」(D34)은 사리뿟따 존자가 비구들에게 부처님의 가르침을 법수별로 정리해서 수지할 것을 설하는 경이다.

이처럼 제3품에 포함된 경들 가운데 「교계 싱갈라 경」(D31)을 제외한 나머지 10개의 경들에서는 모두 출가의 궁극적 목적과 출가 생활에 대해서 말씀하셨거나, 적어도 출가한 비구 대중이나 출가하려고 견습기간을 가지는 자들이 청법자(聽法者)로 나타나고 있다. 이런 측면에서 보자면 제3품은 차라리 출가품(Pabbajita-vagga, 혹은 Pabbajana-vagga)으로 명명하는 것이 좋지 않을까 하는 생각도 해본다.

3. 늦게 결집된 것이 아니다

그리고 역자가 앞에서 잡다한 품이라고 표현했다 해서 혹시 본 품에 포함된 경들은 더 늦게 결집된 것이 아닌가 하고 생각하는 분들이 있다면, 즉시 그런 생각을 거둬주실 것을 당부한다. 본 품은 오히려 부처님의 메시지를 더욱 분명하게 수행자 집단(그것이 불교 수행자든 외도 수행자든)에게 천명하고 있다. 이처럼 본 품은 출격대장부의 길을 천명하시는 아주 중요한 경들로 이루어져 있으며, 이러한 경들이 다른 경들보다 늦은 시기에 결집되었을 것이라는 아무런 근거를 찾을 수가 없다. 오히려 조금이라도 더 늦게 결집된 경들이 없는가에 관심을 가진 분들은 차라리 확장된 것이라는 의미를 가진 「대인연경」이나 「대반열반경」이나 「대회경」이나 「대념처경」을 포함하고 있는, 본서 제2권 『대품』에 더 주목해 보라고 말하고 싶다. 그렇다고 해서 이들 『대품』의 경들이 후대에 결집되었을 것이라는 아무런 근거는 없다.

이 정도로 『빠띠까 품』에 대해서 개관을 해보고 이제 『빠띠까 품』의 각 경들을 간단하게 살펴보자.

4. 『빠띠까 품』 각 경들에 대한 간략한 소개

(1) 「**빠띠까 경**」(Pāṭika Sutta, D24)

'오는 사람 막지 말고 가는 사람 잡지 말라.' 절집에 출가하러 들어오면 제일 먼저 듣는 말 가운데 하나가 바로 이것이다. 출가란 완전히 출가하는 사람 개인 의지이다. 아무도 출가하라고 부추기지 않고 환속한다 해서 잡지 않는다. 부처님 당시에도 많은 사람들이 출가하고 적지 않은 사람들이 환속을 하였다. 그것은 전적으로 개인의 자유의사이다. 예를 들면 본서 제1권 「뽓타빠다 경」(D9 §32)에 나타나는 코끼리 조련사의 아들 쩟따는 이미 7번이나 환속하였고 8번째에 자아에 관한 세존의 법문을 듣고 다시 출가하여 아라한이 되었다고 한다.

본경은 릿차위의 후예 수낙캇따의 환속을 두고 전개되는 세존과 박가와곳따라는 유행승의 대화로 구성되어 있다. 본경에서 수낙캇따는 자신이 환속하는 이유를 두 가지로 들고 있는데, 첫째는 세존께서 자신을 위해서 신통의 기적을 나투시지 않는다는 것과, 둘째는 세상의 기원(aggañña, 악간냐)을 천명하지 않으신다는 것이다. 그러나 사실은 세존께서는 이미 기회가 있을 때마다 이런 신통변화와 세상의 기원을 보이셨지만 수낙캇따는 그래도 환속을 하였다고 경은 말하고 있다.

이처럼 수낙캇따의 환속 사유는 신통과 세상의 기원이라고 하는 출가자가 추구하는 도닦음과는 전혀 상관없는 것이다. 그는 신통이라는 비본질적인 관심과 세상의 기원이라고 하는 주관적일 수밖에 없는 견해의 문제 때문에 출가하였으니 환속은 불 보듯 뻔한 일일지도 모른다. 이것은 달리 말하면, 불교의 근본입장을 바르게 이해하지 못했기 때문이다. 불교식으로 말하면 바른 견해[正見]가 확립되지 않았기 때문이다. 바른 견해가 확립되지 않고 뒤뚱대면 그의 중노릇도 수행도 뒤뚱대게 마련이다. 그래서 환속은 불 보듯 뻔한 것이 되고 만다.

그리고 본경이 세존과 박가와곳따라는 유행승이 수낙캇따의 환속을 두고 나눈 대화로 구성되어 있으면서도 경의 제목이 「빠띠까 경」인 이유는 신통변화로 세존께 도전을 한, 나체 수행자 빠띠까뿟따에 대한 세존의 대처를 기본으로 하기 때문이다. 이처럼 신통변화는 세속인들의 관심사이기도 하면서 외도들의 관심사이기도 하다. 빠띠까는 신통변화로 세존께 도전장을 던지지만 세존의 단호한 대처에 겁을 먹고 안절부절 어찌할 바를 모른다. 물론 세존은 필요할 때 적지 않게 신통을 나투신 것으로 경들에 나타난다. 그러나 세존께서는 근본적으로 신통변화를 비롯한 인간을 넘어선 법(uttarimanussa-dhamma)을 재가자들에게 드러내지 말 것을 비구계목 안에 포함시키셨다.[1] 율장의 해당 부분의 설명이 보여주듯이 비구계목(구족계) 속에 신통변화를 나투는 것을 금지하는 조항이 나타난다는 말은 세존뿐만 아니라 적지 않은 비구들이 신통을 나툴 수 있었다는 말이기도 하고 그런 신통이 승가에게 불편함을 주었다는 말이기도 하다.

(2) 「**우둠바리까 사자후경**」(Udumbarikasīhanāda Sutta, D25)

출가의 목표는 무엇인가? 도대체 무엇을 얻기 위해서 출가하는가? 천상에 태어나서 즐거움을 누리기 위해서인가? 신통력을 구족하기 위

---

1) Vin.iv.25=Pruitt 48.

해서인가? 도대체 무엇을 위해서 꽃다운 젊은 나이에 세속의 모든 것을 팽개치고 출가하는가? 여기에 대한 답이 본경에 고스란히 들어있다.

외도들은 천상에 태어나는 것으로, 그것도 최고로 잡아서 범천에 태어나는 것으로, 그리고 5신통을 구족하는 것 정도로 출가의 최고 목표를 삼고 장부의 일대사로 삼는다. 세존께서는 그런 것을 전면적으로 부정하시는 것은 아니다. 나무로 치면 그런 것도 지저깨비는 되고 겉껍질 정도는 된다고 하신다. 그러나 출가의 핵심, 출가의 골수, 출가의 심재(心材)는 되지 못한다. 출가의 심재는 구경(究竟)의 지혜를 구족하여 지금여기에서 해탈·열반을 실현하는 것이다.

본경은 우둠바리까 왕비가 기증한 니그로다 유행승의 원림에서 세존과 니그로다 사이의 대화 내용으로 구성되어 있다. 니그로다 유행승이 세존을 비난하자 세존이 가셔서 그들이 최상으로 여기는 고행을 통한 금욕을 주제로 하여 타심통까지 설하신 뒤, 청정범행의 완성에 대해서 설하려 하셨지만 그들은 멍청히 있을 뿐 질문하지 않았다. 이 경을 통해서 고행을 위주로 하는 수행과 부처님 가르침의 차이를 분명하게 드러내 보이고 계신다.

그러므로 본경을 통해서 우리는 번뇌가 다 해소된 해탈·열반의 경지가 천상에 태어나는 것이나 신통을 구족하는 것보다도 훨씬 더 수승한 것이며, 출격장부의 입지를 가지지 않은 자들은 팔정도를 실천하여 최상의 지혜를 완성하고 해탈·열반의 실현을 이해조차 할 수 없음을 알 수 있다.

본경에서 세존께서는 "니그로다여, 이처럼 나는 상좌로 만들 욕심에서 그렇게 말하지 않는다. [그대들의] 가르침으로부터 떠나게 하려고 그렇게 말하지도 않는다. 생계 수단으로부터 떠나게 하려고 그렇게 말하지도 않는다. 그대들의 법들은 해로운 것이요 스승들의 전통에 있는 것들도 해로운 것이라 불리니, 그런 법들에 그대들이 굳게 서게 하려고 나는 그렇게 말하지도 않는다. 그대들의 법들은 유익한 것이요 스승들의 전통에 있는 것들도 유익한 것이라 불리니, 그런 법들로부터 그대들이 멀어지게 하려고 나는 그렇게 말하지도 않는다.

니그로다여, 오염원이요 재생으로 인도하고 걱정거리요 괴로운 과보를 가져오며 미래의 태어남과 늙음과 죽음을 가져오는 해로운 법들이 제거되지 못한 채로 있다면, 그런 것을 제거하도록 나는 법을 설한다. 그대들이 그대로 도를 닦으면 오염원인 법들은 제거될 것이고 깨끗한 법들은 증장할 것이며 통찰지의 완성과 충만함을 지금여기서에서 스스로 최상의 지혜로 실현하고 구족하여 머물 것이다."라고 간곡히 말씀하신다.(§23)

그러나 유행승들은 단 한 명도 '오, 참으로 우리는 구경의 지혜를 얻도록 사문 고따마 아래서 청정범행을 닦도록 하자.'고 말할 엄두조차도 내지 못한다. 참으로 출격장부의 길은 일대사인연이 없으면 갈 수 없는 것인가?

(3) 「**전륜성왕 사자후경**」(Cakkavattisīhanāda Sutta, D26)

천지현황(天地玄黃)이라 했던가. 우리의 선조들도 천자문을 통해서 어린 아이들에게 광활한 우주를 가르치려고 하였다. 도대체 우주는 끝이 있는가, 없는가? 도대체 생명의 기원은 언제부터인가? 생명은 어떤 절대자로부터 창조되었다고 밖에는 할 말이 없는 것이 인간의 한계인가? 인류의 대 스승이신 세존께서도 이런 물음에 대답을 하시지 않으면 안 된다. 본경과 다음의 「세기경」(D27)은 이러한 의문에 대한 대답으로서 인간의 기원과 수명에 관한 내용을 담고 있다.

본경에서는 도도한 강물처럼 흘러가는 유장한 우주의 질서 속에서 인간들이 어떻게 타락하여 수명이 줄어들고, 인간들이 어떻게 다시 마음을 다잡아 향상하여 수명이 증장하는가를 달하네미라는 전륜성왕과 그의 후손인 왕들의 일화로부터 시작해서 밝히고 있다.

이러한 도도한 인간의 삶의 흐름에 단 한 가지 중요한 것이 있다면 그것은 다름 아닌 법(dhamma)이다. 법을 따를 때 인간은 증장하고 법을 거스를 때 인간은 타락한다. 그러면 그 법이란 무엇인가? 제일 보편적이고 기본적인 법으로 본경에서는 살생, 도둑질, 삿된 음행, 거짓말을 금함과 열 가지 유익한 업의 길[十善業道]을 실천하는 것을 들고 있다. 이런 가장 기본적인 인륜 도덕을 무시하고 이를 예사롭지 않게 여길 때 이 우주의 질서도 같이 퇴보하고 타락한다고 부처님께서는 본경을 통해서 밝히고 계신다.

물론 부처님 가르침은 이러한 인륜도덕에만 머무는 것은 결코 아니다. 그래서 경의 시작과 끝에서 세존께서는 담담하게 "자신을 섬(혹은 등불)으로 삼고 자신을 귀의처로 삼고, 법을 섬(등불)으로 삼고 법을 귀의처로 삼아라[自燈明 自歸依, 法燈明 法歸依]"고 말씀하시고 그 방법으로 몸·느낌·마음·심리현상[身·受·心·法]에 대한 마음챙김을 말씀하신다. 그러시면서 경의 마지막에 인간의 수명이 8만 살이 될 때 미륵 부처님이 출현할 것이라고 예언하신다.

이런 광활하고 무시무종(無始無終)인 중생의 흐름에서 우리가 의지해야 할 궁극적인 의지처는 무엇인가? 그것은 다름 아닌 마음챙기는 공부(sati)뿐이다. 이것이 본경에서 부처님께서 인류에게 전하는 가장 귀중한 메시지이다.

(4) 「**세기경**」(世紀經, Aggañña Sutta, D27)

불교는 생명의 기원을 어떻게 설명하는가? 설명할 수 없는 사실[無記]이라고만 말하고 넘어가버리는가? 부처님은 여기에 대해서 전혀 말씀을 하시지 않았는가? 그렇지 않다. 말씀을 하셨다. 그것이 바로 본경이다. 본경은 본격적으로 생명의 기원 문제를 다루고 있다.

세상의 기원[世紀]이라는 경의 제목이 나타내듯이 본경은 이 세상은 어떻게 시작되고 전개되어 가는가 하는 주제를 다룬 것이다. 초기경의 도처에서 세존께서는 태초의 개념을 부정하신다. 그래서 세존께서는 『상응부』 『시작 없음의 상응』(S15) 등에서 "비구들이여, 시작이 없는 것이 바로 이 윤회(saṁsāra)이니 처음 시작점은 알려지지 않는다."(S.ii. 178 등)라고 하셨다. 세상의 기원을 설하시는 본경도 마찬가지다.

본경에서 우리가 눈여겨봐야 할 점은 세상의 기원이라고 하지만 부처님께서는 그 이전이라고는 절대로 존재하지 않는 태초니 최초니 하는 하나의 고정된 시점은 부정하신다는 것이다. 그래서 본경에서 우주의 전개에 대한 설명도 사마야(samaya)라는 단어를 사용하여 우주가 팽창하는 특정한 어떤 하나의 시점(samaya)에서 출발하고 있다. 그 특정 시점은 다시 그 이전의 조건에서 비롯된 것일 뿐이다. 그래서 불교에서는 무시무종으로 세상의 기원을 설하고 있다.

그리고 본경에서 세존께서는 어떻게 끄샤뜨리야, 바라문, 와이샤, 수드라의 네 집단과 사문 집단이 생겨나게 되었는가를 설명하신 뒤, 이들은 모두 "중생들로부터 생겨났으며 다른 것들로부터 생겨난 것이 아니다. 그들은 같은 자들에 의해서 생겨났으며 다른 자들에 의해서 생겨난 것이 아니다. 그들은 법에 의해서 생겨났으며 비법(非法)에 의해서가 아니다. 와셋타여, 왜냐하면 지금여기에서도 내세에서도 법이 이 세상에서 최상이기 때문이다."라고 매 단락에서 분명히 밝히신다. 이들은 결코 범천이나 어떤 다른 절대자가 만든 것이 아니라는 말씀이다.

그래서 경은 깨달음의 편에 있는 법[菩提分法]들을 닦아서 지금여기에서 [오염원들을] 완전히 적멸하게 하여 열반을 얻는 그러한 아라한이야말로, 네 계급 가운데 어디 출신이든 제일이라고 부른다고 결론짓고 있다.

(5) 「**확신경**」(確信經, Sampasādanīya Sutta, D28)

세존의 제자가 되려는 자든 이미 세존의 제자가 된 자든, 그가 세존의 출가한 제자든 아니면 재가에 있는 제자든, 누구나 스스로를 부처님의 제자라고 생각하는 자는 당연히 세존께 대한 절대적인 확신과 절대적인 신뢰가 있어야한다. 그것은 부처님이 살아 계실 때나 부처님이 입멸하신 후나 다름이 없을 것이다.

그러면 도대체 불제자는 세존께 대한 어떤 확신을 가져야 하고, 어떤 절대적인 신뢰를 가져야하는가? 세존의 제자 된 우리로서는 궁금하지 않을 수 없다. 그러므로 부처님의 직계 제자들 가운데서도 법의 대장군이라 불리었으며 상수제자로 인정받던 사리뿟따 존자는 부처님께 대해 어떠한 확신과 절대적인 믿음을 가졌던가를 살펴보는 것은 지금의 우리 불제자들, 특히 현대를 살아가는 출가자들에게도 정말 중요한 사안이 아닐 수 없다. 다행히 본경이 전승되어 우리가 가져야 할 세존에 대한 절대적인 확신을 들려주고 있다.

이 경의 첫 부분(§§1~2)은 이미 본서 제2권 「대반열반경」(D16)의 §§1.16~17에 나타나고 있는 것을 볼 때, 본경은 사리뿟따 존자가 입적하기 얼마 전에 세존을 만나서 세존의 면전에서 세존께 대한 자신의 믿음과 확신을 표한 것을 상세하게 기록한 경이라 할 수 있다. 이러한 세존에 대한 절대적인 확신과 신뢰를 표하고 사리뿟따 존자는 세존보다 먼저 반열반하였다. 아마도 그는 세존께 대한 믿음과 존경이 너무도 커서, 입적하시는 세존을 뵙는 것을 도저히 견딜 수 없어서 세존보다 먼저 입적을 하였을 것이리라. 본경에서 사리뿟따 존자가 확신에 차서 천명한 말은 다음과 같이 정리해볼 수 있다.

'만일 누가 나에게 묻기를, 왜 그대는 오직 세존만을 전적으로 인정하는가라고 한다면 나는 이렇게 답할 것이다. 우리 세존 부처님께서 스스로 말씀하시기를, 과거나 미래의 부처님들이나 나와 동등할까 그 외는 어느 누구도 나와 동등한 자란 없다고 하셨고, 또 하나의 세계에 두 사람의 정등각이 동시에 출현하는 것도 불가능하다고 하셨다. 그러므로 지금 세상에서는 오직 우리 세존만이 가장 수승하신 분이시다. 그러니 내가 이런 세존만을 인정하고 절대적인 신뢰를 가지는 것은 너무도 당연하다.'(본경 §20의 주해에서 인용)

사리뿟따 존자는 이렇게 어느 절대자에게도 바칠 수 없는 최고의 확신과 신뢰를 부처님께 바치고 있다. 현대를 사는 우리 불자들은 과연 부처님을 향해서 사리뿟따 존자와 같은 절대적인 신뢰를 가지고 있는지 스스로 점검해 봐야 할 것이다.

(6) 「**정신경**」(淨信經, Pāsādika Sutta, D29)

스승과 제자의 관계는 참으로 중요하다. 그래서 중국에서는 군사부일체라 하였으며 인도 바라문 전통에서도 스승은 부모 이상으로 중시하였다. 그러면 이러한 스승과 제자를 이어주는 연결 고리는 무엇일까? 만일 스승과 제자의 관계가 속된 말로 파투(破鬪)가 난다면 그 잘못의 원인은 무엇이며, 그 책임은 궁극적으로 어디에 있는가?

부처님 후반기에 니간타의 지도자였던 나따뿟따가 임종하였다. 그가 임종하자 니간타는 극심한 분열을 맞게 되었다. 이건 불교 교단에서도 타산지석이 될 중요한 사건이었다. 특히 데와닷다의 분열을 경험한 뒤라서 더욱더 그러했을 것이다. 그래서 본서 「합송경」(D33)은 이러한 소식을 접한 사리뿟따 존자가 대중들에게 부처님의 가르침을 법수별로 정리해서 설하는 것이다.

니간타의 분열에 관한 소식을 쭌다 사미로부터 전해들은 세존께서는 본 「정신경」에서 스승과 제자의 관계를 엄밀하게 살펴보시면서 그것을 불교 교단에 적용하여 말씀하시고 당부하신다. 무엇보다 중요한 것은 부처님께서는 당신 스스로가 당신의 가르침과 불교 교단에 대해서 어떠한 평가를 하고 계신가하는 점이다.

부처님께서는 스스로가 한 점 오점이 없는 스승이라는 확실한 입지를 제자들에게 보여주고 계시며, 아울러 부처님뿐만이 아니라 불교 교단에는 여러 단계에 머물고 있는 수많은 제자들이 갖추어져 있기 때문에 훌륭한 교단이 갖추어야 할 구비조건을 다 갖추었다고 단언하신다.

그리고 부처님께서는 불법에 대한 여러 가지를 길게 말씀하신 뒤, "쭌다여, 이러한 과거에 대한 견해의 국집들과 이러한 미래에 대한 견해의 국집들을 제거하고 뛰어넘기 위해서 나는 네 가지 마음챙김의 확립을 가르치고 천명하였다."라고 네 가지 마음챙김의 확립[四念處]을 당부하시면서 긴 말씀을 마치신다.(§40)

네 가지 마음챙기는 공부는 부처님 말씀의 핵심이다. 니간타 나따뿟따의 임종에 대한 소식을 듣고 설하기 시작하신 길고 간곡하신 부처님의 말씀은 마음챙김의 확립으로 이제 귀결이 되고 있다. 지금여기에서 일어나고 사라지는 몸, 느낌, 마음, 심리현상[身·受·心·法]에 대해서 마음챙김을 확립하는 것이야말로 과거와 미래에 대한 견해에 속거나 계박(繫縛)되는 것을 극복하는 방법이라고 부처님께서는 천명하고 계신다. 그러므로 본경의 제목인 청정한 믿음은 마음챙기는 공부를 할 때 실현되는 것이라 할 수 있다.

그리고 우리는 본서의 도처에서 마음챙김이야말로 가장 요긴한 부처님의 말씀임을 보았다. 특히 본서 제2권 「대반열반경」에서는(D16 §2.12, §2.26 등) 네 가지 마음챙김의 확립이야말로 자귀의, 법귀의, 자등명, 법등명을 실천하는 것임을 천명하고 계시며, 부처님의 마지막 유훈인 불방일(appamāda)도 주석서에서는 마음챙김의 현전(sati-avippāvasa) 혹은 지혜를 수반한 마음챙김으로 해석하고 있음을 알 수 있다.(본서 제2권 「대반열반경」(D16) §6.7의 주해를 참조할 것) 그러므로 아지랑이와도 같은 자아와 세상에 대한 존재론적인 실체를 찾아 귀중한 시간을 다 허비할 것이 아니라 나라는 존재를 몸, 느낌, 마음, 법으로 해체해서 꿰뚫어 보는 마음챙김을 매순간 닦아야 할 것이다. 그런 사람이야말로 진정한 부처님 제자라 할 것이며, 부처님께 대한 청정한 믿음을 낸 사람이라 할 것이다.

(7) 「**삼십이상경**」(三十二相經, Lakkhaṇa Sutta, D30)

불교 경전의 도처에 부처님이나 전륜성왕은 32가지 대인상을 갖추었다고 나타난다. 본서 제1권의 「암밧타 경」(D3) 등 『디가 니까야』의 많은 경들에서도 대인상은 언급이 되고 있다. 그리고 본서 제2권 「대전기경」(D14) §1.32는 32가지 대인상을 나열하고 있다. 이처럼 32가지 대인상을 나열하는 경우는 드물게 있지만(M91) 정작 32상을 구체적으로 설명하는 경은 없다. 빠알리 니까야들 가운데서 32상을 구체적으로 설명하고 있는 경은 아마 본경뿐일 것이다.

본경은 32상이 구체적으로 무엇이며, 무슨 이유 때문에 부처님이나 전륜성왕은 이러한 32상을 구족하게 되었는지를 전생에 닦은 공덕과 연결해서 나름대로 설명하고 있다. 32상이 구체적으로 무엇을 뜻하며, 이러한 32상을 어떻게 해서 구족하게 되는지를 알고자 하는 분들의 일독을 권한다.

「삼십이상경」으로 옮긴 빠알리 원어는 Lakkhaṇa Sutta이다. 그러므로 '상경(相經)'이라고 직역할 수 있다. 그런데 lakkhaṇa도 초기경들에서는 여러 의미로 나타나고 있고, 한역에 나타나는 相이라는 단어도 다양한 의미로 사용되고 있기 때문에 본경의 주제를 정확하게 드러내기 위해서 「삼십이상경」으로 구체적으로 옮겼다. 한역 『장아함』에는 본경처럼 32상을 상세하게 설명하는 경은 없고, 『중아함』의 59번째에 「삼십이상경」(三十二相經)으로 번역된 경이 있다. 그러나 『중아함』 「삼십이상경」은 본경처럼 32상을 상세하게 설명하지는 않고 있으며, 단지 32상의 나열만이 나타나고 있다.

(8) 「**교계 싱갈라 경**」(Siṅgālovāda Sutta, D31)

초기경들을 결집한 분들은 모두가 출가한 비구들이었고, 게다가 모두 장부일대사를 해결한 아라한들이셨다. 그러다 보니 자연 그분들이 모은 경들은 장부일대사를 해결하는 가르침에 초점이 맞춰질 수밖에 없었을 것이다.

그분들이 부처님으로부터 들은 것은 이런 해탈도의 가르침일 수밖에 없었을 것이며 재가자들의 삶의 방식을 구체적으로 들은 경우도 적었을 것이기 때문이다. 그래서 초기경들에서 재가자들의 구체적인 삶의 윤리나 삶의 방식을 보여주는 경들은 드물 수밖에 없다.

본경은 그런 의미에서 아주 특색이 있고 의미가 있는 경이다. 본경은 재가 불자가 어떻게 불교적인 윤리로 가정생활과 사회생활을 영위해야 하는가를 기술하고 있기 때문이다. 그래서 일찍부터 재가자들의 삶을 다룬 경으로 널리 알려진 유명한 경전이다.

재가자는 재가자의 삶의 도리를 다하여 천상에 태어나는 것이 중요하다. 그래서 부처님께서는 재가자들에게는 항상 보시와 지계와 천상에 태어남[施·戒·生天]에 관한 법문부터 먼저 하신 뒤에 그들의 근기가 무르익었다고 판단이 되시면 "모든 부처님들께서 찾아내신 괴로움[苦]과 일어남[集]과 소멸[滅]과 도[道]라는 법의 가르침을 드러내신다."(본서 제1권 「암밧타 경」(D3) §2.21 참조) 그래서 부처님께서는 본경에서도 보시와 지계로 요약할 수 있는 재가자의 삶의 덕목을 여러 측면에서 설하시는 것이다. 그러므로 본경의 내용은 소위 말하는 선진국에서 국민이 함양해야 할 덕목으로 거듭 강조하고 있는 봉사하는 삶(보시)과 건전한 삶(지계)과도 일맥상통하는 가르침이요, 그래서 현대 생활에도 그대로 적용되는 귀중한 재가자의 삶의 방식이다.

(9) 「**아따나띠야 경**」(Āṭānāṭiya Sutta, D32)

우리의 오관의 영역을 넘어서고 일상적인 사고의 범위를 넘어선 소위 말하는 초자연적인 현상이나 심령현상을 도대체 어떻게 받아들여야 할까? 역사적으로 동서고금을 막론하고 이러한 현상에 대한 기록은 아주 많다. 물론 이것은 현대 유물론적 관점으로 볼 때 인정할 수 없다고 해버리면 그만일지도 모른다.

그러나 만일 이런 현상이 실제로 나타나서 인간들을 괴롭힌다면 어떻게 대처해야 할까? 그냥 쳐다만 보고 있어야 할까? 당하지 않는 사람에게야 대수롭지 않겠지만 당사자들에게는 중요하고 급한 생존의 문제일 수밖에 없지 않을까? 초기경은 이런 현상에 대한 대처로 보호주를 설하고 있다. 본경은 초기경에 나타나는 몇 가지 보호주 가운데 하나이다.

여기서 보호주로 옮긴 원어는 빠릿따(paritta)인데, 이것은 일반적으로 질병이나 악령의 해코지나 다른 여러 위험 등으로부터 보호하는 주문을 뜻한다. 그래서 호주(護呪)라 옮겨지는 술어이다. 빠릿따는 후대에 새로 만들어진 것이 아니다. 이들은 이미 5부 니까야에 나타나는 경들인데 보호를 목적으로 독송되고 있기 때문에 빠릿따라 불리는 것이다. 보호주에 대한 더 자세한 설명은 본경 §2의 주해를 참조하기 바란다.

우리는 아따나띠야 보호주를 통해서 많은 신들과 특히 사대왕천에 속하는 많은 신들의 이름을 알게 된다. 이들이야말로 불법을 보호하고, 불법을 따라 수행하는 수행자들을 보호하고, 불법에 귀의한 신도들을 보호하는, 말 그대로 호법선신들이라 할 수 있다.

우리나라에서 많이 독송하는 대비주나 능엄주에 익숙한 분들은 대비주와 능엄주에, 특히 능엄주에 수많은 신들과 비(非)인간들이 나타나는 것을 잘 알 것이다. 그런 의미에서 이 아따나띠야 보호주도 능엄주와 같은 성격의 비밀주라 할 수 있다.

물론 혹자는 이러한 보호주를 두고 신비주의의 극치를 달리는 비불교적인 경전이라고 말할 것이다. 그러나 불교는 해탈·열반을 실현하는 체계이면서도, 현생의 행복과 내생의 행복을 증장시키는 종교이기도 하다. 특히 재가자들에게는 더욱더 그러하다. 그리고 무엇보다도 만뜨라나 다라니 독송을 통해서 자신과 가족과 재산과 영토의 보호와 행복의 증장을 바라는 인도종교 전통을 따라 사는 그 시대의 재가자들에게는 이러한 보호주의 독송이 어쩌면 삶의 안위를 위해서 가장 필요한 장치였는지도 모른다.

⑽ 「**합송경**」(合誦經, Saṅgīti Sutta, D33)

부처님 후반기에 니간타의 지도자였던 나따뿟따가 임종하였다. 그가 임종하자 니간타는 극심한 분열을 맞게 되었다. 이건 불교교단에서도 쉽게 넘길 수 없는 사건이었다. 특히 불교교단도 데와닷따의 분열을 경험하였기 때문에 더욱더 그러했을 것이다. 그래서 부처님 가르침을 제대로 정리하여, 교단 내에 부처님 가르침을 두고 이설과 분열이 횡행하지 못하도록 해야겠다는 각성이 직계제자들에게는 강하게 일어났을 것이다. 니간타의 분열은 특히 법의 대장군이라 불리던 사리뿟따 존자에게 부처님 가르침을 일목요연하게 정리해야 할 필요성을 절실히 느끼게 한 계기가 되었을 것이다. 이런 결과로 나타난 경이 바로 본경이다. 본경은 니간타의 분열이라는 소식을 접하고 사리뿟따 존자가 대중들에게 부처님의 가르침을 숫자[法數]별로 정리해서 설한 것이다. 사리뿟따 존자를 비롯한 직계제자들이 부처님 가르침을 온전히 보존하여 후대로 전하려는 진지한 노력을 엿볼 수 있다.

본경의 제목은 Saṅgīti Sutta이다. 여기서 saṅgīti는 saṁ(함께)+√gai(*to sing*)에서 파생된 명사로서 '함께 노래한 것, 함께 외운 것'이라는 뜻이다. 우리가 보통 일차결집이니 이차결집이니 하면서 결집(結集)이라고 옮긴 단어가 바로 saṅgīti이다. 이러한 결집은 문헌을 모은 것이 아니라 제자들이 들어서 알고 있던 것을 함께 노래해서 가사와 운율을 결정한 다음 이를 다시 함께 노래해서 서로 공유한 일종의 합창대회였기 때문에 역자는 '함께 노래함'이라는 원의미를 살려서 「합송경」(合誦經)이라고 옮겼다. 중국에서는 「중집경」(衆集經)으로 한역되어 『장아함』의 9번째에 포함되어 있는데 saṅgīti를 중집(衆集)으로 이해하였다.

본경은 사리뿟따 존자가 1에 관계된 법들부터 시작해서 10에 관계된 법들까지 모두 230가지의 부처님 가르침을 정리해서 비구들에게 설한 것을 그 내용으로 한다. 본경에서 사리뿟따 존자가 법수별로 정리하고 있는 것을 그 숫자만 적어보면 다음과 같다.

1에 관계된 법(§1.8) - 2가지
2에 관계된 법(§1.9) - 33가지
3에 관계된 법(§1.10) - 60가지
4에 관계된 법(§1.11) - 50가지
5에 관계된 법(§2.1) - 26가지
6에 관계된 법(§2.2) - 22가지
7에 관계된 법(§2.3) - 14가지
8에 관계된 법(§3.1) - 11가지
9에 관계된 법(§3.2) - 6가지
10에 관계된 법(§3.3) - 6가지
합계: 230가지 법들이다.

(11) 「**십상경**」(十上經, Dasuttara Sutta, D34)

본경도 부처님 가르침을 법수별로 체계적으로 모으려는 노력에서 탄생한 사리뿟따 존자의 작품이다. 부처님 말년에 가까워질수록 부처님의 가르침은 다 기억하기 힘들 정도로 많아졌을 것이다. 이러한 많은 가르침을 어떻게 모아서 노래하고 기억하여 후대로 전승해 줄 것인가는 직계제자들에게는 중요한 문제가 아닐 수 없었을 것이다. 그러면 어떻게 방대한 부처님 가르침을 체계적으로 모아서 전승시킬 것인가? 그것은 기존의 인도 종교의 전통에서 찾을 수밖에 없을 것이다.

우리가 잘 알고 있듯이 불교가 생기기 이전에 이미 인도의 여러 바라문 가문들은 각 가문이 속하는 문파에 따라서 베다 본집(本集, Saṁhitā)과 제의서(祭儀書, Brāhmaṇa)와 삼림서(森林書, Āraṇyaka)와 비의서(秘義書, Upaniṣad)를 모아서 노래의 형태로 전승해 오는 전통이 튼튼하게 뿌리내리고 있었다. 예를 들면 전체 10장(만달라, Maṇḍala)으로 구성되어 있는 『리그베다』의 2장부터 7장까지는 『리그베다』 파에 속하는 바라문 가문들에서 전승되어 오는 찬미가를 각각 가문별로 모은 것이다. 예를 들면 본서 제1권 「암밧타 경」(D3 §2.8)에서 언급되고 있는 유명한 바라문 가문들 가운데 웻사미따(*Sk.* Viśvāmitra)는 『리그베다』 3장을 전승해온 가문의 이름이며, 와마데와(*Sk.* Vāmadeva)는 4장을, 바라드와자(Bharadvāja)는 6장을, 와셋타(*Sk.* Vasiṣṭha)는 7장을 전승해온 가문의 이름이다. 그리고 8장은 깐와와 앙기라스 두 가문의 전승을 모은 것이며 9장은 제사에서 아주 중요한 소마(Soma) 즙에 관계된 찬미가들을 모은 것이다. 여기에다 1장과 10장은 일종의 잡장인데 가문과 관계없는 시대적으로 늦은 찬미가들을 모아서 구성한 만달라이다.

그리고 『리그베다』의 각 장은 모두 다시 주제별로 모아져 있는데 먼저 바라문들의 신인 아그니에 관계된 찬미가를 모으고, 다음은 인드라, 그 다음은 다른 여러 신들의 순서로 모았다. 이처럼 이미 불교가 생기기 이전부터 바라문들은 체계적으로 그들의 찬미가를 모아서 노래로 전승하고 있었다.

음악을 구성하는 두 요소는 음정과 박자일 것이다. 그들은 음정으로는 우닷따(udātta, 고음), 아누닷따(anudātta, 저음), 스와리따(svarita, 굴리는

[曲折] 음)라는 세 가지 음정을 사용하였고, 박자로는 짧고(hrasva), 길고(dīrgha), 빼는 세 가지 박자를 인정하였다. 이처럼 음정과 박자를 사용하여 베다를 정확하게 노래하여 후대로 계승해온 것이다.

그들은 베다를 이와 같은 방법으로 노래한 것만이 아니고 베다를 단어(pada)별로 끊어서 독송하는 방법도 개발하였고, 1 → 1,2 → 1,2,3 → 1,2,3,4 … 씩으로 각 어절을 처음부터 반복하는 식으로 각파에 속하는 베다를 독송하는 방법도 개발하였다. 기상천외하게 『리그베다』를 제일 뒤에서부터 거꾸로 독송해 올라오는 방법까지 개발해 내었고 실제로 이렇게 독송하는 사람이 지금도 있다고 한다! 이렇게 해서 그들은 베다의 한 음절도 틀리지 않게 후대에 전승하려 노력하였다. 그리고 찬미가를 숫자별로 증가하는 방식으로 모으기도 하고, 숫자별로 감소하는 방식으로 모으기도 하였다. 이렇게 다양한 방법으로 그들의 베다와 가르침을 결집하였다.

이 방식은 자이나교에도 그대로 적용되어 자이나의 앙가(Aṅga)들도 다양한 방법론으로 결집되어 전승되어 온다. 물론 정통 자이나교라고 자처하는 공의파(空衣派, Digambara)에서는 마하위라 혹은 나따뿟따의 가르침은 이미 자이나 교단 초기에 인도 중원에 큰 기근이 들어서 자이나 수행자들이 탁발을 쉽게 할 수 있는 남쪽으로 내려가는 와중에 모두 잃어버렸다고 주장한다. 그러나 내려가지 않고 흰 옷을 입고 덜 엄한 고행으로 교단 체제를 바꾼 백의파(白衣派, Śvetāmbara)에서는 지금까지 그들이 전승해 오고 있는 앙가(Aṅga)들을 정전으로 인정하고 있다. 물론 이런 앙가들을 모두 마하위라나 초기 자이나 교단 수행자들의 가르침이라 보기에는 무리가 따르지만 『아야랑가』(Āyaraṅga, Ācāraṅga Sūtra), 『수야가당가』(Sūyagaḍaṅga, Sūtrakṛtaṅga Sūtra), 불교의 『숫따니빠따』와 같은 성격을 가진 『웃따라다야나수뜨라』(Uttarādhyayana Sūtra) 등은 언어학적으로나 문헌학적으로도 아주 오래된 것이라고 여러 학자들이 공히 인정한다.

인도 종교계의 사정이 이러하였기 때문에 불교교단도 부처님 말씀을 체계적으로 정리하기 위해서 자연스럽게 이러한 방법론을 그대로 받아들였으며 특히 사리뿟따 존자와 깟사빠 존자와 같은 바라문 가문 출신들에게는 자연스런 추세였을 것이다.

가르침을 모으는 방법은 다양하겠지만 본경은 그 가운데서도 조금 더 특이한 방법을 취하고 있다. 사리뿟따 존자는 본경에서 비구들이 받아 지니고 공부해야 할 주제를 ① 많은 것을 만드는 법 ② 닦아야 할 법 ③ 철저히 알아야 할 법 ④ 버려야 할 법 ⑤ 퇴보에 빠진 법 ⑥ 수승함에 동참하는 법 ⑦ 꿰뚫기 어려운 법 ⑧ 일어나게 해야 하는 법 ⑨ 최상의 지혜로 알아야 하는 법 ⑩ 실현해야 하는 법이라는 열 가지로 정리한다. 그런 다음 이 열 가지에 해당되는 법들을 각각 하나의 법수부터 시작해서 10까지 증가하면서 설한다. 그래서 경의 제목을 다사-웃따라(Dasa-uttara, 다숫따라, 열 가지를 하나씩 증가하며, 혹은 열까지 하나씩 증가하며)라고 붙였고 십상(十上)으로 한역한 것이다.

이렇게 해서 본경에서는 (1×10) + (2×10) + … + (10×10)하여 모두 550개의 가르침이 10가지 주제 하에 일목요연하게 정리되어 설해지고 있다. 왜 사리뿟따 존자를 법의 대장군이라 부르는지를 알 수 있는 경이다.

빠띠까 경

신통 사기꾼

Pāṭika Sutta(D24)

빠띠까 경[2)]

신통 사기꾼

Pāṭika Sutta(D24)

서언

1.1. 이와 같이 나는 들었다. 한때 세존께서는 말라[3)]에서 아누삐

2) 본경은 릿차위의 후예 수낙캇따의 환속을 두고 전개되는 세존과 박가와곳따라는 유행승의 대화로 구성되어 있다. 그러면서도 본경의 제목이 「빠띠까 경」인 이유는 신통변화로 세존께 도전을 한, 나체수행자 빠띠까뿟따에 대한 세존의 대처를 기본으로 하기 때문이다. 신통변화는 세속인들의 관심사이기도 하면서 외도들의 관심사이기도 하다. 빠띠까는 신통변화로 세존께 도전장을 던지지만 세존의 단호한 대처에 겁을 먹고 안절부절한다.
한편 본경은 중국에서 「아누이경」으로 한역되어 『장아함』의 15번째 경으로 소개되었다. 『장아함』에서 아누이라고 경의 제목을 정한 이유는 말라(Malla)의 아누삐야(Anupiya)라는 곳에서 본경을 설하셨기 때문에 아누삐야라는 지명을 아누이라 한역하여 제목으로 삼은 것이다. 빠띠까뿟따의 일화는 본경에 나타나는 세 가지 일화 가운데 하나이기 때문에 본경 전체를 대표하는 제목으로 삼기에는 무리라고 판단해서 세존께서 경을 설하신 장소인 아누삐야를 경의 제목으로 택한 것 같다.

3) 말라(Malla)는 인도 중원의 16개 국 가운데 하나이다. 부처님 시대에는 빠와(Pāvā)와 꾸시나라(Kusināra)의 두 부분으로 나누어져 있었는데 각각 빠와의 말라 족은 빠웨이야까말라(Pāveyyaka-Malla)라 불리었고 꾸시나라의 말라들은 꼬시나라까(Kosinā raka)라고 불리었다. 이미 「대반열반경」(D16)에서 빠와의 말라들이 꾸시나라로 전령을 보내어서 부처님

아[4]라는 말라들의 성읍에 머무셨다. 그때 세존께서는 오전에 옷매무새를 가다듬고 발우와 가사를 수하고 걸식을 위해서 아누삐야로 들어가셨다. 그때 세존께 이런 생각이 드셨다. '지금 걸식을 위해서 아누삐야로 들어가는 것은 너무 이르다. 나는 이제 박가와곳따 유행승[5]의 원림으로 박가와곳따 유행승에게 가는 것이 좋겠다.' 그러자 세존께서는 박가와곳따 유행승의 원림으로 박가와곳따 유행승에게 가셨다.

의 사리를 나누어 줄 것을 청한 데서도 이 둘은 다른 나라였음을 알 수 있다. 부처님께서 쭌다의 마지막 공양을 드신 곳도 바로 이 빠와였다. 이 두 곳 외에도 초기경에서는 보가나가라(Bhoganagara)와 우루웰라깝빠(Uruvelakappa)와 본경의 아누삐야(Anupiyā)가 언급되고 있다.

말라는 왓지 족처럼 공화국 체제를 유지하였으며 말라의 수장들이 돌아가면서 정치를 하였고 그런 의무가 없을 때는 상업에 종사하였다.(DA.ii.569) 부처님께서 꾸시나라에서 입멸하셨고 니간타 나따뿟따는 빠와에서 입멸하였다. 적지 않은 말라 족에 속하는 사람들이 경들에 언급되고 있다. 릿차위와 말라는 같이 와싯타(Vasiṭṭha) 족성을 가졌다. 그래서 그들은 같이 와셋타(Vāseṭṭha)라고 경에서 호칭된다.

4) 아누삐야(Anupiyā)는 사꺄족의 까삘라왓투의 동쪽에 있는 읍이다. 부처님께서는 처음 출가하셔서 아노마(Anomā)로부터 이곳의 망고 숲에 오셔서 스스로 사문이 되어 7일을 이곳에서 보내셨다고 한다.(Jā.i.65~66) 성도 후에 까삘라왓투를 방문하신 후 다시 이곳을 들르셨으며 사꺄의 밧디야(Bhaddiya), 아누룻다(Anuruddha), 아난다(Ānanda), 바구(Bhagu), 낌빌라(Kimbila), 데와닷따(Devadatta) 같은 왕자와 이발사 우빨리(Upāli)를 비롯한 많은 사꺄의 청년들이 여기서 출가를 했다고 한다.(Vin.ii.180*f*.; AA.i.108; DhpA.i.133; iv.127)

5) 박가와곳따(Bhaggavagotta) 유행승은 나체수행자는 아니었고 옷을 입는 유행승(channa-paribbājaka)이었다고 한다.(DA.iii.816) 박가와곳따는 '박가와 성을 가진 자'라는 뜻이며 박가와(bhaggava)는 도기공을 뜻한다. 산스끄리뜨 바르구(bhargu)나 바르가(bharga)에서 파생된 바르가와(bhārgava)의 빠알리어이다.

박가와곳따 유행승과 수낙캇따

1.2. 그러자 박가와곳따 유행승은 세존께 이렇게 말씀드렸다.

"세존이시여, 세존께서는 어서 오십시오. 세존이시여, 세존을 환영합니다. 세존께서는 오랜만에 여기에 오실 기회를 만드셨습니다. 이리로 오셔서 앉으십시오. 세존이시여, 이것이 마련된 자리입니다."

세존께서는 마련된 자리에 앉으셨다. 박가와곳따 유행승도 역시 다른 낮은 자리를 잡아서 한 곁에 앉았다. 한 곁에 앉아서 박가와곳따 유행승은 세존께 이렇게 말씀드렸다.

"세존이시여, 며칠 전에 릿차위의 후예 수낙캇따[6]가 제게 왔습니다. 와서는 제게 '박가와여, 이제 나는 세존을 버리고 떠났습니다. 이제 나는 더 이상 세존을 의지하여 살지 않습니다.'라고 말했습니다. 세존이시여, 릿차위의 후예 수낙캇따가 한 말이 사실입니까?"

"박가와여, 릿차위의 후예 수낙캇따가 말한 그대로이다."

1.3. "박가와여, 며칠인가 더 전에 릿차위의 후예 수낙캇따가 내게 왔다. 와서는 나에게 절을 올리고 한 곁에 앉았다. 한 곁에 앉아서 릿차위의 후예 수낙캇따는 나에게 '세존이시여, 이제 저는 세존을 버리고 떠납니다. 이제 저는 더 이상 세존을 의지하여 살지 않습니다.'라고 말하였다. 박가와여, 이렇게 말하자 나는 릿차위의 후예 수낙캇따에게 이와 같이 말하였다.

---

6) 릿차위의 후예 수낙캇따(Sunakkhatta Licchaviputta)에 대해서는 본서 제1권 「마할리 경」(D6) §5의 주해를 참조할 것. 그는 괴로움의 해결을 통한 열반의 실현보다는 밖으로 남들이 행하는 신통과 세상의 기원 등에 관심이 많은 자였기 때문에 교단을 떠나 환속을 하였고 교단을 비난하고 다녔다.

'수낙캇따여, 그런데 내가 그대에게 '오라, 수낙캇따여. 그대는 나를 의지해서 머물러라.'라고 말한 적이 있는가?'[7]

'없습니다, 세존이시여.'

'그러면 그대가 나에게 '세존이시여, 저는 세존을 의지해서 머무를 것입니다.'라고 말한 적이 있는가?'

'없습니다, 세존이시여.'

'수낙캇따여, 이와 같이 내가 그대에게 '오라, 수낙캇따여. 그대는 나를 의지해서 머물러라.'라고 말한 적이 없고, 그대가 나에게 '세존이시여, 저는 세존을 의지해서 머무를 것입니다.'라고 말한 적이 없다. 쓸모없는 인간이여, 이와 같은데 그대가 누구이길래 누구를 버리고 떠난단 말인가? 보라, 쓸모없는 인간이여. 이러한 잘못은 그대에게 있다는 것을!'"

이유 1 — 신통의 기적을 나투지 않으신다

1.4. "'세존이시여, 그러나 세존께서는 저를 위해서 인간을 넘어선 법에 기인한 신통의 기적[8]을 나투지 않으시기 때문입니다.'

---

7) 세존이 출가하라고 해서 출가하는 경우는 극히 드물다. 출가는 자발적인 것이다.

8) '신통의 기적'으로 옮긴 원어는 iddhi-pāṭihāriya이다. 이것은 신통변화(iddhi-vidha, 神足通)와 같은 의미로 쓰인다. 본서 제1권 「께왓다 경」(D11) §1의 주해를 참조할 것.
수낙캇따가 들고 있는 환속의 첫 번째 이유가 세존께서 이적을 보이지 않으신다는 것이다. 여기에 대해서 세존께서는 본경 §1.7 이하의 꼬락캇띠야 일화와 §1.11 이하의 나체수행자 깐다라마수까 일화와 §1.15 이하의 나체수행자 빠띠까뿟따 일화를 통해서 여러 가지 기적을 나투었음을 들고 계신다. 이 가운데 빠띠까뿟따 일화가 본경의 중요한 부분을 구성하고 있기 때문에 본경의 제목을 「빠띠까 경」이라고 붙인 것이다.

'수낙캇따여, 그런데 내가 그대에게 '오라, 수낙캇따여. 그대는 나를 의지해서 머물러라. 그러면 나는 그대를 위해서 인간을 넘어선 법에 기인한 신통의 기적을 나투리라.'라고 말한 적이 있는가?'

'없습니다, 세존이시여.'

'그러면 그대가 나에게 '세존이시여, 저는 세존을 의지해서 머무를 것입니다. 그러면 세존께서 저를 위해서 인간을 넘어선 법에 기인한 신통의 기적을 나투실 것입니다.'라고 말한 적이 있는가?'

'없습니다, 세존이시여.'

'수낙캇따여, 이와 같이 내가 그대에게 '오라, 수낙캇따여. 그대는 나를 의지해서 머물러라. 그러면 나는 그대를 위해서 인간을 넘어선 법에 기인한 신통의 기적을 나투리라.'라고 말한 적이 없고, 그대가 나에게 '세존이시여, 저는 세존을 의지해서 머무를 것입니다. 그러면 세존께서 저를 위해서 인간을 넘어선 법에 기인한 신통의 기적을 나투실 것입니다.'라고 말한 적이 없다. 쓸모없는 인간이여, 이와 같은데 그대가 누구이길래 누구를 버리고 떠난단 말인가? 보라, 쓸모없는 인간이여. 이러한 잘못은 그대에게 있다는 것을!

수낙캇따여, 이를 어떻게 생각하는가? 인간을 넘어선 법에 기인한 신통의 기적을 나투든, 인간을 넘어선 법에 기인한 신통의 기적을 나투지 않든, 내가 누구를 위해서 설한 법은 그대로 실천하기만 하면 바르게 괴로움의 소멸로 인도하는가?'

'세존이시여, 인간을 넘어선 법에 기인한 신통의 기적을 나투시든, 인간을 넘어선 법에 기인한 신통의 기적을 나투지 않으시든, 세존께서 설하신 법은 그대로 실천하기만 하면 바르게 괴로움의 소멸로 인도합니다.'[9]

'수낙캇따여, 참으로 그러하다. 인간을 넘어선 법에 기인한 신통의 기적을 나투든, 인간을 넘어선 법에 기인한 신통의 기적을 나투지 않든, 내가 누구를 위해서 설한 법은 그대로 실천하기만 하면 바르게 괴로움의 소멸로 인도한다. 수낙캇따여, 그러므로 여기서 인간을 넘어선 법에 기인한 신통의 기적을 나투는 것이 무슨 소용이 있다는 말인가? 보라, 쓸모없는 인간이여. 이러한 잘못은 그대에게 있다는 것을!'"

이유 2 — 세상의 기원을 천명하지 않으신다

1.5. "'세존이시여, 그러나 세존께서는 세상의 기원[10]을 천명하지 않으시기 때문입니다.'[11]

'수낙캇따여, 그런데 내가 그대에게 '오라, 수낙캇따여. 그대는 나를 의지해서 머물러라. 그러면 나는 그대를 위해서 세상의 기원을 천

---

9) 그는 부처님 가르침대로 수행하면 괴로움을 멸진하여 해탈·열반을 실현한다는 것은 인정하고 있다. 그러나 그의 관심은 괴로움의 해결이 아니라 기적과 세상의 기원과 같은 다른 것에 쏠려있기 때문에 결국은 환속을 하고 만다.

10) 세상의 기원에 해당하는 원어는 aggañña이다. 세상의 기원(aggañña)은 본서 「세기경」(Aggaññasutta, D27)의 주제이므로 그 경을 참조할 것. 세존께서 세상의 기원을 설명해 주시지 않는다는 이것은 수낙캇따가 환속하는 두 번째 이유다. 세존께서는 본경 §2.14 이하에서 세상의 기원에 대해서 설명하신다. 이렇게 본경은 수낙캇따가 환속한 두 가지 이유를 주제로 하여 구성되어 있다.

11) 수낙캇따의 관심은 이처럼 온통 쓸데없는, 밖의 기이한 현상이나 우주의 기원 등에 쏠려있다. 그러기에 자신을 처절하게 관찰하여 그것을 토대로 염오-이욕-소멸-해탈과 괴로움의 파괴를 설하시는 부처님 가르침이 그의 귀에 들어왔을 리가 없고 온몸에 사무쳤을 리가 없다. 그러므로 어쩌면 그의 환속은 당연한 것일지도 모른다.

명하리라.'라고 말한 적이 있는가?'

'없습니다, 세존이시여.'

'그러면 그대가 나에게 '세존이시여, 저는 세존을 의지해서 머무를 것입니다. 그러면 세존께서 저를 위해서 세상의 기원을 천명하실 것입니다.'라고 말한 적이 있는가?'

'없습니다, 세존이시여.'

'수낙캇따여, 이와 같이 내가 그대에게 '오라, 수낙캇따여. 그대는 나를 의지해서 머물러라. 그러면 나는 그대를 위해서 세상의 기원을 천명하리라.'라고 말한 적이 없고 그대가 나에게 '세존이시여, 저는 세존을 의지해서 머무를 것입니다. 그러면 세존께서 저를 위해서 세상의 기원을 천명하실 것입니다.'라고 말한 적이 없다. 쓸모없는 인간이여, 이와 같은데 그대가 누구이길래 누구를 버리고 떠난단 말인가? 보라, 쓸모없는 인간이여. 이러한 잘못은 그대에게 있다는 것을!

수낙캇따여, 이를 어떻게 생각하는가? 세상의 기원을 천명하든, 세상의 기원을 천명하지 않든, 내가 누군가를 위해서 설한 법은 그대로 실천하기만 하면 바르게 괴로움의 소멸로 인도하는가?'

'세존이시여, 세상의 기원을 천명하시든, 세상의 기원을 천명하지 않으시든, 세존께서 설하신 법은 그대로 실천하기만 하면 바르게 괴로움의 소멸로 인도합니다.'

'수낙캇따여, 참으로 그러하다. 세상의 기원을 천명하든, 세상의 기원을 천명하지 않든, 내가 누군가를 위해서 설한 법은 그대로 실천하기만 하면 바르게 괴로움의 소멸로 인도한다. 수낙캇따여, 그러므로 여기서 세상의 기원을 천명하는 것이 무슨 소용이 있다는 말인가? 보라, 쓸모없는 인간이여. 이러한 잘못은 그대에게 있다는 것을!'"

1.6. "'수낙캇따여, 그대는 왓지들의 마을에서 여러 가지 방법으로 나를 칭송하여 말했다. '이런 [이유로] 그분 세존께서는 아라한[應供]이시며, 완전히 깨달은 분[正等覺]이시며, 영지와 실천이 구족한 분[明行足]이시며, 피안으로 잘 가신 분[善逝]이시며, 세간을 잘 알고 계신 분[世間解]이시며, 가장 높은 분[無上士]이시며, 사람을 잘 길들이는 분[調御丈夫]이시며, 하늘과 인간의 스승[天人師]이시며, 부처님[佛]이시며, 세존(世尊)이시다.'라고.'

'수낙캇따여, 그대는 왓지들의 마을에서 여러 가지 방법으로 법을 칭송하여 말했다. '이런 [이유로] 법은 세존에 의해서 ① 잘 설해졌고 ② 스스로 보아 알 수 있고 ③ 시간이 걸리지 않고 ④ 와서 보라는 것이고 ⑤ 향상으로 인도하고 ⑥ 지자들이 각자 알아야 하는 것이다.'라고.'

'수낙캇따여, 그대는 왓지들의 마을에서 여러 가지 방법으로 승가를 칭송하여 말했다. '이런 [이유로] 세존의 제자들의 승가는 잘 도를 닦고, 세존의 제자들의 승가는 바르게 도를 닦고, 세존의 제자들의 승가는 참되게 도를 닦고, 세존의 제자들의 승가는 합당하게 도를 닦으니, 곧 네 쌍의 인간들이요(四雙) 여덟 단계에 있는 사람들(八輩)이시다. 이러한 세존의 제자들의 승가는 공양받아 마땅하고, 선사받아 마땅하고, 보시받아 마땅하고, 합장받아 마땅하며, 세상의 위없는 복밭[福田]이시다.'라고.'

'수낙캇따여, 나는 그대에게 고하노라. 수낙캇따여, 나는 그대에게 분명히 밝히노라. 이런 그대를 두고 사람들은 '릿차위의 후예 수낙캇따는 사문 고따마 아래서 청정범행을 닦는 것을 견뎌내지 못한다. 그는 견뎌내지 못하자 공부지음을 내팽개치고 저열한 삶으로 되돌아

가버렸다.'라고 말들을 할 것이다. 수낙캇따여, 그들은 이렇게 말들을 할 것이다.'

박가와여, 이와 같이 내가 말하였건만 릿차위의 후예 수낙캇따는 이 법과 율로부터 떠나 버렸다. 마치 불행한 곳과 지옥으로 향하는 자처럼."

꼬락캇띠야의 일화

1.7. "박가와여, 한때 나는 부무[12]에서 웃따라까[13]라는 부무 족의 성읍에 머물렀다. 박가와여, 그때 오전에 옷매무새를 가다듬고 발우와 가사를 수하고 릿차위의 후예 수낙캇따를 뒤따르는 사문으로 삼아서 웃따락까로 탁발하러 들어갔다. 그 무렵에 개처럼 사는 서계(誓戒)를 가졌으며[14] 네 다리로 걷는[15] 나체수행자 꼬락캇띠야[16]가

---

12) 부무(Bumū)는 미얀마본에서는 툴루(Thūlū)로 나타나고 미얀마 주석서에서도 Thūlū로 언급되고 있다. 복주서에는 그 지역에 사는 왕자들에 의해서 붙여진 이름이라고만 적고 있다.(DAṬ.iii.5) 정확하게 어느 지역인지는 주석서에서도 밝히고 있지 않으며 다른 경들에서도 나타나지 않는다.

13) 웃따라까(Uttarakā)도 어느 곳인지 정확하지 않다.

14) '개처럼 사는 서계를 가진 자'로 옮긴 원어는 kukkura-vatika이다. 이 단어는 개를 뜻하는 kukkura와 서계(誓戒, 서원, 맹세)를 지닌 자라는 뜻의 vattika의 합성어이다. 그래서 견서계(犬誓戒)로 옮길 수 있다. 말 그대로 개와 꼭 같이 살겠다는 서원을 가지고 그대로 사는 고행자들을 말한다. 그래서 주석서에서는 이렇게 설명한다.
"개의 서계를 받아 지녀서(samādinna) 개처럼 냄새 맡은 뒤에 먹고, 노지(uddhanantara)에서 잠자고, 개의 다른 여러 행동거지를 하는 것이다."(DA.iii.819)
『중부』 「견서계경」(犬誓戒經, Kukkuravatika Sutta, M57)에서 세존께서는 이 서계를 실천하는 세니야에게 "완전하고 중단됨이 없이 개의 서계(誓戒)를 닦고, 완전하고 중단됨이 없이 개의 버릇을 닦고, 완전하고

땅바닥에 던져준 음식을 [손을 사용하지 않고] 입으로만[17] 씹어 먹고 입으로만 빨아 먹고 있었다.[18] 박가와여, 릿차위의 후예 수낙캇따는 개처럼 사는 서계를 가졌으며 네 다리로 걷는 나체수행자 꼬락캇띠야가 땅바닥에 던져준 음식을 [손을 사용하지 않고] 입으로만 씹어 먹고 입으로만 빨아 먹고 있는 것을 보았다. 그를 보자 릿차위의 후예 수낙캇따는 이렇게 말했다. '오, 참으로 멋진 모습이로구나. 이 사문은 네 다리로 걸으면서 땅바닥에 던져준 음식을 [손을 사용하지 않고] 입으로만 씹어 먹고 입으로만 빨아 먹는구나.'라고.

박가와여, 그러자 나는 마음으로 릿차위의 후예 수낙캇따의 마음에 일으킨 생각을 알고서 릿차위의 후예 수낙캇따에게 이렇게 말했다. '쓸모없는 인간이여, 그러고서도 그대는 사꺄무니 교단에 속하는[19] 사문이라고 서원을 하느냐?'[20]

중단됨이 없이 개의 마음을 닦고, 완전하고 중단됨이 없이 개의 행동거지를 닦고 나서 몸이 무너져 죽은 후에는 개들의 일원으로 태어난다. 만일 그가 '이런 버릇과 서계와 고행과 청정범행으로 신이 되거나 다른 낮은 신이 될 것이다.'라는 견해를 가진다면 이것은 그의 잘못된 견해일 뿐이다." 라고 단호하게 말씀하신다. 이런 말씀을 들은 세니야는 다시 세존 문하에 출가해서 아라한이 되었다고 한다.

15) "네 다리로 걷는다는 것은 네 개의 관절 가운데 두 무릎(jāṇu)과 두 팔꿈치(kappara)를 땅에 대고 다닌다는 뜻이다."(DA.iii.819)

16) 꼬락캇띠야에서 kora는 안짱다리를 뜻하고 khattiya는 *끄샤뜨리야*이다. 그래서 주석서에서도 "안짱다리를 한 *끄샤뜨리야*(antovaṅkapādo khattiyo)이다."라고 설명한다.(*Ibid*) 여기서만 언급되는 고행자이다.

17) "손을 대지 않고 입으로만 먹는다."(*Ibid*)

18) '씹어 먹다'는 khādati의 역어이고, '빨아 먹다'는 bhuñjati의 역어이다. khādati는 딱딱한 음식을 씹어서 먹는다는 의미로, bhuñjati는 죽 등의 부드러운 음식을 먹는다는 의미로 쓰인다.

'세존이시여, 세존께서는 왜 '쓸모없는 인간이여, 그러고서도 그대는 사꺄무니 교단에 속하는 사문이라고 서원을 하느냐?'라고 제게 말씀하십니까?'

'수낙캇따여, 그대는 개처럼 사는 서계를 가졌으며 네 다리로 걷는 나체수행자 꼬락캇띠야가 땅바닥에 던져준 음식을 [손을 사용하지 않고] 입으로만 씹어 먹고 입으로만 빨아 먹고 있는 것을 보고는 '오, 참으로 멋진 모습이로구나. 이 사문은 네 다리로 걸으면서 땅바닥에 던져준 음식을 [손을 사용하지 않고] 입으로만 씹어 먹고 입으로만 빨아 먹는구나.'라고 말하지 않았느냐?'

'그러하옵니다, 세존이시여. 세존이시여, 그런데 세존께서는 [다른] 아라한을 질투하십니까?'21)

---

19) '사꺄무니 교단에 속하는'은 Sakya-puttiya를 의역한 것이다. Sakya-puttiya는 Sakya-putta(사꺄의 아들)에다 어미 '-iya'를 붙여서 만든 것으로 '사꺄의 아들에 속하는'이라는 뜻이다. 물론 여기서 사꺄의 아들은 석가족(Sakkā) 출신의 성자인 석가모니 부처님을 뜻한다. 본서 전체에서 Sakya-putta는 모두 '사꺄의 후예'로 옮겼고 문맥상 본서 「아따나띠야 경」(D32) §3에서는 '사꺄무니'로 옮겼다. 여기서도 뜻을 분명히 하기 위해서 '사꺄무니 교단에 속하는'이라고 의역을 하였다. 이 술어는 본서의 몇 군데에서 나타나는데 이미 초기교단에서부터 비구들은 자신을 이렇게 불렀던 것 같다. 이런 전통은 중국에도 고스란히 전해져서 중국에서는 출가자들의 성을 모두 釋씨로 바꾸어서 부르고 있고 우리나라에서도 불교 교단을 석씨문중(釋氏門中)이라고 부르고 있다.

20) '서원하다'로 옮긴 원어는 paṭijānāti이다. 이 단어는 prati(~에 대하여)+√jñā(*to know*)의 동사인데 '인정하다, 동의하다, 승인하다'로 쓰인다. 이것의 명사인 pratijñā(Pali. paṭiññā)는 대승경전에도 많이 나타나며 주로 서원의 뜻으로 사용되고 있다. 그래서 서원하다로 옮겼고 문맥상으로도 적당하다.

21) "'다른 사람은 아라한이 되지 말라.'고 세존께서는 이렇게 아라한에 대해서 질투하십니까라고 묻는 것이다."(DA.iii.820)

'쓸모없는 인간이여, 나는 [다른] 아라한을 질투하지 않는다. 단지 그대에게 이러한 삿된 견해가 생겼으니 그것을 버리라는 것이다. 그대에게 오랜 세월 불행과 괴로움이 있게 하지 말거라.

수낙캇따여, 그대가 '오, 참으로 이 사문은 멋진 모습이로구나.'라고 생각한 나체수행자 꼬락캇띠야는 칠 일 후에 소화불량[22]으로 죽을 것이다. 그는 죽어서 깔라깐자라는 가장 저열한 아수라[23]의 무리에 태어날 것이다. 죽으면 그는 공동묘지에서 비라나 풀더미 위에 버려질 것이다. 수낙캇따여, 그대가 원한다면 나체수행자 꼬락캇띠야에게 가서 '도반 꼬락캇띠야여, 그대는 자신이 태어날 곳을 압니까?' 라고 물어 보아라. 수낙캇따여, 그러나 저 나체수행자 꼬락캇띠야가 '도반 수낙캇따여, 나는 자신이 태어날 곳을 압니다. 나는 죽어서 깔라깐자라는 가장 저열한 아수라의 무리에 태어날 것입니다.'라고 설명하는 경우란 존재하지 않는다.'"

1.8. "박가와여, 그러자 릿차위의 후예 수낙캇따는 나체수행자 꼬락캇띠야에게 다가갔다. 가서는 나체수행자 꼬락캇띠야에게 이렇게 말했다. '도반 꼬락캇띠야여, 사문 고따마가 말씀하시기를 '나체수행자 꼬락캇띠야는 칠 일 후에 소화불량으로 죽을 것이다. 그는 죽어서 깔라깐자라는 가장 저열한 아수라의 무리에 태어날 것이다. 죽으면 그는 공동묘지에서 비라나 풀더미 위에 버려질 것이다.'라고 설명

---

22) '소화불량'으로 옮긴 원어는 alasaka이다. 복주서에서 날것을 먹어 생긴 병인 소화불량(alasakenā ti ajīraṇena āmarogena – DAṬ.iii.6)이라고 설명하고 있다.

23) 아수라(asura)는 본서 제2권 「자나와사바 경」(D18) §12의 주해를 참조할 것.

하였습니다. 도반 꼬락캇띠야여, 그러니 당신은 아주 적당량만 먹고 아주 적당량만 마시십시오. 그러면 사문 고따마의 말이 거짓이 될 것입니다.'

박가와여, 그때 릿차위의 후예 수낙캇따는 여래에게 아무런 믿음이 없이 하루, 이틀하면서 일곱 밤을 헤아렸다. 박가와여, 그러자 나체수행자 꼬락캇띠야는 칠 일째 되던 날에 소화불량으로 죽었다. 죽어서는 깔라깐자라는 가장 저열한 아수라의 무리에 태어났고, 죽고 나자 [그의 시신은] 공동묘지에서 비라나 풀더미 위에 버려졌다."

1.9. "박가와여, 릿차위의 후예 수낙캇따는 '나체수행자 꼬락캇띠야는 소화불량으로 죽어서 공동묘지의 비라나 풀더미 위에 버려졌다.'라고 들었다. 박가와여, 그러자 릿차위의 후예 수낙캇따는 공동묘지의 비라나 풀더미로 나체수행자 꼬락캇띠야에게 다가갔다. 가서는 나체수행자 꼬락캇띠야에게 '도반 꼬락캇띠야여, 그대는 자신이 태어난 곳을 아는가?'라면서 세 번을 때렸다. 박가와여, 그러자 나체수행자 꼬락캇띠야는 손으로 등을 긁으면서 일어났다. '도반 수낙캇따여, 나는 내가 태어난 곳을 압니다. 나는 깔라깐자라는 가장 저열한 아수라의 무리에 태어났습니다.'라고 말한 뒤 그곳에서 다시 뒤로 누웠다."24)

---

24) 이 장면을 어떻게 이해해야 할까? 주석서의 설명을 들어 보자.
"어떻게 [죽은 자가] 말을 하는가? 부처님의 위력에 의해서이다. 세존께서는 아수라의 모태로부터 꼬락캇띠야를 데리고 와서 몸에 풀어놓아서 말을 하게 하셨다. 혹은 그 시신으로 하여금 [스스로] 말을 하게 하셨다. 왜냐하면 부처님의 영역(Buddha-visaya)은 사량(思量)할 수 없기(acinteyya) 때문이다."(DA.iii.822)

1.10. "박가와여, 그러자 릿차위의 후예 수낙캇따는 나에게로 다가왔다. 와서는 나에게 절을 올린 후 한 곁에 앉았다. 한 곁에 앉은 릿차위의 후예 수낙캇따에게 나는 이렇게 말했다.

'수낙캇따여, 이를 어떻게 생각하는가? 내가 나체수행자 꼬락캇띠야를 두고 설명한 대로 그 결과가 있었느냐, 아니면 다르게 되었느냐?'

'세존이시여, 세존께서 나체수행자 꼬락캇띠야를 두고 설명하신 대로 그 결과가 있었습니다. 다르게 되지 않았습니다.'

'수낙캇따여, 이를 어떻게 생각하는가? 만일 그렇다면 인간을 넘어선 법에 기인한 신통의 기적을 나툰 것이냐, 나툰 것이 아니냐?'[25]

'세존이시여, 그렇다면 인간을 넘어선 법에 기인한 신통의 기적을 나투신 것이고, 나투지 않으신 것이 아닙니다.'

'쓸모없는 인간이여, 이와 같이 내가 인간을 넘어선 법에 기인한 신통의 기적을 나투었는데도 그대는 '세존이시여, 세존께서는 저를

---

25) 주석서에서는 이 경우에 세존이 행하신 신통을 다음과 같이 모두 다섯으로 설명한다.

"① '칠 일 후에 죽을 것이다.'라고 하셨는데 그는 그렇게 죽었다. 이것이 첫 번째 기적이다. ② '소화불량으로'라고 하셨는데 소화불량으로 죽었다. 이것이 두 번째이다. ③ '깔라깐자에 태어날 것이다.'라고 하셨는데 거기에 태어났다. 이것이 세 번째이다. ④ '죽으면 그는 공동묘지에서 비라나 풀더미 위에 버려질 것이다.'라고 하셨는데 거기에 버려졌다. 이것이 네 번째이다. ⑤ '태어난 곳으로부터 [공동묘지에] 와서 수낙캇따와 함께 이야기를 할 것이다.'라고 하셨는데 그는 이야기를 하였다. 이것이 다섯 번째 기적이다."(DA.iii.822)

한편 복주서에서는 이들 다섯 가지를 각각 남의 마음에 대한 해석(para-citta-vibhāvana), 수명의 한계에 대한 해석(āyuparicchheda-vibhāvana), 병에 대한 해석(byādhi-vibhāvana), 태어날 곳에 대한 해석(gati-vibhāvana), 몸에 내려놓는 해석(sarīranikkhepa-vibhāvana)이라는 술어를 사용하여 표현하고 있다.(DAṬ.iii.7)

위해서 인간을 넘어선 법에 기인한 신통의 기적을 나투시지 않기 때문입니다.'라고 말한다. 보라, 쓸모없는 인간이여. 이러한 잘못은 그대에게 있다는 것을!'

박가와여, 이와 같이 내가 말하였건만 릿차위의 후예 수낙캇따는 이 법과 율로부터 떠나 버렸다. 마치 불행한 곳과 지옥으로 향하는 자처럼."

나체수행자 깐다라마수까의 일화

1.11. "박가와여, 한때에 나는 웨살리에서 큰 숲의 중각강당[26]에 머물렀다. 그 무렵에 나체수행자 깐다라마수까[27]가 웨살리에 정착해 있었는데 그는 굉장한 이득과 굉장한 명성을 얻고 있었다. 그는 다음과 같은 일곱 가지 서계(誓戒)의 조목을 지니고 실천하고 있었다.

① 생명이 있는 한 나체수행자가 된다. ② 옷을 입지 않는다. ③ 생명이 있는 한 청정범행을 닦는다. ④ 음행을 하지 않는다. ⑤ 생명이 있는 한 술과 고기를 먹는다. ⑥ 쌀밥과 죽을 먹지 않는다. ⑦ 동쪽으로는 우데나 탑묘를 넘어 웨살리를 나가지 않고, 남쪽으로는 고따마까 탑묘를 넘어서 웨살리를 나가지 않고, 서쪽으로는 삿땀바까 탑묘를 넘어서 웨살리를 나가지 않고 북쪽으로는 바후뿟따 탑묘[多子

---

26) 중각강당(重閣講堂)은 이층 누각이 있는 집이란 뜻이다. 여기에 대해서는 본서 제1권 「마할리 경」(D6) §1의 주해를 참조할 것.

27) 깐다라마수까(Kandaramasuka)는 미얀마본에는 깔라라맛따까(Kaḷāra-maṭṭaka)로 나타난다. 주석서에는 단지 "빠드렁니를 가진 자(nik-khanta-dantamattaka)를 말하거나 혹은 그의 이름이다."(DA.iii. 822)라고 설명하고 있다. PED에서는 kaḷāra를 빠드렁니라고 설명하고 있다. 이렇게 본다면 미얀마본의 Kaḷāramaṭṭaka가 옳다고 봐야 할 것이다. kandara는 동굴을 뜻한다.

塔]를 넘어서 웨살리를 나가지 않는다. 그는 이러한 일곱 가지 서계의 조목을 지니고 실천하고 있었기 때문에 왓지들의 마을에서 굉장한 이득과 굉장한 명성을 얻고 있었다."

1.12. "박가와여, 릿차위의 후예 수낙캇따는 나체수행자 깐다라마수까를 만나러 갔다. 가서는 나체수행자 깐다라마수까에게 [어떤] 질문을 하였다. 나체수행자 깐다라마수까는 그의 질문을 받았지만 아무 대답을 하지 않았다. 대답하지 않은 채 분노와 성냄과 신랄함을 드러내었다. 박가와여, 그러자 릿차위의 후예 수낙캇따에게 이런 생각이 들었다. '오, 참으로 내가 이런 멋진 모습을 한 아라한 사문을 기분 나쁘게 하였구나. 나에게 오랜 세월 불행과 괴로움이 없었으면 좋겠다.'라고."

1.13. "박가와여, 그러자 릿차위의 후예 수낙캇따는 나에게 다가왔다. 와서는 나에게 절을 올리고 한 곁에 앉았다. 한 곁에 앉은 릿차위의 후예 수낙캇따에게 나는 이렇게 말했다.

'쓸모없는 인간이여, 그러고서도 그대는 사꺄무니 교단에 속하는 사문이라고 서원을 하느냐?'

'세존이시여, 세존께서는 왜 '쓸모없는 인간이여, 그러고서도 그대는 사꺄무니 교단에 속하는 사문이라고 서원을 하느냐?'라고 제게 말씀하십니까?'

'수낙캇따여, 그대는 나체수행자 깐다라마수까를 만나러 갔다. 가서는 나체수행자 깐다라마수까에게 질문을 하였다. 나체수행자 깐다라마수까는 그대의 질문을 받았지만 아무 대답을 하지 않았다. 대답하지 않은 채 분노와 성냄과 신랄함을 드러내었다. 그런 그대에게 이런 생각이 들었다. '오, 참으로 내가 이런 멋진 모습을 한 아라한 사문을 기분 나쁘게 하였구나. 나에게 오랜 세월 불행과 괴로움이 없었으면 좋겠다.'라고.'

'그러하옵니다, 세존이시여. 세존이시여, 그런데 세존께서는 [다른] 아라한을 질투하십니까?'

'쓸모없는 인간이여, 나는 [다른] 아라한을 질투하지 않는다. 단지 그대에게 이러한 삿된 견해가 생겼으니 그것을 버리라는 것이다. 그대에게 오랜 세월 불이익과 괴로움이 있게 하지 말거라. 수낙캇따여, 그런데 그대가 '오, 참으로 이 사문은 멋진 모습이로구나.'라고 생각한 나체수행자 깐다라마수까는 오래지 않아 옷을 입고 아내를 데리고 다니고 쌀밥과 죽을 먹고 웨살리의 모든 탑묘를 넘어서게 되어 명성이 떨어져 죽을 것이다.'

박가와여, 그러자 나체수행자 깐다라마수까는 오래지 않아 옷을 입고 아내를 데리고 다니고 쌀밥과 죽을 먹고 웨살리의 모든 탑묘를 넘어서게 되어 명성이 떨어져 죽었다."

1.14. "박가와여, 릿차위의 후예 수낙캇따는 '나체수행자 깐다라마수까는 오래지 않아 옷을 입고 아내를 데리고 다니고 쌀밥과 죽을 먹고 웨살리의 모든 탑묘를 넘어서게 되어 명성이 떨어져 죽었다.'라고 들었다. 그러자 릿차위의 후예 수낙캇따가 나에게 다가왔다. 와서는 나에게 절을 올리고 한 곁에 앉았다. 한 곁에 앉은 릿차위의 후예 수낙캇따에게 나는 이렇게 말했다. '수낙캇따여, 이를 어떻게 생각하는가? 내가 나체수행자 깐다라마수까를 두고 설명한 대로 그 결과가 있었느냐, 아니면 다르게 되었느냐?'

'세존이시여, 세존께서 나체수행자 깐다라마수까를 두고 설명하신

대로 그 결과가 있었습니다. 다르게 되지 않았습니다.'

'수낙캇따여, 이를 어떻게 생각하는가? 만일 그렇다면 인간을 넘어선 법에 기인한 신통의 기적을 나툰 것이냐, 나툰 것이 아니냐?'

'세존이시여, 그렇다면 인간을 넘어선 법에 기인한 신통의 기적을 나투신 것이고, 나투지 않으신 것이 아닙니다.'

'쓸모없는 인간이여, 이와 같이 내가 인간을 넘어선 법에 기인한 신통의 기적을 나투었는데도 그대는 '세존이시여, 세존께서는 저를 위해서 인간을 넘어선 법에 기인한 신통의 기적을 나투시지 않기 때문입니다.'라고 말한다. 보라, 쓸모없는 인간이여. 이러한 잘못은 그대에게 있다는 것을!'

박가와여, 이와 같이 내가 말하였건만 릿차위의 후예 수낙캇따는 이 법과 율로부터 떠나 버렸다. 마치 불행한 곳과 지옥으로 향하는 자처럼."

나체수행자 빠띠까뿟따의 일화

1.15. "박가와여, 한때 나는 웨살리에서 큰 숲에 있는 중각강당에서 머물렀다. 그 무렵에 나체수행자 빠띠까뿟따[28]가 웨살리에 정착해 있었는데 그는 굉장한 이득과 굉장한 명성을 얻고 있었다. 그는 웨살리의 집회에서 이런 말을 하였다. '사문 고따마도 지혜를 말하는 자이고 나도 지혜를 말하는 자이다. 지혜를 말하는 자는 지혜를 말하는 자에게 인간을 넘어선 법에 기인한 신통의 기적을 보여줄 가치가

28) 빠띠까뿟따(Pāṭikaputta)는 빠띠까의 아들(Pāthikassa putto)이라고만 설명될 뿐 주석서와 복주서에서는 별다른 언급이 없다. 미얀마본에서는 Pāthikaputta로 나타난다.

있다. 그러니 사문 고따마가 절반을 오고 내가 절반을 가도록 하자. 우리 둘은 거기서 인간을 넘어선 법에 기인한 신통의 기적을 나투도록 하자. 만일 사문 고따마가 한 가지의 인간을 넘어선 법에 기인한 신통의 기적을 나툰다면 나는 두 가지를 나툴 것이다. 만일 사문 고따마가 두 가지의 인간을 넘어선 법에 기인한 신통의 기적을 나툰다면 나는 네 가지를 나툴 것이다. 만일 사문 고따마가 네 가지의 인간을 넘어선 법에 기인한 신통의 기적을 나툰다면 나는 여덟 가지를 나툴 것이다. 이처럼 사문 고따마가 얼마만큼이든 인간을 넘어선 법에 기인한 신통의 기적을 나툰다면 나는 그 두 배씩 나툴 것이다.'라고."

1.16. "박가와여, 그러자 릿차위의 후예 수낙캇따가 나에게 다가왔다. 와서는 나에게 절을 올리고 한 곁에 앉았다. 한 곁에 앉아서 릿차위의 후예 수낙캇따는 나에게 이렇게 말했다. '세존이시여, 나체수행자 빠띠까뿟따가 웨살리에 정착해 있는데 그는 굉장한 이득과 굉장한 명성을 얻고 있습니다. 그는 웨살리의 집회에서 이런 말을 하였습니다. '사문 고따마도 지혜를 말하는 자이고 나도 지혜를 말하는 자이다. 지혜를 말하는 자는 지혜를 말하는 자에게 인간을 넘어선 법에 기인한 신통의 기적을 보여줄 가치가 있다. 그러니 사문 고따마가 절반을 오고 내가 절반을 가도록 하자. 우리 둘은 거기서 인간을 넘어선 법에 기인한 신통의 기적을 나투도록 하자. 만일 사문 고따마가 한 가지의 인간을 넘어선 법에 기인한 신통의 기적을 나툰다면 나는 두 가지를 나툴 것이다. 만일 사문 고따마가 두 가지의 인간을 넘어선 법에 기인한 신통의 기적을 나툰다면 나는 네 가지를 나툴 것이다. 만일 사문 고따마가 네 가지의 인간을 넘어선 법에 기인한 신통의 기적을 나툰다면 나는 여덟 가지를 나툴 것이다. 이처럼 사문 고

따마가 얼마만큼이든 인간을 넘어선 법에 기인한 신통의 기적을 나툰다면 나는 그 두 배씩 나툴 것이다.'라고.'

박가와여, 이렇게 말했을 때 나는 릿차위의 후예 수낙캇따에게 이렇게 말하였다. '수낙캇따여, 나체수행자 빠띠까뿟따는 그런 말을 취소하지 않고 그런 마음을 버리지 않고 그런 견해를 포기하지 않고서는 나의 면전에 올 수 없다. 만일 그가 생각하기를 '나는 그런 말을 취소하지 않고 그런 마음을 버리지 않고 그런 견해를 포기하지 않고서도 사문 고따마의 면전에 갈 수 있다.'라고 한다면 그의 머리가 떨어질 것이다.'라고."

1.17. "'세존이시여, 세존께서는 그 말씀을 명심하십시오. 선서(善逝)[29] 께서는 그 말씀을 명심하십시오.'

'수낙캇따여, 그대는 나에게 '세존이시여, 세존께서는 그 말씀을 명심하십시오. 선서께서는 그 말씀을 명심하십시오.'라고 말하고 있느냐?'

'세존이시여, 세존께서는 단정적으로 '나체수행자 빠띠까뿟따는 그런 말을 취소하지 않고 그런 마음을 버리지 않고 그런 견해를 포기하지 않고서는 나의 면전에 올 수 없다. 만일 그가 생각하기를 '나는 그런 말을 취소하지 않고 그런 마음을 버리지 않고 그런 견해를 포기하지 않고서도 사문 고따마의 면전에 갈 수 있다.'라고 한다면 그의 머리가 떨어질 것이다.'라고 말씀하셨습니다.'"

1.18. "'수낙캇따여, 여래가 둘로 가버리는 그러한 애매모호한 말

---

29) '선서(善逝)'는 Sugata의 역어인데, 부처님의 열 가지 명호[如來十號] 가운데 하나이며 본서 전체에서 '잘 가신 분'으로 옮기기도 하였다.

을 한 적이 있는가?'

'세존이시여, 그런데 세존께서는 마음으로 마음을 통하여 '나체수행자 빠띠까뿟따는 그런 말을 취소하지 않고 그런 마음을 버리지 않고 그런 견해를 포기하지 않고서는 나의 면전에 올 수 없다. 만일 그가 생각하기를 '나는 그런 말을 취소하지 않고 그런 마음을 버리지 않고 그런 견해를 포기하지 않고서도 사문 고따마의 면전에 갈 수 있다.'라고 한다면 그의 머리가 떨어질 것이다.'라고 나체수행자 빠띠까뿟따에 대해서 아셨습니까? 아니면 신들이 세존께 이런 뜻을 알려주었습니까?'

'수낙캇따여, 나는 마음으로 마음을 통하여 '나체수행자 빠띠까뿟따는 그런 말을 취소하지 않고 그런 마음을 버리지 않고 그런 견해를 포기하지 않고서는 나의 면전에 올 수 없다. 만일 그가 생각하기를 '나는 그런 말을 취소하지 않고 그런 마음을 버리지 않고 그런 견해를 포기하지 않고서도 사문 고따마의 면전에 갈 수 있다.'라고 한다면 그의 머리가 떨어질 것이다.'라고 나체수행자 빠띠까뿟따에 대해서 알았으며 신들도 역시 나에게 이런 뜻을 알려주었다.'

'아지따[30]라는 릿차위의 대장군이 며칠 전에 임종을 하여 삼십삼천에 태어났다. 그가 내게 와서 이렇게 알려주었다. '세존이시여, 나체수행자 빠띠까뿟따는 참으로 부끄러워할 줄 모르는 자입니다. 세존이시여, 나체수행자 빠띠까뿟따는 거짓말을 하는 자입니다. 세존이시여, 나체수행자 빠띠까뿟따는 왓지들의 마을에서 나에 대해서도 '릿차위의 대장군 아지따는 대지옥에 떨어졌다.'고 설명하였습니다.

---

30) 아지따(Ajita)는 세존의 신도였는데(DA.iii.825) 여기서 보듯이 삼십삼천에 태어났다.

세존이시여, 그러나 저는 대지옥에 떨어지지 않았습니다. 삼십삼천에 태어났습니다. 세존이시여, 나체수행자 빠띠까뿟따는 참으로 부끄러워할 줄 모르는 자입니다. 세존이시여, 나체수행자 빠띠까뿟따는 거짓말을 하는 자입니다. 세존이시여, 나체수행자 빠띠까뿟따는 그런 말을 취소하지 않고 그런 마음을 버리지 않고 그런 견해를 포기하지 않고서는 세존의 면전에 올 수 없습니다. 만일 그가 생각하기를 '나는 그런 말을 취소하지 않고 그런 마음을 버리지 않고 그런 견해를 포기하지 않고서도 사문 고따마의 면전에 갈 수 있다.'라고 한다면 그의 머리가 떨어질 것입니다.'라고.

수낙캇따여, 이와 같이 나는 마음으로 마음을 통하여 '나체수행자 빠띠까뿟따는 그런 말을 취소하지 않고 그런 마음을 버리지 않고 그런 견해를 포기하지 않고서는 나의 면전에 올 수 없다. 만일 그가 생각하기를 '나는 그런 말을 취소하지 않고 그런 마음을 버리지 않고 그런 견해를 포기하지 않고서는 사문 고따마의 면전에 갈 수 있다.'라고 한다면 그의 머리가 떨어질 것이다.'라고 나체수행자 빠띠까뿟따에 대해서 알았으며 신들도 역시 나에게 이런 뜻을 알려주었다.

수낙캇따여, 나는 이제 웨살리에서 탁발을 하여 공양을 마치고 탁발에서 돌아와서 낮 동안의 머묾을 위해서 나체수행자 빠띠까뿟따의 원림으로 갈 것이다. 수낙캇따여, 이제 그대가 원한다면 그에게 알려주어라.'"

신통의 기적

1.19. "박가와여, 그리고 나는 오전에 옷매무새를 가다듬고 발우와 가사를 수하고 탁발을 위해서 웨살리로 들어갔다. 웨살리에서 탁

발을 하여 공양을 마치고 탁발에서 돌아와서 낮 동안의 머묾을 위해서 나체수행자 빠띠까뿟따의 원림으로 갔다.

박가와여, 그러자 릿차위의 후예 수낙캇따는 황급히 웨살리로 들어가서 아주 잘 알려진 릿차위들에게 다가갔다. 가서는 아주 잘 알려진 릿차위들에게 이렇게 말했다. '도반들이여, 그분 세존께서 웨살리에서 탁발을 하여 공양을 마치고 탁발에서 돌아와서 낮 동안의 머묾을 위해서 나체수행자 빠띠까뿟따의 원림으로 가십니다. 존자들은 나갑시다. 존자들은 나갑시다. 사문들의 인간을 넘어선 법에 기인한 멋진 신통의 기적이 있을 것입니다.'

박가와여, 그러자 잘 알려진 릿차위들에게 이런 [말들이] 생겼다. '존자여, 사문들의 인간을 넘어선 법에 기인한 멋진 신통의 기적이 있을 것이라니 참으로 그렇습니까? 존자들이여, 그러면 우리는 가봅시다.'

다시 그는 잘 알려진 바라문의 큰 가문 사람들과 축재한[31] 장자들과 여러 종교 지도자들과 사문·바라문들에게 다가갔다. 가서는 이렇게 말했다. '도반들이여, 그분 세존께서 웨살리에서 탁발을 하여 공양을 마치고 탁발에서 돌아와서 낮 동안의 머묾을 위해서 나체수행자 빠띠까뿟따의 원림으로 가십니다. 존자들은 나갑시다. 존자들은 나갑시다. 사문들의 인간을 넘어선 법에 기인한 멋진 신통의 기적이 있을 것입니다.'

박가와여, 그러자 잘 알려진 바라문의 큰 가문 사람들과 축재한 장자들과 여러 종교 지도자들과 사문·바라문들에게 이런 [말들이] 생

---

31) '축재한 자'로 옮긴 원어는 necayika인데 ni+√ci(*to heap*)의 명사인 nicaya(축적, 모음)에서 파생된 명사로 '축적한 자'라는 뜻이다.

겼다. '존자여, 멋진 사문들의 인간을 넘어선 법에 기인한 신통의 기적이 있을 것이라니 참으로 그렇습니까? 존자들이여, 그러면 우리는 가봅시다.'

박가와여, 그러자 잘 알려진 릿차위들과 잘 알려진 바라문의 큰 가문 사람들과 축재한 장자들과 여러 종교 지도자들과 사문·바라문들은 나체수행자 빠띠까뿟따의 원림으로 갔다. 박가와여, 그런 그들은 수백, 수천의 큰 무리를 이루었다."

1.20. "박가와여, 나체수행자 빠띠까뿟따는 '잘 알려진 릿차위들이 오고 있습니다. 잘 알려진 바라문의 큰 가문 사람들과 축재한 장자들과 여러 종교 지도자들과 사문·바라문들도 오고 있습니다. 사문 고따마도 낮 동안의 머묾을 위해서 우리의 원림에 앉아 있습니다.'라고 들었다. 그 말을 들은 뒤 그는 두려움과 공포와 털이 곤두서는 것을 느꼈다. 박가와여, 그러자 나체수행자 빠띠까뿟따는 두렵고 무시무시하고 털이 곤두서서 띤두까 숲에 있는 유행승의 원림으로 가버렸다.

박가와여, 그 회중은 '나체수행자 빠띠까뿟따는 두렵고 무시무시하고 털이 곤두서서 띤두까 숲에 있는 유행승의 원림으로 가버렸다.'고 들었다. 박가와여, 그러자 그 회중은 다른 사람을 불러서 말했다.

'여보시오, 이리 오시오. 당신은 띤두까 숲에 있는 유행승의 원림으로 나체수행자 빠띠까뿟따를 만나러 가시오. 가서 나체수행자 빠띠까뿟따에게 이렇게 말하시오. '도반 빠띠까뿟따여, 나오십시오. 잘 알려진 릿차위들이 와 있습니다. 잘 알려진 바라문의 큰 가문 사람들과 축재한 장자들과 여러 종교 지도자들과 사문·바라문들도 와 있습니다. 사문 고따마도 낮 동안의 머묾을 위해서 존자의 원림에 앉아 있습니다.

도반 빠띠까뿟따여, 당신은 웨살리의 집회에서 이런 말을 하였습니다. '사문 고따마도 지혜를 말하는 자이고 나도 지혜를 말하는 자이다. 지혜를 말하는 자는 지혜를 말하는 자에게 인간을 넘어선 법에 기인한 신통의 기적을 보여줄 가치가 있다. 그러니 사문 고따마가 절반을 오고 내가 절반을 가도록 하자. 우리 둘은 거기서 인간을 넘어선 법에 기인한 신통의 기적을 나투도록 하자. 만일 사문 고따마가 한 가지의 인간을 넘어선 법에 기인한 신통의 기적을 나툰다면 나는 두 가지를 나툴 것이다. 만일 사문 고따마가 두 가지의 인간을 넘어선 법에 기인한 신통의 기적을 나툰다면 나는 네 가지를 나툴 것이다. 만일 사문 고따마가 네 가지의 인간을 넘어선 법에 기인한 신통의 기적을 나툰다면 나는 여덟 가지를 나툴 것이다. 이처럼 사문 고따마가 얼마만큼이든 인간을 넘어선 법에 기인한 신통의 기적을 나툰다면 나는 그 두 배씩 나툴 것이다.'라고.

도반 빠띠까뿟따여여, 그러니 이제 당신이 절반을 오십시오. 사문 고따마는 이미 전체 길을 다 와서 존자의 원림에서 낮 동안의 한거를 위해 앉아 있습니다.'라고."

1.21. "박가와여, 그 사람은 '알겠습니다.'라고 그 무리들에게 대답한 뒤 띤두까 숲에 있는 유행승의 원림으로 나체수행자 빠띠까뿟따를 만나러 갔다. 가서 나체수행자 빠띠까뿟따에게 이렇게 말하였다.

'도반 빠띠까뿟따여, 나오십시오. 잘 알려진 릿차위들이 와 있습니다. 잘 알려진 바라문의 큰 가문 사람들과 축재한 장자들과 여러 종교 지도자들과 사문·바라문들도 와 있습니다. 사문 고따마도 낮 동안의 머묾을 위해서 존자의 원림에 앉아 있습니다. 도반 빠띠까뿟따여, 당신은 웨살리의 집회에서 이런 말을 하였습니다. '사문 고따마도 지혜를 말하는 자이고 나도 지혜를 말하는 자이다. … 나는 그 두 배씩 나툴 것이다.'라고. 도반 빠띠까뿟따여, 그러니 이제 당신이 절반을 오십시오. 사문 고따마는 이미 전체 길을 다 와서 존자의 원림에서 낮 동안의 한거를 위해 앉아 있습니다.'

박가와여, 이렇게 말하자 나체수행자 빠띠까뿟따는 '도반이여, 가겠습니다. 도반이여, 가겠습니다.'라고 말했지만 거기서 몸을 뒤틀고만 있었고 자리로부터 일어설 수조차 없었다. 박가와여, 그러자 그 사람은 나체수행자 빠띠까뿟따에게 이렇게 말했다.

'도반 빠띠까뿟따여, 당신의 궁둥이가 의자에 붙었습니까? 의자가 당신의 궁둥이에 붙었습니까? 당신은 '도반이여, 가겠습니다. 도반이여, 가겠습니다.'라고 말하지만 여기서 몸을 뒤틀고만 있고 자리로부터 일어설 수조차 없으니 말입니다.'

박가와여, 이와 같이 말하자 나체수행자 빠띠까뿟따는 '도반이여, 가겠습니다. 도반이여, 가겠습니다.'라고 말했지만 거기서 몸을 뒤틀고 있었고 자리로부터 일어설 수조차 없었다."

1.22. "박가와여, 그러자 그 사람은 '나체수행자 빠띠까뿟따는 당황한 모습이 역력하구나. '도반이여, 가겠습니다. 도반이여, 가겠습니다.'라고 말하지만 거기서 몸을 뒤틀고만 있고 자리로부터 일어설 수조차 없구나.'라고 알았다. 그러자 그는 회중으로 되돌아가서 이렇게 보고하였다.

'나체수행자 빠띠까뿟따는 당황한 모습이 역력합니다. 그는 '도반이여, 가겠습니다. 도반이여, 가겠습니다.'라고 말했지만 거기서 몸을 뒤틀고만 있었고 자리로부터 일어설 수조차 없었습니다.'

박가와여, 이렇게 말하자 나는 그 회중에게 이렇게 말했다. '나체 수행자 빠띠까뿟따는 그런 말을 취소하지 않고 그런 마음을 버리지 않고 그런 견해를 포기하지 않고서는 나의 면전에 올 수 없다. 만일 그가 생각하기를 '나는 그런 말을 취소하지 않고 그런 마음을 버리지 않고 그런 견해를 포기하지 않고서도 사문 고따마의 면전에 갈 수 있다.'라고 한다면 그의 머리가 떨어질 것이다.'라고."

첫 번째 바나와라가 끝났다.

2.1. "박가와여, 그러자 어떤 잘 알려진 릿차위의 큰 인물이 자리에서 일어나 회중에게 이렇게 말하였다. '존자들이여, 그렇다면 내가 가보겠으니 내가 올 때까지 잠시 기다려 주십시오. 내가 나체수행자 빠띠까뿟따를 이 회중으로 데리고 올 수 있는지 봅시다.'

박가와여, 그러자 릿차위의 큰 인물은 띤두까 숲에 있는 유행승의 원림으로 나체수행자 빠띠까뿟따를 만나러 갔다. 가서 나체수행자 빠띠까뿟따에게 이렇게 말하였다.

'도반 빠띠까뿟따여, 나오십시오. 나오시는 것이 당신에게 좋습니다. 잘 알려진 릿차위들이 와 있습니다. 잘 알려진 바라문의 큰 가문 사람들과 축재한 장자들과 여러 종교 지도자들과 사문·바라문들도 와 있습니다. 사문 고따마도 낮 동안의 머묾을 위해서 존자의 원림에 앉아 있습니다. 도반 빠띠까뿟따여, 당신은 웨살리의 집회에서 이런 말을 하였습니다. '사문 고따마도 지혜를 말하는 자이고 나도 지혜를 말하는 자이다. … 나는 그 두 배씩 나툴 것이다.'라고. 도반 빠띠까뿟따여, 그러니 이제 당신이 절반을 오십시오. 사문 고따마는 이미 전체 길을 다 와서 존자의 원림에서 낮 동안의 한거를 위해 앉아 있습니다.

사문 고따마는 회중에게 이렇게 말했습니다. '나체수행자 빠띠까뿟따는 그런 말을 취소하지 않고 그런 마음을 버리지 않고 그런 견해를 포기하지 않고서는 나의 면전에 올 수 없다. 만일 그가 생각하기를 '나는 그런 말을 취소하지 않고 그런 마음을 버리지 않고 그런 견해를 포기하지 않고서도 사문 고따마의 면전에 갈 수 있다.'라고 한다면 그의 머리가 떨어질 것이다.'라고. 도반 빠띠까뿟따여, 나오십시오. 그대에게 승리가 있을 것이고 사문 고따마에게는 패배가 있을 것입니다.'라고.

2.2. "박가와여, 이렇게 말하자 나체수행자 빠띠까뿟따는 '도반이여, 가겠습니다. 도반이여, 가겠습니다.'라고 말했지만 거기서 몸을 뒤틀고만 있었고 자리로부터 일어설 수조차 없었다. 박가와여, 그러자 그 릿차위의 큰 인물은 나체수행자 빠띠까뿟따에게 이렇게 말했다.

'도반 빠띠까뿟따여, 당신의 궁둥이가 의자에 붙었습니까? 의자가 당신의 궁둥이에 붙었습니까? 당신은 '도반이여, 가겠습니다. 도반이여, 가겠습니다.'라고 말하지만 여기서 몸을 뒤틀고만 있고 자리로부터 일어설 수조차 없으니 말입니다.'

박가와여, 이와 같이 말을 했지만 나체수행자 빠띠까뿟따는 '도반이여, 가겠습니다. 도반이여, 가겠습니다.'라고 말했지만 거기서 몸을 뒤틀고만 있었고 자리로부터 일어설 수조차 없었다."

2.3. "박가와여, 그러자 그 릿차위의 큰 인물은 '나체수행자 빠띠까뿟따는 당황한 모습이 역력하구나. '도반이여, 가겠습니다. 도반이

여, 가겠습니다.'라고 말하지만 여기서 몸을 뒤틀고만 있고 자리로부터 일어설 수조차 없구나.'라고 알았다. 그러자 그는 회중으로 되돌아가서 이렇게 보고하였다.

'나체수행자 빠띠까뿟따는 당황한 모습이 역력합니다. 그는 '도반이여, 가겠습니다. 도반이여, 가겠습니다.'라고 말했지만 거기서 몸을 뒤틀고만 있었고 자리로부터 일어설 수조차 없었습니다.'라고 전했다.

박가와여, 이렇게 말하자 나는 그 회중에게 이렇게 말했다. '나체수행자 빠띠까뿟따는 그런 말을 취소하지 않고 그런 마음을 버리지 않고 그런 견해를 포기하지 않고서는 나의 면전에 올 수 없다. 만일 그가 생각하기를 '나는 그런 말을 취소하지 않고 그런 마음을 버리지 않고 그런 견해를 포기하지 않고서도 사문 고따마의 면전에 갈 수 있다.'라고 한다면 그의 머리가 떨어질 것이다.

만일 릿차위 존자들에게 '우리는 나체수행자 빠띠까뿟따를 가죽끈으로 묶어서 멍에를 맨 소들로 [이리로] 끌고 오리라.'고 한다면 빠띠까뿟따는 그 가죽 끈을 끊을 수는 있을 것이다. 그러나 그는 그런 말을 취소하지 않고 그런 마음을 버리지 않고 그런 견해를 포기하지 않고서는 나의 면전에 올 수 없다. 만일 그가 생각하기를 '나는 그런 말을 취소하지 않고 그런 마음을 버리지 않고 그런 견해를 포기하지 않고서도 사문 고따마의 면전에 갈 수 있다.'라고 한다면 그의 머리가 떨어질 것이다."

2.4. "박가와여, 그러자 목발우를 지닌 자의 제자인 잘리야[32]가

---

32) 유행승 잘리야(Jāliya)는 본서 제1권의 「마할리 경」(D6) §15에도 등장하고 있다. 그의 스승이 목발우(나무 발우)로 걸식을 했기 때문에 그는 목발우를 지닌 자의 제자(dārupattikantevāsi)라는 별칭을 가졌다.(DA.

자리에서 일어나 회중에게 이렇게 말하였다. '존자들이여, 그렇다면 내가 가보겠으니 내가 올 때까지 잠시 기다려 주십시오. 내가 나체수행자 빠띠까뿟따를 이 회중으로 데리고 올 수 있는지 봅시다.'

박가와여, 그러자 목발우를 지닌 자의 제자인 잘리야는 띤두까 숲에 있는 유행승의 원림으로 나체수행자 빠띠까뿟따를 만나러 갔다. 가서 나체수행자 빠띠까뿟따에게 이렇게 말하였다.

'도반 빠띠까뿟따여, 나오십시오. 나오시는 것이 당신에게 좋습니다. … 사문 고따마도 낮 동안의 머묾을 위해서 존자의 원림에 앉아 있습니다. 도반 빠띠까뿟따여, 당신은 웨살리의 집회에서 이런 말을 하였습니다. '사문 고따마도 지혜를 말하는 자이고 나도 지혜를 말하는 자이다. … 나는 그 두 배씩 나툴 것이다.'라고. 도반 빠띠까뿟따여, 그러니 이제 당신이 절반을 오십시오. 사문 고따마는 이미 전체 길을 다 와서 존자의 원림에서 낮 동안의 한거를 위해 앉아 있습니다.

사문 고따마는 회중에게 이렇게 말했습니다. '나체수행자 빠띠까뿟따는 그런 말을 취소하지 않고 … 그의 머리가 떨어질 것이다. 만일 릿차위 존자들에게 '우리는 나체수행자 빠띠까뿟따를 가죽 끈으로 묶어서 멍에를 맨 소들로 [이리로] 끌고 오리라.'고 한다면 빠띠까뿟따는 그 가죽 끈을 끊을 수는 있을 것이다. 그러나 그는 그런 말을 취소하지 않고 … 그의 머리가 떨어질 것이다.'라고. 도반 빠띠까뿟따여, 나오십시오. 그대에게 승리가 있을 것이고 사문 고따마에게는 패배가 있을 것입니다.'라고."

2.5. "박가와여, 이렇게 말하자 나체수행자 빠띠까뿟따는 '도반이여, 가겠습니다. 도반이여, 가겠습니다.'라고 말했지만 거기서 몸을

i.319)

뒤틀고만 있었고 자리로부터 일어설 수조차 없었다.

박가와여, 그러자 목발우를 지닌 자의 제자인 잘리야는 나체수행자 빠띠까뿟따에게 이렇게 말했다.

'도반 빠띠까뿟따여, 당신의 궁둥이가 의자에 붙었습니까? 의자가 당신의 궁둥이에 붙었습니까? 당신은 '도반이여, 가겠습니다. 도반이여, 가겠습니다.'라고 말하지만 여기서 몸을 뒤틀고만 있고 자리로부터 일어설 수조차 없으니 말입니다.'

박가와여, 이와 같이 말하자 나체수행자 빠띠까뿟따는 '도반이여, 가겠습니다. 도반이여, 가겠습니다.'라고 말했지만 거기서 몸을 뒤틀고만 있었고 자리로부터 일어설 수조차 없었다."

2.6. "박가와여, 그러자 목발우를 지닌 자의 제자인 잘리야는 '나체수행자 빠띠까뿟따는 당황한 모습이 역력하구나. '도반이여, 가겠습니다. 도반이여, 가겠습니다.'라고 말하지만 여기서 몸을 뒤틀고만 있고 자리로부터 일어설 수조차 없구나.'라고 알았다. 그러자 그는 나체수행자 빠띠까뿟따에게 이렇게 말했다.

'도반 빠띠까뿟따여, 전에 동물의 왕인 사자에게 이런 생각이 들었습니다. '나는 내 잠자리를 어떤 깊은 밀림에다 만들어야겠다. 거기에 잠지리를 만든 뒤 해거름에 잠자리로부터 나와야겠다. 잠자리에서 나와서는 기지개를 켜야겠다. 기지개를 켠 뒤 사방을 두루 굽어봐야겠다. 사방을 두루 굽어본 뒤 세 번 사자후를 토해야겠다. 세 번 사자후를 토한 뒤 초원으로 들어가야겠다. 그런 나는 동물의 무리 가운데서 아주 좋은 놈을 죽인 뒤 부드럽고 부드러운 고기를 먹은 다음 그 잠자리로 돌아가야겠다.'라고.

도반이여, 그러자 그 동물의 왕 사자는 어떤 깊은 밀림에다 그의 잠자리를 만들었습니다. 거기에 잠자리를 만든 뒤 해거름에 잠자리로부터 나왔고, 잠자리에서 나와서는 기지개를 켰으며, 기지개를 켠 뒤 사방을 두루 굽어봤습니다. 사방을 두루 굽어본 뒤 세 번 사자후를 토했으며, 세 번 사자후를 토한 뒤 초원으로 들어갔습니다. 그런 그는 동물의 무리 가운데서 아주 좋은 놈을 죽인 뒤 부드럽고 부드러운 고기를 먹은 다음 그 잠자리로 돌아갔습니다.'라고."

2.7. "'도반 빠띠까뿟따여, 그때에 그 동물의 왕인 사자가 남긴 것을 먹고 자란 늙은 자칼이 있었는데 거만하고 힘이 세었습니다. 도반이여, 그러자 그 늙은 자칼에게 이런 생각이 들었습니다. '나도 역시 내 잠자리를 어떤 깊은 밀림에다 만들어야겠다. 거기에 잠자리를 만든 뒤 해거름에 잠자리로부터 나와야겠다. 잠자리에서 나와서는 기지개를 켜야겠다. 기지개를 켠 뒤 사방을 두루 굽어봐야겠다. 사방을 두루 굽어본 뒤 세 번 사자후를 토해야겠다. 세 번 사자후를 토한 뒤 초원으로 들어가야겠다. 그런 나는 동물의 무리 가운데서 아주 좋은 놈을 죽인 뒤 부드럽고 부드러운 고기를 먹은 다음 그 잠자리로 돌아가야겠다.'라고.

도반이여, 그러자 그 늙은 자칼은 어떤 깊은 밀림에다 그의 잠자리를 만들었습니다. 거기에 잠자리를 만든 뒤 해거름에 잠자리로부터 나왔고, 잠자리에서 나와서는 기지개를 켰으며, 기지개를 켠 뒤 사방을 두루 굽어봤습니다. 사방을 두루 굽어본 뒤 세 번 사자후를 토하리라면서 자칼의 소리로 짖었고 여우의 소리로 짖었습니다. 그러니 저 불쌍한 자칼과 사자후을 어찌 비교할 수 있겠습니까?[33]

---

33) 사자와 자칼(여우)의 비유는 이처럼 인도의 수행자들 사이에서도 이미 잘 알려진 것이다.

도반 빠띠까뿟따여, 마찬가지로 당신도 잘 가신 분[善逝]의 훈육[34]으로 삶을 영위하고 잘 가신 분이 남겨주신 것을 먹으면서도 여래·아라한·정등각에게 대들려는 것과 같다고 생각합니다. 그러니 불쌍한 빠띠까뿟따와 여래·아라한·정등각을 어찌 비교할 수 있겠습니까?'라고."

2.8. "박가와여, 그러나 목발우를 지닌 자의 제자인 잘리야는 이런 비유로도 나체수행자 빠띠까뿟따가 그 자리에서 일어나게 할 수 없었다. 그러자 그에게 이렇게 말했다.

'자신을 사자라고 간주하면서
나는 동물의 왕이노라고 자칼은 생각했지만
그처럼 그는 자칼의 소리로 짖었다.
불쌍한 자칼과 사자후를 어찌 비교하겠는가?

도반 빠띠까뿟따여, 마찬가지로 당신도 잘 가신 분[善逝]의 훈육으로 삶을 영위하고 잘 가신 분이 남겨주신 것을 먹으면서도 여래·아라한·정등각에게 대들려는 것과 같다고 생각합니다. 그러니 불쌍한 빠띠까뿟따와 여래·아라한·정등각을 어찌 비교할 수 있겠습니까?'라고."

2.9. "박가와여, 그러나 목발우를 지닌 자의 제자인 잘리야는 이런 비유로도 나체수행자 빠띠까뿟따가 그 자리에서 일어나게 할 수

34) "잘 가신 분[善逝]의 훈육(sugata-apadāna)들이란 선서(善逝)의 특징(lakkhaṇa)들이니 선서의 교법에 갖추어진 세 가지 공부지음[三學, 계·정·혜]이다."(DA.iii.828)

없었다. 그러자 그에게 이렇게 말했다.

'다른 자를 따라 다니면서
그가 남긴 것을 먹고는 살이 쪄서[35)]
자신의 [천성]을 알지 못하는 자칼은
[스스로를] 호랑이라고 생각한다.
그러나 그는 자칼의 소리로 짖었다.
불쌍한 자칼과 사자후를 어찌 비교하겠는가?

도반 빠띠까뿟따여, 마찬가지로 당신도 잘 가신 분[善逝]의 훈육으로 삶을 영위하고 잘 가신 분이 남겨주신 것을 먹으면서도 여래·아라한·정등각에게 대들려는 것과 같다고 생각합니다. 그러니 불쌍한 빠띠까뿟따와 여래·아라한·정등각을 어찌 비교할 수 있겠습니까?' 라고."

2.10. "박가와여, 그러나 목발우를 지닌 자의 제자인 잘리야는 이런 비유로도 나체수행자 빠띠까뿟따가 그 자리에서 일어나게 할 수 없었다. 그러자 그에게 이렇게 말했다.

'개구리와 헛간의 생쥐와
공동묘지에 버려진 시체들을 먹으면서도
큰 숲과 빈 숲에서 번영을 누리는
나는 동물의 왕이노라고 자칼은 생각한다.

---

35) 원문은 attānaṁ vighāse samekkhiya인데 애매한 문장이다. 주석서는 "soṇḍiyaṁ ucchiṭṭhodake thūlaṁ attabhāvaṁ disvā."(DA.iii.829)로 해석하고 있어서 리즈 데이빗의 영어 번역을 참조하여 뜻이 통하도록 의역하였다.

그러나 그는 자칼의 소리로 짖었다.
불쌍한 자칼과 사자후를 어찌 비교하겠는가?

도반 빠띠까뿟따여, 마찬가지로 당신도 잘 가신 분[善逝]의 훈육으로 삶을 영위하고 잘 가신 분이 남겨주신 것을 먹으면서도 여래·아라한·정등각에게 대어들려는 것과 같다고 생각합니다. 그러니 불쌍한 빠띠까뿟따와 여래·아라한·정등각을 어찌 비교할 수 있겠습니까?'라고."

2.11. "박가와여, 그러나 목발우를 지닌 자의 제자인 잘리야는 이런 비유로도 나체수행자 빠띠까뿟따가 그 자리에서 일어나게 할 수 없었다. 그러자 그는 회중으로 되돌아가서 이렇게 보고하였다. '나체수행자 빠띠까뿟따는 당황한 모습이 역력합니다. 그는 '도반이여, 가겠습니다. 도반이여, 가겠습니다.'라고 말했지만 거기서 몸을 뒤틀고만 있었고 자리로부터 일어설 수조차 없었습니다.'라고 전했다."

2.12. "박가와여, 이렇게 말하자 나는 그 회중에게 이렇게 말했다. '나체수행자 빠띠까뿟따는 그런 말을 취소하지 않고 그런 마음을 버리지 않고 그런 견해를 포기하지 않고서는 나의 면전에 올 수 없다. 만일 그가 생각하기를 '나는 그런 말을 취소하지 않고 그런 마음을 버리지 않고 그런 견해를 포기하지 않고서도 사문 고따마의 면전에 갈 수 있다.'라고 한다면 그의 머리가 떨어질 것이다.

만일 릿차위 존자들에게 '우리는 나체수행자 빠띠까뿟따를 가죽 끈으로 묶어서 멍에를 맨 소들로 [이리로] 끌고 오리라.'라고 한다면 빠띠까뿟따는 그 가죽 끈을 끊을 수는 있을 것이다. 그러나 그는 그런 말을 취소하지 않고 그런 마음을 버리지 않고 그런 견해를 포기하지 않고서는 나의 면전에 올 수 없다. 만일 그가 생각하기를 '나는 그런 말을 취소하지 않고 그런 마음을 버리지 않고 그런 견해를 포기하지 않고서도 사문 고따마의 면전에 갈 수 있다.'라고 한다면 그의 머리가 떨어질 것이다."

2.13. "박가와여, 그러자 나는 그 회중을 법다운 이야기로 가르치고 격려하고 분발하게 하고 기쁘게 하였다. 나는 그 회중을 법다운 이야기로 가르치고 격려하고 분발하게 하고 기쁘게 하고 큰 속박으로부터 해탈하게 하였고[36] 8만 4천의 생명들을 큰 홍수의 늪[37]으로부터 건져 올렸으며 불의 요소를 통해서 삼매에 들어서[38] 야자수 일곱 개의 높이로 올라가서는 다시 야자수 일곱 개의 높이로 불을 만들어 타오르게 하고 연기를 내뿜게 한 뒤 큰 숲의 중각강당으로 돌아갔다.

그러자 릿차위의 후예 수낙캇따가 나에게 다가왔다. 와서는 나에게 절을 올리고 한 곁에 앉았다. 한 곁에 앉은 릿차위의 후예 수낙캇

---

36) "큰 오염원의 속박(kilesabandhana)으로부터 풀려나게 하였고"(DA.iii. 829)

37) "큰 홍수(mahāvidugga)란 네 가지 폭류(oghā)이다."(*Ibid*) 네 가지 폭류는 감각적 욕망의 폭류, 존재의 폭류, 사견의 폭류, 무명의 폭류이다. 『아비담마 길라잡이』 7장 §4의 해설을 참조할 것.
복주서에서는 "마치 큰 홍수처럼 유익함[善]의 [뗏목]더미를 모으지 않고서는(anupacita-kusala-sambhāra) 건너기 어렵다는 뜻이다."(DAṬ. iii.15)라고 설명하고 있다.

38) 이것은 불의 까시나를 대상으로 해서 본삼매에 든 것이다. 불의 까시나를 대상으로 본삼매를 성취한 자는 불에 관계된 여러 가지 신통을 나툰다고 한다. 『청정도론』 V.30을 참조할 것.

따에게 나는 이렇게 말했다.

'수낙캇따여, 이를 어떻게 생각하는가? 내가 나체수행자 빠띠까뿟따를 두고 설명한 대로 그 결과가 있었느냐, 아니면 다르게 되었느냐?'

'세존이시여, 세존께서 나체수행자 빠띠까뿟따를 두고 설명하신 대로 그 결과가 있었습니다. 다르게 되지 않았습니다.'

'수낙캇따여, 이를 어떻게 생각하는가? 만일 그렇다면 인간을 넘어선 법에 기인한 신통의 기적을 나툰 것이냐, 나툰 것이 아니냐?'

'세존이시여, 그렇다면 인간을 넘어선 법에 기인한 신통의 기적을 나투신 것이고, 나투지 않으신 것이 아닙니다.'

'쓸모없는 인간이여, 이와 같이 내가 인간을 넘어선 법에 기인한 신통의 기적을 나투었는데도 그대는 '세존이시여, 세존께서는 제게 인간을 넘어선 법에 기인한 신통의 기적을 나투시지 않기 때문입니다.'라고 말한다. 보라, 쓸모없는 인간이여. 이러한 잘못은 그대에게 있다는 것을!'

박가와여, 이와 같이 내가 말하였건만 릿차위의 후예 수낙캇따는 이 법과 율로부터 떠나 버렸다. 마치 불행한 곳과 지옥으로 향하는 자처럼."

세상의 기원에 대한 천명

2.14. "박가와여, 나는 세상의 기원에 대해서도 꿰뚫어 안다. 그것을 꿰뚫어 알 뿐만 아니라 그것을 넘어선 것도 꿰뚫어 안다. [그것을 넘어선] 것도 꿰뚫어 알지만 [갈애와 견해와 자만으로] 더럽혀지지 않는다. 더럽혀지지 않기 때문에 스스로 완전한 평화를 분명하게 알

고,[39] 이러한 최상의 지혜를 가졌기에 여래는 어떠한 재난도 얻지 않는다.

박가와여, 어떤 사문・바라문들은 스승으로부터 전승되어 내려온, 자재천이 창조하고 범천이 창조한[40] 세상의 기원을 천명한다. 나는 그들에게 다가가서 이와 같이 말한다. '존자들이 스승으로부터 전승되어 내려온, 신이 창조하고 범천이 창조한 세상의 기원을 천명한다는 것이 사실인가?' 그들은 내가 이렇게 물으면 '그렇습니다. 우리는 맹세합니다.'라고 한다. 나는 다시 말한다. '그러면 존자님은 어떻게 스승으로부터 전승되어 내려온, 신이 창조하고 범천이 창조한 세상의 기원을 천명하는가?' 내가 이렇게 묻지만 그들은 대답하지 못한다. 대답하지 못하고 오히려 나에게 되묻는다. 질문을 받으면 나는 그들에게 설명을 한다."

2.15. "'도반들이여,[41] 참으로 긴 세월이 지난 그 어느 때, 어느 곳에서 이 세상은 수축한다. 세상이 수축할 때 대부분의 중생들은 광음천에 나게 된다. 그들은 거기서 마음으로 이루어지고 희열을 음식으로 삼고 스스로 빛나고 허공을 다니고 천상에 머물며 길고 오랜 세월 산다.

---

39) 이 정형구에 나타나는 술어들에 대한 설명은 「범망경」(D1) §1.36의 주해들을 참조할 것.

40) '자재천이 창조하고 범천이 창조한'으로 옮긴 원문은 Issara-kuttaṁ Brahma-kuttaṁ이다. 주석서에서는 "여기서는 범천이 주인이 되기(ādhipaccabhāva) 때문에 그가 바로 자재천(Issara)이라고 알아야 한다."(DA.iii.830)라고 설명하고 있다.

41) 이하 §2.17까지는 본서 제1권의 「범망경」(D1) §§2.2~2.6과 동일한 내용임.

도반들이여, 참으로 긴 세월이 지난 그 어느 때, 어느 곳에서 이 세상은 팽창한다. 세상이 팽창할 때 텅 빈 범천의 궁전이 출현한다. 그때 어떤 중생이 수명이 다하고 공덕이 다하여 광음천의 무리에서 떨어져서 텅 빈 범천의 궁전에 태어난다. 그는 거기서도 역시 마음으로 이루어지고 희열을 음식으로 삼고 스스로 빛나고 허공을 다니고 천상에 머물며 길고 오랜 세월 살게 된다.

도반들이여, 그가 그곳에서 오랜 세월 홀로 살았기 때문에 그에게는 싫증과 따분함이 생겨, '오, 다른 중생들이 여기에 온다면 얼마나 좋을까.'라고 [갈망하였다]. 그러자 다른 중생들이 수명이 다하고 공덕이 다해서 광음천의 무리에서 떨어져 범천의 궁전에 태어나 그 중생의 동료가 되었다. 그들도 역시 거기서 마음으로 이루어지고 희열을 음식으로 삼고 스스로 빛나고 허공을 다니고 천상에 머물며 길고 오랜 세월 살게 된다.'"

2.16. "'도반들이여, 그러자 그곳에 먼저 태어난 중생에게 이와 같은 생각이 들었다. '나는 범천이요 대범천이고 지배자요 지배되지 않는 자요 전지자요 전능자요 최고자요 조물주요 창조자요 최승자요 서품을 주는 자요 자재자요 존재하는 것과 존재할 것의 아버지이다. 나야말로 이 중생들의 창조자이다. 무슨 이유 때문인가? 내게 전에 '오, 다른 중생들이 여기에 온다면 얼마나 좋을까?'라는 이런 생각이 일어났고 이러한 내 마음의 염원 때문에 이 중생들이 여기에 생겨났기 때문이다.'

뒤에 그곳에 태어난 중생들에게도 이런 생각이 들었다. '이 존자는 범천이요 대범천이고 지배자요 지배되지 않는 자요 전지자요 전능자요 최고자요 조물주요 창조자요 최승자요 서품을 주는 자요 자재자요 존재하는 것과 존재할 것의 아버지이시다. 이 존귀하신 범천이야말로 우리들의 창조자이시다. 무슨 이유 때문인가? 우리는 이분이 여기에 먼저 계신 것을 보았고 우리는 후에 생겨났기 때문이다.'라고.'"

2.17. "'도반들이여, 거기서 먼저 태어난 그 중생은 수명이 더 길고 더 아름답고 더 힘이 세었으며 뒤에 태어난 중생들은 수명이 더 짧았고 더 못생겼으며 더 힘이 약하였다.

도반들이여, 그런데 그 중 어떤 중생이 그 무리로부터 죽어서 이곳에 태어나는 경우가 있다. 여기에 태어나서는 집을 떠나 출가한다. 집을 떠나 출가하여 애를 쓰고 노력하고 몰두하고 방일하지 않고 바르게 마음에 잡도리함을 닦아서 마음이 삼매에 들어 바로 그 전생의 삶은 기억하지만 그 이상은 기억하지 못하는 그러한 마음의 삼매에 도달한다.

그는 이렇게 말한다. '이 존자는 범천이요 대범천이고 지배자요 지배되지 않는 자요 전지자요 전능자요 최고자요 조물주요 창조자요 최승자요 서품을 주는 자요 자재자요 존재하는 것과 존재할 것의 아버지이시다. 이 존귀하신 범천이 이 우리들의 창조자이시다. 그는 항상하고 견고하고 영원하며 변하지 않기 마련이며 영속 그 자체인 것처럼 그렇게 계신다. 그러나 우리는 그분 존자 범천에 의해서 창조되었다. 그런 우리는 무상하고 견고하지 않으며 수명이 짧고 죽기 마련이며 이곳에 왔다.'라고.'

그대 존자님들은 이러한 것을 두고 스승으로부터 전승되어 내려온, 신이 창조하고 범천이 창조한 세상의 기원이라고 천명하지 않는가?'

그러자 그들은 '도반 고따마시여, 고따마 존자께서 말씀하신 그대로, 참으로 우리는 그와 같이 들었습니다.'라고 대답하였다.

박가와여, 나는 세상의 기원에 대해서도 꿰뚫어 안다. 그것을 꿰뚫어 알 뿐만 아니라 그것을 넘어선 것도 꿰뚫어 안다. [그것을 넘어선] 것도 꿰뚫어 알지만 [갈애와 견해와 자만으로] 더럽혀지지 않는다. 더럽혀지지 않기 때문에 스스로 완전한 평화를 분명하게 알고, 이러한 최상의 지혜를 가졌기에 여래는 어떠한 재난도 얻지 않는다."

2.18. "박가와여, 어떤 사문·바라문들은 스승으로부터 전승되어 내려온, 유희로 타락해 버린 자라는 세상의 기원을 천명한다.[42] 나는 그들에게 다가가서 이와 같이 말한다. '존자들이 스승으로부터 전승되어 내려온, 유희로 타락해 버린 자라는 세상의 기원을 천명한다는 것이 사실인가?' 그들은 내가 이렇게 물으면 '그렇습니다. 우리는 맹세합니다.'라고 한다. 나는 다시 말한다. '그러면 존자들은 어떻게 스승으로부터 전승되어 내려온, 유희로 타락해 버린 자라는 세상의 기원을 천명하는가?' 내가 이렇게 묻지만 그들은 대답하지 못한다. 대답하지 못하고 오히려 나에게 되묻는다. 질문을 받으면 나는 그들에게 설명을 한다.

'도반들이여, '유희로 타락해 버린 자'라는 신들이 있다. 그들은 오랜 세월 웃고 유희하는데 빠져 지냈기 때문에 마음챙김을 놓아버렸다. 마음챙김을 놓아버렸기 때문에 그 신들은 그 무리에서 떨어지게 되었다.

도반들이여, 그런데 그 중 어떤 중생이 그 무리로부터 죽어서 이곳

---

42) 본 문단은 본서 제1권 「범망경」(D1) §§2.7~2.9와 같은 내용이다. 「범망경」의 이 부분에서 언급한 주해를 참조할 것.

에 태어나는 경우가 있다. 여기에 태어나서는 집을 떠나 출가한다. 집을 떠나 출가하여 애를 쓰고 노력하고 몰두하고 방일하지 않고 바르게 마음에 잡도리함을 닦아서 거기에 걸맞는 마음의 삼매를 얻는다. 그는 마음이 삼매에 들어 바로 그 전생의 삶은 기억하지만 그 이상은 기억하지 못한다.

그는 이렇게 말한다. '유희로 타락해 버리지 않은 그분 신들은 오랜 세월 웃고 유희하는데 빠져 지내지 않았다. 오랜 세월 웃고 유희하는데 빠져 지내지 않았기 때문에 그분들은 마음챙김을 놓아 버리지 않았다. 마음챙김을 놓아 버리지 않았기 때문에 그분 신들은 그 무리에서 떨어지지 않았고 항상하고 견고하고 영원하며 변하지 않기 마련이며 영속 그 자체인 것처럼 그렇게 계신다. 그러나 우리는 유희로 타락해 버려서 오랜 세월 웃고 유희하는데 빠져 지냈다. 오랜 세월 웃고 유희하는데 빠져 지냈기 때문에 우리는 마음챙김을 놓아버렸다. 마음챙김을 놓아버렸기 때문에 우리는 그 무리에서 떨어졌고 무상하고 견고하지 않으며 수명이 짧고 죽기 마련이며 이곳에 왔다.' 라고.

그대 존자님들은 이러한 것을 스승으로부터 전승되어 내려온, 유희로 타락해 버린 자라는 세상의 기원으로 천명하지 않는가?'

그러자 그들은 '도반 고따마여, 고따마 존자께서 말씀하신 그대로 참으로 우리는 그와 같이 들었습니다.'라고 대답하였다.

박가와여, 나는 세상의 기원에 대해서도 꿰뚫어 안다. 그것을 꿰뚫어 알 뿐만 아니라 그것을 넘어선 것도 꿰뚫어 안다. [그것을 넘어선] 것도 꿰뚫어 알지만 [갈애와 견해와 자만으로] 더럽혀지지 않는다. 더럽혀지지 않기 때문에 스스로 완전한 평화를 분명하게 알고, 이러한 최상의 지혜를 가졌기에 여래는 어떠한 재난도 얻지 않는다."

2.19. "박가와여, 어떤 사문·바라문들은 스승으로부터 전승되어 내려온, 마음이 타락해 버린 자라는 세상의 기원을 천명한다.[43] 나는 그들에게 다가가서 이와 같이 말한다. '존자들이 스승으로부터 전승되어 내려온, 마음이 타락해 버린 자라는 세상의 기원을 천명한다는 것이 사실인가?' 그들은 내가 이렇게 물으면 '그렇습니다. 우리는 맹세합니다.'라고 한다. 나는 다시 말한다. '그러면 존자들은 어떻게 스승으로부터 전승되어 내려온, 마음이 타락해 버린 자라는 세상의 기원을 천명하는가?' 내가 이렇게 묻지만 그들은 대답하지 못한다. 대답하지 못하고 오히려 나에게 되묻는다. 질문을 받으면 나는 그들에게 설명을 한다.

'존자들이여, '마음이 타락해 버린 자'라는 신들이 있다. 그들은 오랜 세월 [분노로] 서로를 응시한다. 그들은 오랜 세월 [분노로] 서로를 응시했기 때문에 서로서로의 마음을 타락하게 하였다. 그들은 서로서로 마음이 타락했기 때문에 몸도 피곤하고 마음도 피곤하였다. 그래서 그 신들은 그 무리에서 떨어지게 되었다.

존자들이여, 그런데 그 중 어떤 중생이 그 무리로부터 죽어서 이곳에 태어나는 경우가 있다. 여기에 태어나서는 집을 떠나 출가한다. 집을 떠나 출가하여 애를 쓰고 노력하고 몰두하고 방일하지 않고 바르게 마음에 잡도리함을 닦아서 거기에 걸맞는 마음의 삼매를 얻는다. 그는 마음이 삼매에 들어 바로 그 전생의 삶은 기억하지만 그 이상은 기억하지 못한다.

---

43) 본 문단은 본서 제1권 「범망경」(D1) §§2.10~2.12와 같은 내용이다. 「범망경」의 이 부분에서 언급한 주해를 참조할 것.

그는 이렇게 말한다. '마음이 타락하지 않은 그분 신들은 오랜 세월 [분노로] 서로를 응시하지 않는다. 그들은 오랜 세월 [분노로] 서로를 응시하지 않기 때문에 서로서로의 마음을 타락하게 하지 않았다. 그들은 서로서로 마음이 타락하지 않았기 때문에 몸도 피곤하지 않고 마음도 피곤하지 않았다. 그래서 그분 신들은 그 무리에서 떨어지지 않았고 항상하고 견고하고 영원하며 변하지 않기 마련이며 영속 그 자체인 것처럼 그렇게 계신다. 그러나 우리는 마음이 타락하여 오랜 세월 [분노로] 서로를 응시하였다. 그런 우리는 오랜 세월 [분노로] 서로를 응시했기 때문에 서로서로의 마음을 타락하게 하였다. 그런 우리는 서로서로 마음이 타락했기 때문에 몸도 피곤하고 마음도 피곤하였다. 그래서 우리는 그 무리에서 떨어졌고 무상하고 견고하지 않으며 수명이 짧고 죽기 마련이며 이곳에 왔다.'라고.

그대 존자님들은 이러한 것을 스승으로부터 전승되어 내려온, 마음이 타락해 버린 자라는 세상의 기원으로 천명하지 않는가?'

그러자 그들은 '도반 고따마여, 고따마 존자께서 말씀하신 그대로 참으로 우리는 그와 같이 들었습니다.'라고 대답하였다.

박가와여, 나는 세상의 기원에 대해서도 꿰뚫어 안다. 그것을 꿰뚫어 알 뿐만 아니라 그것을 넘어선 것도 꿰뚫어 안다. [그것을 넘어선] 것도 꿰뚫어 알지만 [갈애와 견해와 자만으로] 더럽혀지지 않는다. 더럽혀지지 않기 때문에 스스로 완전한 평화를 분명하게 알고, 이러한 최상의 지혜를 가졌기에 여래는 어떠한 재난도 얻지 않는다."

2.20. "박가와여, 어떤 사문·바라문들은 스승으로부터 전승되어 내려온, 우연발생[44]이라는 세상의 기원을 천명한다. 나는 그들에게

44) 본 문단은 본서 제1권 「범망경」(D1) §2.31과 같은 내용이다. 「범망경」

다가가서 이와 같이 말한다. '존자들이 스승으로부터 전승되어 내려온, 우연발생이라는 세상의 기원을 천명한다는 것이 사실인가?' 그들은 내가 이렇게 물으면 '그렇습니다. 우리는 맹세합니다.'라고 한다. 나는 다시 말한다. '그러면 존자들은 어떻게 스승으로부터 전승되어 내려온, 우연발생이라는 세상의 기원을 천명하는가?' 내가 이렇게 묻지만 그들은 대답하지 못한다. 대답하지 못하고 오히려 나에게 되묻는다. 질문을 받으면 나는 그들에게 설명을 한다.

'존자들이여, 무상유정(無想有情)이라는 신들이 있다. 그들은 인식이 생겨나면 그 무리로부터 죽게 된다. 그런데 그 중 어떤 중생이 그 무리로부터 죽어서 이곳에 태어나는 경우가 있다. 여기에 태어나서는 집을 떠나 출가한다. 집을 떠나 출가하여 애를 쓰고 노력하고 몰두하고 방일하지 않고 바르게 마음에 잡도리함을 닦아서 거기에 걸맞는 마음의 삼매를 얻는다. 그는 마음이 삼매에 들어 바로 인식이 생겨난 것을 기억하지만 그 이상은 기억하지 못한다. 그는 이렇게 말한다. '자아와 세상은 우연히 발생한다. 그것은 무슨 이유 때문인가? 나는 전에는 존재하지 않았지만 이제 존재하기 때문이다. 존재하지 않았지만 존재로 전변했기 때문이다.'라고.

그대 존자님들은 이러한 것을 스승으로부터 전승되어 내려온, 우연발생이라는 세상의 기원으로 천명하지 않는가?'

그러자 그들은 '도반 고따마여, 고따마 존자께서 말씀하신 그대로 참으로 우리는 그와 같이 들었습니다.'라고 대답하였다.

박가와여, 나는 세상의 기원에 대해서도 꿰뚫어 안다. 그것을 꿰뚫어 알 뿐만 아니라 그것을 넘어선 것도 꿰뚫어 안다. [그것을 넘어선]

의 이 부분에서 언급한 주해를 참조할 것.

것도 꿰뚫어 알지만 [갈애와 견해와 자만으로] 더럽혀지지 않는다. 더럽혀지지 않기 때문에 스스로 완전한 평화를 분명하게 알고, 이러한 최상의 지혜를 가졌기에 여래는 어떠한 재난도 얻지 않는다."

맺는 말

2.21. "박가와여, 이렇게 설하고 이렇게 선언하는 나를 두고 어떤 사문·바라문들은 근거 없이 헛되이 거짓으로 사실과는 다르게 비난한다. '사문 고따마는 전도된 인식을 가진 자이다.[45] 비구들도 마찬가지다. 사문 고따마는 '[색깔의 까시나로] 청정한 해탈[46]을 구족하여 머물 때에 모든 것은 부정(不淨)하다고 꿰뚫어 안다.'고 이렇게 말하기 때문이다.'라고.

박가와여, 그러나 나는 결코 '[색깔의 까시나로] 청정한 해탈을 구족하여 머물 때에 모든 것은 부정하다고 꿰뚫어 안다.'고 말하지 않는다. 박가와여, 나는 '청정한 해탈을 구족하여 머물 때에는 오직 청정하다고 꿰뚫어 안다.'고 말한다."

"세존이시여, 세존과 비구들에게 전도된 인식을 가진 자라고 비난하는 그들이 전도된 인식을 가진 자들입니다. 세존이시여, 저는 세존께 이러한 청정한 믿음이 있습니다. 세존께서는 제가 청정한 해탈을

---

45) 원문은 viparīto(전도된)인데 주석서에서 "전도된 인식, 전도된 마음이다.(viparītasañño viparītacitto)"(DA.iii.830)라고 설명하고 있어서 '전도된 인식'으로 옮겼다.

46) "청정한 해탈(subhaṁ vimokkhaṁ)이란 색깔의 까시나(vaṇṇakasiṇa)이다."(DA.iii.830)
『청정도론』에서는 청·황·적·백의 네 가지 까시나를 설명하고 있다. 색깔의 까시나는 『청정도론』 V.12 이하를 참조할 것.

구족하여 머물도록 그러한 법을 설해 주실 수 있는 분이십니다."

"박가와여, 다른 견해를 가졌고 다른 [가르침을] 받아들였고 다른 [가르침을] 좋아하고 다른 수행을 추구하고 다른 스승을 따르는 그대가 청정한 해탈을 구족하여 머물기란 어렵다. 박가와여, 그대는 다만 그대가 가지고 있는 나에 대한 이러한 청정한 믿음을 잘 보호하여라."47)

"세존이시여, 만일 저와 같이 다른 견해를 가졌고 다른 [가르침을] 받아들였고 다른 [가르침을] 좋아하고 다른 수행을 추구하고 다른 스승을 따르는 자가 청정한 해탈을 구족하여 머물기란 어렵다면, 저는 다만 제가 가지고 있는 세존께 대한 청정한 믿음을 잘 보호하겠습니다."

세존께서는 이와 같이 설하셨다. 박가와곳따 유행승은 마음이 흡족해져서 세존의 말씀을 크게 기뻐하였다.

「빠띠까 경」이 끝났다.

---

47) 이 정형구에 대한 설명은 본서 제1권 「뽓타빠다 경」(D9) §24의 주해들을 참조할 것.
초기경의 여러 군데서 부처님께서는 다른 사상과 다른 믿음을 가진 자들에게는 불교의 근본을 말씀해 주시지 않는다. 왜냐하면 오히려 그들을 혼란스럽게 만들기 때문이다. 그들이 부처님의 말씀을 충분히 이해하고 그대로 수행할 인연이 성숙해야 말씀을 해 주신다. 여기서도 박가와는 세존께 깊은 믿음을 가지기는 하였지만 아직 다른 사상과 다른 견해를 버리지 못했기 때문에 단지 청정한 믿음을 그대로 잘 보호하라고만 말씀하시는 것이다. 불교라는 이름으로 외도적 사상과 사고방식에 물들어 있는 지금의 수행자들도 깊이 반성해봐야 할 점이라 생각된다.

우둠바리까 사자후경

진정한 고행의 완성

Udumbarika-sīhanāda Sutta(D25)

우둠바리까 사자후경[48]

진정한 고행의 완성

Udumbarika-sīhanāda Sutta(D25)

서언 — 산다나 장자

1. 이와 같이 나는 들었다. 한때 세존께서는 라자가하(왕사성)[49]

48) 본경은 세존과 니그로다라는 유행승 사이의 대화내용으로 구성되어 있다. 니그로다 유행승이 세존을 비난하자 세존께서는 그의 거처로 가셔서 그들이 최상으로 여기는 고행을 통한 금욕을 주제로 하여 타심통까지 설하신 뒤, 청정범행의 완성에 대해서 설하려 하셨지만 그들은 멍청히 있을 뿐 아무 질문도 하지 않는다. 본경은 고행을 위주로 하는 당시의 수행 풍토와 부처님 가르침의 차이를 분명하게 드러내 보이는 중요한 내용을 담고 있다.
본경은 세존께서 우둠바리까 원림에서 외도 유행승들에게 사자후를 하신 가르침이므로 우둠바리까 시하나다 숫따(Udumbarikasīhanāda Sutta)라 이름하였고 역자는 「우둠바리까 사자후경」이라 옮겼다. 그런데 미얀마 육차결집본에는 단지 우둠바리까 숫따(Udumbarika Sutta)라고만 나타난다. 사자후(sīhanāda)에 대해서는 본서 제1권 「깟사빠 사자후경」(D8)의 첫 번째 주해를 참조할 것.
본경은 「산타나경」(散陀那經)으로 한역되어 『장아함』의 여덟 번째 경으로 중국에 소개되었으며, 『중아함』에는 「우담바라경」(優曇婆邏經)으로 번역되어 104번째 경으로 포함되어 있다. 『장아함』에서 「산타나경」(散陀那經)으로 제목을 붙인 것은 본경에 나타나는 산다나(Sandhāna) 장자의 이름을 딴 것이다.

에서 독수리봉 산(영취산)[50]에 머무셨다. 그 무렵에 니그로다 유행승[51]은 3천 명 정도의 큰 유행승의 회중과 함께 우둠바리까 왕비가 [소유하고 있는][52] 유행승의 원림에 정착해 있었다. 그때 산다나 장자[53]는 이른 시간에 세존을 친견하기 위해서 라자가하에서 나왔다. 그런데 산다나 장자에게 이런 생각이 들었다. '지금은 세존을 친견하기 위한 적당한 시간이 아니다. 세존께서는 홀로 머물고 계신다. 지금은 마음을 닦는 비구들을 친견하기에도 적당한 때가 아니다. 그러니 나는 우둠바리까 왕비가 [소유하고 있는] 유행승의 원림으로 니

---

49) 지금의 인도 비하르(Bhihar) 주에 있는 라즈기르(Rājgir)이다. 부처님 당시에 인도는 16개 나라가 있었는데 그 중에 가장 강성했던 곳이 마가다와 꼬살라였다. 마가다의 수도가 바로 이 라자가하였다. Rāja(왕)-gaha(집)라는 의미를 살려 중국에서는 王舍城으로 직역하였다.

50) 독수리봉 산에 대해서는 본서 제2권 「대반열반경」(D16) §1.1의 주해를 참조할 것.

51) 니그로다(Nigrodha) 유행승에 대한 설명은 그가 나체수행자가 아닌 옷을 입고 있는 유행승(channa-paribbājaka)이라는 사실 외에는 주석서에 나타나지 않는다.(DA.iii.832)
니그로다 유행승과 세존 사이에 있었던 본경의 대화는 본서 제1권의 「깟사빠 사자후경」(D8) §23에서 세존께서 언급하고 계신다.

52) 주석서에서는 "우둠바리까 왕비의 소유(santaka)인 유행승의 원림에"(DA.iii.832)라고 설명하고 있다. 그리고 복주서에서는 "우둠바리까 왕비가 지은(nibbattita) 원림이 우둠바리까 원림이다. 그녀가 지은 것은 그녀의 소유(santaka)이기 때문이다."(DAṬ.iii.17)라고 덧붙이고 있다. 그래서 '우둠바리까 왕비가 [소유하고 있는]'으로 풀어서 옮겼다.

53) 주석서에 의하면 산다나(Sandhāna) 장자는 큰 위력(mahānubhāva)을 가진 재가 신도로서 500명의 청신사들 가운데 최상이며 불환과(anāgamī)를 증득하였다고 한다.(DA.iii.832) 그래서 『증지부』에서 세존께서는 불·법·승·계·지혜·해탈에 흔들림 없는 믿음을 가진 자로 이 산다나 장자를 들고 계신다.(A.iii.451)

그로다 유행승에게 가봐야겠다.' 그래서 산다나 장자는 우둠바리까 왕비가 [소유하고 있는] 유행승의 원림으로 니그로다 유행승에게 갔다.

니그로다 유행승

2. 그 무렵에 니그로다 유행승은 3천 명 정도의 큰 유행승의 회중과 함께 앉아 있었는데 그들은 시끄럽고 큰 목소리로 여러 가지 쓸데없는 이야기를 나누고 있었다. 즉 왕의 이야기, 도둑 이야기, 대신들 이야기, 군대 이야기, 겁나는 이야기, 전쟁 이야기, 음식 이야기, 음료수 이야기, 옷 이야기, 침대 이야기, 화환 이야기, 향 이야기, 친척 이야기, 탈것에 대한 이야기, 마을에 대한 이야기, 성읍에 대한 이야기, 도시에 대한 이야기, 나라에 대한 이야기, 여자 이야기, 영웅 이야기, 거리 이야기, 우물 이야기, 전에 죽은 자에 관한 이야기, 하찮은 이야기, 세상의 [기원]에 대한 이야기, 바다에 관련된 이야기, 이렇다거나 이렇지 않다는 이야기였다.

3. 니그로다 유행승은 산다나 장자가 오는 것을 멀리서 보고 자신의 회중을 조용히 하도록 하였다.

"존자들은 조용히 하시오. 존자들은 소리를 내지 마시오. 사문 고따마의 제자인 산다나 장자가 오고 있소. 흰옷을 입은 사문 고따마의 재가 제자들이 라자가하에 살고 있는데 이 자는 그들 가운데 한 사람인 산다나 장자라오. 그런데 저 존자들은 조용함을 좋아하고 조용함으로 단련되고 조용함을 칭송한다오. 이제 우리 회중이 조용함을 알면 그는 우리에게 다가올 것이라 생각하오."

이렇게 말하자 그 유행승들은 조용히 하였다.

4. 그러자 산다나 장자는 니그로다 유행승에게 다가갔다. 가서는 니그로다 유행승과 함께 환담을 나누었다. 유쾌하고 기억할 만한 이야기로 서로 담소를 하고서 한 곁에 앉았다. 한 곁에 앉아서 산다나 장자는 니그로다 유행승에게 이렇게 말하였다.

"외도 유행승들과 세존은 참으로 다릅니다. 외도 유행승들은 끼리끼리 모여서는 시끄럽고 큰 목소리로 여러 가지 쓸데없는 이야기를 나눕니다. 즉 왕의 이야기 … 이렇다거나 이렇지 않다는 이야기입니다. 그러나 세존께서는 숲이나 밀림[54] 속에 있는 조용하고 소리가 없고 한적하고 사람들로부터 멀고 혼자 앉기에 좋은 외딴 처소들을 수용합니다."

5. 이렇게 말하자 니그로다 유행승은 산다나 장자에게 이렇게 말하였다.

"오호, 그런가요? 장자여, 그런데 그대는 사문 고따마가 누구와 함께 대화를 나누고 누구와 함께 토론하고 누구와 더불어 탁월한 통찰지를 증득하였는지 알기나 하오? 사문 고따마의 통찰지는 빈 집에서 망가진 것[55]이라오. 사문 고따마는 회중에 참여하지 않는다오. 그는

---

54) '숲이나 밀림'으로 옮긴 원어는 araññavanapattha이다. 복주서에서는 "숲과 밀림(araññāni ca tāni vanapatthāni ca)"(DAṬ.iii.18)으로 풀이하고 있다. 그래서 이렇게 옮겼다.

55) '빈 집에서 망가진 것'은 suññāgārahatā의 역어인데 주석서에서는 "빈 집에서 망가진 것(naṭṭhā)"(DA.iii.834)이라고 설명하고 있어서 이렇게 옮겼다. "사문 고따마는 보리수 아래서 조그마한 통찰지(반야)를 얻었는데, 그것도 빈 집에서 혼자 앉아있는 동안에 망가져 버렸다. 만일 우리처럼 무리에 참여해 있으면 그의 통찰지가 사라져 버리지는 않을 것이라고 하는 말이다."(*Ibid*)라고 주석서는 덧붙이고 있다.

대화할 준비가 전혀 되지 않았다오. 그는 [대화를 회피하기 위해서] 변두리만을[56] 다닌다오. 이는 마치 외눈박이 소가 조심스럽게 변두리만을 다니는 것과 같소. 그와 마찬가지로 사문 고따마의 통찰지는 빈 집에서 망가진 것이라오. 사문 고따마는 회중에 참여하지 않는다오. 그는 대화할 준비가 전혀 되지 않았다오. 그는 [대화를 회피하기 위해서] 변두리만을 다닌다오.

여보시오, 장자여. 사문 고따마가 이 회중에 오게 하시오. 우리는 한 방의 질문으로 그를 꼼짝 못하게 하고 빈 물동이처럼 그를 비틀어 버리겠소이다."

6. 세존께서는 인간의 능력을 넘어선 청정하고 신성한 귀의 요소[天耳界, 天耳通]로 산다나 장자가 니그로다 유행승과 더불어 나눈 이런 대화를 들으셨다. 그러자 세존께서는 독수리봉 산으로부터 내려오셔서 수마가다 연못의 언덕에 있는 공작 보호구역으로 가셨다. 가셔서는 수마가다 연못[57]의 언덕에 있는 공작 보호구역의 노지에서 포행을 하셨다. 니로그다 유행승은 세존께서 수마가다 연못의 언덕에 있는 공작 보호구역의 노지에서 포행을 하시는 것을 보았다. 그리고는 자신의 회중을 조용히 하도록 하였다.

"존자들은 조용히 하시오. 존자들은 소리를 내지 마시오. 사문 고따마가 수마가다 연못의 언덕에 있는 공작 보호구역의 노지에서 포행을 하고 있소. 그런데 저 존자는 조용함을 좋아하고 조용함으로 단

---

56) "'변두리만을(antamantāneva)'이라는 것은 '누가 나에게 질문을 하지 않을까?'라고 질문을 두려워하여 변두리 외딴 처소(pantasenāsana)들을 의지한다는 말이다."(DA.834)

57) "수마가다(Sumāgadha)는 연못(pokkharaṇī)이다."(DA.iii.835)

련되고 조용함을 칭송한다오. 이제 우리 회중이 조용함을 알면 그는 우리에게 다가올 것이라 생각하오. 만일 그가 온다면 그에게 '존자시여, 세존께서 제자들을 인도하는 세존의 법은 참으로 어떤 것입니까? 어떠한 법을 통해서 세존의 인도를 받은 제자들은 안심입명처를 얻어[58] 굳은 의지로 청정범행의 시작을 맹세하게 됩니까?'라고 질문을 합시다."

이렇게 말하자 그 유행승들은 조용히 하였다.

고행을 통한 금욕

7. 그러자 세존께서는 니그로다 유행승에게 다가가셨다. 그러자 니그로다 유행승은 세존께 이렇게 말씀드렸다.

"어서 오십시오, 세존이시여. 저희는 세존을 환영합니다. 세존께서는 오랜만에 여기에 오실 기회를 만드셨습니다. 이리로 와서 앉으십시오. 세존이시여, 이것이 마련된 자리입니다."

세존께서는 마련된 자리에 앉으셨다. 니그로다 유행승도 역시 다른 낮은 자리를 잡아서 한 곁에 앉았다. 한 곁에 앉은 니그로다 유행승에게 세존께서는 이렇게 말씀하셨다.

"니그로다여, 그대들은 무슨 이야기를 하기 위해 지금 여기에 모였는가? 그리고 그대들이 하다 만 이야기는 무엇인가?"

"세존이시여, 여기서 저희들은 세존께서 수마가다 연못의 언덕에

58) '안심입명처를 얻어'로 옮긴 원어는 assāsappatta이다. 여기서 assāsa는 ā(앞으로)+√śvas(*to breathe*)에서 파생된 명사이다. 문자 그대로 [안도의] 숨을 내쉬는 것이다. 안식(安息)과 정확히 일치하는 의미라 하겠다. 본서에서는 안식으로도 옮기고, 여기서처럼 강조해서 안심입명처(安心立命處)로도 옮기고 있다.

있는 공작 보호구역의 노지에서 포행을 하시는 것을 보았습니다. 그리고는 이렇게 말하였습니다. '만일 사문 고따마가 이 회중에 온다면 그에게 '존자시여, 세존께서 제자들을 인도하는 세존의 법은 참으로 어떤 것입니까? 어떠한 법을 통해서 세존의 인도를 받은 제자들은 안심입명처를 얻어 굳은 의지로 청정범행의 시작을 맹세하게 됩니까?'라고 질문을 합시다.'라고. 세존이시여, 이것이 우리가 하다 만 이야기 입니다. 그때 세존께서 오셨습니다."

"니그로다여, 그대와 같이 다른 견해를 가졌고 다른 [가르침을] 받아들였고 다른 [가르침을] 좋아하고 다른 수행을 추구하고 다른 스승을 따르는 자는[59] 참으로 나의 인도를 받은 제자들이 안심입명처를 얻어서 굳은 의지로 청정범행의 시작을 맹세하는 것을 알기 어렵다. 니그로다여, 그러니 그대는 나에게 그대 자신의 스승에게서 전승되어 온 금욕에 대해서 '세존이시여, 고행을 통한 금욕[60]은 어떻게

59) 이 정형구에 대한 설명은 본서 제1권 「뽓타빠다 경」(D9) §24의 주해들과 본서 「빠띠까 경」(D24) §2.21의 주해를 참조할 것. 초기경의 여러 군데서 부처님께서는 이런 표현을 사용하시면서 다른 사상과 다른 믿음을 가진 자들에게는 불교의 근본을 말씀해 주지 않으신다.

60) '고행을 통한 금욕'으로 옮긴 원어는 tapo-jigucchā이다. 고행과 금욕으로 옮기지 않고 고행을 통한 금욕으로 옮긴 이유는 주석서의 설명을 따랐기 때문이다.
본경의 주석서에서는 "tapojigucchā란 정진에 의해서 사악함(pāpa)을 금욕(문자적으로는 혐오)하고 사악함을 버리는 것(vivajjanā)이다."(DA.iii.835)라고 설명하고 있으며 『상응부 주석서』에서는 "몸을 지치게 하는 고행으로 사악함을 금욕하는 것"(SA.i.126)이라고 설명하는데 이 두 곳 어디에도 드완드와(병렬) 합성어로 해석하는 ca(그리고)를 넣어서 설명하지 않는다. 그래서 고행을 통한 금욕으로 옮겼다.
문자적으로 tapo(*Sk.* tapas)는 √tap(*to heat*)에서 파생된 명사로 태운다는 의미이다. jigucchā는 √guo(*to protect*)의 원망법(*Desid.*) 동사 jugucchati(피하고 싶어 하다, 싫어하다, 혐오하다)에서 파생된 여성명사

해서 완성이 되며, 어떻게 해서 완성되지 않습니까?'라고 질문을 하여라."

이렇게 말씀하시자 유행승들에게 큰 소동이 일어나서 시끄럽고 큰 소리로 떠들썩하게 되었다.

"존자들이여, 참으로 경이롭습니다. 존자들이여, 참으로 놀랍습니다. 사문은 큰 신통을 나투고 큰 위력을 가졌습니다. 자신의 교설을 제쳐두고 남의 교설을 선택하게 하다니요."

8. 그러자 니그로다 유행승은 그 유행승들을 조용히 하게 한 뒤 세존께 이렇게 말씀드렸다. "세존이시여, 저희들은 고행을 통한 금욕을 설하고 고행을 통한 금욕을 본질로 하고 고행을 통한 금욕에 계합하여 머뭅니다. 세존이시여, 그러면 고행을 통한 금욕은 어떻게 해서 완성이 되며, 어떻게 해서 완성되지 않습니까?"

"니그로다여, 여기 고행자는 나체수행자이고,[61] 관습을 거부하며 살고, 손에 [받아] 핥아서 먹고, [음식을 주기 위해서] 오라 하면 가지 않고, [음식을 주기 위해서] 서라 하면 서지 않으며, 가져온 음식을 받지 않고, [자신의 몫으로] 지칭된 것을 받지 않으며, 초청에 응하지 않는다.

그는 그릇으로 [주면] 받지 않고, 접시로 [주면] 받지 않고, 문지방을 넘어서 주는 것, 막대기에 꿰어진 것, 절구공이 안에 있는 것을 받지 않으며, 두 사람이 먹을 때, 임신부로부터, [아이에게 젖을] 먹이

이다. 일반적으로 혐오로 옮기지만 여기서는 수행의 입장이므로 금욕이라고 옮겼다.

61) 이하 본 문단의 고행의 정형구는 본서 제1권 「깟사빠 사자후경」(D8) §14에서 정형구로 정리되어 나타나는 것과 꼭 같다.

는 여자로부터, 남자 [품에] 안겨 있는 여자로부터 받지 않으며, [보시한다고] 널리 알릴 때 받지 않으며, 개가 옆에 있을 때 받지 않으며, 나방이 날아다닐 때 받지 않으며, 생선과 고기를 받지 않으며, 술, 과즙주, 발효주를 마시지 않는다.

그는 한 집만 가서 한 집의 음식만 먹는 자요, 두 집만 가서 두 집의 음식만 먹는 자요 … 일곱 집만 가서 일곱 집의 음식만 먹는 자요, 한 닷띠의 음식만 구걸하고, 두 닷띠의 음식만 구걸하고 … 일곱 닷띠의 음식만 구걸하며, 하루에 한 번만 이틀에 한 번만 … 이런 식으로 보름에 한 번만 방편으로 음식을 먹으며 산다.

그는 채소를 먹는 자이고, 수수, 니바라 쌀, 닷둘라 쌀, 수초, 등겨, 뜨물, 깻가루, 풀, 소똥을 먹는 자이며, 야생의 풀뿌리와 열매를 음식으로 해서 살고, 떨어진 열매를 먹는 자이다.

그는 삼베로 만든 옷을 입고, 마포로 된 거친 옷을 입고, 시체를 싸맨 헝겊으로 만든 옷을 입고, 넝마로 만든 옷을 입고, 나무껍질로 만든 옷을 입고, 영양 가죽을 입고, 영양 가죽으로 만든 외투를 입고, 꾸사 풀로 만든 외투를 입고, 나무껍질로 만든 외투를 입고, 판자로 만든 외투를 입고, 머리카락으로 만든 담요를 입고, 꼬리털로 만든 담요를 입고, 올빼미 털로 만든 옷을 입는다.

머리카락과 수염을 뽑는 수행에 몰두한, 머리카락과 수염을 뽑은 자이고, 자리에 앉지 않고 서있는 자이며, 쪼그리고 앉는 수행에 몰입한 쪼그리고 앉는 자이고, 가시를 가까이 하는 자이어서 가시로 된 침상을 사용하며 밤에 세 번을 물에 들어가는 데 몰두하며 지낸다.

니그로다여, 이를 어떻게 생각하는가? 만일 이와 같다면 고행을 통한 금욕이 완성되었다고 하겠는가, 완성되지 않았다고 하겠는가?”

"세존이시여, 그와 같다면 참으로 고행을 통한 금욕은 완성되었으며, 완성되지 않은 것이 아닙니다."

"니그로다여, 나는 이와 같이 고행을 통한 금욕이 완성되었다 하더라도, 갖가지 오염원들이 있다고 말한다."

오염원

9. "세존이시여, 그러면 세존께서는 어떻게 해서 고행을 통한 금욕이 완성되었다 하더라도, 갖가지 오염원들이 있다고 말씀하십니까?"

"니그로다여, 여기 고행자가 고행을 하여 그 고행으로 마음이 흡족하고[62] 이제 그의 의도하는 바는 성취되었다고 여긴다. 니그로다여, 그가 그 고행으로 마음이 흡족하고 이제 그의 의도하는 바는 성취되었다고 여기는 이것도 고행자의 오염원이다.

다시 니그로다여, 여기 고행자가 고행을 하여 그 고행으로 자신을 칭송하고 남을 업신여긴다.[63] 니그로다여, 그가 고행으로 자신을 칭

---

62) "'마음이 흡족하다(attamano hoti)'는 것은 '다른 누가 나와 같은 이런 고행에 [몰두]한단 말인가?'라고 마음이 만족(tuṭṭhmana)한 것이다."(DA.iii.836) 자신의 고행에 대한 이러한 태도는 복주서의 설명대로 큰 자만(atimāna, DAT.iii.22)이니 그것은 오염원에 휩싸여 있는 것이라는 말씀이다.
한편 주석서에서는 말하기를, 이것은 외도들에게 해당되는 말이고 승단에서는 두타행(dhutaṅga, 두땅가)을 하는 자들이 이런 자만을 가지면 그것도 오염원이라고 설명하고 있다.(*Ibid*) 오염원의 완전한 소멸, 즉 해탈·열반을 지향하지 않는 두타행과 계행은 자만을 기르는 두타행에 지나지 않고 자만을 기르기 위해서 계를 지키는 꼴이 되고 만다는 뼈아픈 말씀이시다.

63) 뻐기는데서 한 걸음 더 나아가서 이제는 자신을 칭송하고 남을 업신여긴

송하고 남을 업신여기는 이것도 고행자의 오염원이다.

다시 니그로다여, 여기 고행자가 고행을 하여 그 고행으로 취하고 혹하고 방일함을 얻게 된다. 니그로다여, 그가 고행으로 취(醉)하고 혹(惑)하고 방일함을 얻는 이것도 고행자의 오염원이다."

10. "다시 니그로다여, 여기 고행자가 고행을 하여 그 고행으로 이양(利養)과 존경과 명성을 얻게 된다. 그는 이양과 존경과 명성을 얻게 되자 마음이 흡족해져서 이제 그의 의도하는 바는 성취되었다 [고 여긴다.][64] 니그로다여, 그가 이런 이양과 존경과 명성으로 마음이 흡족하고 이제 그의 의도하는 바는 성취되었다고 [여기는] 이것도 고행자의 오염원이다.

다시 니그로다여, 여기 고행자가 고행을 하여 그 고행으로 이양과 존경과 명성을 얻게 된다. 그는 이양과 존경과 명성을 얻게 되자 자신을 칭송하고 남을 비난한다. 그가 이런 이양과 존경과 명성으로 자신을 칭송하고 남을 비난하는 이것도 고행자의 오염원이다.

다시 니그로다여, 여기 고행자가 고행을 하여 그 고행으로 이양과 존경과 명성을 얻게 된다. 그는 이양과 존경과 명성을 얻게 되자 취하고 혹하고 방일함을 얻게 된다.[65] 니그로다여, 그가 이런 이양과

다. 그러니 이것도 당연히 오염원이다. 우리는 자신의 조그마한 계행으로 남들을 비난하고 남들을 업신여기는 수행자들을 많이 본다. 이런 것은 해탈·열반의 길이 아니다. 계를 지니는 자는 철저한 자기 단속(saṁvāra)에 전념해야 한다. 이러한 근본을 놓쳐 버리면 단지 남을 비난하기 위해서 계를 지키는 꼴밖에 더 되는가?

64) 이것도 뼈아픈 말씀이다. 계율을 지키고 금욕을 하고 참선을 하는 것은 출가자의 기본일 뿐이다. 이러한 것을 통해서 명성과 이양을 구한다면 자기가 연마한 학문과 기술과 재능으로 돈을 벌고 세속적 성공을 추구하는 저 범부와 무엇이 다른가?

존경과 명성으로 취하고 혹하고 방일함을 얻는 이것도 고행자의 오염원이다.

다시 니그로다여, 여기 고행자가 고행을 하여 '이것은 내게 맞다, 이것은 내게 맞지 않다.'라고 음식에서 분별을 하게 된다.[66] 그에게 맞지 않는 것은 고의적으로 버려 버리고, 그에게 맞는 것에는 묶이고 홀리고 집착하여 위험을 보지 못하고 출구를 얻지 못하면서 즐긴다. … 이것도 고행자의 오염원이다.

다시 니그로다여, 여기 고행자가 고행을 하여 이양과 존경과 명성에 집착하기 때문에 '왕이, 왕의 대신들이, 끄샤뜨리야들이, 바라문들이, 장자들이, 종교 지도자들이 나를 존경할 것이다.'라고 생각한다. … 이것도 고행자의 오염원이다."

11. "다시 니그로다여, 여기 고행자는 다른 사문이나 바라문을 얕본다. '그런데 많은 것으로 삶을 영위하는 이 자는 모든 것을 먹어 치우는군. 즉 뿌리로 번식하는 것, 줄기로 번식하는 것, 마디로 번식하는 것, 가지로 번식하는 것, 다섯 번째로 종자로 번식하는 것이다. 그러고서도 자신이 사문이라고 떠벌리는군.'이라고 얕본다. … 이것도 고행자의 오염원이다.

다시 니그로다여, 여기 고행자는 다른 사문이나 바라문이 여러 가문들 가운데서 존경받고 존중되고 숭상되고 예배받는 것을 본다. 본

---

65) 명성과 이양이 생기면 그것에 취하고 홀려서 해탈·열반의 본분사는 내팽개쳐 버린다. 오히려 마을 사람들보다 더 돈과 자리에 연연한다.

66) '분별을 하게 된다.'로 옮긴 원어는 vodāsaṁ āpajjati인데 vodāsa는 다른 곳에는 나타나지 않는 단어이다. 주석서에서 "두 부분을 얻는다, 두 부분으로 만든다.(dvebhāgaṁ āpajjati, dve bhāge karoti)"(DA.iii.837)라고 설명하고 있어서 '분별을 하게 된다.'로 옮겼다.

뒤에는 그에게 이런 생각이 든다. '그런데 많은 것으로 삶을 영위하는 이 자는 여러 가문들 가운데서 존경받고 존중되고 숭상되고 예배받는구나. 그러나 나는 고행을 하여 어렵게 사는데도 여러 가문들 가운데서 존경받지 못하고 존중되지 못하고 숭상되지 못하고 예배받지 못한다.' 이렇게 그는 여러 가문들에 대해서 질투와 인색을 일으킨다. … 이것도 고행자의 오염원이다.

다시 니그로다여, 여기 고행자는 붐비는 길에 앉아 [고행으로 시선을 끄는] 짓을 한다.[67] … 이것도 고행자의 오염원이다.

다시 니그로다여, 여기 고행자는 '나는 이런 고행을 합니다. 나는 이런 고행을 합니다.'라고 자신을 드러내지 않는 척하면서[68] 여러 가문들에게로 다닌다. … 이것도 고행자의 오염원이다.

다시 니그로다여, 여기 고행자는 남이 모르게 딴청부리는 것을 즐겨 한다. '이것을 좋아하십니까?'라고 물으면 좋아하지 않으면서도 '좋아합니다.'라고 대답하거나, 좋아하면서도 '좋아하지 않습니다.'라고 대답한다. 이처럼 고의적으로 거짓말을 한다. … 이것도 고행자의 오염원이다."

---

67) "'붐비는 길에 앉아 있는 자가 된다.(āpāthakanisādī hoti)'라는 것은 사람들이 볼 수 있는 장소인 대로(āpātha)에 앉아 있는 것이다. 그는 그들이 보는 곳에 앉아 박쥐처럼 사는 서계(vagguli-vata)를 행하고, 다섯 가지 불(pañcātapa)로 [몸을] 뜨겁게 하고, 한쪽 다리로 서있고, 태양에 절을 한다."(DA.ii.838)

68) 주석서에서는 "자신을 드러내지 않으면서(adassayamāno)에서 부정접두어 'a-'는 [의미가 없는] 분사일 뿐(nipātamatta)이다. 자신을 드러내면서라는 뜻이다."라고 설명하고 있는데 오히려 역자는 '자신을 드러내지 않는 척하면서'라고 원문을 살려서 번역했다.

12. "다시 니그로다여, 여기 고행자는 여래나 여래의 제자가 법을 설할 때에 좋은 방편이라고 인정된 것을 그렇다고 인정하지 않는다. … 이것도 고행자의 오염원이다.

다시 니그로다여, 여기 고행자는 분노하고 원한을 품는다. 니그로다여, 고행자가 분노하고 원한을 품는 이것도 고행자의 오염원이다.

다시 니그로다여, 여기 고행자는 경멸한다. … 앙심을 품는다. … 질투한다. … 인색하다. … 속인다. … 완고하다. … 거만하다. … 사악한 소원을 가져서 사악한 소원의 지배를 받는다. … 삿된 견해를 가져서 극단을 취하는 견해를 고루 가졌다. … 자기 견해를 고수(固守)하고[69] 그것을 굳게 움켜쥐어서[70] 폐기하기가 어렵다. 니그로다여, 고행자가 자기 견해를 고수하고 굳게 움켜쥐어서 폐기하기가 어려운 것도 고행자의 오염원이다.[71]

니그로다여, 이를 어떻게 생각하는가? 이러한 고행을 통한 금욕은 오염원이겠는가, 아니겠는가?"

"세존이시여, 참으로 그러한 고행을 통한 금욕은 오염원입니다. 오염원이 아닌 것이 아닙니다. 세존이시여, 심지어 여기 어떤 고행자는

---

69) '자기 견해를 고수하는 자'는 sandiṭṭhiparāmāsī의 역어이다. 주석서에서는 "자신의 견해가 산딧티(sandiṭṭhi)이고 산딧티를 고수한다, 거머쥐고 주장한다고 해서 자기 견해를 고수하는 자이다."(DA.iii.839)라고 설명한다. 한편 『청정도론 복주서』에서는 "고수(parāmāsa)란 법의 고유성질(sabhāva)을 넘어서 잘못 잡아 붙드는 것을 뜻한다."(Pm.829)고 설명하고 있다.

70) "강하게 아주 확고하게 되도록 그렇게 만든 뒤 거머쥔다고 해서 굳게 거머쥐는 것(ādhānaggāhī)이다."(DA.iii.839)

71) 이와 같이 세존께서는 고행자가 고행을 통해서 가질 수 있는 해로운 심리현상[不善法]들을 상세하게 들고 계신다.

이런 모든 오염원들을 골고루 다 가지고 있는 경우도 있습니다. 이런 저런 몇 가지를 가지고 있는 자들은 말해서 무엇 하겠습니까?"

청정함의 지저깨비를 얻음

13. "니그로다여, 여기 고행자가 고행을 하여 그 고행으로 마음이 흡족하지 않고 이제 그의 의도하는 바는 성취되었다고 여기지 않는다. 니그로다여, 그가 고행으로 마음이 흡족하지 않고 이제 그의 의도하는 바는 성취되었다고 여기지 않으면 그 경우에 청정함이 있다.

다시 니그로다여, 여기 고행자가 고행을 하여 그 고행으로 자신을 칭송하지 않고 남을 업신여기지 않는다. … 그 경우에 청정함이 있다.

다시 니그로다여, 여기 고행자가 고행을 하여 그 고행으로 취(醉)하지 않고 혹(惑)하지 않고 방일함을 얻지 않는다. … 그 경우에 청정함이 있다.

다시 니그로다여, 여기 고행자가 고행을 하여 그 고행으로 이양과 존경과 명성을 얻게 된다. 그는 그 이양과 존경과 명성을 얻게 되어도 마음이 흡족하지 않고 이제 그의 의도하는 바는 성취되었다고 여기지 않는다. … 그 경우에 청정함이 있다.

다시 니그로다여, 여기 고행자가 고행을 하여 그 고행으로 이양과 존경과 명성을 얻게 된다. 그는 그 이양과 존경과 명성을 얻게 되어도 자신을 칭송하지 않고 남을 비난하지 않는다. … 그 경우에 청정함이 있다.

다시 니그로다여, 여기 고행자가 고행을 하여 그 고행으로 이양과 존경과 명성을 얻게 된다. 그는 그 이양과 존경과 명성을 얻게 되어도 취하지 않고 혹하지 않고 방일하지 않는다. … 그 경우에 청정함이 있다.

다시 니그로다여, 여기 고행자가 고행을 하여 '이것은 내게 맞다, 이것은 내게 맞지 않다.'라고 음식에서 분별을 하지 않는다. 그에게 맞지 않는 것은 고의적으로 버려 버리고, 그에게 맞는 것에는 묶이고 홀리고 집착하여 위험을 보지 못하고 출구를 얻지 못하면서 즐기지 않는다. … 그 경우에 청정함이 있다.

다시 니그로다여, 여기 고행자가 고행을 하여 이양과 존경과 명성에 집착하지 않기 때문에 '왕이, 왕의 대신들이, 끄샤뜨리야들이, 바라문들이, 장자들이, 종교 지도자들이 나를 존경할 것이다.'라고 생각하지 않는다. … 그 경우에 청정함이 있다."

14. "다시 니그로다여, 여기 고행자는 다른 사문이나 바라문을 얕보지 않는다. '그런데 많은 것으로 삶을 영위하는 이 자는 모든 것을 먹어치우는군. 즉 뿌리로 번식하는 것, 줄기로 번식하는 것, 마디로 번식하는 것, 가지로 번식하는 것, 다섯 번째로 종자로 번식하는 것이다. 그러고서도 사문이라고 떠벌리는군.'이라고 얕보지 않는다. … 그 경우에 청정함이 있다.

다시 니그로다여, 여기 고행자는 다른 사문이나 바라문이 여러 가문들 가운데서 존경받고 존중되고 숭상되고 예배받는 것을 본다. 본 뒤에는 그에게 이런 생각이 들지 않는다. '그런데 많은 것으로 삶을 영위하는 이 자는 여러 가문들 가운데서 존경받고 존중되고 숭상되고 예배받는구나. 그러나 나는 고행을 하여 어렵게 사는데도 여러 가문들 가운데서 존경받지 못하고 존중되지 못하고 숭상되지 못하고 예배받지 못한다.' 이렇게 그는 여러 가문들에 대해서 질투와 인색을 일으키지 않는다. … 그 경우에 청정함이 있다.

다시 니그로다여, 여기 고행자는 붐비는 길에 앉아 [고행으로 시선을 끄는] 짓을 하지 않는다. … 그 경우에 청정함이 있다.

다시 니그로다여, 여기 고행자는 '나는 이런 고행을 합니다. 나는 이런 고행을 합니다.'라고 자신을 드러내지 않는 척하면서 여러 가문들에게로 다니지 않는다. … 그 경우에 청정함이 있다.

다시 니그로다여, 여기 고행자는 남이 모르게 딴청부리는 것을 즐겨 하지 않는다. '이것을 좋아하십니까?'라고 물으면 좋아하지 않으면서도 '좋아합니다.'라고 대답하거나, 좋아하면서도 '좋아하지 않습니다.'라고 대답하지 않는다. 이처럼 고의적으로 거짓말을 하지 않는다. … 그 경우에 청정함이 있다."

15. "다시 니그로다여, 여기 고행자는 여래나 여래의 제자가 법을 설할 때에 좋은 방편이라고 인정된 것을 그렇게 인정한다. … 그 경우에 청정함이 있다.

다시 니그로다여, 여기 고행자는 분노하지 않고 원한을 품지 않는다. … 그 경우에 청정함이 있다.

다시 니그로다여, 여기 고행자는 경멸하지 않는다. … 앙심을 품지 않는다. … 질투하지 않는다. … 인색하지 않다. … 속이지 않는다. … 완고하지 않다. … 거만하지 않다. … 사악한 소원을 가져서 사악한 소원의 지배를 받지 않는다. … 삿된 견해를 가져서 극단을 취하는 견해를 고루 가지지 않는다. … 자기 견해를 고수하고 그것을 굳게 움켜쥐어서 폐기하기가 어렵게 되지 않는다. 니그로다여, 그가 그 고행으로 자기 견해를 고수하고 그것을 굳게 움켜쥐어서 폐기하기가 어렵게 되지 않으면 그 경우에 청정함이 있다.

니그로다여, 이를 어떻게 생각하는가? 만일 이와 같다면 고행을 통한 금욕이 청정하다고 하겠는가, 청정하지 않다고 하겠는가?"

"세존이시여, 그와 같다면 참으로 고행을 통한 금욕은 청정합니다. 청정하지 않은 것이 아니며, 최상을 얻은 것이고, 심재(心材, 핵심)를 얻은 것입니다."

"니그로다여, 그러나 이 정도의 고행을 통한 금욕으로는 최상을 얻은 것도 아니고, 심재를 얻은 것도 아니다. 이 정도로는 지저깨비 정도를 얻은 것[72]에 지나지 않는다."

청정함의 겉껍질을 얻음

16. "세존이시여, 그러면 어떠한 고행을 통한 금욕이 최상을 얻은 것이고 심재를 얻은 것입니까? 세존이시여, 세존께서는 제가 고행을 통한 금욕으로 최상을 얻게 해 주시고 심재를 얻게 해 주시면 감사하겠습니다."

"니그로다여, 여기 고행자는 네 가지 제어로 단속을 한다. 니그로다여, 그러면 고행자는 어떻게 네 가지 제어로 단속을 하는가? 니그로다여, 여기 고행자는 산 생명을 죽이지 않고 산 생명을 죽이도록 하지 않고 산 생명을 죽이는 것에 동의하지 않는다. 주지 않은 것을 가지지 않고 주지 않은 것을 가지도록 하지 않고 주지 않은 것을 가지는 것에 동의하지 않는다. 거짓말을 하지 않고 거짓말을 하도록 하지 않고 거짓말을 하는 것에 동의하지 않는다. 감각적 욕망[73]을 갈

---

72) "지저깨비를 얻은 것(papaṭikappattā)이라는 것은 심재(心材, 고갱이)를 가진 나무의 심재(sāra)와 백목질(白木質, pheggu)과 겉껍질(taca)을 지나쳐서 바깥의 지저깨비와 같은 것을 얻은 것을 보여 주시는 것이다." (DA.iii.839)

73) 여기서 '감각적 욕망'으로 의역한 원어는 bhāvita(존재하게 된 것, 닦아진

망하지 않고 감각적 욕망을 갈망하도록 하지도 않고 감각적 욕망을 갈망하는 것에 동의하지 않는다. 니그로다여, 이와 같이 고행자는 네 가지 제어로 단속을 한다.

니그로다여, 고행자가 네 가지 제어로 단속하기 때문에 그의 고행자됨이 실로 존재하는 것이다. 그는 향상하며 저열한 것으로 되돌아가지 않는다. 그는 숲 속이나 나무 아래나 산이나 골짜기나 산속 동굴이나 묘지나 밀림이나 노지나 짚더미와 같은 외딴 처소를 의지한다. 그는 공양을 마치고 걸식에서 돌아와 가부좌를 틀고 상체를 곧바로 세우고 전면에 마음챙김을 확립하여 앉는다.

그는 세상에 대한 욕심을 제거하여 욕심을 버린 마음으로 머문다. 욕심으로부터 마음을 청정하게 한다. 악의의 오점을 제거하여 악의가 없는 마음으로 머문다. 모든 생명의 이로움을 위하고 연민하여 악의의 오점으로부터 마음을 청정하게 한다. 해태와 혼침을 제거하여 해태와 혼침을 버려 머문다. 광명상을 가져 마음챙기고 알아차리며 해태와 혼침으로부터 마음을 청정하게 한다. 들뜸과 후회를 제거하여 들뜨지 않고 머문다. 안으로 고요히 가라앉은 마음으로 들뜸과 후회로부터 마음을 청정하게 한다. 의심을 제거하여 의심을 건너서 머문다. 유익한 법들에 아무런 의문이 없어서 의심으로부터 마음을 청정하게 한다."[74]

것)이다. 주석서에서 "여기서 존재하게 된 것(bhāvita)이란 [탐내는 마음으로 존재하게 된(lobhacittena bhāvitaṁ - DAṬ.iii.26)] 그들에 대한 인식에서 비롯된 다섯 가닥의 감각적 욕망(pañca kāmaguṇā)이다."라고 (DA.iii.840) 설명하고 있어서 '감각적 욕망'으로 의역을 하였다.
불살생·불투도·불사음·불망어의 기본 계 가운데 불사음 대신에 이렇게 감각적 욕망에 빠지지 않는 것으로 더 넓혀서 설하고 계신다.

74) 숲 속 등을 의지하는 것부터 시작해서 다섯 가지 장애[五蓋]를 제거하는

17. "그는 이들 다섯 가지 장애[五蓋]를 제거한 뒤 마음의 오염원들을 통찰지로써 무력화시키면서 자애[慈]가 함께한 마음으로 한 방향을 가득 채우면서 머문다.75) 그처럼 두 번째 방향을, 그처럼 세 번째 방향을, 그처럼 네 번째 방향을, 이와 같이 위로, 아래로, 주위로, 모든 곳에서 모두를 자신처럼 여기고, 모든 세상을 풍만하고, 광대하고, 무량하고, 원한 없고, 고통 없는 자애가 함께한 마음으로 가득 채우고 머문다. 연민[悲]이 함께한 마음으로 … 같이 기뻐함[喜]이 함께한 마음으로 … 평온[捨]이 함께한 마음으로 한 방향을 가득 채우면서 머문다. 그처럼 두 번째 방향을, 그처럼 세 번째 방향을, 그처럼 네 번째 방향을, 이와 같이 위로, 아래로, 주위로, 모든 곳에서 모두를 자신처럼 여기고, 모든 세상을 풍만하고, 광대하고, 무량하고, 원한 없고, 고통 없는 평온이 함께한 마음으로 가득 채우고 머문다.

니그로다여, 이를 어떻게 생각하는가? 만일 이와 같다면 고행을 통한 금욕이 청정하다고 하겠는가, 청정하지 않다고 하겠는가?"

"세존이시여, 그와 같다면 참으로 고행을 통한 금욕은 청정합니다. 청정하지 않은 것이 아니며, 최상을 얻은 것이고 심재(핵심)를 얻은 것입니다."

"니그로다여, 그러나 이 정도의 고행을 통한 금욕으로는 최상을

것까지는 본서 제1권 「사문과경」(D2) §§67~68의 정형구와 일치한다. 그곳의 주해를 참조할 것.

75) 다섯 가지 장애를 제거하여 초선부터 4선까지를 닦는 대신에 이처럼 네 가지 거룩한 마음가짐[四梵住, 四無量心]의 정형구로 설하시는 것은 본서 제1권 「삼명경」(D13) §76과 같다.
네 가지 거룩한 마음가짐은 『청정도론』 IX.1 이하에 상세하게 설명되어 있으니 참조하기 바람.

얻은 것도 아니고, 심재를 얻은 것도 아니다. 이 정도로는 겉껍질 정도를 얻은 것에 지나지 않는다."

청정함의 백목질을 얻음

18. "세존이시여, 그러면 어떠한 고행을 통한 금욕이 최상을 얻은 것이고 심재를 얻은 것입니까? 세존이시여, 세존께서는 제가 고행을 통한 금욕으로 최상을 얻게 해 주시고 심재를 얻게 해 주시면 감사하겠습니다."

"니그로다여, 여기 고행자는 네 가지 제어로 단속을 한다 … 그의 고행자됨이 실로 존재하는 것이다. 그는 향상하며 저열한 것으로 되돌아가지 않는다 … 그는 외딴 처소를 의지한다. … 그는 이들 다섯 가지 장애[五蓋]를 제거한 뒤 마음의 오염원들을 통찰지로써 무력화시키면서 자애[慈]가 함께한 마음으로 … 연민[悲]이 함께한 마음으로 … 같이 기뻐함[喜]이 함께한 마음으로 … 평온[捨]이 함께한 마음으로 … 가득 채우고 머문다.

그는 전생을 기억하는 지혜[宿命通]로 마음을 향하고 기울인다.[76] 그는 수많은 전생의 갖가지 삶들을 기억한다. 즉 한 생, 두 생, 세 생, 네 생, 다섯 생, 열 생, 스무 생, 서른 생, 마흔 생, 쉰 생, 백 생, 천 생, 십만 생, 세계가 수축하는 여러 겁, 세계가 팽창하는 여러 겁, 세계가 수축하고 팽창하는 여러 겁을 기억한다. '어느 곳에서 이런 이름을 가졌고, 이런 종족이었고, 이런 용모를 가졌고, 이런 음식을 먹었고, 행복과 고통을 경험했고, 이런 수명의 한계를 가졌고, 그곳에서 죽어

---

76) 이하 전생을 기억하는 지혜[宿命通]는 본서 제1권 「사문과경」(D2) §93과 일치하고 『청정도론』 XIII.13~71에 상세하게 설명되어 있다.

다른 어떤 곳에 다시 태어나 그곳에서는 이런 이름을 가졌고, 이런 종족이었고, 이런 용모를 가졌고, 이런 음식을 먹었고, 이런 행복과 고통을 경험했고, 이런 수명의 한계를 가졌고, 그곳에서 죽어 여기 다시 태어났다.'고 이처럼 한량없는 전생의 갖가지 모습들을 그 특색과 더불어 상세하게 기억한다.

니그로다여, 이를 어떻게 생각하는가? 만일 이와 같다면 고행을 통한 금욕이 청정하다고 하겠는가, 청정하지 않다고 하겠는가?"

"세존이시여, 그와 같다면 참으로 고행을 통한 금욕은 청정합니다. 청정하지 않은 것이 아니며, 최상을 얻은 것이고 심재(핵심)를 얻은 것입니다."

"니그로다여, 그러나 이 정도의 고행을 통한 금욕으로는 최상을 얻은 것도 아니고, 심재를 얻은 것도 아니다. 이 정도로는 백목질(白木質) 정도를 얻은 것에 지나지 않는다."

청정함의 최상인 심재를 얻음

19. "세존이시여, 그러면 어떠한 고행을 통한 금욕이 최상을 얻은 것이고 심재를 얻은 것입니까? 세존이시여, 세존께서는 제가 고행을 통한 금욕으로 최상을 얻게 해 주시고 심재를 얻게 해 주시면 감사하겠습니다."

"니그로다여, 여기 고행자는 네 가지 제어로 단속을 한다 … 그의 고행자됨이 실로 존재하는 것이다. 그는 향상하며 저열한 것으로 되돌아가지 않는다 … 그는 외딴 처소를 의지한다. … 그는 이들 다섯 가지 장애[五蓋]를 제거한 뒤 마음의 오염원들을 통찰지로써 무력화시키면서 자애[慈]가 함께한 마음으로 … 연민[悲]이 함께한 마음으로

… 같이 기뻐함[喜]이 함께한 마음으로 … 평온[捨]이 함께한 마음으로 … 가득 채우고 머문다.

그는 전생을 기억하는 지혜[宿命通]로 마음을 향하고 기울인다. 그는 여러 가지 전생을 기억한다. 즉 한 생, 두 생 … 이처럼 한량없는 전생의 갖가지 모습들을 그 특색과 더불어 상세하게 기억한다.

그는 청정하고 인간을 넘어선 신성한 눈[天眼]으로 중생들이 죽고 태어나고, 천박하고 고상하고, 잘생기고 못생기고, 좋은 곳[善處]에 가고 나쁜 곳[惡處]에 가는 것을 보고, 중생들이 지은 바 그 업에 따라 가는 것을 꿰뚫어 안다. '이들은 몸으로 못된 짓을 골고루 하고 입으로 못된 짓을 골고루 하고 또 마음으로 못된 짓을 골고루 하고 성자들을 비방하고 삿된 견해를 지니어 사견업(邪見業)을 지었다. 이들은 죽어서 몸이 무너진 다음에는 비참한 곳, 나쁜 곳[惡處], 파멸처, 지옥에 태어났다. 그러나 이들은 몸으로 좋은 일을 골고루 하고 입으로 좋은 일을 골고루 하고 마음으로 좋은 일을 골고루 하고 성자들을 비방하지 않고 바른 견해를 지니고 정견업(正見業)을 지었다. 이들은 죽어서 몸이 무너진 다음에는 좋은 곳[善處], 천상세계에 태어났다.'라고, 이와 같이 그는 청정하고 인간을 넘어선 신성한 눈으로 중생들이 죽고 태어나고, 천박하고 고상하고, 잘생기고 못생기고, 좋은 곳[善處]에 가고 나쁜 곳[惡處]에 가는 것을 보고, 중생들이 지은 바 그 업에 따라서 가는 것을 꿰뚫어 안다.[天眼通]

니그로다여, 이를 어떻게 생각하는가? 만일 이와 같다면 고행을 통한 금욕이 청정하다고 하겠는가, 청정하지 않다고 하겠는가?"

"세존이시여, 그와 같다면 참으로 고행을 통한 금욕은 청정합니다. 청정하지 않은 것이 아니며, 최상을 얻은 것이고 심재(핵심)를 얻은 것입니다."

"니그로다여, 이 정도의 고행을 통한 금욕이라야 최상을 얻은 것이고, 심재를 얻은 것이다. 니그로다여, 그대는 나에게 '존자시여, 세존께서 제자들을 인도하는 세존의 법은 참으로 어떤 것입니까? 어떠한 법을 통해서 세존의 인도를 받은 제자들은 안심입명처를 얻어서 굳은 의지로 청정범행의 시작을 맹세하게 됩니까?'라고 질문하였다. 니그로다여, 이러한 경우가 더 높고 더 수승한 것이니 이러한 것을 통해서 나는 제자들을 인도한다. 이러한 것을 통해서 나의 인도를 받은 제자들은 안심입명처를 얻어서 굳은 의지로 청정범행의 시작을 맹세하게 된다."77)

이렇게 말씀하시자 유행승들에게 큰 소동이 일어나서 시끄럽고 큰 소리로 떠들썩하게 되었다. "스승의 전통을 통틀어서 우리에게는 이런 것이 없다. 우리는 이보다 더 높은 것을 꿰뚫어 알지 못한다."라고 하면서.78)

---

77) 고행을 통해서 증득할 수 있는 최고의 경지는 다섯 번째 신통인 중생들의 죽음과 다시 태어남을 [아는] 지혜[天眼通]까지이다. 이것은 삼매 수행을 통해서 얻을 수 있는 경지이므로 세존께서도 고행을 통해서 다섯 가지 장애를 극복하고 자애·연민·같이 기뻐함·평온[慈·悲·喜·捨]을 닦아서 본삼매를 얻는다면 여기까지는 증득할 수 있다고 인정하시는 것이다.
그러나 아직 출가 수행이라는 청정범행의 완결인 번뇌를 소멸한 지혜[漏盡通]는 설하지 않으셨다. 이것은 어떤 고행으로도 결코 증득할 수 없으며 통찰지(반야)를 완성해야 가능하기 때문이다. 세존께서는 아래 §§22~24에서 '단 7일이면 이러한 청정범행의 완결인 번뇌를 모두 멸한 구경의 지혜(abhiññā, §24참조)를 얻을 수 있건만 아무도 거기에 대해서는 관심을 가지려 하지 않는구나.'라고 아쉬워하신다.

78) 이것을 통해서도 다른 사문·바라문 전통에서는 삼매 수행을 통해서 다섯 가지 신통[五神通]까지는 얻는 것을 가르치고 있음을 알 수 있다. 그러나 번뇌 다한 누진통의 경지는 그들이 알지 못하는 것이다. 그리고 이것이야

니그로다가 초췌해짐

20. 그때 산다나 장자는 '이제야 참으로 외도 유행승들은 세존의 말씀을 들으려 하고 귀 기울이고 구경의 지혜를 위해서 마음을 확립하는구나.'라고 알았다. 그러자 그는 니그로다 유행승에게 이렇게 말했다.

"니그로다 존자여, 당신은 저에게 이렇게 말하였습니다. '오호, 그런가요? 장자여, 그런데 그대는 사문 고따마는 누구와 함께 대화를 나누고 누구와 함께 토론하고 누구와 더불어 탁월한 통찰지를 증득하였는지 알기나 하오? 사문 고따마의 통찰지는 빈 집에서 망가진 것이라오. 사문 고따마는 회중에 참여하지 않는다오. 그는 대화할 준비가 전혀 되지 않았다오. 그는 [대화를 회피하기 위해서] 변두리만을 다닌다오. 이는 마치 외눈박이 소가 조심스럽게 변두리만을 다니는 것과 같소. 그와 마찬가지로 사문 고따마의 통찰지는 빈 집에서 망가진 것이라오. 사문 고따마는 회중에 참여하지 않는다오. 그는 대화할 준비가 전혀 되지 않았다오. 그는 [대화를 회피하기 위해서] 변두리만을 다닌다오. 여보시오, 장자여. 사문 고따마가 이 회중에 오게 하시오. 우리는 한 방의 질문으로 그를 꼼짝 못하게 하고 빈 물동이처럼 그를 비틀어 버리겠소이다.'라고."

이렇게 말하자 니그로다 유행승은 말이 없고 의기소침하고 어깨를 늘어뜨리고 고개를 떨어뜨리고 초췌하여 아무런 대답을 못하고 앉아 있었다.

말로 부처님만이 가르칠 수 있는 것이며 부처님은 이러한 번뇌를 완전히 소멸하는 방법으로 8정도와 계·정·혜 삼학을 들고 있음을 우리는 본서의 도처에서 보아왔다. 이것이 불교의 핵심이요 심재(고갱이)이다.

21. 그때 세존께서는 니그로다 유행승이 말이 없어졌고 의기소침하게 되고 어깨를 늘어뜨리고 고개를 떨어뜨리고 초췌하여 아무런 대답을 못하고 앉아 있는 것을 아신 후 니그로다 유행승에게 이렇게 말씀하셨다. "니그로다여, 그대가 이런 말을 한 것이 사실인가?"

"사실입니다. 세존이시여. 저는 어리석고 미혹하고 신중하지 못해서 그런 말을 하였습니다."

"니그로다여, 이를 어떻게 생각하는가? 그대는 늙고 나이 든, 스승들의 전통을 가진 유행승들로부터 '옛날에 아라한·정등각들이 있었는데 그분 세존들은 시끄럽고 큰 목소리로 여러 가지 쓸데없는 이야기를 나누고 있었다. 즉 왕의 이야기, 도둑 이야기 … 이렇다거나 이렇지 않다는 이야기였다.'라고, 이렇게 말하는 것을 들었는가? 예를 들면 지금 그대와 그대의 스승의 전통에서 하듯이. 아니면 '그분 세존들은 숲이나 밀림 속에 있는 조용하고 소리가 없고 한적하고 사람들로부터 멀고 혼자 앉기에 좋은 외딴 처소들을 수용한다.'라고 이렇게 들었는가? 예를 들면 지금의 나처럼."

"세존이시여, 저는 늙고 나이 든, 스승들의 전통을 가진 유행승들로부터 '옛날에 아라한·정등각들이 있었는데 그분 세존들은 시끄럽고 큰 목소리로 여러 가지 쓸데없는 이야기를 나누고 있었다. 즉 왕의 이야기, 도둑 이야기 … 이렇다거나 이렇지 않다는 이야기였다.'라고 그렇게 말하는 것을 듣지 않았습니다. 예를 들면 지금 저와 저의 스승의 전통에서 하는 것과 같습니다. 대신에 저는 '그분 세존들은 숲이나 밀림 속에 있는 조용하고 소리가 없고 한적하고 사람들로부터 멀고 한거하기에 좋은 외딴 처소들을 수용한다.'라고, 그렇게 들었습니다. 예를 들면 지금의 세존과 같습니다."

"니그로다여, 그대처럼 지혜롭고 나이가 든 사람에게 어찌해서 '깨달으신 세존은 깨달음을 위해서 법을 설하신다. 잘 제어되신 세존은 제어를 위해서 법을 설하신다. 고요하신 세존은 고요함을 위해서 법을 설하신다. 이미 [격류를] 건너신 세존은 [격류를] 건너게 하기 위해서 법을 설하신다. 완전한 열반을 [실현하신] 세존은 완전한 열반을 위해서 법을 설하신다.'라는 이런 생각이 들지 않았는가?"

청정범행의 완결을 실현함

22. 이렇게 말씀하시자 니그로다 유행승은 세존께 이렇게 말씀드렸다.

"세존이시여, 저는 잘못을 범하였습니다. 세존이시여, 어리석고 미혹하고 신중하지 못해서 저는 세존에 대해서 그런 말을 하였습니다. 세존이시여, 이렇게 제가 잘못을 범하였으니 세존께서는 미래의 단속을 위해서 제가 잘못을 범한 사실을 잘못을 범한 것이라고 섭수하여 주소서."

"니그로다여, 확실히 그대는 잘못을 범하였다. 어리석고 미혹하고 신중하지 못해서 그대는 나에 대해서 그런 말을 하였다. 니그로다여, 그러나 그대는 잘못을 범한 것을 잘못을 범한 것이라고 인정한 다음 법답게 드러내어 바로 잡았다. 그런 그대를 나는 받아들이노라. 니그로다여, 성스러운 율에서 잘못을 범한 것을 잘못을 범한 것이라 인정한 다음 법답게 드러내어 바로 잡고 미래의 단속을 얻은 자에게는 향상이 있기 때문이니라.

니그로다여, 나는 이제 이렇게 말한다. '교활하지 않고 속이지 않고 정직한 지혜로운 사람이 온다면 나는 교계하고 법을 가르친다. 칠 년을 가르친 대로 도를 닦으면, 오래지 않아 그것을 위하여 좋은 가문의 아들들이 바르게 집을 떠나 출가한 그 위없는 청정범행의 완결을 바로 지금여기에서 스스로 최상의 지혜로 실현하고 구족하여 머물 것이다.

니그로다여, 칠 년은 그만두자. … 육 년을 … 오 년을 … 사 년을 … 삼 년을 … 이 년을 … 일 년을 … 일 년은 그만 두자. 칠 개월을 … 육 개월을 … 오 개월을 … 사 개월을 … 삼 개월을 … 이 개월을 … 일 개월을 … 보름을 … 니그로다여, 보름은 그만 두자. 교활하지 않고 속이지 않고 정직한 지혜로운 사람이 온다면 나는 교계하고 법을 가르친다. 칠 일을 가르친 대로 도를 닦으면, 오래지 않아 그것을 위하여 좋은 가문의 아들들이 바르게 집을 떠나 출가한 그 위없는 청정범행의 완결을 바로 지금여기에서 스스로 최상의 지혜로 실현하고 구족하여 머물 것이다.'"[79]

유행승들이 초췌해짐

23. "니그로다여, 그런데 아마 그대에게 이런 생각이 들지도 모른다. '우리를 제자로 만들 욕심에서 사문 고따마는 이렇게 말한다.'

---

79) 부처님의 자신에 찬 말씀을 보라! 빠르게는 7일, 늦어도 7년이면(본서 제2권 「대념처경」(D22)의 §22에서도 7년부터 7일까지의 정형구가 나타난다) 청정범행의 완결을 바로 지금여기에서 스스로의 [힘으로] 증득한다고 힘주어 말씀하고 계신다.

이제 니그로다 유행승을 비롯한 다른 종교인들은 그만두고 부처님의 제자가 된 우리는 과연 부처님의 심재(고갱이, 핵심)에 도달했는가? 아니 도달은 고사하고 제대로 이해라도 하고 있는가? 불교라는 이름으로, 부처님의 거룩하신 가르침이라는 이름으로, 이런 외도 유행승보다 못한 삿된 견해에 붙들려 있지는 않은가?

라고. 니그로다여, 그러나 이것을 두고 그렇게 봐서는 안된다. 그대들의 스승이 누구든 그대로 그대들의 스승이면 된다.

니그로다여, 아마 그대에게 다시 이런 생각이 들지도 모른다. '우리의 가르침으로부터 떠나게 하려고 사문 고따마는 이렇게 말한다.'라고. 니그로다여, 그러나 이것을 두고 그렇게 봐서는 안된다. 그대들의 가르침이 무엇이든 그대로 그대들의 가르침이면 된다.

니그로다여, 아마 그대에게 다시 이런 생각이 들지도 모른다. '우리의 생계수단으로부터 떠나게 하려고 사문 고따마는 이렇게 말한다.'라고. 니그로다여, 그러나 이것을 두고 그렇게 봐서는 안된다. 그대들의 생계수단이 무엇이든 그대로 그대들의 가르침이면 된다.

니그로다여, 아마 그대에게 다시 이런 생각이 들지도 모른다. '우리의 법들은 해로운 것이요 스승들의 전통에 있는 것들도 해로운 것이라 불린다. 그러니 그런 법들에 우리가 굳게 서게 하려고 사문 고따마는 이렇게 말한다.'라고. 니그로다여, 그러나 이것을 두고 그렇게 봐서는 안된다. 그대들의 법들이 해롭고 스승들의 전통에 있는 것들이 해로운 것이라면 그러면 된다.

니그로다여, 아마 그대에게 다시 이런 생각이 들지도 모른다. '우리의 법들은 유익한 것이요 스승들의 전통에 있는 것들도 유익한 것이라 불린다. 그러니 그런 법들로부터 우리가 멀어지게 하려고 사문 고따마는 이렇게 말한다.'라고. 니그로다여, 그러나 이것을 두고 그렇게 봐서는 안된다. 그대들의 법들이 유익하고 스승들의 전통에 있는 것들이 유익한 것이라면 그러면 된다.

니그로다여, 이처럼 나는 상좌로 만들 욕심에서 그렇게 말하지 않는다. 가르침으로부터 떠나게 하려고 그렇게 말하지도 않는다. 생계수단으로부터 떠나게 하려고 그렇게 말하지도 않는다. 그대들의 법들은 해로운 것이요 스승들의 전통에 있는 것들도 해로운 것이라 불리니 그런 법들에 그대들이 굳게 서게 하려고 나는 그렇게 말하지도 않는다. 그대들의 법들은 유익한 것이요 스승들의 전통에 있는 것들도 유익한 것이라 불리니 그런 법들로부터 그대들이 멀어지게 하려고 나는 그렇게 말하지도 않는다.

니그로다여, 오염원이요 재생으로 인도하고 걱정거리요 괴로운 과보를 가져오며 미래의 태어남과 늙음과 죽음을 가져오는 해로운 법들이 제거되지 못한 채로 있다면, 그런 것을 제거하도록 나는 법을 설한다. 그대들이 그대로 도를 닦으면 오염원인 법들은 제거될 것이고 깨끗한 법들은 증장할 것이며 통찰지의 완성과 충만함을 지금여기에서 스스로 최상의 지혜로 실현하고 구족하여 머물 것이다."[80]

맺는 말

24. 이렇게 말씀하시자 그 유행승들은 말이 없어졌고 의기소침하고 어깨를 늘어뜨리고 고개를 떨어뜨리고 초췌하여 아무런 대답을 못하고 앉아 있었다. 마라[81]에 마음이 사로잡혔기 때문이다.[82] 그때

---

80) 부처님께서는 참으로 간곡하게 말씀하신다. '내 제자가 되어라. 불교로 개종해라.'는 어떤 말씀도 이처럼 당신이 스스로 거부하고 계신다. 누구의 제자가 되었든 어떤 가치체계나 신념체계를 고수하든 그것은 상관없다고 천명하신다. 단지 오염원, 불선법, 번뇌를 멸절할 그런 법을 일러주리니 그것을 듣고 그대로 행하라고 하시고 있다.

81) 마라(Māra)에 대해서는 본서 제2권 「대반열반경」(D16) §3.4의 주해를 참조할 것.

82) 『중부』 「견서계경」(犬誓戒經, 개처럼 사는 서계를 지닌 자에 대한 경,

세존께 이런 생각이 드셨다. '이 쓸모없는 인간들은 모두 빠삐만[83]에게 붙잡혔구나. 단 한 명도 '오, 참으로 우리는 구경의 지혜를 얻도록 사문 고따마 아래서 청정범행을 닦도록 하자. 7일이 무슨 소용인가?'라고 이렇게 말하는 자가 없구나.'[84]

세존께서는 우둠바리까 왕비가 [기증한] 유행승의 원림에서 사자

M57) 등을 통해서 보면 고행자들이 고행을 하는 이유는 천상에 태어나기 위해서이다. 니그로다 유행승의 무리도 결국은 여기에서 벗어나지 못하고 있다. 그러므로 그들은 세존께서 아무리 고구정녕히 번뇌를 완전히 소멸하는 길, 해탈·열반의 길을 가르쳐주려고 하셔도 거기에는 관심이 없다. 그래서 그들은 마라에 사로잡혀 있다고 표현하는 것이다. 천상의 즐거움을 누리려는 자체가 이미 즐거움이나 쾌락을 관장하는 마라의 영역에 속하는 것이기 때문이다.

본경은 본서 제1권의 「깟사빠 사자후경」(D8)과 대조가 된다. 꼭 같이 고행에 대해서 상세하게 설명하고 꼭 같이 고행보다 더 수승한 길을 제시하셨지만, 「깟사빠 사자후경」에서 고행승 깟사빠는 세존의 가르침을 정확히 이해하고 받아들였다. 그래서 그는 고행의 길의 한계를 절감하고 고행을 버리고 세존의 제자가 되어 아라한이 되었다. 그러나 여기서 니그로다 유행승은 고행의 길의 한계를 절감하지 못하고 그냥 고행을 통한 금욕에 주저앉고 만다. 아마 이것은 니그로다 유행승이 3천 명이라는 많은 대중을 거느리면서 이미 사회적으로 명성과 이양(利養)을 누리고 있었기 때문이 아닌지 모르겠다. 예나 지금이나 자기가 이룬 조그마한 성취에 도취되어 더 큰 길을 받아들이기 힘든 것이 범부 인간들의 속성일 것이다.

83) 빠삐만(pāpiman)은 마라의 이름이다. 마라와 빠삐만에 대해서는 각각 본서 제2권 「대반열반경」(D16) §3.4의 주해와 §3.7의 주해를 참조할 것.

84) 부처님의 이러한 말씀을 지금의 우리 불제자들은 뼈에 사무치게 새겨야 한다고 생각한다. 부처님이 제정하신 계를 수지하고 비구라고 사문이라고 출가자라고 부처님의 제자라고 남들에게 당당하게 말하면서도 우리는 모두 저 마라에 붙들린 자는 아닌가? 니그로다 유행승의 무리들보다 더 못한 삿된 외도의 소견에 새까맣게 물들어서는 물든 지조차도 알지 못하는 참으로 사견우치(邪見愚癡)에 빠진 불쌍하고 가련한 자가 아닌가 반성하고 또 반성해 봐야 할 것이다.

후를 토하신 뒤 허공을 날아서 독수리봉 산으로 돌아오셨다. 산다나 장자는 거기서 라자가하로 들어갔다.

「우둠바리까 사자후경」이 끝났다.

전륜성왕 사자후경

인류의 타락과 향상의 역사

Cakkavatti-sīhanāda Sutta(D26)

전륜성왕 사자후경[85)]

인류의 타락과 향상의 역사

Cakkavatti-sīhanāda Sutta(D26)

85) 본경은 세존께서 달하네미라는 전륜성왕을 비롯한 여러 전륜성왕들의 일화를 말씀하시는 것으로부터 시작하기 때문에 짝까왓띠 시하나다 숫따(Cakkavatti-sīhanāda Sutta)라고 이름하였고, 역자는 「전륜성왕 사자후경」으로 직역하였다. 미얀마 육차결집본에는 사자후에 해당하는 sīha-nāda를 빼고 Cakkavatti Sutta로만 나타나고 있다. 본경은 「전륜성왕수행경」(轉輪聖王修行經)으로 한역되어 『장아함』의 여섯 번째 경으로 전해온다. 『중아함』의 70번째인 「전륜성왕경」(轉輪聖王經)도 본경과 같은 내용을 담고 있다.
본경과 다음의 「세기경」(D27)은 인간의 기원과 수명에 관한 것이라 할 수 있다. 본경에서는 도도한 물처럼 흘러가는 유장한 우주의 질서 속에서 인간들이 어떻게 타락하여 수명이 줄어들고, 인간들이 어떻게 다시 마음을 다잡아 향상하여 수명이 증장하는가를 밝히고 있다.
『장부』에는 신화적인 경들이 적지 않게 나타난다. 우리는 이런 경들이 비현실적인 신화적인 서술을 한다고 해서 무시하거나 등한시해서는 안된다. 신화적인 표현법을 사용하고 있는 경들도 본경처럼 그 회향처는 항상 바른 견해와 이를 바탕 한 바른 도닦음이다. 본경에서는 네 가지 마음챙기는 공부[四念處]야말로 출가자들의 고향동네라고 하셨고, 「마하수닷사나 경」(D17)에서는 제행무상을 강조하셨고, 「자나와사바 경」(D18)에서는 사념처와 팔정도를 강조하셨으며, 특히 「마하고윈다 경」(D19)에서는 팔정도를 통한 염오-이욕-소멸-고요-최상의 지혜-깨달음-열반을 강조하셨다. 신화적인 서술 뒤에서 결론으로 강조하고 있는 이러한 도닦음을 우리는 결코 간과해서는 안 될 것이다.

서언 — 자귀의 · 법귀의

1. 이와 같이 나는 들었다. 어느 때 세존께서는 마가다에서 마뚤라[86]에 머무셨다. 그곳에서 세존께서는 "비구들이여"라고 비구들을 부르셨다. "세존이시여"라고 비구들은 세존께 응답했다. 세존께서는 이렇게 말씀하셨다.

"비구들이여, 자신을 섬으로 삼고[自燈明] 자신을 귀의처로 삼아[自歸依] 머물고 남을 귀의처로 삼아 머물지 말라. 법을 섬으로 삼고[法燈明] 법을 귀의처로 삼아[法歸依] 머물고 다른 것을 귀의처로 삼아 머물지 말라. 비구들이여, 그러면 어떻게 비구는 자신을 섬으로 삼고[自燈明] 자신을 귀의처로 삼아[自歸依] 머물고 남을 귀의처로 삼아 머물지 않는가? 어떻게 비구는 법을 섬으로 삼고[法燈明] 법을 귀의처로 삼아[法歸依] 머물고 다른 것을 귀의처로 삼아 머물지 않는가?

비구들이여, 여기 비구는 몸에서 몸을 관찰하며[身隨觀] 머문다. 세상에 대한 욕심과 싫어하는 마음을 버리면서 근면하게, 분명히 알아차리고 마음챙기는 자 되어 머문다. 느낌들에서 느낌을 관찰하며[受隨觀] 머문다 … 마음에서 마음을 관찰하며[心隨觀] 머문다 … 법에서 법을 관찰하며[法隨觀] 머문다. 세상에 대한 욕심과 싫어하는 마음을 버리면서 근면하게, 분명히 알아차리고 마음챙기는 자 되어 머문다. 비구들이여, 이와 같이 비구는 자신을 섬으로 삼고[自燈明] 자신을 귀의처로 삼아[自歸依] 머물고 남을 귀의처로 삼아 머물지 않는다. 법을 섬으로 삼고[法燈明] 법을 귀의처로 삼아[法歸依] 머물고 다른 것을 귀

86) "마뚤라(Mātulā)는 이런 이름을 가진 도시(nagara)이다. 이 도시를 탁발하는 마을(gocara-gāma)로 삼아서 그 근처에 있는 밀림(vanasaṇḍa)에 머무셨다."(DA.iii.845)

의처로 삼아 머물지 않는다.[87] 비구들이여, 자신의 고향동네인[88] 행동의 영역에서 유행(遊行)하라. 비구들이여, 자신의 고향동네인 행동의 영역에서 유행하는 자에게 마라는 내려앉을 곳을 얻지 못할 것이고 마라는 대상을 얻지 못할 것이다.[89] 비구들이여, 유익한 법[90]들

---

87) 자등명·자귀의·법등명·법귀의를 하는 방법으로 네 가지 마음챙김의 확립[四念處]을 설하시는 것은 이미 본서 제2권 「대반열반경」(D16) §2.26을 통해서 살펴보았다.

88) '자신의 고향동네인'으로 옮긴 원어는 sake(자신의) pettike(아버지에 속하는) visaye(대상에)이다. 그래서 이렇게 옮겼다. 한편 『상응부』에서도 세존께서는 "비구들이여, 무엇이 자기의 고향동네(pettika visaya)인 비구의 행동의 영역인가? 그것은 네 가지 마음챙김의 확립이다.(S.v.147~48)"라고 말씀하셨다.
부처님께서 광활하고도 도도한 우주의 흐름을 말씀하시기 전에 마음챙김이야말로 진정한 비구들의 고향동네라고 먼저 확실하게 밝히고 계신다. 마음챙김이야말로 세상의 기원을 살펴보는 우리의 근본 마음가짐이어야 한다는 세존의 말씀을 우리는 새겨들어야 한다.

89) "여기서 마라(Māra)는 신으로서의 마라(devaputtamāra)와 죽음으로서의 마라(maccumāra)와 오염원으로서의 마라(kilesamāra)이다."(DA.iii.846) 마라를 극복하는 것은 본경의 맨 마지막 문단에서 다시 언급되고 있다.
그리고 만일 마라의 어원을 √mṛ(*to die*)로 보지 않고 마음챙김(sati)의 어원인 √smṛ(*to remember*)로 본다면 마음챙김을 유지하는 비구에게 마라는 내려앉을 곳을 발견하지 못한다는 이 말씀이 아주 실감 나게 와 닿게 될 것이다. 마라에 대한 좀 더 상세한 설명은 본서 제2권 「대반열반경」(D16) §3.4의 주해를 참조할 것.

90) 주석서는 본경에서 두 가지 유익함[善]을 설하고 있다고 보고 있다. 여기서 언급한 네 가지 마음챙김의 확립 등 37가지 깨달음의 편에 있는 법들[菩提分, 助道品]은 윤회를 거스르는 유익함(vivaṭṭagāmi-kusala)이고, 이제부터 설하는 전륜성왕의 의무는 윤회를 따르는 유익함(vaṭṭagāmi-kusala)이라고 설명하고 있다. 주석서를 직역한다.
"여기서 두 가지 유익함(kusala, 善)이 있나니 윤회를 따르는 것(vaṭṭagāmī)과 윤회를 거스르는 것(vivaṭṭagāmī)이다. 윤회를 따르는 유익함

을 수지하기 때문에 이러한 공덕은 증장한다."

전륜성왕 달하네미

2. "비구들이여, 옛날에 달하네미[91]라는 왕이 있었다.[92] 그는 전륜성왕으로 정의로운 분이요 법다운 왕이었고 사방을 정복한 승리자였으며 나라를 안정되게 하였고 일곱 가지 보배[七寶]를 두루 갖추었으니 윤보(輪寶), 상보(象寶), 마보(馬寶), 보배보(寶貝寶), 여인보(女人寶), 장자보(長子寶), 그리고 주장신보(主臧臣寶)가 일곱 번째였다. 천 명이 넘는 그의 아들들은 용감하고 훤칠하며 적군을 정복하였다. 그는 바다를 끝으로 하는 전 대지를 징벌과 무력을 쓰지 않고 법으로써 승리하여 통치하였다."[93]

3. "비구들이여, 그때 달하네미 왕은 수백, 수천 년의 수많은

이란 부모가 자녀에게 그리고 자녀가 부모에게 애정(sineha)으로 부드러운 마음을 가지는 것이다. 윤회를 거스르는 유익함이란 네 가지 마음챙김의 확립 등으로 분류되는 37가지 깨달음의 편에 있는 법들(bodhi-pakkhiya-dhammā, 菩提分法, 助道品法)이다. 이 가운데서 윤회를 따르는 공덕의 완성이 바로 인간 세상에서는 전륜성왕의 영광스런 힘이다. 윤회를 거스르는 유익함의 완성은 도와 과와 열반의 증득(magga-phala-nibbāna-sampatti)이다. 이 가운데서 윤회를 거스르는 유익함의 과보는 경의 마지막 부분에서 [다시] 드러낼 것이다."(DA.iii/848)

91) 달하네미(Daḷhanemi) 왕에 대해서는 주석서에서 아무런 설명이 없다. DPPN에서도 본경에서만 나타나는 것으로 언급하고 있다.

92) "이제 여기서는 윤회를 따르는 유익함의 과보(vaṭṭagāmi-kusalassa vipāka)를 드러낸다."(*Ibid*)

93) 이러한 전륜성왕의 정형구는 이미 본서 제1권 「암밧타 경」(D3) §1.5에서 살펴보았다. 그곳의 주해들을 참조할 것.

세월이 지난 뒤 어떤 사람을 불러서 '여보게 이 사람아, 그대가 만일 신성한 윤보(輪寶, 바퀴 보배)가 물러가 [고정되어] 있는 장소로부터 떨어지면 나에게 알려다오.'라고 말했다. 비구들이여, 그 사람은 '알겠습니다, 폐하.'라고 달하네미 왕에게 대답했다.

비구들이여, 그 사람은 수백, 수천 년의 수많은 세월이 지난 뒤 신성한 윤보가 물러가 [고정되어] 있는 장소로부터 떨어진 것을 보고서 달하네미 왕에게 '폐하, 폐하께서는 아셔야 합니다. 신성한 윤보가 물러가 [고정되어] 있는 장소로부터 떨어졌습니다.'라고 말했다.

비구들이여, 그러자 달하네미 왕은 왕세자를 불러서 이렇게 말했다. '왕자여, 신성한 윤보가 물러가 [고정되어] 있는 장소로부터 떨어졌구나. 나는 이렇게 들었다. 만일 전륜성왕의 신성한 윤보가 물러가 [고정되어] 있는 장소로부터 떨어지면 이제 그 왕은 오래 살지 못한다.'라고. 참으로 나는 인간의 감각적 욕망은 이제 다 누렸다. 이제 하늘의 감각적 욕망을 누릴 때로구나. 이리 오너라, 왕자여. 이 왕국을 넘겨받아라. 나는 이제 머리와 수염을 깎고 물들인 옷[染衣]을 입고 집을 떠나 출가할 것이다.'

비구들이여, 그러자 달하네미 왕은 왕세자를 왕위에 잘 옹립한 뒤 머리와 수염을 깎고 물들인 옷을 입고 집을 떠나 출가하였다. 비구들이여, 왕이었던 선인(仙人)94)이 출가한 지 7일 뒤에 신성한 윤보가 사라져 버렸다."

---

94) '왕이었던 선인'으로 옮긴 원어는 rājisi인데 rāja(왕)와 isi(선인)가 합성된 단어이다. 왕이 출가했기 때문에 이렇게 부르고 있다. 주석서에서는 "[왕들이 쓰는] 흰 일산(seta-cchatta)을 버리고 왕들이 출가한 것(rāja-pabbaitā)을 왕이었던 선인들이라 한다."(DA.iii.849)고 설명하고 있다.

4. "비구들이여, 그러자 어떤 사람이 대관식을 한 끄샤뜨리야 왕에게 갔다. 가서는 대관식을 한 끄샤뜨리야 왕에게 '폐하, 폐하는 아셔야 합니다. 신성한 윤보가 사라졌습니다.'라고 말했다.

비구들이여, 그러자 대관식을 한 끄샤뜨리야 왕은 신성한 윤보가 사라지자 마음이 언짢았고 크게 상심하였다. 그는 왕이었던 선인에게 다가갔다. 가서는 왕이었던 선인에게 이렇게 말하였다. '폐하, 폐하는 아셔야 합니다. 신성한 윤보가 사라졌습니다.' 비구들이여, 이렇게 말하자 왕이었던 선인은 대관식을 한 끄샤뜨리야 왕에게 이렇게 말하였다.

'왕이여[95], 그대는 신성한 윤보가 사라졌다고 해서 마음이 언짢아 하지 말아라. 크게 상심하지 말거라. 그 신성한 윤보는 선조들이 상속재산으로 물려준 것이 아니기 때문이다. 왕이여, 참으로 그대는 신성한 윤보를 굴려야 하느니라. 이러한 경우가 있다. 그대가 성스러운 전륜성왕의 의무를 잘 행하면서 보름의 포살일[96]에 머리를 감고 나서 포살을 위해서 왕궁의 위층에 올라가 앉아 있으면 천 개의 바퀴살과 테와 중심부가 있어 일체를 두루 갖춘 신성한 윤보가 나타날 것이다.'"

---

95) '왕이여'라고 옮긴 원문은 tāta인데 이 말은 어른이 아이들을, 특히 같은 가문의 아이들을 부르는 호칭으로 쓰인다. 본서에서는 대부분 '얘야'라고 옮겼다. 그러나 여기서는 출가한 전왕이 아들인 지금 왕에게 사용하는 호칭이라서 우리 실정을 감안하여 '왕이여'라고 옮겼다.

96) 포살(uposathā) 혹은 포살일에 대해서는 본서 제1권의 「사문과경」(D2) §1의 주해를 참조할 것.

성스러운 전륜성왕의 의무

5. "'폐하, 그런데 그 성스러운 전륜성왕의 의무란 어떠한 것입니까?'

'왕이여, 그렇다면 참으로 그대는 법[97]을 의지하고 법을 존경하고 법을 존중하고 법을 숭상하고 법을 예배하고 법을 공경하고 법을 깃발로 하고 법을 상징물로 하고 법을 우선하여 그대의 백성들과 군대와 끄샤뜨리야들과 가신들과 바라문들과 장자들과 읍과 지방민들과 사문·바라문들과 짐승과 새들을 법답게 살피고 감싸고 보호하라.

왕이여, 그대의 영토에서 법답지 못한 행위들이 퍼지지 않게 하라.

왕이여, 그대의 영토에서 가난한 자가 있으면 그들에게 재물을 나누어 주라.

왕이여, 그대의 영토에서 사문·바라문들이 자만과 방일함을 금하고 인욕과 온화함에 헌신하여 살면서 각자 자신을 길들이고 각자 자신을 제어하고 각자 자신을 적정하게 하면서 [머물고 있을] 것이다. 그대는 때때로 그들에게 다가가서 질문을 하고 파악을 해야 한다. '존자시여, 무엇이 유익한 것이고 무엇이 해로운 것입니까? 무엇이 비난 받는 것이고 무엇이 비난 받지 않는 것입니까? 무엇을 받들어 행해야 하고 무엇을 받들어 행하지 말아야 합니까? 무엇을 행하면 오랜 세월 제게 불이익과 괴로움이 있으며 무엇을 행하면 오랜 세월 제게 이익과 행복이 있겠습니까?'라고. 그들로부터 들은 뒤 해로운 것은 없애 버리고 유익한 것을 수지해야 한다.

왕이여, 이것이 그 성스러운 전륜성왕의 의무이다.'[98]

---

97) "여기서 법(dhamma)이란 열 가지 유익한 업의 길(dasa-kusala-kamma-patha, 十善業道)인 법이다."(*Ibid*)

비구들이여, 대관식을 한 끄샤뜨리야 왕은 '그렇게 하겠습니다, 폐하.'라고 왕이었던 선인에게 대답한 뒤 성스러운 전륜성왕의 의무를 행하였다. 그가 성스러운 전륜성왕의 의무를 행하면서 보름의 포살일에 머리를 감고 포살을 위해서 왕궁의 위층에 올라가 앉아 있자 천 개의 바퀴살과 테와 중심부가 있어 일체를 두루 갖춘 신성한 윤보가 나타났다.[99] 그것을 보자 대관식을 한 끄샤뜨리야 왕에게 이런 생각이 들었다.

'나는 이렇게 들었다. '대관식을 한 끄샤뜨리야 왕이 보름의 포살일에 머리를 감고 포살을 위해서 왕궁의 위층에 올라가 앉아 있으면 천 개의 바퀴살과 테와 중심부가 있어 일체를 두루 갖춘 신성한 윤보가 나타난다. 그 자가 바로 전륜성왕이다.'라고. 나는 이제 참으로 전륜성왕이 되었다.'라고."

6. "비구들이여, 그러자 대관식을 한 끄샤뜨리야 왕은 자리에서 일어나 한쪽 어깨가 드러나게 웃옷을 입고 왼손에 물병을 들고 오른손으로 윤보에 물을 뿌렸다. '그대 윤보는 돌아가기를. 그대 윤보는 돌아가기를.'이라고 하면서 왼손에는 물병을 들고 오른손으로는 윤보에 물을 뿌렸다. 비구들이여, 그러자 그 윤보는 돌면서 동쪽으로 갔다. 그러자 전륜성왕은 네 무리의 군대[100]와 더불어 윤보를 따라

---

98) 요약하면 생명존중, 치안유지, 빈민구제, 종교인(혹은 수행자) 존중의 네 가지를 전륜성왕의 의무로 들고 있다. 위정자가 이런 의무에 충실할 때 그것이 바로 그 나라가 잘 굴러가는 것임을 윤보(바퀴 보배)는 상징하고 있다고 하겠다.

99) 이하 §7까지의, 윤보를 통한 사방의 평정은 본서 제2권 「마하수닷사나경」(D17) §§1.7~1.11과 같다.

100) '네 무리의 군대(caturaṅginī senā)'란 코끼리(hatthi) 부대, 기마(assa)

갔다. 비구들이여, 윤보가 서는 지방에 전륜성왕은 네 무리의 군대와 함께 머물렀다.

비구들이여, 그러자 동쪽 방향의 적국의 왕들은 그 전륜성왕에게 다가와서 이렇게 말하였다. '어서 오십시오, 대왕이시여. 환영합니다, 대왕이시여. 명령을 하십시오, 대왕이시여. 충고를 하십시오, 대왕이시여.'라고.

그러자 전륜성왕은 이렇게 말하였다. '생명을 죽이지 말라. 주지 않은 것을 가지지 말라. 삿된 음행을 하지 말라. 거짓말을 하지 말라. 술을 마시지 말라. 적당한 것만을 먹어라.'라고. 비구들이여, 그러자 동쪽 방향의 적국의 왕들은 전륜성왕에게 복종하였다."

7. "비구들이여, 그러자 그 윤보는 동쪽 바다로 들어갔다가 다시 나와서 남쪽으로 돌면서 갔다. … 남쪽 바다로 들어갔다가 다시 나와서 서쪽으로 돌면서 갔다. … 서쪽 바다로 들어갔다가 다시 나와서 북쪽으로 돌면서 갔다. 그러자 전륜성왕은 네 무리의 군대와 더불어 윤보를 따라갔다. 비구들이여, 윤보가 서는 지방에 전륜성왕은 네 무리의 군대와 함께 머물렀다. 비구들이여, 그러자 북쪽 방향의 적국의 왕들은 전륜성왕에게 다가와서 이렇게 말하였다. '어서 오십시오, 대왕이시여. 환영합니다, 대왕이시여. 명령을 하십시오, 대왕이시여. 충고를 하십시오, 대왕이시여.'라고.

그러자 전륜성왕은 이렇게 말하였다. '생명을 죽이지 말라. 주지 않은 것을 가지지 말라. 삿된 음행을 하지 말라. 거짓말을 하지 말라. 술을 마시지 말라. 적당한 것만을 먹어라.'라고. 비구들이여, 그러자

부대, 전차(ratha) 부대, 보병(patti) 부대의 네 가지 구성요소를 갖춘 군대를 말한다.(DA.i.154)

북쪽 방향의 적국의 왕들은 전륜성왕에게 복종하였다.

비구들이여, 그러자 바퀴보배는 바다로 둘러싸인 땅을 정복한 뒤 수도에 있는 왕궁으로 돌아와서 법정(法庭)을 향하는 전륜성왕의 내전의 문에, 차축에 꿰어졌다는 생각이 들 정도로 굳게 서서 전륜성왕의 내전을 아주 멋있게 장엄하였다."

두 번째 전륜성왕 등의 이야기

8. "비구들이여, 두 번째 전륜성왕도 … 세 번째 전륜성왕도 … 네 번째 전륜성왕도 … 다섯 번째 전륜성왕도 … 여섯 번째 전륜성왕도 … 일곱 번째 전륜성왕도 수백, 수천 년의 수많은 세월이 지난 뒤 어떤 사람을 불러서 '여보게 이 사람아, 그대가 만일 신성한 윤보가 물러가 [고정되어] 있는 장소로부터 떨어지면 나에게 알려다오.'라고 말했다.

비구들이여, 그 사람은 수백, 수천 년의 수많은 세월이 지난 뒤 신성한 윤보가 물러가 [고정되어] 있는 장소로부터 떨어진 것을 보고서 전륜성왕에게 '폐하, 폐하께서는 아셔야 합니다. 신성한 윤보가 물러가 [고정되어] 있는 장소로부터 떨어졌습니다.'라고 말했다.

비구들이여, 그러자 전륜성왕은 왕세자를 불러서 이렇게 말했다. '왕자여, 신성한 윤보가 물러가 [고정되어] 있는 장소로부터 떨어졌구나. 나는 이렇게 들었다. 만일 전륜성왕의 신성한 윤보가 물러가 [고정되어] 있는 장소로부터 떨어지면 이제 그 왕은 오래 살지 못한다.'라고. 참으로 나는 인간의 감각적 욕망은 이제 다 누렸다. 이제 하늘의 감각적 욕망을 누릴 때로구나. 이리 오너라, 왕자여. 이 왕국을 넘겨받아라. 나는 이제 머리와 수염을 깎고 물들인 옷[染衣]을 입

고 집을 떠나 출가할 것이다.'

비구들이여, 그러자 전륜성왕은 왕세자를 왕위에 잘 옹립한 뒤 머리와 수염을 깎고 물들인 옷을 입고 집을 떠나 출가하였다. 비구들이여, 왕이었던 선인(仙人)이 출가한 지 7일 뒤에 신성한 윤보가 사라져 버렸다."

9. "비구들이여, 그러자 어떤 사람이 대관식을 한 끄샤뜨리야 왕에게 갔다. 가서는 대관식을 한 끄샤뜨리야 왕에게 '폐하, 폐하는 아셔야 합니다. 신성한 바퀴보배가 사라졌습니다.'라고 말했다.

비구들이여, 그러자 대관식을 한 끄샤뜨리야 왕은 신성한 바퀴보배가 사라지자 마음이 언짢았고 크게 상심하였다. 그러나 그는 왕이었던 선인에게 다가가서 성스러운 전륜성왕의 의무에 대해서 묻지 않았다. 그는 참으로 전체 왕국을 직접 다스렸다. 그가 전체 왕국을 직접 다스리자 이전의 왕들이 성스러운 전륜성왕의 의무를 행하던 그 이전처럼 번창하지 않았다.

비구들이여, 그러자 대신들과 측근들과 재정 담당자들과 경호원들과 수문장들과 만뜨라로 삶을 영위하는 [바라문들]이 모여들어 대관식을 한 끄샤뜨리야 왕에게 이렇게 말하였다.

'폐하, 폐하께서 전체 왕국을 직접 다스리자 이전의 왕들이 성스러운 전륜성왕의 의무를 행하던 그 이전처럼 지금은 번창하지 않습니다. 폐하, 폐하의 영토에는 대신들과 측근들과 재정 담당자들과 경호원들과 수문장들과 만뜨라로 삶을 영위하는 [바라문들]과 다른 사람들이 살고 있습니다. 저희는 성스러운 전륜성왕의 의무를 잘 [외워서] 호지하고 있습니다. 폐하, 참으로 폐하께서 저희들에게 성스러운 전륜성왕의 의무에 대해서 질문을 하십시오. 그러면 저희들은 그런 폐하께 성스러운 전륜성왕의 의무를 설명해드릴 것입니다.'라고."

수명과 용모 등의 감소

10. "비구들이여, 그러자 대관식을 한 끄샤뜨리야 왕은 대신들과 측근들과 재정 담당자들과 경호원들과 수문장들과 만뜨라로 삶을 영위하는 [바라문들]을 모이게 한 뒤 성스러운 전륜성왕의 의무에 대해서 질문을 하였다. 그들은 그런 왕에게 성스러운 전륜성왕의 의무를 설명하였다. 그들의 설명을 들은 뒤 왕은 법답게 살피고 감싸고 보호를 하였다.

그러나 가난한 자들에게 재물을 나누어 주지 않았다. 가난한 자들에게 재물을 나누어 주지 않자 빈곤이 크게 퍼졌다. 빈곤이 크게 퍼지자 어떤 사람은 남들이 주지 않은 것을 가지는 도둑질이라는 것을 하였다. 그 사람을 체포하여 대관식을 한 끄샤뜨리야 왕에게 데리고 갔다.

'폐하, 이 사람은 남들이 주지 않은 것을 가지는 도둑질이라는 것을 하였습니다.'

비구들이여, 이렇게 말하자 대관식을 한 끄샤뜨리야 왕은 그 사람에게 이렇게 말하였다.

'여보게, 이 사람아. 그대가 남들이 주지 않은 것을 가지는 도둑질이라는 것을 하였다는 것이 사실인가?'

'사실입니다, 폐하.'

'왜 그런 짓을 하였는가?'

'폐하, 저는 생계를 꾸려나갈 것이 없었기 때문입니다.'

비구들이여, 그러자 대관식을 한 끄샤뜨리야 왕은 그 사람에게 재물을 나누어 주었다.

'여보게, 이 사람아. 이 재물로 자신의 생계를 꾸려나가라. 부모를 봉양하라. 처자식을 부양하라. 일을 하여라. 사문·바라문들에게 많은 보시를 하라. 그러한 보시는 고귀한 결말을 가져다 주고 신성한 결말을 가져다 주며 행복을 익게 하고 천상에 태어나게 한다.'

비구들이여, 그 사람은 '그렇게 하겠습니다, 폐하.'라고 대관식을 한 끄샤뜨리야 왕에게 대답하였다."

11. "비구들이여, 그러자 다른 어떤 사람도 남들이 주지 않은 것을 가지는 도둑질이라는 것을 하였다. 그 사람을 체포하여 대관식을 한 끄샤뜨리야 왕에게 데리고 갔다.

'폐하, 이 사람은 남들이 주지 않은 것을 가지는 도둑질이라는 것을 하였습니다.'

비구들이여, 이렇게 말하자 대관식을 한 끄샤뜨리야 왕은 그 사람에게 이렇게 말하였다.

'여보게, 이 사람아. 그대가 남들이 주지 않은 것을 가지는 도둑질이라는 것을 하였다는 것이 사실인가?'

'사실입니다, 폐하.'

'왜 그런 짓을 하였는가?'

'폐하, 저는 생계를 꾸려나갈 것이 없었기 때문입니다.'

비구들이여, 그러자 대관식을 한 끄샤뜨리야 왕은 그 사람에게 재물을 나누어 주었다.

'여보게, 이 사람아. 이 재물로 자신의 생계를 꾸려나가라. 부모를 봉양하라. 처자식을 부양하라. 일을 하여라. 사문·바라문들에게 많은 보시를 하라. 그러한 보시는 고귀한 결말을 가져다 주고 신성한

결말을 가져다 주며 행복을 익게 하고 천상에 태어나게 한다.'

비구들이여, 그 사람은 '그렇게 하겠습니다, 폐하.'라고 대관식을 한 끄샤뜨리야 왕에게 대답하였다."

12. "비구들이여, 그러자 사람들은 '여보게들, 남들이 주지 않은 것을 가지는 도둑질이라는 것을 한 사람들에게 왕은 재물을 나누어 준다네.'라고 들었다. 그 말을 듣자 그들에게 '참으로 우리도 남들이 주지 않은 것을 가지는 도둑질이라는 것을 해야겠다.'라는 그런 생각이 들었다.101)

비구들이여, 그러자 어떤 사람이 남들이 주지 않은 것을 가지는 도둑질이라는 것을 하였다. 그 사람을 체포하여 대관식을 한 끄샤뜨리야 왕에게 데리고 갔다.

'폐하, 이 사람은 남들이 주지 않은 것을 가지는 도둑질이라는 것을 하였습니다.'

비구들이여, 이렇게 말하자 대관식을 한 끄샤뜨리야 왕은 그 사람에게 이렇게 말하였다.

'여보게, 이 사람아. 그대가 남들이 주지 않은 것을 가지는 도둑질이라는 것을 하였다는 것이 사실인가?'

'사실입니다, 폐하.'

'왜 그런 짓을 하였는가?'

'폐하, 저는 생계를 꾸려나갈 것이 없었기 때문입니다.'

비구들이여, 그러자 대관식을 한 끄샤뜨리야 왕에게 이런 생각이

---

101) 인간의 심성이 어떻게 타락해 가는지를 본경은 이제부터 실감나게 묘사하고 있다. 신화적인 방법을 빌어서 설하고 계시지만 인류가 깊이 새겨봐야 할 가르침이라 여겨진다.

들었다.

'내가 만일 남들이 주지 않은 것을 가지는 도둑질이라는 것을 하는 사람마다 재물을 나누어준다면 주지 않은 것을 가지는 것이 크게 증가할 것이다. 그러니 나는 이 사람에게 최고의 형벌을 가해야겠다. 극형에 처해야겠다. 그의 머리를 잘라버려야겠다.'라고.

비구들이여, 그러자 대관식을 한 끄샤뜨리야 왕은 사람들에게 명하였다. '여봐라, 그렇다면 이 자를 단단한 사슬로 손을 뒤로 한 채 꽁꽁 묶어서 머리를 깎고 둔탁한 북소리와 함께 이 골목 저 골목 이 거리 저 거리로 끌고 다니다가 남쪽 문으로 데리고 가서 도시의 남쪽에서 최고의 형벌을 가하라. 극형에 처하라. 그의 머리를 잘라버려라.'라고.

비구들이여, 그러자 그 사람들은 '알겠나이다, 폐하.'라고 대관식을 한 끄샤뜨리야 왕에게 대답을 한 뒤 그 사람을 단단한 사슬로 손을 뒤로 한 채 꽁꽁 묶어서 머리를 깎고 둔탁한 북소리와 함께 이 골목 저 골목 이 거리 저 거리로 끌고 다니다가 남쪽 문으로 데리고 가서 도시의 남쪽에서 최고의 형벌을 가하였다. 극형에 처하였다. 그의 머리를 잘라버렸다."

13. "비구들이여, 사람들은 '여보게들, 남들이 주지 않은 것을 가지는 도둑질이라는 것을 한 사람들에게 왕은 최고의 형벌을 가한다네. 극형에 처한다네. 그의 머리를 잘라버린다네.'라고 들었다. 그 말을 듣자 그들에게 '참으로 우리도 날카로운 무기들을 만들리라. 그래서 그 날카로운 무기들로 주지 않은 것을 가지는 도둑질이라는 것을 하는 자들에게 최고의 형벌을 가하리라. 극형에 처하리라. 그들의 머리를 잘라 버리리라.'라는 그런 생각이 들었다. 그들은 날카로운

무기들을 만들었다. 그래서 그 날카로운 무기들로 마을을 노략질하러 다녔고 읍을 노략질하러 다녔고 도시를 노략질하러 다녔고 노상강도질을 하러 다녔다. 그들에게 주지 않은 것을 가지는 도둑질이라는 것을 하는 자들에게 최고의 형벌을 가하였다. 극형에 처하였다. 그들의 머리를 잘라버렸다."

14. "비구들이여, 이와 같이 재물이 없는 자들에게 재물을 나누어 주지 않자 빈곤이 크게 퍼졌다. 빈곤이 크게 퍼지자 주지 않은 것을 가지는 것이 크게 퍼졌다. 주지 않은 것을 가지는 것이 크게 퍼지자 무기가 크게 퍼졌다. 무기가 크게 퍼지자 생명을 죽이는 것이 크게 퍼졌다. 생명을 죽이는 것이 크게 퍼지자 그 중생들의 수명도 줄어들었고 용모도 줄어들었다. 그들의 수명이 줄어들고 용모도 줄어들자 8만 4천 년의 수명을 가진 인간들의 자손들은 오직 4만 년의 수명만 가지게 되었다.102)

비구들이여, 인간들이 오직 4만 년의 수명만 가지게 되자 어떤 사람은 남들이 주지 않은 것을 가지는 도둑질이라는 것을 하였다. 그 사람을 체포해서 대관식을 한 끄샤뜨리야 왕에게 데리고 갔다.

'폐하, 이 사람은 남들이 주지 않은 것을 가지는 도둑질이라는 것을 하였습니다.'

비구들이여, 이렇게 말하자 대관식을 한 끄샤뜨리야 왕은 그 사람에게 이렇게 말하였다.

'여보게, 이 사람아. 그대가 남들이 주지 않은 것을 가지는 도둑질이라는 것을 하였다는 것이 사실인가?'

'그렇지 않습니다, 폐하.'라고 그 사람은 고의적인 거짓말을 하였다."

---

102) 도덕의 타락은 항상 수명의 감소를 수반한다고 본경은 가르치고 있다.

15. "비구들이여, 이와 같이 재물이 없는 자들에게 재물을 나누어 주지 않자 빈곤이 크게 퍼졌다. 빈곤이 크게 퍼지자 주지 않은 것을 가지는 것이 크게 퍼졌다. 주지 않은 것을 가지는 것이 크게 퍼지자 무기가 크게 퍼졌다. 무기가 크게 퍼지자 생명을 죽이는 것이 크게 퍼졌다. 생명을 죽이는 것이 크게 퍼지자 거짓말하는 것이 크게 퍼졌다. 거짓말하는 것이 크게 퍼지자 그 중생들의 수명도 줄어들었고 용모도 줄어들었다. 그들의 수명이 줄어들고 용모도 줄어들자 4만 년의 수명을 가진 인간들의 자손들은 오직 2만 년의 수명만 가지게 되었다.

비구들이여, 인간들이 오직 2만 년의 수명만 가지게 되자 어떤 사람은 남들이 주지 않은 것을 가지는 도둑질이라는 것을 하였다. 그 사람을 어떤 사람이 대관식을 한 끄샤뜨리야 왕에게 고하여 바쳤다. '폐하, 이 사람은 남들이 주지 않은 것을 가지는 도둑질이라는 것을 하였습니다.'라고 고자질[103]을 하였다."

16. "비구들이여, 이와 같이 재물이 없는 자들에게 재물을 나누어 주지 않자 빈곤이 크게 퍼졌다. 빈곤이 크게 퍼지자 주지 않은 것을 가지는 것이 크게 퍼졌다. 주지 않은 것을 가지는 것이 크게 퍼지자 무기가 크게 퍼졌다. 무기가 크게 퍼지자 생명을 죽이는 것이 크게 퍼졌다. 생명을 죽이는 것이 크게 퍼지자 거짓말하는 것이 크게 퍼졌다. 거짓말하는 것이 크게 퍼지자 고자질이 크게 퍼졌다. 고자질

103) '고자질'로 옮긴 원어는 pesuñña인데 형용사 pisuṇa(중상모략하는)의 곡용형을 취하여 추상명사가 된 것이다. 이것은 중상모략으로 옮기는 pisuṇavāca와 같은 말이다. 그래서 다른 곳에서는 중상모략으로 옮겼다. 여기서는 문맥상 구체적으로 고자질을 뜻하므로 '고자질'로 옮겼다.

이 크게 퍼지자 그 중생들의 수명도 줄어들었고 용모도 줄어들었다. 그들의 수명이 줄어들고 용모도 줄어들자 2만 년의 수명을 가진 인간들의 자손들은 오직 만 년의 수명만 가지게 되었다.

비구들이여, 인간들이 오직 만 년의 수명만 가지게 되자 어떤 중생들은 용모가 준수하였고 어떤 중생들은 용모가 추하였다. 그러자 추한 용모를 가진 중생들은 용모가 준수한 중생들을 선망하게 되었고 남들의 아내를 범하게 되었다."

17. "비구들이여, 이와 같이 재물이 없는 자들에게 재물을 나누어 주지 않자 빈곤이 크게 퍼졌다. 빈곤이 크게 퍼지자 … 삿된 음행이 크게 퍼졌다. 삿된 음행이 크게 퍼지자 그 중생들의 수명도 줄어들었고 용모도 줄어들었다. 그들의 수명이 줄어들고 용모도 줄어들자 만 년의 수명을 가진 인간들의 자손들은 오직 5천 년의 수명만 가지게 되었다.

비구들이여, 인간들이 오직 5천 년의 수명만 가지게 되자 인간들에게는 두 가지 [해로운] 법들이 크게 퍼졌나니 그것은 욕설과 쓸데없는 말이다. 이런 두 가지 [해로운] 법들이 크게 퍼지자 그 중생들의 수명도 줄어들었고 용모도 줄어들었다. 그들의 수명이 줄어들고 용모도 줄어들자 5천 년의 수명을 가진 인간들의 자손들은 어떤 자들은 2천5백 년의 수명을, 어떤 자들은 2천 년의 수명만을 가지게 되었다.

비구들이여, 인간들이 오직 2천5백 년의 수명만 가지게 되자 인간들에게는 탐욕과 악의가 크게 퍼졌다. 탐욕과 악의가 크게 퍼지자 그 중생들의 수명도 줄어들었고 용모도 줄어들었다. 그들의 수명이 줄어들고 용모도 줄어들자 2천5백 년의 수명을 가진 인간들의 자손들은 천 년의 수명만을 가지게 되었다.

비구들이여, 인간들이 오직 천 년의 수명만 가지게 되자 인간들에게는 삿된 견해가 크게 퍼졌다. 삿된 견해가 크게 퍼지자 그 중생들의 수명도 줄어들었고 용모도 줄어들었다. 그들의 수명이 줄어들고 용모도 줄어들자 천 년의 수명을 가진 인간들의 자손들은 5백 년의 수명만을 가지게 되었다.

비구들이여, 인간들이 오직 5백 년의 수명만 가지게 되자 인간들에게는 세 가지 [해로운] 법들이 크게 퍼졌나니 그것은 비법(非法)을 좋아함, 불평등을 당연시함, 삿된 법에 [얽매임]이다. 이런 세 가지 법들이 크게 퍼지자 그 중생들의 수명도 줄어들었고 용모도 줄어들었다. 그들의 수명이 줄어들고 용모도 줄어들자 5백 년의 수명을 가진 인간들의 자손들 중 어떤 자들은 2백5십 년의 수명을, 어떤 자들은 2백 년의 수명만을 가지게 되었다.

비구들이여, 인간들이 오직 2백5십 년의 수명만 가지게 되자 인간들에게는 이러한 법들이 크게 퍼졌나니 어머니를 공경하지 않고, 아버지를 공경하지 않고, 사문을 공경하지 않고, 바라문을 공경하지 않고, 집에서 연장자를 공경하지 않았다."

18. "비구들이여, 이와 같이 재물이 없는 자들에게 재물을 나누어 주지 않자 빈곤이 크게 퍼졌다. 빈곤이 크게 퍼지자 주지 않은 것을 가지는 것이 크게 퍼졌다. 주지 않은 것을 가지는 것이 크게 퍼지자 무기가 크게 퍼졌다. 무기가 크게 퍼지자 생명을 죽이는 것이 크게 퍼졌다. 생명을 죽이는 것이 크게 퍼지자 거짓말하는 것이 크게 퍼졌다. 거짓말하는 것이 크게 퍼지자 고자질이 크게 퍼졌다. 고자질이 크게 퍼지자 삿된 음행이 크게 퍼졌다. 삿된 음행이 크게 퍼지자

두 가지 법들이 크게 퍼졌나니 그것은 욕설과 쓸데없는 말이다. 이런 두 가지 법들이 크게 퍼지자 탐욕과 악의가 크게 퍼졌다. 탐욕과 악의가 크게 퍼지자 삿된 견해가 크게 퍼졌다. 삿된 견해가 크게 퍼지자 세 가지 법들이 크게 퍼졌나니 그것은 비법(非法)을 좋아함, 불평등을 당연시함, 삿된 법에 [얽매임]이다. 이런 세 가지 법들이 크게 퍼지자 또 다른 법들이 크게 퍼졌나니 어머니를 공경하지 않고, 아버지를 공경하지 않고, 사문을 공경하지 않고, 바라문을 공경하지 않고, 집에서 연장자를 공경하지 않는 것이다. 이런 법들이 크게 퍼지자 그 중생들의 수명도 줄어들었고 용모도 줄어들었다. 그들의 수명이 줄어들고 용모도 줄어들자 2백5십 년의 수명을 가진 인간들의 자손들은 백 년의 수명만을 가지게 되었다."

수명이 열 살이 되는 시기

19. "비구들이여, 이 인간들의 자손들이 열 살의 수명만을 가지게 되는 때가 있을 것이다. 비구들이여, 인간들의 수명이 열 살이 되는 때에는 5살 된 여자 아이가 결혼적령기가 된다. 비구들이여, 인간들의 수명이 열 살이 되는 때에는 버터기름, 생 버터, 참기름, 꿀, 사탕수수즙, 소금과 같은 이런 맛들이 사라질 것이다. 비구들이여, 인간들의 수명이 열 살이 되는 때에는 꾸드루사까[104]가 음식들 가운데 최고가 될 것이다. 비구들이여, 마치 지금 이 시대에 흰 쌀밥에 고기 반찬이 음식들 가운데 최고인 것처럼 그와 마찬가지로 인간들의 수명이 열 살이 되는 때에는 꾸드루사까가 음식들 가운데 최고가 될 것

---

104) 리즈 데이빗은 꾸드루사까(kudrūsaka) 혹은 kudrūsa(*Sk.* koraduṣa)는 호밀의 일종이라고 주해하고 있다.(리즈 데이빗 iii.70)

이다.

비구들이여, 인간들의 수명이 열 살이 되는 때에는 열 가지 유익한 업의 길[十善業道]이 완전히 사라질 것이며 열 가지 해로운 업의 길[十不善業道]이 치성할 것이다. 비구들이여, 인간들의 수명이 열 살이 되는 때에는 유익함이란 자체가 없는데 어디에 유익함을 행하는 자가 있겠는가?

비구들이여, 인간들의 수명이 열 살이 되는 때에는 어머니를 공경하지 않고, 아버지를 공경하지 않고, 사문을 공경하지 않고, 바라문을 공경하지 않고, 집에서 연장자를 공경하지 않을 것이니 이분들은 예배되지 않고 칭송되지 않을 것이다. 비구들이여, 마치 지금 이 시대에 어머니를 공경하고, 아버지를 공경하고, 사문을 공경하고, 바라문을 공경하고, 집에서 연장자를 공경하여 이분들이 예배받고 칭송되는 것처럼, 그와는 [반대로] 인간들의 수명이 열 살이 되는 때에는 어머니를 공경하지 않고, 아버지를 공경하지 않고, 사문을 공경하지 않고, 바라문을 공경하지 않고, 집에서 연장자를 공경하지 않을 것이니 이분들은 예배되지 않고 칭송되지 않을 것이다."

20. "비구들이여, 인간들의 수명이 열 살이 되는 때에는 어머니라거나 이모라거나 외숙모라거나 스승의 아내라거나 고모라거나 숙모라는 [생각이] 없어질 것이다. 세상은 마치 염소와 양, 닭과 돼지, 개와 자칼처럼 [성도덕이] 문란해질 것이다.

비구들이여, 인간들의 수명이 열 살이 되는 때에는 그 중생들은 서로서로 강한 적대감을 가지게 될 것이니 강한 악의, 강한 마음의 분노, 강한 살의를 가지게 될 것이다. 어머니가 아들에게, 아들이 어머니에게, 아버지가 아들에게, 아들이 아버지에게, 남형제가 여형제에게, 여형제가 남형제에게 서로서로 강한 적대감을 가지게 될 것이니 강한 악의, 강한 마음의 분노, 강한 살의를 가지게 될 것이다.

비구들이여, 예를 들면 사냥꾼이 사냥감을 보고 강한 적대감을 가지고 강한 악의, 강한 마음의 분노, 강한 살의를 가지는 것과 같다. 비구들이여, 마찬가지로 인간들의 수명이 열 살이 되는 때에는 그 중생들은 서로서로 강한 적대감을 가지게 될 것이니 강한 악의, 강한 마음의 분노, 강한 살의를 가지게 될 것이다. 어머니가 아들에게, 아들이 어머니에게, 아버지가 아들에게, 아들이 아버지에게, 남형제가 여형제에게, 여형제가 남형제에게 서로서로 강한 적대감을 가지게 될 것이니 강한 악의, 강한 마음의 분노, 강한 살의를 가지게 될 것이다."

21. "비구들이여, 인간들의 수명이 열 살이 되는 때에 인간들에게는 칠 일 동안의 무기(武器)의 중간겁[105]이 있게 될 것이다. 그들은 서로가 서로에게 짐승이라는 인식을 가지게 될 것이다. 그들의 손에

---

105) "무기(武器)의 중간겁(satthantarakappa)이란 무기(武器)에 의한 중간겁이다. [세상은] 수축하는 겁(saṁvaṭṭakappa)이 되어 그 중간에 세상의 파멸(lokavināsa)이 있다. 그리고 중간겁은 기근의 중간겁(dubbhikkhantarakappa)과 질병의 중간겁(rogantarakappa)과 무기의 중간겁의 세 가지가 있다. 탐욕이 극심한(lobhussada) 중생들에게는 기근의 중간겁이 있고, 어리석음(moha)이 극심한 자들에게는 질병의 중간겁이, 성냄(dosa)이 극심한 자들에게는 무기의 중간겁이 있다. 기근의 중간겁으로 죽은 자들은 대부분 아귀계(pettivisaya)에 태어난다. 음식에 대한 갈망이 강렬하기 때문이다. 질병의 중간겁으로 죽은 자들은 대부분 천상(sagga)에 태어난다. 그들은 '오, 참으로 다른 중생들에게는 이러한 질병이 없어지기를.'이라고 자애의 마음을 일으키기 때문이다. 무기의 중간겁으로 죽은 자들은 대부분 지옥(niriaya)에 태어난다. 서로서로 강하게 저주하기 때문이다."(DA.iii.854)

는 날카로운 무기들이 생기게 될 것이다. 그들은 날카로운 무기로 '이놈은 짐승이야, 이놈은 짐승이야.'하면서 서로서로의 목숨을 빼앗게 될 것이다.

비구들이여, 그러자 그 중생들 가운데 어떤 자들에게 이런 생각이 들 것이다. '우리는 누구도 죽이지 맙시다. 그리고 누구도 우리를 죽이지 마십시오. 그러니 이제 우리는 풀더미 속으로 가거나 숲 속으로 가거나 나무구멍 속으로 가거나 강의 센 물살 너머로 가거나 산골짜기로 가서 칠 일간을 나무뿌리와 열매로 연명을 합시다.'라고. 그들은 풀더미 속으로 가거나 숲 속으로 가거나 나무구멍 속으로 가거나 강의 센 물살 너머로 가거나 산골짜기로 가서 칠 일간을 나무뿌리와 열매로 연명을 하였다.

그들은 그 칠 일이 지나자 풀더미와 숲 속과 나무구멍과 강의 센 물살 너머와 산골짜기로부터 나와서 '여보시오들, 중생들이 보이다니. 그대는 살아 있었구려. 여보시오들, 중생들이 보이다니. 그대는 살아 있었구려.'라며 서로서로 껴안고 한 목소리를 내었고 안심을 하였다.

비구들이여, 그러자 그 중생들에게 이런 생각이 들 것이다. '우리는 해로운 법들을 수지했기 때문에 이러한 엄청난 일가친척의 손실을 입었다. 그러니 이제 참으로 우리는 유익함을 행해야 한다. 어떤 유익함을 행해야 하는가? 우리는 참으로 생명을 죽이는 것을 금해야 한다. 이러한 유익한 법을 수지해야 한다.'라고.

그들은 생명을 죽이는 것을 금할 것이다.[106] 이러한 유익한 법을

106) 이제 어떻게 해서 인간이 향상하고 수명이 증장하는가를 설하신다. 그 출발점은 열 가지 유익한 업의 길[十善業道]의 처음인 불살생이다. 이렇게 십선업도를 점점 증장시켜 다시 8만 살까지 살게 된다.

수지할 것이다. 그들은 유익한 법들을 수지하기 때문에 수명도 증장할 것이며 용모도 증장할 것이다. 그들이 수명이 증장하고 용모도 증장하면 열 살의 수명을 가진 인간들의 자손은 20살의 수명을 가지게 될 것이다.

22. "비구들이여, 그러면 그 중생들에게 이런 생각이 들 것이다. '우리가 유익한 법들을 수지하기 때문에 수명도 증장하고 용모도 증장한다. 이제 우리는 더욱더 유익함을 행해야 한다. 어떠한 유익함을 행해야 하는가? 참으로 우리는 주지 않은 것을 가지는 것을 금해야 한다. 삿된 음행을 금해야 한다. 거짓말을 금해야 한다. 중상모략을 금해야 한다. 욕설을 금해야 한다. 쓸데없는 말을 금해야 한다. 탐욕을 버려야 한다. 악의를 버려야 한다. 삿된 견해를 버려야 한다. 세 가지 법들을 버려야 하나니 그것은 비법(非法)을 좋아함, 불평등을 당연시함, 삿된 법[에 얽매임]이다. 우리는 어머니를 공경하고, 아버지를 공경하고, 사문을 공경하고, 바라문을 공경하고, 집에서 연장자를 공경해야 한다. 이러한 유익한 법을 수지해야 한다.'라고. 그들은 어머니를 공경할 것이고, 아버지를 공경할 것이고, 사문을 공경할 것이고, 바라문을 공경할 것이고, 집에서 연장자를 공경할 것이다. 이러한 유익한 법을 수지할 것이다.

그들은 유익한 법들을 수지하기 때문에 수명도 증장할 것이며 용모도 증장할 것이다. 그들이 수명이 증장하고 용모도 증장하면 20살의 수명을 가진 인간들의 자손은 40살의 수명을 가지게 될 것이다. 40살의 수명을 가진 인간들의 자손은 80살의 수명을 가지게 될 것이다. 80살의 수명을 가진 인간들의 자손은 160살의 수명을 가지게 될 것이다. 160살의 수명을 가진 인간들의 자손은 320살의 수명을 가지게 될 것이다. 320살의 수명을 가진 인간들의 자손은 640살의 수명을 가지게 될 것이다. 640살의 수명을 가진 인간들의 자손은 2천 살의 수명을 가지게 될 것이다. 2천 살의 수명을 가진 인간들의 자손은 4천 살의 수명을 가지게 될 것이다. 4천 살의 수명을 가진 인간들의 자손은 8천 살의 수명을 가지게 될 것이다. 8천 살의 수명을 가진 인간들의 자손은 2만 살의 수명을 가지게 될 것이다. 2만 살의 수명을 가진 인간들의 자손은 4만 살의 수명을 가지게 될 것이다. 4만 살의 수명을 가진 인간들의 자손은 8만 살의 수명을 가지게 될 것이다."

상카 왕의 출현

23. "비구들이여, 인간들이 8만 살의 수명을 가질 때에 여자는 500살이 결혼적령기가 될 것이다. 비구들이여, 인간들이 8만 살의 수명을 가질 때에 인간들에게는 세 가지 질병이 있을 것이다. 그것은 [음식에 대한] 소망[107], 배고픔[108], 늙음이다.

비구들이여, 인간들이 8만 살의 수명을 가질 때에 이 잠부디빠[109]

---

107) "소망(icchā)이란 '우리에게 밥을 주시오.'라고 이와 같이 생긴 갈애(taṇhā)이다."(DA.iii.855)

108) "배고픔(anasana)이란 먹지 못해서 포만감을 갖지 못하는 상태로 몸이 기진맥진한 것(kāyālasiya)이다. 밥을 먹은 자들에게는 식곤증(bhatta-sammada) 때문에 드러눕고 싶은 생각이 생겨서 몸이 무기력한 상태(kāyadubbalabhāvo)라는 뜻이다."(*Ibid*)

109) 잠부디빠(Jambudīpa)는 jambu(잠부)-dīpa(섬)로 나누어지는데 인도를 나타내는 말로 쓰인다. 주석서에서는 "잠부 나무가 있고 유명한 섬"(AA.ii.34)이라고 설명한다. 주석서에서는 히말라야 산에 일 겁을 머무는 큰 잠부(Mahājambu) 나무가 있기 때문이라고 설명하기도 하고 이 섬에는 잠부 나무(jamburukkha)가 번성하기 때문이라고도 설명하고 있다.(*Ibid*) 일반적으로는 인도의 지형이 마치 잠부 열매처럼 생겼기 때문에 붙여진

는 부유하고 번창할 것이고 마을과 읍과 수도는 닭이 날아가서 앉을 수 있을 만큼 [가깝게] 될 것이다. 비구들이여, 인간들이 8만 살의 수명을 가질 때에 이 잠부디빠는 인간들에 의해서 서로 틈이 없이 닿게 될 것이다.110) 예를 들면 갈대숲과 골풀의 숲처럼.

비구들이여, 인간들이 8만 살의 수명을 가질 때에 이 와라나시은 께뚜마띠라는 수도가 될 것이며 부유하고 번창하여 인구가 많고 사람들로 붐비며 풍족할 것이다. 비구들이여, 인간들이 8만 살의 수명을 가질 때에 이 잠부디빠에 께뚜마띠 수도를 위시해서 8만 4천의 도시가 있을 것이다."

24. "비구들이여, 인간들이 8만 살의 수명을 가질 때에 수도 께뚜마띠에 상카라는 왕이 출현할 것이다. 그는 전륜성왕으로 정의로운 분이요 법다운 왕이요 사방을 정복한 승리자이며 나라를 안정되게 하고 일곱 가지 보배를 두루 갖출 것이니 윤보, 상보, 마보, 보배보, 여인보, 장자보, 그리고 주장신보가 일곱 번째이다. 천 명이 넘는 그의 아들들은 용감하고 훤칠하며 다른 군대를 정복할 것이다. 그는 바다를 끝으로 하는 전 대지를 징벌과 무력을 쓰지 않고 법으로써 승

이름이라고 설명한다.

본경에서 잠부디빠는 꼭 인도만을 뜻한다고 볼 수 없으므로 잠부디빠로 그대로 음역을 하였다. 잠부디빠는 염부제(閻浮提)로 중국에 음역되었으며 대승불교에서는 우리 인간이 사는 세계를 통칭하는 것으로 이해하고 있다.

110) "'서로 틈이 없이(avīci) 닿게 될(phuṭa) 것이다.'라는 것은 마치 무간 대지옥(avīcimahāniraya)처럼 틈이 없이 가득하게 될 것이라는 [뜻이다.]"(*Ibid*)

즉 태어나면 모두 8만 살까지 살기 때문에 갈대 숲처럼 이 세상은 인간들로 가득 차게 된다는 말이다.

리하여 통치할 것이다."

미륵 부처님의 출현

25. "비구들이여, 인간들이 8만 살의 수명을 가질 때에 멧떼야(미륵)111)라는 세존이 세상에 출현할 것이다. 그는 아라한[應供]이시며, 완전히 깨달은 분[正等覺]이시며, 영지와 실천이 구족한 분[明行足]이시며, 피안으로 잘 가신 분[善逝]이시며, 세간을 잘 알고 계신 분[世間解]이시며, 가장 높은 분[無上士]이시며, 사람을 잘 길들이는 분[調御丈夫]이시며, 하늘과 인간의 스승[天人師]이시며, 부처님[佛]이시며, 세존(世尊)이시다. 마치 내가 지금 이 시대에 세상에 출현하여 아라한이며, 완전히 깨달은 자이며, 영지와 실천이 구족한 자이며, 피안으로 잘 간 자이며, 세간을 잘 알고 있는 자이며, 가장 높은 자이며, 사람을 잘 길들이는 자이며, 하늘과 인간의 스승이며, 깨달은 자, 세존인

---

111) 멧떼야(Metteyya)는 우리에게 미륵(彌勒)으로 친숙한 이름이다. 바로 미래불인 미륵 부처님을 뜻한다. 문자적으로 metteyya는 친구, 우정을 뜻하는 mitta와 이것의 곡용형인 metta(자애, 사랑)에서 파생된 단어이다. 그래서 중국에서는 멧떼야를 慈氏라고 옮기기도 하였다.
초기경에서 미륵불이 언급된 것은 아마 이곳뿐인 것으로 알고 있다. 『담마상가니 주석서』에서는 "미래에 미륵이라는 세존이 출현하실 건데 수브라흐마(Subrahma)라는 바라문이 아버지가 될 것이고 브라흐마와띠(Brahmavati)라는 바라문녀가 어머니가 될 것이다."(DhsA.415)라 언급되어 있다. 물론 후대 불전문학과 복주서 등에서는 자주 등장하며 대승불교의 전적에서는 많이 나타나고 있다. 이미 본서 제2권 「대전기경」(D14)의 주석서를 통해서 살펴봤듯이 미륵불은 이 행운의 겁(bhadda-kappa, 현겁에서 미륵불을 포함해서 다섯 부처님이 출현하셨고, 하실 것이므로 붙여진 이름임. 「대전기경」(D14) §1.4의 주해 참조)에, 본경의 언급처럼 인간의 수명이 8만 살일 때 출현하신다고 한다. 미륵은 지금 도솔천(Tusita)에 머물고 계신다고 한다.(Mv.xxxi.73)

것과 같다.

그는 신을 포함하고 마라를 포함하고 범천을 포함한 이 세상을 스스로 최상의 지혜로 실현하여 드러낼 것이다. 마치 내가 지금 이 시대에 신을 포함하고 마라를 포함하고 범천을 포함한 이 세상을 스스로 최상의 지혜로 실현하여 드러내는 것과 같다.

그는 법을 설할 것이다. 그는 시작도 훌륭하고 중간도 훌륭하고 끝도 훌륭하게 [법을 설하고], 의미와 표현을 구족하여 법을 설하여, 더할 나위 없이 완벽하고 지극히 청정한 범행을 드러낼 것이다. 마치 지금 이 시대에 내가 시작도 훌륭하고 중간도 훌륭하고 끝도 훌륭하게 [법을 설하고], 의미와 표현을 구족하여 법을 설하여, 더할 나위 없이 완벽하고 지극히 청정한 범행을 드러내는 것과 같다.

그는 수천의 비구 승가를 거느릴 것이다. 마치 지금 이 시대에 내가 수천의 비구 승가를 거느리는 것과 같다."

26. "비구들이여, 그때 상카 왕은 마하빠나다 왕이 건설한 궁전[112]을 다시 일으켜 세워 거기서 정착한 뒤 그것을 다시 사문, 바라문, 탄원자, 여행자, 가난한 자, 거지들에게 보시물로 보시하고 베푼

---

112) 주석서에 의하면 옛적에 지팡이를 만드는(naḷakāra) 아버지와 아들이 있었는데 어떤 벽지불(Pacceka Buddha)에게 토굴을 만들어 드렸다고 한다. 그 공덕으로 죽어서 아들은 천상에 태어나서 마하빠나다(Mahāpanāda)가 되었고 다시 이 세상에 태어나서도 마하빠나다가 되었으며 신들의 왕인 삭까가 신들의 목수인 윗사깜마를 시켜서 큰 궁전을 짓게 하였다고 한다.(DA.iii.856) 이 이야기는 「수루찌 본생담」(Suruci Jātaka, Jā.i.314~325)의 주요 내용이다. 아버지는 지금 천상에 태어나 머물고 있는데 나중에 인간 세상에 태어나서 본 문단에서 언급되는 바로 이 상카(Saṅkha) 왕이 될 것이라고 한다. 마하빠나다가 지은 궁전은 아직도 무너지지 않고 있으며 상카가 왕이 되면 그는 이 궁전을 찾아내어 사용할 것이라고 한다.(DA.iii.856)

후에 멧떼야 세존·아라한·정등각 아래로 머리와 수염을 깎고 물들인 옷[染衣]을 입고 집을 떠나 출가할 것이다. 그는 이와 같이 출가하여 혼자 은둔하여 방일하지 않고 열심히, 스스로 독려하며 지낼 것이다. 그는 오래지 않아 좋은 가문의 아들들이 성취하고자 집에서 나와 출가하는 그 위없는 청정범행의 완성을 지금여기에서 스스로 최상의 지혜로 실현하고 구족하여 머물 것이다."

자귀의·법귀의

27. "비구들이여[113], 자신을 섬으로 삼고[自燈明] 자신을 귀의처로 삼아[自歸依] 머물고 남을 귀의처로 삼아 머물지 말라. 법을 섬으로 삼고[法燈明] 법을 귀의처로 삼아[法歸依] 머물고 다른 것을 귀의처로 삼아 머물지 말라. 비구들이여, 그러면 어떻게 비구는 자신을 섬으로 삼고[自燈明] 자신을 귀의처로 삼아[自歸依] 머물고 남을 귀의처로 삼아 머물지 않는가? 어떻게 비구는 법을 섬으로 삼고[法燈明] 법을 귀의처로 삼아[法歸依] 머물고 다른 것을 귀의처로 삼아 머물지 않는가?

비구들이여, 여기 비구는 몸에서 몸을 관찰하며[身隨觀] 머문다. 세상에 대한 욕심과 싫어하는 마음을 버리면서 근면하게, 분명히 알아차리고 마음챙기는 자 되어 머문다. 느낌들에서 느낌을 관찰하며[受隨觀] 머문다 … 마음에서 마음을 관찰하며[心隨觀] 머문다 … 법에서 법을 관찰하며[法隨觀] 머문다. 세상에 대한 욕심과 싫어하는 마음을 버리면서 근면하게, 분명히 알아차리고 마음챙기는 자 되어 머문다.

---

113) "이제는 두 번째로, 윤회를 거스르는 유익함(vivaṭṭagāmikusala)을 설하신다."(DA.iii.857)

비구들이여, 이와 같이 비구는 자신을 섬으로 삼고[自燈明] 자신을 귀의처로 삼아[自歸依] 머물고 남을 귀의처로 삼아 머물지 않는다. 법을 섬으로 삼고[法燈明] 법을 귀의처로 삼아[法歸依] 머물고 다른 것을 귀의처로 삼아 머물지 않는다."

맺는 말 — 비구들의 참다운 수명과 용모 등의 증장

28. "비구들이여, 자신의 고향동네인 행동의 영역에서 유행하라. 비구들이여, 자신의 고향동네인 행동의 영역에서 유행하는 자는 수명이 증장할 것이며 용모가 증장할 것이며 행복이 증장할 것이며 재산이 증장할 것이며 힘이 증장할 것이다.114)

비구들이여, 그러면 어떤 것이 비구의 수명인가? 비구들이여, 여기 비구는 열의를 [주로 한] 삼매와 정근의 의도적 행위[行]를 갖춘 성취수단을 닦는다. 정진을 [주로 한] 삼매와 정근의 의도적 행위를 갖춘 성취수단을 닦는다. 마음을 [주로 한] 삼매와 정근의 의도적 행위를 갖춘 성취수단을 닦는다. 검증을 [주로 한] 삼매와 정근의 의도적 행위를 갖춘 성취수단을 닦는다. 그는 이 네 가지 신통의 기초[四如意足]를 닦고 많이 [공부]짓기 때문에 원하기만 하면 한 겁을 머물 수도 있고 겁이 다하도록 머물 수도 있다. 비구들이여, 이것이 비구의 수명이다.

---

114) 세속 사람들이 열 가지 유익한 업의 길(십선업도)을 닦아서 수명과 용모와 행복과 재물과 힘이 증장하듯이, 비구는 다음의 선법(善法)들을 닦아야 한다고 세존께서는 설하고 계신다.
본경 시작 부분의 주석서에서 설명하였듯이 이처럼 본경은 윤회를 따르는 유익한 법으로 오계와 십선업도를 들고 있고, 윤회를 거스르는 유익한 법으로 37조도품을 설하신다.

비구들이여, 그러면 어떤 것이 비구의 용모인가? 비구들이여, 여기 비구는 계를 잘 지닌다. 그는 계목의 단속으로 단속하면서 머문다. 바른 행실과 행동의 영역을 갖추고, 작은 허물에 대해서도 두려움을 보며, 학습계목을 받아 지녀 공부짓는다. 비구들이여, 이것이 비구의 용모이다.

비구들이여, 그러면 어떤 것이 비구의 행복인가? 비구들이여, 여기 비구는 감각적 욕망들을 완전히 떨쳐버리고 해로운 법[不善法]들을 떨쳐버린 뒤, 일으킨 생각[尋]과 지속적인 고찰[伺]이 있고, 떨쳐버렸음에서 생겼고, 희열[喜]과 행복[樂]이 있는 초선(初禪)을 구족하여 머문다. 제2선(二禪)을 구족하여 머문다. … 제3선(三禪)을 구족하여 머문다. … 제4선(四禪)을 구족하여 머문다. 비구들이여, 이것이 비구의 행복이다.

비구들이여, 그러면 어떤 것이 비구의 재물인가? 비구들이여, 여기 비구는 자애[慈]가 함께한 마음으로 한 방향을 가득 채우면서 머문다. 그처럼 두 번째 방향을, 그처럼 세 번째 방향을, 그처럼 네 번째 방향을, 이와 같이 위로, 아래로, 주위로, 모든 곳에서 모두를 자신처럼 여기고, 모든 세상을 풍만하고, 광대하고, 무량하고, 원한 없고, 고통 없는 자애가 함께한 마음으로 가득 채우고 머문다. 연민[悲]이 함께한 마음으로 … 같이 기뻐함[喜]이 함께한 마음으로 … 평온[捨]이 함께한 마음으로 한 방향을 가득 채우면서 머문다. 그처럼 두 번째 방향을, 그처럼 세 번째 방향을, 그처럼 네 번째 방향을, 이와 같이 위로, 아래로, 주위로, 모든 곳에서 모두를 자신처럼 여기고, 모든 세상을 풍만하고, 광대하고, 무량하고, 원한 없고, 고통 없는 평온이 함께한 마음으로 가득 채우고 머문다. 비구들이여, 이것이 비구의 재산이다.

비구들이여, 그러면 어떤 것이 비구의 힘인가? 비구들이여, 여기 비구는 모든 번뇌가 다하여 아무 번뇌가 없는 마음의 해탈[心解脫]과 통찰지의 해탈[慧解脫]을 바로 지금여기에서 스스로 최상의 지혜로 실현하고 구족하여 머문다. 비구들이여, 이것이 비구의 힘이다.

비구들이여, 나는 마라의 힘[115]만큼 정복하기 어려운 다른 어떤 힘도 보지 못하였다. 비구들이여, 유익한 법들을 수지하기 때문에 이러한 공덕은 증장한다."[116]

세존께서는 이와 같이 설하셨다. 그 비구들은 마음이 흡족해져서 세존의 말씀을 크게 기뻐하였다.

「전륜성왕 사자후경」이 끝났다.

---

115) "신으로서의 마라, 죽음으로서의 마라, 오염원으로서의 마라의 힘은 극복하기 어렵고 정복하기 어렵다. 이러한 힘은 아라한과만이 극복하고 정복하고 물리친다. 그러므로 여기서 수행(yoga)을 해야 한다고 가르치시는 것이다."(DA.iii.858)
본서의 §1에서 '자신의 고향동네인 행동의 영역에서 유행하는 자에게 마라는 내려앉을 곳을 얻지 못할 것이고 마라는 대상을 얻지 못할 것이다.' 라고 하셨는데 여기서도 다시 언급하고 계신다. 마라에 대해서는 본서 제2권 「대반열반경」(D16) §3.4의 주해를 참조할 것.

116) "'공덕은 증장한다.(puññaṁ pavaḍḍhati)'라는 것은 번뇌가 소멸(āsava-kkhaya)하여 출세간의 공덕이 증장한다는 말이다. 이와 같이 윤회를 거스르는 유익함을 통해서 결론지으시면서 아라한과를 정점(nikūṭa)으로 하여 가르침을 마무리하신다."(DA.iii.858)

세기경(世紀經)

세상의 기원

Aggañña Sutta(D27)

세기경(世紀經)117)

세상의 기원

Aggañña Sutta(D27)

서언

1. 이와 같이 나는 들었다. 한때 세존께서는 사왓티에서 동원림(東園林)118)의 녹자모 강당119)에 머무셨다. 그 무렵에 와셋타와 바

---

117) 본경의 빠알리어 제목은 악간냐 숫따(Aggañña Sutta)이다. 역자는 이를 「세기경」이라 옮겼다. 먼저 본경의 제목이면서 '세상의 기원[世紀]'이라고 옮긴 빠알리어 aggañña의 의미에 대해서 살펴보자. 이 단어는 agga+ñña로 분석 되는데 agga는 '가장 높은, 최고의'를 뜻하는 형용사로도 쓰이고 '극점, 끝점' 등을 뜻하는 중성명사로도 쓰인다. -ñña는 √jñā(*to know*)에서 파생되었다. 그래서 '최초에 대한 지혜' 정도로 옮길 수 있다. 주석서에서는 간단하게 "세상의 발생과 전개에 관한 역사(lokuppatti-cariya-vaṁsa — DA.iii.829; 862)"라고 정의하고 있다.
본경은 중국에서 「소연경」(小緣經)으로 번역되어 『장아함』의 다섯 번째 경으로 포함되어있다. 「소연경」에는 본경에 등장하는 와셋타와 바라드와자가 각각 바실타(婆悉吒)와 바라타(婆羅墮)로 음역되어 나타난다. 한편 『중아함』의 154번째인 「바라바당경」(婆羅婆堂經)도 같은 내용을 담고 있는 경이다. 바라바(婆羅婆)는 본경에 등장하는 바라드와자의 음역이고 이 경에 나타나는 바사타(婆私吒)는 와셋타의 음역이다.

118) 동원림(東園林, pubbārāma)은 사왓티의 동쪽 대문 밖에 있는 원림이다. 세존께서 사왓티의 제따숲 급고독원에 머무시면서 낮 동안에는 이 동원림

라드와자는[120] 비구가 되기를 원하여 비구들 사이에서 견습기간을 거치고 있었다[121].

2. 와셋타는 세존께서 해거름에 [낮 동안의] 홀로 앉음을 푸시고 자리에서 일어나 강당에서 내려와 강당의 그늘 아래 노지에서 포

에서 지내셨다고 한다.(DhpA.i.413; MA.i.369) 바로 이곳에 위사카(Visākhā)가 세존과 승단을 위해서 본경의 녹자모 강당(Migāramātu-pāsāda)을 건립하였다.

119) 녹자모 강당(Migāramātupāsāda)은 미가라마따(鹿子母)라고 불렸던 위사카(Visakhā)가 동원림을 9천만의 돈을 들여 구입하고 다시 9천만의 돈을 들여 지은 이층으로 된 큰 건물이었다. 각층에는 각각 500개씩의 방이 있었다고 한다.
부처님께서 후반부 24년을 사왓티에 머무실 때 이곳과 급고독원을 번갈아 가면서 머무셨다고 한다. 그러므로 많은 경들이 이곳에서 설해진 것으로 나타난다.
위사카가 미가라마따(Migāramātā, 미가라의 어머니, 鹿子母)라고 불린 데는 재미있는 일화가 있다. 미가라(Migāra)는 그녀의 아들이 아니라 남편의 이름이다. 그녀의 남편 미가라는 니간타(Nigaṇṭha)의 열렬 신도였는데 나중에 위사카의 설득으로 휘장 뒤에서나마 부처님의 설법을 듣고 예류과를 얻었다고 한다. 그래서 그의 아내에게 너무도 감사하여 '당신은 오늘부터 나의 어머니요.'라고 하면서 아들처럼 그녀의 젖을 빨았다고 한다. 그래서 그녀는 위사카라는 이름보다 미가다의 어머니(미가다마따)로 더 알려지게 되었다고 한다.(DhpA.i.387*ff.*; AA.i.220; MA.i.471*f.*)

120) 와셋타와 바라드와자(Vāseṭṭha-bhāradvāja)에 대해서는 본서 제1권 「삼명경」(D13) §3의 주해를 참조할 것.

121) '견습기간을 거치다'로 옮긴 원어는 parivasati인데 pari(주위에)+√vas(*to stay*)의 동사이다. 본서 제1권 「깟사빠 사자후경」(D8) §24 등에서 보듯이 전에 외도 수행자로 있었던 자들이 다시 부처님 제자로 출가하기 위해서는 넉 달의 견습기간을 거친 후에 비구들이 동의를 하면 구족계를 받게 하였다. 견습기간을 거치다로 옮긴 parivasati는 바로 이런 기간을 거치는 것을 말한다.

행을 하고 계시는 것을 보았다. 그러자 그는 바라드와자를 불러서 말했다.

"도반 바라드와자여, 세존께서 해거름에 [낮 동안의] 홀로 앉음을 푸시고 자리에서 일어나 강당에서 내려와 강당의 그늘 아래 노지에서 포행을 하고 계십니다. 도반 바라드와자여, 이리 오세요. 세존께 갑시다. 세존의 곁에서 법에 대한 말씀을 들을 좋은 기회를 얻은 것 같습니다."

"그렇게 합시다, 도반이여."라고 바라드와자는 와셋타에게 대답했다.

그러자 와셋타와 바라드와자는 세존께 다가갔다. 가서는 세존께 절을 올리고 세존께서 포행하시는 뒤를 따라서 포행을 하였다.

3. 그러자 세존께서는 와셋타를 불러 말씀하셨다. "와셋타여, 그대들은 여기서 바라문 태생과 바라문의 높은 신분과 바라문 가문을 가진 자로 집을 떠나 출가하였다. 와셋타여, 바라문들은 그대들을 욕하고 비난하지 않는가?"

"참으로 그러합니다, 세존이시여. 바라문들은 전형적인 욕설을 하나도 빼지 않고 가득 채워 욕하고 비난합니다."

"와셋타여, 그러면 바라문들은 어떻게 전형적인 욕설을 하나도 빼지 않고 가득 채워 그대들을 욕하고 비난하는가?"

"세존이시여, 바라문들은 이렇게 말합니다. '바라문들만이 최상의 계급[122]이다. 다른 계급들은 저열하다. 바라문들만이 밝은 계급이고 다른 계급들은 어둡다. 바라문들만이 청정하고 비(非)바라문들은 그렇지 않다. 바라문들만이 범천의 아들들이요 직계 자손들이요 입으

122) '계급'으로 옮긴 원어 vaṇṇa는 문자적으로는 색깔이란 의미다. 여기에 대해서는 본서 제1권 「암밧타 경」(D3) §1.15의 주해를 참조할 것.

로 태어났고 범천에서 태어났고 범천이 만들었고 범천의 상속자들이다. 그런 그대들은 최상의 계급을 버리고 저열하기 짝이 없는 계급으로 떨어졌나니 바로 까까머리 사문, 비천한 깜둥이, 우리 조상의 발에서 태어난 자로 떨어졌다.'라고.[123] 세존이시여, 이와 같이 바라문들은 전형적인 욕설을 하나도 빼지 않고 가득 채워 저희들을 욕하고 비난합니다."

4. "와셋타여, 참으로 바라문들은 태고적 [세상의 기원][124]을 기억하지 못하면서 그대들에게 '바라문들만이 최상의 계급이다. 다른 계급들은 저열하다. 바라문들만이 밝은 계급이고 다른 계급들은 어둡다. 바라문들만이 청정하고 비바라문들은 그렇지 않다. 바라문들만이 범천의 아들들이요 직계 자손들이요 입으로 태어났고 범천에서 태어났고 범천이 만들었고 범천의 상속자들이다.'라고 말했구나.

와셋타여, 그러나 우리는 바라문 여인들이 월경을 하고 잉태를 하고 출산을 하고 젖을 먹이는 것을 보게 된다. 이처럼 그 바라문들은 자궁에서 태어났으면서도 '바라문들만이 최상의 계급이다. 다른 계급들은 저열하다. 바라문들만이 밝은 계급이고 다른 계급들은 어둡다. 바라문들만이 청정하고 비바라문들은 그렇지 않다. 바라문들만이 범천의 아들들이요 직계 자손들이요 입으로 태어났고 범천에서

---

123) 이런 구문은 본서 제1권 「암밧타 경」(D3) §1.10을 참조할 것.

124) '태고적 [세상의 기원]'으로 옮긴 원어는 porāṇa이다. 주석서에서 "뽀라나(poraṇa)란 태고적 세상의 기원인 세상의 발생과 전개에 관한 역사(lokuppatticariyavaṁsa)이다."(DA.iii.862)라고 설명하듯이 세상의 기원(aggañña)과 동의어로 간주하고 있다. 한편 본경 §15 등에서는 poraṇa aggañña(태고적 세상의 기원)라는 표현도 나타나는데 이처럼 poraṇa와 aggañña와 poraṇa aggañña는 모두 동의어이다.

태어났고 범천이 만들었고 범천의 상속자들이다.'라고 그렇게 말한다. 그들은 그렇게 함으로 해서 바라문들을 비난하게 되고 거짓말을 하게 되고 많은 비(非)공덕을 쌓게 된다."

네 가지 계급의 청정

5. "와셋타여, 네 가지 계급이 있나니 끄샤뜨리야, 바라문, 와이샤, 수드라이다. 와셋타여, 여기 어떤 끄샤뜨리야는 생명을 죽이고, 주지 않은 것을 가지고, 삿된 음행을 하고, 거짓말을 하고, 중상모략을 하고, 욕설을 하고, 잡담을 하고, 탐욕스럽고, 마음이 악의에 휩싸이고, 삿된 견해를 가지고 있다. 와셋타여, 이처럼 이러한 법들은 해로운 것이고 해로운 것이라 불리고, 비난받아 마땅한 것이고 비난받아 마땅한 것이라 불리고, 받들어 행하지 말아야 하는 것이고 받들어 행하지 말아야 하는 것이라 불리고, 성자들에게 적합하지 않은 것이고 성자들에게 적합하지 않은 것이라 불리고, 검은 것이고 검은 과보를 가진 것이고, 지자들이 비난하는 것이다. 여기 어떤 끄샤뜨리야에게는 이러한 것들을 볼 수 있다.

여기 어떤 바라문도 … 와이샤도 … 수드라도 생명을 죽이고, 주지 않은 것을 가지고, 삿된 음행을 하고, 거짓말을 하고, 중상모략을 하고, 욕설을 하고, 잡담을 하고, 탐욕스럽고, 마음이 악의에 휩싸이고, 삿된 견해를 가지고 있다. 와셋타여, 이처럼 이러한 법들은 해로운 것이고 해로운 것이라 불리고 … 검은 것이고 검은 과보를 가진 것이고, 지자들이 비난하는 것이다. 여기 어떤 수드라에게는 이러한 것들을 볼 수 있다."125)

---

125) 초기경에서 사람을 판단하는 부처님의 일관적인 태도는 그의 태생(jacca,

6. "와셋타여, 여기 어떤 끄샤뜨리야는 생명을 죽이는 것을 금하고, 주지 않은 것을 가지는 것을 금하고, 삿된 음행을 금하고, 거짓말을 금하고, 중상모략을 금하고, 욕설을 금하고, 잡담을 금하고, 탐욕스럽지 않고, 마음이 악의에 휩싸이지 않고, 바른 견해를 가지고 있다. 와셋타여, 이처럼 이러한 법들은 유익한 것이고 유익한 것이라 불리고, 비난받지 않는 것이고 비난받지 않는 것이라 불리고, 받들어 행해야 하는 것이고 받들어 행해야 하는 것이라 불리고, 성자들에게 적합한 것이고 성자들에게 적합한 것이라 불리고, 흰 것이고 흰 과보를 가진 것이고, 지자들이 칭송하는 것이다. 여기 어떤 끄샤뜨리야에게는 이러한 것들을 볼 수 있다.

여기 어떤 바라문도 … 와이샤도 … 수드라도 생명을 죽이는 것을 금하고, 주지 않은 것을 가지는 것을 금하고, 삿된 음행을 금하고, 거짓말을 금하고, 중상모략을 금하고, 욕설을 금하고, 잡담을 금하고, 탐욕스럽지 않고, 마음이 악의에 휩싸이지 않고, 바른 견해를 가지고 있다. 와셋타여, 이처럼 이러한 법들은 유익한 것이고 유익한 것이라 불리고 … 흰 것이고 흰 과보를 가진 것이고, 지자들이 칭송하는 것이다. 여기 어떤 수드라에게는 이러한 것들을 볼 수 있다."

7. "와셋타여, 이들 네 가지 계급은 다 같이 희고 검은 법들과

---

jāti)이 아니라 그의 행위(kamma)이다. 그래서 『숫따니빠따』에서 세존께서는 "태생에 의해서 천한 사람이 되는 것이 아니고 태생에 의해서 바라문이 되는 것이 아니다. 행위에 의해서 천한 사람이 되고 행위에 의해서 바라문이 된다.(na jaccā vasalo hoti, na jaccā hoti brāhmaṇo. kammanā vasalo hoti, kammanā hoti brāhmaṇo)"(Sn.136)"고 천명하신 것은 잘 알려진 사실이다.

지자들이 비난하고 지자들이 칭송하는 두 가지가 섞여 있는데도, 여기서 바라문들은 '바라문들만이 최상의 계급이다. 다른 계급들은 저열하다. 바라문들만이 밝은 계급이고 다른 계급들은 어둡다. 바라문들만이 청정하고 비(非)바라문들은 그렇지 않다. 바라문들만이 범천의 아들들이요 직계 자손들이요 입으로 태어났고 범천에서 태어났고 범천이 만들었고 범천의 상속자들이다.'라고 말한다. 그러나 지자들은 그들의 이러한 말을 인정하지 않는다. 그것은 무슨 이유 때문인가?

와셋타여, 이들 네 가지 계급 가운데서 [어떤] 비구가 아라한이어서 번뇌가 다하고 삶을 완성했으며 할 바를 다했고 짐을 내려놓았으며 참된 이상을 실현했고 삶의 족쇄가 멸진되었으며 바른 구경의 지혜로 해탈하면, 그를 일러 그들 가운데 제일이라고 부르기 때문이다.[126] 이것은 법에 의한 것이지 비법(非法)에 의한 것이 아니다. 와셋타여, 왜냐하면 지금여기에서도 내세에서도 법이 이 세상에서[127] 최상이기 때문이다."

8. "와셋타여, 이러한 방법으로 지금여기에서도 내세에서도 법이 이 세상에서 최상이라고 알아야 한다. 와셋타여, 빠세나디 꼬살라 왕은 '사문 고따마는 비견할 데 없는 사꺄 가문으로부터 출가하였다.' 고 알고 있다. 와셋타여, 그런데 사꺄족은 이제 빠세나디 꼬살라 왕의 속국이 되었다. 와셋타여, 사꺄족들은 빠세나디 꼬살라 왕에게 존

---

126) 태생에 의한 바라문이 최상이 아니라, 어느 계급에 속하는 사람이든지 청정범행을 닦아 번뇌를 완전히 소멸한 자, 해탈·열반을 실현한 자야말로 최상의 인간이라는 말씀이시다.

127) "janetasmin은 jane etasmiṁ의 연음이고 이 세상에서(imasmiṁ loke)라는 뜻이다."(DA.iii.864)

경을 표하고 절하고 자리에서 일어나 맞이하고 합장하고 공손하게 처신한다.

와셋타여, 이와 같이 사꺄족은 빠세나디 꼬살라 왕에게 존경을 표하고 절하고 자리에서 일어나 맞이하고 합장하고 공손하게 처신하지만, 그런 빠세나디 꼬살라 왕은 여래에게 존경을 표하고 절하고 자리에서 일어나 맞이하고 합장하고 공손하게 처신한다. 그러나 그는 나에게 '사문 고따마는 좋은 태생이고 나는 나쁜 태생이다. 사문 고따마는 힘이 있고 나는 힘이 없다. 사문 고따마는 수려하지만 나는 용모가 나쁘다. 사문 고따마는 큰 위력을 가졌지만 나는 적은 위력을 가졌다.'라고 하지 않는다. 빠세나디 꼬살라 왕은 오직 그 법을 존경하고 법을 존중하고 법을 숭상하고 법을 예배하고 법을 공경하여 이와 같이 여래에게 존경을 표하고 절하고 자리에서 일어나 맞이하고 합장하고 공손하게 처신한다. 와셋타여, 이러한 방법으로 지금여기에서도 내세에서도 법이 이 세상에서 최상이라고 알아야 한다."[128]

9. "와셋타여, 여기서 그대들은 각자 다른 태생과 다른 이름과 다른 족성과 다른 가문에 속하는 집을 떠나 출가하였다. '그대들은 누구시오?'라고 질문을 받으면 그대들은 '우리는 사꺄무니 교단에 속하는[129] 사문입니다.'라고 대답한다. 와셋타여, 누구든 여래에 믿음을 가져 흔들리지 않고 뿌리내려 확고하고 굳세면 어떤 사문도 바

---

128) 부처님의 판단 기준은 본 문맥에서 보듯이 법(dhamma)과 비법(非法, adhamma)이다. 그리고 이 문맥에서 법은 위 「전륜성왕 사자후경」(D26) §5의 주해에서 보았듯이 열 가지 유익한 업의 길(십선업도)을 기본으로 하고 비법은 열 가지 해로운 업의 길(십불선업도)을 말한다.

129) '사꺄무니 교단에 속하는'에 대해서는 본서 「빠띠까 경」(D24) §1.7의 주해를 참조할 것.

라문도 신도 마라도 범천도 이 세상의 그 누구도 그것을 빼앗아갈 수 없다. 그런 사람에게는 '나는 세존의 아들이요 직계 자손이요 입으로부터 태어났고 법에서 태어났고 법이 만들었고 법의 상속자이다.'라는 말이 어울린다. 그것은 무슨 이유 때문인가? 와셋타여, 여래에게는 '법을 몸으로 가진 자'[130]라거나 '브라흐만(최상의 경지)을 몸으로 가진 자'[131]라거나 '법의 존재'라거나 '최상의 존재'[132]라는 이런 다른 이름이 있기 때문이다."

광음천에서 온 중생들

10. "와셋타여, 참으로[133] 긴 세월이 지난 그 어느 때, 어느 곳

---

130) "여래는 법을 몸으로 가진 분(dhammakāya, *法身*)이라고 일컬어진다. 여래는 삼장으로 된(tepiṭaka) 부처님 말씀(buddhavacana)을 가슴(hadaya)으로 생각한 뒤 말로써 드러내시기 때문이다. 그래서 그의 몸은 법으로 이루어져 있기 때문에(dhammamayattā) 오직 법이다. 이와 같이 법이 바로 그의 몸이라고(dhammo kāyo assā ti) 해서 법을 몸으로 가진 자(dhammakāya)이다."(DA.iii.865)

131) "법은 참으로 최상이라는 뜻에서(seṭṭhatthena) 브라흐만(brahma)이라고 부른다."(*Ibid*)

132) 최상의 존재는 brahma-bhūta를 옮긴 것이다. 초기경에서 brahma가 보통명사로 쓰이면 '신성함, 거룩함, 높음, 위대함' 등의 뜻으로 쓰인다. (PED, NMD참조)

133) 이제 여기서부터 본경의 본론이라 할 수 있는 세상의 기원(aggañña)에 대한 가르침이 시작된다. 여기서 우리가 눈여겨봐야 할 점은 세존께서는 와셋타와의 대화를 통해서 중생은 범천이나 어떤 특정 인격체가 다스리거나 지배하거나 창조한 것이 아니라, 법(dhamma)에 의해서 그 법칙에 따라 나고 죽고를 거듭하며, 이 세상도 이러한 법칙에 따라 수축과 팽창을 거듭하면서 유장하게 흐르고 흘러간다고 본경에서 담담하게 설명하고 계신다는 것이다. 그리고 인간이 법을 따르고 법을 거스르는 모든 행위는 그대로 이 세계와 중생의 수명에 반영되고 있다는 사실도 주목해야 한다.

에서 이 세상이 수축하는 그런 시기가 있다.[134] 세상이 수축할 때 대부분의[135] 중생들은 광음천[136]에 나게 된다. 그들은 거기서 마음으로 이루어지고 희열을 음식으로 삼고 스스로 빛나고 허공을 다니고 천상에 머물며 길고 오랜 세월 산다.

와셋타여, 참으로 긴 세월이 지난 그 어느 때, 어느 곳에서 이 세상이 팽창하는 그런 시기가 있다. 세상이 팽창할 때 대부분의 중생들은 수명이 다하고 공덕이 다하여 광음천의 무리에서 떨어져서 이곳 [인간계로] 오게 된다.[137] 그들은 여기서도 역시 마음으로 이루어지고

---

134) '그런 시기가 있다.'로 옮긴 원어는 hoti kho so samayo인데 직역하면 '있다 참으로 그 시기가'이다. 여기서 핵심단어는 samaya인데 일반적으로 '시간, 기간, 때' 등으로 옮기는 단어이다. 이 단어는 다양한 문맥에서 나타나는데 특히 아비담마에서도 yasmiṁ samaye cittaṁ uppanaṁ hoti로 쓰여서 마음이 일어나는 특정 순간이나 시점을 뜻하는 술어로 사용되었으며 이것이 아비담마 주석서 문헌들에서는 찰나(khaṇa, khaṇika)의 개념으로 발전하고 있다.(『청정도론』 서문 §12 상좌부불교의 발전단계 참조) 세존께서는 항상 이처럼 논의의 특정시점을 samaya로 제시하시면서 말씀을 전개하신다.

여기서 특히 주목해야 할 점은 부처님께서는 이런 samaya라는 술어를 사용하여 태초니 하는 우주의 최초의 시점을 부정하신다는 것이다. 그러나 논의를 진행하기 위해서는 특정시점 즉 samaya를 설정할 수밖에 없다. 결론적으로 말해서 본경을 통해서 부처님께서는 우주는 수축과 팽창을 무수히 반복하고 있음을 암묵적으로 제시하고 계신다. 그러므로 우주가 수축하는 특정시점을 시작점으로 삼아서 어떻게 중생이 타락과 향상을 거듭하는가를 보여 주고 계신다.

135) "'대부분(yebhuyyena)'이라는 것은 범천 이상의 세상이나 무색계에 태어난 자들을 제외한 신들을 두고 한 말이다."(DA.i.110) 禪을 닦아서 색계와 무색계에 도달한 수승한 신들은 우주의 팽창과 수축에 영향을 받지 않는다는 말이다.

136) 이 정형구는 본서 제1권 「범망경」(D1) §2.2를 참조하고 광음천(Ābhassarā)에 대해서는 제2권 「대인연경」(D15) §33의 주해를 참조할 것.

희열을 음식으로 삼고 스스로 빛나고 허공을 다니고 천상에 머물며 길고 오랜 세월 살게 된다."

달콤한 땅의 출현

11. "와셋타여, 그런 시기에는 완전히 하나인 물만으로 되어 있으며 거기에는 암흑과 칠흑 같은 어두움만이 있다. 태양과 달도 알려지지 않고 별들도 알려지지 않고 별의 무리들도 알려지지 않고 밤과 낮도 알려지지 않고 한 달과 보름도 알려지지 않고 계절과 연도도 알려지지 않고 여자와 남자도 알려지지 않고 중생들은 다만 중생이라는 용어로 불릴 뿐이다.138)

와셋타여, 그러자 참으로 긴 세월이 지난 그 어느 때, 어느 곳에서 달콤한 땅이 물 위에 퍼지게 되었다. 마치 끓인 우유가 식으면 그 위에 엷은 막이 생기는 것처럼 그와 같이 나타났다. 그것은 아름다움을 갖추었고 향기를 갖추었고 맛을 갖추었다. 마치 정제된 버터기름과 정제된 생 버터처럼 그와 같은 색깔을 가졌다. 그것은 마치 순수한 벌꿀처럼 그러한 맛을 가졌다."139)

---

137) "'이곳으로 오게 된다.(itthattaṁ āgacchanti)'라는 것은 여기에 인간이 되어(manussatta) 오게 된다는 [말이다.]"(DA.iii.865)

138) 이것이 우주가 팽창하는 어떤 겁의 태초 인간계의 모습이다. 그것은 완전히 하나의 물 혹은 액체로 된(ekodakībhūta) 세상이다.

139) 수많은 세월이 흘러서 물 혹은 액체가 점점 굳어져 '달콤한 땅(rasa-paṭhavī)'이 되고 그것을 먹어본 사람들에게는 마침내 탐심이 생기게(lolajātika) 된다. 이렇게 탐심(lola)이 근본이 되어 신과 같던 인간은 물질의 세상과 섞이게 된다. 이렇게 해서 점점 인간은 타락해갔다.

달과 태양 등의 출현

12. "와셋타여, 그러자 어떤 중생에게 '오, 참으로 이것이 무엇일까?'라는 탐심이 생겼다. 그는 손가락으로 달콤한 땅을 맛보았는데 그 맛은 그를 뒤덮었고 갈애가 엄습해왔다. 와셋타여, 다른 중생들도 그 중생을 본보기로 따라하여 손가락으로 달콤한 땅을 맛보았는데 그 맛은 그들을 뒤덮었고 갈애가 엄습해왔다.

와셋타여, 그러자 그 중생들은 달콤한 땅을 손으로 한 덩어리씩 깨어서 먹기 시작했다. 와셋타여, 그 중생들이 달콤한 땅을 손으로 한 덩어리씩 깨어서 먹기 시작했기 때문에 그들이 본래 타고난 광채가 사라져 버렸다. 본래 타고난 광채가 사라지자 태양과 달이 드러났다. 태양과 달이 드러나자 별들과 별의 무리들도 드러났다. 별들과 별의 무리들이 드러나자 낮과 밤이 알려지게 되었다. 낮과 밤이 알려지자 한 달과 보름이 알려지게 되었다. 한달과 보름이 알려지자 계절과 연도가 알려지게 되었다. 와셋타여, 이렇게 하여 이 세상은 다시 팽창하는 것이다."

13. "와셋타여, 그러자 그 중생들은 달콤한 땅을 먹을 것으로 삼고 그것을 음식으로 삼고 그것을 영양분으로 삼아서 긴 세월을 보내었다. 와셋타여, 그 중생들이 달콤한 땅을 먹을 것으로 삼고 그것을 음식으로 삼고 그것을 영양분으로 삼아서 긴 세월을 보내는 동안 그 중생들의 몸은 견고하게 되었고 잘생기고 못생긴 용모가 드러나게 되었다. 어떤 중생들은 잘생기게 되고 어떤 중생들은 못생기게 되었다.

그러자 잘생긴 중생들은 못생긴 중생들에게 '우리는 이들보다 잘

생겼다. 이들은 우리보다 못생겼다.'라고 거만을 떨었다. 그들이 잘생긴 것으로 거만을 떠는 것을 반연하여 자만과 거만이 생기자 달콤한 땅은 사라져 버렸다. 달콤한 땅이 사라지자 그들은 함께 모여서 '오, 달콤한 것이여. 오, 달콤한 것이여.'라고 소리 내어 울었다.

그래서 지금도 인간들은 아주 맛난 것을 얻은 뒤 '오, 달콤한 것! 오, 달콤한 것!'이라고 말한다. 이것은 태고적 세상의 기원과 관계된 단어를 기억하기 때문인데 그 뜻은 잘 알지 못하고 있다."

땅의 부산물의 출현

14. "와셋타여, 그 중생들에게 달콤한 땅이 사라지자 그때 땅의 부산물이 생겨났다. 그것은 마치 버섯이 생기듯이 그와 같이 생겨났다. 그것은 아름다움을 갖추었고 향기를 갖추었고 맛을 갖추었다. 마치 정제된 버터기름과 정제된 생 버터처럼 그와 같은 색깔을 가졌다. 그것은 마치 순수한 벌꿀처럼 그러한 맛을 가졌다.

와셋타여, 그러자 그 중생들은 땅의 부산물을 먹기 위해서 다가갔다. 그들은 그것을 먹을 것으로 삼고 그것을 음식으로 삼고 그것을 영양분으로 삼아서 긴 세월을 보냈다. 와셋타여, 그 중생들이 땅의 부산물을 먹을 것으로 삼고 그것을 음식으로 삼고 그것을 영양분으로 삼아서 긴 세월을 보내는 동안 그 중생들의 몸은 더욱더 견고하게 되었고 잘생기고 못생긴 용모가 드러나게 되었다. 어떤 중생들은 잘생기게 되고 어떤 중생들은 못생기게 되었다. 그러자 잘생긴 중생들은 못생긴 중생들에게 '우리는 이들보다 잘생겼다. 이들은 우리보다 못생겼다.'라고 거만을 떨었다.

그들이 잘생긴 것으로 거만을 떠는 것을 반연하여 자만과 거만이 생기자 땅의 부산물은 사라져 버렸다. 와셋타여, 그 중생들에게 땅의 부산물이 사라지자 그때 바달라따[140] 덩굴이 생겨났다. 그것은 마치 죽순이 생기듯이 그와 같이 생겨났다. 그것은 아름다움을 갖추었고 향기를 갖추었고 맛을 갖추었다. 마치 정제된 버터기름과 정제된 생 버터처럼 그와 같은 색깔을 가졌다. 그것은 마치 순수한 벌꿀처럼 그러한 맛을 가졌다."

15. "와셋타여, 그러자 그 중생들은 바달라따 덩굴을 먹기 위해서 다가갔다. 그들은 그것을 먹을 것으로 삼고 그것을 음식으로 삼고 그것을 영양분으로 삼아서 긴 세월을 보냈다. 와셋타여, 그 중생들이 땅의 부산물을 먹을 것으로 삼고 그것을 음식으로 삼고 그것을 영양분으로 삼아서 긴 세월을 보내는 동안 그 중생들의 몸은 더욱더 견고하게 되었고 잘생기고 못생긴 용모가 드러나게 되었다. 어떤 중생들은 잘생기게 되고 어떤 중생들은 못생기게 되었다.

그러자 잘생긴 중생들은 못생긴 중생들에게 '우리는 이들보다 잘생겼다. 이들은 우리보다 못생겼다.'라고 거만을 떨었다. 그들이 잘생긴 것으로 거만을 떠는 것을 반연하여 자만과 거만이 생기자 바달라따 덩굴은 사라져 버렸다. 바달라따 덩굴이 사라지자 그들은 함께 모여서 '오, 참으로 우리는 어쩌란 말이냐. 오, 참으로 우리의 바달라따를 잃었도다.'라고 소리 내어 울었다.

그래서 지금도 인간들은 어떤 괴로운 것을 겪으면 '오, 참으로 우리는 어쩌란 말이냐. 오, 참으로 우리 것을 잃어 버렸도다.'라고 말한다. 이것은 태고적 세상의 기원[141]과 관계된 단어를 기억하기 때문

---

140) '바달라따 덩굴'로 옮긴 원어는 badālatā인데 미얀마본에는 padālatā로 나타난다. 주석서에서는 "단 맛을 가진 어떤 좋은 덩굴(ekā madhura-rasā bhaddālatā)"(DA.iii.868)이라고 설명하고 있다.

인데 그 뜻은 잘 알지 못하고 있다."

경작하지 않고도 익는 쌀의 출현

16-1. "와셋타여, 그 중생들에게 바달라따 덩굴이 사라지자 그때 경작하지 않고도 익는 쌀이 생겨났다. 그것은 속껍질도 없고 겉껍질도 없고 깨끗하고 향기로운 쌀열매142)였다. 그들이 저녁에 저녁식사를 위해서 가져가면 아침에 익어서 원래대로 다 자라 있었고 아침에 아침식사를 위해서 가져가면 저녁에 익어서 원래대로 다 자라 있었으며 [껍질 등] 버릴 것이라고는 없었다. 와셋타여, 그러자 그 중생들은 경작하지 않고도 익는 쌀을 먹을 것으로 삼고 그것을 음식으로 삼고 그것을 영양분으로 삼아서 긴 세월을 보내었다.

여자·남자 성기의 출현

16-2. 와셋타여, 그 중생들이 경작하지 않고도 익는 쌀을 먹을 것으로 삼고 그것을 음식으로 삼고 그것을 영양분으로 삼아서 긴 세월을 보내는 동안 그 중생들의 몸은 더욱더 견고하게 되었고 잘생기고 못생긴 용모가 드러나게 되었다. 여자에게는 여자의 성기143)가 생겼고 남자에게는 남자의 성기가 생겼다. 여자는 남자를, 남자는 여자를 지나치게 골똘히 생각하였다. 그들이 서로서로 지나치게 골똘히 생

---

141) 태고적 세상의 기원(porāṇa aggañña)은 본경 §4의 주해를 참조할 것.

142) '쌀열매'는 taṇḍula(쌀)-pphala(열매)를 직역한 것이다.

143) '여자의 성기'와 '남자의 성기'는 각각 itthi-liṅga와 purisa-liṅga의 역어이다. liṅga는 문맥에 따라 특징도 되고 성기도 되고 문법의 남성명사 등의 성도 된다. 여기서는 문맥상 남·녀의 성기를 뜻한다.

각하자 애욕이 생겨났고 몸에는 [애욕으로 인한] 열이 생겨났다. 그들은 [애욕의] 열을 반연하여 성행위를 하게 되었다.

와셋타여, 그 시절의 중생들은 성행위를 하는 것을 보면 '불결한 것은 사라져 버려라, 불결한 것은 사라져 버려라. 어떻게 중생이 중생에게 저런 식으로 할 수 있단 말인가!'라고 하면서 어떤 자들은 흙먼지를 던지고 어떤 자들은 재를 던지고 어떤 자들은 소똥을 던졌다.

그래서 요즘에도 인간들은 어떤 지방에서는 신부를 데리고 갈 때에 어떤 자들은 흙먼지를 던지고 어떤 자들은 재를 던지고 어떤 자들은 소똥을 던진다. 이것은 태고적 세상의 기원과 관계된 단어를 기억하기 때문인데 그 뜻은 잘 알지 못하고 있다."144)

성행위를 저지름

17. "와셋타여, 그 시절에 비법(非法)으로 간주되었던 것이 지금에는 법이라고 간주되고 있다. 와셋타여, 그 시절에 중생들은 성행위를 하게 되면 한 달이건 두 달이건 마을이나 읍에 들어가지를 못했다. 와셋타여, 그 중생들은 그러한 비법에 대해서 아주 심하게 비난을 받았기 때문에 그러한 비법을 가리기 위해서 집을 짓게 되었다.

와셋타여, 그러자 어떤 게으른 중생에게 이런 생각이 들었다. '오, 나는 왜 저녁에 저녁식사를 위해서 쌀을 가져오고 왜 아침에 아침식사를 위해서 쌀을 가져와야 하는가! 참으로 나는 아침과 저녁식사 거리로 한꺼번에 쌀을 다 가져와야겠다.'라고. 와셋타여, 그러자 그 중생은 아침과 저녁식사 거리로 한꺼번에 쌀을 가지고 왔다.

---

144) 부처님 당시에 인도의 어떤 지방에서는 결혼식 때 신랑에게 이렇게 하는 풍습이 있었던 것 같다. 부처님께서는 이런 풍습이 태고적 세상의 기원에서부터 비롯된 것이라고 설명하신다.

와셋타여, 그러자 다른 중생이 그에게 다가왔다. 와서는 그 중생에게 이렇게 말했다. '여보시오, 이리 오시오. 쌀을 가지러 갑시다.' '여보시오, 나는 충분합니다. 나는 아침과 저녁식사 거리로 한꺼번에 쌀을 가지고 왔습니다.' 와셋타여, 그러자 그 중생은 '여보시오, 그렇군요. 이렇게 하니 참으로 좋군요.'라고 하면서 그를 본보기로 따라하여 아침과 저녁식사 거리로 한꺼번에 쌀을 가지고 왔다.

와셋타여, 그러자 또 다른 중생이 그에게 다가왔다. 와서는 그 중생에게 이렇게 말했다. '여보시오, 이리 오시오. 쌀을 가지러 갑시다.' '여보시오, 나는 충분합니다. 나는 아침과 저녁식사 거리로 한꺼번에 쌀을 가지고 왔습니다.' 와셋타여, 그러자 그 중생은 '여보시오, 그렇군요. 이렇게 하니 참으로 좋군요.'라고 하면서 그를 본보기로 따라하여 아침과 저녁식사 거리로 한꺼번에 쌀을 가지고 왔다.

와셋타여, 그러자 또 다른 중생이 그에게 다가왔다. 와서는 그 중생에게 이렇게 말했다. '여보시오, 이리 오시오. 쌀을 가지러갑시다.' '여보시오, 나는 충분합니다. 나는 아침과 저녁식사 거리로 한꺼번에 쌀을 가지고 왔습니다.' 와셋타여, 그러자 그 중생은 '여보시오, 그렇군요. 이렇게 하니 참으로 좋군요.'라고 하면서 그를 본보기로 따라하여 아침과 저녁식사 거리로 한꺼번에 쌀을 가지고 왔다.

와셋타여, 그 중생들이 축적을 하면서 쌀을 먹기 시작하자 속겨가 쌀을 에워쌌고 겉겨가 쌀을 에워쌌다. 베어도 다시 자라지 않았고 결핍이란 것이 알려지게 되었으며 벼는 무리를 지어 자라게 되었다."

벼의 배분

18. "와셋타여, 그러자 그 중생들은 함께 모였다. 함께 모여서는 '존자들이여, 사악한 법들이 중생들에게 생겨났습니다. 우리는 전에

는 마음으로 이루어졌고 희열을 음식으로 삼았고 스스로 빛났고 허공을 다녔고 천상에 머물렀으며 길고 오랜 세월 살았습니다.

그런 우리에게 참으로 긴 세월이 지난 그 어느 때, 어느 곳에서 달콤한 땅이 물 위에 퍼지게 되었습니다. 그것은 아름다움을 갖추었고 향기를 갖추었고 맛을 갖추었습니다. 그런 우리는 그 달콤한 땅을 손으로 한 덩어리씩 깨어서 먹기 시작했습니다. 우리가 달콤한 땅을 손으로 한 덩어리씩 깨어서 먹기 시작했기 때문에 우리가 본래 타고난 광채가 사라져 버렸습니다. 본래 타고난 광채가 사라지자 태양과 달이 드러났습니다. 태양과 달이 드러나자 별들과 별의 무리들도 드러났습니다. 별들과 별의 무리들이 드러나자 낮과 밤이 알려지게 되었습니다. 낮과 밤이 알려지자 한 달과 보름이 알려지게 되었습니다. 한 달과 보름이 알려지자 계절과 연도가 알려지게 되었습니다. 우리는 달콤한 땅을 먹을 것으로 삼고 그것을 음식으로 삼고 그것을 영양분으로 삼아서 긴 세월을 보내었습니다. 그런 우리에게 사악한 해로운 법들이 생겨났기 때문에 달콤한 땅은 사라져 버렸습니다.

달콤한 땅이 사라지자 그때 땅의 부산물이 생겨났습니다. 그것은 아름다움을 갖추었고 향기를 갖추었고 맛을 갖추었습니다. 그런 우리는 땅의 부산물을 먹기 위해서 다가갔습니다. 그런 우리는 그것을 먹을 것으로 삼고 그것을 음식으로 삼고 그것을 영양분으로 삼아서 긴 세월을 보내었습니다. 그런 우리에게 사악한 해로운 법들이 생겨났기 때문에 땅의 부산물은 사라져 버렸습니다.

땅의 부산물이 사라지자 그때 바달라따 덩굴이 생겨났습니다. 그것은 아름다움을 갖추었고 향기를 갖추었고 맛을 갖추었습니다. 그런 우리는 바달라따 덩굴을 먹기 위해서 다가갔습니다. 그런 우리는 그것을 먹을 것으로 삼고 그것을 음식으로 삼고 그것을 영양분으로 삼아서 긴 세월을 보냈습니다. 그런 우리에게 사악한 해로운 법들이 생겨났기 때문에 바달라따 덩굴은 사라져 버렸습니다.

바달라따 덩굴이 사라지자 그때 경작하지 않고도 익는 쌀이 생겨났습니다. 그것은 속껍질도 없고 겉껍질도 없고 깨끗하고 향기로운 쌀열매였습니다. 그런 우리가 저녁에 저녁식사를 위해서 가져가면 아침에 익어서 원래대로 다 자라있었고 아침에 아침식사를 위해서 가져가면 저녁에 익어서 원래대로 다 자라있었으며 [껍질 등] 버릴 것이라고는 없었습니다. 그런 우리는 경작하지 않고도 익는 쌀을 먹을 것으로 삼고 그것을 음식으로 삼고 그것을 영양분으로 삼아서 긴 세월을 보냈습니다.

그런 우리에게 사악한 해로운 법들이 생겨났기 때문에 속겨가 쌀을 에워쌌고 겉겨가 쌀을 에워쌌습니다. 베어도 다시 자라지 않았고 결핍이란 것이 알려지게 되었으며 벼는 무리를 지어 자라게 되었습니다. 그러니 이제 참으로 우리는 벼를 나누어야 합니다. 경계를 설정해야 합니다.'라고.

와셋타여, 그러자 그 중생들은 벼를 나누게 되었고 경계를 설정하게 되었다."

19. "와셋타여, 그러자 어떤 중생이 탐심이 생겨서 자기의 몫은 잘 챙겨두고 다른 사람의 몫은 주지 않았는데도 가져가서 먹었다. 이런 사람을 붙잡았다. 붙잡아서 이렇게 말했다. '여보시오 중생이여, 그대는 사악함을 행하였소. 자기의 몫은 잘 챙겨두고 다른 사람의 몫은 주지 않았는데도 가져가서 먹었소. 여보시오 중생이여, 다시는 이런 짓을 하지 마시오.'

와셋타여, '알겠습니다, 존자들이여.'라고 그 중생은 다른 중생들에게 대답하였다. 와셋타여, 두 번째로 … 세 번째로 중생이 탐심이 생겨서 자기의 몫은 잘 챙겨두고 다른 사람의 몫은 주지 않았는데도 가져가서 먹었다. 이런 사람을 붙잡았다. 붙잡아서 이렇게 말했다.

'여보시오 중생이여, 그대는 사악함을 행하였소. 자기의 몫은 잘 챙겨두고 다른 사람의 몫은 주지 않았는데도 가져가서 먹었소. 여보시오 중생이여, 다시는 이런 짓을 하지 마시오.'라고. 어떤 자들은 손으로 그를 때렸다. 어떤 자들은 흙덩이로 때렸다. 어떤 자들은 몽둥이로 때렸다.

와셋타여, 그때부터 주지 않은 것을 가지는 것이 알려지게 되었다. 비난이 알려지게 되었다. 거짓말이 알려지게 되었다. 처벌이 알려지게 되었다."

마하삼마따 왕과 끄샤뜨리야 집단의 출현

20. "와셋타여, 그러자 그 중생들은 함께 모였다. 함께 모여서 '여보시오, 사악한 법들이 중생들에게 생겼습니다. 참으로 주지 않은 것을 가지는 것이 알려지게 되었고 비난이 알려지게 되었고 거짓말이 알려지게 되었고 처벌이 알려지게 되었기 때문입니다. 그러니 참으로 우리는 화를 내야 할 경우에는 바르게 화를 내고 비난해야 할 경우에는 바르게 비난하고 추방해야 할 경우에는 바르게 추방을 하도록, 한 중생을 뽑아야 합니다. 대신에 우리는 그에게 쌀의 몫을 배분해 줍시다.'라고 큰 소리로 외쳤다.

와셋타여, 그러자 그 중생들은 그들 가운데서 더 출중하고, 더 잘생기고, 더 믿음직하고 더 위력이 있는 그런 중생에게 다가가서 이렇게 말했다. '오십시오, 존자여. 화를 내야 할 경우에는 바르게 화를 내고 비난해야 할 경우에는 바르게 비난하고 추방해야 할 경우에는 바르게 추방을 하십시오. 대신에 우리는 당신에게 쌀의 몫을 배분해 드리겠습니다.'라고.

와셋타여, '그렇게 하겠습니다, 존자들이여.'라고 그 중생은 다른 중생들에게 대답한 뒤 화를 내야 할 경우에는 바르게 화를 내고 비난해야 할 경우에는 바르게 비난하고 추방해야 할 경우에는 바르게 추방을 하였다. 대신에 그들은 그에게 쌀의 몫을 배분해 주었다."

21. "와셋타여, 많은 사람들에 의해서 뽑혔다[145]고 해서 '마하삼마따, 마하삼마따'[146]라는 단어가 첫 번째로 생겨났다. 와셋타여, 토지의 주인이라고 해서 '끄샤뜨리야, 끄샤뜨리야'[147]라는 단어가 두

---

145) '많은 사람들에 의해서 뽑혔다.'로 옮긴 원어는 mahājanasammato이다. mahā(많은)-jana(사람)-sammata(뽑힘, 동의됨)를 풀어서 옮긴 것이다. 여기서 눈여겨볼 단어는 sammata인데 이것은 saṁ(함께)+√man (*to think*)의 과거분사이다. '함께 논의하다, 함께 생각하다'에서 '동의하다, 뽑다'라는 뜻을 가졌다. 즉 여러 사람들의 동의에 의해서 뽑혔다는 의미이다. 이 단어에는 부처님께서 왕의 존재를 어떻게 보시는가가 고스란히 담겨 있다. 왕은 왕권신수설처럼 신이나 어떤 절대자로부터 그 권력을 위임받은 것이 아니라, 최초의 왕은 백성들이 그들의 재산보호나 치안유지 등을 위해서 함께 동의해서 뽑은 사람일 뿐이라는 것이다.

146) 마하삼마따(Mahāsammata) 왕의 기원을 설명하는 것이다. 주석서(DA.i.258 등)에 의하면 마하삼마따 왕은 여기서 보듯이 인류 최초의 왕이었으며, 사꺄 족의 최초의 왕이라고 한다. 『천궁사 주석서』(VvA)에 의하면 마하삼마따 왕은 인도신화에서 최초의 인간으로 간주하는 마누(Manu)라고 설명하고 있다.(VvA.19) 인류 최초의 왕은 이처럼 백성들이 서로 동의해서 뽑은(sammata) 사람이라는 의미가 담겨 있다.

147) '토지의 주인'은 khettānaṁ(토지들의) pati(주인)를 옮긴 말이다. 끄샤뜨리야(왕족)의 어원을 khetta(*Sk.* kṣetra, 토지, 땅)로 설명하고 있는데 언

번째로 생겨났다. 와셋타여, 법으로 남들을 통치한다고 해서 '왕, 왕'이라는 단어가 세 번째로 생겨났다.

와셋타여, 이와 같이 이러한 끄샤뜨리야의 일원은 이와 같은 태고적 세상의 기원과 관계된 단어에 의해서 형성되었다.148) 그들은 중생들로부터 생겨났으며 다른 것들로부터 생겨난 것이 아니다.149) 그들은 같은 자들에 의해서 생겨났으며 다른 자들에 의해서 생겨난 것이 아니다. 그들은 법에 의해서 생겨났으며 비법(非法)에 의해서가 아니다. 와셋타여, 왜냐하면 지금여기에서도 내세에서도 법이 이 세상에서 최상이기 때문이다.150)"

어학적으로도 정확한 설명이라 하겠다.

148) 즉 인류 최초의 왕이라는 마하삼마따 왕도 범천이 왕으로 창조했기 때문에 왕이 된 것이 아니라 삼마따(뽑힌)라는 단어의 뜻에 따라 삼마따라 불리게 되었고, 끄셰뜨라(토지)라는 단어에 따라 끄샤뜨리야라고 이름하였으며, 통치한다(rañjet)는 단어에서 라자(왕)라는 이름을 가지게 된 것일 뿐이라는 뜻이다.

149) 이런 설화를 통해서 부처님은 왕권신수설이니 천자설이니 범천의 입이나 팔에서 나왔느니 하는 식의 절대 권력이나 절대 신성 등을 강하게 부정하신다. 왕권으로 대표되는 국가권력은 모두 백성들의 합의(sammata)에 의해서 맨 처음 생겼다는 사실을 강력하게 천명하고 계시는데 민주주의 사회에서는 너무도 당연한 말씀이다.

150) 법을 존중하는 부처님의 금구성언을 여기서도 볼 수 있다. 범천이 인간을 창조한 것이 아니다. 인간은 베다나 우빠니샤드에서 주장하는 것처럼 범천의 입이나 손이나 몸이나 발로부터 나온 것이 아니다. 중생은 무명이 있는 한 무시무종(無始無終)으로 존재하는 것이며 이런 중생은 모두 평등하며 어떤 절대자에게서 비롯되거나 창조된 것이 아니라 공평무사한 법에 의해서 전개되어가는 것이라는 말씀이다.
그리고 이 가운데서도 백성들이 무리를 보호할 끄샤뜨리야를 제일 먼저 뽑았다고 설하고 있음에 주의해야 한다. 사제의 권위가 먼저가 아니라 백성을 보호하는 끄샤뜨리야가 먼저 생겼다는 것이다.

바라문 집단의 출현

22. "와셋타여, 그 중생들 가운데 어떤 자들에게 이런 생각이 들었다. '여보시오, 사악한 법들이 중생들에게 생겼습니다. 참으로 주지 않은 것을 가지는 것이 알려지게 되었고 비난이 알려지게 되었고 거짓말이 알려지게 되었고 처벌이 알려지게 되었기 때문입니다. 그러니 참으로 우리는 사악한 해로운 법들을 없애야 합니다.'라고. 그들은 사악하고 해로운 법들을 없앴다. 와셋타여, 사악한 해로운 법들을 없앤다고 해서[151] '바라문, 바라문'이라는 단어가 첫 번째로 생겨났다.

그들은 숲 속에서 초막을 짓고 초막에서 참선을 하였다. 그들은 숯불을 피우지 않았고 연기를 내지 않았고 절굿공이를 내려놓았으며[152] 저녁에는 저녁식사를 위하고 아침에는 아침식사를 위해서 마을과 읍과 수도로 내려가서 걸식을 하였다. 그들은 식사를 마친 뒤 다시 숲 속의 초막으로 가서 참선을 하였다. 사람들이 이런 그들을 보고 이렇게 말했다. '여보시오. 이 중생들은 숲 속에서 초막을 짓고 초막에서 참선을 합니다. 그들은 숯불을 피우지 않고 연기를 내지 않고 절굿공이를 내려놓았으며 저녁에는 저녁식사를 위하고 아침에는

---

151) 바라문(brāhmaṇa)의 어원을 bāheti(없애다)에서 찾고 있는데 bāheti는 bahi(밖으로)라는 단어에서 파생된 동사이다. 그래서 '밖으로 한다, 밖으로 보낸다, 밖으로 끌어낸다'는 의미이다. 언어학적으로 볼 때 brāhmaṇa는 √bṛh(*to shine, to be bright*)에서 파생된 명사이다.

152) 이런 단어들은 모두 제사와 관련된 것이다. 태초에 바라문들은 해로운 법들을 제거하기에 몰두했지 지금의 바라문들처럼 제사에서 헌공을 하기 위해 불을 지핀다든가, 소마(Soma) 즙을 짜기 위해서 절굿공이로 찧는다든가 하지 않았다는 뜻이다. 혹은 스스로 음식을 만들어 먹지 않고 걸식해서 먹었다는 의미도 된다.

아침식사를 위해서 마을과 읍과 수도로 내려가서 걸식을 합니다. 그들은 식사를 마친 뒤 다시 숲 속의 초막으로 가서 참선을 합니다.'라고. 와셋타여, 참선을 한다고 해서 '자야까, 자야까(정려하는 자)'라는 두 번째 단어가 생겨났다.[153]"

23. "와셋타여, 그 중생들 가운데 어떤 중생들은 숲 속의 초막에서 참선을 하는 것을 감당할 수 없게 되자 마을의 경계나 읍의 경계로 내려와서 책을 만들면서 정착을 하였다. 인간들은 이런 그들을 보자 이렇게 말했다. '이 중생들은 숲 속의 초막에서 참선을 하는 것을 감당할 수 없어서 마을의 경계나 읍의 경계로 내려와서 베다를 만들면서[154] 정착을 하였다. 이들은 이제 참선을 하지 않는다.'라고. 와셋타여, 이제 참선을 하지 않는다고 해서 '앗자야까, 앗자야까(베다를 공부하는 자)'라는 세 번째 단어가 생겨났다. 와셋타여, 그 시절에는 이들이 저열한 것으로 간주되었지만 지금 이 시대에는 최상으로 간주된다.

와셋타여, 이와 같이 이러한 바라문의 일원이 이와 같은 태고적 세상의 기원과 관계된 단어에 의해서 형성되었다. 그들은 중생들로부터 생겨났으며 다른 것들로부터 생겨난 것이 아니다. 그들은 같은 자

---

153) 여기서 눈여겨볼 점은 바라문이라는 사제 계급도 신의 권위에서 생긴 것이 아니라. 사악한 법을 없애기 때문에 사제(바라문)이며 혹은 참선하고 정려(靜慮)하는 데서 생겼다고 본경의 이 부분은 강조하고 있다는 것이다. 즉 불선법(不善法)을 제거하고 참선을 하는 수행자가 최초의 바라문이었다는 의미이다.

154) '베다를 만들다'로 옮긴 원문은 ganthe karontā인데 '책을 만들다'로 직역할 수 있다. 주석서에서는 "삼베다를 만들고 말한다.(tayo vede abhi-saṅkharontā ceva vācentā ca)"(DA.iii.870)로 설명하고 있어서 이렇게 의역했다.

들에 의해서 생겨났으며 다른 자들에 의해서 생겨난 것이 아니다. 그들은 법에 의해서 생겨났으며 비법에 의해서가 아니다. 와셋타여, 왜냐하면 지금여기에서도 내세에서도 법이 이 세상에서 최상이기 때문이다."

와이샤 집단의 출현

24. "와셋타여, 그 중생들 가운데 어떤 중생들은 결혼을 하여 여러 가지 직업을 가지게 되었다. 와셋타여, 결혼을 하여 여러 가지 직업을 가진다[155]고 해서 '와이샤, 와이샤'라는 단어가 생겨났다.

와셋타여, 이와 같이 이러한 와이샤의 일원이 이와 같은 태고적 세상의 기원과 관계된 단어에 의해서 형성되었다. 그들은 중생들로부터 생겨났으며 다른 것들로부터 생겨난 것이 아니다. 그들은 같은 자들에 의해서 생겨났으며 다른 자들에 의해서 생겨난 것이 아니다. 그들은 법에 의해서 생겨났으며 비법에 의해서가 아니다. 와셋타여, 왜냐하면 지금여기에서도 내세에서도 법이 이 세상에서 최상이기 때문이다."

수드라 집단의 출현

25. "와셋타여, 그 중생들 가운데 나머지 중생들은 사냥꾼이 되었다. 와셋타여, 사냥하는 자, 잡일하는 자[156]라고 해서 '수드라, 수

---

155) '여러 가지 직업을 가진다'로 옮긴 원어는 vissutakammante payojenti이다. 이처럼 와이샤(vessā)의 어원을 vissuta-kammanta(여러 가지 직업)로 설명하고 있다. vissuta는 vi(분리해서)+√śru(*to hear*)의 과거분사로 '널리 알려진'이라는 의미이다.

156) '사냥하는 자'의 원어는 luddācāra이고 '잡일하는 자'의 원어는 khuddā-

드라'라는 단어가 생겨났다.

와셋타여, 이와 같이 이러한 수드라의 일원이 이와 같은 태고적 세상의 기원과 관계된 단어에 의해서 형성되었다. 그들은 중생들로부터 생겨났으며 다른 것들로부터 생겨난 것이 아니다. 그들은 같은 자들에 의해서 생겨났으며 다른 자들에 의해서 생겨난 것이 아니다. 그들은 법에 의해서 생겨났으며 비법에 의해서가 아니다. 와셋타여, 왜냐하면 지금여기에서도 내세에서도 법이 이 세상에서 최상이기 때문이다."

사문(沙門) 집단의 출현

26. "와셋타여, 끄샤뜨리야도 자신의 법을 경원시하고 '사문(沙門)이 되리라.'며 집을 떠나 출가하는 그런 시절이 있게 되었다. 와셋타여, 바라문도 … 와이샤도 … 수드라도 자신의 법을 경원시하고 '사문이 되리라.'며 집을 떠나 출가하는 그런 시절이 있게 되었다.

와셋타여, 이 네 가지 구성원들에 의해서 사문의 구성원이 형성되었다.157) 그들은 중생들로부터 생겨났으며 다른 것들로부터 생겨난 것이 아니다. 그들은 같은 자들에 의해서 생겨났으며 다른 자들에 의해서 생겨난 것이 아니다. 그들은 법에 의해서 생겨났으며 비법에 의해서가 아니다. 와셋타여, 왜냐하면 지금여기에서도 내세에서도 법이 이 세상에서 최상이기 때문이다."

---

cāra이다. 이처럼 수드라(sudda)의 어원을 ludda와 khudda로 설명하고 있다.

157) 즉 이들 네 계급의 구성원 모두가 사문의 구성원(samaṇa-maṇḍala)이 될 수 있다는 말이다.

나쁜 행위와 선한 행위

27. "와셋타여, 끄샤뜨리야도 몸으로 나쁜 행위를 하고, 말로 나쁜 행위를 하고, 마음으로 나쁜 행위를 하여 삿된 견해를 가진 자가 된다. 그는 삿된 견해를 가져 업을 짓기 때문에[158] 죽어서 몸이 무너진 다음에는 비참한 곳, 나쁜 곳[惡處], 파멸처, 지옥에 태어난다.

와셋타여, 바라문도 … 와이샤도 … 수드라도 … 사문도 몸으로 나쁜 행위를 하고, 말로 나쁜 행위를 하고, 마음으로 나쁜 행위를 하여 삿된 견해를 가진 자가 된다. 그는 삿된 견해를 가져 업을 짓기 때문에 죽어서 몸이 무너진 다음에는 비참한 곳, 나쁜 곳[惡處], 파멸처, 지옥에 태어난다.[159]"

28. "와셋타여, 끄샤뜨리야도 몸으로 좋은 행위를 하고, 말로 좋

---

158) "'삿된 견해를 가져 업을 짓기 때문에(micchādiṭṭhikammasamādāna-hetu)'라는 것은 삿된 견해를 가져서 업을 짓기 때문에 혹은 삿된 견해의 업을 가지고 있기 때문에라는 [뜻이다]."(DA.iii.871)

159) 누구나 법 앞에 평등하다. 중생들의 합의에 의해서 만든 인간의 법 앞에서도 평등하고 이렇게 보편적이요 우주적인 법, 즉 업의 법칙 등의 앞에서도 평등하다. 지은 업에 의해서 과보를 받지 계급이나 지위, 신분에 의해서 다른 과보를 받는 것이 아니다. 그러므로 특정 종교의 신념체계를 믿는다 해서 특별한 다른 과보를 받는 것이 아니다. 그 사람의 행위, 즉 업에 의해서 과보를 받는다. 이것이 부처님께서 설하시는 보편적인 법이다. 불교를 믿어도 불선업도(不善業道)를 행하면 악처에 떨어지고 불교를 믿지 않아도 선업도를 행하면 천상에 태어난다. 불교는 이런 법을 설하고 종국에는 이런 선처·악처로 윤회하는 모든 것에서 벗어나는 해탈·열반의 길을 가르친다. 선처로 윤회하는 것은 주석서에서 '윤회를 따르는 유익함(vaṭṭa-gāmi-kusala)'이라 부르고 해탈·열반은 '윤회를 거스르는 유익함(vi-vaṭṭagāmi-kusala)'이라 부르고 있다. 여기에 대해서는 본서 「전륜성왕 사자후경」(D26) §1의 마지막 주해를 참조할 것.

은 행위를 하고, 마음으로 좋은 행위를 하여 바른 견해를 가진 자가 된다. 그는 바른 견해를 가져 업을 짓기 때문에 몸이 무너져 죽은 뒤 좋은 곳[善處]이나 천상에 태어난다.

와셋타여, 바라문도 … 와이샤도 … 수드라도 … 사문도 몸으로 좋은 행위를 하고, 말로 좋은 행위를 하고 마음으로 좋은 행위를 하여 바른 견해를 가진 자가 된다. 그는 바른 견해를 가져 업을 짓기 때문에 몸이 무너져 죽은 뒤 좋은 곳[善處]이나 천상에 태어난다."

29. "와셋타여, 끄샤뜨리야도 몸으로 [좋고 나쁜] 두 가지 행위를 하고, 말로 두 가지 행위를 하고, 마음으로 두 가지 행위를 하여 혼합된 견해를 가진 자가 된다. 그는 혼합된 견해를 가져 업을 짓기 때문에 몸이 무너져 죽은 뒤 즐거움과 괴로움을 다 경험하게 된다.

와셋타여, 바라문도 … 와이샤도 … 수드라도 … 사문도 몸으로 [좋고 나쁜] 두 가지 행위를 하고, 말로 두 가지 행위를 하고, 마음으로 두 가지 행위를 하여 혼합된 견해를 가진 자가 된다. 그는 혼합된 견해를 가져 업을 짓기 때문에 몸이 무너져 죽은 뒤 즐거움과 괴로움을 다 경험하게 된다."

맺는 말 — 보리분법의 실천

30. "와셋타여, 끄샤뜨리야도 몸으로 단속을 하고 말로 단속을 하고 마음으로 단속을 하여 일곱 가지 깨달음의 편에 있는 법[菩提分法][160]들을 닦아서 지금여기에서 [오염원들을] 완전히 적멸하게 하

160) "네 가지 마음챙김의 확립[四念處] 등으로는 일곱 가지이다. 그러나 도닦음으로는 37가지 깨달음의 편에 있는 법들[菩提分法, 助道品法]이다."

여 열반을 얻는다.

와셋타여, 바라문도 … 와이샤도 … 수드라도 … 사문도 몸으로 단속을 하고 말로 단속을 하고 마음으로 단속을 하여 일곱 가지 깨달음의 편에 있는 법들을 닦아서 지금여기에서 [오염원들을] 완전히 적멸하게 하여 열반을 얻는다."[161]

31. "와셋타여, 이들 네 가지 계급 가운데서 [어떤] 비구가 아라한이어서 번뇌가 다하고 삶을 완성했으며 할 바를 다했고 짐을 내려놓았으며 참된 이상을 실현했고 삶의 족쇄가 멸진되었으며 바른 구경의 지혜로 해탈하면, 그를 일러 그들 가운데 제일이라고 부른다. 이것은 법에 의한 것이지 비법에 의한 것이 아니다. 와셋타여, 왜냐하면 지금여기에서도 내세에서도 법이 이 세상에서 최상이기 때문이다."[162]

32. "와셋타여, 사낭꾸마라 범천도 이런 게송을 읊었다.[163]

(DA.iii.872)
즉 사념처, 사여의족, 사정근, 오근, 오력, 칠각지, 팔정도의 제목으로 보면 보리분법은 일곱 가지라는 의미이다. 실제로 『위방가』(Vbh)에서는 깨달음의 편에 있는 법을 일곱 가지 깨달음의 구성요소[七覺支]들로만 한정하고 있지만 이처럼 주석서에서는 37보리분법 전체라고 주석하고 있다.

161) 해탈·열반을 실현하는 법은 모두에게 열려있다는 부처님의 대선언이시다. 어떤 계급, 어떤 인종, 어떤 성별이든 37조도품을 바르게 실천하면 모든 중생은 해탈·열반을 실현하게 된다는 말씀이다. 이런 보편성을 강조하는 부처님의 선언이 대승불교에서는 '일체중생은 모두 부처될 성품이나 종자를 가지고 있다.'는 일체중생 실유불성(一切衆生 悉有佛性)설로 전개되고 있는 것은 더 이상 설명할 필요도 없을 것이다.

162) 태생에 의한 바라문이 최고가 아니라 누구든 번뇌를 없앴다면 그가 바로 신들과 인간들 사이에서 최고로 존귀한 자라는 부처님의 결론이다.

'가문의 전통이 있는 사람들 가운데서는
끄샤뜨리야가 단연 으뜸이고
신과 인간들 가운데서는
영지(靈知)와 실천을 구족한 자[明行足]가
단연 으뜸이다.'

와셋타여, 사낭꾸마라 범천은 게송을 멋지게 읊었지 나쁘게 읊지 않았으며 좋은 말이지 나쁜 말이 아니며 뜻을 갖춘 것이지 뜻을 못 갖춘 것이 아니다.

와셋타여, 나도 이렇게 말한다.

'가문의 전통이 있는 사람들 가운데서는
끄샤뜨리야가 단연 으뜸이고
신과 인간들 가운데서는
영지(靈知)와 실천을 구족한 자[明行足]가
단연 으뜸이다.'

세존께서는 이와 같이 설하셨다. 와셋타와 바라드와자는 마음이 흡족해져서 세존의 말씀을 크게 기뻐하였다.

「세기경」이 끝났다.

---

163) 이 게송은 본서 제1권 「암밧타 경」(D3) §1.28에 꼭 같이 나타나고 있다. 사낭꾸마라에 대해서는 이 부분의 주해를 참조할 것.

확신경(確信經)

부처님께 바치는 확고한 믿음

Sampasādanīya Sutta(D28)

확신경(確信經)164)

부처님께 바치는 확고한 믿음

Sampasādanīya Sutta(D28)

서언 — 사리뿟따의 사자후

1. 이와 같이 나는 들었다. 한때 세존께서는 날란다에서 빠와리까 망고 숲165)에 머무셨다. 그때 사리뿟따 존자가 세존께 다가갔

---

164) 「확신경」(確信經)으로 옮긴 원어는 삼빠사다니야 숫따(Sampasādanī-ya Sutta)이다. 여기서 sampasādanīya는 saṁ(함께)+pra(앞으로)+√sad(*to sit*)의 동사 sampasādayati의 가능법(*Pot.*) 분사이다. 이 단어는 일반적으로 '청정한 믿음, 淸淨信, 맑음' 등으로 옮기고 있는 pasāda에 접두어 saṁ을 첨가한 단어이다. 그러므로 sampasādanīya는 '청정한 믿음을 가져야하는, 확신을 가져야 하는' 등의 뜻을 가졌다. 본경 마지막 문단에서도 sampasādanīya가 본경의 제목이라고 밝히고 있다. 그러므로 삼빠사다니야 숫따는 '확신을 가지게 하는 경'이라 옮길 수 있겠지만 역자는 줄여서 「확신경」이라 옮겼다. 중국에서는 「자환희경」(自歡喜經)으로 옮겨서 『장아함』의 18번째 경으로 소개되었다.
이 경의 첫 부분(§§1~2)이 본서 제2권 「대반열반경」(D16)의 §§1.16~17에 나타나고 있는 것을 볼 때, 본경은 사리뿟따 존자가 입적하기 얼마 전에 세존의 면전에서 대략 17가지 관점에서 세존께 대한 자신의 믿음과 확신을 표한 것을 상세하게 기록한 경이라 할 수 있다. 이러한 세존에 대한 절대적인 확신과 신뢰를 표하고 사리뿟따 존자는 세존보다 먼저 반열반하였다.

다.[166] 가서는 세존께 절을 올리고 한 곁에 앉았다. 한 곁에 앉아서 사리뿟따 존자는 세존께 이렇게 말씀드렸다.

"세존이시여, 저는 세존께 이러한 청정한 믿음이 있습니다. 바른 깨달음에 관한 한 세존을 능가하고 세존을 초월하는 사문이나 바라문은 이전에도 없었고 앞으로도 없을 것이며 지금도 없습니다."

"사리뿟따여, 그대는 '세존이시여, 저는 세존께 이러한 청정한 믿음이 있습니다. 바른 깨달음에 관한 한 세존을 능가하고 세존을 초월하는 사문이나 바라문은 이전에도 없었고 앞으로도 없을 것이며 지금도 없습니다.'라고 이처럼 황소같이 우렁찬 목소리[167]로 말을 하고 확신에 찬 사자후를 토하는구나. 사리뿟따여, 그런데 그대는 '그분 세존들께서는 이러한 계를 가진 분들이셨다. 그분 세존들께서는 이러한 법을 가진 분들이셨다. 그분 세존들께서는 이러한 통찰지를 가진 분들이셨다. 그분 세존들께서는 이러한 머묾을 가진 분들이셨다. 그분 세존들께서는 이런 해탈을 성취한 분들이셨다.'라고 과거의 모든 세존·아라한·정등각들을 마음으로 마음을 통하여 알았는가?"

"아닙니다, 세존이시여."

"사리뿟따여, 그러면 그대는 '그분 세존들께서는 이러한 계를 가진 분들이실 것이다. 그분 세존들께서는 이러한 법을 가진 분들이실 것

---

165) 빠와리까 망고 숲(Pāvārikambavana)에 대해서는 본서 제1권 「께왓다 경」(D11) §1의 주해를 참조할 것.

166) 이하 본경의 §§1~2는 본서 제2권의 「대반열반경」(D16) §§1.16~17과 같다.

167) '황소같이 우렁찬 목소리'는 āsabhi의 역어이다. āsabhi는 문자적으로 '황소에 속하는'이란 의미이다. 황소는 남자다운 남자, 장부다운 장부라는 의미이다. 그래서 이렇게 옮겼다. 한편 본서 제2권 「대전기경」(D14) §1.29에서는 '대장부다운'으로 옮기기도 하였다.(이 부분의 주해 참조)

이다. 그분 세존들께서는 이러한 통찰지를 가진 분들이실 것이다. 그분 세존들께서는 이러한 머묾을 가진 분들이실 것이다. 그분 세존들께서는 이런 해탈을 성취한 분들이실 것이다.'라고 미래의 모든 아라한·정등각들을 마음으로 마음을 통하여 알았는가?"

"아닙니다, 세존이시여."

"사리뿟따여, 나는 지금 이 시대의 아라한·정등각이다. 그러면 그대는 '세존께서는 이러한 계를 가진 분이다. 세존께서는 이러한 법을 가진 분이다. 세존께서는 이러한 통찰지를 가진 분이다. 세존께서는 이러한 머묾을 가진 분이다. 세존께서는 이런 해탈을 성취한 분이다.' 라고 [나에 대해서] 마음으로 마음을 통하여 알았는가?"

"아닙니다, 세존이시여."

"사리뿟따여, 여기서 참으로 그대에게는 과거와 미래와 현재의 아라한·정등각들에 대해서 [남의] 마음을 아는 지혜[他心通]가 없다. 사리뿟따여, 그런데 어떻게 그대는 '세존이시여, 저는 세존께 이러한 청정한 믿음이 있습니다. 바른 깨달음에 관한 한 세존을 능가하고 세존을 초월하는 사문이나 바라문은 이전에도 없었고 앞으로도 없을 것이며 지금도 없습니다.'라고 이처럼 황소같이 우렁찬 목소리로 말을 하고 확신에 찬 사자후를 토하는가?"

2. "세존이시여, 제게는 분명 과거와 미래와 현재의 아라한·정등각들의 마음을 아는 지혜[他心通]가 없습니다. 그러나 저는 법다운 추론168)으로 알았습니다.

---

168) 주석서에서는 법다운 추론(dhammanvaya)의 동의어로 추론을 통한 자각(anvayabuddhi), 추론지(anumāna), 방법을 취함(nayaggāha)을 들고 있다.(DA.iii.876) 복주서에서는 "법다운 추론(dhamma-anvaya)이

세존이시여, 예를 들면 왕의 국경에 있는 도시는 튼튼한 기초와 튼튼한 성벽과 망루를 가지고 있고 하나의 대문을 가지고 있습니다. 거기서 지혜롭고 입지가 굳고 현명한 문지기가 모르는 자들은 제지하고 아는 자들만 들어가게 합니다. 그는 그 도시의 모든 다니는 길을 순찰하면서 성벽의 이음매와 갈라진 틈으로 고양이가 지나다니는 정도로까지는 보지 않습니다. 그에게 이런 생각이 들 것입니다. '이 도시를 들어오고 나가는 큰 생명체는 누구든 모두 이 대문으로 들어오고 나간다.'라고. 세존이시여, 그와 마찬가지로 저는 법다운 추론으로 알았습니다.

세존이시여, 과거의 모든 세존·아라한·정등각들께서는 다섯 가지 장애[五蓋]들을 제거하셨고 마음의 오염원들을 통찰지로써 무력하게 만드셨고 네 가지 마음챙김의 확립[四念處]에 마음이 잘 확립되셨으며 일곱 가지 깨달음의 구성요소[七覺支]들을 있는 그대로 닦으신 뒤 위없는 정등각을 완전하게 깨달으셨습니다.169)

란 추론지(推論知, anumānañāṇa)이다."(DAṬ.iii.72)라고 설명하고 있다.

인도 논리학에서는 바른 논리를 구현하기 위한 방법으로 직접지(pratyakṣa, 現量), 추론지(anumāna, 比量), 비유지(upamāna, 譬喩量), 성인의 말씀(āptavacana, 聖言量) 네 가지를 들고 있는데 그 중에서 두 번째가 바로 이 추론지이다.

사리뿟따 존자는 자신이 부처님의 경지를 직접지로는 다 알지 못하고 보지 못하지만, 드러난 여러 사실을 통해서 추론해 볼 때 '바른 깨달음에 관한 한 세존을 능가하고 세존을 초월하는 사문이나 바라문은 이전에도 없었고 앞으로도 없을 것이며 지금도 없다.'라는 결론에 도달한다는 말이다. 그러면서 부처님이 가지신 여러 가지 특질을 이제부터 열거하고 있다.

169) 다섯 가지 장애[五蓋]는 본서 제1권 「사문과경」(D2) §68과 『네 가지 마음챙기는 공부』 214쪽 이하와 『아비담마 길라잡이』 2장 §4의 해로운 마음부수법들에 잘 설명되어 있으므로 참조할 것. 네 가지 마음챙김의 확립

세존이시여, 미래의 모든 세존·아라한·정등각들께서도 다섯 가지 장애[五蓋]들을 제거하시고 마음의 오염원들을 통찰지로써 무력하게 만드시고 네 가지 마음챙김의 확립에 마음이 잘 확립되시며 일곱 가지 깨달음의 구성요소들을 있는 그대로 닦으신 뒤 위없는 정등각을 완전하게 깨달으실 것입니다.

세존이시여, 현재의 세존께서도 아라한·정등각이시니 다섯 가지 장애[五蓋]들을 제거하셨고 마음의 오염원들을 통찰지로써 무력하게 만드셨고 네 가지 마음챙김의 확립에 마음이 잘 확립되셨으며 일곱 가지 깨달음의 구성요소들을 있는 그대로 닦으신 뒤 위없는 정등각을 완전하게 깨달으셨습니다.

세존이시여, 저는 전에 법문을 듣기 위해서 여기 세존께 왔었습니다. 그런 제게 세존께서는 점점 더 높고 점점 더 수승하게,170) 검고 흰 부분들을 잘 갖추어171) 법을 설해 주셨습니다. 세존께서 점점 더 높고 점점 더 수승한, 검고 흰 부분들을 잘 갖추어 법을 설해 주실 때마다 저는 그 법에 대해서 최상의 지혜로 안 뒤, 법들 가운데서 여기 어떤 법을 통해서 완성에 도달하게 되었습니다. 그리고 스승님께 '세존께서는 정등각이시다. 법은 세존에 의해서 잘 설해졌다. 세존의 제

[四念處]은 본서 제2권 「대념처경」(D22)을 참조할 것. 일곱 가지 깨달음의 구성 요소[七覺支]는 『네 가지 마음챙기는 공부』 235쪽 이하를 참조할 것.

170) 이제 아래 §§3~19에서 사리뿟따 존자는 차례로 점점 더 높고 수승한 17가지 법들을 들면서 이를 통해 세존의 위대하심을 추론하고 있다.

171) 검고 흰 부분들을 잘 갖춘 것(kaṇhasukka-sappaṭibhāga)에서 검은 부분은 해로운 법[不善法]을, 흰 부분은 유익한 법[善法]을 말한다. 검고 흰 부분들을 잘 갖춘 것에 대해서는 본서 제2권 「자나와사바 경」(D18) §25와 주해를 참조할 것.(*cf.* S.v.105)

자들의 승가는 잘 도를 닦는다.'라는 청정한 믿음이 생겼습니다."

유익한 법들에 대한 법문

3. "세존이시여, 나아가서 세존께서 해 주신 유익한 법들에 대한 법문도 위없는 것입니다. 여기서 유익한 법들이란 네 가지 마음챙김의 확립[四念處], 네 가지 바른 노력[四正勤], 네 가지 성취수단[四如意足], 다섯 가지 기능[五根], 다섯 가지 힘[五力], 일곱 가지 깨달음의 구성요소[七覺支], 여덟 구성요소를 가진 성스러운 길[八支聖道]입니다.[172] 세존이시여, 여기 비구는 모든 번뇌가 다하여 아무 번뇌가 없는 마음의 해탈[心解脫]과 통찰지의 해탈[慧解脫][173]을 바로 지금여기에서 스스로 최상의 지혜로 실현하고 구족하여 머뭅니다.

세존이시여, 유익한 법들에 대한 이것이 위없는 것입니다. 세존께서는 이것을 남김없이 초월해서 아시기 때문에 다른 사문이나 바라문들이 유익한 법들에 관한 한 이것을 능가하여 세존보다 더 초월해서 안다고 주장할 다른 [법문]은 존재하지 않습니다."

---

172) 이들은 37보리분법(菩提分法, bodhipakkhiya-dhamma)이라고 불리는데 이들은 깨달음의 편(bodhi-pakkha)에 있는 유익한 심리현상들이기 때문에 이렇게 불렸다. 중국에서는 삼십칠조도품(三十七助道品)으로 옮겼는데 이 pakkha(分, 片)를 upakāra-bhāva(도와주는 상태)로 이해한 주석서들의 입장과 일맥상통하는 좋은 번역이다. 37보리분법에 대해서는 『청정도론』 XXII.33 이하와 『아비담마 길라잡이』 7장 §§24~33을 참조할 것.

173) 마음의 해탈[心解脫]과 통찰지의 해탈[慧解脫]에 대해서는 본서 제1권 「마할리 경」(D6) §13의 주해를 참조할 것. 본서 제2권 「대인연경」(D15) §36 주해의 양면해탈도 참조할 것.

감각장소의 천명에 대한 법문

4. "세존이시여, 나아가서 세존께서 해 주신 감각장소[處, 入]의 천명에 대한 법문도 위없는 것입니다.

세존이시여, 눈과 형상, 귀와 소리, 코와 냄새, 혀와 맛, 몸과 감촉, 마노와 법이라는 이들 여섯 가지 안팎의 감각장소[六內外處]들이 있습니다.

세존이시여, 감각장소의 천명에 대한 이것도 위없는 것입니다. 세존께서는 이것을 남김없이 초월해서 아십니다. 세존께서는 이것을 남김없이 초월해서 아시기 때문에 다른 사문이나 바라문들이 감각장소의 천명에 관한 한 이것을 능가하여 세존보다 더 초월해서 안다고 주장할 다른 [법문]은 존재하지 않습니다."

입태에 대한 법문

5. "세존이시여, 나아가서 세존께서 해 주신 입태(入胎)[174]에 대한 법문도 위없는 것입니다. 세존이시여, 이들 네 가지 입태가 있습니다.

세존이시여, 여기 어떤 자는 알아차리지 못하면서[175] 모태에 들어

---

174) '입태(入胎)'는 gabbha-avakkanti의 역어인데 '태(gabbha)에 들어감(avakkanti)'으로 직역할 수 있다. 한편 본 문단의 '모태'는 mātu kucchi의 역어인데 '어머니의(matu) 뱃속(kucchi)'이라고 직역할 수 있다.

175) 본문에서 '알아차리면서'는 sampajāna의 역어이고 '알아차리지 못하면서'는 asampajāna의 역어이다. 삼빠자나(sampajāna)는 본서에서 '알아차림[正知]' 혹은 '분명히 알아차림'(「대념처경」, D22)으로 옮기고 있는 수행에 관계된 중요한 술어이다. 알아차림에 대해서는 본서 제2권 「대반열반경」(D16) §6.7의 주해와 「대념처경」(D22) §4의 주해를 참조할 것.

가고 알아차리지 못하면서 모태에 머물고 알아차리지 못하면서 모태에서 나옵니다. 이것이 첫 번째 입태입니다.

다시 세존이시여, 여기 어떤 자는 알아차리면서 모태에 들어가지만 알아차리지 못하면서 모태에 머물고 알아차리지 못하면서 모태에서 나옵니다. 이것이 두 번째 입태입니다.

다시 세존이시여, 여기 어떤 자는 알아차리면서 모태에 들어가고 알아차리면서 모태에 머물지만 알아차리지 못하면서 모태에서 나옵니다. 이것이 세 번째 입태입니다.

다시 세존이시여, 여기 어떤 자는 알아차리면서 모태에 들어가고 알아차리면서 모태에 머물고 알아차리면서 모태에서 나옵니다. 이것이 네 번째 입태입니다.

이것이 네 가지 입태입니다. 세존이시여, 입태에 대한 이 [법문]도 위없는 것입니다."

예언의 분류에 대한 법문

6. "세존이시여, 나아가서 세존께서 해 주신 예언의 분류[176]에 대한 법문도 위없는 것입니다. 세존이시여, 네 가지 예언의 분류가 있습니다.

세존이시여, 여기 어떤 자는 표상을 통해서 예언을 합니다. '이런 것이 당신의 마음이오, 당신의 마음은 이러하오. 당신의 마음은 이와 같소.'라고. 그가 아무리 많은 것을 예언한다 하더라도 그것은 이와 같고 다르지 않습니다. 이것이 첫 번째 예언의 분류입니다.

---

176) '예언의 분류'로 옮긴 원어는 ādesana-vidhā이다. 복주서에서는 "이것들을 통해서 남의 마음을 드러낸다(parassa cittaṁ ādisati etehi)고 해서 예언(ādesana)이라 한다."(DAṬ.iii.84)고 정의하고 있다.

다시 세존이시여, 여기 어떤 자는 표상을 통해서 예언을 하지 않습니다. 인간들이나 비인간들이나 신들의 소리를 듣고 예언을 합니다. '이런 것이 당신의 마음이오, 당신의 마음은 이러하오. 당신의 마음은 이와 같소.'라고. 그가 아무리 많은 것을 예언한다 하더라도 그것은 이와 같고 다르지 않습니다. 이것이 두 번째 예언의 분류입니다.

다시 세존이시여, 여기 어떤 자는 표상을 통해서 예언을 하지 않습니다. 인간들이나 비인간들이나 신들의 소리를 듣고 예언을 하지도 않습니다. 그러나 일으킨 생각과 지속적인 고찰에 기인한 일으킨 생각에 따라 퍼져 나오는 소리를 듣고 예언을 합니다. '이런 것이 당신의 마음이오, 당신의 마음은 이러하오. 당신의 마음은 이와 같소.'라고. 그가 아무리 많은 것을 예언한다 하더라도 그것은 이와 같고 다르지 않습니다. 이것이 세 번째 예언의 분류입니다.

다시 세존이시여, 여기 어떤 자는 표상을 통해서 예언을 하지 않습니다. 인간들이나 비인간들이나 신들의 소리를 듣고 예언을 하지도 않습니다. 일으킨 생각과 지속적인 고찰에 기인한 일으킨 생각에 따라 퍼져 나오는 소리를 듣고도 예언을 하지 않습니다. 그는 일으킨 생각과 지속적인 고찰이 없는 삼매를 구족한 마음으로 마음을 통하여 꿰뚫어 압니다. '이 존자의 마음작용이 이렇게 향하고 있으니 이런 마음은 즉시에 이러한 생각을 일으킬 것입니다.'라고. 그가 아무리 많은 것을 예언한다 하더라도 그것은 이와 같고 다르지 않습니다. 이것이 네 번째 예언의 분류입니다.

이것이 네 가지 예언의 분류입니다. 세존이시여, 예언의 분류에 대한 이 [법문]도 위없는 것입니다."

견(見)의 증득에 대한 법문

7. "세존이시여, 나아가서 세존께서 견(見)의 증득[177]에 대해서 법문을 해 주신 이것도 위없는 것입니다. 세존이시여, 네 가지 견의 증득이 있습니다.

세존이시여, 여기 어떤 사문이나 바라문은 애를 쓰고 노력하고 몰두하고 방일하지 않고 바르게 마음에 잡도리함을 닦아서 거기에 걸맞는 마음의 삼매를 얻습니다.[178] 마음이 삼매에 들어서 이 몸은 발바닥에서부터 위로, 머리털 끝에서부터 아래로, 살갗으로 둘러싸여 있고 여러 가지 부정(不淨)한 것으로 가득 차있음을 반조합니다. 즉 '이 몸에는 머리털·몸털·손발톱·이빨·살갗·살·힘줄·뼈·골수·콩팥·염통·간·근막·지라·허파·큰창자·작은창자·위·똥·담즙·가래·고름·피·땀·굳기름·눈물·[피부의] 기름기·침·콧물·관절활액·오줌 등이 있다.'라고. 이것이 첫 번째 견의 증득입니다.[179]

---

177) '견의 증득'은 dassana-samāpatti의 역어이다. 여기서는 본서 제2권 「대념처경」(D22)과 『중부』 「염신경」(M119) 등에 나타나는 32가지 몸의 부위를 관찰하는 수행을 더 확장해서 4가지 견의 증득으로 설하고 있다. 몸의 32가지 부위에 대한 관찰은 『청정도론』 VIII.44~144에서 아주 상세하게 설명되어 있으므로 참조할 것.

178) "마음의 삼매(cetosamādhi)란 초선의 삼매(paṭhamajjhāna-samādhi)이다."(DA.iii.888)

179) "이것은 32가지 부위를 혐오스러움(paṭikūla)으로 마음에 잡도리한 뒤 혐오스러움을 봄(paṭikūla-dassana)을 통해서 생긴 초선을 증득하는 것이 첫 번째 견의 증득이다. 그런데 만일 이 禪을 기초(pādaka)로 한 뒤 예류자(sotāpanna)가 되면 이것은 방편을 빌리지 않은(nippariyāya) 첫 번째 견의 증득이라 한다."(*Ibid*)
본문에서는 뇌가 빠져 실제로는 31가지이다. 그러나 주석서에서는 골수 다시 세존이시여, 여기 어떤 사문이나 바라문은 애를 쓰고 노력하고 몰두하고 방일하지 않고 바르게 마음에 잡도리함을 닦아서 거기에 걸맞는 마음의 삼매를 얻습니다. 마음이 삼매에 들어서 이 몸은 발바닥에서부터 위로, 머리털 끝에서부터 아래로, 살갗으로 둘러싸여 있고 여러 가지 부정(不淨)한 것으로 가득 차있음을 반조합니다. 즉 '이 몸에는 머리털·몸털·손발톱·이빨·살갗·살·힘줄·뼈·골수·콩팥·염통·간·근막·지라·허파·큰창자·작은창자·위·똥·담즙·가래·고름·피·땀·굳기름·눈물·[피부의] 기름기·침·콧물·관절활액·오줌 등이 있다.'라고. 그리고 나아가서 피부와 살과 피로 에워싸인 인간의 해골을 반조합니다. 이것이 두 번째 견의 증득입니다.180)

다시 세존이시여, 여기 어떤 사문이나 바라문은 애를 쓰고 … 거기에 걸맞는 마음의 삼매를 얻습니다. 마음이 삼매에 들어서 이 몸은 발바닥에서부터 위로, 머리털 끝에서부터 아래로, 살갗으로 둘러싸여 있고 여러 가지 부정(不淨)한 것으로 가득 차있음을 반조합니다. 즉 '이 몸에는 머리털·몸털· … 관절활액·오줌 등이 있다.'라고. 그리고 나아가서 피부와 살과 피로 에워싸인 인간의 해골을 반조합니다. 그리고 이 세상에도 확고하게 머물고,181) 저 세상에도 확고하게

안에 뇌가 포함된 것으로 이해하여 32가지라고 주석하고 있다. 여기에 대해서는 본서 제2권 「대념처경」(D22) §5의 주해를 참조할 것.

180) "'뼈(aṭṭhi), 뼈'라고 반조한 뒤(paccavekkhitvā) 생긴 뼈를 대상으로 가진 하늘눈[天眼]의 기초가 되는 禪을 증득하는 것(dibbacakkhu-pādakajjhāna-samāpatti)이 두 번째 견의 증득이다. 그런데 만일 이 선을 기초로 한 뒤 일래도(sakadāgāmi-magga)를 생기게 하면 이것은 방편을 빌리지 않은 두 번째 견의 증득이라 한다."(*Ibid*)

181) "'이 세상에도 확고하게 머물고(idha loke patiṭṭhitaṁ)'라는 것은 욕탐

머물고, 둘로 끊어지지 않은 인간의 알음알이의 흐름[182]을 꿰뚫어 압니다. 이것이 세 번째 견의 증득입니다.[183]

다시 세존이시여, 여기 어떤 사문이나 바라문은 애를 쓰고 … 거기에 걸맞는 마음의 삼매를 얻습니다. 마음이 삼매에 들어서 이 몸은 발바닥에서부터 위로, 머리털 끝에서부터 아래로, 살갗으로 둘러싸여 있고 여러 가지 부정(不淨)한 것으로 가득 차있음을 반조합니다. 즉 '이 몸에는 머리털·몸털· … 관절활액·오줌 등이 있다.'라고. 그리고 나아가서 피부와 살과 피로 에워싸인 인간의 해골을 반조합니다. 그리고 이 세상에도 확고하게 머물지 않고[184] 저 세상에도 확고하게 머물지 않고, 둘로 끊어지지 않은 인간의 알음알이의 흐름을 꿰뚫어 압니다. 이것이 네 번째 견의 증득입니다.[185]

(chanda-rāga)을 통해서 이 세상에 확고하게 머무는 것이다. [저 세상에도 확고하게 머물고]라는 두 번째 문장에도 같은 방법이 적용된다. 업과 업을 통해서 겪는 것(upagacchanta)이 이 세상에 확고하게 머무는 것이다. 업으로서의 존재(kamma-bhava)를 끌어 들여(ākaḍḍhanta) [재생연결식이 생긴 것(paṭisandhinibbattana - DAṬ.iii.89)]이 저 세상에 확고하게 머무는 것이다."(*Ibid*)

182) "알음알이의 흐름(viññāṇa-sota)이란 알음알이이다."(DA.iii.888)

183) "이것은 무엇을 말하는 것인가? 유학(有學)과 범부(凡夫, sekkha-puthujjana)들에 속하는 [남의] 마음을 아는 지혜(cetopariyañāṇa, 他心通)를 설한 것이다. 유학과 범부들에 속하는 [남의] 마음을 아는 지혜가 세 번째 견의 증득이기 때문이다."(*Ibid*)

184) "'이 세상에도 확고하게 머물지 않고'라는 것은 욕탐이 없기 때문에 이 세상에 확고하게 머물지 않는다. [저 세상에도 확고하게 머물지 않는다]라는 두 번째 문장에도 같은 방법이 적용된다. 업과 업을 통해서 겪지 않는 것이 이 세상에 확고하게 머물지 않는 것이다. 업으로서의 존재(kamma-bhava)를 끌어 들이지 않아서(anākaḍḍhanta) [재생연결식이 생기지 않는 것]이 저 세상에 확고하게 머물지 않는 것이다."(*Ibid*)

이것이 네 가지 견의 증득입니다.186) 세존이시여, 견의 증득에 대한 이 [법문]도 위없는 것입니다."

인간의 규정에 대한 법문

8. "세존이시여, 나아가서 세존께서 해 주신 인간의 규정에 대한 법문도 위없는 것입니다. 세존이시여, 일곱 가지 인간이 있나니 ① 양면으로 해탈[兩面解脫]한 자 ② 통찰지로 해탈[慧解脫]한 자 ③ 체험한 자 ④ 견해를 얻은 자 ⑤ 믿음으로 해탈한 자 ⑥ 법을 따르는 자 ⑦ 믿음을 따르는 자입니다.

세존이시여, 인간의 규정에 대한 이 [법문]도 위없는 것입니다."187)

---

185) "이것은 무엇을 말하는 것인가? 번뇌 다한 자(khīṇāsava, 아라한)에 속하는 [남의] 마음을 아는 지혜를 설한 것이다. 번뇌 다한 자에 속하는 [남의] 마음을 아는 지혜가 네 번째 견의 증득이기 때문이다."(*Ibid*)

186) "그리고 [몸의] 32가지 부위들에 대해서 위빳사나를 시작한 것(āraddha-vipassanā)도 첫 번째 견의 증득이다. 뼈를 대상으로 하여 위빳사나를 시작한 것이 두 번째 견의 증득이다. 유학과 범부에 속하는 [남의] 마음을 아는 지혜와, 번뇌 다한 자에 속하는 [남의] 마음을 아는 지혜는 위와 같이 변동이 없다.
다른 방법이 있다. 초선이 첫 번째 견의 증득이다. 제2선은 두 번째, 제3선은 세 번째, 제4선은 네 번째 견의 증득이다. 같은 방법으로 첫 번째 도(예류도)는 첫 번째 견의 증득이다. 두 번째 도는 두 번째, 세 번째 도는 세 번째, 네 번째 도는 네 번째 견의 증득이다."(DA.iii.889)

187) 이 일곱 가지 인간의 규정(puggala-paññatti)은 『청정도론』 XXI.74 이하에 '일곱 분의 성자들의 분류'로 잘 정리되어 있으므로 참조할 것. 양면해탈과 혜해탈에 대해서는 본서 제1권 「마할리 경」(D6) §13의 주해와 제2권 「대인연경」(D15) §36의 주해를 참조할 것.

노력에 대한 법문

9. "세존이시여, 나아가서 세존께서 해 주신 노력[188]에 대한 법문도 위없는 것입니다. 세존이시여, 일곱 가지 깨달음의 구성요소[七覺支]가 있나니 ① 마음챙김의 깨달음의 구성요소(念覺支) ② 법을 간택하는 깨달음의 구성요소(擇法覺支) ③ 정진의 깨달음의 구성요소(精進覺支) ④ 희열의 깨달음의 구성요소(喜覺支) ⑤ 편안함의 깨달음의 구성요소(輕安覺支) ⑥ 삼매의 깨달음의 구성요소(定覺支) ⑦ 평온의 깨달음의 구성요소(捨覺支)입니다.

세존이시여, 노력에 대한 이 [법문]도 위없는 것입니다."[189]

도닦음에 대한 법문

10. "세존이시여, 나아가서 세존께서 해 주신 도닦음에 대한 법문도 위없는 것입니다. 세존이시여, 네 가지 도닦음[190]이 있나니 도닦음도 어렵고 초월지(신통지)도 더딘 것, 도닦음은 어려우나 초월지는 빠른 것, 도닦음은 쉬우나 초월지가 더딘 것, 도닦음도 쉽고 초월지도 빠른 것입니다.

세존이시여, 여기서 도닦음도 어렵고 초월지도 더딘 이러한 도닦음은 어렵고 더디기 때문에 양쪽 다 저열하다고 불립니다. 세존이시

188) 노력(padhāna)은 일반적으로 네 가지 바른 노력[四正勤]으로 정리되어 나타나는데 여기서는 칠각지를 들고 있다. 사정근에 대해서는 『청정도론』 XXII.35와 『아비담마 길라잡이』 7장 §25의 해설을 참조할 것.

189) 일곱 가지 깨달음의 구성요소[七覺支]는 『네 가지 마음챙기는 공부』 235쪽 이하를 참조할 것.

190) 이 네 가지 도닦음(paṭipāda)은 『청정도론』 III.§14 이하에 잘 설명되어 있다.

여, 여기서 도닦음은 어려우나 초월지는 빠른 이러한 도닦음은 어렵기 때문에 저열하다고 불립니다. 세존이시여, 여기서 도닦음은 쉬우나 초월지가 더딘 이러한 도닦음은 더디기 때문에 저열하다고 불립니다. 세존이시여, 여기서 도닦음도 쉽고 초월지도 빠른 이러한 도닦음은 쉽고 빠르기 때문에 양쪽 다 수승하다고 불립니다.

세존이시여, 도닦음에 대한 이 [법문]도 위없는 것입니다."

말의 품행에 대한 법문

11. "나아가서 세존이시여, 세존께서 해 주신 말의 품행191)에 대한 법문도 위없는 것입니다. 세존이시여, 여기 어떤 자는 거짓말과 관련된 말을 하지 않고 이간질192)을 하지 않고 중상모략하지 않고 다른 것을 둘러대어 이기기를 바라지 않습니다. 그는 이유가 분명하고 시의적절한 지혜로운193) 말을 합니다.

세존이시여, 말의 품행에 대한 이 [법문]도 위없는 것입니다."

인간의 도덕적 품행에 대한 법문

12. "세존이시여, 나아가서 세존께서 해 주신 인간의 도덕적 품행194)에 대한 법문도 위없는 것입니다. 세존이시여, 여기 어떤 자는

---

191) '말의 품행'은 bhassa-samācāra을 옮긴 것이다.

192) '이간질'로 옮긴 원어는 vebhūtiya(재앙을 초래함)인데 주석서는 이간질하는 말(bhedakaravāca)이라고 설명하고 있다.(DA.iii.892)

193) '지혜로운'으로 옮긴 원어는 mantā mantā인데 주석서에서 paññā(통찰지, 반야)라고 설명하고 있다.(*Ibid*)

194) '인간의 도덕적 품행'은 purisa-sīla-samācāra를 옮긴 것이다.

진실하고 믿음이 있으며, 계략하지 않고, 쓸데없는 말을 하지 않고, 암시를 주지 않고, 비방하지 않고, 이득으로 이득을 추구하지 않습니다. 그는 감각의 대문을 잘 지키고 음식에서 적당함을 알고, [몸과 말과 마음으로] 바르게 행하며195) 깨어 있음에 전념하고 게으르지 않고 부지런히 정진하고 참선을 하고196) 마음챙김을 유지하고 명료하게 표현하고, 행실을 [뒷받침하는 통찰지]와 활력을 [뒷받침하는 통찰지]와 사상을 [뒷받침하는 통찰지]를 갖추었고197) 감각적 욕망에 대해서 탐착하지 않으며 마음챙기고 현명합니다.

세존이시여, 도덕적 품행에 대한 이 [법문]도 위없는 것입니다."

가르침의 분류에 대한 법문

13. "나아가서 세존이시여, 세존께서 해 주신 가르침의 분류198)

---

195) "바르게 행함(samakārī)이란 몸과 말과 마노를 통해서 몸과 말과 마노로 짓는 부정직함(vaṅka)을 제거하고 바르게 행한다는 뜻이다."(DA.iii. 893)

196) '참선을 하고'로 옮긴 원어는 PTS본은 ñāyī(지혜로운 자)이고 미얀마본과 PTS본 주석서에는 jhāyī(참선하는 자)로 나타난다. 문맥상 jhāyī가 옳다.

197) '행실을 뒷받침하는 통찰지와 활력을 뒷받침하는 통찰지와 사상을 뒷받침하는 통찰지를 갖추었고'로 길게 옮긴 원어는 gatimā dhitimā mutimā이다. 이것은 각각 행실을 갖춤, 활력을 갖춤, 사상을 갖춤으로 옮겨진다. 그러나 주석서에서 "행실을 갖춤이란 행실을 가능하게 하는(gamana-samatthā) 통찰지(paññā)를 갖춘 것(samannāgata)이다. 활력을 갖춤이란 활력(dhāraṇa)을 가능하게 하는 통찰지를 갖춘 것이다. 사상을 갖춤에서 사상이란 통찰지의 이름이다. 그러므로 이것은 통찰지를 갖추었다는 뜻이다."(*Ibid*)라고 설명한다. 그래서 이렇게 풀어서 옮겼다.

198) '가르침의 분류'는 anusāsana-vidhā를 옮긴 것이다.

에 대한 법문도 위없는 것입니다. 세존이시여, 네 가지 가르침의 분류가 있습니다.

세존이시여, 세존께서는 자신이 지혜로운 주의[如理作意, 근원적으로 마음에 잡도리함]를 통해서, 다른 사람에 대해 '이 사람은 설한 대로 도를 닦아, 세 가지 족쇄를 완전히 없애고 흐름에 든 자[預流者]가 되어, [악취에] 떨어지지 않는 법을 가지고 [해탈이] 확실하며 바른 깨달음으로 나아가는 자가 될 것이다.'라고 아십니다.[199]

세존이시여, 세존께서는 자신이 지혜로운 주의를 통해서, 다른 사람에 대해 '이 사람은 설한 대로 도를 닦아, 세 가지 족쇄를 완전히 없애고 탐욕과 성냄과 어리석음이 엷어져서 한 번만 더 돌아올 자[一來者]가 되어, 한 번만 더 이 세상에 와서 괴로움의 끝을 만들기를.'이라고 한다면 계를 완전하게 갖춘 자가 될 것이다.'라고 아십니다.

세존이시여, 세존께서는 자신이 지혜로운 주의를 통해서, 다른 사람에 대해 '이 사람은 설한 대로 도를 닦아, 다섯 가지 낮은 족쇄를 완전히 없애고 화생하여 그곳에서 완전히 열반에 들어 그 세계로부터 다시 돌아오지 않는 법을 얻을 것이다.[不還者]'라고 아십니다.

세존이시여, 세존께서는 자신이 지혜로운 주의를 통해서, 다른 사람에 대해 '이 사람은 설한 대로 도를 닦아, 모든 번뇌가 다하여 아무 번뇌가 없는 마음의 해탈[心解脫]과 통찰지의 해탈[慧解脫]을 바로 지금여기에서 스스로 최상의 지혜로 실현하고 구족하여 머물 것이다.[阿羅漢]'라고 아십니다.

세존이시여, 가르침의 분류에 대한 이 [법문]도 위없는 것입니다."

---

199) 본 문단에 나타나는 세 가지 족쇄 등의 여러 술어들은 본서 제1권 「마할리 경」(D6) §13의 주해들에서 설명하였으므로 참조할 것.

다른 사람의 해탈을 아는 지혜에 대한 법문

14. "세존이시여, 나아가서 세존께서 해 주신 다른 사람의 해탈을 아는 지혜[200]에 대한 법문도 위없는 것입니다. 세존이시여, 네 가지 다른 사람의 해탈을 아는 지혜가 있습니다.[201]

세존이시여, 세존께서는 자신이 지혜로운 주의를 통해서, 다른 사람에 대해 '세 가지 족쇄를 완전히 없애고 흐름에 든 자[預流者]가 되어, [악처에] 떨어지지 않는 법을 가지고 [해탈이] 확실하며 바른 깨달음으로 나아가는 자가 될 것이다.'라고 아십니다.

세존이시여, 세존께서는 자신이 지혜로운 주의를 통해서, 다른 사람에 대해 '세 가지 족쇄를 완전히 없애고 탐욕과 성냄과 어리석음이 엷어져서 한 번만 더 돌아올 자[一來者]가 되어, 한 번만 더 이 세상에 와서 괴로움의 끝을 만들 것이다.'라고 아십니다.

세존이시여, 세존께서는 자신이 지혜로운 주의를 통해서, 다른 사람에 대해 '다섯 가지 낮은 족쇄를 완전히 없애고 화생하여 그곳에서 완전히 열반에 들어 그 세계로부터 다시 돌아오지 않는 법을 얻을 것이다.[不還者]'라고 아십니다.

세존이시여, 세존께서는 자신이 지혜로운 주의를 통해서 다른 사람에 대해 '모든 번뇌가 다하여 아무 번뇌가 없는 마음의 해탈[心解脫]

---

200) '다른 사람의 해탈을 아는 지혜'는 parapuggala-vimuttiñāṇa를 옮긴 것이다.

201) 앞의 §13과 다른 것은 '이 사람은 설한 대로 도를 닦아(ayaṁ puggalo yathānusiṭṭhaṁ tathā paṭipajjamāno)'라는 구절이 여기서는 나타나지 않는 것이다. §13에서는 가르침의 분류가 주제이기 때문에 세존이 가르치고 설하신 대로 도를 닦는 것에 초점을 맞추었고 여기서는 다른 사람들이 증득한 4가지 성자의 경지를 아는 것에 초점을 맞춘 것이다.

과 통찰지의 해탈[慧解脫]을 바로 지금여기에서 스스로 최상의 지혜로 실현하고 구족하여 머물 것이다.[阿羅漢]'라고 아십니다.

세존이시여, 다른 사람의 해탈을 아는 지혜에 대한 이 [법문]도 위없는 것입니다."

영속론에 대한 법문

15. "세존이시여, 나아가서 세존께서 해 주신 영속론[常見][202]에 대한 법문도 위없는 것입니다. 세존이시여, 세 가지 영속론이 있습니다.

세존이시여, 여기 어떤 사문이나 바라문은 애를 쓰고 노력하고 몰두하고 방일하지 않고 바르게 마음에 잡도리함을 닦아서 거기에 걸맞는 마음의 삼매를 얻습니다. 그는 마음이 삼매에 들어 수많은 전생의 갖가지 삶들을 기억합니다. 즉 한 생, 두 생, 세 생, 네 생, 다섯 생, 열 생, 스무 생, 서른 생, 마흔 생, 쉰 생, 백 생, 천 생, 십만 생, 수백 생, 수천 생, 수십만 생 전을 기억합니다. '어느 곳에서 이런 이름을 가졌고, 이런 종족이었고, 이런 용모를 가졌고, 이런 음식을 먹었고, 행복과 고통을 경험했고, 이런 수명의 한계를 가졌고, 그곳에서 죽어 다른 어떤 곳에 다시 태어나 그곳에서는 이런 이름을 가졌고, 이런 종족이었고, 이런 용모를 가졌고, 이런 음식을 먹었고, 이런 행복과 고통을 경험했고, 이런 수명의 한계를 가졌고, 그곳에서 죽어 여기 다시 태어났다.'고 이처럼 한량없는 전생의 갖가지 모습들을 그 특색과 더불어 상세하게 기억해냅니다.

202) '영속론[常見]'은 sassata-vāda의 역어이다. 여기에 나타나는 세 가지 영속론은 본서 제1권 「범망경」(D1) §§1.31∼1.33의 내용과 일치한다.

그는 이와 같이 말합니다. '나는 과거를 아나니 세상은 수축하고 팽창했다. 나는 미래도 아나니 세상은 수축할 것이고 팽창할 것이다. 자아와 세계는 영속하나니 그것은 황무지와 같고 산꼭대기처럼 움직이지 않고 성문 앞의 기둥처럼 견고하게 서있다. 중생들은 [이곳에서 저곳으로] 치달리고 윤회하고 죽고 태어나지만 이 [자아와 세계]는 영속 그 자체인 것처럼 존재한다.'라고, 이것이 첫 번째 영속론입니다.

다시 세존이시여, 여기 어떤 사문이나 바라문은 애를 쓰고 노력하고 몰두하고 방일하지 않고 바르게 마음에 잡도리함을 닦아서 거기에 걸맞는 마음의 삼매를 얻습니다. 그는 마음이 삼매에 들어 수많은 전생의 갖가지 삶들을 기억합니다. 즉 하나의 수축하고 팽창하는 [겁], 두 개의 수축하고 팽창하는 [겁], 세 개의 수축하고 팽창하는 [겁], 네 개의 수축하고 팽창하는 [겁], 다섯 개의 수축하고 팽창하는 [겁], 열 개의 수축하고 팽창하는 [겁]을 기억합니다. '어느 곳에서 이런 이름을 가졌고, 이런 종족이었고, 이런 용모를 가졌고, 이런 음식을 먹었고, 행복과 고통을 경험했고, 이런 수명의 한계를 가졌고, 그곳에서 죽어 다른 어떤 곳에 다시 태어나 그곳에서는 이런 이름을 가졌고, 이런 종족이었고, 이런 용모를 가졌고, 이런 음식을 먹었고, 이런 행복과 고통을 경험했고, 이런 수명의 한계를 가졌고, 그곳에서 죽어 여기 다시 태어났다.'고 이처럼 한량없는 전생의 갖가지 모습들을 그 특색과 더불어 상세하게 기억해냅니다.

그는 이와 같이 말합니다. '나는 과거를 아나니 세상은 수축하고 팽창했다. 나는 미래도 아나니 세상은 수축할 것이고 팽창할 것이다. 자아와 세계는 영속하나니 그것은 황무지와 같고 산꼭대기처럼 움직이지 않고 성문 앞의 기둥처럼 견고하게 서있다. 중생들은 [이곳에서 저곳으로] 치달리고 윤회하고 죽고 태어나지만 이 [자아와 세계]는 영속 그 자체인 것처럼 존재한다.'라고. 이것이 두 번째 영속론입니다.

다시 세존이시여, 여기 어떤 사문이나 바라문은 애를 쓰고 노력하고 몰두하고 방일하지 않고 바르게 마음에 잡도리함을 닦아서 거기에 걸맞는 마음의 삼매를 얻습니다. 그는 마음이 삼매에 들어 수많은 전생의 갖가지 삶들을 기억합니다. 즉 열 개의 수축하고 팽창하는 [겁], 스무 개의 수축하고 팽창하는 [겁], 서른 개의 수축하고 팽창하는 [겁], 마흔 개의 수축하고 팽창하는 [겁]을 기억합니다. '어느 곳에서 이런 이름을 가졌고, 이런 종족이었고, 이런 용모를 가졌고, 이런 음식을 먹었고, 행복과 고통을 경험했고, 이런 수명의 한계를 가졌고, 그곳에서 죽어 다른 어떤 곳에 다시 태어나 그곳에서는 이런 이름을 가졌고, 이런 종족이었고, 이런 용모를 가졌고, 이런 음식을 먹었고, 이런 행복과 고통을 경험했고, 이런 수명의 한계를 가졌고, 그곳에서 죽어 여기 다시 태어났다.'고 이처럼 한량없는 전생의 갖가지 모습들을 그 특색과 더불어 상세하게 기억해냅니다.

그는 이와 같이 말합니다. '나는 과거를 아나니 세상은 수축하고 팽창한다. 나는 미래도 아나니 세상은 수축할 것이고 팽창할 것이다. 자아와 세계는 영속하나니 그것은 황무지와 같고 산꼭대기처럼 움직이지 않고 성문 앞의 기둥처럼 견고하게 서있다. 중생들은 [이곳에서 저곳으로] 치달리고 윤회하고 죽고 태어나지만 이 [자아와 세계]는 영속 그 자체인 것처럼 존재한다.'라고. 이것이 세 번째 영속론입니다.

이것이 세 가지 영속론입니다. 세존이시여, 영속론[常見]에 대한 이 [법문]도 위없는 것입니다."

전생을 기억하는 지혜[宿命通]에 대한 법문

16. "세존이시여, 나아가서 세존께서 해 주신 전생을 기억하는 지혜[宿命通][203]에 대한 법문도 위없는 것입니다.

세존이시여, 여기 어떤 사문이나 바라문은 애를 쓰고 노력하고 몰두하고 방일하지 않고 바르게 마음에 잡도리함을 닦아서 거기에 걸맞는 마음의 삼매를 얻습니다. 그는 마음이 삼매에 들어 여러 가지 전생을 기억합니다. 즉 한 생, 두 생, 세 생, 네 생, 다섯 생, 열 생, 스무 생, 서른 생, 마흔 생, 쉰 생, 천 생, 십만 생, 세계가 수축하는 여러 겁, 세계가 팽창하는 여러 겁, 세계가 수축하고 팽창하는 여러 겁, '어느 곳에서 이런 이름을 가졌고, 이런 종족이었고, 이런 용모를 가졌고, 이런 음식을 먹었고, 행복과 고통을 경험했고, 이런 수명의 한계를 가졌고, 그곳에서 죽어 다른 어떤 곳에 다시 태어나 그곳에서는 이런 이름을 가졌고, 이런 종족이었고, 이런 용모를 가졌고, 이런 음식을 먹었고, 이런 행복과 고통을 경험했고, 이런 수명의 한계를 가졌고, 그곳에서 죽어 여기 다시 태어났다.'고 이처럼 한량없는 전생의 갖가지 모습들을 그 특색과 더불어 상세하게 기억합니다.

세존이시여, 전생을 기억하는 지혜[宿命通]에 대한 이 [법문]도 위없는 것입니다."

---

203) 전생을 기억하는 지혜(pubbenivāsānussatiñāṇa)는 본서 제1권 「사문과경」(D2) §93의 정형구와 일치한다. 『청정도론』 XIII.13~71에 상세하게 설명되어 있으니 참조할 것.

죽음과 다시 태어남을 아는 지혜[天眼通]에 대한 법문

17. "나아가서 세존이시여, 세존께서 해 주신 죽음과 다시 태어남을 [아는] 지혜[天眼通][204]에 대한 법문도 위없는 것입니다.

세존이시여, 여기 어떤 사문이나 바라문은 애를 쓰고 노력하고 몰두하고 방일하지 않고 바르게 마음에 잡도리함을 닦아서 거기에 걸맞는 마음의 삼매를 얻습니다. 그는 마음이 삼매에 들어 청정하고 인간을 넘어선 신성한 눈[天眼]으로 중생들이 죽고 태어나고, 천박하고 고상하고, 잘생기고 못생기고, 좋은 곳[善處]에 가고 나쁜 곳[惡處]에 가는 것을 보고, 중생들이 지은 바 그 업에 따라가는 것을 꿰뚫어 압니다. '이분들은 몸으로 못된 짓을 골고루 하고 입으로 못된 짓을 골고루 하고 또 마음으로 못된 짓을 골고루 하고, 성자들을 비방하고, 삿된 견해를 지니어 사견업[邪見業]을 지었다. 이분들은 죽어서 몸이 무너진 다음에는 비참한 곳, 나쁜 곳[惡處], 파멸처, 지옥에 태어났다. 그러나 이분들은 몸으로 좋은 일을 골고루 하고 입으로 좋은 일을 골고루 하고 마음으로 좋은 일을 골고루 하고 성자들을 비방하지 않고 바른 견해를 지니고 정견업(正見業)을 지었다. 이분들은 죽어서 몸이 무너진 다음에는 좋은 곳[善處], 천상세계에 태어났다.'라고. 이와 같이 그는 청정하고 인간을 넘어선 신성한 눈으로 중생들이 죽고 태어나고, 천박하고 고상하고, 잘생기고 못생기고, 좋은 곳[善處]에 가고 나쁜 곳[惡處]에 가는 것을 보고, 중생들이 지은 바 그 업에 따라서 가는 것을 꿰뚫어 압니다.

---

204) 죽음과 다시 태어남을 아는 지혜(cutūpapātañāṇa)는 본서 제1권 「사문과경」(D2) §95의 정형구와 일치한다. 『청정도론』 XIII.72~101에 상세하게 설명되어 있으니 참조할 것.

세존이시여, 죽음과 다시 태어남을 [아는] 지혜에 대한 이 [법문]도 위없는 것입니다."

신통변화[神足通]에 대한 법문

18. "세존이시여, 나아가서 세존께서 해 주신 신통변화[神足通][205]에 대한 법문도 위없는 것입니다. 세존이시여, 이러한 두 가지 신통변화가 있습니다. 세존이시여, 번뇌가 있고 취착이 있으며 성스럽지 못한 것이라 불리는 신통이 있고, 번뇌가 없고 취착이 없으며 성스러운 것이라 불리는 신통이 있습니다.

세존이시여, 그러면 무엇이 번뇌가 있고 취착이 있으며 성스럽지 못한 것이라 불리는 신통입니까? 세존이시여, 여기 어떤 사문이나 바라문은 애를 쓰고 노력하고 몰두하고 방일하지 않고 바르게 마음에 잡도리함을 닦아서 거기에 걸맞는 마음의 삼매를 얻습니다. 그는 마음이 삼매에 들어 여러 가지 신통변화를 나툽니다. 하나인 채 여럿이 되기도 하고 여럿이 되었다가 하나가 되기도 합니다. 나타났다 사라졌다 하고 벽이나 담이나 산을 아무런 장애 없이 통과하기를 마치 허공에서처럼 합니다. 땅에서도 떠올랐다 잠겼다 하기를 물속에서처럼 합니다. 물 위에서 빠지지 않고 걸어가기를 땅 위에서처럼 합니다. 가부좌한 채 허공을 날아가기를 날개 달린 새처럼 합니다. 저 막강하고 위력적인 태양과 달을 손으로 만져 쓰다듬기도 하며 심지어는 저 멀리 범천의 세계에까지도 몸의 자유자재함을 발합니다. 세존이시여, 이것이 번뇌가 있고 취착이 있으며 성스럽지 못한 것이라 불

205) 신통변화(iddhividha)는 본서 제1권 「사문과경」(D2) §87의 정형구와 일치한다. 그리고 『청정도론』 XII장 전체에 상세하게 설명되어 있으니 참조할 것.

리는 신통입니다.

세존이시여, 그러면 무엇이 번뇌가 없고 취착이 없으며 성스러운 것이라 불리는 신통입니까? 세존이시여, 여기 비구가 ① 만일 '혐오스러운 것에 대해 혐오하지 않는 인식을 가져 머무르리라.'고 원하면 그는 혐오하지 않는 인식을 가져 머뭅니다. ② 만일 '혐오스럽지 않은 것에 대해 혐오하는 인식을 가져 머무르리라.'고 원하면 그는 혐오하는 인식을 가져 머뭅니다. ③ 만일 '혐오스러운 것과 혐오스럽지 않은 것에 대해 혐오하지 않는 인식을 가져 머무르리라.'고 원하면 그는 혐오하지 않는 인식을 가져 머뭅니다. ④ 만일 '혐오스러운 것과 혐오스럽지 않은 것에 대해 혐오하는 인식을 가져 머무르리라.'고 원하면 그는 혐오하는 인식을 가져 머뭅니다. ⑤ 만일 '혐오스러운 것과 혐오스럽지 않은 것 둘 다를 제거한 뒤 평온한 자가 되어 마음챙기고 알아차리며 머무르리라.'고 원하면 거기서 평온한 자가 되어 마음챙기고 알아차리며 머뭅니다. 세존이시여, 이것이 번뇌가 없고 취착이 없으며 성스러운 것이라 불리는 신통입니다.

세존이시여, 신통변화[神足通]에 대한 이 [법문]도 위없는 것입니다. 세존이시여, 세존께서는 이것을 남김없이 초월해서 아십니다. 세존께서는 이것을 남김없이 초월해서 아시기 때문에 다른 사문이나 바라문들이 신통변화에 관한 한 이것을 능가하여 세존보다 더 초월해서 안다고 주장할 다른 [법문]은 존재하지 않습니다."

그 외 세존의 다른 공덕

19. 206) "세존이시여, 부지런히 정진하고 굳세고 근력이 있고

---

206) PTS본에는 §19라는 단락 번호가 빠져 있다. 미얀마본을 참조하고 전체

용감하고 분투하고 완력이 있는 신심을 가진 선남자가 성취해야 할 것을 세존께서는 이미 성취하셨습니다. 세존이시여, 세존께서는 저열하고 촌스럽고[207] 범속한 것이고 성스럽지 못하고 이익을 주지 못하는 감각적 욕망들에 대한 쾌락의 탐닉에 몰두하는 것에 빠지지 않으셨습니다. 그리고 괴롭고 성스럽지 못하고 이익을 주지 못하는 자기 학대에 몰두하는 것에도 빠지지 않으셨습니다. 세존께서는 높은 마음에 속하며[208] 바로 지금여기에서 행복하게 머무는[209] 그 네 가지 선[四種禪]을 원하는 대로 얻고, 힘들이지 않고 얻고, 어렵지 않게 얻으시는 분이십니다."

확신하는 이유

20. "세존이시여, 누가 만일 제게 '도반 사리뿟따여, 바른 깨달음에 관한 한 세존을 능가하고 세존을 초월하는 사문이나 바라문이 과거에 있었습니까?'라고 묻는다면 저는 '없었습니다.'라고 대답할 것입니다. 세존이시여, 누가 만일 제게 '도반 사리뿟따여, 그러면 바른 깨달음에 관한 한 세존을 능가하고 세존을 초월하는 사문이나 바라문이 미래에 있을 것입니까?'라고 묻는다면 저는 '없을 것입니다.'

문맥을 고려해서 PTS본의 §20을 이와 같이 §19와 §20으로 역자가 임의로 나누었음을 밝힌다.

207) '촌스러운'으로 옮긴 원어는 gamma이다. 이 단어는 마을이나 시골을 뜻하는 gāma의 곡용으로 '마을에 속하는, 시골에 속하는'이란 뜻이다. 원어의 의미를 살려서 '촌스러운'으로 옮겼다.

208) "'높은 마음에 속하며(ābhicetasika)라는 것은 욕계 마음(kāmāvacara-citta)들을 초월하여(atikkamitvā) 머무르며'라는 뜻이다."(DA.iii.897)

209) "바로 지금여기에서 행복하게 머무르는(diṭṭhadhammasukhavihāra)이란 바로 자기 자신(attabhāva)에서 행복하게 머무는 것이다."(*Ibid*)

라고 대답할 것입니다. 세존이시여, 누가 만일 제게 '도반 사리뿟따여, 그러면 바른 깨달음에 관한 한 세존을 능가하고 세존을 초월하는 사문이나 바라문이 현재에는 있습니까?'라고 묻는다면 저는 '없습니다.'라고 대답할 것입니다.

세존이시여, 누가 만일 제게 '도반 사리뿟따여, 바른 깨달음에 관한 한 세존과 동등한 사문이나 바라문[210]이 과거에 있었습니까?'라고 묻는다면 저는 '없었습니다.'라고 대답할 것입니다. 세존이시여, 누가 만일 제게 '도반 사리뿟따여, 그러면 바른 깨달음에 관한 한 세존과 동등한 사문이나 바라문이 미래에 있을 것입니까?'라고 묻는다면 저는 '없을 것입니다.'라고 대답할 것입니다. 세존이시여, 누가 만일 제게 '도반 사리뿟따여, 그러면 바른 깨달음에 관한 한 세존과 동등한 사문이나 바라문이 현재에는 있습니까?'라고 묻는다면 저는 '없습니다.'라고 대답할 것입니다.

세존이시여, 누가 만일 제게 '그런데 왜 사리뿟따 존자는 한 사람은 전적으로 인정하면서도 다른 사람들은 전적으로 인정하지 않습니까?'라고 묻는다면 저는 이렇게 설명할 것입니다. '도반이여, 나는 세존의 면전에서 '바른 깨달음에 관한 한 과거의 아라한·정등각들은 나와 동등하였다.'라고 들었고 면전에서 받아 지녔습니다. 도반이여, 나는 세존의 면전에서 '바른 깨달음에 관한 한 미래의 아라한·정등각들은 나와 동등할 것이다.'라고 들었고 면전에서 받아 지녔습니다. 도반이여, 나는 세존의 면전에서 '하나의 세계에 두 분의 아라한·정등각들이 전도 아니고 후도 아닌 [동시에] 출현한다는 것은 불가능

210) 앞 문단에서는 세존을 능가하고 세존을 초월하는 사문이나 바라문이 없음을 말했고 여기서는 세존과 동등한 사문이나 바라문도 결코 존재하지 않음을 말하고 있다.

하고 이치에 맞지 않다. 그런 경우는 존재하지 않는다.'[211]라고 들었고 면전에서 받아 지녔습니다.'라고.[212]

세존이시여, 제가 이와 같이 질문을 받아서 이와 같이 설명을 하면 세존께서 말씀하신 대로 말하는 것입니까? 혹시 거짓으로 세존을 헐뜯는 것은 아닙니까? 법에 따라서 법을 설명한 것입니까? 누구든 함께 법을 닦는 동료가 이것을 따라 말하더라도 비난받아야 할 경우를 만나지 않겠습니까?"

"사리뿟따여, 참으로 그러하다. 그대가 이와 같이 질문을 받아서 이와 같이 설명을 하면 내가 말한 대로 말하는 것이 된다. 거짓으로 나를 헐뜯는 것은 아니다. 법에 따라서 법을 설명한 것이다. 누구든 함께 법을 닦는 동료가 이것을 따라 말하더라도 비난받아야 할 경우를 만나지 않는다."

---

211) 하나의 세계에 두 분 이상의 부처님이 출현하지 않는다는 것이 초기불교의 정설이다. 본서 제2권 「마하고윈다 경」(D19) §14와 『중부』 「다계경」(多界經, Bahudhātuka Sutta, M115) §14와 『증지부』 등에서도 같은 문장이 나타난다.

212) 사리뿟따 존자가 선언한 이 말의 뜻은 다음과 같이 직설적인 화법으로 설명할 수 있을 것이다.
"만일 누가 나에게 묻기를 '왜 그대는 오직 세존만을 전적으로 인정하는가?'라고 한다면 나는 이렇게 답할 것이다. 우리 세존 부처님께서 스스로 말씀하시기를, '과거나 미래의 부처님들이나 나와 동등할까, 그 외는 어느 누구도 나와 동등한 자란 없다.'고 하셨고, 또 '하나의 세계에 두 분의 정등각이 동시에 출현하는 것도 불가능하다.'고 하셨다. 그러므로 지금 세상에서는 오직 우리 세존만이 가장 수승하신 분이시다. 그러니 내가 이런 세존만을 인정하고 절대적인 신뢰를 가지는 것은 너무도 당연하다."

경이로움과 놀라움

21. 이와 같이 말씀하시자 우다이 존자[213]가 세존께 이렇게 말씀드렸다.

"세존이시여, 여래의 소욕(少慾)과 지족(知足)과 번뇌의 말살은 참으로 경이롭습니다. 세존이시여, 참으로 놀랍습니다. 여래께서는 이와 같은 큰 신통과 이와 같은 큰 위력을 가지셨는데도 불구하고 결코 자신을 드러내지 않으십니다![214] 세존이시여, 만일 외도 유행승들이 자기 안에서 단 하나의 법이라도 관찰하게 된다면 그들은 그것 때문에 깃발을 드날릴 것입니다. 세존이시여, 여래의 소욕과 지족과 번뇌의 말살은 참으로 경이롭습니다. 세존이시여, 참으로 놀랍습니다. 여래께서는 이와 같은 큰 신통과 이와 같은 큰 위력을 가지셨는데도 불구하고 결코 자신을 드러내지 않으십니다!"

"우다이여, [참으로 그러하다.] 그대는 여래의 소욕과 지족과 번뇌

---

213) "우다이(Udāyī)라 이름하는 세 분의 장로가 있는데 랄루다이(Lāḷudāyī), 깔루다이(Kāḷudāyī), 마하우다이(Mahāudāyī)이다. 여기서는 마하우다이 존자를 두고 한 말이다."(DA.iii.903)
이 마하우다이 존자는 빤디따우다이(Paṇḍitaudāyī) 존자라고도 주석서에 나타나는데 그만큼 그는 지혜롭고 현명한 분(paṇḍita)이었다고 한다. 그는 부처님 고향인 까삘라왓투의 바라문 가문 출신이었다고 하며 부처님께서 고향을 방문하셨을 때 그분 부처님의 덕성을 흠모하여 출가하였다고 한다.(ThigA.iii.7) 그는 뒤에 아라한이 되었다. 느낌을 두고 우다이 존자와 목수 빤짜깡가 사이에 벌어진 논쟁은 잘 알려져 있다.(M.i.396*ff.*; S.iv. 223~224) MA.ii.629와 SA.iii.86에서는 이 우다이 존자를 '빤디따우다이'라고 주석하고 있다.)

214) "'자신을 드러내지 않으신다.(pātukarissati)'는 것은 자신의 덕(guṇa)에 대해서 밝히지(āvi karissati) 않는다는 말이다."(DA.iii.903)

의 말살을 보라. 여래는 이와 같은 큰 신통과 이와 같은 큰 위력을 가졌는데도 불구하고 결코 자신을 드러내지 않는다. 만일 외도 유행승들이 자기 안에서 단 하나의 법이라도 관찰하게 된다면 그들은 그것 때문에 깃발을 드날릴 것이다. 우다이여, 그대는 여래의 소욕과 지족과 번뇌의 말살을 보라. 여래는 이와 같은 큰 신통과 이와 같은 큰 위력을 가졌는데도 불구하고 결코 자신을 드러내지 않는다."

맺는 말

22. 그러자 세존께서는 사리뿟따 존자를 불러서 말씀하셨다.

"사리뿟따여, 그러므로 그대는 자주 비구들과 비구니들과 청신사들과 청신녀들에게 이 법문을 설해야 한다. 사리뿟따여, 쓸모없는 인간들에게 여래에 대한 의문과 혼란이 생기게 되면 그들은 이 법문을 듣고 여래에 대한 의문과 혼란이 제거될 것이다."

이처럼 사리뿟따 존자는 세존의 면전에서 확고한 믿음[確信]을 드러내 보였다. 그러므로 확고한 믿음을 가지게 함215)이 이 상세한 설명[記別, 授記]216)의 제목이다.

「확신경」이 끝났다.

---

215) '확고한 믿음을 가지게 함'으로 옮긴 원어는 sampasādanīya인데 saṁ(함께)+pra(앞으로)+√sad(*to sit*)의 동사 sampasādayati의 가능법(*Pot.*) 분사로 '확신을 가져야 하는'이라는 뜻이다. 이 동사에서 파생된 sampasāda는 확신, 신뢰, 편안함 등의 뜻이다.

216) '상세한 설명'으로 옮긴 veyyākaraṇa에 대해서는 본서 제1권 「범망경」(D1) §3.74의 주해를 참조할 것.

정신경(淨信經)

청정한 믿음을 내게 하는 가르침

Pāsādika Sutta(D29)

정신경(淨信經)217)

청정한 믿음을 내게 하는 가르침

Pāsādika Sutta(D29)

서언 — 니간타 나따뿟따의 임종

1. 이와 같이 나는 들었다. 한때 세존께서는 삭까218)에서 웨단

---

217) 「정신경」(淨信經)으로 옮긴 원어는 빠사디까 숫따(Pāsādika Sutta)이다. 여기서 pāsādika는 일반적으로 청정신(淸淨信)으로 옮기고 있는 명사 pāsāda에다 '-ika'어미를 붙여서 만든 형용사로 '기쁨을 주는, 청정한 믿음을 내게 하는' 등의 뜻이다. 이 단어는 pra(앞으로)+ā(향하여)+√sad(*to sit*)에서 파생되었다. 그래서 전체를 「정신경」으로 옮긴 것이다.
본경에 이런 이름이 붙여지게 된 이유는 세존께서 본경을 다 설하셨을 때 세존의 뒤에서 세존께 부채질을 해드리고 있던 우빠와나 존자가 "경이롭습니다, 세존이시여. 놀랍습니다, 세존이시여. 이 법문은 지극히 청정한 믿음을 줍니다. 세존이시여, 이 법문의 이름은 무엇입니까?"라고 여쭙자 세존께서 "우빠와나여, 그렇다면 이 법문을 '청정한 믿음을 주는 것'이라고 호지하라."고 하셨기 때문이다. 즉, 우빠와나 존자가 이 법문은 청정한 믿음을 주는 것(pāsādika)이라고 하자 부처님께서는 그러면 청정한 믿음을 주는 것이라고 호지하라고 경의 제목을 정해 주신 것이다.
한편 본경은 중국에서 「청정경」(淸淨經)으로 옮겨져서 『장아함』의 17번째 경으로 소개되었다.

218) 부처님의 족성인 석가족들이 사는 지방이다. 삭까(Sakkā)에 대해서는 본서 제1권 「암밧타 경」(D3) §1.12의 주해를 참조할 것.

나[219]라 불리는 사꺄들의 망고 숲에 있는 중각강당[220]에 머무셨다.

그 무렵에 니간타 나따뿟따[221]가 빠와[222]에서 막 임종하였다. 그가 임종하자 니간타들은 분열하여 둘로 갈라져서 입의 칼로써 서로를 찌르며 지내고 있었다.[223]

즉 '그대는 이 법과 율을 제대로 모른다. 나야말로 이 법과 율을 제

---

219) 웨단냐(Vedhañña)는 사꺄들(석가족)의 한 가문이다. 주석서에 의하면 그들은 '활에 대한 공부(dhanumhi katasikkhā)를 하는 사꺄족들'이라고 설명하고 있다. 그들은 활 쏘는 기술을 연마하기 위해서(sippaṁ ug-gaṇhatthāya) 이 망고 숲에 긴 강당(dīghapasāda)을 만들었다고 하는데(DA.iii.905) 바로 지금 세존께서 머무는 중각강당이라고 한다. 그리고 문자적으로 웨단냐(vedhaññā)는 vedha(꿰뚫음)-ññā(지혜, 앎)의 합성어인데 이 단어 자체가 그들은 활로 꿰뚫는 지식을 가진 자들이라는 의미이다.
한편 본 문단에 나타나는 니간타의 임종에 대한 쭌다의 보고는 『중부』 「사마가마 경」(Sāmagāma Sutta, M104)에도 꼭 같이 나타난다. 『중부』에서는 니간타가 임종한 이 무렵에 세존께서는 삭까의 사마가마(Sāmagāma)에 머무셨다고 나타난다. 그리고 본경 §2에서도 쭌다 사미가 사마가마로 온 것으로 적혀있다. 그러므로 DPPN에서 제시하듯이 이 웨단냐 가문은 사마가마에 정착하고 있었다는 것이 확실하다.

220) 중각강당(重閣講堂)은 이층 누각이 있는 집이란 뜻이다. 여기에 대해서는 본서 제1권 「마할리 경」(D6) §1의 주해를 참조할 것.

221) 니간타와 니간타 나따뿟따(Nigaṇṭha Nātaputta)는 우리에게 자이나 수행자와 자이나교의 창시자인 마하위라(Mahāvīra)로 알려져 있다. 이에 대해서는 본서 제1권 「사문과경」(D2) §28의 주해를 참조할 것.

222) 빠와(Pāva)는 말라(Malla) 족들의 도시이다. 본서 제2권 「대반열반경」(D16) §4.13 이하에 의하면 세존께서는 이곳에서 대장장이의 아들 쭌다가 올린 공양을 드시고 심한 적리(赤痢)가 생겨서 꾸시나라에서 반열반하셨다.

223) 아래 분쟁의 정형구는 본서 제1권 「범망경」(D1) §1.18과 「사문과경」(D2) §53에도 나타나고 있다. 이 정형구에 대한 주해는 「범망경」(D1) §1.18의 주해를 참조할 것.

대로 안다.'

'어찌 그대가 이 법과 율을 제대로 알겠는가?'

'그대는 그릇된 도를 닦는 자이고 나는 바른 도를 닦는 자이다.'

'[내 말은] 일관되지만 그대는 일관되지 않는다.'

'그대는 먼저 설해야 할 것을 뒤에 설했고 뒤에 설해야 할 것을 먼저 설했다.'

'그대가 [오랫동안] 주장해오던 것은 [한 마디로] 논파되었다.'

'나는 그대의 [교설의] 허점을 지적했다. 그대는 패했다. 비난으로부터 도망가라. 혹은 만약 할 수 있다면 [지금] 설명해 보라.'라고.

니간타 나따뿟따의 제자들 사이에서는 오직 투쟁만이 있는 듯하였다. 니간타 나따뿟따의 흰 옷을 입은[224] 재가 제자들도 니간타 나따뿟따의 제자들에게 넌더리를 내고 질려 버리고 실망한 모습이 역력하였다. 그것은 법과 율이 제대로 설해지지 못하고 잘못 선언되고 출리(出離)로 인도하지 못하고 고요에 이바지하지 못하고 바르게 깨달은 분에 의해서 선언된 것이 아니며 탑이 부서진 것이고[225] 귀의처가 없게 된 경우에 속하기 때문이다.

2. 그때 쭌다 사미[226]가 빠와에서 안거를 마치고 사마가미[227]

---

224) 불교도들과 자이나교도들은 흰 옷(odāta-vasana)을 즐겨 입었다. 특히 자이나교는 후대에 공의파(空衣派, Digambara, 방위가 옷인 자들, 나체파)와 백의파(白衣派, Śvetāmbara, 흰 옷을 입는 파)로 갈라졌는데, 지금도 다수를 차지하는 백의파 출가수행자들은 흰옷을 입는다.

225) "탑이 부서졌다는 것은 기반(patiṭṭha)이 무너졌다는 말이다. 여기서 나따뿟따는 그들의 기반이라는 의미에서 탑이다. 그러한 탑이 무너졌다는 말이다."(DA.iii.906)

226) 주석서에 의하면 쭌다 사미(Cunda Samaṇuddesa)는 사리뿟따 존자의

로 아난다 존자를 만나러 왔다. 와서 아난다 존자에게 절을 올리고 한 곁에 앉았다.

한 곁에 앉아서 쭌다 사미는 아난다 존자에게 이렇게 말했다.

"존자시여, 니간타 나따뿟따가 빠와에서 막 임종하였습니다. 그가 임종하자 니간타들은 분열하여 둘로 갈라져서 입의 칼로써 서로를 찌르며 지내고 있습니다. … 귀의처가 없게 된 경우에 속하기 때문입니다."라고. 이렇게 말하자 아난다 존자는 쭌다 사미에게 이렇게 말했다.

"여보게[228] 쭌다여, 이 소식은 세존을 뵙고 [말씀 드려야 할] 것이다. 여보게 쭌다여, 같이 세존을 뵈러가자. 뵈러가서 이 뜻을 세존께 말씀드리자."

동생이었으며 어린 나이에 출가하여 사미로 불리다가 구족계를 받은 후에도 계속해서 쭌다 사미로 불렸다고 한다.(DA.iii.907) 한때 그는 세존의 시자 소임을 맡기도 하였다.(ThagA.ii.124; Jā.iv.95 등)

아난다 존자가 그의 은사 스님(upajjhaya)이었기 때문에 쭌다 사미는 부처님께 직접 가지 않고 먼저 아난다 존자에게 이 소식을 전하러 왔다고 한다.(SA.iii.178) 쭌다 사미는 본서 제2권 「대반열반경」(D16) §4.39에서 세존께 가사를 깔아드린 쭌다까 존자와 동일인이라고 한다.(「대반열반경」 §4.39의 주해 참조)

여기서 사미로 옮긴 단어는 일반적으로 사미로 옮겨지는 사마네라(sāma-ṇera)가 아니라 사마눗데사(samaṇuddesa)인데 율장에서 "사마눗데사란 바로 사미를 말한다.(samaṇuddeso nāma sāmaṇero vuccati)"(Vin.iv.140)라고 설명하고 있듯이 이 둘은 동의어이다.

227) 사마가마는 웨단냐(Vedhañña) 가문이 머물던 곳이다. 위 §1의 웨단냐에 대한 주해를 참조할 것.

228) āvuso을 여기서는 '여보게'로 옮겼다. āvuso는 동료끼리 혹은 연배가 낮은 비구나 다른 수행자들에게 사용하는 호격 칭호인데, 다른 곳에서는 주로 '도반이여'라고 옮겼다. 그러나 여기서는 쭌다가 아난다 존자의 상좌이므로 이렇게 의역해서 옮겼다.

"그렇게 하겠습니다, 존자시여.229)"라고 쭌다 사미는 아난다 존자에게 응답했다.

3. 그리고 아난다 존자와 쭌다 사미는 세존께 다가갔다. 가서는 세존께 절을 올리고 한 곁에 앉았다. 한 곁에 앉아서 아난다 존자는 세존께 이렇게 말씀드렸다.

"세존이시여, 이 쭌다 사미가 이렇게 말했습니다. '존자시여, 니간타 나따뿟따가 빠와에서 막 임종하였습니다. 그가 임종하자 니간타들은 분열하여 둘로 갈라져서 입의 칼로써 서로를 찌르며 지내고 있습니다. … 귀의처가 없게 된 경우에 속하기 때문입니다.'라고."

"쭌다여, 참으로 그와 같다. 그것은 법과 율이 제대로 설해지지 못하고 잘못 선언되고 출리로 인도하지 못하고 고요에 이바지하지 못하고 바르게 깨달은 분에 의해서 선언된 것이 아니기 때문이다."

정등각이 아닌 스승이 선언한 법과 율

4. "쭌다여230), ① 여기 스승이 바르게 깨달은 자[正等覺]가 아닌 경우가 있다. 게다가 법도 제대로 설해지지 못하고 잘못 선언되고 출리로 인도하지 못하고 고요에 이바지하지 못하고 바르게 깨달은 분에 의해서 선언된 것이 아니다. 그리고 제자도 그 법에서 [출세간]

---

229) 여기서 '존자시여'라고 옮긴 원어는 bhante이다. 쭌다는 이처럼 아난다 존자를 'bhante'로 부르고 있다. bhante는 비구들이나 재가자들이 세존이나 자기의 스승에게 사용하는 존칭 호격이며 재가에서는 하인이 주인에게 사용하는 존칭 호격으로 나타난다. 아난다 존자가 쭌다의 은사이므로 쭌다는 아난다 존자를 이렇게 부르고 있다.

230) 이제 본 문단에서부터 설하시는 네 가지 경우는 본서 제1권 「로힛짜 경」(D12) §16 이하에 설하신 네 종류의 스승과 비교해 볼 수 있다.

법에 이르게 하는 법[231]에 따라 도를 닦으면서 머물지 않고 합당하게 도를 닦지 않으며 법을 따라 행하지 않으며 마침내 그 법으로부터 퇴보해 버리고 만다.

그러면 그에게 이렇게 말할 것이다. '도반이여, 이러한 [상황이니] 그대에게는 이익이 되겠군요.[232] 이러한 [상황이니] 그대에게는 큰 이익이 되겠군요. 그대의 스승은 바르게 깨달은 자가 아닙니다. 게다가 법도 제대로 설해지지 못하고 잘못 선언되고 출리로 인도하지 못하고 고요에 이바지하지 못하고 바르게 깨달은 분에 의해서 선언된 것이 아닙니다. 그리고 그대도 그 법에서 [출세간]법에 이르게 하는 법에 따라 도를 닦으면서 머물지 않고 합당하게 도를 닦지 않으며 법을 따라 행하지 않으며 그 법으로부터 퇴보해 버리고 맙니다.'라고.

쭌다여, 이 경우에는 스승도 비난받아 마땅하고 법도 비난받아 마땅하고 제자도 비난받아 마땅하다. 쭌다여, 그런데도 이와 같은 제자에게 '여보시오, 존자여. 그대의 스승이 가르치고 천명한 법대로 도 닦으시오.'라고 훈계한다면 그렇게 인도하는 자도, 인도하는 것도, 인도되는 자도, 모두 큰 비(非)공덕을 쌓게 된다. 그것은 무슨 이유 때문인가? 쭌다여, 그것은 법이 제대로 설해지지 못하고 잘못 선언되고 출리로 인도하지 못하고 고요에 이바지하지 못하고 바르게 깨달

---

231) 본서 제2권 「대반열반경」(D16) §3.7의 해당 주해를 참조할 것.

232) 왜 이익이 되는지 이 문맥에서 구체적인 뜻을 파악하기 힘들다. 그래서 주석서에서는 인간으로 태어난 것도(manussattaṁ pi) 큰 이익이라고 하고 넘어간다.(DA.iii.909) 복주서는 다시 인간으로 태어나서 고찰하는 통찰지가 없는데도 잘못(dosa)에 떨어지지 않고 잘못된 견해에 빠지지 않는 것이라고 설명한다.(DAṬ.iii.113) 이런 엉터리 스승과 잘못된 법을 만나고서도 그런 잘못된 법에 따라 도를 닦지 않기 때문에 그것이 큰 다행이라는 뜻인 듯하다.

은 분에 의해서 선언된 것이 아니기 때문이다."

5. "쭌다여, ② 여기 스승이 바르게 깨달은 자[正等覺]가 아닌 경우가 있다. 게다가 법도 제대로 설해지지 못하고 잘못 선언되고 출리로 인도하지 못하고 고요에 이바지하지 못하고 바르게 깨달은 분에 의해서 선언된 것이 아니다. 그러나 제자는 그 법에서 [출세간]법에 이르게 하는 법에 따라 도를 닦으면서 머물고 합당하게 도를 닦으며 법을 따라 행하며 그 법을 수지한다.

그러면 그에게 이렇게 말할 것이다. '도반이여, 이러한 [상황이니] 그대에게는 손해가 되겠군요. 이러한 [상황이니] 그대에게는 큰 손해가 되겠군요. 그대의 스승은 바르게 깨달은 자가 아닙니다. 게다가 법도 제대로 설해지지 못하고 잘못 선언되고 출리로 인도하지 못하고 고요에 이바지하지 못하고 바르게 깨달은 분에 의해서 선언된 것이 아닙니다. 그러나 그대는 그 법에서 [출세간]법에 이르게 하는 법에 따라 도를 닦으면서 머물고 합당하게 도를 닦으며 법을 따라 행하며 그 법을 수지합니다.'라고.

쭌다여, 이 경우에 스승도 비난받아 마땅하고 법도 비난받아 마땅하고 제자도 비난받아 마땅하다. 쭌다여, 그런데도 이와 같은 제자에게 '여보시오, 존자여. 참으로 합당하게 도를 닦으면 바른 방법을 터득할 것이오.' 라고 훈계한다면 그렇게 칭송하는 자도, 칭송하는 것도, 칭송받는 자도, 모두 큰 비공덕을 쌓게 된다. 그것은 무슨 이유 때문인가? 쭌다여, 그것은 법이 제대로 설해지지 못하고 잘못 선언되고 출리로 인도하지 못하고 고요에 이바지하지 못하고 바르게 깨달은 분에 의해서 선언된 것이 아니기 때문이다."

정등각이 선언한 법과 율

6. "쭌다여, ③ 여기 스승이 바르게 깨달은 자[正等覺]인 경우가 있다. 게다가 법도 제대로 설해졌고 잘 선언되고 출리로 인도하고 고요에 이바지하고 바르게 깨달은 분에 의해서 선언된 것이다. 그러나 제자는 그 법에서 [출세간]법에 이르게 하는 법에 따라 도를 닦으면서 머물지 않고 합당하게 도를 닦지 않으며 법을 따라 행하지 않으며 마침내 그 법으로부터 퇴보해 버리고 만다.

그러면 그에게 이렇게 말할 것이다. '도반이여, 이러한 [상황이니] 그대에게는 손해가 되겠군요. 이러한 [상황이니] 그대에게는 큰 손해가 되겠군요. 그대의 스승은 바르게 깨달은 자입니다. 게다가 법도 제대로 설해졌고 잘 선언되고 출리로 인도하고 고요에 이바지하고 바르게 깨달은 분에 의해서 선언된 것입니다. 그러나 그대는 그 법에서 [출세간]법에 이르게 하는 법에 따라 도를 닦으면서 머물지 않고 합당하게 도를 닦지 않으며 법을 따라 행하지 않으며 그 법으로부터 퇴보해 버리고 맙니다.'라고.

쭌다여, 이 경우에 스승도 칭송되어야 마땅하고 법도 칭송되어야 마땅하지만 제자는 비난받아 마땅하다. 쭌다여, 그런데도 이와 같은 제자에게 '여보시오, 존자여. 그대의 스승이 가르치고 천명한 법대로 도를 닦으시오.'라고 훈계한다면 그렇게 인도하는 자도, 인도하는 것도, 인도되는 자도, 모두 큰 공덕을 쌓게 된다. 그것은 무슨 이유 때문인가? 쭌다여, 그것은 법이 제대로 설해졌고 잘 선언되고 출리로 인도하고 고요에 이바지하고 바르게 깨달은 분에 의해서 선언된 것이기 때문이다."

7. "쭌다여, ④ 여기 스승이 바르게 깨달은 자[正等覺]인 경우가 있다. 게다가 법도 제대로 설해졌고 잘 선언되고 출리로 인도하고 고요에 이바지하고 바르게 깨달은 분에 의해서 선언된 것이다. 그리고 제자도 그 법에서 [출세간]법에 이르게 하는 법에 따라 도를 닦으면서 머물고 합당하게 도를 닦으며 법을 따라 행하며 그 법을 수지한다.

그러면 그에게 이렇게 말할 것이다. '도반이여, 이러한 [상황이니] 그대에게는 이익이 되겠군요. 이러한 [상황이니] 그대에게는 큰 이익이 되겠군요. 그대의 스승은 바르게 깨달은 자입니다. 게다가 법도 제대로 설해졌고 잘 선언되고 출리로 인도하고 고요에 이바지하고 바르게 깨달은 분에 의해서 선언된 것입니다. 그리고 그대도 그 법에서 [출세간]법에 이르게 하는 법에 따라 도를 닦으면서 머물고 합당하게 도를 닦으며 법을 따라 행하며 그 법을 수지합니다.'라고.

쭌다여, 이 경우에 스승도 칭송되어야 마땅하고 법도 칭송되어야 마땅하고 제자도 칭송되어야 마땅하다. 쭌다여, 그러므로 이와 같은 제자에게 '여보시오, 존자여. 참으로 합당하게 도를 닦으면 바른 방법을 터득할 것이오.' 라고 훈계한다면 그렇게 칭송하는 자도, 칭송하는 것도, 그리고 칭송받는 자도, 모두 큰 공덕을 쌓게 된다. 물론 이 경우 칭송받는 자는 더욱더 정진을 하여야 한다. 그것은 무슨 이유 때문인가? 쭌다여, 그것은 법이 제대로 설해졌고 잘 선언되고 출리로 인도하고 고요에 이바지하고 바르게 깨달은 분에 의해서 선언된 것이기 때문이다."

제자들의 자책 거리가 되는 스승

8. "쭌다여, 여기 아라한이요 바르게 깨달은 자[正等覺]인 스승이 세상에 출현하였다. 게다가 법도 제대로 설해졌고 잘 선언되고 출리로 인도하고 고요에 이바지하고 바르게 깨달은 분에 의해서 선언된 것이다. 그러나 제자들은 그 바른 법에 대해서 의미를 제대로 알지 못하고, 모든 단계들이 그 안에 모아져 있으며 [출리의] 기적을 만들고[233] 인간들 사이에서 잘 설명된, 더할 나위 없이 완벽한 청정범행을 드러내지 못하고 명백하게 하지 못한다. 그런데 스승이 그들로부터 임종하여 버렸다.

쭌다여, 이러한 스승이 임종하면 그것은 제자들에게 큰 자책거리가 된다. 그것은 무슨 이유 때문인가? '아라한이요 바르게 깨달은 분인 우리의 스승이 세상에 출현하셨다. 게다가 법도 제대로 설해졌고 잘 선언되고 출리로 인도하고 고요에 이바지하고 바르게 깨달은 분에 의해서 선언된 것이다. 그러나 우리들은 그 바른 법에 대해서 의미를 제대로 알지 못하고, 모든 단계들이 그 안에 모아져 있으며 [출리의] 기적을 만들고 인간들 사이에서 잘 설명된, 더할 나위 없이 완벽한 청정범행을 드러내지 못하고 명백하게 하지 못하였다. 그런데 우리의 스승이 임종하셨다.'라고 [자책하기 때문이다.] 쭌다여, 이러한 스승이 임종하면 그것은 제자들에게 큰 자책거리가 된다.

---

233) 원문은 sappāṭihīra-kataṁ인데 여기서 pāṭihīra는 기적이나 경이로움을 뜻하는 pāṭihāriya의 축약된 형태이다. 주석서에서 벗어남(niyyānika, 出離)이라고 설명한다.(DA.iii.910) 그래서 '[출리의] 기적을 만들고'라고 옮겼다.

제자들의 자책거리가 되지 않는 스승

9. "쭌다여, 그러나 여기 아라한이요 바르게 깨달은 자[正等覺]인 스승이 세상에 출현하였다. 게다가 법도 제대로 설해졌고 잘 선언되고 출리로 인도하고 고요에 이바지하고 바르게 깨달은 분에 의해서 선언된 것이다. 그리고 제자들도 그 바른 법에 대해서 의미를 제대로 알고, 모든 단계들이 그 안에 모아져 있으며 [출리의] 기적을 만들고 인간들 사이에서 잘 설명된, 더할 나위 없이 완벽한 청정범행을 드러내고 명백하게 한다. 그러자 스승이 그들로부터 임종하였다.

쭌다여, 이러한 스승이 임종하더라도 그것은 제자들에게 큰 자책거리가 되지 않는다. 그것은 무슨 이유 때문인가? '아라한이요 바르게 깨달은 분인 우리의 스승이 세상에 출현하셨다. 게다가 법도 제대로 설해졌고 잘 선언되고 출리로 인도하고 고요에 이바지하고 바르게 깨달은 분에 의해서 선언된 것이다. 그리고 우리들은 그 바른 법에 대해서 의미를 제대로 알고, 모든 단계들이 그 안에 모아져 있으며 [출리의] 기적을 만들고 인간들 사이에서 잘 설명된, 더할 나위 없이 완벽한 청정범행을 드러내고 명백하게 하였다. 그런데 우리의 스승이 임종하셨다.'라고 [하면서 자책하지 않기 때문이다.] 쭌다여, 이러한 스승이 임종하면 그것은 제자들에게 큰 자책거리가 되지 않는다."

청정범행의 완성 등에 대한 이야기

10. "쭌다여, 만일 이러한 구성요소들을 잘 갖춘 청정범행이 있지만, 노련하고 출가한지 오래되었으며 연로하고 삶의 완숙기에 이

른 장로 스승이 없다면, 그런 청정범행은 이런 구성요소에 의해서 완성되지 않는다. 쭌다여, 이러한 구성요소들을 잘 갖춘 청정범행이 있고 노련하고 출가한 지 오래되었으며 연로하고 삶의 완숙기에 이른 장로 스승이 있을 때, 그런 청정범행은 이런 구성요소 때문에 완성된다."

11. "쭌다여, 만일 이러한 구성요소들을 잘 갖춘 청정범행이 있고, 노련하고 출가한지 오래되었으며 연로하고 삶의 완숙기에 이른 장로 스승이 있지만, 입지가 굳고 수행이 되고 출중하며 유가안은(瑜伽安隱)[234]을 얻었으며 바른 법을 잘 설할 수 있고 다른 교설이 나타날 때 법으로 잘 제압하며 제압한 뒤 기적을 갖춘 법[235]을 설할 수 있는 장로 비구 제자들이 없으면, 그런 청정범행은 이런 구성요소 때문에 완성되지 않는다."

12. "쭌다여, 그러나 이러한 구성요소들을 잘 갖춘 청정범행이 있고, 노련하고 출가한 지 오래되었으며 연로하고 삶의 완숙기에 이른 장로 스승이 있고, 입지가 굳고 수행이 되고 출중하며 유가안은을 얻었으며 바른 법을 잘 설할 수 있고 다른 교설이 나타날 때 법으로 잘 제압하며 제압한 뒤 기적을 갖춘 법을 설할 수 있는 장로 비구 제자들이 있을 때, 그런 청정범행은 이런 구성요소 때문에 완성된다.

쭌다여, 만일 이러한 구성요소들을 잘 갖춘 청정범행이 있고, 노련

---

234) 유가안은에 대해서는 본서 제2권 「제석문경」(D21) §2.6의 주해를 참조할 것.

235) '기적을 갖춘 법'은 sappāṭihāriya dhamma를 직역한 것이다. 이렇게 옮긴 이유에 대해서는 본경 §8의 주해와 본서 제2권 「대반열반경」(D16) §3.7의 주해를 참조할 것.

하고 출가한 지 오래되었으며 연로하고 삶의 완숙기에 이른 장로 스승이 있고, 입지가 굳고 수행이 되고 출중하며 유가안은을 얻었으며 바른 법을 잘 설할 수 있고 다른 교설이 나타날 때 법으로 잘 제압하며 제압한 뒤 기적을 갖춘 법을 설할 수 있는 장로 비구 제자들이 있지만, 중진 비구 제자들이 없다면 … 중진 비구 제자들이 있지만 신참 비구 제자들이 없다면 … 신참 비구 제자들이 있지만 장로 비구니 제자들이 없다면 … 장로 비구니 제자들이 있지만 중진 비구니 제자들이 없다면 … 중진 비구니 제자들이 있지만 신참 비구니 제자들이 없다면 … 신참 비구니 제자들이 있지만 재가자이며 흰 옷을 입고 청정범행을 닦는 청신사 제자들이 없다면 … 재가자이며 흰 옷을 입고 청정범행을 닦는 청신사 제자들이 있지만 재가자이며 흰 옷을 입고 감각적 욕망을 즐기는 청신사 제자들이 없다면 … 재가자이며 흰 옷을 입고 감각적 욕망을 즐기는 청신사 제자들이 있지만 재가자이며 흰 옷을 입고 청정범행을 닦는 청신녀 제자들이 없다면 … 재가자이며 흰 옷을 입고 청정범행을 닦는 청신녀 제자들이 있지만 재가자이며 흰 옷을 입고 감각적 욕망을 즐기는 청신녀 제자들이 없다면 … 재가자이며 흰 옷을 입고 감각적 욕망을 즐기는 청신녀 제자들이 있지만 이러한 청정범행이 번창하고 널리 퍼지고 많은 사람들이 따르고 대중적이어서 인간들 사이에서 잘 설명되지 못하면 … 이러한 청정범행이 번창하고 널리 퍼지고 많은 사람들이 따르고 대중적이어서 인간들 사이에서 잘 설명되더라도 최상의 후원과 최상의 명성을 얻지 못하면, 그런 청정범행은 이런 구성요소 때문에 완성되지 않는다."

13. "쭌다여, 그러나 이러한 구성요소들을 잘 갖춘 청정범행이 있고, 노련하고 출가한 지 오래되었으며 연로하고 삶의 완숙기에 이른 장로 스승이 있고, 입지가 굳고 수행이 되고 출중하며 유가안은을 얻었으며 바른 법을 잘 설할 수 있고 다른 교설이 나타날 때 법으로 잘 제압하며 제압한 뒤 근거를 가지고 법을 설할 수 있는 장로 비구 제자들이 있고 … 중진 비구 제자들이 있고 … 신참 비구 제자들이 있고 … 장로 비구니 제자들이 있고 … 중진 비구니 제자들이 있고 … 신참 비구니 제자들이 있고 … 재가자이며 흰 옷을 입고 청정범행을 닦는 청신사 제자들이 있고 … 재가자이며 흰 옷을 입고 감각적 욕망을 즐기는 청신사 제자들이 있고 … 재가자이며 흰 옷을 입고 청정범행을 닦는 청신녀 제자들이 있고 … 재가자이며 흰 옷을 입고 감각적 욕망을 즐기는 청신녀 제자들이 있고 … 이러한 청정범행이 번창하고 널리 퍼지고 많은 사람들이 따르고 대중적이어서 인간들 사이에서 잘 설명되고 … 최상의 후원과 최상의 명성을 얻을 때, 그런 청정범행은 이런 구성요소 때문에 완성된다."

14. "쭌다여, 나는 지금 이 시대에 아라한이요 바르게 깨달은 자[正等覺]인 스승으로 세상에 출현하였다. 게다가 법도 제대로 설해졌고 잘 선언되고 출리로 인도하고 고요에 이바지하고 바르게 깨달은 분에 의해서 선언된 것이다. 그리고 제자들도 그 바른 법에 대해서 의미를 제대로 알고, 모든 단계들이 그 안에 모아져 있으며 벗어남[出離]으로 인도하고 인간들 사이에서 잘 설명된, 더할 나위 없이 완벽한 청정범행을 드러내고 명백하게 한다. 쭌다여, 그리고 나는 지금 이 시대에 노련하고 출가한 지 오래되었으며 연로하고 삶의 완숙

기에 이른 장로 스승이다."

15. "쭌다여, 그리고 지금 이 시대에 입지가 굳고 수행이 되고 출중하며 유가안은을 얻었으며 바른 법을 잘 설할 수 있고 다른 교설이 나타날 때 법으로 잘 제압하며 제압한 뒤 기적을 갖춘 법을 설할 수 있는 장로 비구 제자들이 있고 … 지금 이 시대에 중진 비구 제자들이 있고 … 지금 이 시대에 신참 비구 제자들이 있고 … 지금 이 시대에 장로 비구니 제자들이 있고 … 지금 이 시대에 중진 비구니 제자들이 있고 … 지금 이 시대에 신참 비구니 제자들이 있고 … 지금 이 시대에 재가자이며 흰 옷을 입고 청정범행을 닦는 청신사 제자들이 있고 … 지금 이 시대에 재가자이며 흰 옷을 입고 감각적 욕망을 즐기는 청신사 제자들이 있고 … 지금 이 시대에 재가자이며 흰 옷을 입고 청정범행을 닦는 청신녀 제자들이 있고 … 지금 이 시대에 재가자이며 흰 옷을 입고 감각적 욕망을 즐기는 청신녀 제자들이 있고 … 지금 이 시대에 이러한 청정범행이 있어 번창하고 널리 퍼지고 많은 사람들이 따르고 대중적이어서 인간들 사이에서 잘 설명되었다."

16. "쭌다여, 지금 이 시대에 [여러] 스승들이 세상에 출현하였지만 나는 어떤 한 스승도 나와 같은 이런 최상의 후원과 최상의 명성을 얻은 자를 보지 못한다. 쭌다여, 지금 이 시대에 [여러] 승가와 무리가 세상에 출현하였지만 나는 어떤 한 승가도 이 비구 승가와 같은 이런 최상의 후원과 최고의 명성을 얻은 것을 보지 못한다.

쭌다여, 참으로 바르게 말하는 자가 말하기를 '모든 형태를 원만하게 갖추고 모든 형태를 완전하게 채우고 모자라지도 않고 넘치지도 않게 더할 나위 없이 완벽한 청정범행을 잘 설하고 잘 드러내었다.' 라고 하는 것은 바로 이것을 두고 말한 것이다.

쭌다여, 웃다까 라마뿟따[236]는 '보면서 보지 못한다.'라는 이런 말을 한다. 그러면 무엇을 보면서 보지 못한다고 하는가? 잘 벼려진 칼날을 보면서 그것의 끝은 보지 못한다. 그래서 '보면서 보지 못한다.' 라고 하는 것이다. 쭌다여, 그러나 이것은 웃다까 라마뿟따가 저열하고 촌스럽고 범속하고 성스럽지 못하고 이익을 주지 못하는 칼을 두고 한 말이다.

쭌다여, 바르게 말하는 자가 말하기를 '보면서 보지 못한다.'라고 하는 것은 다음을 두고 말해야 한다. 그러면 무엇을 보면서 보지 못

236) 웃다까 라마뿟따(Uddaka Rāmaputta)는 세존께서 처음 출가하여 찾았던 두 스승 가운데 두 번째 사람이었다. 첫 번째 스승은 알라라 깔라마(Āḷāra Kālāma)였다. 알라라 깔라마는 무소유처의 경지를 가르쳤고, 웃다까 라마뿟따는 비상비비상처의 경지를 가르쳤다고 한다.(M26; M36)
보살(정등각을 이루기 전의 세존을 초기경들에서는 보살이라고 부른다)은 단기간에 그들이 가르친 경지를 체득하였다. 그래서 그들은 "이처럼 내가 아는 법을 그대도 압니다. 그대가 아는 법을 나도 압니다. 이와 같이 내가 그런 것처럼 그대도 그렇고 그대가 그런 것처럼 나도 그러합니다. 오시오, 존자여. 둘이 같이 머물면서 이 무리를 이끌어갑시다."(M26)라고 보살을 인가하였다.
그러나 보살은 "이 법은 [속된 것들을] 역겨워함으로 인도하지 못하고, 욕망이 빛바램으로 인도하지 못하고, 소멸로 인도하지 못하고, 고요함으로 인도하지 못하고, 최상의 지혜로 인도하지 못하고, 바른 깨달음으로 인도하지 못하고, 열반으로 인도하지 못한다. 그것은 단지 무소유처/비상비비상처에 다시 태어남에 이바지할 뿐이다."(*Ibid*)라고 반조해 보시고는 그들을 떠나서 6년간 극심한 고행을 하셨다.(M36) 고행으로도 궁극의 경지를 터득하지 못하자 어릴 때 삭까족의 농경제 의식을 거행하실 때(kammante) 시원한 잠부 나무 그늘에 앉아서 체험했던 禪 체험을 바탕으로 다시 2선, 3선, 4선까지 체득하셨고, 이를 바탕으로 하여 사성제의 철견을 그 내용으로 하는 번뇌 다한 지혜[漏盡通]를 증득하셔서 깨달음을 완성하셨다.(*Ibid*)

하는 것은 다음을 두고 말해야 한다. 그러면 무엇을 보면서 보지 못한다고 하는가? 이러한 '모든 형태를 원만하게 갖추고 모든 형태를 완전하게 채우고 모자라지도 않고 넘치지도 않게 더할 나위 없이 완벽한 청정범행을 잘 설하고 잘 드러내었다.'라고 이것을 보는 것이다. 이러한 [구성요소들을 갖춘 청정범행][237] 가운데서 어떤 [부분을] 빼 버리면 이 [청정범행이] 더 분명하게 될 것이라는 것을 나는 보지 못한다. 이러한 [구성요소들을 갖춘 청정범행]에다 어떤 [부분을] 첨가해야 그 [청정범행]은 완벽하게 될 것이라는 것도 나는 보지 못한다.

쭌다여, 바르게 말하는 자가 말하기를 '보면서 보지 못한다.'라고 하는 것은 바로 이것을 두고 말하는 것이다. 쭌다여, 참으로 바르게 말하는 자가 말하기를 '모든 형태를 원만하게 갖추고 모든 형태를 완전하게 채우고 모자라지도 않고 넘치지도 않게 더할 나위 없이 완벽한 청정범행을 잘 설하고 잘 드러내었다.' 하는 것은 바로 이것을 두고 말한 것이다."

합송해야 하는 법

17. "쭌다여, 그러므로 여기서 내가 최상의 지혜로 안 뒤에 설한 법들을 그대들은 모두가 함께 모이고 평등하게 모여서 서로서로 뜻과 뜻을 합치하고 문장과 문장을 합치하여 합송해야 하며 분쟁을 해서는 안된다. 그래서 이 청정범행이 길이 전해지고 오래 머물게 해야 한다. 이것이 많은 사람의 이익을 위하고 많은 사람의 행복을 위하고 세상을 연민하고 신과 인간의 이상과 이익과 행복을 위하는 것

---

237) 여기서 말하는 '이러한 [구성요소들을 갖춘 청정범행]'이란 위 §§12～15의 내용을 뜻한다. 청정범행에 관한 이러한 모든 구성요소들 가운데는 뺄 것도 없고 더 첨가할 것도 없다는 말씀이다.

이다.

쭌다여, 그러면 나는 어떤 법들을 최상의 지혜로 안 뒤에 설하였는가? 그것은 네 가지 마음챙김의 확립[四念處], 네 가지 바른 노력[四正勤], 네 가지 성취수단[四如意足], 다섯 가지 기능[五根], 다섯 가지 힘[五力], 일곱 가지 깨달음의 구성요소[七覺支], 여덟 구성요소를 가진 성스러운 도[八支聖道]이다.[238]

쭌다여, 나는 이런 법들을 최상의 지혜로 안 뒤에 설하였나니, 그대들은 모두가 함께 모이고 평등하게 모여서 서로서로 뜻과 뜻을 합치하고 문장과 문장을 합치하여 합송해야 하며 분쟁을 해서는 안된다. 그래서 이 청정범행이 길이 전해지고 오래 머물게 해야 한다. 이것이 많은 사람의 이익을 위하고, 많은 사람의 행복을 위하고, 세상을 연민하고, 신과 인간의 이상과 이익과 행복을 위하는 것이다."

인식시키는 방법

18. "쭌다여, 이러한 그대들이 모두가 조화롭고 서로 담소를 나누고 분쟁을 하지 않으며 공부지을 때 어떤 동료 수행자[239]가 승가에서 법을 말하게 될 것이다. 거기서 만일 그대들에게 '이 존자는 뜻도 잘못 파악하고 있고 문장도 잘못 드러내고 있다.'라는 생각이 든다면 그를 인정하지도 말고 공박하지도 말아야 한다. 인정하지도 공박하지도 않은 뒤 그에게 이렇게 말해 주어야 한다. '도반이여, 이 뜻

238) 이들은 37보리분법(菩提分法, bodhipakkhiya-dhamma)이라고 불린다. 여기에 대해서는 본서 「확신경」(D28) §3의 주해와 「전륜성왕 사자후경」(D26) §1의 주해를 참조할 것.

239) 본서 전체에서 '동료 수행자'는 sabrahmacārī를 옮긴 것이다. 직역하자면 '함께 청정범행을 닦는 자'로 옮길 수 있다.

이 되기 위해서는 이런 문장들이 더 타당합니까, 아니면 저런 문장들이 더 타당합니까? 그리고 이런 문장들에서는 이 뜻이 더 타당합니까, 아니면 저 뜻이 더 타당합니까?'라고. 그러면 만일 그가 말하기를 '도반들이여, 이 뜻이 되기 위해서는 이런 문장들이 더 타당합니다. 그리고 이런 문장들에서는 이 뜻이 더 타당합니다.'라고 한다면 그를 우쭐하게 하지도 말고 나무라지도 말아야 한다. 우쭐하게도 하지 않고 나무라지도 않은 뒤 그 뜻과 그 문장들을 준수하도록 그에게 잘 인식시켜야 한다."

19. "쭌다여, 또 다른 동료 수행자가 승가에서 법을 말하게 될 것이다. 거기서 만일 그대들에게 '이 존자는 뜻은 잘못 파악하고 있는데 문장은 바르게 드러내고 있다.'라는 생각이 든다면 그를 인정하지도 말고 공박하지도 말아야 한다. 인정하지도 공박하지도 않은 뒤 그에게 이렇게 말해 주어야 한다. '도반이여, 이런 문장들에서는 이 뜻이 더 타당합니까, 아니면 저 뜻이 더 타당합니까?'라고. 그러면 만일 그가 말하기를 '도반들이여, 이런 문장들에서는 이 뜻이 더 타당합니다.'라고 한다면 그를 우쭐하게 하지도 말고 나무라지도 말아야 한다. 우쭐하게도 하지 않고 나무라지도 않은 뒤 그 뜻을 준수하도록 그에게 잘 인식시켜야 한다."

20. "쭌다여, 또 다른 동료 수행자가 승가에서 법을 말하게 될 것이다. 거기서 만일 그대들에게 '이 존자는 뜻은 바르게 파악하고 있는데 문장을 잘못 드러내고 있다.'라는 생각이 든다면 그를 인정하지도 말고 공박하지도 말아야 한다. 인정하지도 공박하지도 않은 뒤 그에게 이렇게 말해 주어야 한다. '도반이여, 이 뜻이 되기 위해서는

이런 문장들이 더 타당합니까, 아니면 저런 문장들이 더 타당합니까?'라고. 그러면 만일 그가 말하기를 '도반들이여, 이 뜻이 되기 위해서는 이런 문장들이 더 타당합니다.'라고 한다면 그를 우쭐하게 하지도 말고 나무라지도 말아야 한다. 우쭐하게도 하지 않고 나무라지도 않은 뒤 그 문장들을 준수하도록 그에게 잘 인식시켜야 한다."

21. "쭌다여, 또 다른 동료 수행자가 승가에서 법을 말하게 될 것이다. 거기서 만일 그대들에게 '이 존자는 뜻도 바르게 파악하고 있고 문장도 바르게 드러내고 있다.'라는 생각이 든다면 그에게 '좋습니다.'라고 말해야 하고 기뻐해야 한다. 그에게 '좋습니다.'라고 말하고 기뻐한 뒤 그에게 '도반이여, 우리가 이처럼 뜻을 갖추고 문장을 갖춘 존자와 같은 동료 수행자를 만났으니, 우리는 참으로 이익을 얻었습니다. 우리는 참으로 큰 이익을 얻었습니다.'라고 말해 주어야 한다."

필수품을 허락하신 이유

22. "쭌다여, 나는 단지 지금여기에서의 번뇌들만을 단속하기 위해서 그대들에게 법을 설하지 않는다. 쭌다여, 나는 단지 미래의 번뇌들만을 물리치기 위해서 법을 설하지도 않는다. 쭌다여, 나는 지금여기에서의 번뇌들을 단속하고 아울러 미래의 번뇌들을 물리치기 위해서 법을 설한다.

쭌다여, 그러므로 여기서 나는 그대들에게 옷 입는 것을 허락하였나니, 오직 그대들이 추위를 물리치고, 더위를 물리치고, 파리, 모기, 바람, 햇빛, 파충류와 닿는 것을 물리치게 하기 위해서이며, 부끄러운 부분을 가리게 하기 위해서이다. 나는 그대들에게 탁발 음식을 허락하였나니, 오직 그대들이 이 몸을 지탱하고 유지하고 해악[240]을 쉬고 청정범행(淸淨梵行)을 잘 지키게 하기 위해서이다. '그래서 나는 오래된 [배고픈] 느낌을 물리치고 새로운 느낌을 일어나게 하지 않을 것이다. 나는 건강할 것이고 비난받지 않고 안은하게 머물 것이다'라고. 나는 그대들에게 거처를 허락하였나니, 오직 그대들이 추위를 물리치고, 더위를 물리치고, 파리, 모기, 바람, 햇빛, 파충류와 닿는 것을 물리치고, 기후의 변화에서 생기는 위험을 없애고, 홀로 앉음을 편안하게 하기 위해서이다. 나는 그대들에게 병구완을 위한 약품을 허락하였나니, 오직 그대들이 일어난 고통스러운 느낌들을 물리치고, 병 없음을 최상으로 하게 하기 위해서이다."[241]

즐거움의 추구

23. "쭌다여, 그런데 외도 유행승들이 '사꺄의 후예인 사문들은 즐거움을 추구하면서 지낸다.'라고 말하는 이런 경우가 있을지도 모른다.[242] 쭌다여, 이렇게 주장하는 외도 유행승들에게는 '도반들이

---

240) "괴롭힌다는 뜻에서 배고픔이 해악(vihiṁsa)이다."(『청정도론』 I.92)

241) 네 가지 필수품은 『청정도론』의 필수품에 관한 계(paccaya-sannissita-sīla, I.85~97)에 상세하게 설명되어 있다.

242) 위의 문단에서 보았듯이 세존께서는 의복, 탁발 음식, 거처, 약품을 비구의 네 가지 필수품으로 인정하시고 허락하셨다. 세존 당시의 사문 혹은 유행승들 가운데는 옷을 입지 않은 나체수행자들과 거처를 수용하지 않고 노지에서 머무는 서계(誓戒)를 가진 자들이 많았다. 그들은 네 가지 필수품을 허용하는 불교 승단을 향해서 즐거움이나 쾌락을 탐닉한다고 비난하였을 것이다. 여기에 대한 세존의 대답은 분명하다. 속된 감각적 욕망의 쾌락을 탐닉해서는 안된다. 그러나 禪의 즐거움[禪悅]은 적극적으로 개발하

여, 어떤 것이 즐거움을 추구하는 것입니까? 즐거움을 추구하는 것은 참으로 많고 하나가 아니며 여러 형태가 있습니다.'라고 말해 주어야 한다.

쭌다여, 네 가지 즐거움을 추구하는 것이 있으니, 이것은 저열하고 촌스럽고 범속한 것이고 성스럽지 못하고 이익을 주지 못하며, [속된 것들을] 역겨워함으로 인도하지 못하고, 욕망이 빛바램으로 인도하지 못하고, 소멸로 인도하지 못하고, 고요함으로 인도하지 못하고, 최상의 지혜로 인도하지 못하고, 바른 깨달음으로 인도하지 못하고, 열반으로 인도하지 못한다. 무엇이 네 가지인가?

쭌다여, 여기 어떤 어리석은 자는 생명들을 계속 죽이면서 자신은 즐거워하고 기뻐한다. 이것이 첫 번째 즐거움을 추구하는 것이다.

다시 쭌다여, 여기 어떤 자는 주지 않은 것을 계속 가지면서 자신은 즐거워하고 기뻐한다. 이것이 두 번째 즐거움을 추구하는 것이다.

다시 쭌다여, 여기 어떤 자는 거짓말을 계속 하면서 자신은 즐거워하고 기뻐한다. 이것이 세 번째 즐거움을 추구하는 것이다.

다시 쭌다여, 여기 어떤 자는 다섯 가닥의 감각적 욕망[243]에 빠지고 사로잡혀 맴돈다. 이것이 네 번째 즐거움을 추구하는 것이다.

쭌다여, 이러한 네 가지 즐거움을 추구하는 것은 저열하고 촌스럽고 범속한 것이고 성스럽지 못하고 이익을 주지 못하며, [속된 것들을] 역겨워함으로 인도하지 못하고, 욕망이 빛바램으로 인도하지 못하고, 소멸로 인도하지 못하고, 고요함으로 인도하지 못하고, 최상의

고 누리라고 말씀하신다.

243) 흔히 오욕락(五慾樂)이라고도 부르는데 눈과 귀와 코와 혀와 몸으로 좋고 마음에 드는 대상을 향유하는 것을 말한다. 다섯 가닥의 감각적 욕망에 대한 정형구는 본서 제1권 「삼명경」(D13) §27을 참조할 것.

지혜로 인도하지 못하고, 바른 깨달음으로 인도하지 못하고, 열반으로 인도하지 못한다."

24. "쭌다여, 그런데 외도 유행승들이 '사꺄의 후예인 사문들은 이러한 네 가지 즐거움을 추구하면서 지냅니까?'라고 묻는 경우가 있을지도 모른다. 그들에게는 '아니오. 그렇지 않습니다.'라고 말해 주어야 한다. 그들은 그대들에게 바르게 말하는 자로서 말한 것이 아니며 사실이 아닌 거짓으로 헐뜯는 것이다.

쭌다여, 이러한 네 가지 즐거움을 추구하는 것이 있으니, 전적으로 [속된 것들을] 역겨워함으로 인도하고, 욕망이 빛바램으로 인도하고, 소멸로 인도하고, 고요함으로 인도하고, 최상의 지혜로 인도하고, 바른 깨달음으로 인도하고, 열반으로 인도한다. 무엇이 네 가지인가?

쭌다여, 여기 비구는 감각적 욕망들을 완전히 떨쳐버리고 해로운 법[不善法]들을 떨쳐버린 뒤, 일으킨 생각[尋]과 지속적인 고찰[伺]이 있고, 떨쳐버렸음에서 생겼고, 희열[喜]과 행복[樂]이 있는 초선(初禪)을 구족하여 머문다. 이것이 첫 번째 즐거움을 추구하는 것이다.

다시 쭌다여, 비구는 일으킨 생각[尋]과 지속적인 고찰[伺]을 가라앉혔기 때문에 [더 이상 존재하지 않으며], 자기 내면의 것이고, 확신이 있으며 마음의 단일한 상태이고, 일으킨 생각과 지속적인 고찰은 없고, 삼매에서 생긴 희열과 행복이 있는 제2선(二禪)을 구족하여 머문다. 이것이 두 번째 즐거움을 추구하는 것이다.

다시 쭌다여, 비구는 희열이 빛바랬기 때문에 평온하게 머물고, 마음챙기고 알아차리며 몸으로 행복을 경험한다. 이 [禪 때문에] '평온하고 마음챙기며 행복하게 머문다.'고 성자들이 묘사하는 제3선(三禪)을 구족하여 머문다. 이것이 세 번째 즐거움을 추구하는 것이다.

다시 쭌다여, 비구는 행복도 버리고 괴로움도 버리고, 아울러 그 이전에 이미 기쁨과 슬픔을 소멸하였으므로 괴롭지도 즐겁지도 않으며, 평온으로 인해 마음챙김이 청정한[捨念淸淨] 제4선(四禪)을 구족하여 머문다. 이것이 네 번째 즐거움을 추구하는 것이다.

쭌다여, 이러한 네 가지 즐거움을 추구하는 것은 전적으로 [속된 것들을] 역겨워함으로 인도하고, 욕망이 빛바램으로 인도하고, 소멸로 인도하고, 고요함으로 인도하고, 최상의 지혜로 인도하고, 바른 깨달음으로 인도하고, 열반으로 인도한다.

쭌다여, 그런데 외도 유행승들이 '사꺄의 후예인 사문들은 이러한 네 가지 즐거움을 추구하면서 지낸다.'라고 말하는 경우가 있을지도 모른다. 그들에게는 '그렇습니다.'라고 말해 주어야 한다. 그들은 그대들에게 바르게 말하는 자로서 말한 것이며 그들은 사실이 아닌 거짓으로 그대들을 헐뜯는 것이 아니다."

네 가지 즐거움을 추구하는 이익

25. "쭌다여, 그런데 외도 유행승들이 '도반들이여, 그러면 이러한 네 가지 즐거움을 추구하면서 지내면 어떠한 결실이 있고 어떠한 이익을 기대할 수 있습니까?'라고 말하는 경우가 있을지도 모른다. 쭌다여, 이렇게 말하는 외도 유행승들에게는 이렇게 말해 주어야 한다.244)

'도반들이여, 이러한 네 가지 즐거움을 추구하면서 지내면 네 가지 결실이 있고 네 가지 이익을 기대할 수 있습니다. 무엇이 네 가지인

244) 이러한 禪의 즐거움도 그 자체가 목적인 것은 아니다. 禪의 즐거움은 예류과, 일래과, 불환과, 아라한과라는 결실[果]을 위한 것이다.

가?

도반들이여, 여기 비구는 세 가지 족쇄를 완전히 없애서 흐름에 든 자[預流者]가 되어, [악취에] 떨어지지 않는 법을 가지고 [해탈이] 확실하며 바른 깨달음으로 나아가는 자가 됩니다.245) 이것이 첫 번째 결실이고 첫 번째 이익입니다.

다시 도반들이여, 비구는 세 가지 족쇄를 완전히 없애고 탐욕과 성냄과 어리석음이 엷어져서 한 번만 더 돌아올 자[一來者]가 되어, 한 번만 더 이 세상에 와서 괴로움의 끝을 만듭니다. 이것이 두 번째 결실이고 두 번째 이익입니다.

다시 도반들이여, 비구는 다섯 가지 낮은 족쇄를 완전히 없애고 화생하여 그곳에서 완전히 열반에 들어 그 세계로부터 다시 돌아오지 않는 법을 얻습니다.[不還者] 이것이 세 번째 결실이고 세 번째 이익입니다.

다시 도반들이여, 비구는 모든 번뇌가 다하여 아무 번뇌가 없는 마음의 해탈[心解脫]과 통찰지의 해탈[慧解脫]을 바로 지금여기에서 스스로 최상의 지혜로 실현하고 구족하여 머뭅니다.[阿羅漢] 이것이 네 번째 결실이고 네 번째 이익입니다.

도반들이여, 이러한 네 가지 즐거움을 추구하면서 지내면 이러한 네 가지 결실이 있고 이러한 네 가지 이익을 기대할 수 있습니다.'라고."

---

245) 본 문단에 나타나는 여러 술어들은 본서 제1권 「마할리 경」(D6) §13의 주해들에서 설명하였으므로 참조할 것.

번뇌 멸한 자가 범할 수 없는 아홉 가지 경우

26. "쭌다여, 그런데 외도 유행승들이 '사꺄의 후예인 사문들은 일관성이라고는 없는 법들을 가지고 있다.'246)라고 말하는 경우가 있을지도 모른다. 쭌다여, 이렇게 말하는 외도 유행승들에게는 이렇게 말해 주어야 한다.

'도반들이여, 알고 보시는 그분 세존·아라한·정등각께서는 제자들에게 목숨이 있는 한 범하지 못하는 법들247)을 설하셨고 천명하셨습니다. 도반들이여, 예를 들면 심연에 뿌리 하였으며 튼튼히 박혔고 요지부동이고 침투해 들어갈 수 없는 석주나 철기둥과 같습니다. 도반들이여, 그와 마찬가지로 알고 보시는 그분 세존·아라한·정등각께서는 제자들에게 목숨이 있는 한 넘어서지 못하는 법들을 설하셨고 천명하셨습니다.

도반들이여, 아라한이어서 번뇌가 다하고 삶을 완성했으며 할 바를 다했고 짐을 내려놓았으며 참된 이상을 실현했고 삶의 족쇄가 멸진되었으며 바른 구경의 지혜로 해탈한 비구는 아홉 가지 경우들을 범할 수가 없습니다.

① 도반들이여, 번뇌 다한 비구는 의식적으로 산 생명의 목숨을 빼앗을 수가 없습니다.

② 번뇌 다한 비구는 주지 않은 것을 가지는 도둑질이라는 것을

---

246) "일관성이라고는 없는 법들을 가진 자들(aṭṭhitadhammā)이란 일관성이 없는 성질을 가진 자들(naṭṭhitasabhāvā)이다. 혀가 있다고 해서 하고 싶은 대로 말하나니 때로는 도(magga)를 말하고 때로는 과(phala)를 말하고 때로는 열반(nibbāna)을 말한다는 뜻이다."(DA.iii.912)

247) 본 문단에서 설하시는 아라한이 행할 수 없는 아홉 가지 법을 말한다. 이 아홉 가지는 어떤 사람이 아라한인가 아닌가를 판단하는 잣대가 된다.

할 수가 없습니다.

③ 번뇌 다한 비구는 성행위를 할 수가 없습니다.

④ 번뇌 다한 비구는 고의적인 거짓말을 할 수가 없습니다.

⑤ 번뇌 다한 비구는 전에 재가자였을 때처럼 축적해두고 감각적 욕망을 즐길 수가 없습니다.

⑥ 번뇌 다한 비구는 열의 때문에 하지 않아야 하는 것을 할 수가 없습니다.[248)]

⑦ 번뇌 다한 비구는 성냄 때문에 하지 않아야 하는 것을 할 수가 없습니다.

⑧ 번뇌 다한 비구는 어리석음 때문에 하지 않아야 하는 것을 할 수가 없습니다.

⑨ 번뇌 다한 비구는 두려움 때문에 하지 않아야 하는 것을 할 수가 없습니다.

도반들이여, 아라한이어서 번뇌가 다하고 삶을 완성했으며 할 바를 다했고 짐을 내려놓았으며 참된 이상을 실현했고 삶의 족쇄가 멸진되었으며 바른 구경의 지혜로 해탈한 비구는 이런 아홉 가지 경우들을 범할 수가 없습니다.'"

질문에 대한 설명

27. "쭌다여, 그런데 외도 유행승들이 '사문 고따마는 과거에 대한 제한 없는 지(知)와 견(見)은 천명하지만, 미래에 대해서는 제한 없는 지와 견을 천명하지 못한다. 무엇에 대해서 그러하며 왜 그러한

248) 이하 ⑥~⑨의 네 가지는 본서의 「교계 싱갈라 경」(D31) §5와 「합송경」(D33) §1.11에 네 가지 하지 않아야 하는 것(agati)으로 정리되어 나타난다.

가?'라고 말하는 이런 경우가 있을지도 모른다. 그런데 이런 외도 유행승들은 다른 것에 관계된 지와 견을 가지고 또 다른 것에 관계된 지와 견을 천명하려 들기 때문에 어리석은 바보들에 지나지 않는다.

쭌다여, 과거에 대해서 여래에게는 이전의 것을 기억하는 알음알이[249]가 있다. 그는 원하는 만큼 무엇이든지 기억한다. 그러나 미래에 대해서 여래에게는 '이것이 마지막 생이다. 이제 다시 태어남은 없다.'라는 깨달음에서 생긴 지혜[250]가 생긴다."

28. "쭌다여, 만일 과거가 사실이 아니고 옳지 않고 이익을 줄 수 없다고 여기면 여래는 그것을 설명하지 않는다. 만일 과거가 사실이고 옳더라도 이익을 줄 수 없다고 여기면 여래는 그것을 설명하지 않는다. 만일 과거가 사실이고 옳고 이익을 줄 수 있다 하더라도 여래는 그 질문을 설명해 줄 바른 시기를 안다.

쭌다여, 만일 미래가 사실이 아니고 옳지 않고 이익을 줄 수 없다고 여기면 여래는 그것을 설명하지 않는다. 만일 미래가 사실이고 옳

249) '이전의 것을 기억하는 알음알이'에 해당하는 원어는 satānusāriviññāṇa인데 '마음챙긴 것을 따라서 기억하는 알음알이'라 직역할 수 있다. 주석서에서는 '전생을 기억하는 것과 함께 하는(pubbenivāsa-anussati-sampayuttaka) 지혜(ñāṇa)'로 설명하고 있어서(DA.iii.914) 이렇게 옮겼다.

250) '깨달음에서 생긴 지혜'는 bodhija ñāṇa의 역어이다. 복주서에서는 이렇게 설명한다.
"'깨달음이란 네 가지 도에 대한 지혜이다.'(Nd1.93)라는 말씀이 있기 때문에 깨달음은 네 가지 도의 지혜(catumaggañāṇa)이다. 이것을 체득했기 때문에 일어난 반조의 지혜(paccavekkhaṇa-ñāṇa)가 깨달음에서 생긴 지혜이다."(DAṬ.iii.120)
네 가지 도란 예류도, 일래도, 불환도, 아라한도이다. 반조의 지혜(paccavekkhaṇa-ñāṇa)는 『청정도론』 XXII.§19이하와 『아비담마 길라잡이』 9장 §34의 해설을 참조할 것.

더라도 이익을 줄 수 없다고 여기면 여래는 그것을 설명하지 않는다. 만일 미래가 사실이고 옳고 이익을 줄 수 있다 하더라도 여래는 그 질문을 설명해 줄 바른 시기를 안다.

쭌다여, 만일 현재가 사실이 아니고 옳지 않고 이익을 줄 수 없다고 여기면 여래는 그것을 설명하지 않는다. 만일 현재가 사실이고 옳더라도 이익을 줄 수 없다고 여기면 여래는 그것을 설명하지 않는다. 만일 현재가 사실이고 옳고 이익을 줄 수 있다 하더라도 여래는 그 질문을 설명해 줄 바른 시기를 안다.

쭌다여, 이처럼 과거와 미래와 현재의 법들에 대해서 여래는 시기에 맞는 말을 하고, 있는 것을 말하고, 유익한 것을 말하고, 법을 말하고, 율을 말하는 자이다. 그래서 여래라 부른다."[251]

29. "쭌다여, 그리고 신들을 포함하고 마라를 포함하고 범천을 포함한 세상에서, 사문·바라문들을 포함하고 신과 인간을 포함한 생명체들이 보고 듣고 생각하고 알고 얻고 탐구하고 마음으로 고찰한 것을 여래는 모두 철저하고 바르게 깨달았다. 그래서 여래라 부른다.[252]

---

251) 여래(tathāgata)에 대한 정의이다. 여기서는 법을 설하는 것(gada)과 연결지어서 여래라는 어원을 설명하고 있다. 그래서 주석서에서는 본 문맥에서는 tathā(그러한)+gada(말)에서 'da'를 'ta'로 바꾸어서 tathāgata(여래)라고 부른다고 설명하고 있다.(DA.iii.914) gada는 √gad(*to say*)의 명사형이다.

그러나 『청정도론』에서는 본 문단과 같은 내용을 들어서 "바르게 설하시기 때문에 선서(善逝)라 한다.(sammā gadattā pi sugato)"(Vis.VII.35)라고 하여 Sugata(선서)의 gata를 여러 가지로 설명하면서 그 중 하나로 본경에서처럼 gada로 이해해서 설명하고 있다. 물론 선서의 기본 의미는 '잘(su) 가신 분(gata)'이다.

쭌다여, 여래가 위없는 바른 깨달음을 철저하고 바르게 깨달은 그 밤으로부터 업으로 받은 몸[253]이 없는 무여열반의 요소로 반열반에 드는 그 밤 사이에 설하고 말하고 가르친 그 모든 것은 여여(如如)한 것이지 다른 것이 아니다. 그래서 여래라 부른다.

쭌다여, 여래는 설한 그대로 행하는 자이고 행하는 그대로 설하는 자이다. 이처럼 설한 그대로 행하는 자이고 행하는 그대로 설하는 자라고 해서 여래라 부른다.

쭌다여, 여래는 신들을 포함하고 마라를 포함하고 범천을 포함한 세상에서, 사문·바라문을 포함하고 신과 인간을 포함한 생명체들 가운데서, 지배자요 지배되지 않는 자요 오류가 없이 보는 자요 자재자이다. 그래서 여래라 부른다."

---

252) 본문에서 철저하고 바르게 깨달았기(abhisambuddha) 때문에 여래라고 한다고 하였다. 그래서 주석서에서도 "철저하고 바른 깨달음이라는 것이 gata라는 단어가 나타내는 하나의 뜻(ekattha)이다."(DA.iii.914)라고 설명하고 있다. 즉 tathāgata의 gata는 철저하고 바른 깨달음(abhisambuddha)을 뜻한다는 말이다. 여래는 깨달은 분이기 때문에 여래이다. 다른 수많은 공덕을 지녔지만 깨달음이 없다면 여래라 부를 수 없다.

253) '업으로 받은 몸'은 upādi를 옮긴 것이다. 이것은 upa(위로) + ā(주위로) + √dā(*to give*)에서 파생된 단어이며, 일반적으로 오온(오취온)을 뜻한다.(*cf.* 『청정도론』 XVI.73) 빠알리에서 upādi는 오직 saupādisesa(유여)와 anupādisesa(무여)로만 쓰여서 유여열반과 무여열반의 문맥에만 나타난다. 같은 어원에서 파생된 upadiṇṇa는 '업에서 생긴 [물질]'을 뜻하며(『아비담마 길라잡이』 §7-2 해설 8 참조) upādāna는 12연기의 취착[取]으로 나타나고 오취온의 취도 이 단어를 옮긴 것이다. 그래서 upādi를 업으로 받은 몸이라고 의역을 하였다.

설명하지 않는[無記] **경우들**

30. "쭌다여, 그런데 외도 유행승들이 '도반들이여, 그러면 '여래는 죽고 난 후에도 존재한다.'는 이것만이 진리이고 다른 것은 쓸모가 없습니까?'라고 말하는 이런 경우가 있을지도 모른다.[254] 쭌다여, 이렇게 말하는 외도 유행승들에게는 '도반들이여, 세존께서는 '여래는 죽고 난 후에도 존재한다는 이것만이 진리이고 다른 것은 쓸모가 없다.'고 설명하지 않으셨습니다.'라고 말해 주어야 한다.

쭌다여, 그런데 외도 유행승들이 '도반들이여, 그러면 '여래는 죽고 난 후에는 존재하지 않는다.'는 이것만이 진리이고 다른 것은 쓸모가 없습니까?'라고 말하는 이런 경우가 있을지도 모른다. 쭌다여, 이렇게 말하는 외도 유행승들에게는 '도반들이여, 세존께서는 '여래는 죽고 난 후에는 존재하지 않는다는 이것만이 진리이고 다른 것은 쓸모가 없다.'고 설명하지 않으셨습니다.'라고 말해 주어야 한다.

쭌다여, 그런데 외도 유행승들이 '도반들이여, 그러면 '여래는 죽고 난 후에 존재하기도 하고 존재하지 않기도 한다.'는 이것만이 진리이고 다른 것은 쓸모가 없습니까?'라고 말하는 이런 경우가 있을지도 모른다. 쭌다여, 이렇게 말하는 외도 유행승들에게는 '도반들이여, 세존께서는 '여래는 죽고 난 후에 존재하기도 하고 존재하지 않기도 한다는 이것만이 진리이고 다른 것은 쓸모가 없다.'고 설명하지

---

254) 위에서 여래의 의미에 대해서 말씀하셨다. 그러면 영속론[常見] 아니면 단멸론[斷見]에 물든 외도들이 당연히 묻게 되는 것이, 이러한 여래는 사후에 도대체 어떻게 되느냐는 질문이다. 부처님께서는 이러한 질문 자체는 해탈·열반에 도움이 되지 않기 때문에 설명하지 않으신다고 분명하게 천명하신다. 여기에 대해서는 본서 제1권 「뽓타빠다 경」(D9) §§25~30의 주해들을 참조할 것.

않으셨습니다.'라고 말해 주어야 한다.

쭌다여, 그런데 외도 유행승들이 '도반들이여, 그러면 '여래는 죽고 난 후에 존재하는 것도 아니고 존재하지 않는 것도 아니다.'는 이것만이 진리이고 다른 것은 쓸모가 없습니까?'라고 말하는 이런 경우가 있을지도 모른다. 쭌다여, 이렇게 말하는 외도 유행승들에게는 '도반들이여, 세존께서는 '여래는 죽고 난 후에 존재하는 것도 아니고 존재하지 않는 것도 아니라는 이것만이 진리이고 다른 것은 쓸모가 없다.'고 설명하지 않으셨습니다.'라고 말해 주어야 한다."

31. "쭌다여, 그런데 외도 유행승들이 '도반들이여, 그러면 왜 사문 고따마는 이것을 설명하지 않았습니까?'라고 말하는 이런 경우가 있을지도 모른다. 쭌다여, 이렇게 말하는 외도 유행승들에게는 '도반들이여, 이것은 참으로 이익을 주지 못하고, [출세간]법에 바탕한 것이 아니며, 청정범행의 시작에도 미치지 못하고, [속된 것들을] 역겨워함으로 인도하지 못하고, 욕망이 빛바램으로 인도하지 못하고, 소멸로 인도하지 못하고, 고요함으로 인도하지 못하고, 최상의 지혜로 인도하지 못하고, 바른 깨달음으로 인도하지 못하고, 열반으로 인도하지 못하기 때문입니다. 그래서 세존께서는 그것을 설명하지 않으셨습니다.'라고 말해 주어야 한다."

설명하는 경우들

32. "쭌다여, 그런데 외도 유행승들이 '도반들이여, 그러면 사문 고따마는 무엇을 설명하였습니까?'라고 말하는 이런 경우가 있을지도 모른다. 쭌다여, 이렇게 말하는 외도 유행승들에게는 '도반들이여,

세존께서는 이것은 괴로움이라고 설명하셨습니다. 도반들이여, 세존께서는 이것은 괴로움의 일어남이라고 설명하셨습니다. 도반들이여, 세존께서는 이것은 괴로움의 소멸이라고 설명하셨습니다. 도반들이여, 세존께서는 이것은 괴로움의 소멸로 인도하는 도닦음이라고 설명하셨습니다.'라고 말해 주어야 한다."

33. "쭌다여, 그런데 외도 유행승들이 '도반들이여, 그러면 왜 사문 고따마는 이것을 설명하였습니까?'라고 말하는 이런 경우가 있을지도 모른다. 쭌다여, 이렇게 말하는 외도 유행승들에게는 '도반들이여, 이것은 참으로 이익을 주고, 이것은 [출세간]법에 바탕한 것이며, 이것은 청정범행의 시작이고, 전적으로 [속된 것들을] 역겨워함으로 인도하고, 욕망이 빛바램으로 인도하고, 소멸로 인도하고, 고요함으로 인도하고, 최상의 지혜로 인도하고, 바른 깨달음으로 인도하고, 열반으로 인도하기 때문입니다. 그래서 세존께서는 이것을 설명하셨습니다.'라고 말해 주어야 한다."[255]

과거에 대한 견해의 국집

34. "쭌다여, 과거에 대한 견해의 국집(局執)들 가운데 설명되어

255) 여기서 우리는 세존께서 꼬삼비의 심사빠 숲에서 심사빠 잎사귀를 한 움큼 손에 들고 내가 설한 가르침은 이 손에 든 잎사귀 정도이고 청정범행-염오-이욕-소멸-열반에 도움이 되지 않기에 설하지 않은 가르침은 저 심사빠 숲처럼 많다(S.v.437~438)고 하신 저 유명한 설법을 기억할 필요가 있다. 수행자들이 이러한 부처님의 근본 입각처에 사무치지 못한다면 그는 부처님 제자가 아니라 해야 할 것이다. 그래서 부처님은 초기경의 도처에서 이런 설법을 거듭거듭 베풀고 계신다. 여기에 대해서는 본서 제1권 「뽓타빠다 경」(D9) §30의 주해를 참조할 것.

야 하는 것은 내가 그대들에게 [모두] 설명하였다. 그러므로 설명해봤자 [아무런 의미가] 없는 것을 내가 어떻게 그대들에게 그대로 설명을 하겠는가? 쭌다여, 미래에 대한 견해의 국집들 가운데 설명되어야 하는 것은 내가 그대들에게 [모두] 설명하였다. 그러므로 설명해봤자 [아무런 의미가] 없는 것을 내가 어떻게 그대들에게 그대로 설명을 하겠는가?[256)]

쭌다여, 그러면 어떤 것이 과거에 대한 견해의 국집들 가운데 설명되어야 하는 것을 내가 그대들에게 [모두] 설명한 것인가?

쭌다여, 어떤 사문·바라문들은 이러한 주장을 하고 이러한 견해를 가지고 있다.

① '자아와 세상은 영원하다. 이것만이 진리이고 다른 것은 헛된 것이다.'

② '자아와 세상은 영원하지 않다. …'

③ '자아와 세상은 영원하기도 하고 영원하지 않기도 하다. …'

④ '자아와 세상은 영원하지 않기도 하고 영원하지 않은 것이 아니기도 하다. …'

⑤ '자아와 세상은 끝이 있다. …'

⑥ '자아와 세상은 끝이 없다. …'

⑦ '자아와 세상은 끝이 있기도 하고 끝이 없기도 하다. …'

⑧ '자아와 세상은 끝이 있는 것도 아니고 없는 것도 아니다. …'

---

256) 앞 문단에서 세존께서는 해탈·열반에 도움이 되지 않는 법은 설하지 않으신다는 근본입장을 분명하게 밝히셨다. 그런 뒤에 이제 보통의 사문·바라문들이 빠질 수 있는 견해를 과거에 관한 것 16가지와 미래에 관한 것 8가지로 정리해서 이런 견해들은 모두 상대적인 것이기 때문에 어느 누구도 이것만이 진리라고 주장하지 못한다고 단언하신다.

⑨ '자아와 세상은 스스로가 만든 것이다. …'

⑩ '자아와 세상은 남이 만든 것이다. …'

⑪ '자아와 세상은 자기가 만들기도 했고 남이 만들기도 했다. …'

⑫ '자아와 세상은 자기가 만든 것이 아닌 우연히 발생한 것이다. …'

⑬ '자아와 세상은 남이 만든 것이 아닌 우연히 발생한 것이다. …'

⑭ '자아와 세상은 자기가 만든 것도 아니고 남이 만든 것도 아닌 우연히 발생한 것이다. 이것만이 진리이고 다른 것은 헛된 것이다.'

① '즐거움과 괴로움은 영원하다. 이것만이 진리이고 다른 것은 헛된 것이다.'

② '줄거움과 괴로움은 영원하지 않다. …'

③ '즐거움과 괴로움은 영원하기도 하고 영원하지 않기도 하다. …'

④ '즐거움과 괴로움은 영원하지 않기도 하고 영원하지 않은 것이 아니기도 하다. …'

… …

⑨ '즐거움과 괴로움은 스스로가 만든 것이다. …'

⑩ '즐거움과 괴로움은 남이 만든 것이다. …'

⑪ '즐거움과 괴로움은 자기가 만들기도 했고 남이 만들기도 했다. …'

⑫ '즐거움과 괴로움은 자기가 만든 것이 아닌 우연히 발생한 것이다. …'

⑬ '즐거움과 괴로움은 남이 만든 것이 아닌 우연히 발생한 것이다. …'

⑭ '즐거움과 괴로움은 자기가 만든 것도 아니고 남이 만든 것도 아닌 우연히 발생한 것이다. 이것만이 진리이고 다른 것은 헛된 것이다.'"

35. "쭌다여, 여기서 '자아와 세상은 영원하다. 이것만이 진리이고 다른 것은 헛된 것이다.'라는 이런 주장을 하고 이런 견해를 가진

그 사문·바라문들에게 다가가서 나는 이렇게 말하였다. '도반들이여, 그대들이 자아와 세상은 영원하다고 말하는 이것이 사실입니까?' 그러자 그들은 '이것만이 진리이고 다른 것은 헛됩니다.'라고 말했다.

그러나 나는 그들의 말을 인정하지 않는다. 그것은 무슨 이유 때문인가? 쭌다여, 여기에 대해서 다른 인식을 가진 중생들이 있기 때문이다.257) 쭌다여, 이러한 개념258)들에 관한 한 나는 나 자신과 동등한 [지혜를 가진]259) 자를 관찰하지 못하는데 어떻게 더 뛰어난 자가 있겠는가! 그러므로 참으로 높은 개념260)에 관한 한 내가 더 뛰어

---

257) 이런 서로 다른 견해들은 모두 서로 다른 인식(산냐)들에 바탕을 둔 상대적인 것일 뿐이라는 말씀이다. *One of Them*(여럿 중의 하나)일 뿐이라는 말씀이다. 본서 제1권 「범망경」(D1)을 통해서 우리는 62견이 모두 자기가 본 것만을 국집(局執)하고 움켜쥐고 있는 것에 지나지 않는다는 부처님의 사자후를 들었다. 이렇게 되면 자기 견해를 고수(固守)하여 그것을 굳게 움켜쥐어서 폐기하기가 어렵다는 법문도 들었다.(D25 §12) 여기서도 세존께서는 같은 말씀을 하고 계신다. 이러한 단정적인 견해를 버리고 연기적으로 고찰하고 고(苦)와 고의 발생과 고의 소멸과 고의 소멸로 인도하는 도닦음으로 관찰하는 것이 부처님께서 말씀하시는 바른 견해[正見]이다. 그래서 바른 견해는 사성제에 대한 지혜(D22 §21)요 연기를 아는 것(「가전연경」 S12:15)이라고 정의하고 계시는 것이다. 이것이 견해에 대한 부처님의 태도이다.

258) "여기서 개념(paññatti)이란 견해에 의한 개념(diṭṭhi-paññatti)이다." (DA.iii.916) 복주서에서는 diṭṭhi-paññatti를 "견해에 의한 개념(diṭṭhi-yā paññāpana)"(DAṬ.iii.125)으로 풀이하고 있다.

259) 원문은 samasamaṁ인데 주석서에서는 동등한 지혜로 동등함(samena ñāṇena samaṁ)으로 설명하고 있다.(DA.iii.916)

260) '높은 개념'의 원어는 adhippaññatti이다. 주석서의 설명을 들어 보자. "[본 문맥에서 나타나는] 개념(paññatti)과 높은 개념(adhipaññatti)은 둘 모두 뜻으로는 하나이다. 분류에 따라서 개념과 높은 개념으로 둘이 된다. 여기서 개념이란 견해에 의한 개념(diṭṭhipaññatti)이다. 높은 개념이란 무더기(khandha, 蘊)에 대한 개념, 요소(dhātu, 界)에 대한 개념, 감

나다."

36. "쭌다여, 여기서 '자아와 세상은 영원하지 않다. … 자아와 세상은 영원하기도 하고 영원하지 않기도 하다. … 자아와 세상은 영원하지 않기도 하고 영원하지 않은 것이 아니기도 하다. …자아와 세상은 끝이 있다. … 자아와 세상은 끝이 없다. … 자아와 세상은 끝이 있기도 하고 끝이 없기도 하다. … 자아와 세상은 끝이 있는 것도 아니고 없는 것도 아니다. … 자아와 세상은 스스로가 만든 것이다. … 자아와 세상은 남이 만든 것이다. … 자아와 세상은 자기가 만들기도 했고 남이 만들기도 했다. … 자아와 세상은 자기가 만든 것이 아닌 우연히 발생한 것이다. … 자아와 세상은 남이 만든 것이 아닌 우연히 발생한 것이다. … 자아와 세상은 자기가 만든 것도 아니고 남이 만든 것도 아닌 우연히 발생한 것이다. 이것만이 진리이고 다른 것은 헛된 것이다.

즐거움과 괴로움은 영원하다. … 즐거움과 괴로움은 영원하지 않다. … 즐거움과 괴로움은 영원하지 않기도 하고 영원하지 않은 것이 아니기도 하다. … 즐거움과 괴로움은 끝이 있다. … 즐거움과 괴로움은 끝이 없다. … 즐거움과 괴로움은 끝이 있기도 하고 끝이 없기도 하다. … 즐거움과 괴로움은 끝이 있는 것도 아니고 없는 것도 아니다. … 즐거움과 괴로움은 스스로가 만든 것이다. … 즐거움과 괴로움은 남이 만든 것이다. … 즐거움과 괴로움은 자기가 만들기도 했

각장소(āyatana, 處)에 대한 개념, 감각기능(indriya, 根)에 대한 개념, 진리(sacca, 諦)에 대한 개념, 인간(puggala)에 대한 개념의 여섯 가지 개념들을 말한다. 여기서는 개념과 높은 개념 둘 다를 뜻한다. 세존께서는 이 둘 다를 통해서 위없는 분이시라는 뜻이다."(DA.iii.916~17)

고 남이 만들기도 했다. … 즐거움과 괴로움은 자기가 만든 것이 아닌 우연히 발생한 것이다. … 즐거움과 괴로움은 남이 만든 것이 아닌 우연히 발생한 것이다. … 즐거움과 괴로움은 자기가 만든 것도 아니고 남이 만든 것도 아닌 우연히 발생한 것이다. 이것만이 진리이고 다른 것은 헛된 것이다.'라는 이런 주장을 하고 이런 견해를 가진 그 사문·바라문들에게 다가가서 나는 이렇게 말하였다. '도반들이여, 그대들이 즐거움과 괴로움은 자기가 만든 것도 아니고 남이 만든 것도 아닌 우연히 발생한 것이라고 말하는 이것이 사실입니까?' 그러자 그들은 '이것만이 진리이고 다른 것은 헛됩니다.'라고 말했다.

그러나 나는 그들의 말을 인정하지 않는다. 그것은 무슨 이유 때문인가? 쭌다여, 여기에 대해서 다른 인식을 가진 중생들이 있기 때문이다. 쭌다여, 이러한 개념들에 관한 한 나는 나 자신과 동등한 [지혜를 가진] 자를 관찰하지 못하는데 어떻게 더 뛰어난 자가 있겠는가! 그러므로 참으로 높은 개념에 관한 한 내가 더 뛰어나다.

쭌다여, 이것이 과거에 대한 견해의 국집들 가운데 설명되어야 하는 것을 내가 그대들에게 [모두] 설명한 것이다. 그러므로 설명해봤자 [아무런 의미가] 없는 것을 내가 어떻게 그대들에게 그대로 설명을 하겠는가?

미래에 대한 견해의 국집

37. "쭌다여, 미래에 대한 견해의 국집들 가운데 설명되어야 하는 것은 내가 그대들에게 [모두] 설명하였다. 그러므로 설명해봤자 [아무런 의미가] 없는 것을 내가 어떻게 그대들에게 그대로 설명을 하겠는가?

쭌다여, 그러면 어떤 것이 미래에 대한 견해의 국집들 가운데 설명되어야 하는 것을 내가 그대들에게 [모두] 설명한 것인가?

쭌다여, 어떤 사문·바라문들은 이러한 주장을 하고 이러한 견해를 가지고 있다.

① '물질[色]을 가진 자아는 죽고 난 후에 인식을 가지고 병들지 않는다. 이것만이 진리이고 다른 것은 헛된 것이다.'

② '물질을 가지지 않은 자아는 …'

③ '물질을 가지기도 하고 물질을 가지지 않기도 하는 자아는 …'

④ '물질을 가지지 않기도 하고 물질을 가지지 않은 것도 아닌 자아는 …'

⑤ '인식을 가진 자아는 …'

⑥ '인식을 가지지 않은 자아는 …'

⑦ '인식을 가진 것도 아니고 인식을 가지지 않은 것도 아닌 자아는 죽고 난 후에 인식을 가지고 병들지 않는다.'

⑧ '자아는 단멸하고 파멸하여 죽은 후에는 더 이상 존재하지 않는다. 이것만이 진리이고 다른 것은 헛된 것이다.'"

38. "쭌다여, 여기서 '물질[色]을 가진 자아는 죽고 난 후에 인식을 가지고 병들지 않는다. 이것만이 진리이고 다른 것은 헛된 것이다.'라는 이런 주장을 하고 이런 견해를 가진 그 사문·바라문들에게 다가가서 나는 이렇게 말하였다. '도반들이여, 그대들이 물질을 가진 자아는 죽고 난 후에 인식을 가지고 병들지 않는다라고 말하는 이것이 사실입니까?' 그러자 그들은 '이것만이 진리이고 다른 것은 헛됩니다.'라고 말했다.

그러나 나는 그들의 말을 인정하지 않는다. 그것은 무슨 이유 때문인가? 쭌다여, 여기에 대해서 다른 인식을 가진 중생들이 있기 때문이다. 쭌다여, 이러한 개념들에 관한 한 나는 나 자신과 동등한 [지혜를 가진] 자를 관찰하지 못하는데 어떻게 더 뛰어난 자가 있겠는가! 그러므로 참으로 높은 개념에 관한 한 내가 더 뛰어나다."

39. "쭌다여, 여기서 '물질을 가지지 않은 자아는 … 물질을 가지기도 하고 물질을 가지지 않기도 하는 자아는 … 물질을 가지지 않기도 하고 물질을 가지지 않은 것도 아닌 자아는 … 인식을 가진 자아는 … 인식을 가지지 않은 자아는 … 인식을 가진 것도 아니고 인식을 가지지 않은 것도 아닌 자아는 죽고 난 후에 인식을 가지고 병들지 않는다. … 자아는 단멸하고 파멸하여 죽은 후에는 더 이상 존재하지 않는다. 이것만이 진리이고 다른 것은 헛된 것이다.'라는 이런 주장을 하고 이런 견해를 가진 그 사문·바라문들에게 다가가서 나는 이렇게 말하였다. '도반들이여, 그대들이 자아는 단멸하고 파멸하여 죽은 후에는 더 이상 존재하지 않는다라고 말하는 이것이 사실입니까?' 그러면 그들자 '이것만이 진리이고 다른 것은 헛됩니다.'라고 말했다.

그러나 나는 그들의 말을 인정하지 않는다. 그것은 무슨 이유 때문인가? 쭌다여, 여기에 대해서 다른 인식을 가진 중생들이 있기 때문이다. 쭌다여, 이러한 개념들에 관한 한 나는 나 자신과 동등한 [지혜를 가진] 자를 관찰하지 못하는데 어떻게 더 뛰어난 자가 있겠는가! 그러므로 참으로 높은 개념에 관한 한 내가 더 뛰어나다.

쭌다여, 이것이 미래에 대한 견해의 국집들 가운데 설명되어야 하는 것을 내가 그대들에게 [모두] 설명한 것이다. 그러므로 설명해봤자 [아무런 의미가] 없는 것을 내가 어떻게 그대들에게 그대로 설명을 하겠는가?"

맺는 말 — 네 가지 마음챙김의 확립

40. "쭌다여, 이러한 과거에 대한 견해의 국집들과 이러한 미래에 대한 견해의 국집들을 제거하고 뛰어넘기 위해서 나는 네 가지 마음챙김의 확립을 가르치고 천명하였다.261) 무엇이 네 가지인가?

쭌다여, 여기 비구는 몸에서 몸을 관찰하며[身隨觀] 머문다. 세상에 대한 욕심과 싫어하는 마음을 버리면서 근면하게, 분명히 알아차리고 마음챙기는 자 되어 머문다. 느낌에서 느낌을 관찰하며[受隨觀] 머문다. … 마음에서 마음을 관찰하며[心隨觀] 머문다. … 법에서 법을 관찰하며[法隨觀] 머문다. 세상에 대한 욕심과 싫어하는 마음을 버리

---

261) 부처님 말씀의 핵심이다. 니간타 나따뿟따의 임종에 대한 소식을 듣고 설하기 시작한 길고 간곡하신 부처님의 말씀은 마음챙김의 확립으로 이제 귀결이 되고 있다. 지금여기에서 일어나고 사라지는 몸, 느낌, 마음, 심리현상[身·受·心·法]에 대해서 마음챙김을 확립하는 것이야말로 과거와 미래에 대한 견해에 속거나 계박(繫縛)되는 것을 극복하는 방법이라고 부처님께서는 천명하고 계신다. 그러므로 본경의 제목인 청정한 믿음은 마음챙기는 공부를 할 때 실현되는 것이라 할 수 있다.
그리고 우리는 본서의 도처에서 마음챙김이야말로 가장 요긴한 부처님의 말씀임을 보았다. 특히 「대반열반경」에서는(D16 §2.12; §2.26 등) 네 가지 마음챙김의 확립이야말로 자등명, 자귀의, 법등명, 법귀의를 실천하는 것임을 천명하고 있으며, 부처님의 마지막 유훈인 불방일(不放逸, appamāda)도 주석서에서는 알아차림을 수반한 마음챙김(sati-avippa)으로 해석하고 있음을 보았다. 그러므로 아지랑이와도 같은 자아와 세상에 대한 존재론적인 실체를 찾아 귀중한 시간을 다 허비할 것이 아니라, 나라는 존재를 몸, 느낌, 마음, 법으로 해체해서 꿰뚫어 보는 마음챙김을 매순간 닦아야 할 것이다. 이런 사람이야말로 진정한 부처님 제자라 할 수 있을 것이다.

면서 근면하게, 분명히 알아차리고 마음챙기는 자 되어 머문다.

쭌다여, 이러한 과거에 대한 견해의 국집들과 이러한 미래에 대한 견해의 국집들을 제거하고 뛰어넘기 위해서 나는 이 네 가지 마음챙김의 확립을 가르치고 천명하였다."

41. 그때 우빠와나 존자[262]가 세존의 뒤에서 세존께 부채질을 해드리고 있었다. 그는 세존께 이렇게 말씀드렸다.

"경이롭습니다, 세존이시여. 놀랍습니다, 세존이시여. 이 법문은 지극히 청정한 믿음을 줍니다. 세존이시여, 이 법문의 이름은 무엇입니까?"

"우빠와나여, 그렇다면 이 법문을 '청정한 믿음을 주는 것'[263]이라고 호지하라."

세존께서는 이와 같이 설하셨다. 우빠와나 존자는 마음이 흡족해져서 세존의 말씀을 크게 기뻐하였다.

「정신경」이 끝났다.

---

262) 우빠와나(Upavāna 혹은 Upavāṇa) 존자는 사왓티의 부유한 바라문 출신이라고 한다. 그는 사와티의 제따 숲에 머무시는 세존의 위엄에 감동하여 출가하였다고 한다.(ThagA.i.308) 본서 제2권 「대반열반경」(D16) §5.5에서 보듯이 그는 아난다 존자 이전에 잠시 세존의 시자로 있었다.

263) 우빠와나 존자가 이 법문은 청정한 믿음을 주는 것(pāsādika)이라고 하자 부처님께서는 그러면 청정한 믿음을 주는 것이라고 호지하라고 경의 제목을 정해 주신다. pāsāda는 일반적으로 청정한 믿음[淸淨信]을 뜻한다. 그래서 역자는 본경을 「정신경」(淨信經)이라 옮겼다.

삼십이상경(三十二相經)

서른두 가지 대인의 상호

Lakkhaṇa Sutta(D30)

삼십이상경(三十二相經)264)

서른두 가지 대인의 상호

Lakkhaṇa Sutta(D30)

서언 — 서른두 가지 대인상

1.1. 이와 같이 나는 들었다. 한때 세존께서는 사왓티에서 제따 숲의 급고독원에 머무셨다. 거기서 세존께서는 "비구들이여"라고 비구들을 부르셨다. "세존이시여"라고 그 비구들은 부처님께 응답했다. 세존께서는 말씀하셨다.

"비구들이여, 대인(大人)에게는 서른두 가지 대인상(大人相)들이 있다. 그런 대인상을 갖춘 자에게는 두 가지 길만이 열려 있고 다른 것은 없다.

---

264) 「삼십이상경」으로 옮긴 빠알리어는 락카나 숫따(Lakkhaṇa Ssutta)이다. 그러므로 '상경(相經)'이라고 직역할 수 있다. 그런데 lakkhaṇa는 초기경들에서는 여러 의미로 나타나고 있고, 한역에 나타나는 相이라는 단어도 다양한 의미로 사용되고 있기 때문에 본경의 주제를 정확하게 드러내기 위해서 「삼십이상경」으로 구체적으로 옮겼다.
한역 『장아함』에는 본경처럼 32상을 상세하게 설명하는 경은 없다. 『중아함』의 59번째에 「삼십이상경」(三十二相經)으로 번역된 경이 있지만, 본경과 같이 32상을 상세하게 설명하지는 않고 단지 32상의 나열만이 나타나고 있다.

만일 그가 재가에 머물면 전륜성왕이 될 것이다.265) 그는 정의로운 분이요 법다운 왕이며 사방을 정복한 승리자여서 나라를 안정되게 하고 일곱 가지 보배[七寶]를 두루 갖추게 된다. 그에게는 이런 일곱 가지 보배들이 있으니 윤보(輪寶), 상보(象寶), 마보(馬寶), 보배보(寶貝寶), 여인보(女人寶), 장자보(長子寶), 그리고 주장신보(主藏臣寶)가 일곱 번째이다. 천 명이 넘는 그의 아들들은 용감하고 훤칠하며 적군을 정복한다. 그는 바다를 끝으로 하는 전 대지를 징벌과 무력을 쓰지 않고 법으로써 승리하여 통치한다. 그런데 만일 그가 집을 나와 출가하면 아라한·정등각이 되어 세상의 장막을 벗겨버릴 것이다."

1.2. "비구들이여, 그러면 어떤 것이 대인에게 있는 이와 같은 서른두 가지 대인상266)들인가?

---

265) 전륜성왕은 Rājā Cakkavatti의 역어이다. cakka(바퀴를)-vatti(굴리는) rājā(왕)이라 직역할 수 있다. 그래서 전체를 중국에서는 轉輪聖王이라 옮겼다. 물론 여기서 바퀴는 윤보(輪寶)를 뜻한다. 전륜성왕에 대해서는 본서 제2권의 「마하수닷사나 경」(D17) §1.7 이하와 제3권 「전륜성왕 사자후경」(D26) §2 이하를 참조할 것.

266) 서른두 가지 대인상[三十二大人相]은 중국에서 경들마다 순서도 다르고 내용도 조금씩 차이가 나며 각각 다른 한문술어로 옮겨졌기 때문에 빠알리 경의 서른두 가지 대인상과 비교할 기준이 없다. 그래서 본경을 옮기면서 괄호 안에 한역을 밝히지 않는다. 대신에 한역 『장아함』의 「대전기경」에 번역된 32상을 나열해 보면 다음과 같다.
① 足安平 ② 足下相輪 ③ 手足網縵 ④ 手足柔軟 ⑤ 手足指纖 ⑥ 足跟充滿 ⑦ 鹿膊腸上下傭直 ⑧ 鉤鎖骨·骨節相鉤 ⑨ 陰馬藏 ⑩ 平立垂手過膝 ⑪ 一一孔一毛生 ⑫ 毛生右旋 ⑬ 身黃金色 ⑭ 皮膚細軟 ⑮ 兩肩齊亭充滿圓好 ⑯ 胸有萬字 ⑰ 身長倍人 ⑱ 七處平滿 ⑲ 身長廣等 ⑳ 頰車如師子 □ 胸膺方整如師子 □ 口四十齒 □ 方整齊平 □ 齒密無間 □ 齒白鮮明 □ 咽喉淸淨 □ 廣長舌 □ 梵音淸徹 □ 眼紺青色 □ 眼如牛王 □ 眉間白毫 □ 頂有肉髻.
그리고 「불설법집명수경」(佛說法集名數經)에는 다음과 같이 나타난다.

① 비구들이여, 여기 대인은 발바닥이 편평하다. 비구들이여, 대인의 발바닥이 편평한 이것 역시 대인에게 있는 대인상이다.

② 다시 비구들이여, 대인에게는 발바닥에 바퀴[輪]들이 [나타나] 있는데 그들 바퀴에는 천 개의 바퀴살과 테와 중심부가 있어 일체를 두루 갖추었다. 비구들이여, 대인에게는 발바닥에 바퀴[輪]들이 [나타나] 있는데 그들 바퀴에 천 개의 바퀴살과 테와 중심부가 있어 일체를 두루 갖춘 이것 역시 대인에게 있는 대인상이다.

③ 속눈썹이 길다. …

④ 손가락이 길다. …

⑤ 손과 발이 부드럽고 섬세하다. …

⑥ 손가락과 발가락 사이마다 얇은 막이 있다. …

⑦ 발꿈치가 발의 가운데 있다. …

⑧ 장딴지가 사슴 장딴지와 같다. …

⑨ 꼿꼿이 서서 굽히지 않고도 두 손바닥으로 두 무릎을 만지고 문지를 수 있다. …

⑩ 음경이 감추어진 것이 마치 말과 같다. …

---

① 足下平滿相 ② 足下千輻輪文相 ③ 手足柔軟相 ④ 手足指間有金色網鞔相 ⑤ 手足諸指纖長圓滿相 ⑥ 足跟廣長與趺相 ⑦ 稱相足趺脩廣柔軟充滿相 ⑧ 雙腨纖圓如鹿王腨相 ⑨ 兩臂傭圓平立過膝相 ⑩ 陰相隱密如象王相 ⑪ 身諸毛孔各生一毛右旋紺靑相 ⑫ 髮毛上靡紺靑柔軟相 ⑬ 身皮薄潤塵水不住相 ⑭ 身眞金色光潔莊嚴相 ⑮ 手足掌中頸及兩肩七處充滿相 ⑯ 雙肩頭頂圓滿殊妙相 ⑰ 兩膞腋下皆悉充實相 ⑱ 容儀端嚴相 ⑲ 身相廣長相體相 ⑳ 縱廣形量相稱相 ㉑ 於身上半如師子王相 ㉒ 常有身光面各一尋 ㉓ 齒白如雪四十齊密相 ㉔ 四牙鋒利鮮淨皎潔相 ㉕ 於諸味中常得上味相舌相 ㉖ 廣薄可以覆面至髮際相 ㉗ 梵音洪雅隨衆等聞相 ㉘ 眼睫齊整如牛王眼睫相 ㉙ 眼睛之上紅環間飾相 ㉚ 面如滿月眉如初月相 ㉛ 眉間白毫右旋柔軟相 ㉜ 頂有烏瑟膩沙如天傘蓋相

⑪ 몸이 황금색이어서 자마금(紫磨金)과 같다. …

⑫ 살과 피부가 부드러워서 더러운 것이 몸에 붙지 않는다. …

⑬ 각각의 털구멍마다 하나의 털만 나있다. …

⑭ 몸의 털이 위로 향해 있고 푸르고 검은 색이며 [소라처럼] 오른쪽으로 돌아 있다. …

⑮ 몸이 넓고 곧다. …

⑯ [몸의] 일곱 군데[267]가 풍만하다. …

⑰ 윗몸이 커서 마치 사자와 같다. …

⑱ 어깨가 잘 뭉쳐져 있다. …

⑲ 니그로다 나무처럼 몸 모양이 둥글게 균형이 잡혔는데, 신장과 두 팔을 벌린 길이가 같다. …

⑳ 등이 편평하고 곧다. …

㉑ 섬세한 미각을 가졌다. …

㉒ 턱이 사자와 같다. …

㉓ 이가 40개다. …

㉔ 이가 고르다. …

㉕ 이가 성글지 않다. …

㉖ 이가 아주 희다. …

㉗ 혀가 아주 길다. …

㉘ 범천의 목소리를 가져 가릉빈가 새 소리와 같다. …

㉙ 눈동자가 검푸르다. …

㉚ 속눈썹이 소와 같다. …

---

267) "일곱 군데[七處]는 두 손바닥(hatthapiṭṭhi), 두 발바닥(pādapiṭṭhi), 두 어깨(aṁsakūṭa) 및 몸통(khandha)이다."(DA.ii.448)

㉛ 두 눈썹 사이에 털이 나서, 희고 가느다란 솜을 닮았다. …

㉜ 다시 비구들이여, 대인에게는 정수리에 육계가 솟았다. 비구들이여, 대인은 정수리에 육계가 솟았다는 이것 역시 대인에게 있는 대인상이다."

1.3. "비구들이여, 대인에게는 이러한 서른두 가지 대인상들이 있다. 이런 대인상을 갖춘 분에게는 두 가지 길만이 열려 있고 다른 것은 없다.

만일 그가 재가에 머물면 전륜성왕이 될 것이다. 그는 정의로운 분이요 법다운 왕이며 사방을 정복한 승리자여서 나라를 안정되게 하고 일곱 가지 보배[七寶]를 두루 갖추게 된다. 그에게는 이런 일곱 가지 보배들이 있으니 윤보, 상보, 마보, 보배보, 여인보, 장자보, 그리고 주장신보가 일곱 번째이다. 천 명이 넘는 그의 아들들은 용감하고 훤칠하며 적군을 정복한다. 그는 바다를 끝으로 하는 전 대지를 징벌과 무력을 쓰지 않고 법으로써 승리하여 통치한다. 그런데 만일 그가 집을 나와 출가하면 아라한・정등각이 되어 세상의 장막을 벗겨버릴 것이다.

비구들이여, 대인에게 있는 이러한 서른두 가지 대인상들은 외도268)의 선인(仙人)들도 가지고 있다. 그러나 그들은 어떤 업을 지어서 이런 특징[相]을 얻게 되었는지는 알지 못한다."

268) 여기서 '외도(外道)'로 옮긴 원어는 bāhiraka이다. 일반적으로 초기경에서 외도는 aññatitthiya(다른 여울에 있는 자)로 나타난다. bāhiraka는 문자적으로 '밖에 있는 자'이다 그래서 같이 외도로 옮긴다.

(1) **발바닥이 편평한 상**

1.4. "비구들이여, 여래는 이전의 삶과 이전의 존재와 이전의 거주처에서 인간으로 태어나서 [열 가지] 유익한 법들[269]을 굳게 호지하였으며 몸의 선행(善行)과 말의 선행과 마음의 선행과, 보시를 베풂과 계를 호지함과 포살일을 준수함과, 어머니를 공경하고 아버지를 공경하고 사문을 공경하고 바라문을 공경하고 집에서 연장자를 공경하는 것과, 다른 여러 높은 유익한 법들을 흔들림 없이 호지하였다. 그는 그런 업을 지었고 쌓았고 넘치게 하였고 풍부하게 하였기 때문에 몸이 무너져 죽은 뒤 좋은 곳[善處]이나 천상에 태어났다.

그는 거기서 다른 신들보다 열 배나 더 많이 하늘의 수명과 하늘의 용모와 하늘의 행복과 하늘의 명성과 하늘의 권위와 하늘의 형상과 하늘의 소리와 하늘의 냄새와 하늘의 맛과 하늘의 감촉을 누렸다. 그는 거기서 죽어 여기에 와서는 발바닥이 편평한 이런 대인상을 얻었다. 그는 평등한 발로 땅을 디디고 평등하게 들어올리고 발바닥의 모든 부분으로 평등하게 땅을 딛는다."

1.5. "그는 이런 상을 구족하여 만일 재가에 머물면 전륜성왕으로 정의로운 분이요 법다운 왕이요 사방을 정복한 승리자가 되어 나라를 안정되게 하고 일곱 가지 보배[七寶]를 두루 갖추게 된다. 그에게는 이런 일곱 가지 보배들이 있으니 윤보, 상보, 마보, 보배보, 여인보, 장자보, 그리고 주장신보가 일곱 번째이다. 천 명이 넘는 그의 아들들은 용감하고 훤칠하며 다른 군대를 정복한다. 그는 바다를 끝

---

269) "여기서 유익한 법(kusala dhamma)들이란 열 가지 유익한 업의 길(dasakusalakammapatha, 十善業道)들을 말한다."(DA.iii.919)

으로 하며 황무지가 없고 [재앙의] 조짐이 없고 가시덤불이 없으며[270] 번창하고 부유하고 안전하고 평화롭고 분쟁이 없는 전 대지를 징벌과 무력을 쓰지 않고 법으로써 승리하여 통치한다.

왕이 되면 무엇을 얻는가? 그는 상대가 어떠한 인간이 되었든 그런 호전적인 적에 의해 파멸되지 않는다. 왕이 되면 이것을 얻는다.

그런데 만일 그가 집을 나와 출가하면 아라한·정등각이 되어 세상의 장막을 벗겨버린다. 부처가 되면 무엇을 얻는가? 안이나 밖의[271] 호전적인 적들, 즉 [안의] 탐욕이나 성냄이나 어리석음이나 [밖의] 사문이나 바라문이나 신이나 마라나 범천이나 이 세상에 있는 그 누구로부터도 파멸되지 않는다. 부처가 되면 이것을 얻는다."

세존께서는 이 뜻에 대해서 [게송으로] 다음과 같이 말씀하셨다.

1.6. 여기에 대해서 이렇게 말씀하셨다.

"진리와 법과 길들임과 제어와
청정함과 계와 포살과
보시와 불해(不害)와 비폭력을 좋아하고
굳건하게 받아 지녀 평등함을 실천한다.

그는 이런 업으로 천상에 가서
행복하고 천진난만하게 머물렀다.

---

270) "황무지가 없고 [재앙의] 조짐이 없고 가시덤불이 없다는 것은 도둑이 없음(niccora)이다. 도둑(cora)들은 거친 것을 경험한다는 뜻에서 황무지(khila)이고, 재난의 조건이라는 뜻에서 조짐(nimitta)이고, 찌른다는 뜻에서 가시덤불(kaṇṭhaka)이라고 불린다."(DA.iii.921)

271) "안이나 밖이라는 것은 안으로부터 솟아오른(uṭṭhit) 감각적 욕망 등과 밖의 사문 등을 말한다."(DA.iii.922)

거기서 죽어 다시 여기에 와서
고른 발로 대지를 디딘다.

[상을] 평하는 자들이 모여들어 설명하였다.
고르게 디디는 자에게는 파멸이란 없다.
재가에 머물든 다시 출가를 하든
이 상은 그런 뜻을 밝혀준다.

재가에 머물면 파멸이란 없으며
적들이 그를 능가하지 못하고 섬멸하지 못한다.
여기 어떤 인간들도
그의 업의 과보를 파멸시키지 못한다.

만일 여여하게 출가를 하게 되면
출리의 의욕을 좋아하는 지자인 그는
최상이 되어 결코 파멸로 가지 않는다.
최고의 인간인 이것이 그의 법다움이기 때문이다."

(2) 발바닥에 바퀴[輪]들이 있는 상

1.7. "비구들이여, 여래는 이전의 삶과 이전의 존재와 이전의 거주처에서 인간으로 태어나서 많은 사람들의 행복을 가져다주는 자였다. 솟구쳐 오르는 두려움과 공포를 몰아내는 자였으며 법답게 살피고 감싸고 보호를 하는 자였으며 여러 가지를 구비한 보시를 베푸는 자였다. 그는 그런 업을 지었고 쌓았고 넘치게 하였고 풍부하게 하였기 때문에 몸이 무너져 죽은 뒤 좋은 곳[善處]이나 천상에 태어났다.

그는 거기서 다른 신들보다 열 배나 더 많이 하늘의 수명과 하늘의 용모와 하늘의 행복과 하늘의 명성과 하늘의 권위와 하늘의 형상과 하늘의 소리와 하늘의 냄새와 하늘의 맛과 하늘의 감촉을 누렸다. 그는 거기서 죽어 여기에 와서는 발바닥에 바퀴[輪]들이 [나타나] 있고 그들 바퀴에는 천 개의 바퀴살과 테와 중심부가 있어 일체를 두루 갖추고 있는 이런 대인상을 얻었다."

1.8. "그는 이런 상을 구족하여 만일 재가에 머물면 전륜성왕으로 정의로운 분이요 법다운 왕이 되어 … 법으로써 승리하여 통치한다.

왕이 되면 무엇을 얻는가? 많은 수하들이 있게 된다. 그에게는 바라문 장자들과 시민들과 지방민들과 재정 담당자들과 경호원들과 수문장들과 대신들과 측근들과 속국의 왕들과 영주들과 시동들이라는 많은 수하들이 있게 된다. 왕이 되면 이것을 얻는다.

그런데 만일 그가 집을 나와 출가하면 아라한·정등각이 되어 세상의 장막을 벗겨버린다. 부처가 되면 무엇을 얻는가? 많은 주위 사람들이 있게 된다. 그에게는 비구들과 비구니들과 청신사들과 청신녀들과 신들과 인간들과 아수라들과 용들과 간답바[272]들이 주위에 많이 있게 된다. 부처가 되면 이것을 얻는다."

세존께서는 이 뜻에 대해서 [게송으로] 다음과 같이 말씀하셨다.

1.9. 여기에 대해 이렇게 말씀하셨다.

"전에 이전에 이전의 생들에서
인간으로써 많은 중생들에게 행복을 가져다주는 자였고

272) 간답바(gandhabba)에 대해서는 본서 제2권 「대인연경」(D15) §4의 주해를 참조할 것.

솟구쳐 오르는 두려움과 공포를 몰아내는 자였으며
살피고 감싸고 보호하기에 간절한 자였다.

그는 이런 업으로 천상에 가서
행복하고 천진난만하게 머물렀다.
거기서 죽어 다시 여기에 와서
두 발바닥에 바퀴의 상을 가지게 되었다.

완전한 테와 천 개의 바퀴살을 가졌다.
[상을] 평하는 자들이 모여들어 설명하였다.
백 가지 공덕의 상을 가진 소년을 본 뒤에 [말하였다.]
많은 수하를 거느릴 것이고 적들을 섬멸할 것이다.
완전한 테를 가진 바퀴들이 있기 때문이다.

만일 여여한 자가 출가를 하지 않으면
바퀴를 굴려서 대지를 통치할 것이다.
끄샤뜨리야들이 그의 가신들이 된다.
큰 명성을 지닌 그를 알현하게 된다.

만일 여여한 자가 출가를 하게 되면
출리의 의욕을 좋아하는 지자인 그는
신과 인간과 아수라[273]와 제석과 락카사[274]들과

273) 아수라(asura)는 본서 제2권 「자나와사바 경」 (D18) §12의 주해를 참조할 것.

274) 락카사(rakkhasa, *Sk.* rakṣas)는 베다에서부터 나타나는 일종의 나쁜 신이다. 주로 물 근처에서 나타나서 물 안으로 사람을 홀린다고 한다. 그래서 락카사에 붙들린 연못(rakkhasa-pariggahitā pokkharaṇī) 등과 같

간답바와 용들과 날짐승과 네발짐승들이
신과 인간의 예배를 받는 자요 위없는 분이며
큰 명성을 지닌 그를 알현하게 된다."

(3)~(5) **속눈썹이 긴 상, 손가락이 긴 상, 몸이 넓고 곧은 상**[275)]

1.10. "비구들이여, 여래는 이전의 삶과 이전의 존재와 이전의 거주처에서 인간으로 태어나서 생명을 죽이는 것을 버리고 생명을 죽이는 것을 멀리 여의었다. 몽둥이를 내려놓고 칼을 내려놓았다. 겸손하고 자비로운 자가 되어 일체 생명의 이익을 위하고 연민하며 머물렀다. 그는 그런 업을 지었고 쌓았고 넘치게 하였고 풍부하게 하였기 때문에 몸이 무너져 죽은 뒤 좋은 곳[善處]이나 천상에 태어났다.

그는 거기서 다른 신들보다 열 배나 더 많이 하늘의 수명과 하늘의 용모와 하늘의 행복과 하늘의 명성과 하늘의 권위와 하늘의 형상과 하늘의 소리와 하늘의 냄새와 하늘의 맛과 하늘의 감촉을 누렸다. 그는 거기서 죽어 여기에 와서는 속눈썹이 길고, 손가락이 길고, 몸이 넓고 곧은 이런 세 가지 대인상을 얻었다."

1.11. "그는 이런 상을 구족하여 만일 재가에 머물면 전륜성왕으로 정의로운 분이요 법다운 왕이 되어 … 법으로써 승리하여 통치한다.

왕이 되면 무엇을 얻는가? 장수하는 자가 되고 오래 살고 긴 수명

은 표현이 주석서에 나타나고 있다.(DhpA.i.367 등) 힌두 신화에서는 아수라의 한 무리로 간주한다.

275) 여기 (3)~(5)는 §1.2의 순서와 다르다. 여기서는 §1.2의 (3), (4), (15)번의 상들이 설명되고 있음에 유의해야 한다.

을 가지게 된다. 상대가 어떠한 인간이 되었든 그런 호전적인 적이 중간에 그의 목숨을 빼앗을 수 없다. 왕이 되면 이것을 얻는다.

그런데 만일 그가 집을 나와 출가하면 아라한·정등각이 되어 세상의 장막을 벗겨버린다. 부처가 되면 무엇을 얻는가? 안이나 밖의 호전적인 적들, 즉 [안의] 탐욕이나 성냄이나 어리석음이나 [밖의] 사문이나 바라문이나 신이나 마라나 범천이나 이 세상에 있는 그 누구도 중간에 그의 목숨을 빼앗을 수 없다. 부처가 되면 이것을 얻는다."

세존께서는 이 뜻에 대해서 [게송으로] 다음과 같이 말씀하셨다.

1.12. 여기에 대해 이렇게 말씀하셨다.

"죽음과 살해의 두려움을 생생히 알고서
남을 죽이는 것을 금하였나니
그러한 선행에 의해서 천상에 가서
선업의 결실과 과보를 누렸다.

죽어 다시 이곳에 와서는
여기서 세 가지 상들을 얻었다.
풍부하고 긴 속눈썹을 가지고
범천처럼 곧고 아름다우며 잘 생긴 몸매를 가졌다.

그리고 아름답고 잘 조화되고 잘 자랐으며
부드럽고 섬세하고 긴 손가락을 가졌다.
세 가지 긴 최상의 인간의 상들로
동자가 긴 수명을 가질 것임을 보여준다.

만일 재가자가 되면 오래 살 것이고
만일 출가하면 그보다 더 오래 살 것이며
자재를 얻어 신통을 실행하며 살 것이다.
이처럼 이 [세 가지] 징표는 긴 수명을 나타낸다."

(6) **[몸의] 일곱 군데가 풍만한 상**276)

1.13. "비구들이여, 여래는 이전의 삶과 이전의 존재와 이전의 거주처에서 인간으로 태어나서 미묘하고 맛있으며 씹어 먹고 빨아 먹고 맛보아 먹고 핥아 먹고 마시는 그러한 음식들을 보시하는 자였다. 그는 그런 업을 지었고 쌓았고 넘치게 하였고 풍부하게 하였기 때문에 몸이 무너져 죽은 뒤 좋은 곳[善處]이나 천상에 태어났다.

그는 거기서 다른 신들보다 열 배나 더 많이 하늘의 수명과 하늘의 용모와 하늘의 행복과 하늘의 명성과 하늘의 권위와 하늘의 형상과 하늘의 소리와 하늘의 냄새와 하늘의 맛과 하늘의 감촉을 누렸다. 그는 거기서 죽어 여기에 와서는 일곱 군데가 풍만한 이런 대인상을 얻었나니 두 손이 풍만하고 두 발이 풍만하고 두 어깨가 풍만하고 몸체가 풍만하다."

1.14. "그는 이런 상을 구족하여 만일 재가에 머물면 전륜성왕으로 정의로운 분이요 법다운 왕이 되어 … 법으로써 승리하여 통치한다.

왕이 되면 무엇을 얻는가? 미묘하고 맛있으며 씹어 먹고 빨아 먹고 맛보아 먹고 핥아 먹고 마시는 이러한 음식들을 얻는다. 왕이 되면 이것을 얻는다.

276) §1.2의 (16)번째 상이다.

그런데 만일 그가 집을 나와 출가하면 아라한·정등각이 되어 세상의 장막을 벗겨버린다. 부처가 되면 무엇을 얻는가? 미묘하고 맛있으며 씹어 먹고 빨아 먹고 맛보아 먹고 핥아 먹고 마시는 이러한 음식들을 얻는다. 부처가 되면 이것을 얻는다."

세존께서는 이 뜻에 대해서 [게송으로] 다음과 같이 말씀하셨다.

1.15. 여기에 대해 이렇게 말씀하셨다.

"씹어 먹고 빨아 먹고 핥아 먹고 맛보아 먹는
최상이요 제일의 맛을 가진 [음식을] 베푸는 자였다.
그는 이러한 선행의 업으로
난다나 [정원][277]에서 오랫동안 기쁨에 흠뻑 젖었다.

일곱 부분을 풍만하게 갖추어 여기에 왔나니
손과 발의 부드러움을 얻었다.
예언에 능통한 자들은 말하였다.
그는 최상의 음식을 얻을 것이다.

단지 재가자로서만 이것을 드러내는 것이 아니라
출가해서도 이것을 성취하리니
최고의 음식을 얻을 것이며
모든 재가의 속박을 잘라 버릴 것이다."

---

277) 난다나(Nandana)는 삼십삼천에 있는 신들의 정원(vana)인 난다나 와나(Nandana vana)를 말한다.(M.i.505; DhpA.ii.266; A.iii.40; Jā.vi.240 등) 난다나는 기쁨, 즐거움 등을 뜻하는데 이곳을 찾는 모든 신들에게 기쁨을 주기 때문에 붙인 이름이라고 한다.(Jā.v.158)

(7) **손과 발이 부드럽고 섬세한 상**

(8) **손가락과 발가락 사이마다 얇은 막이 있는 상**

1.16. "비구들이여, 여래는 이전의 삶과 이전의 존재와 이전의 거주처에서 인간으로 태어나서 보시와 사랑스런 말[愛語]과 이로운 행위[利行][278]와 함께 함[同事][279]의 네 가지 섭수하는 토대[四攝事, 四攝法]로 사람들을 섭수하는 자였다. 그는 그런 업을 지었고 쌓았고 넘치게 하였고 풍부하게 하였기 때문에 몸이 무너져 죽은 뒤 좋은 곳[善處]이나 천상에 태어났다.

그는 거기서 다른 신들보다 열 배나 더 많이 하늘의 수명과 하늘의 용모와 하늘의 행복과 하늘의 명성과 하늘의 권위와 하늘의 형상과 하늘의 소리와 하늘의 냄새와 하늘의 맛과 하늘의 감촉을 누렸다. 그는 거기서 죽어 여기에 와서는 손과 발이 부드럽고 섬세하고, 손가락과 발가락 사이마다 얇은 막이 있는 이런 두 가지 대인상을 얻었다."

1.17. "그는 이런 상을 구족하여 만일 재가에 머물면 전륜성왕으로 정의로운 분이요 법다운 왕이 되어 … 법으로써 승리하여 통치한다.

왕이 되면 무엇을 얻는가? 수하들을 잘 섭수한다. 그는 바라문 장자들과 시민들과 지방민들과 재정 담당자들과 경호원들과 수문장들과 대신들과 측근들과 속국의 왕들과 영주들과 시동들이라는 많은 수하들을 잘 섭수한다. 왕이 되면 이것을 얻는다.

그런데 만일 그가 집을 나와 출가하면 아라한·정등각이 되어 세

278) "이로운 행위(attha-cariya, 利行)란 이로움을 증장시키는 말(attha-saṁvaḍḍhana-kathā)이다."(DA.iii.928)

279) "함께 함(samānattatā, 同事)이란 즐거움과 괴로움을 함께 함이다." (*Ibid*)

상의 장막을 벗겨버린다. 부처가 되면 무엇을 얻는가? 주위 사람들을 잘 섭수한다. 그는 비구들과 비구니들과 청신사들과 청신녀들과 신들과 인간들과 아수라들과 용들과 간답바들의 주위 사람들을 잘 섭수한다. 부처가 되면 이것을 얻는다."

세존께서는 이 뜻에 대해서 [게송으로] 다음과 같이 말씀하셨다.

1.18. 여기에 대해 이렇게 말씀하셨다.

"보시와 이로운 행위와
사랑스런 말과 함께 함으로
많은 사람들을 잘 섭수하기를 행하고 실천한 뒤
측량할 수 없는 덕행으로 천상에 갔다.

거기서 죽어 다시 여기에 와서는
손과 발은 부드럽고 섬세하며 얇은 막을 가지나니
극히 아름답고 보기에 멋있다.
어린 아이는 이런 것을 가졌다.

그는 측근들을 다스리는 자가 될 것이며
대지를 잘 섭수하며 머문다.
사랑스런 말을 하고 이익과 행복을 기원하며
아주 뛰어난 덕스러운 행을 한다.

만일 모든 감각적 욕망을 즐기기를 버려 [출가하면]
승자는 사람들에게 법문을 설한다.
그들은 청정한 믿음으로 그의 말에 응답하나니

듣고서는 법과 [그것에] 이르게 하는 법을 실천한다."

(9)~(10) 손가락이 긴 상, 몸의 털이 위로 향해 있는 상

1.19. "비구들이여, 여래는 이전의 삶과 이전의 존재와 이전의 거주처에서 인간으로 태어나서 이익과 관련되고 법과 관련된 말을 하는 자였다. 많은 사람들에게 [이런 것을] 분명하게 설명을 해 주었고 생명들의 이익과 행복을 가져다주는 자였고 법다운 제사를 지내는 자였다. 그는 그런 업을 지었고 쌓았고 넘치게 하였고 풍부하게 하였기 때문에 몸이 무너져 죽은 뒤 좋은 곳[善處]이나 천상에 태어났다.

그는 거기서 다른 신들보다 열 배나 더 많이 하늘의 수명과 하늘의 용모와 하늘의 행복과 하늘의 명성과 하늘의 권위와 하늘의 형상과 하늘의 소리와 하늘의 냄새와 하늘의 맛과 하늘의 감촉을 누렸다. 그는 거기서 죽어 여기에 와서는 손가락이 길고, 몸의 털이 위로 향해 있는 이런 두 가지 대인상을 얻었다."

1.20. "그는 이런 상을 구족하여 만일 재가에 머물면 전륜성왕으로 정의로운 분이요 법다운 왕이 되어 … 법으로써 승리하여 통치한다.

왕이 되면 무엇을 얻는가? 감각적 욕망을 즐기는 [재가자]들 가운데 최고가 되고 제일이 되고 우두머리가 되고 으뜸이 되고 최상이 된다. 왕이 되면 이것을 얻는다.

그런데 만일 그가 집을 나와 출가하면 아라한·정등각이 되어 세상의 장막을 벗겨버린다. 부처가 되면 무엇을 얻는가? 그는 모든 중생들 가운데 최고가 되고 제일이 되고 우두머리가 되고 최상이 되고 으뜸이 된다. 부처가 되면 이것을 얻는다."

세존께서는 이 뜻에 대해서 [게송으로] 다음과 같이 말씀하셨다.

1.21. 여기에 대해 이렇게 말씀하셨다.

"전[생]에는 이익과 법에 관련된 말을 하였고
많은 사람들을 가르쳤고
생명들에게 이익과 행복을 가져다주는 자였다.
법다운 제사를 지냈고 인색하지 않았다.

이런 선행의 업에 의해서 그는
천상에 태어나서 거기서 기쁨을 누렸다.
여기 와서는 두 가지 상을 가졌나니
으뜸가는 우두머리가 됨을 얻는다.

몸의 털이 위로 향해 있으며 아름답다.
발목뼈는 잘 놓여 있으며
살과 피로 덮여졌으며 피부로 싸여졌고
발 위로 잘 놓여져서 아름답다.

만일 집에 머물면 여여한 자는
감각적 욕망을 즐기는 자들 가운데 최상이 되어
그보다 더 높은 자는 없으며
염부제를 정복하여 통치한다.

불굴의 노력을 가진 자가 출가하면
모든 생명들 가운데서 최상이 되어
모든 세상[280]을 지배하여 머문다."

⑾ 사슴 장딴지와 같은 상

1.22. "비구들이여, 여래는 이전의 삶과 이전의 존재와 이전의 거주처에서 인간으로 태어나서 '무엇을 내가 빨리 배워야 하고 빨리 실천해야 하며 오래 수고하지 않아야 합니까?'라면서 기술이나 지식이나 행실이나 사업을 열심히 배우는 자가 되었다. 그는 그런 업을 지었고 쌓았고 넘치게 하였고 풍부하게 하였기 때문에 몸이 무너져 죽은 뒤 좋은 곳[善處]이나 천상에 태어났다.

그는 거기서 다른 신들보다 열 배나 더 많이 하늘의 수명과 하늘의 용모와 하늘의 행복과 하늘의 명성과 하늘의 권위와 하늘의 형상과 하늘의 소리와 하늘의 냄새와 하늘의 맛과 하늘의 감촉을 누렸다. 그는 거기서 죽어 여기에 와서는 사슴 장딴지와 같은 이런 대인상을 얻었다."

1.23. "그는 이런 상을 구족하여 만일 재가에 머물면 전륜성왕으로 정의로운 분이요 법다운 왕이 되어 … 법으로써 승리하여 통치한다. 왕이 되면 무엇을 얻는가? 왕이 누릴 만하고 왕에게 속하고 왕을 기쁘게 하고 왕에게 어울리는 것들을 즉시에 얻는다. 왕이 되면 이것을 얻는다.

그런데 만일 그가 집을 나와 출가하면 아라한·정등각이 되어 세상의 장막을 벗겨버린다. 부처가 되면 무엇을 얻는가? 사문이 누릴 만하고 사문에게 속하고 사문을 기쁘게 하고 사문에게 어울리는 것

---

280) 수행의 문맥에서 loka(세상)는 항상 자기 몸(kāya)이나 '나' 등으로 취착하는 다섯 가지 무더기[五取蘊]를 뜻한다.(loke ti tasmiññeva kāye … pañcapi upādānakkhandhā loko ti – DA.iii.759)

들을 즉시에 얻는다. 부처가 되면 이것을 얻는다."

세존께서는 이 뜻에 대해서 [게송으로] 다음과 같이 말씀하셨다.

1.24. 여기에 대해 이렇게 말씀하셨다.

"기술과 지식과 행실과 사업들에서
어떻게 빨리 쉽게 배워야 하나 하며 [배우기를] 원했다.
누구에게도 상해를 주지 않았고
빨리 배우고 오래 수고하지 않았다.

그런 유익한 업을 지어서 행복한 결과로
마음에 들고 잘 위치한 장딴지를 가지게 되었다.
거기에 둥글고 잘 생겼고 순서대로 올라간
위로 향한 털은 섬세한 피부에 놓여져 있었다.

사슴의 장딴지를 가진 자는 이런 사람을 일컫는다.
이 상은 여기서 즉시에 번영을 가져온다고 말하나니
[거기에 나있는] 각각의 털은 그가 원하는 것을
여기 재가에서 즉시에 성취하게 한다.

만일 여여한 자가 출가하게 되면
출리의 의욕을 가졌고 지자인 그는
불굴의 노력을 가졌기 때문에
그에게 어울리는 것을 순리대로 얻는다."

⑿ 살과 피부가 부드러워서 더러운 것이 몸에 붙지 않는 상

1.25. "비구들이여, 여래는 이전의 삶과 이전의 존재와 이전의 거주처에서 인간으로 태어나서 사문이나 바라문에게 찾아가서 '존자시여, 무엇이 유익한 것이고 무엇이 해로운 것입니까? 무엇이 비난받아 마땅한 것이고 무엇이 비난받지 않는 것입니까? 무엇을 받들어 행해야 하고 무엇을 받들어 행하지 말아야 합니까? 제가 무엇을 행하면 오랜 세월 불행과 괴로움이 있게 되며 제가 무엇을 행하면 오랜 세월 이익과 행복이 있게 됩니까?'라고 질문을 하였다. 그는 그런 업을 지었고 쌓았고 넘치게 하였고 풍부하게 하였기 때문에 몸이 무너져 죽은 뒤 좋은 곳[善處]이나 천상에 태어났다.

그는 거기서 다른 신들보다 열 배나 더 많이 하늘의 수명과 하늘의 용모와 하늘의 행복과 하늘의 명성과 하늘의 권위와 하늘의 형상과 하늘의 소리와 하늘의 냄새와 하늘의 맛과 하늘의 감촉을 누렸다. 그는 거기서 죽어 여기에 와서는 살과 피부가 부드러워서 더러운 것이 몸에 붙지 않는 이런 대인상을 얻었다."

1.26. "그는 이런 상을 구족하여 만일 재가에 머물면 전륜성왕으로 정의로운 분이요 법다운 왕이 되어 … 법으로써 승리하여 통치한다.

왕이 되면 무엇을 얻는가? 큰 통찰지를 가진다. 감각적 욕망을 즐기는 자들 가운데서 누구도 통찰지에 관한 한 그와 동등하거나 뛰어난 자는 없다. 왕이 되면 이것을 얻는다.

그런데 만일 그가 집을 나와 출가하면 아라한·정등각이 되어 세상의 장막을 벗겨버린다. 부처가 되면 무엇을 얻는가? 큰 통찰지를 가진다. 광활한 통찰지, 명쾌한 통찰지, 전광석화와 같은 통찰지, 예리한 통찰지, 꿰뚫는 통찰지를 가진다. 모든 중생들 가운데서 누구도 통찰지에 관한 한 그와 동등하거나 뛰어난 자는 없다. 부처가 되면 이것을 얻는다."

세존께서는 이 뜻에 대해서 [게송으로] 다음과 같이 말씀하셨다.

1.27. 여기에 대해 이렇게 말씀하셨다.

"전에 이전에 이전의 생들에서
그는 완전히 알고자 하여 질문하는 자였고
출가자들을 잘 모시고 잘 시봉하는 자였다.
참된 이치를 찾아 참된 이치에 대한 말씀을 들었다.

통찰지를 얻게 되는 [그런] 업에 의해서
인간이 되어서는 부드러운 피부를 가진 자가 되었다.
생겨나는 징표에 능한 자들이 말하였나니
섬세한 이치에 분명히 능통할 것이라고.

만일 여여한 자가 출가하지 않으면
대지에서 바퀴를 굴리며 통치할 것이니
미세한 이치를 잘 파악함에 있어서
그보다 뛰어나거나 동등한 자란 존재하지 않을 것이다.

만일 여여한 자가 출가하게 되면
출리의 의욕을 가진 지자인 그는
위없는 투철한 통찰지를 얻게 되고

고귀하고 광대한 깨달음을 얻게 된다."

⒀ **몸이 황금빛인 상**

1.28. "비구들이여, 여래는 이전의 삶과 이전의 존재와 이전의 거주처에서 인간으로 태어나서 화를 내지 않는 자였다. 결코 절망하지 않고 많은 말을 하여도 비난하지 않았고 화내지 않았고 악의를 가지지 않았고 공격적이지 않았으며 분노와 증오와 후회를 드러내지 않았다. 섬세하고 부드러운 융단과 외투와 섬세한 아마포(亞麻布)와 섬세한 면직물과 섬세한 비단과 섬세한 나무껍질로 만든 직물을 베푸는 자였다. 그는 그런 업을 지었고 쌓았고 넘치게 하였고 풍부하게 하였기 때문에 몸이 무너져 죽은 뒤 좋은 곳[善處]이나 천상에 태어났다.

그는 거기서 다른 신들보다 열 배나 더 많이 하늘의 수명과 하늘의 용모와 하늘의 행복과 하늘의 명성과 하늘의 권위와 하늘의 형상과 하늘의 소리와 하늘의 냄새와 하늘의 맛과 하늘의 감촉을 누렸다. 그는 거기서 죽어 여기에 와서는 몸이 황금색이어서 자마금(紫磨金)과 같은 피부를 가진 이런 대인상을 얻었다."

1.29. "그는 이런 상을 구족하여 만일 재가에 머물면 전륜성왕으로 정의로운 분이요 법다운 왕이 되어 … 법으로써 승리하여 통치한다.

왕이 되면 무엇을 얻는가? 섬세하고 부드러운 융단과 외투와 섬세한 아마포와 섬세한 면직물과 섬세한 비단과 섬세한 나무껍질로 만든 직물을 얻는다. 왕이 되면 이것을 얻는다.

그런데 만일 그가 집을 나와 출가하면 아라한·정등각이 되어 세상의 장막을 벗겨버린다. 부처가 되면 무엇을 얻는가? 섬세하고 부드러운 융단과 외투와 섬세한 아마포와 섬세한 면직물과 섬세한 비단과 섬세한 나무껍질로 만든 직물을 얻는다. 부처가 되면 이것을 얻는다."

세존께서는 이 뜻에 대해서 [게송으로] 다음과 같이 말씀하셨다.

1.30. 여기에 대해 이렇게 말씀하셨다.

"화를 내지 않음에 굳게 서서 보시를 행하였고
섬세하고 아주 멋진 천들을 [보시하였다.]
이전의 존재에 있을 때 이처럼 베풀었나니
마치 하늘에서 땅에 비를 내리듯이.

그런 신성한 행을 하고서 여기서 죽어 천상에 태어났다.
[천상에서] 선업의 결실과 과보를 누린 뒤
여기서 황금으로 세공한 것과 같은 몸을 가지게 되었나니
마치 더 수승한 신인 인드라처럼.

그런 사람이 출가하지 않고 재가에 머무르면
이 삿된 속세를 통치할 것이며
[전생의 업의] 힘으로 더 좋은 옷을 얻을 것이니
풍부하고 섬세하고 잘 다듬어진 것으로.

그는 최상의 덮개와 옷감을 얻을 것이다.
만일 출가를 하게 되면
위와 같은 전에 지은 업의 결실을 누릴 것이니
이미 지은 것은 없어지지 않는다."

⒁ 음경이 감추어진 것이 마치 말과 같은 상

1.31. "비구들이여, 여래는 이전의 삶과 이전의 존재와 이전의 거주처에서 인간으로 태어나서 오랫동안 같이 살았다가 오래 헤어져 있었던 친지와 친구와 동료와 다시 만나게 되었다. 아들이 되어 어머니와 다시 만났고 어머니가 되어 아들과 다시 만났으며 아들이 되어 아버지와 다시 만났고 아버지가 되어 아들과 다시 만났으며 형제가 되어 형제와 다시 만났으며 누이가 되어 오빠와 다시 만났고 오빠가 되어 누이와 다시 만났으며 자매가 되어 자매와 다시 만났다. 다시 만나서는 크게 기뻐하였다. 그는 그런 업을 지었고 쌓았고 넘치게 하였고 풍부하게 하였기 때문에 몸이 무너져 죽은 뒤 좋은 곳[善處]이나 천상에 태어났다.

그는 거기서 다른 신들보다 열 배나 더 많이 하늘의 수명과 하늘의 용모와 하늘의 행복과 하늘의 명성과 하늘의 권위와 하늘의 형상과 하늘의 소리와 하늘의 냄새와 하늘의 맛과 하늘의 감촉을 누렸다. 그는 거기서 죽어 여기에 와서는 음경이 감추어진 것이 마치 말과 같은 이런 대인상을 얻었다."

1.32. "그는 이런 상을 구족하여 만일 재가에 머물면 전륜성왕으로 정의로운 분이요 법다운 왕이 되어 … 법으로써 승리하여 통치한다.

왕이 되면 무엇을 얻는가? 많은 아들을 가진 자가 된다. 천 명이 넘는 그의 아들들은 용감하고 씩씩하며 다른 군대를 정복한다. 왕이 되면 이것을 얻는다.

그런데 만일 그가 집을 나와 출가하면 아라한·정등각이 되어 세상의 장막을 벗겨버린다. 부처가 되면 무엇을 얻는가? 많은 아들을 가진 자가 된다. 천 명이 넘는 그의 아들들은 용감하고 씩씩하며 다른 군대를 정복한다.[281] 부처가 되면 이것을 얻는다."

세존께서는 이 뜻에 대해서 [게송으로] 다음과 같이 말씀하셨다.

1.33. 여기에 대해 이렇게 말씀하셨다.

"전에 이전에 이전의 생들에서
오랫동안 같이 살았다가 오래 헤어져 있었던
친지와 친구와 동료를 다시 만났다.
다시 만난 뒤 서로 기뻐하였다.

그는 이런 업에 의해서 천상에 태어나서
행복하고 천진난만하게 머물렀다.
거기서 죽어 다시 여기에 와서는
말과 같이 감추어진 음경을 가지게 되었다.

여여한 자는 많은 아들을 가지게 될 것이니
아들들은 천 명이 넘을 것이다.
용감하고 씩씩하며 적들을 쳐부술 것이다.
효성스런 그들은 재가자의 희열을 만들 것이다.

출가자에게는 더욱더 많은 것이 있으리니
아들들은 가르침을 따르는 자들이 될 것이다.

---

281) 주석서에는 부처님의 아들들이 누군지에 대한 별다른 설명이 없다. 여기서 아들은 제자들로 보면 되겠고, 다른 군대는 마라의 군대로 간주하면 되겠다. 아래 게송을 보면 분명하다.

그러나 재가자에게든 출가자에게든
이 상은 이러한 것을 드러내어 준다."

첫 번째 바나와라가 끝났다.

(15) 몸 모양이 둥글게 균형이 잡힌 상
(16) 굽히지 않고도 두 무릎을 만질 수 있는 상

2.1. "비구들이여, 여래는 이전의 삶과 이전의 존재와 이전의 거주처에서 인간으로 태어나서 대중의 섭수에 대해서 생각하면서 '이 자는 이것에 적합하고 저 자는 저것에 적합하다.'고 고르게 알고 스스로 알았으며 인간을 알고 인간의 차이점을 알았다. 그는 그런 업을 지었고 쌓았고 넘치게 하였고 풍부하게 하였기 때문에 몸이 무너져 죽은 뒤 좋은 곳[善處]이나 천상에 태어났다.

그는 거기서 다른 신들보다 열 배나 더 많이 하늘의 수명과 하늘의 용모와 하늘의 행복과 하늘의 명성과 하늘의 권위와 하늘의 형상과 하늘의 소리와 하늘의 냄새와 하늘의 맛과 하늘의 감촉을 누렸다. 그는 거기서 죽어 여기에 와서는 니그로다 나무처럼 몸 모양이 둥글게 균형이 잡혀있고, 꼿꼿이 서서 굽히지 않고도 두 손바닥으로 두 무릎을 만지고 문지를 수 있는 이런 두 가지 대인상을 얻었다."

2.2. "그는 이런 상을 구족하여 만일 재가에 머물면 전륜성왕으로 정의로운 분이요 법다운 왕이 되어 … 법으로써 승리하여 통치한다.

왕이 되면 무엇을 얻는가? 부자가 된다. 그는 큰 재물과 큰 재산을 가졌으며 수많은 금은과 수많은 즐길 거리와 수많은 재물과 곡식을 가졌으며 그의 창고와 곳간은 가득 차있다. 왕이 되면 이것을 얻는다.

그런데 만일 그가 집을 나와 출가하면 아라한·정등각이 되어 세상의 장막을 벗겨버린다. 부처가 되면 무엇을 얻는가? 부자가 되어 [다음과 같은] 큰 재물과 큰 재산을 가진다. 그에게는 이런 재물이 있나니 즉 믿음의 재물, 계의 재물, 양심의 재물, 수치심의 재물, 배움의 재물, 베풂의 재물, 통찰지의 재물이다. 부처가 되면 이것을 얻는다."

세존께서는 이 뜻에 대해서 [게송으로] 다음과 같이 말씀하셨다.

2.3. 여기에 대해 이렇게 말씀하셨다.

"비교해 보고 고찰해 보고 생각해 본 뒤에
대중의 섭수에 대해서 생각하면서
이 자는 이것에 적합하고 이렇고 저렇다고
전생에 인간의 차이점을 판단하는 자였다.

[그런 업으로 금생에는] 땅에 서서 굽히지 않고도
두 손바닥으로 두 무릎을 만지고
몸 모양이 둥글게 균형이 잡혔나니
잘 지은 업의 과보가 남음에 의해서이다.

많고 다양한 징표와 상을 아는
아주 현명한 사람들은 설명하였다.
재가자들에게 가치가 있는 많고 다양한 것들을
어린 아이일 때 이미 얻게 될 것이며
재가자에게 어울리는 많은 것이 있게 될 것이다.

만일 모든 감각적 욕망의 즐거움을 버려 [출가하면]
최상이요 최고인 위없는 재물을 얻게 될 것이다."

(17) **윗몸이 커서 마치 사자와 같은 상**
(18) **어깨가 잘 뭉쳐진 상** (19) **등이 편평하고 곧은 상**282)

2.4. "비구들이여, 여래는 이전의 삶과 이전의 존재와 이전의 거주처에서 인간으로 태어나서 '참으로 이들의 믿음이 증장하기를, 계가 증장하기를, 배움이 증장하기를, 베풂이 증장하기를, 법이 증장하기를, 통찰지가 증장하기를, 재물과 곡식이 증장하기를, 토지가 증장하기를, 인간과 가축들이 증장하기를, 자식과 아내가 증장하기를, 하인과 일꾼들이 증장하기를, 친척들이 증장하기를, 친구들이 증장하기를, 일가들이 증장하기를'이라고 많은 사람들의 이로움을 바라고 복리를 바라고 편안함을 바라고 유가안은(瑜伽安隱)283)을 바라는 자였다. 그는 그런 업을 지었고 쌓았고 넘치게 하였고 풍부하게 하였기 때문에 몸이 무너져 죽은 뒤 좋은 곳[善處]이나 천상에 태어났다.

그는 거기서 다른 신들보다 열 배나 더 많이 하늘의 수명과 하늘의 용모와 하늘의 행복과 하늘의 명성과 하늘의 권위와 하늘의 형상과 하늘의 소리와 하늘의 냄새와 하늘의 맛과 하늘의 감촉을 누렸다. 그는 거기서 죽어 여기에 와서는 윗몸이 커서 마치 사자와 같고, 어깨가 잘 뭉쳐졌으며, 등이 편평하고 곧은 이런 세 가지 대인상을 얻었다."

---

282) 위 §1.2의 (17), (18), (20)번에 해당함.

283) 유가안은은 본서 제2권 「제석문경」(D21) §2.6의 주해를 참조할 것.

2.5. "그는 이런 상을 구족하여 만일 재가에 머물면 전륜성왕으로 정의로운 분이요 법다운 왕이 되어 … 법으로써 승리하여 통치한다.

왕이 되면 무엇을 얻는가? 아무것도 잃지 않는 자가 된다. 그는 재물과 곡식, 토지, 인간과 동물들, 자식과 아내, 하인과 일꾼들, 친척들, 친구들, 일가들을 잃지 않으며 모든 성취를 잃지 않게 된다. 왕이 되면 이것을 얻는다.

그런데 만일 그가 집을 나와 출가하면 아라한·정등각이 되어 세상의 장막을 벗겨버린다. 부처가 되면 무엇을 얻는가? 믿음·계·배움·베풂·통찰지를 잃지 않고, 모든 성취를 잃지 않게 된다. 부처가 되면 이것을 얻는다."

세존께서는 이 뜻에 대해서 [게송으로] 다음과 같이 말씀하셨다.

2.6. 여기에 대해 이렇게 말씀하셨다.

"믿음과 계와 배움과 깨우침과
베풂과 법과 많은 좋은 것들과
재물과 곡식과 토지와
아들들과 아내와 가축들과

친척들과 친구들과 일가들과
힘과 용모와 행복 — 이 모두를
어떻게 남들이 잃지 않게 할까하고 원하고
[그들의] 이익과 성공을 바랐다.

그는 사자와 같은 튼튼한 상체를 가졌으며

곧게 펴진 몸체를 가졌고 어깨 안쪽(가슴)이 잘 뭉쳐졌다.
전생에 잘 쌓고 지은 업에 의해서
그런 징표는 부족함이 없다.

재가에 있어도 재물과 곡식이 증장하고
아들들과 아내와 가축들도 그러하다.
무소유가 되어 출가를 하면
해로움이 모두 소멸된 위없는 깨달음을 얻는다."

(20) **섬세한 미각을 가진 상**

2.7. "비구들이여, 여래는 이전의 삶과 이전의 존재와 이전의 거주처에서 인간으로 태어나서 손이나 흙덩이나 막대기나 칼로써 중생들을 해코지하지 않는 부류에 속하였다. 그는 그런 업을 지었고 쌓았고 넘치게 하였고 풍부하게 하였기 때문에 몸이 무너져 죽은 뒤 좋은 곳[善處]이나 천상에 태어났다.

그는 거기서 다른 신들보다 열 배나 더 많이 하늘의 수명과 하늘의 용모와 하늘의 행복과 하늘의 명성과 하늘의 권위와 하늘의 형상과 하늘의 소리와 하늘의 냄새와 하늘의 맛과 하늘의 감촉을 누렸다. 그는 거기서 죽어 여기에 와서는 [혀]끝에 닿으면 목에서 맛을 보는 능력이 생겼으며 그것은 모든 곳으로 퍼져나가는 그러한 섬세한 미각을 가진 대인상을 얻었다."

2.8. "그는 이런 상을 구족하여 만일 재가에 머물면 전륜성왕으로 정의로운 분이요 법다운 왕이 되어 … 법으로써 승리하여 통치한다.

왕이 되면 무엇을 얻는가? 병이 없고 어려움도 없으며 소화 기능이 고르고 너무 차지도 너무 뜨겁지도 않음을 갖춘다. 왕이 되면 이것을 얻는다.

그런데 만일 그가 집을 나와 출가하면 아라한·정등각이 되어 세상의 장막을 벗겨버린다. 부처가 되면 무엇을 얻는가? 병이 없고 어려움도 없으며 소화기능이 고르고 너무 차지도 너무 뜨겁지도 않아서 조화로우며 정진을 감내하는 그런 [소화 기능을] 갖춘다. 부처가 되면 이것을 얻는다."

세존께서는 이 뜻에 대해서 [게송으로] 다음과 같이 말씀하셨다.

2.9. 여기에 대해 이렇게 말씀하셨다.

"손이나 몽둥이나 흙덩이나
무기나 혹은 죽음의 파멸284)이나
밧줄이나 협박으로 중생들을 해코지하지 않았다.
그래서 그는 좋은 곳에 태어나서 기쁨을 누렸으며
행복한 결실을 얻었다.
그는 맛보는 능력을 잘 확립하게 되었으며
여기에 태어나서 섬세한 미각을 얻었다.

그래서 아주 현명한 지자들은 말하나니
이 사람은 많은 행복을 가지게 될 것이다.
재가에 있든 출가를 하든

284) '죽음의 파멸'로 옮긴 원어는 māraṇa-vadha이다. 복주서에서 "죽음이라 일컫는(māraṇasaṅkhāta) 파멸(vadha)이라는 뜻이다. 파멸은 괴롭힘(bādhana)을 뜻한다. 그러므로 죽음과 괴롭힘이라는 뜻도 된다."(DAṬ. iii.155)라고 설명하고 있어서 이렇게 옮겼다.

이런 뜻을 드러내는 그런 상을 가질 것이다."

(21)~(22) 눈동자가 검푸른 상, 속눈썹이 소와 같은 상

2.10. "비구들이여, 여래는 이전의 삶과 이전의 존재와 이전의 거주처에서 인간으로 태어나서 비스듬히 보지 않고 부정적으로 보지 않고 넌지시 보지 않았으며 드러나고 곧고 상냥한 눈빛으로 많은 사람들을 쳐다보았다. 그는 그런 업을 지었고 쌓았고 넘치게 하였고 풍부하게 하였기 때문에 몸이 무너져 죽은 뒤 좋은 곳[善處]이나 천상에 태어났다.

그는 거기서 다른 신들보다 열 배나 더 많이 하늘의 수명과 하늘의 용모와 하늘의 행복과 하늘의 명성과 하늘의 권위와 하늘의 형상과 하늘의 소리와 하늘의 냄새와 하늘의 맛과 하늘의 감촉을 누렸다. 그는 거기서 죽어 여기에 와서는 눈동자가 검푸르고, 속눈썹이 소와 같은 이런 두 가지 대인상을 얻었다."

2.11. "그는 이런 상을 구족하여 만일 재가에 머물면 전륜성왕으로 정의로운 분이요 법다운 왕이 되어 … 법으로써 승리하여 통치한다.

왕이 되면 무엇을 얻는가? 많은 사람들이 보고 싶어 하는 사람이 된다. 그는 바라문 장자들과 시민들과 지방민들과 재정 담당자들과 경호원들과 수문장들과 대신들과 측근들과 속국의 왕들과 영주들과 시동들이라는 많은 수하들이 보고 싶어 하고 그들의 마음에 드는 자가 된다. 왕이 되면 이것을 얻는다.

그런데 만일 그가 집을 나와 출가하면 아라한·정등각이 되어 세상의 장막을 벗겨버린다. 부처가 되면 무엇을 얻는가? 많은 사람들이 보고 싶어 하는 사람이 된다. 그는 비구들과 비구니들과 청신사들과 청신녀들과 신들과 인간들과 아수라들과 용들과 간답바들이 보고 싶어 하고 그들의 마음에 드는 자가 된다. 부처가 되면 이것을 얻는다."

세존께서는 이 뜻에 대해서 [게송으로] 다음과 같이 말씀하셨다.

2.12. 여기에 대해 이렇게 말씀하셨다.

"비스듬히 보지 않고 부정적으로 보지 않고
넌지시 보지 않았으며
드러나고 곧고 상냥한 눈빛으로
많은 사람들을 쳐다보았다.

그는 좋은 곳에 나는 과보를 받았으며
거기서 기쁨을 누렸다.
여기에 [나서는] 소와 같은 속눈썹을 가졌고
검푸른 눈동자를 가져 아름다웠다.

수행하고 현명한
상에 능통한 많은 자들은
섬세하고 좋은 눈을 가진 인간은
아름다운 사람이라고 그를 지칭하였다.

재가에 있어도 아름다운 자가 되어
많은 사람들에게 즐거움을 주는 자가 될 것이며
만일 재가가 아닌 사문이 된다면
많은 사람들의 슬픔을 없애는 아름다운 자가 될 것이다."

⒇ 정수리에 육계가 솟은 상

2.13. "비구들이여, 여래는 이전의 삶과 이전의 존재와 이전의 거주처에서 인간으로 태어나서 [열 가지] 유익한 법들에 대해서 많은 사람들의 앞에 서서 가는 사람이었다. 그는 몸의 선행과 말의 선행과 마음의 선행과 보시를 베풂과 계를 호지함과 포살일을 준수함과 어머니를 공경하고 아버지를 공경하고 사문을 공경하고 바라문을 공경하고 집에서 연장자를 공경하는 것과 다른 여러 높은 유익한 법들에 관해서 많은 사람들의 우두머리였다. 그는 그런 업을 지었고 쌓았고 넘치게 하였고 풍부하게 하였기 때문에 몸이 무너져 죽은 뒤 좋은 곳[善處]이나 천상에 태어났다.

그는 거기서 다른 신들보다 열 배나 더 많이 하늘의 수명과 하늘의 용모와 하늘의 행복과 하늘의 명성과 하늘의 권위와 하늘의 형상과 하늘의 소리와 하늘의 냄새와 하늘의 맛과 하늘의 감촉을 누렸다. 그는 거기서 죽어 여기에 와서는 정수리에 육계가 솟은 이런 대인상을 얻었다."

2.14. "그는 이런 상을 구족하여 만일 재가에 머물면 전륜성왕으로 정의로운 분이요 법다운 왕이 되어 … 법으로써 승리하여 통치한다.

왕이 되면 무엇을 얻는가? 그는 바라문 장자들과 시민들과 지방민들과 재정 담당자들과 경호원들과 수문장들과 대신들과 측근들과 속국의 왕들과 영주들과 시동들과 같은 사람들의 큰 충성을 받게 된다. 왕이 되면 이것을 얻는다.

그런데 만일 그가 집을 나와 출가하면 아라한·정등각이 되어 세상의 장막을 벗겨버린다. 부처가 되면 무엇을 얻는가? 비구들과 비구니들과 청신사들과 청신녀들과 신들과 인간들과 아수라들과 용들과 간답바들의 큰 충성을 받게 된다. 부처가 되면 이것을 얻는다."

세존께서는 이 뜻에 대해서 [게송으로] 다음과 같이 말씀하셨다.

2.15. 여기에 대해 이렇게 말씀하셨다.

"선행에 관한 한 앞장 서서 가는 자였고
법들에 관한 한 법을 실천하기에 몰두하는 자였다.
많은 사람들의 충성을 받았으며
천상에서 공덕의 결실을 경험하였다.

그는 선행의 결실을 경험한 뒤
여기에 와서는 정수리에 육계가 솟게 되었다.
예언에 능통한 자들은 설명하였나니
많은 사람들의 앞에 서서 가는 자가 될 것이라고.

여기 인간들 가운데서도 섬김을 받을 것이니
전생에 거기서 그에게 하던 것과 같다.
만일 끄샤뜨리야 왕이 된다면
많은 사람들의 섬김을 받을 것이다.

만일 그 사람이 출가한다면
법들에 대한 유창함과 권위를 가질 것이다.
그의 가르침의 덕에 매료되어
많은 사람들은 그를 따르게 될 것이다."

(24) 각각의 털구멍마다 하나의 털만 나있는 상
(25) 두 눈썹 사이에 털이 나서 희고 가느다란 솜을 닮은 상

2.16. "비구들이여, 여래는 이전의 삶과 이전의 존재와 이전의 거주처에서 인간으로 태어나서 거짓말을 버리고 거짓말을 멀리 여의었다. 진실을 말하는 자 되어 진실에 부합하고 굳건하고 믿음직하여 세상을 속이는 자가 되지 않았다. 그는 그런 업을 지었고 쌓았고 넘치게 하였고 풍부하게 하였기 때문에 몸이 무너져 죽은 뒤 좋은 곳[善處]이나 천상에 태어났다.

그는 거기서 다른 신들보다 열 배나 더 많이 하늘의 수명과 하늘의 용모와 하늘의 행복과 하늘의 명성과 하늘의 권위와 하늘의 형상과 하늘의 소리와 하늘의 냄새와 하늘의 맛과 하늘의 감촉을 누렸다. 그는 거기서 죽어 여기에 와서는 각각의 털구멍마다 하나의 털만 나있고, 두 눈썹 사이에 털이 나서 희고 가느다란 솜을 닮은 이런 두 가지 대인상을 얻었다."

2.17. "그는 이런 상을 구족하여 만일 재가에 머물면 전륜성왕으로 정의로운 분이요 법다운 왕이 되어 … 법으로써 승리하여 통치한다.

왕이 되면 무엇을 얻는가? 바라문 장자들과 시민들과 지방민들과 재정 담당자들과 경호원들과 수문장들과 대신들과 측근들과 속국의 왕들과 영주들과 시동들과 같은 사람들이 그를 크게 따른다. 왕이 되면 이것을 얻는다.

그런데 만일 그가 집을 나와 출가하면 아라한·정등각이 되어 세상의 장막을 벗겨버린다. 부처가 되면 무엇을 얻는가? 비구들과 비구니들과 청신사들과 청신녀들과 신들과 인간들과 아수라들과 용들과 간답바들이 그를 크게 따른다. 부처가 되면 이것을 얻는다."

세존께서는 이 뜻에 대해서 [게송으로] 다음과 같이 말씀하셨다.

2.18. 여기에 대해 이렇게 말씀하셨다.

"여러 전생에서 진실한 서원을 가진 자였으며
둘로 갈라진 애매한 말을 하지 않았고 거짓을 없앴다.
그는 결코 누구도 속이지 않았고
사실이고 옳고 참된 말을 하였다.

[이런 업으로 금생에] 희고 밝고 가느다란 솜을 닮은 털이
두 눈썹 사이에 멋지게 생겨났고
털구멍들에 두 개의 [털이] 나지 않았나니
각각의 털구멍마다 하나의 털만 났다.

상을 아는 자들이 많이 모여서
생겨나는 징표에 능통한 자들은 말하였다.
미간의 털과 몸 털이 이처럼 잘 자리 잡고 있는 이런 자를
많은 사람들은 크게 따를 것이다.

재가에 있으면 사람들이 크게 따르나니
전생에 지은 업에 의해서 크게 따른다.
무소유가 되어 출가를 하면
위없는 깨달은 분인 그를 사람들은 크게 따를 것이다."

(26)~(27) 이가 40개인 상, 이가 성글지 않은 상

2.19. "비구들이여, 여래는 이전의 삶과 이전의 존재와 이전의 거주처에서 인간으로 태어나서 중상모략하는 말을 버리고 중상모략하는 말을 금하였다. 여기서 듣고서 이들을 이간하려고 저기서 말하지 않았다. 저기서 듣고서 저들을 이간하려고 여기서 말하지 않았다. 이처럼 이간된 자들을 합치는 자이며 우정을 장려하는 자이며, 화합을 좋아하고 화합을 기뻐하고 화합을 즐기며 화합하게 하는 말을 하는 자였다. 그는 그런 업을 지었고 쌓았고 넘치게 하였고 풍부하게 하였기 때문에 몸이 무너져 죽은 뒤 좋은 곳[善處]이나 천상에 태어났다.

그는 거기서 다른 신들보다 열 배나 더 많이 하늘의 수명과 하늘의 용모와 하늘의 행복과 하늘의 명성과 하늘의 권위와 하늘의 형상과 하늘의 소리와 하늘의 냄새와 하늘의 맛과 하늘의 감촉을 누렸다. 그는 거기서 죽어 여기에 와서는 이가 40개요, 이가 성글지 않은 이런 두 가지 대인상을 얻었다."

2.20. "그는 이런 상을 구족하여 만일 재가에 머물면 전륜성왕으로 정의로운 분이요 법다운 왕이 되어 … 법으로써 승리하여 통치한다.

왕이 되면 무엇을 얻는가? 그의 회중은 분열되지 않는다. 바라문 장자들과 시민들과 지방민들과 재정 담당자들과 경호원들과 수문장들과 대신들과 측근들과 속국의 왕들과 영주들과 시동들이 분열되지 않는다. 왕이 되면 이것을 얻는다.

그런데 만일 그가 집을 나와 출가하면 아라한·정등각이 되어 세상의 장막을 벗겨버린다. 부처가 되면 무엇을 얻는가? 그의 회중은 분열되지 않는다. 비구들과 비구니들과 청신사들과 청신녀들과 신들과 인간들과 아수라들과 용들과 간답바들이 분열되지 않는다. 부처가 되면 이것을 얻는다."

세존께서는 이 뜻에 대해서 [게송으로] 다음과 같이 말씀하셨다.

2.21. 여기에 대해 이렇게 말씀하셨다.

"파멸을 초래하고 동료를 분열시키며
분열을 증장시키고 분쟁을 조장하며
동료들에게 분열을 생기게 하는
그런 말을 하지 않았다.

그는 좋은 곳에 나는 과보를 받았으며
거기서 기쁨을 누렸다.
여기서는 이가 성글지 않고 붙어 있으며
40개의 치아는 잘 자리 잡고 있다.

만일 끄샤뜨리야 왕이 된다면
회중들이 분열되지 않으며
티끌 없고 때 없는 사문이 되면
회중들이 잘 따르고 동요하지 않을 것이다."

(28) **혀가 아주 긴 상**

(29) **범천의 목소리를 가져 가릉빈가 새 소리와 같은 상**

2.22. "비구들이여, 여래는 이전의 삶과 이전의 존재와 이전의 거주처에서 인간으로 태어나서 욕설을 버리고 욕설을 금하였다. 유순

하고 귀에 즐겁고 사랑스럽고 가슴에 와 닿고 예의바르고 대중이 좋아하고 대중의 마음에 드는 그런 말을 하는 자였다. 그는 그런 업을 지었고 쌓았고 넘치게 하였고 풍부하게 하였기 때문에 몸이 무너져 죽은 뒤 좋은 곳[善處]이나 천상에 태어났다.

그는 거기서 다른 신들보다 열 배나 더 많이 하늘의 수명과 하늘의 용모와 하늘의 행복과 하늘의 명성과 하늘의 권위와 하늘의 형상과 하늘의 소리와 하늘의 냄새와 하늘의 맛과 하늘의 감촉을 누렸다. 그는 거기서 죽어 여기에 와서는 혀가 아주 길고, 범천의 목소리를 가져 가릉빈가 새 소리와 같은 이런 두 가지 대인상을 얻었다."

2.23. "그는 이런 상을 구족하여 만일 재가에 머물면 전륜성왕으로 정의로운 분이요 법다운 왕이 되어 … 법으로써 승리하여 통치한다.

왕이 되면 무엇을 얻는가? 그는 [남들이] 경청하는 말을 하는 자가 된다. 바라문 장자들과 시민들과 지방민들과 재정 담당자들과 경호원들과 수문장들과 대신들과 측근들과 속국의 왕들과 영주들과 시동들은 그의 말을 경청한다. 왕이 되면 이것을 얻는다.

그런데 만일 그가 집을 나와 출가하면 아라한·정등각이 되어 세상의 장막을 벗겨버린다. 부처가 되면 무엇을 얻는가? 그는 경청하는 말을 하는 자가 된다. 비구들과 비구니들과 청신사들과 청신녀들과 신들과 인간들과 아수라들과 용들과 간답바들이 그의 말을 경청한다. 부처가 되면 이것을 얻는다."

세존께서는 이 뜻에 대해서 [게송으로] 다음과 같이 말씀하셨다.

2.24. 여기에 대해 이렇게 말씀하셨다.

"욕지거리하고 다투고 상처 주고
억누르고 많은 사람들을 짓밟고
욕하는 말을 그는 하지 않았다.
유순하고 부드럽고 친절한 말을 하였다.

마음에 들고 가슴에 다가가며
귀에 즐거운 말을 하였다.
말로 지은 과보를 얻어서
천상에서 공덕의 결실을 체험하였다.

그는 선행의 결실을 체험한 뒤
범천의 목소리를 가지고 여기에 태어나서
혀는 풍족하고 길었고
경청하는 말을 하는 자가 되었다.

재가에 있으면 그는 위에서 말한 것처럼 번창하고
그 사람이 만일 출가하면
사람들이 그의 말을 경청할 것이니
많은 사람들은 그의 좋은 말을 중히 여길 것이다."

(30) 턱이 사자와 같은 상

2.25. "비구들이여, 여래는 이전의 삶과 이전의 존재와 이전의 거주처에서 인간으로 태어나서 쓸데없는 말을 버리고 쓸데없는 말을 금하였다. 시기에 맞는 말을 하고 있는 것을 말하고 유익한 것을 말하고 법을 말하고 율을 말하는 자였으며, 담아 둘 만 하며 이유가 있

고 의미가 분명하며 이익을 줄 수 있는 말을 시의적절하게 말하는 자였다. 그는 그런 업을 지었고 쌓았고 넘치게 하였고 풍부하게 하였기 때문에 몸이 무너져 죽은 뒤 좋은 곳[善處]이나 천상에 태어났다.

그는 거기서 다른 신들보다 열 배나 더 많이 하늘의 수명과 하늘의 용모와 하늘의 행복과 하늘의 명성과 하늘의 권위와 하늘의 형상과 하늘의 소리와 하늘의 냄새와 하늘의 맛과 하늘의 감촉을 누렸다. 그는 거기서 죽어 여기에 와서는 턱이 사자와 같은 이런 대인상을 얻었다."

2.26. "그는 이런 상을 구족하여 만일 재가에 머물면 전륜성왕으로 정의로운 분이요 법다운 왕이 되어 … 법으로써 승리하여 통치한다.

왕이 되면 무엇을 얻는가? 그는 정복되지 않는다. 상대가 어떠한 인간이 되었든 그런 호전적인 적에 의해서 정복되지 않는다. 왕이 되면 이것을 얻는다.

그런데 만일 그가 집을 나와 출가하면 아라한·정등각이 되어 세상의 장막을 벗겨버린다. 부처가 되면 무엇을 얻는가? 안이나 밖의 호전적인 적들, 즉 [안의] 탐욕이나 성냄이나 어리석음이나 [밖의] 사문이나 바라문이나 신이나 마라나 범천이나 이 세상에 있는 그 무엇이나 그 누구에 의해서도 정복되지 않는다. 부처가 되면 이것을 얻는다."

세존께서는 이 뜻에 대해서 [게송으로] 다음과 같이 말씀하셨다.

2.27. 여기에 대해 이렇게 말씀하셨다.

"쓸데없는 말을 하지 않았고

어리석은 말을 하지 않았으며
혼란스런 말을 결코 하지 않았다.
이익이 되지 않는 말도 제거하였으며
이익이 되고 많은 사람들에게
행복이 되는 것을 말하였다.

그렇게 하고서 여기서 죽어 천상에 태어나서
선행의 과보를 즐겼다.
거기서 죽어 다시 여기에 와서는
두 쪽으로 갈라진 멋진 턱을 얻었다.

그는 결코 정복하기 어려운 왕이 되어
인간의 왕이요 인간의 주인으로 큰 위력을 가질 것이다.
삼십삼천의 멋진 궁전을 가졌으며
더욱 멋진 신인 인드라처럼 될 것이다.

간답바와 아수라와 약카와 락카사들과
신들에 의해서 결코 정복되지 않는다.
만일 [출가하여] 여여한 자가 되어도 이러하리니
여기 모든 방향과 반대 방향과 간방향에서."

(31)~(32) **이가 고른 상, 이가 아주 흰 상**

2.28. "비구들이여, 여래는 이전의 삶과 이전의 존재와 이전의 거주처에서 인간으로 태어나서 그릇된 생계를 제거하고 바른 생계로 생명을 영위하였다. 저울을 속이고 금속을 속이고 치수를 속이는 것

을 금하였다. 악용하고 속이고 횡령하고 사기치는 것을 금하였다. 상해, 살상, 포박, 약탈, 노략질, 폭력을 금하였다. 그는 그런 업을 지었고 쌓았고 넘치게 하였고 풍부하게 하였기 때문에 몸이 무너져 죽은 뒤 좋은 곳[善處]이나 천상에 태어났다.

그는 거기서 다른 신들보다 열 배나 더 많이 하늘의 수명과 하늘의 용모와 하늘의 행복과 하늘의 명성과 하늘의 권위와 하늘의 형상과 하늘의 소리와 하늘의 냄새와 하늘의 맛과 하늘의 감촉을 누렸다. 그는 거기서 죽어 여기에 와서는 이가 고르고, 이가 아주 흰 이런 두 가지 대인상을 얻었다."

2.29. "그는 이런 상을 구족하여 만일 재가에 머물면 전륜성왕으로 정의로운 분이요 법다운 왕이요 사방을 정복한 승리자가 되어 나라를 안정되게 하고 일곱 가지 보배[七寶]를 두루 갖추게 된다. 그에게는 이런 일곱 가지 보배들이 있으니 윤보, 상보, 마보, 보배보, 여인보, 장자보, 그리고 주장신보가 일곱 번째이다. 천 명이 넘는 그의 아들들은 용감하고 훤칠하며 다른 군대를 정복한다. 그는 바다를 끝으로 하며 황무지가 없고 [재앙의] 징표가 없고 가시덤불이 없으며 번창하고 부유하고 안전하고 평화롭고 분쟁이 없는 전 대지를 징벌과 무력을 쓰지 않고 법으로써 승리하여 통치한다.

왕이 되면 무엇을 얻는가? 그의 측근들이 청렴하게 된다. 그의 측근인 바라문 장자들과 시민들과 지방민들과 재정 담당자들과 경호원들과 수문장들과 대신들과 측근들과 속국의 왕들과 영주들과 시동들이 청렴하게 된다. 왕이 되면 이것을 얻는다."

2.30. "그런데 만일 그가 집을 나와 출가하면 아라한·정등각이

되어 세상의 장막을 벗겨버린다. 부처가 되면 무엇을 얻는가? 측근들이 청렴하게 된다. 그의 측근들인 비구들과 비구니들과 청신사들과 청신녀들과 신들과 인간들과 아수라들과 용들과 간답바들은 청렴하게 된다. 부처가 되면 이것을 얻는다."

세존께서는 이 뜻에 대해서 [게송으로] 다음과 같이 말씀하셨다.

2.31. 여기에 대해 이렇게 말씀하셨다.

"그릇된 생계를 버리고
바르고 깨끗하고 법다운 일을 하였다.
이익이 되지 않는 것도 제거하였으며
많은 사람들에게 행복이 되는 것을 행하였다.

그 사람은 천상에서 행복한 결실을 경험하였나니
능숙하고 영민한 자들에 의해서 칭송을 받고서
삼십삼천의 멋진 궁전을 가진 [인드라]처럼
기쁨과 천진난만함을 구족하여 즐거워하였다.

거기서 죽어 인간의 존재를 얻은 뒤
선행의 과보가 남아 있어서
고른 치아를 얻게 되었으며
아주 깨끗하고 흰 치아도 얻게 되었다.

많은 예언가들이 모여들어 설명하였다.
그는 능숙하고 바른 사람들의 왕이 될 것이고
청렴한 사람들을 측근의 무리로 가질 것이니

새와 같이 희고 깨끗하고 아름다운 치아를 가졌으므로

왕이 되어 많은 사람을 거느릴 것이며
청렴한 측근을 가진 그는 크나큰 영토를 통치하여
[전생의 업의] 힘으로 [다스려서] 지방에 혼란이 없으며
이익과 많은 사람의 행복을 도모할 것이다.

만일 사악함이 없는 자가 출가를 하여 사문이 되면
먼지를 털어내고 베일을 벗길 것이다.
근심과 피곤함이 사라지고
이 세상도 저 세상도 보게 될 것이다.

거기서 많은 재가자들과 출가자들에게 훈도를 하리니
청렴하지 못함을 꾸짖고 사악함을 흩어 버릴 것이다.
그는 청렴한 자들에 의해서 둘러싸여 지낼 것이며
때와 황폐함과 사악함과 오염원을 털어 버릴 것이다."

맺는 말

세존께서는 이와 같이 설하셨다. 비구들은 마음이 흡족해져서 세존의 설법을 크게 기뻐하였다.

「삼십이상경」이 끝났다.

교계 싱갈라 경

재가자의 삶

Siṅgālovāda Sutta(D31)

교계 싱갈라 경[285)]

재가자의 삶

Siṅgālovāda Sutta(D31)

285) 초기경들을 결집한 분들은 모두가 출가한 비구들이고, 게다가 모두 장부일대사를 해결한 아라한들이셨다. 그러다 보니 자연 그분들이 모은 경들은 장부일대사를 해결하는 가르침에 초점이 맞춰질 수밖에 없었다. 그분들이 부처님으로부터 들은 것은 이런 해탈도의 가르침일 수밖에 없었을 것이며, 재가자들의 삶의 방식을 구체적으로 들은 경우도 적었을 것이기 때문이다. 그래서 초기경들에서 재가자들의 구체적인 삶의 윤리나 삶의 방식을 보여주는 경들은 드물 수밖에 없다.
본경은 그런 의미에서 아주 특색이 있고 의미가 있는 경이다. 본경은 재가불자가 어떻게 불교적인 윤리로 가정생활과 사회생활을 영위해야 하는가를 기술하고 있기 때문이다. 그래서 일찍부터 재가자들의 삶을 다루는 경으로 널리 알려져 있다.
본경의 빠알리어 제목은 싱갈로와다 숫따(Siṅgālovāda Sutta)이다 '싱갈라를 교계하신(ovāda) 경'이라는 뜻이다. 그래서 「교계 싱갈라 경」으로 옮겼다. 중국에서는 「선생경」(善生經)으로 옮겨져서 『장아함』의 16번째 경으로 전해져오며, 『중아함』에도 역시 「선생경」으로 옮겨져서 135번째 경으로 나타나고 있다. 싱갈라 혹은 싱갈라까를 중국에서는 善生으로 음역하였다. 그리고 일찍이 후한 때에 안세고가 「불설시가라월육방예경」(佛說尸迦羅越六方禮經)으로 옮겨서 중국에 소개하였으며, 우리에게는 '육방예경'으로 알려져 있다. 물론 여기서 시가라월은 싱갈라까의 음역이다.

서언

1. 이와 같이 나는 들었다. 한때 세존께서는 라자가하에서 대나무 숲의 다람쥐 보호구역에 머무셨다. 그 무렵에 싱갈라까[286]라는 장자의 아들이 아침 일찍[287] 일어나서 라자가하를 나가서 옷을 적시고 머리를 적시고 합장을 하고 동쪽 방향과 남쪽 방향과 서쪽 방향과 북쪽 방향과 아래 방향과 위 방향의 각 방향으로 절을 하였다.

2-1. 그때 세존께서는 오전에 옷매무새를 가다듬고 발우와 가사를 수하시고 걸식을 위해서 라자가하로 들어가셨다. 세존께서는 [라자가하로 들어가시다가] 장자의 아들 싱갈라까가 아침 일찍 일어나서 라자가하를 나와서 옷을 적시고 머리를 적시고 합장을 하고 동쪽 방향과 남쪽 방향과 서쪽 방향과 북쪽 방향과 아래 방향과 위 방향의 각 방향으로 절을 하는 것을 보셨다. 보시고서는 장자의 아들 싱갈라까에게 이렇게 말씀하셨다.

"장자의 아들이여, 왜 그대는 아침 일찍 일어나서 라자가하를 나와서 옷을 적시고 머리를 적시고 합장을 하고 동쪽 방향과 남쪽 방향

---

286) 본경의 제목에는 싱갈라(Siṅgāla)로 나타나는데 본 문단에서는 큰 의미가 없는 '-ka' 어미가 붙어서 싱갈라까로 나타난다. 리즈 데이빗은 스리랑카의 필사본들에는 시갈라(Sigāla)로 나타나는 곳이 많다고 밝히고 있다.(리즈 데이빗 iii.173) 미얀마본에도 Siṅgāla와 Siṅgālaka로 나타난다. 아마 sigāla가 자칼을 뜻하기 때문에 후대로 오면서 Siṅgāla로 정착이 된 것이 아닌가 생각된다.

287) '아침 일찍'으로 옮긴 원문은 kālass' eva 인데 '제 시간에'라고 옮기는 것이 적당하다. 그러나 제 시간에 일어나는 것은 아침 일찍 일어나는 것이고 그리고 "제 시간(아침)에 일어나서 해거름까지(kālass' eva uṭṭhahanto va sayanamhā)"(S.v.263)라는 문맥을 통해서 보면 이 단어는 아침 일찍으로 옮기는 것이 타당하여 이렇게 옮겼다.

과 서쪽 방향과 북쪽 방향과 아래 방향과 위 방향의 각 방향으로 절을 하는가?"

"세존이시여, 저의 부친께서 임종을 하시면서 제게 말씀하시기를 '얘야, 방위를 향해서 절을 해야 한다.'라고 하셨습니다. 세존이시여, 그래서 저는 부친의 유언을 존경하고 존중하고 숭상하고 예배하고 공경하여서 아침 일찍 일어나서 라자가하를 나와서 옷을 적시고 머리를 적시고 합장을 하고 동쪽 방향과 남쪽 방향과 서쪽 방향과 북쪽 방향과 아래 방향과 위 방향의 각 방향으로 절을 합니다."

여섯 방향

2-2. "장자의 아들이여, 그러나 성자의 율에서는[288] 이렇게 육방(六方)으로 절을 해서는 안된다."

"세존이시여, 그러면 성자의 율에서는 어떻게 육방으로 절을 해야 합니까? 세존께서 제게 성자의 율에서는 어떻게 육방으로 절을 해야 하는지 법을 설해 주시면 감사하겠습니다."

"장자의 아들이여, 그렇다면 들어라. 마음에 잘 새겨라. 나는 설하리라."

"그렇게 하겠습니다, 세존이시여."라고 장자의 아들 싱갈라까는

---

288) '성자의 율에서'로 옮긴 원문은 ariyassa vinaye이다. ariya는 명사와 형용사로 다 쓰인다. 그러므로 만일 합성어로 ariya-vinaye로 나타나면 '성스러운 율에서'로 옮기는 것이 적당할 것이다.
어떻게 쓰이든 초기경에서 ariya는 모두 불교를 지칭하는 술어이다. 그러므로 성자의 율은 불교의 율이라는 의미이다. 그리고 아리야 사와까는 성스러운 제자 혹은 성제자로 옮겨지는데 부처님 제자 혹은 불교도를 칭하며, 아리야 삿짜는 성스러운 진리인데 불교의 진리라는 의미가 강하게 들어 있음을 유의해야 한다.

세존께 응답했다.

세존께서는 이렇게 말씀하셨다.

3-1. "장자의 아들이여, 성스러운 제자는 네 가지 업의 오염원들을 제거하고 네 가지 경우로 사악한 업을 짓지 않으며 여섯 가지 타락의 입구가 되는 재물을 추구하지 않는다. 그는 이와 같은 열 네 가지 사악함을 없애고 육방을 감싸는 자가 되어 두 세상을 얻기 위해서 도를 닦는다. 그는 이 세상과 저 세상을 다 얻는다. 그는 몸이 무너져 죽은 뒤 좋은 곳[善處]이나 천상에 태어난다.

(1) 네 가지 업의 오염원

3-2. 그러면 무엇이 네 가지 업의 오염원들을 제거하는 것인가? 장자의 아들이여, 생명을 죽이는 것은 업의 오염원이다. 주지 않은 것을 가지는 것은 업의 오염원이다. 삿된 음행을 하는 것은 업의 오염원이다. 거짓말을 하는 것은 업의 오염원이다. 이런 네 가지 업의 오염원들을 버린다."

세존께서는 이렇게 말씀하셨다.

4. 선서께서는 이렇게 말씀하신 뒤 다시[289] [게송으로] 이렇게 말씀하셨다.

---

289) 원문에는 satthā가 나타나므로 '스승께서는 다시 [게송으로] 이렇게 말씀하셨다.'라고 옮겨야 한다. 그러나 그렇게 되면 자칫 선서와 스승이 다른 사람인 것처럼 생각될 수 있어서 '스승께서는'을 생략하여 옮겼다. 본서의 모든 문맥에서 모두 이와 같이 옮기고 있음을 밝힌다.

"생명을 죽이고 주지 않은 것을 가지고 거짓말을 하고
남의 아내를 범하는 것을 현자들은 칭송하지 않는다."

(2) **네 가지 사악한 업을 지음**

5. "어떻게 네 가지 경우로 사악한 업을 짓지 않는가? 열의 때문에 하지 않아야 할 것[290]을 하면서 사악한 업을 짓는다. 성냄 때문에 하지 않아야 할 것을 하면서 사악한 업을 짓는다. 어리석음 때문에 하지 않아야 할 것을 하면서 사악한 업을 짓는다. 두려움 때문에 하지 않아야 할 것을 하면서 사악한 업을 짓는다. 장자의 아들이여, 성스러운 제자는 열의 때문에 하지 않아야 할 것을 하지 않고, 성냄 때문에 하지 않아야 할 것을 하지 않고, 어리석음 때문에 하지 않아야 할 것을 하지 않고, 두려움 때문에 하지 않아야 할 것을 하지 않기 때문에 이러한 네 가지 경우로 업을 짓지 않는다."

세존께서는 이렇게 말씀하셨다.

---

290) '하지 않아야 할 것'은 agati의 역어이다. '가지 않아야 함'으로 직역할 수 있다. 본경에서처럼 네 가지 하지 않아야 함으로 정리되어 나타난다. 예를 들면 『청정도론』에서는 버려야 할 법을 ① 족쇄 ②오염원 ③ 삿됨 ④ 세간적인 법 ⑤ 인색 ⑥ 전도 ⑦ 매듭 ⑧ 하지 않아야 함 ⑨ 번뇌 ⑩ 폭류 ⑪ 속박 ⑫ 장애 ⑬ 고수(固守) ⑭ 취착 ⑮ 잠재성향 ⑯ 더러움 ⑰ [열 가지] 해로운 업의 길(不善業道) ⑱ [해로운] 마음의 일어남의 18가지로 정리하고 있는데, 그 여덟 번째에 이 '하지 않아야 함'을 들고 있다.
'하지 않아야 함'은 본 문맥에 나타나듯이 열의(chanda), 성냄(dosa), 어리석음(moha), 두려움(bhaya) 때문에 하지 않아야 할 것의 넷이다. 이것은 성자들이 해서는 안되기 때문에 하지 않아야 함이라 한다. 여기에 대해서는 『청정도론』 XXII.47과 55를 참조할 것. 본서의 「정신경」 (D29) §26에서는 아라한이 범할 수 없는 아홉 가지에 포함되어 나타났다. 그리고 본 문맥에서는 이러한 네 가지를 행하는 것을 사악한 업(pāpa-kamma)이라고 부르고 있다.

6. 선서께서는 이렇게 말씀하신 뒤 다시 [게송으로] 이렇게 말씀하셨다.

"열의, 성냄, 어리석음, 두려움 때문에 법을 파하는 자는
그의 명성을 잃게 되나니
이는 마치 이지러지는 시기의 달과 같다.
열의, 성냄, 어리석음, 두려움 때문에 법을 파하지 않는 자는
그의 명성이 가득하나니
이는 마치 차는 시기의 달과 같다."

(3) 여섯 가지 타락의 입구

7. "그러면 어떤 것이 여섯 가지 타락의 입구가 되는 재물을 추구하지 않는 것인가? 장자의 아들이여, 방일하는 근본이 되는 술과 중독성 물질의 섭취에 몰두하는 것이 타락의 입구가 되는 재물이다. 때 아닌 때에 길거리를 배회하기에 몰두하는 것이 타락의 입구가 되는 재물이다. 구경거리(공연)를 보러 다니기에 몰두하는 것이 타락의 입구가 되는 재물이다. 방일의 근본이 되는 노름에 몰두하는 것이 타락의 입구가 되는 재물이다. 사악한 친구를 사귀기에 몰두하는 것이 타락의 입구가 되는 재물이다. 게으름에 빠지는 것이 타락의 입구가 되는 재물이다."

① 술과 중독성 물질의 여섯 가지 위험

8. "장자의 아들이여, 방일하는 근본이 되는 술과 중독성 물질의 섭취에 몰두하는 것에는 다음의 여섯 가지 위험이 있다. 지금여기

에서 재산을 잃고, 분쟁을 조장하며, 병이 발생하는 장소이고, 나쁜 명성을 낳고, 은밀한 곳을 드러내게 되고, 통찰지가 무기력하게 되는 이러한 여섯 가지 경우가 생긴다. 장자의 아들이여, 이것이 방일하는 근본이 되는 술과 중독성 물질의 섭취에 몰두하는 여섯 가지 위험이다."

② 때 아닌 때에 길거리를 배회하는 여섯 가지 위험

9. "장자의 아들이여, 때 아닌 때에 길거리를 배회하기에 몰두하는 것에는 다음의 여섯 가지 위험이 있다. 자기 스스로를 지키지 못하고 보호하지 못한다. 그의 자식들과 아내도 지키지 못하고 보호하지 못한다. 재산을 지키지 못하고 보호하지 못한다. [남이 저지른] 범죄행위들에 대해서 [자신이 저지른 것으로] 의심받는다. 그에 대한 헛소문이 증가한다. 많은 괴로운 것들이 그의 앞에 있게 된다. 장자의 아들이여, 이것이 때 아닌 때에 길거리를 배회하기에 몰두하는 여섯 가지 위험이다.

③ 구경거리(공연)를 보러 다니기에 몰두하는 여섯 가지 위험

10. "장자의 아들이여, 구경거리(공연)를 보러 다니기에 몰두하는 것에는 다음의 여섯 가지 위험이 있다. '어디서 춤을 추나, 어디서 노래하나, 어디서 연주하나, 어디서 낭송하나, 어디서 박수치며 하는 공연이 있나, 어디서 북치며 하는 공연이 있나?'라고 [찾아다녀 다른 것을 소홀히 한다.][291] 장자의 아들이여, 이것이 구경거리를 보러 다니기에 몰두하는 여섯 가지 위험이다."

---

291) 주석서에서는 그가 이런 구경거리에 관심을 가지고 찾아다니느라 생기는 여러 가지 문제점들을 들고 있다.(DA.iii.946)

④ 노름에 몰두하는 여섯 가지 위험

11. "장자의 아들이여, 방일의 근본이 되는 노름에 몰두하는 것에는 다음의 여섯 가지 위험이 있다. 이기면 증오가 따른다. 지면 남에게 잃은 물건에 대해서 한탄한다. 실제로 재산이 없어진다. 법정에서 하는 진술에 신빙성이 없어진다. 친구와 동료들로부터 멸시를 받는다. '이 사람은 노름꾼이니 아내를 부양하기에 적당하지 않아.'라고 하면서 아무도 그를 결혼상대로 원하지 않는다. 장자의 아들이여, 이것이 방일의 근본이 되는 노름에 몰두하는 여섯 가지 위험이다."

⑤ 사악한 친구를 사귀는 여섯 가지 위험

12. "장자의 아들이여, 사악한 친구를 사귀기에 몰두하는 것에는 다음의 여섯 가지 위험이 있다. 노름꾼, 방탕한 자, 술꾼, 사기꾼, 협잡꾼, 싸움꾼들이 그의 친구와 동료가 된다. 장자의 아들이여, 이것이 사악한 친구를 사귀기에 몰두하는 여섯 가지 위험이다."

⑥ 게으른 자의 여섯 가지 위험

13. "장자의 아들이여, 게으름에 빠진 자에게는 다음의 여섯 가지 위험이 있다. 너무 춥다면서 일을 하지 않는다. 너무 덥다면서 일을 하지 않는다. 너무 이르다면서 일을 하지 않는다. 너무 늦었다면서 일을 하지 않는다. 너무 배고프다면서 일을 하지 않는다. 너무 배부르다면서 일을 하지 않는다. 그가 이와 같이 해야 할 일에 대한 핑곗거리를 많이 가지고 사는 동안 아직 벌지 못한 재산은 벌지 못하며 번 재산은 다 써 버리게 된다. 장자의 아들이여, 이것이 게으름에 빠

진 자의 여섯 가지 위험이다."

세존께서는 이렇게 말씀하셨다.

14. 선서께서는 이렇게 말씀하신 뒤 다시 [게송으로] 이렇게 말씀하셨다.

"술친구가 있고
'친구여, 친구여'라고 말만 하는 자가 있지만
필요가 생겼을 때 동료가 되어 주는 자
그가 진정한 친구이다.

해가 떠도 잠자는 자들과 남의 아내를 범하는 자들
증오의 화신인 자들과 손해를 주는 자들
사악한 친구들과 가슴이 메마른 자들
이런 여섯 경우는 사람을 파멸하게 만든다.

사악한 친구와 사악한 동료와
사악한 행위와 행동의 영역을 가진 자는
이 세상과 저 세상
두 곳으로부터 사람을 파멸하게 만든다.

노름과 여자, 술, 춤과 노래
낮에 자고 때 아닌 때 돌아다니는 것
사악한 친구를 사귀는 것, 가슴이 메마른 것
이런 여섯 경우는 사람을 파멸하게 만든다.

노름을 하고 술을 마시고
남들에게 목숨과 같은 여자들을 범하고
저열한 자를 섬기고 존경할 만한 자를 섬기지 않는 자는
이지러지는 시기의 달과 같이 파멸하게 된다.

술꾼이 재산도 없고 무일푼인데
목마른 자가 물마시듯 [술만] 마셔대면
물에 던진 [돌멩이]처럼 빚 속에 가라앉아
즉시에 자신의 가문조차 사라지게 만들 것이다.

낮에 자는 버릇을 가진 자와
밤에 일어나 [돌아다니는] 버릇을 가진 자와
항상 술에 취해 있는 자는
가정을 가져 머물 수 없다.

너무 춥고 너무 덥고
너무 이르다고 하면서
일을 내팽개쳐 버리는 자에게
젊었을 때의 기회는 사라져 버린다.

여기 이 세상에서 춥고 더움을
마른 풀보다 하찮은 것으로 간주하여
사람으로서 해야 할 바를 하는 자
그는 행복으로부터 멀어지지 않는다."

(4) **친구인 척하지만 친구가 아닌 네 가지**

15. "장자의 아들이여, 다음 네 가지는 친구인 척하지만 친구가 아니라고 알아야 한다. [아무 것도 가져오지 않았으면서도] 분명히 가져왔다고 하는 자는[292] 친구인 척하지만 친구가 아니라고 알아야 한다. 말만 최고로 하는 자는 친구인 척하지만 친구가 아니라고 알아야 한다. 듣기 좋은 말만 하는 자는 친구인 척하지만 친구가 아니라고 알아야 한다. 나쁜 짓에 동무가 되는 자는 친구인 척하지만 친구가 아니라고 알아야 한다."

16. "① 장자의 아들이여, 다음 네 가지 경우를 통해서 [아무 것도 가져오지 않았으면서도] 분명히 가져왔다고 하는 자는 친구인 척하지만 친구가 아니라고 알아야 한다. 적게 주고 많은 것을 원하고, 두려움 때문에 의무를 행하고, [자신의] 이익만 챙긴다.[293] 장자의 아들이여, 이런 네 가지 경우를 통해서 [아무 것도 가져오지 않았으면서도] 분명히 가져왔다고 하는 자는 친구인 척하지만 친구가 아니라고 알아야 한다."

17. "② 장자의 아들이여, 다음 네 가지 경우를 통해서 말만 최고로 하는 자는 친구인 척하지만 친구가 아니라고 알아야 한다. 과거에 [이렇게 하려 했다는 번지르르한 말에] 의지하고, 미래에 [이렇게

---

292) "'분명히 가져왔다고 하는 자(aññadatthuhara)'는 스스로 빈손(tuccha-hattha)으로 왔으면서도 무엇인가를 가져왔다고 전적으로 [우기는 자]이다."(DA.iii.948)

293) "'이익만 챙긴다.(sevati atthakāraṇā)'는 것은 친구와 교제(mitta-santhava)하여 자신의(attano) 이익만을 바라면서 사귄다는 [뜻이다.]" (*Ibid*)

할 것이라는 번지르르한 말에] 의지하고, 아무 의미 없는 [말로] 호의를 얻으려 하고, 일이 생겼을 때는 문제가 생겨서[294] [도와줄 수 없다고] 한다. 장자의 아들이여, 이런 네 가지 경우를 통해서 말만 최고로 하는 자는 친구인 척하지만 친구가 아니라고 알아야 한다."

18. "③ 장자의 아들이여, 다음 네 가지 경우를 통해서 듣기 좋은 말만 하는 자는 친구인 척하지만 친구가 아니라고 알아야 한다. 사악한 것에는 동의를 하고 좋은 것에는 동의를 하지 않으며[295] 면전에서는 칭송하는 말을 하고 등 뒤에서는 비난하는 말을 한다. 장자의 아들이여, 이런 네 가지 경우를 통해서 듣기 좋은 말만 하는 자는 친구인 척하는 적이라고 알아야 한다."

19. "④ 장자의 아들이여, 다음 네 가지 경우를 통해서 나쁜 짓에 동무가 되는 자는 친구인 척하지만 친구가 아니라고 알아야 한다. 방일하는 근본이 되는 술과 중독성 물질의 섭취에 몰두할 때 동무가 된다. 때 아닌 때에 길거리를 배회하기에 몰두할 때 동무가 된다. 구경거리를 보러 다니기에 몰두할 때 동무가 된다. 방일의 근본이 되는 노름에 몰두할 때 동무가 된다. 장자의 아들이여, 이런 네 가지 경우를 통해서 나쁜 짓에 동무가 되는 자는 친구인 척하는 적이라고 알아야 한다."

세존께서는 이렇게 말씀하셨다.

---

294) "수레가 필요하다고 하면 '바퀴가 고장 났소, 차축이 부수어졌소.'라는 등으로 말한다."(*Ibid*)

295) 미안마본 등에는 좋은 말에도 동의한다고 나타난다.

20. 선서께서는 이렇게 말씀하신 뒤 다시 [게송으로] 이렇게 말씀하셨다.

> "[가져오지 않았으면서도] 분명히 가져왔다고 하는 친구
> 말만 최고로 하는 친구
> 듣기 좋은 말만 하는 친구, 나쁜 짓을 할 때의 친구
> 이들 넷은 친구가 아니라고 잘 알고서
> 현자는 두렵기만 한 이러한 길을 멀리 피해야 한다."

(5) **가슴을 나누는 네 가지 친구**

21. "장자의 아들이여, 다음 네 가지는 친구로되 가슴을 나누는 친구라고 알아야 한다. 도움을 주는 친구는 가슴을 나누는 친구라고 알아야 한다. 즐거우나 괴로우나 한결같은 친구는 가슴을 나누는 친구라고 알아야 한다. 바른 것을 조언해 주는 친구는 가슴을 나누는 친구라고 알아야 한다. 연민하는 친구는 가슴을 나누는 친구라고 알아야 한다."

22. "① 장자의 아들이여, 다음 네 가지 경우를 통해서 도움을 주는 친구는 가슴을 나누는 친구라고 알아야 한다. 취해 있을 때 보호해 주고, 취한 자의 소지품을 보호해 주고, 두려울 때 의지처가 되어 주고, 해야 할 일이 생겼을 때 두 배로 필요한 물품을 보태어준다. 장자의 아들이여, 이런 네 가지 경우를 통해서 도움을 주는 친구는 가슴을 나누는 친구라고 알아야 한다."

23. "② 장자의 아들이여, 다음 네 가지 경우를 통해서 즐거우나 괴로우나 한결같은 친구는 가슴을 나누는 친구라고 알아야 한다. 비밀을 털어놓고, 비밀을 지켜 주고, 재난에 처했을 때 떠나지 않고, 목숨까지도 그를 위해서 버린다. 장자의 아들이여, 이런 네 가지 경우를 통해서 즐거우나 괴로우나 한결같은 친구는 가슴을 나누는 친구라고 알아야 한다."

24. "③ 장자의 아들이여, 다음 네 가지 경우를 통해서 바른 것을 조언해 주는 친구는 가슴을 나누는 친구라고 알아야 한다. 사악함으로부터 멀리하게 하고, 선(善)에 들어가게 하고, 배우지 못한 것을 배우게 하고, 천상의 길을 가르쳐준다. 장자의 아들이여, 이런 네 가지 경우를 통해서 바른 것을 조언해 주는 친구는 가슴을 나누는 친구라고 알아야 한다."

25. "④ 장자의 아들이여, 네 가지 경우를 통해서 연민하는 친구는 가슴을 나누는 친구라고 알아야 한다. [친구]의 불행에 대해서 기뻐하지 않고, [친구]의 행운에 대해서 기뻐하며, [친구]에 대해서 비난하는 자를 멀리하고, [친구]에 대해서 칭송하는 자를 칭찬한다. 장자의 아들이여, 이런 네 가지 경우를 통해서 연민하는 친구는 가슴을 나누는 친구라고 알아야 한다." 세존께서는 이렇게 말씀하셨다.

26. 선서께서는 이렇게 말씀하신 뒤 다시 [게송으로] 이렇게 말씀하셨다.

"도움을 주는 친구, 즐거우나 괴로우나 한결같은 친구
바른 것을 조언해 주는 친구, 연민하는 친구
이들 넷이 친구라고 잘 알고서
현자는 전적으로 그들을 섬겨야 하나니
마치 어머니가 친자식에게 하듯이.

계를 구족한 현자는
[밤에 언덕에서] 불이 타오르듯이 빛난다.
마치 벌들이 부지런히 재물을 모을 때
재물인 [꿀]이 모이는 것이
마치 개미집이 높이 자라는 것과 같다.

그와 같이 재물을 모은 뒤
재가자는 자신의 가문을 부양하나니
네 등분으로 재물을 나누어서
그는 [인생의] 친구들을 내치지 않고 돕는다.[296)]

첫 번째 몫의 재물은 생활에 사용하고
두 번째와 세 번째 몫은 사업하는데 쓰고
네 번째는 저축을 해야 하나니
재난에 대처하기 위해서이다."

---

296) '내치지 않고 돕는다.'로 옮긴 원어는 ganthati(묶다)인데 주석서에서 "[친구들이] 흩어지지 않게 하여 서게 만든다.(abhejjamānāni ṭhapeti)" (DA.iii.951)라고 설명하고 있어서 이렇게 옮겼다.

(6) 육방을 감싸는 자

27. "장자의 아들이여, 어떻게 해서 성스러운 제자는 육방을 감싸는 자가 되는가? 장자의 아들이여, 이들 여섯 방향을 알아야 한다. 동쪽 방향은 부모라고 알아야 한다. 남쪽 방향은 스승이라고 알아야 한다. 서쪽 방향은 자식과 아내라고 알아야 한다. 북쪽 방향은 친구와 동료라고 알아야 한다. 아래 방향은 하인과 고용인들이라고 알아야 한다. 위 방향은 사문과 바라문이라고 알아야 한다."297)

① 동쪽 방향 — 부모

28. "장자의 아들이여, 아들은 다음의 다섯 가지 경우로 동쪽 방향인 부모를 섬겨야 한다. '나는 그분들을 잘 봉양할 것이다. 그분들에게 의무를 행할 것이다. 가문의 대를 확고하게 할 것이다. 유산인 [부모의 훈육대로] 잘 실천할 것이다. 부모가 돌아가시면 그분들을 위해서 보시를 잘할 것이다.'라고. 장자의 아들이여, 이와 같이 아들은 동쪽 방향인 부모를 섬긴다.

그러면 부모는 다시 다음의 다섯 가지 경우로 아들을 사랑으로 돌본다. 사악함으로부터 멀리하게 한다. 선(善)298)에 들어가게 한다. 기

---

297) "부모는 앞에서 도와주시기 때문에 동쪽(puratthimā, 앞쪽) 방향이라고 알아야한다. 스승은 보시를 드려야 하기(dakkhiṇeyya) 때문에 남쪽(dakkhiṇā) 방향이다. 자식과 아내는 뒤에서 따라오기 때문에 서쪽(pacchimā, 뒤쪽)이다. 친구와 동료를 의지해서 특별한 괴로움을 건너기(uttarati) 때문에 북쪽(uttarā) 방향이다."(DA.iii.952)

298) 여기서 선(善)은 '좋은, 선한'이라는 일반적인 뜻을 가진 kalyāṇa의 역어이다. 그래서 kalyāṇa-mitta는 선우(善友)로 옮겨지며 중국에서는 선지식(善知識)으로도 옮겼다.

술을 배우게 한다. 어울리는 아내와 맺어준다. 적당한 때 유산을 물려준다.

장자의 아들이여, 이러한 다섯 가지 경우로 아들은 동쪽 방향인 부모를 섬기고 부모는 다시 이러한 다섯 가지 경우로 아들을 사랑으로 돌본다. 이렇게 해서 동쪽 방향은 감싸지게 되고 안전하게 되고 두려움이 없게 된다."

② 남쪽 방향 — 스승들

29. "장자의 아들이여, 제자는 다음의 다섯 가지 경우로 남쪽 방향인 스승들을 섬겨야 한다. 일어나서 맞이하고 섬기고 배우려 하고 개인적으로 시봉하고 기술을 잘 배운다. 장자의 아들이여, 이와 같이 제자는 남쪽 방향인 스승들을 섬긴다.

그러면 스승들은 다시 다음의 다섯 가지 경우로 제자를 사랑으로 돌본다. 잘 훈육되도록 훈육한다. 잘 이해하도록 이해시킨다. 기술을 모두 다 배우도록 잘 가르쳐 준다. 친구와 동료에게 잘 소개해 준다. 모든 곳에서 안전하게 보호해 준다.

장자의 아들이여, 이러한 다섯 가지 경우로 제자는 남쪽 방향인 스승들을 섬기고 스승들은 다시 이러한 다섯 가지 경우로 제자를 사랑으로 돌본다. 이렇게 해서 남쪽 방향은 감싸지게 되고 안전하게 되고 두려움이 없게 된다."

③ 서쪽 방향 — 아내

30. "장자의 아들이여, 남편은 다음의 다섯 가지 경우로 서쪽 방향인 아내[299]를 섬겨야 한다. 존중하고, 얕보지 않고, 바람피우지

않고, 권한을 넘겨주고, 장신구를 사준다. 장자의 아들이여, 이와 같이 남편은 서쪽 방향인 아내를 섬긴다.

그러면 아내는 다시 다음의 다섯 가지 경우로 남편을 사랑으로 돌본다. 맡은 일을 잘 처리하고, 주위 사람들을 잘 챙기고, 바람피우지 않고, 가산을 잘 보호하고, 모든 맡은 일에 숙련되고 게으르지 않다.

장자의 아들이여, 이러한 다섯 가지 경우로 남편은 서쪽 방향인 아내를 섬기고 아내는 다시 이러한 다섯 가지 경우로 남편을 사랑으로 돌본다. 이렇게 해서 서쪽 방향은 감싸지게 되고 안전하게 되고 두려움이 없게 된다."

④ 북쪽 방향 — 친구와 동료

31. "장자의 아들이여, 선남자는 다음의 다섯 가지 경우로 북쪽 방향인 친구와 동료들을 섬겨야 한다. 베풀고, 친절하게 말하고, 그들에게 이익이 되도록 행하고, 자기 자신에게 하듯이 대하고, 언약을 어기지 않는다. 장자의 아들이여, 이와 같이 선남자는 북쪽 방향인 친구와 동료들을 섬긴다.

그러면 친구와 동료들은 다시 다음의 다섯 가지 경우로 선남자를 사랑으로 돌본다. 취해 있을 때 보호해 주고, 취해 있을 때 소지품을 보호해 주고, 두려울 때 의지처가 되어 주고, 재난에 처했을 때 떠나지 않고, 그의 자녀들[300]을 존중한다.

---

299) §27에서는 자식과 아내(puttadārā)로 나타났는데, 여기서는 아내(bhariyā)만이 언급되고 있다.

300) '그의 자녀들'로 옮긴 원문은 aparapajā인데 문자적으로는 '다른(apara) 백성들(pajā)'이라는 의미이다. 주석서에서 "친구(sahāya)의 아들과 딸들(puttadhītaro)이 바로 백성들(pajā)이다."(DA.iii.956)라고 설명하고

장자의 아들이여, 이러한 다섯 가지 경우로 선남자는 북쪽 방향인 친구와 동료들을 섬기고 친구와 동료들은 다시 이러한 다섯 가지 경우로 선남자를 사랑으로 돌본다. 이렇게 해서 북쪽 방향은 감싸지게 되고 안전하게 되고 두려움이 없게 된다."

⑤ 아래 방향 — 하인과 고용인

32. "장자의 아들이여, 주인은 다음의 다섯 가지 경우로 아래 방향인 하인과 고용인들을 섬겨야 한다. 힘에 맞게 일거리를 배당해 주고, 음식과 임금을 지급하고, 병이 들면 치료해 주고, 특별히 맛있는 것을 같이 나누고, 적당한 때에 쉬게 한다. 장자의 아들이여, 이와 같이 주인은 아래 방향인 하인과 고용인들을 섬긴다.

그러면 하인과 고용인들은 다시 다음의 다섯 가지 경우로 주인을 사랑으로 돌본다. 먼저 일어나고, 나중에 자고, 주어진 것에 만족하고, 일을 아주 잘 처리하고, [주인]에 대한 명성과 칭송을 달고 다닌다.

장자의 아들이여, 이러한 다섯 가지 경우로 주인은 아래 방향인 하인과 고용인들을 섬기고 하인과 고용인들은 다시 이러한 다섯 가지 경우로 주인을 사랑으로 돌본다. 이렇게 해서 아래 방향은 감싸지게 되고 안전하게 되고 두려움이 없게 된다."

⑥ 위 방향 — 사문·바라문

33. "장자의 아들이여, 선남자는 다음의 다섯 가지 경우로 위 방향인 사문·바라문들을 섬겨야 한다. 자애로운 몸의 업으로 대하고, 자애로운 말의 업으로 대하고, 자애로운 마음의 업으로 대하고,

---

있어서 '그의 자녀들'로 옮겼다.

대문을 항상 열어두고, 일용품을 공급한다. 장자의 아들이여, 이와 같이 선남자는 위 방향인 사문·바라문들을 섬긴다.

그러면 사문·바라문들은 다시 다음의 다섯 가지 경우로 선남자를 사랑으로 돌본다. 사악함으로부터 멀리하게 하고, 선(善)에 들어가게 하고, 선한 마음으로 자애롭게 돌보며, 배우지 못한 것을 가르쳐 주고, 배운 것을 깨끗하게 해 주고, 천상으로 가는 길을 드러내어 준다.

장자의 아들이여, 이러한 다섯 가지 경우로 선남자는 위 방향인 사문·바라문들을 섬기고 사문·바라문들은 다시 이러한 다섯 가지 경우로 선남자를 사랑으로 돌본다. 이렇게 해서 위 방향은 감싸지게 되고 안전하게 되고 두려움이 없게 된다."

세존께서는 이렇게 말씀하셨다.

34. 선서께서는 이렇게 말씀하신 뒤 다시 [게송으로] 이렇게 말씀하셨다.

"부모는 동쪽 방향이요
스승들은 남쪽 방향이며
자식과 아내는 서쪽 방향이요
친구와 동료들은 북쪽 방향이며

하인과 고용인들은 아래 방향이요
사문과 바라문들은 위 방향이다.
재가자는 이들 방향에 예배해야 하나니
이렇게 해야 가문을 지킨다고 할 만하다.[301]

---

301) "'할 만하다(alam atho).'라는 것은 자식과 아내라는 짐을 지고 집에 거주할 자격이 있다는 말이다."(DA.iii.957)

현자는 계를 구족하고
온화하고 영감을 갖추나니
겸손하고 완고하지 않은
이러한 자는 명성을 얻는다.
일찍 일어나고 게으르지 않고
재난에 처했을 때 떠나지 않으며
흠이 없고 총명한
이러한 자는 명성을 얻는다.

섭수하여 친구로 삼고
친절하게 말하고 인색하지 않으며
인도자요 훈도자요 조정자인
이러한 자는 명성을 얻는다.

이 세상에서 베풀고 친절하게 말하고
그들에게 이익이 되도록 행하며
모든 것들에 대해서 자기 자신에게 하듯이 대하고
어디서든 누구에게나 적절하게 행하면
이런 요소들이 세상을 돌아가게 하나니
마치 마차 차축의 핀과도 같다.

이런 요소들이 없다면
어머니도 아들이 하는
존경과 예배를 받지 못하며
아버지도 역시 그러하다.

그러므로 이런 요소들을
현자들은 바르게 관찰하나니
그러므로 이런 것들은 위대함을 얻게 되고
칭송이 자자한 것이다."

맺는 말 — 싱갈라까의 귀의

35. 이렇게 말씀하시자 장자의 아들 싱갈라까는 세존께 이렇게 말씀드렸다.

"경이롭습니다, 세존이시여. 경이롭습니다, 세존이시여. 마치 넘어진 자를 일으켜 세우시듯, 덮여있는 것을 걷어내 보이시듯, [방향을] 잃어버린 자에게 길을 가리켜 주시듯, '눈 있는 자 형상을 보라.'고 어둠 속에서 등불을 비춰 주시듯, 세존께서는 여러 가지 방편으로 법을 설해주셨습니다. 저는 이제 세존께 귀의하옵고, 법과 비구 승가에 또한 귀의하옵니다. 세존께서는 저를, 오늘부터 목숨이 있는 날까지 귀의한 청신사로 받아 주소서."

「교계 싱갈라 경」이 끝났다.

아따나띠야 경

아따나띠야 보호주(保護呪)

Āṭānāṭiya Sutta(D32)

아따나띠야 경302)

아따나띠야 보호주(保護呪)

Āṭānāṭiya Sutta(D32)

302) 「아따나띠야 경」은 '아따나따에서 [설해진] 경'이라는 뜻이다. 아따나따(Āṭānāṭa)는 대천왕 꾸웨라, 즉 웻사와나가 통치하는 북 꾸루에 있는 천상의 도시 가운데 하나이다.(§7) 본경 혹은 본 보호주가 아따나따라는 도시(nagara)에서 엮어졌기 때문에 이렇게 제목을 붙인 것이다. 보호주에 대해서는 아래 §7의 주해를 참조할 것.
우리는 아따나따 보호주를 통해서 많은 신들과 특히 사대왕천에 속하는 많은 신들의 이름을 알게 된다. 이들이야말로 불법을 보호하고, 불법을 따라 수행하는 수행자들을 보호하고, 불법에 귀의한 신도들을 보호하는, 말 그대로 호법선신들이라 할 수 있다.
우리나라에서 많이 독송하는 천수대비주나 능엄주에 익숙한 분들은 천수대비주와 능엄주에, 특히 능엄주에 수많은 신들과 비(非)인간들이 나타나는 것을 잘 알 것이다. 그런 의미에서 이 아따나따 보호주도 능엄주와 같은 성격의 비밀주라 할 수 있다.
혹자는 이러한 보호주를 두고 신비주의의 극치를 달리는 비불교적인 경전이라고 말할 지도 모른다. 그러나 불교는 해탈·열반을 실현하는 체계이면서도, 현생의 행복과 내생의 행복을 증장시키는 종교이기도 하다. 특히 재가자들에게는 더욱더 그러하다. 그리고 무엇보다도 만뜨라나 다라니 독송을 통해서 자신과 가족과 재산과 영토의 보호와 행복의 증장을 바라는 인도 종교 전통을 따라 사는 재가자들에게는 이러한 보호주의 독송이 어쩌면 삶의 안위를 위해서 가장 필요한 장치였는지도 모른다.
본경은 현존하는 한역 경에는 나타나지 않는다. 그러나 나제(那提)가 번역했다는 「아타나지경」(阿吒那智經)이 제목만 전해온다.

서언 — 사대천왕들의 출현

1. 이와 같이 나는 들었다. 한때 세존께서는 라자가하에서 독수리봉 산에 머무셨다. 그때 사대천왕(四大天王)들이[303] 많은 약카 군대와 많은 간답바 군대와 많은 꿈반다 군대와 많은 용의 군대와 함께 사방에 보호를 확고하게 하고 사방에 군대의 벽을 확고하게 하고 사방에 파수꾼들을 확고하게 한 뒤 밤이 아주 깊었을 때 아주 멋진 모습을 하고 전체 독수리봉 산을 환하게 밝히고서 세존께 다가왔다. 다가와서는 세존께 절을 올린 뒤 한 곁에 앉았다. 그 약카들도 어떤 자들은 세존께 절을 올리고 한 곁에 앉았다. 어떤 자들은 세존과 함께 환담을 나누고 유쾌하고 기억할 만한 이야기로 서로 담소를 나누고 한 곁에 앉았다. 어떤 자들은 세존께 합장하여 인사드리고서 한 곁에 앉았다. 어떤 자들은 세존의 앞에서 이름과 성을 말씀드리고 한 곁에 앉았다. 어떤 자들은 조용히 한 곁에 앉았다.

웻사와나 대천왕

2. 한 곁에 앉은 웻사와나 대천왕은 세존께 이와 같이 말씀드렸다. "세존이시여, 뛰어난 약카들 가운데는 세존께 청정한 믿음이 없는 자들이 있습니다. 세존이시여, 뛰어난 약카들 가운데는 세존께 청정한 믿음이 있는 자들도 있습니다. 세존이시여, 중간의 약카들 가운데는 세존께 청정한 믿음이 없는 자들이 있습니다. 세존이시여, 중간의 약카들 가운데는 세존께 청정한 믿음이 있는 자들도 있습니다. 세존이시여, 낮은 약카들 가운데는 세존께 청정한 믿음이 없는 자들

---

303) 사대천왕(cattāro mahārājā)에 대해서는 본서 제1권 「께왓다 경」(D11) §68의 주해와 아래 §4 이하를 참조할 것.

이 있습니다. 세존이시여, 낮은 약카들 가운데는 세존께 청정한 믿음이 있는 자들도 있습니다. 세존이시여, 그러나 대체적으로 약카들은 세존께 청정한 믿음이 없습니다. 이것은 무슨 이유 때문입니까?

세존이시여, 세존께서는 생명을 죽이는 것을 금하는 법을 설하시고 주지 않은 것을 가지는 것을 금하는 법을 설하시고 삿된 음행을 금하는 법을 설하시고 거짓말을 금하는 법을 설하시고 방일의 근본이 되는 술과 중독성 물질을 섭취하는 것을 금하는 법을 설하십니다. 세존이시여, 대체적으로 약카들은 생명을 죽이는 것을 금하지 않고 주지 않은 것을 가지는 것을 금하지 않고 삿된 음행을 금하지 않고 거짓말을 금하지 않고 방일의 근본이 되는 술과 중독성 물질을 섭취하는 것을 금하지 않습니다. 그들에게는 이런 법이 사랑스럽지 않고 마음에 들지 않습니다.

세존이시여, 세존의 제자들은 숲이나 밀림 속에 있는 조용하고 소리가 없고 한적하고 사람들로부터 멀고 한거하기에 좋은 외딴 처소들을 수용합니다. 거기에는 뛰어난 약카들이 거주하고 있는데 그들은 이러한 세존의 말씀에 청정한 믿음이 없습니다. 세존이시여, 그들에게 청정한 믿음이 생기도록 하기 위해서 비구들과 비구니들과 청신사들과 청신녀들에게 아따나따의[304] 보호주[305]를 호지하게 해 주

304) 아따나따(Āṭānāṭa)는 아래 §7에서 대천왕 꾸웨라, 즉 웻사와나가 통치하는 북꾸루에 있는 천상의 도시 가운데 하나이다. 주석서에서는 이 보호주가 아따나따 도시(nagara)에서 엮어졌기 때문에(baddhatta) 이렇게 이름한다고 적고 있다.(DA.iii.960)

305) 여기서 보호주로 옮긴 원어는 rakkha이다. rakkha는 √rakṣ(*to protect*)에서 파생된 명사로 '보호'를 뜻한다. 그래서 보호주로 옮겼다. 주석서에선 rakkha라는 술어 대신에 빠릿따(paritta)라는 술어를 사용하고 있다.

소서. 그러면 그들은 안전하게 되고 보호받게 되고 해코지를 당하지 않게 되고 편안하게 머물 것입니다."

세존께서는 침묵으로 허락하셨다.

빠릿따(paritta)는 pari(주위에)+√trā(*to rescue, to protect*)에서 파생된 명사로 '보호'라는 뜻을 가졌으며 일반적으로 질병이나 악령의 해코지나 다른 여러 위험 등으로부터 보호하는 주문을 뜻한다. 그래서 호주(護呪)라 옮겨지는 술어이다. 빠릿따는 후대에 새로 만들어진 것이 아니다. 이들은 이미 5부 니까야에 나타나는 경들인데 보호의 목적으로 독송되고 있기 때문에 빠릿따라 불리는 것이다.

『밀린다왕문경』(Milindapañha)에는 「보경」(寶經, Ratana Sutta, Sn.222~238) 「온호주」(蘊護呪, Khandha-paritta) 「공작호주」(孔雀護呪, Mora-paritta, Jā.ii.33*f.*에 포함되어 있음) 「다작가 호주」(Dhajagga-paritta, S.i.218*f.*) 「아따나띠야 호주」(Āṭnāṭiya-paritta, 본경) 「앙굴리말라 호주」(Aṅgulimāla-paritta, 「앙굴리말라 경」, M.ii.97*ff.*를 뜻하는 듯)를 들고 있다. 그리고 상좌부에서는 우리에게 잘 알려진 『숫따니빠따』의 「길상경」(Maṅgala Sutta, Sn.258~269)과 「자애경」(Metta Sutta, Sn.143~152)도 여기에 넣고 있다. 「길상경」 「자애경」 「앙굴리말라 경」 등은 오히려 최고층(最古層)에 속하는 경들이라 할 수 있다.

빠릿따라는 술어가 처음 나타나는 곳은 율장 『소품』(Cūḷavagga)이라고 하는데 여기서 세존께서는 「온호주」(蘊護呪, Kandha-paritta)를 비구 개인과 비구 승가의 보호를 위해서 읊을 것을 허락하셨다고 한다.(Vin.ii.110)

지금도 남방에서는 여러 보호주들이 많이 독송되고 있는데 「길상경」과 「자애경」은 매일 독송되고 있으며 그 외에도 경우에 따라 여러 보호주들이 독송되고 있다.

초기경에 나타나는 이런 보호주들은 대승에서도 발전해왔는데 우리나라에서 널리 독송되는 「천수대비주」와 「능엄주」는 모두 이런 보호주에 속한다 할 수 있다.

아따나따 보호주

3. 그러자 웻사와나 대천왕은 세존께서 허락하신 것을 안 뒤 바로 그 시각에 이 아따나따 보호주를 읊었다.

"눈을 가지셨고 길상을 가지신306)
위빳시 [부처님]께 귀의하기를.
모든 존재를 연민하시는
시키 [부처님]께 귀의하기를.

씻어낸 분이요 고행자이신
웻사부 [부처님]께 귀의하기를.
마라의 군대를 정복하신
까꾸산다 [부처님]께 귀의하기를.

청정범행을 닦은 바라문이신
꼬나가마나 [부처님]께 귀의하기를.
모든 곳 모든 것으로부터 해탈하신
깟사빠 [부처님]께 귀의하기를.

몸에서 광명을 내뿜고307) 길상을 가지셨으며

---

306) 주석서에서는 여기 나타나는 모든 수식어들은 각 개인의 부처님에게만 해당되는 수식어가 아니라 7불 모두에게 서로서로 적용된다고 설명하고 있다.(DA.iii.962)

307) '몸에서 광명을 내뿜고'로 옮긴 원어는 aṅgīrasa인데 주석서에서 "모든 수족으로부터 광명을 내뿜기 때문에 앙기라사라 한다."(DA.iii.963)고 풀이하고 있어서 이렇게 옮겼다. 한편 앙기라사는 베다 문헌에 많이 등장하

이 법을 설하셨고
모든 괴로움을 몰아내신
사꺄무니[308] [부처님]께 귀의하기를.

세상에서 완전한 평화를 얻었으며
있는 그대로 여실히 통찰하였으니
그분들은[309] 중상모략이 없고
위대하고 오염원이 없으시다.[310]

[그분들은] 이제 신과 인간들에게 이익[311]을 주시고
영지(靈知)와 실천을 구족하셨으며[明行足]
위대하고 오염원이 없으신

는 인도 바라문 족성이기도 하다. 본서 1권 「암밧타 경」(D3) §2.8 등에도 바라문의 족성으로 나타나고 있다.

308) 원어는 Sakya-putta로 '석가족의 후예' 혹은 '석가족의 아들'이란 의미인데 우리에게 친숙한 고유명사인 사꺄무니(석가모니)로 옮겼다. 본서 「빠띠까 경」(D24) §1.7의 주해도 참조할 것.

309) 주석서에서는 '그분들(te janā)을 "오염원을 가라앉혀 완전한 평화를 얻었으며 여실함을 통찰한(vipassisuṁ) 분들"로 설명하면서 일곱 부처님(sattannaṁ buddhānaṁ)을 뜻한다고 설명하고 있다.(DA.iii.963)

310) '오염원이 없는'으로 옮긴 원어는 vītasāradā이다. 본경의 주석서에서는 두려움이 없는(vigatalomahaṁsā)으로 설명하고 있다.(DA.iii.963) 한편 『여시어경 주석서』에서는 "멍청하게 만드는 오염원이 없기 때문에 멍청함이 없으며(vigatasārajja) 의기소침하지 않음(apagatamaṅku-bhāva)이다."(ItA.ii.75)로 설명하고 있다. 문맥상 후자가 좋을 듯하여 '오염원이 없는'으로 옮겼다.

311) "여기서 이익(hita)이란 자애를 가득 채움(mettā-pharaṇa)에 의한 이익이다."(*Ibid*)

고따마께 귀의할 것이니 [그분들께도 귀의하기를]."312)

4. "아디띠의 아들313)이요 크고 둥근 태양이 솟아오르는 곳
그곳으로부터 태양이 솟아오를 때
그를 가리는 [밤]이 소멸하며314)
그곳으로부터 태양이 솟아오를 때 낮이라고 일컬어지며
거기에는 깊은 호수요 물이 넘실대는 바다가 있나니
사람들은 이와 같이 거기서
그것을 물이 넘실대는 바다라고 알고 있으며
이곳을 두고 사람들은
'이것이 바로 동쪽 방향이다.'라고 부릅니다.

이 방향을 보호하는 대천왕은 명성을 가진 분으로

---

312) 주석서에서는 "세상에서 현자인 신과 인간들은 고따마 [부처님]께 귀의할 것인데(namassanti) 그들이 이분 [고따마 부처님] 이전의 부처님들께도 귀의하기를"(*Ibid*)이라고 풀어서 설명하고 있다. 그래서 역자도 '고따마께 귀의할 것이니 [그분들께도 귀의하기를]'이라고 풀어서 옮겼다.

313) '아디띠의 아들'은 ādicca의 역어이다. 주석서에서는 "아디띠의 아들(aditiyā putta)이 아딧짜인데 이것은 태양이라는 단어(sūriya-sadda)의 동의어일 뿐이다."(*Ibid*)라고 설명하고 있다.
『리그베다』의 인도신화에 의하면 아디띠(Aditi)에게는 와루나(Varuṇa), 미뜨라(Mitra) 등 일곱 명의 아들이 있었다고 하며 그 일곱 번째가 바로 수리야(Sūrya) 즉 태양이라고 한다. 제의서에서는 12명의 아디띠의 아들을 들고 있으며 『마하바라따』에서는 모두 33명의 아들을 들고 있다. 그래서 아디띠는 신들의 어머니를 뜻하게 되었고 ādicca(*Sk.* āditya)는 신들을 통칭하기도 한다. 그러나 힌두 문헌에서도 āditya는 태양을 뜻하는 단어로 많이 쓰인다.

314) '가리는 [밤]이 소멸하며'로 옮긴 원어는 saṁvarīpi nirujjhati인데 주석서에서는 "밤이 사라진다.(ratti antaradhāyati)"(*Ibid*)로 설명하고 있다.

간답바들의 주인이요 다따랏타라는 이름을 가졌으며
간답바들이 앞에 모시는 분이니
그는 그들의 춤과 노래를 즐깁니다.
그에게는 많은 아들이 있는데
모두 같은 이름을 가졌다고 들었으며
80명, 10명, 한 명인데
큰 힘을 가진 인드라라는 이름을 사용합니다.

그들도 부처님을 뵙고서 태양의 후예인 부처님께
멀리서부터 절을 하나니
위대하고 오염원이 없으신 분
좋은 태생을 가지신 인간인 당신께 귀의합니다.
최고의 인간인 당신께 귀의합니다.
유익함으로 우리를 살펴보시니
비인간들도 당신께 예배합니다.

우리는 끊임없이 이런 말을 듣습니다.
'당신들은 승자인 고따마께 예배합니까?'라고.
그래서 우리는 이렇게 예배하나니
우리는 승자인 고따마께 예배합니다.
영지와 실천을 구족하신 고따마 부처님께 예배합니다."

5. "아귀[315]라고 불려지는 중상모략하고 뒤통수를 때리고

315) 아귀의 원어는 peta(뻬따)이다. 이것은 petti-visaya(뻿띠위사야) 즉 아귀계로도 나타난다. peta는 아버지를 뜻하는 pitā의 곡용형으로 '아버지에 속하는'이란 뜻이며 그래서 기본적으로는 모든 조상신들(*Sk.* pitaraḥ)을

생명을 죽이며 강도요 도적이요 교활한 자들이 사는 곳
이곳을 두고 사람들은
'이것이 바로 남쪽 방향이다.'라고 부릅니다.

이 방향을 보호하는 대천왕은 명성을 가진 분으로
꿈반다들의 주인이요 위룰하라는 이름을 가졌으며
꿈반다들이 앞에 모시는 분이니
그는 그들의 춤과 노래를 즐깁니다.
그에게는 많은 아들이 있는데
모두 같은 이름을 가졌다고 들었으며
80명, 10명, 한 명인데
큰 힘을 가진 인드라라는 이름을 사용합니다.

그들도 부처님을 뵙고서 태양의 후예인 부처님께
멀리서부터 절을 하나니
위대하고 오염원이 없으신 분
좋은 태생을 가지신 인간인 당신께 귀의합니다.
최고의 인간인 당신께 귀의합니다.
유익함으로 우리를 살펴보시니
비인간들도 당신께 예배합니다.

우리는 끊임없이 이런 말을 듣습니다.

뜻한다. 이는 베딕 문헌에 나오는 조령제(祖靈祭, pitṛ-yajña)와 관계가 있다. 제사에서 후손들이 올리는 음식을 기다리는 자들이라는 뜻에서 '굶주린 귀신(餓鬼)'으로 불교에서 정착된 것으로 추정한다. 아귀계에 대해서는 본서 제2권 「대반열반경」(D16) §2.8의 주해를 참조할 것.

'당신들은 승자인 고따마께 예배합니까?'라고.
그래서 우리는 이렇게 예배하나니
우리는 승자인 고따마께 예배합니다.
영지와 실천을 구족하신 고따마 부처님께 예배합니다."

6. "아디띠의 아들이요 크고 둥근 태양이 지는 곳
그곳에서 태양이 질 때 낮도 소멸하며
그곳에서 태양이 질 때
장막을 가진 [밤]이라고 일컬어지며
거기에는 깊은 호수요 물이 넘실대는 바다가 있나니
사람들은 이와 같이 거기서
그것을 물이 넘실대는 바다라고 알고 있으며
이곳을 두고 사람들은
'이것이 바로 서쪽 방향이다.'라고 부릅니다.

이 방향을 보호하는 대천왕은 명성을 가진 분으로
용들의 주인이요 위루빡카라는 이름을 가졌으며
용들이 앞에 모시는 분이니
그는 그들의 춤과 노래를 즐깁니다.
그에게는 많은 아들이 있는데
모두 같은 이름을 가졌다고 들었으며
80명, 10명, 한 명인데
큰 힘을 가진 인드라라는 이름을 사용합니다.

그들도 부처님을 뵙고서 태양의 후예인 부처님께

멀리서부터 절을 하나니
위대하고 오염원이 없으신 분
좋은 태생을 가지신 인간인 당신께 귀의합니다.
최고의 인간인 당신께 귀의합니다.
유익함으로 우리를 살펴보시니
비인간들도 당신께 예배합니다.

우리는 끊임없이 이런 말을 듣습니다,
'당신들은 승자인 고따마께 예배합니까?'라고.
그래서 우리는 이렇게 예배하나니
우리는 승자인 고따마께 예배합니다.
영지와 실천을 구족하신 고따마 부처님께 예배합니다."

7. "북 꾸루 지방이 있고 마하네루 탑이 아름다운 곳
거기서는 인간들에게 내 것이 없고
[여인을] 소유하지 않으며[316)]
씨앗을 뿌리지 않고 쟁기질을 하지 않습니다.
농사를 짓지 않아도 익는 쌀을 인간들은 먹습니다.
겨도 없고 왕겨도 없으며
깨끗하고 향기로운 쌀열매이니[317)]
그냥 솥에 넣어 요리한 다음 음식을 먹습니다.

소를 하나의 발굽만 가진 [말처럼][318)] 만들어서

---

316) "'소유하지 않음(apariggahā)'이란 여인(itthi)을 소유하지 않음이다." (DA.iii.965)

317) 쌀열매에 대해서는 본서 「세기경」(D27) §16을 참조할 것.

이리저리 타고 다닙니다.
동물을 하나의 발굽만 가진 [말처럼] 만들어서
이리저리 타고 다닙니다.
여자를 탈것으로 삼아서 이리저리 타고 다닙니다.
남자를 탈것으로 삼아서 이리저리 타고 다닙니다.
여자아이를 탈것으로 삼아서 이리저리 타고 다닙니다.
남자아이를 탈것으로 삼아서 이리저리 타고 다닙니다.
그들은 탈것에 올라서 모든 방향으로 다니며
왕에게 봉사하나니
코끼리를 타고 말을 타고
천상의 수레가 마련되어 있으며
명성을 가진 대천왕의 궁전[에서 누워 쉬고][319)]
가마를 타고 다닙니다.

그에게는 도시들이 있나니 허공에 잘 지어졌습니다.
[그 이름은] 아따나따, 꾸시나따, 빠라꾸시나따,
나따부리야, 빠라따꾸시나따이며
북쪽에는 까삐완따가 있고, 다른 것으로는 자노가가 있고
나와나와띠야, 암바라암바라와띠야가 있고,
수도인 알라까만다가 있습니다.
세존이시여,[320)] 대천왕 꾸웨라에게는

---

318) "여러 발굽(sapha)을 가진 것을 하나의 발굽처럼 만들어서, 즉 말(assa)처럼 만들어서라는 뜻이다."(DA.iii.965)

319) "그들은 궁전의 멋진 침상(vara-sayana)에 누워서 쉰다."(DA.iii.966)

320) 원어는 mārisa이므로 '존자시여' 정도로 번역해야 한다. 마리사는 신이나

위사나라는 수도가 있나니
그래서 대천왕 꾸웨라는 웻사와나라고 불립니다.
[대천왕의] 직무를 행하는 자들을 드러내면
따똘라, 땃딸라, 따또딸라,
오자시, 떼자시, 따또자시, 수라
라자, 아릿타, 네미입니다.

거기에는 다라니라는 호수가 있어서
그곳으로부터 [물을 모아서] 구름은 비를 내리고
비는 그곳으로부터 퍼져나갑니다.
거기에는 바갈라와띠라는 집회장이 있나니
거기서 약카들은 모입니다.
거기에는 항상 열매가 열리는 나무들이 있어서
갖가지 새들의 무리가 함께 있습니다.

공작과 왜가리의 노래소리와 뻐꾸기 등의
아름다운 소리들로 가득하고
거기에는 지와 새의 '오래 사세요.'라는 소리[321]가 있고
'마음을 여세요.'[322]라고 소리 내는 새가 있으며

약카 등 천상의 무리들이 남을 부를 때 쓰는 호칭이다. 그러나 여기서는 세존께 사용하는 호칭이기에 이하 모두 '세존이시여'라고 옮겼다.

321) '오래 사세요.'는 jīva jīva의 역어이다. jīva의 뜻이 수명, 생명을 뜻하므로 이렇게 옮겼다. 그러나 이것은 지와 새가 '지와 지와'(우리말의 지지배배?)라고 우는 의성어를 적은 것이다. 그들은 이 새가 지지배배 우는 소리를 오래 살아라(jīva)는 소리로 듣고 지와라고 이름을 붙인 것이다. 그래서 주석서에서는 인간 세상의 지완지와까(꿩의 일종) 새(jīvañjīvaka-sakuṇa)들에게도 이런 소리가 있다고 밝히고 있다.(DA.iii.967)

꿩들과 꿀리라까와 숲의 두루미가 있고
거기에는 참새와 구관조 소리가 있고
지팡이 든 동자라 불리는 새가 있어
꾸웨라의 연못은 모든 시간에 항상 아름답습니다.
이곳을 두고 사람들은
'이것이 바로 북쪽 방향이다.'라고 부릅니다.

이 방향을 보호하는 대천왕은 명성을 가진 분으로
약카들의 주인이요 꾸웨라라는 이름을 가졌으며
약카들이 앞에 모시는 분이니
그는 그들의 춤과 노래를 즐깁니다.
그에게는 많은 아들이 있는데
모두 같은 이름을 가졌다고 들었으며
80명, 10명, 한 명인데
큰 힘을 가진 인드라라는 이름을 사용합니다.

그들도 부처님을 뵙고서 태양의 후예인 부처님께
멀리서부터 절을 하나니
위대하고 오염원이 없으신 분
좋은 태생을 가지신 인간인 당신께 귀의합니다.
최고의 인간인 당신께 귀의합니다.
유익함으로 우리를 살펴보시니
비인간들도 당신께 예배합니다.

---

322) 원어는 oṭṭhavacittaka이다. 이것은 '열어라 마음을(uṭṭhehi citta), 열어라 마음을'이라고 운다고 해서 붙인 이름이라고 한다.(*Ibid*) '웃테히 찟따'로 들을 수 있는 소리를 내며 우는 새일 것이다.

우리는 끊임없이 이런 말을 듣습니다
'당신들은 승자인 고따마께 예배합니까?'라고.
그래서 우리는 이렇게 예배하나니
우리는 승자인 고따마께 예배합니다.
영지와 실천을 구족하신 고따마 부처님께 예배합니다."323)

아따나따 보호주의 공덕

8. "세존이시여, 이것이 바로 그 아따나따 보호주이니 이것은 비구들과 비구니들과 청신사들과 청신녀들을 안전하게 하고 보호받게 하고 해코지를 당하지 않게 하고 편안하게 머물게 할 것입니다.

세존이시여, 어떤 비구든 비구니든 청신사든 청신녀든 이 아따나

---

323) 이상으로 우리는 아따나따 보호주를 통해서 많은 신들과 특히 사대왕천에 속하는 많은 신들의 이름을 읽어봤다. 이들이야말로 불법을 보호하고, 불법을 따라 수행하는 수행자들을 보호하고, 불법에 귀의한 신도들을 보호하는, 말 그대로 호법선신들이다.
우리나라에서 많이 독송하는 천수대비주나 능엄주에 익숙한 분들은 천수대비주와 능엄주에, 특히 능엄주에 수많은 신들과 비인간들이 나타나는 것을 잘 알 것이다. 그런 의미에서 이 아따나따 보호주도 능엄주와 같은 성격의 비밀주라 할 수 있다. 대승불교에서 능엄주는 스님들이 도량을 보호하고 승가를 보호하는 호신주로 매일 새벽에 독송해왔고 지금 한국에서도 마찬가지다. 그와 같이 남방에서 이 아따나따 보호주도 매일은 아니지만 중요한 행사 때는 행사의 마지막에 꼭 독송된다고 한다.(DPPN)
이처럼 능엄주와 아따나따 주는 보호주라는 측면에서는 같지만 그러나 그 내용구성은 크게 다르다. 능엄주는 직접 여러 호법선신들께 귀의하는 주문이지만 여기서 보듯이 이 아따나따 주는 여러 호법선신들이 부처님께 귀의하는 것을 그 내용으로 하고 있다. 이런 무서운 위력을 가진 신들이 부처님께 귀의하기 때문에 만일 다른 삿된 비인간들이 부처님 제자를 해코지 하려들면 이런 위력을 가진 선신들이 그를 보호하고 그 삿된 비인간들의 머리를 일곱 조각내어 버린다는 것이다.

따 보호주를 잘 수지하고 완전하게 외우고 있는데 만일 비인간인 약카나 약키니[324]나 동자 약카나 동녀 약카나 약카의 우두머리나 약카의 측근이나 약카의 하인이나, 간답바나 간답비나 동자 간답바나 동녀 간답바나 간답바의 우두머리나 간답바의 측근이나 간답바의 하인이나, 꿈반다나 꿈반디나 동자 꿈반다나 동녀 꿈반다나 꿈반다의 우두머리나 꿈반다의 측근이나 꿈반다의 하인이나, 용이나 용녀나 동자 용이나 동녀 용이나 용의 우두머리나 용의 측근이나 용의 하인이, 적대적인 마음을 가지고 그 비구나 비구니나 청신사나 청신녀가 가면 따라가고 서면 따라서 서고 앉으면 따라서 앉고 누우면 따라서 눕는 짓을 한다면, 그런 비인간은 결코 저의 마을이나 성읍에서 환대와 존중을 받지 못할 것입니다.

세존이시여, 그런 비인간은 알라까만다라는 저의 수도에서 결코 거처를 얻지 못하고 살지 못할 것입니다. 세존이시여, 그런 비인간은 결코 저의 약카들의 회합에 오지 못할 것입니다. 세존이시여, 게다가 비인간들은 결코 그런 자를 장가들이거나 시집보내지 않을 것입니다. 세존이시여, 비인간들은 화가 나서 그런 자에게 욕설을 퍼부을 것입니다. 세존이시여, 게다가 비인간들은 그의 머리를 빈 그릇처럼 꺾어 버릴 것입니다. 세존이시여, 게다가 비인간들은 그의 머리를 일곱 조각으로 깨어 버릴 것입니다."

9. "세존이시여, 사납고 흉포하고 폭력적인 비인간들이 있습니다. 그들은 대천왕들에게 조심하지 않습니다. 그들은 대천왕들의 측근들과 측근들의 사람들에게도 조심하지 않습니다. 세존이시여, 그들 비인간들은 대천왕들의 반역 도당들이라 불립니다. 마치 마가다

324) 여자 약카를 말한다.

왕에게 진압된 큰 도적들과 같습니다. 그들은 마가다 왕에게 조심하지 않습니다. 그들은 마가다왕의 측근들과 측근들의 사람들에게도 조심하지 않습니다. 세존이시여, 그들 큰 도적들은 마가다 왕의 반역 도당들이라 불립니다. 세존이시여, 그와 마찬가지로 사납고 흉포하고 폭력적인 비인간들이 있습니다. 그들은 대천왕들에게 조심하지 않습니다. 그들은 대천왕들의 측근들과 측근들의 사람들에게도 조심하지 않습니다. 세존이시여, 그들 비인간들은 대천왕들의 반역 도당들이라 불립니다.

세존이시여, 어떤 비인간인 약카나 약키니나 … 간답바나 간답비나 … 꿈반다나 꿈반디나 … 용이나 용녀나 동자 용이나 동녀 용이나 용의 우두머리나 용의 측근이나 용의 하인이든 그 누구든, 적대적인 마음을 가지고 그 비구나 비구니나 청신사나 청신녀가 가면 따라가고 서면 따라서 서고 앉으면 따라서 앉고 누우면 따라서 눕는 짓을 한다면, 다음과 같은 약카들과 큰 약카들과 약카들의 장군들과 대장군들에게 알리고 외치고 소리질러야 합니다. '이 약카가 붙잡는다. 이 약카가 들어온다. 이 약카가 괴롭힌다. 이 약카가 애를 먹인다. 이 약카가 해를 끼친다. 이 약카가 해코지한다. 이 약카가 놓아주지 않는다.'라고."

10. "어떤 약카들과 큰 약카들과 약카들의 장군들과 대장군들에게 그렇게 해야 합니까?

> 인드라, 소마, 와루나, 바라드와자, 빠자빠띠,
> 짠다나, 까마셋타, 낀누간두, 니간두,
> 빠나다, 오빠만냐, 데와수따, 마딸리,

쩟따세나 간답바, 날라 왕, 자네사바,
사따기라, 헤마와따, 뿐나까, 까라띠야, 굴라,
시와까, 무짤린다, 웻사미따, 유간다라,
고빨라, 숩빠게다, 히리, 넷띠, 만디야,
빤짤라짠다, 알라와까, 빳준나, 수마나, 수무카,
다디무카, 마니, 마니짜라, 디가, 그리고 세릿사까.

이러한 약카들과 큰 약카들과 약카들의 장군들과 대장군들에게 알리고 외치고 소리질러야 합니다. '이 약카가 붙잡는다. 이 약카가 들어온다. 이 약카가 괴롭힌다. 이 약카가 애를 먹인다. 이 약카가 해를 끼친다. 이 약카가 해코지한다. 이 약카가 놓아주지 않는다.'라고."

사대천왕들이 물러남

11. "세존이시여, 이것이 바로 그 아따나따 보호주이니 이것은 비구들과 비구니들과 청신사들과 청신녀들을 안전하게 하고 보호받게 하고 해코지를 당하지 않게 하고 편안하게 머물게 할 것입니다. 세존이시여, 이제 저희는 그만 물러가겠습니다. 저는 바쁘고 해야 할 일이 많습니다."

"대천왕들이여, 지금이 적당한 시간이라면 그렇게 하시오."

그러자 사대천왕들은 자리에서 일어나 세존께 절을 올리고 오른쪽으로 [세 번] 돌아 [경의를 표한] 뒤에 거기서 사라졌다. 그 약카들도 어떤 자들은 자리에서 일어나 세존께 절을 올리고서 오른쪽으로 [세 번] 돌아 [경의를 표한] 뒤에 거기서 사라졌다. 어떤 자들은 세존께 절을 올리고 사라졌다. 어떤 자들은 세존과 함께 환담을 나누고 유쾌하고 기억할 만한 이야기로 서로 담소를 나누고 사라졌다. 어떤 자들은 세존께 합장하여 인사드리고서 사라졌다. 어떤 자들은 세존의 앞에서 이름과 성을 말씀드리고 사라졌다. 어떤 자들은 조용히 사라졌다.

비구들에게 고하심

12. 그러자 세존께서는 그 밤이 지난 뒤 비구들을 불러서 이렇게 말씀하셨다. "비구들이여, 지난밤에 사대천왕들이 많은 약카 군대와 많은 간답바 군대와 많은 꿈반다 군대와 많은 용의 군대와 함께 사방에 보호를 확고하게 하고 사방에 군대의 벽을 확고하게 하고 사방에 파수꾼들을 확고하게 한 뒤 밤이 아주 깊었을 때 아주 멋진 모습을 하고 전체 독수리봉 산을 환하게 밝히고서 나에게 다가왔다. 다가와서는 나에게 절을 올린 뒤 한 곁에 앉았다. 그 약카들도 어떤 자들은 나에게 절을 올리고 한 곁에 앉았다. 어떤 자들은 나와 함께 환담을 나누고 유쾌하고 기억할 만한 이야기로 서로 담소를 나누고 한 곁에 앉았다. 어떤 자들은 나에게 합장하여 인사하고 한 곁에 앉았다. 어떤 자들은 내 앞에서 이름과 성을 말하고 한 곁에 앉았다. 어떤 자들은 조용히 한 곁에 앉았다.

… <중간 생략> (앞의 §§2~11과 같이 세존께서 비구대중에게 말씀하심) …

그러자 사대천왕들은 자리에서 일어나 나에게 절을 올리고 오른쪽으로 [세 번] 돌아 [경의를 표한] 뒤에 거기서 사라졌다. 그 약카들도 어떤 자들은 자리에서 일어나 나에게 절을 올리고 오른쪽으로 [세 번] 돌아 [경의를 표한] 뒤에 거기서 사라졌다. 어떤 자들은 나에게 절을 올리고 사라졌다. 어떤 자들은 나와 함께 환담을 나누고 유쾌하고 기억할 만한 이야기로 서로 담소를 나누고 사라졌다. 어떤 자들은 나에게 합장하여 인사하고서 사라졌다. 어떤 자들은 내 앞에서 이름과 성을 말하고 사라졌다. 어떤 자들은 조용히 사라졌다."

맺는 말

13. "비구들이여, 아따나띠 보호주를 수지하라. 비구들이여, 아따나띠 보호주를 외우라. 비구들이여, 아따나띠 보호주를 잘 간직하라. 비구들이여, 아따나띠 보호주는 그대들에게 이익을 줄 것이며 비구들과 비구니들과 청신사들과 청신녀들을 안전하게 하고 보호받게 하고 해코지를 당하지 않게 하고 편안하게 머물게 할 것이다."

세존께서는 이와 같이 설하셨다. 비구들은 마음이 흡족해져서 세존의 설법을 크게 기뻐하였다.

「아따나띠야 경」이 끝났다.

합송경(合誦經)

함께 노래한 부처님 말씀

Saṅgīti Sutta(D33)

합송경(合誦經)325)

함께 노래한 부처님 말씀

Saṅgīti Sutta(D33)

---

325) 본경의 빠알리어 제목은 상기띠 숫따(Saṅgīti Sutta)이다. 여기서 saṅgīti는 saṁ(함께)+√gai(*to sing*)에서 파생된 명사로서 '함께 노래한 것, 함께 외운 것'이라는 뜻이다. 우리가 보통 일차결집이니 이차결집이니 하면서 결집(結集)이라고 옮긴 단어가 바로 saṅgīti이다.

이러한 결집은 문헌을 모은 것이 아니라 제자들이 들어서 알고 있던 것을 함께 노래해서 가사와 운율을 확정한 다음 함께 노래해서 서로 공유한 일종의 합창대회였기 때문에 역자는 '함께 노래함'이라는 원의미를 살려서 「합송경」이라고 옮겼다.

역자가 합송을 노래니 합창대회니 하는 표현을 사용하는 데는 그만한 이유가 있다. 노래는 일단 한 번 가사와 운율이 정해져서 대중화가 되고나면 누군가가 틀리게 부를 때 바로 그것이 잘못된 노래라는 것을 즉시에 알게 된다. 역자는 지금도 학창시절에 즐겨 부르던 어니언스의 "편지"를 누가 부르면, 틀렸는지 옳게 불렀는지 가사와 음정과 박자를 정확히 알 수 있다. 그러므로 합송대회에서 내용과 음정과 박자가 정해져서 합송된 경들은 독송하는 집단이 면면부절로 이어지는 한 정확하게 전승이 되는 것이다. 지금도 인도의 베다들은 바라문 학도들에 의해서 합송되어 전승되어 온다.

본경은 사리뿟따 존자가 1에 관계된 법들부터 시작해서 10에 관계된 법들까지 모두 230가지의 부처님 가르침을 정리해서 비구들과 함께 노래한 경이다. 본경은 중국에서 「중집경」(衆集經)으로 한역되어 『장아함』의 9번째에 포함되어 있다.

서언

1.1. 이와 같이 나는 들었다. 한때 세존께서는 500명 정도의 많은 비구 승가와 함께 말라에서 유행(遊行)하시다가 빠와[326]라는 말리[327]들의 도시에 도착하셨다. 세존께서는 거기 빠와에서 대장장이의 아들 쭌다의 망고 숲에 머무셨다.

웁바따까의 새 공회당

1.2. 그 무렵에 빠와에 사는 말라들이 웁바따까라는 새 공회당을 지은 지 오래되지 않았는데 사문이나 바라문이나 어떤 다른 사람도 아직 사용하지 않았다. 빠와에 사는 말라들은 '세존께서 500명 정도의 많은 비구 승가와 함께 말라에서 유행하시다가 빠와라는 말라들의 도시에 도착하셔서는 빠와에서 대장장이의 아들 쭌다의 망고 숲에 머무신다.'고 들었다.

그래서 빠와에 사는 말라들은 세존을 뵈러갔다. 가서는 세존께 절을 올리고 한 곁에 앉았다. 한 곁에 앉아서 빠와에 사는 말라들은 세존께 이렇게 말씀드렸다.

"세존이시여, 저희 빠와에 사는 말라들은 웁바따까라는 새 공회당을 지은 지 오래되지 않았습니다. 아직 사문이나 바라문이나 어떤 다른 사람도 사용하지 않았습니다. 세존이시여, 부디 세존께서 그것을 처음으로 사용해 주소서. 세존께서 처음으로 사용하시고 난 후에 저희 빠와에 사는 말라들이 사용하려 합니다. 그러면 그것은 빠와에 사

---

326) 빠와(Pāva)에 대해서는 「정신경」(D29) §1의 주해를 참조할 것.

327) 말라(Malla)에 대해서는 「빠띠까 경」(D24) §1의 주해를 참조할 것.

는 말라들에게 오랜 세월 이익이 되고 행복이 될 것입니다."

세존께서는 침묵으로 허락하셨다.

1.3. 그러자 빠와에 사는 말라들은 세존께서 허락하신 것을 알고 자리에서 일어나 세존께 절을 올리고 오른쪽으로 [세 번] 돌아 [경의를 표한] 뒤에 공회당으로 갔다. 가서는 공회당을 덮개로 완전하게 덮고 세존의 자리를 준비하고 물 항아리를 마련하고 기름 등불을 매단 뒤 세존께로 갔다. 가서는 세존께 절을 올린 뒤 한 곁에 섰다. 한 곁에 서서 빠와에 사는 말라들은 세존께 이렇게 말씀드렸다. "세존이시여, 공회당을 덮개로 완전하게 덮었고 세존의 자리를 준비하고 물 항아리를 마련하고 기름 등불을 매달았습니다. 세존이시여, 세존께서는 적당한 시간을 고려하소서."

1.4. 그러자 세존께서는 옷매무새를 가다듬고 발우와 가사를 수하고 비구 승가와 더불어 공회당으로 가셨다. 가셔서는 발을 씻으시고 공회당으로 들어가셔서 중간 기둥 곁에 동쪽을 향하여 앉으셨다. 비구들도 역시 발을 씻고서 공회당에 들어가서 서쪽 벽 근처에 동쪽을 향하여 세존을 앞에 모시고 앉았다. 빠와에 사는 말라들도 역시 발을 씻고 공회당에 들어가서 동쪽 벽 근처에 서쪽을 보고 세존을 앞에 모시고 앉았다. 그러자 세존께서는 빠와에 사는 말라들에게 밤늦게 오래도록 법을 설하시고 격려하시고 분발하게 하시고 기쁘게 하신 뒤 그들을 가게 하셨다.

"와셋타[328]들이여, 밤이 참 아름답구나. 이제 그대들이 갈 시간이

---

328) 여기서 보듯이 와셋타(Vāseṭṭha)는 말라들의 족성(gotta)이다. 본서 제2권 「대반열반경」(D16) §5.19에서 세존께서는 꾸시나라에 사는 말라족들에게도 와셋타들이라고 부르고 계신다.

되었구나."

"그러겠습니다, 세존이시여."라고 빠와의 말라들은 세존께 대답을 한 뒤 자리에서 일어나 세존께 절을 올리고 오른쪽으로 [세 번] 돌아 [경의를 표한] 뒤에 물러갔다.

1.5. 그러자 세존께서는 빠와에 사는 말라들이 나간 뒤 오래지 않아서, 침묵에 침묵이 흐르고 있는 비구 승가를 둘러보신 뒤 사리뿟따 존자를 불러서 말씀하셨다.

"사리뿟따여, 비구 승가는 해태와 혼침이 없구나. 사리뿟따여, 그대가 이런 비구들에게 법문을 들려주어라. 나는 등이 아프구나. 그래서 좀 쉬어야겠다."

"그렇게 하겠습니다, 세존이시여."라고 사리뿟따 존자는 세존께 대답했다.

그러자 세존께서는 가사를 네 겹으로 접어서 [자리를] 만들게 하신 뒤 발로써 발을 포개고 마음챙기고 알아차리시면서[正念正知] 일어날 시간을 인식하여 마음에 잡도리하신 뒤, 오른쪽 옆구리로 사자처럼 누우셨다.

니간타들의 분열에 대한 일화

1.6. 그 무렵에 니간타 나따뿟따[329]가 빠와에서 막 임종하였다.[330] 그가 임종하자 니간타들은 분열하여 둘로 갈라져서 입의 칼로써 서로를 찌르며 지내고 있었다.

---

329) 니간타와 니간타 나따뿟따에 대해서는 본서 제1권 「사문과경」(D2) §28의 주해를 참조할 것.

330) 이 문단은 「정신경」(D29번) §1과 같음.

즉 '그대는 이 법과 율을 제대로 모른다. 나야말로 이 법과 율을 제대로 안다.'

'어찌 그대가 이 법과 율을 제대로 알겠는가?'

'그대는 그릇된 도를 닦는 자이고 나는 바른 도를 닦는 자이다.'

'[내 말은] 일관되지만 그대는 일관되지 않는다.'

'그대는 먼저 설해야 할 것을 뒤에 설했고 뒤에 설해야 할 것을 먼저 설했다.'

'그대가 [오랫동안] 주장해오던 것은 [한 마디로] 논파되었다.'

'나는 그대의 [교설의] 허점을 지적했다. 그대는 패했다. 비난으로부터 도망가라. 혹은 만약 할 수 있다면 [지금] 설명해 보라.'라고.

니간타 나따뿟따의 제자들 사이에서는 오직 투쟁만이 있는 듯하였다. 니간타 나따뿟따의 흰 옷을 입은 재가 제자들도 니간타 나따뿟따의 제자들에게 넌더리를 내고 질려 버리고 실망한 모습이 역력하였다. 그것은 법과 율이 제대로 설해지지 못하고 잘못 선언되고 출리로 인도하지 못하고 고요에 이바지하지 못하고 바르게 깨달은 분에 의해서 선언된 것이 아니며 탑이 부서진 것이고 귀의처가 없게 된 경우에 속하였기 때문이다.

1.7. 그때 사리뿟따 존자는 비구들을 불러서 말하였다.

"도반들이여, 니간타 나따뿟따가 빠와에서 막 임종하였습니다. 그가 임종하자 니간타들은 분열하여 둘로 갈라져서 … 탑이 부서진 것이고 귀의처가 없게 된 경우에 속하였기 때문입니다. 도반들이여, 그것은 참으로 법과 율이 제대로 설해지지 못하고 잘못 선언되고 출리로 인도하지 못하고 고요에 이바지하지 못하고 바르게 깨달은 분에 의해서 선언된 것이 아니기 때문에 그렇습니다.

도반들이여, 그러나 우리들의 법은 세존에 의해서 제대로 설해졌고 잘 선언되고 출리로 인도하고 고요에 이바지하고 바르게 깨달은 분에 의해서 선언된 것입니다. 그러므로 우리 모두는 함께 합송해야 하며 분쟁을 해서는 안됩니다. 그래서 이 청정범행이 길이 전해지고 오래 머물게 해야 합니다. 이것이 많은 사람의 이익을 위하고 많은 사람의 행복을 위하고 세상을 연민하고 신과 인간의 이상과 이익과 행복을 위하는 것입니다.

도반들이여, 그러면 어떠한 법이 세존에 의해서 우리들에게 제대로 설해졌고 잘 선언되고 출리로 인도하고 고요에 이바지하고 바르게 깨달은 분에 의해서 선언된 것입니까?"

한 가지로 구성된 법들

1.8. [331] "도반들이여, 아시고 보시는 그분 세존·아라한·정등각께서는 한 가지로 구성된 법을 분명하게 설하셨습니다. 그러므로 우리 모두는 함께 합송해야 하며 분쟁을 해서는 안됩니다. 그래서 이 청정범행이 길이 전해지고 오래 머물게 해야 합니다. 이것이 많은 사람의 이익을 위하고 많은 사람의 행복을 위하고 세상을 연민하고 신과 인간의 이상과 이익과 행복을 위하는 것입니다.

그러면 어떤 것이 한 가지로 구성된 법입니까?

(1) 모든 중생들은 음식(āhāra)으로 생존합니다.[332]

---

331) 본 문단번호 가운데 첫 번째 부분은 PTS본에서 §1.7의 뒷부분에 편입되어 있는데 역자가 편의상 §1.8에 넣었다. 그래야 문맥상 옳기 때문이다. 그런데 PTS본의 두 가지로 구성된 법과 세 가지로 구성된 법 등에 해당하는 부분(§1.9, §1.10 등)에서는 모두 역자가 나눈 것처럼 편집되어 있다.

(2) 모든 중생들은 상카라[行, saṅkhāra]로 생존합니다.333)

---

332) 모든 중생들은 음식이 없으면 생존하지 못한다. 이것은 당연한 명제이다. 경에서는 네 가지 음식을 설한다. 그것은 ① 먹는 음식[段食, kabaḷikā-āhāra] ② 촉식(觸食, phassa-āhāra) ③ 의사식(意思食, mano-sañcetanā-āhāra) ④ 식식(識食, viññāṇa-āhāra)이다. 매찰나에 이 넷이 없으면 중생들은 생존을 영위하지 못한다.
그러나 무상유정(無想有情, asaññā-satta)은 말 그대로 모든 인식이 끊어졌기 때문에 네 가지 음식 가운데 어떤 음식으로도 생존하지 않는다. 그런데도 만일 본 문맥에서처럼 '모든 중생들은 음식으로 생존한다.'고 하면 이것은 모순이다. 이를 해결하기 위해서 주석서에서는 비방편적인 음식(nippariyāya-āhāra)과 방편적인 음식(pariyāya-āhāra)이라는 술어를 채용하여 네 가지 음식은 비방편적인 음식이고 조건(paccaya, 緣)은 방편적인 음식이라고 설명하고 있다. 모든 존재는 조건에 따라서 일어나고 멸하기 때문에 조건이 없다면 중생들은 한 순간도 생존할 수 없다. 그러므로 이것도 방편적으로는 음식이라 해야 한다는 것이다. 그래서 설명하기를 "방편을 빌리지 않고(nippariyāyena) [말하면] 욕계에는 네 가지 음식(āhāra)이 있고 무상유정을 제외한 색계와 무색계는 [덩어리로 된 음식을 제외한] 세 가지 음식이 있다. [방편을 빌려서 표현하면] 무상유정들과 나머지의 경우에는 조건을 그 음식으로 가진다(paccayāhāra)."(DA.iii.976)라고 하여 무상유정은 조건을 음식으로 한다고 설명하고 있다.

333) 모든 중생은 음식으로 생존한다는 앞의 명제로 중생의 생존은 다 설명이 되었다. 그러나 여기서 다시 모든 중생은 상카라[行]로 생존한다고 설명하신다. 그러면 이 문맥에서 말하는 상카라[行]는 무엇인가? 주석서의 설명을 보자.
"앞에서 설한 [음식이라는] 조건은 자신의 결과를 만들어내기 때문에 상카라라고 한다. 그래서 앞에서는 음식이라는 조건을 설하셨다. 여기서 설하는 상카라의 조건은 전자보다 더 특별한 것이다."(*Ibid*)라고 설명하고 있다. 즉 음식을 조건으로 하여 생긴 모든 것을 상카라[行]라고 한다는 것이다.
그래서 『청정도론』에서는 "모든 중생은 음식으로 생존한다.(Ps.i.122)라고 전승되어 온 구절에서는 상카라들의 세상을 알아야 한다."(Vis.VII.37)라고 나타난다. 그리고 이 상카라를 명색(정신·물질)이나 온·처·계 등으로 설명하고 있다. 간단히 말해서 여기서 상카라는 명색과 온·처·계 등으로 분류되는 모든 유위법(有爲法, saṅkhata-dhamma)이라고 보면 도반들이여, 이것이 아시고 보시는 그분 세존·아라한·정등각께서 분명하게 설하신 한 가지 법입니다. 그러므로 우리 모두는 함께 합송해야 하며 분쟁을 해서는 안됩니다. 그래서 이 청정범행이 길이 전해지고 오래 머물게 해야 합니다. 이것이 많은 사람의 이익을 위하고 많은 사람의 행복을 위하고 세상을 연민하고 신과 인간의 이상과 이익과 행복을 위하는 것입니다."

두 가지로 구성된 법들

1.9. "도반들이여, 아시고 보시는 그분 세존·아라한·정등각께서는 두 가지로 구성된 법을 분명하게 설하셨습니다. 그러므로 우리 모두는 함께 합송해야 하며 분쟁을 해서는 안됩니다. 그래서 이 청정범행이 길이 전해지고 오래 머물게 해야 합니다. 이것이 많은 사람의 이익을 위하고 많은 사람의 행복을 위하고 세상을 연민하고 신과 인간의 이상과 이익과 행복을 위하는 것입니다.

그러면 어떤 것이 두 가지로 구성된 법입니까?

(1) 정신[名, nāma]과 물질[色, rūpa]

(2) 무명(無明, avijjā)과 존재에 대한 갈애[有愛, bhava-taṇhā]

(3) 존재에 대한 견해(bhava-diṭṭhi)와 비존재에 대한 견해[無有愛, vi-bhava-diṭṭhi][334]

(4) 양심 없음(ahirika)과 수치심 없음(anottappa)

(5) 양심(hirī)과 수치심(ottappa)

된다.

334) "존재에 대한 견해란 상견(常見, sassata-diṭṭhi)이고 … 비존재에 대한 견해란 단견(斷見, uccheda-diṭṭhi)이다."(DA.iii.978)

(6) 머트럽게 말함(불순종, dovacassatā)과 삿된 친구를 사귐(pāpa-mittatā)

(7) 유순함(sovacassatā)과 선우(善友)를 사귐(kalyāṇamittatā)

(8) 범계(犯戒)에 대한 능숙함(āpatti-kusalatā)과 범계에서 벗어남에 대한 능숙함335)

(9) 증득[等至]에 대한 능숙함(samāpatti-kusalatā)과 증득으로부터의 출정(出定, vuṭṭhāna)에 대한 능숙함336)

(10) [18가지] 요소[界, dhātu]에 대한 능숙함337)과 마음에 잡도리함[作意, manasikāra]에 대한 능숙함338)

(11) [12가지] 감각장소[處, āyatana]에 대한 능숙함과 [12]연기(緣起, paṭiccasamuppāda)에 대한 능숙함

(12) [바른] 경우(ṭhāna)에 대한 능숙함과 [바르지] 못한 경우(aṭhāna)에 대한 능숙함339)

---

335) 주석서는 법집론(Dhs)을 인용하면서 여기서 능숙함(kusalatā)은 바로 통찰지(paññā, 般若)를 의미한다고 설명하고 있다.(DA.iii.979)

336) '증득'으로 옮긴 사마빳띠(samāpatti)는 saṁ(함께)+ā(이리로)+√pad(*to go*)에서 파생된 여성명사로 문자적으로는 '함께 받아들임'이며 '증득, 얻음, 획득'의 뜻이다. 상좌부뿐만 아니라 대승불교에서도 사마빳띠는 구차제멸(九次第滅, anupubba-nirodha)로 표현되는 4선-4처-상수멸의 경지 가운데 하나를 증득한 것을 뜻하는 전문술어이다. 중국에서는 saṁ의 의미를 살려 等至로 옮겼다. 그리고 도와 과의 성취도 증득[等至]으로 부르고 있다. 상세한 것은 『아비담마 길라잡이』 4장 §22~23의 해설과 9장 §§42~44와 해설을 참조할 것.

337) "듣고 호지하고 명상하고 꿰뚫어서 18가지 요소(dhātu, 界)들의 고유성질을 구분해서 정의하는(sabhāva-paricchedakā) 통찰지(paññā)를 말한다."(*Ibid*)

338) "이런 요소들을 명상하고 꿰뚫고 반조해서 생긴 통찰지이다."(*Ibid*)

339) 주석서는 법집론(Dhs)을 인용하면서 원인(인)과 조건(연)이 부합하는 것

⒀ 정직함(ajjava)[340]과 부끄러워함(lajjava)

⒁ 인욕(khanti)과 온화함(soracca)[341]

⒂ 부드러움(sākhalya)과 친절함(paṭisanthāra)[342]

⒃ [연민을 통한] 해코지 않음(avihiṁsā)[343]과 [자애로움을 통한] 깨끗함(soceyya)[344]

과 감각기능(근)·대상(경)·알음알이(식)가 바르게 적용되는 것을 바른 경우(ṭhāna)라 설명하고 그렇지 않은 것을 바르지 못한 경우(aṭṭhāna)로 설명한다.(DA.iii.980) 예를 들면 눈·형상·눈의 알음알이[眼·色·眼識]는 바른 경우에 속하고 눈·형상·귀의 알음알이는 바르지 못한 경우에 속한다.

340) "정직하지 못함(anajjava)에는 세 가지가 있다. 소 오줌처럼 휜 것(go-mutta-vaṅkatā)과 달(canda)처럼 휜 것과 쟁기(naṅgala)처럼 휜 것이다.
여기 어떤 비구는 처음에는 21가지 추구하지 않아야 할 것을 추구하고 여섯 가지 가지 않아야 할 곳을 다닌다. 중간과 마지막에는 부끄러워하고 후회하여 공부짓고자 한다. 이것이 소 오줌처럼 휜 것이다. 어떤 자는 처음과 마지막에는 네 가지 청정한 계를 구족하고 부끄러워하고 후회하여 공부짓고자 한다. 그러나 중간은 첫 번째와 같다. 이것을 달처럼 휜 것이라 한다. 어떤 자는 처음과 중간에는 네 가지 청정한 계를 구족하고 부끄러워하고 후회하여 공부짓고자 한다. 그러나 마지막은 첫 번째와 같다. 이것을 쟁기처럼 휜 것이라 한다.
그러나 어떤 자는 이 모든 휜 것을 버리고 처음 중간 마지막에 바르게 행동하고 부끄러워하고 후회하여 공부짓고자 한다. 이런 그의 올곧은 상태가 바로 정직함(ajjava)이다."(*Ibid*)

341) "계를 통한 단속이 온화함이다.(sīlasaṁvaro soraccaṁ)"(DA.iii.981)

342) "친절함(paṭisanthāra)이란 세상과 함께 하는 것인데 세속적(āmisa)인 방법과 법을 통한 것으로 두 가지이다."(*Ibid*)

343) "해코지 않음(avihiṁsā)이란 연민(karuṇā, 悲)과 이전의 연민을 말한다."(DA.iii.982)

344) "깨끗함(soceyya)이란 자애(mettā, 慈)와 이전의 자애를 통해서 깨끗한 상태이다."(*Ibid*)

⒄ 마음챙김을 놓아버림(muṭṭhassacca)[345]과 알아차리지 못함(asampajañña)

⒅ 마음챙김(sati)과 알아차림(sampajañña)[346]

⒆ 감각기능들에서 대문을 단속하지 못함과 음식에서 적당함을 알지 못함

⒇ 감각기능들에서 대문을 단속함(guttadvāratā)과 음식에서 적당함을 앎(mattaññutā)[347]

(21) 숙고의 힘(paṭisaṅkhāna-bala)과 수행의 힘(bhāvanā-bala)

(22) 마음챙김의 힘과 삼매(samādhi)의 힘

(23) 사마타(samatha)와 위빳사나(vipassanā)[348]

(24) 사마타의 표상(nimitta)과 분발(paggaha)[349]의 표상[350]

(25) 분발(paggaha)과 산란하지 않음(avikkhepa)[351]

(26) 계를 파함(vipatti)[352]과 견해를 파함[353]

---

345) 원어는 muṭṭhassacca로 문자적으로는 놓아버린(muṭṭha) 진리(sacca)인데 주석서에서 sati-vippavāsa(마음챙김이 현전하지 않음)라고 설명하고 있어서(*Ibid*) '마음챙김을 놓아버림'으로 옮겼다.

346) 마음챙김과 알아차림에 대해서는 『네 가지 마음챙기는 공부』 서문과 본서 제1권 「사문과경」(D2) §65의 주해를 참조할 것.

347) 이 둘은 각각 본서 제1권 「사문과경」(D2) §64와 §66에 견주어볼 수 있다.

348) "사마타는 삼매이고 위빳사나는 통찰지이다.(samatho samādhi, vipassanā paññā)"(DA.iii.983)

349) "분발(paggaha)은 정진(vīriya)을 뜻한다."(*Ibid*)

350) 표상(nimitta)에 대해서는 『아비담마 길라잡이』 9장 §5의 해설들을 참조할 것.

351) "산란하지 않음(avikkhepa)은 한끝으로 됨[一境性, ekaggatā, 집중]이다."(*Ibid*)

(27) 계의 구족(sampadā)과 견해의 구족[354]

(28) 계의 청정(visuddhi)과 견해의 청정

(29) 견해의 청정과 그러한 견해에 따른 노력(padhāna)

(30) 절박함을 일으키는 원인[355]들에 대해서 절박함(saṁvega)과 절박함을 가진 자의 지혜로운 노력(yoniso padhāna)

(31) 유익한 법들만으로 만족하지 못함[356]과 노력에서 물러서지 않음(appaṭivānitā)

(32) [세 가지] 영지(靈知)[357]와 [두 가지] 해탈[358]

(33) 무너짐에 대한 지혜[359]와 일어나지 않음에 대한 지혜[360]

---

352) "계를 파함(sīlavināsaka)은 단속하지 않음(asaṁvaro)이다."(*Ibid*)

353) "견해를 파함이란 … 바른 견해[正見]를 파한 삿된 견해이다."(*Ibid*)

354) "견해의 구족(diṭṭhipāripūribhūta)은 지혜(ñāṇa)를 말한다."(*Ibid*)

355) 생·노·병·사 등의 여덟 가지 괴로움[八苦]을 절박함을 일으키는 원인이라고 한다.(ItA.i.115 참조)

356) "유익한 법들만으로 만족하지 못함(asantuṭṭhitā)이란 유익한 법들을 닦음만으로 만족하지 못하는 자가 더욱더 수행하고자 함이다. 이러한 것을 구족한 사람은 계를 구족한 뒤 禪을 증득한다. 禪을 얻은 뒤 위빳사나를 시작한다. 위빳사나를 시작한 자는 아라한과를 얻지 못하고서는 도중에 포기하지 않는다."(DA.iii.983)

357) 영지(靈知, 明, vijjā)는 숙명통, 천안통, 누진통의 세 가지이다. 이를 삼명(三明, tevijjā)이라 부르기도 한다.(「암밧타 경」(D3) §2.2의 주해 참조) 본서 제1권 「암밧타 경」(D3) §2.2에서는 「사문과경」(D2)에서 정리한 8가지 지혜를 통틀어서 영지라 부르고 있다.

358) "해탈(vimutti)에는 마음의 확신(adhimutti)과 열반의 두 가지가 있다. 이 가운데서 여덟 가지 증득[等至]은 장애[五蓋] 등으로부터 잘 벗어났기 때문에(muttattā) 확신이라 한다. 열반은 모든 형성된 것(saṅkhata, 有爲)으로부터 벗어났기 때문에 해탈(vimutti)이라 한다고 알아야 한다."(DA.iii.985)

도반들이여, 이것이 아시고 보시는 그분 세존·아라한·정등각께서 분명하게 설하신 두 가지로 구성된 법입니다. 그러므로 우리 모두는 함께 합송해야 하며 분쟁을 해서는 안됩니다. 그래서 이 청정범행이 길이 전해지고 오래 머물게 해야 합니다. 이것이 많은 사람의 이익을 위하고 많은 사람의 행복을 위하고 세상을 연민하고 신과 인간의 이상과 이익과 행복을 위하는 것입니다."

세 가지로 구성된 법들

1.10. "도반들이여, 아시고 보시는 그분 세존·아라한·정등각께서는 세 가지로 구성된 법을 분명하게 설하셨습니다. 그러므로 우리 모두는 함께 합송해야 하며 분쟁을 해서는 안됩니다. 그래서 이 청정범행이 길이 전해지고 오래 머물게 해야 합니다. 이것이 많은 사람의 이익을 위하고 많은 사람의 행복을 위하고 세상을 연민하고 신과 인간의 이상과 이익과 행복을 위하는 것입니다.

그러면 어떤 것이 세 가지로 구성된 법입니까?

(1) 세 가지 해로움의 뿌리[不善根, akusala-mūla] — 탐욕이라는 해로움의 뿌리, 성냄이라는 해로움의 뿌리, 어리석음이라는 해로움의 뿌리

(2) 세 가지 유익함의 뿌리[善根, kusala-mūla] — 탐욕 없음이라는 유익함의 뿌리, 성냄 없음이라는 유익함의 뿌리, 어리석음 없음이라

---

359) "무너짐에 대한 지혜(khaye ñāṇa)란 오염원을 무너뜨리는 성스러운 도(ariya-magga)에 대한 지혜이다."(*Ibid*)

360) "일어나지 않음에 대한 지혜(anuppāde ñāṇa)란 성스러운 과(ariya-phala)에 대한 지혜이다."(*Ibid*)

는 유익함의 뿌리

(3) 세 가지 못된 행위(duccarita) — 몸으로 하는 못된 행위, 말로 하는 못된 행위, 마음으로 하는 못된 행위

(4) 세 가지 좋은 행위(sucarita) — 몸으로 하는 좋은 행위, 말로 하는 좋은 행위, 마음으로 하는 좋은 행위

(5) 세 가지 해로운 생각[尋, vitakka] — 감각적 욕망에 대한 생각, 악의에 대한 생각, 해코지에 대한 생각

(6) 세 가지 유익한 생각 — 출리(出離)에 대한 생각, 악의 없음에 대한 생각, 해코지 않음에 대한 생각

(7) 세 가지 해로운 사유(思惟, saṅkappa) — 감각적 욕망에 대한 사유, 악의에 대한 사유, 해코지에 대한 사유

(8) 세 가지 유익한 사유 — 출리에 대한 사유, 악의 없음에 대한 사유, 해코지 않음에 대한 사유

(9) 세 가지 해로운 인식(想, saññā) — 감각적 욕망에 대한 인식, 악의에 대한 인식, 해코지에 대한 인식

(10) 세 가지 유익한 인식 — 출리에 대한 인식, 악의 없음에 대한 인식, 해코지 않음에 대한 인식

(11) 세 가지 해로운 요소(界, dhātu) — 감각적 욕망에 대한 요소, 악의에 대한 요소, 해코지에 대한 요소

(12) 세 가지 유익한 요소 — 출리에 대한 요소, 악의 없음에 대한 요소, 해코지 않음에 대한 요소

(13) 다른 세 가지 요소[三界] — 욕계, 색계, 무색계

(14) 또 다른 세 가지 요소 — 색계, 무색계, 멸계(滅界)[361]

---

361) "멸계(滅界, 소멸의 요소, nirodha-dhātu)란 열반을 두고 한 말이다."

⒂ 또 다른 세 가지 요소 — 저열한 요소, 중간의 요소, 수승한 요소362)

⒃ 세 가지 갈애(taṇhā) — 감각적 욕망에 대한 갈애[欲愛], 존재에 대한 갈애[有愛], 존재하지 않는 것에 대한 갈애[無有愛]363)

⒄ 다른 세 가지 갈애 — 욕계에 대한 갈애, 색계에 대한 갈애, 무색계에 대한 갈애

⒅ 또 다른 세 가지 갈애 — 색계에 대한 갈애, 무색계에 대한 갈애, 소멸에 대한 갈애364)

⒆ 세 가지 족쇄(saṁyojana) — 유신견(有身見)365), 의심366), 계율

(*Ibid*)

362) "저열한 요소란 12가지 해로운 마음(akusala-citta)의 일어남이다. 나머지 삼계에 속하는 법들(tebhūmaka-dhammā)이 중간의 요소이다. 아홉 가지 출세간법들(lokuttara-dhammā)이 수승한 요소이다."(DA.iii.987~988)

363) "감각적 욕망에 대한 갈애(kāma-taṇhā)란 다섯 가닥의 감각적 욕망으로 된 욕망(rāga)이다. 색계와 무색계에 대한 욕망, 禪에 집착하는 상견(jhānanikanti-sassatadiṭṭhi)과 함께 하는 욕망, 존재에 대한 욕구가 존재에 대한 갈애(bhava-taṇhā)이다. 단견(斷見, ucchedadiṭṭhi)과 함께 하는 욕망이 존재하지 않는 것에 대한 갈애(vibhava-taṇhā)이다. 뒤의 두 가지 갈애를 제외한 나머지 모든 갈애들이 감각적 욕망에 대한 갈애이다."(DA.iii.988)

364) "단견과 함께 하는 욕망의 소멸에 대한 갈애(nirodhataṇhā)이다."

365) "[궁극적인 의미에서(paramatthato - DAṬ.iii.245)] 물질 등으로 구분되는 이 [오온의 적집(積集)인(*Ibid*)] 몸(kāya)은 존재한다(sati, vijjamāme)는 견해, 혹은 몸에 대해서 존재한다는 견해가 유신견(有身見, sakkāyadiṭṭhi)이다.(sati rūpādibhede kāye diṭṭhi, vijjamānā vā kāye diṭṭhīti sakkāyadiṭṭhi)"(DA.iii.988) 뜻으로는 '물질을 자아라고 관찰한다는' 등의 20가지 견해가 유신견이다.(20가지 유신견에 대해서는 본서 제1권 「마할리 경」(D6) §13의 주해 참조)

과 의식에 대한 집착(戒禁取)367)

⒇ 세 가지 번뇌(āsava)368) — 감각적 욕망에 기인한 번뇌, 존재에 기인한 번뇌, 무명에 기인한 번뇌

(21) 세 가지 존재[有, bhava] — 욕계의 존재, 색계의 존재, 무색계의 존재

(22) 세 가지 추구(esanā) — 감각적 욕망의 추구, 존재의 추구, 청정

학자들에 따라서는 유신견의 유신(有身, 몸이 있음)에 해당하는 sakkāya를 sva(자신의)-kāya(몸)로 해석하기도 하는데 본경의 주석서에서는 위 인용문에서 보듯이 이것을 sati kāye(몸이 있음에 대한), 즉 sat-kāya로 해석하고 있으며 이것이 상좌부의 정설이다. 이런 해석에 바탕 해서 중국에서는 有身으로 옮겼을 것이다.

366) "'스승에 대해서 의심한다.(Dhs.183)'라는 등으로 생겨나는 여덟 가지 토대를 가진 잘못된 생각(vimati)이 의심(vicikicchā)이다."(DA.iii.988) 여기서 여덟 가지란 불, 법, 승, 학습[계], 과거, 미래, 과거와 미래, 연기법의 여덟 가지를 의심하는 것을 말한다.(Dhs.183)

367) "계(sīla)와 의례의식(vata, 誓戒)을 집착한다(parāmasati)고 해서 계율과 의례의식에 대한 집착(sīlabbataparāmāsa, 戒禁取)이다. … 여기 어떤 자는 계에 의해서만 청정해지고 의례의식에 의해서만 청정해진다고 [잘못 생각해서] 계를 집착하고 의례의식을 집착하고 계와 의례의식을 집착한다. 이러한 사견과 사견에 빠짐 등의 방법으로 일어나는 전도된 움켜쥠(vipariyesaggāha)이 계율과 의식에 대한 집착이다."(DA.iii.988)

368) "오랫동안 격리되었다(pārivāsiya)는 뜻에서, 혹은 흐른다(āsavana)는 뜻에서 번뇌[漏]이다. '비구들이여, 그 이전에는 없었고 그 이후에 생겼다라고 하는 무명의 첫 시작(koṭi)은 꿰뚫어 알아지지 않는다.'(A.v.113) 혹은 '비구들이여, 존재에 대한 갈애와 존재에 대한 사견 이전의 첫 시작은 알아지지 않는다. 그 이전에는 존재에 대한 갈애가 없었고 그 이후에 존재에 대한 갈애가 생겼다.'라고 이렇게 오랫동안 격리되었다는 뜻에서 번뇌라 한다고 알아야 한다. '눈으로부터 형상으로 흐른다, 흘러간다, 굴러간다, 귀로부터 소리로 … 마노로부터 법으로 흐른다, 흘러간다, 굴러간다고 해서 흐른다는 뜻에서 번뇌[漏]이다."(DA.iii.988~989) 아비담마에서는 사견(diṭṭhi)의 번뇌와 더불어 네 가지 번뇌로 정리한다.

(23) 세 가지 [자만하는] 방법(vidha)369) — '내가 더 뛰어나다.'는 방법, '나와 동등하다.'는 방법, '내가 더 못하다.'는 방법

(24) 세 가지 시간(addhā) — 과거의 시간, 미래의 시간, 현재의 시간370)

---

369) 주석서에서는 방법(vidha)에는 외관(ākārasaṇṭhāna)과 부분(koṭṭhāsa)과 자만(māna)의 세 가지 측면이 있는데 여기서는 자만(māna)을 뜻한다고 한다. 자만은 뛰어나다(seyya), 비슷하다(sādisa), 못하다(hīna)라고 정리되기 때문에(vidahanato) 방법이라 한다고 설명하고 있다.(DA.iii. 990)

370) "경의 방법에 의하면 재생연결식(paṭisandhi) 이전을 과거(atīto addhā)라 하고 죽음의 마음(cuti) 이후를 미래(anāgato addhā)라 하고, 재생연결식과 죽음의 마음을 포함한 그 중간을 현재(paccuppanno addhā)라 한다. 아비담마의 방법에 의하면 [일어나고, 머물고, 부서지는 - DAṬ. iii.249] 세 [아]찰나 가운데 이미 부서진 이후의 상태(즉 이미 부서져 버려 지금 존재하지 않는 것, bhaṅgato uddhaṁ)를 과거라 하고, 아직 일어나기 이전의 상태(즉 아직 일어나지 않아서 지금 존재하지 않는 것, uppādato pubbe)를 미래라 하고 [일어나고 머물고 부서지는] 세 [아]찰나를 현재라 한다. 과거 등의 구분은 참으로 법들(dhammā)의 구분이지 시간(kāla)의 구분은 아니다."(DA.iii.991)
주석서에서도 분명히 밝히고 있듯이 과거·현재·미래는 법들에 있는 것이지 시간이라는 어떤 단위가 있어서 그것을 구분하는 것은 결코 아니다. 이것이 불교의 시간관이다. 어떤 특정한 법이 지금 작용(kicca)하고 있으면 그것이 현재요 이미 작용했으면 과거요 아직 작용하지 않았으면 미래인 것이다. 그래서 『청정도론』에서는 "원인과 조건의 작용(kicca)이 끝난 것을 과거라 하고, 원인의 작용은 끝났지만 아직 조건의 작용이 끝나지 않은 것을 현재라 하며, 두 작용을 아직 얻지 못한 것을 미래라 한다. 혹은 작용하는 순간을 현재라 하고, 그 이전을 미래라 하며, 그 뒤의 것을 과거라 한다."(Vis.XIV.191)라고 하며 북방 설일체유부에서도 제법(諸法)이 작용하는 상태에 따라서 삼세를 구분하는 세우(世友)의 설을 정설로 채택한다고 한다.(『아비달마 불교』 102) 그러므로 법의 입장에서 보자면 무수한 과거가 있는 것이 아니다.

(25) 세 가지 구분(anta)[371] — 유신(有身)[372]에 대한 구분, 유신의 일어남[373]에 대한 구분, 유신의 소멸[374]에 대한 구분

(26) 세 가지 느낌[受, vedanā] — 즐거운 느낌[樂受], 괴로운 느낌[苦受], 괴롭지도 즐겁지도 않은 느낌[不苦不樂受]

(27) 세 가지 괴로움의 성질(dukkhatā) — 고통스런 괴로움의 성질[苦苦性], 형성된 괴로움의 성질[行苦性], 변화에 기인한 괴로움의 성질[壞苦性][375]

---

371) '구분'으로 옮긴 원어는 anta(끝)이다. 주석서에서 이것은 부분(koṭṭhāsa)을 뜻한다고 설명하기 때문에 부분으로 옮겼다.(DA.iii.991)

372) "유신(몸이 있음, sakkāya)이란 [나 등으로] 취착하는 다섯 가지 무더기[五取蘊]이다."(*Ibid*) 유신과 유신견에 대해서는 위 §1.10 (19)의 주해를 참조할 것.

373) "이것은 [오취온]을 존재하게 하는 이전의 갈애(purimataṇhā)이다."(*Ibid*)

374) "이것은 오취온과 오취온의 일어남 두 가지가 전개하지 않게 된 것(appavattibhūta)이니 바로 열반을 뜻한다. 그런데 도(magga)는 소멸을 증득하게 하는 방법(upāya)이기 때문에 소멸을 취하면 함께 취해지는 것으로 알아야 한다."(*Ibid*)

375) "고고성(dukkha-dukkhatā)이란 고통스럽기 때문에 괴로운 상태이다. 이것은 괴로운 느낌[苦受]의 이름이다.
행고성(saṅkhāra-dukkhatā)이란 상카라[行]로 존재하기 때문에 괴로운 상태이다. 이것은 괴롭지도 즐겁지도 않은 느낌[不苦不樂受]의 이름이다. 이것은 다른 괴로운 고유성질은 가지고 있지 않지만 형성되었기 때문에, 일어나고 늙고 부서짐에 의해서 짓눌렸기 때문에 행고성이라고 일컫는다.
괴고성(vipariṇāma-dukkhatā)이란 변화에 존재하는 괴로운 상태이다. 이것은 즐거운 느낌[樂受]의 이름이다. 즐거움이 변할 때 괴로움이 일어나기 때문이다. 그러므로 즐거움은 괴고성이라고 일컫는다.
그리고 괴로운 느낌과 즐거운 느낌을 제외한 삼계에 속한 모든 법들은(tebhūmakā dhammā) '모든 형성된 것들은 괴로움이다.[諸行皆苦]'라

(28) 세 가지 더미(rāsi) — 그릇된 것으로 확정된 더미,[376] 바른 것으로 확정된 더미,[377] 확정되지 않은 더미[378]

(29) 세 가지 어두움(tama)[379] — 과거를 두고 회의하고 의심하고 확신을 가지지 못하고 신뢰하지 못함, 미래를 두고 회의하고 의심하고 확신을 가지지 못하고 신뢰하지 못함, 현재를 두고 회의하고 의심하고 확신을 가지지 못하고 신뢰하지 못함

(30) 세 가지 여래가 감추지 않는 것(arakkheyya) —

도반들이여, 여래는 몸의 품행이 청정하시기 때문에 여래께는 '남이 이러한 나에 대해서 알지 못하기를'이라고 감추어야만 하는, 몸으로 하는 나쁜 행위란 없습니다.

도반들이여, 여래는 말의 품행이 청정하시기 때문에 여래께는 '남이 이러한 나에 대해서 알지 못하기를'이라고 감추어야만 하는, 말로 하는 나쁜 행위란 없습니다.

도반들이여, 여래는 마음의 품행이 청정하시기 때문에 여래께는 '남이 이러한 나에 대해서 알지 못하기를'이라고 감추어야만 하는,

---

는 말씀이 있기 때문에 행고성(형성되었기 때문에 괴로운 상태)이라고 알아야 한다."(DA.iii.992)

376) "그릇된 것으로 확정된 것(micchatta-niyata)이란 그릇된 고유성질로 확정된 것이다. 이것은 확정된 그릇된 견해와 함께 하는 무간업(無間業, ānantariya-kamma)의 이름이다."(*Ibid*)

377) "바른 고유성질로 확정된 것이 바른 것으로 확정된 것(sammattaniyata)이다. 이것은 네 가지 성스러운 도의 이름이다."(*Ibid*)

378) "이것은 나머지 법들의 이름이다."(*Ibid*)

379) "'칠흑 같은 어두움, 미혹, 무명의 격류, 큰 두려움'이라는 말씀이 있기 때문에 무명(avijjā)이 바로 암흑(tama)이다. 그러나 여기서는 무명을 우두머리로 하는 의심(vicikicchā)을 말한다."(*Ibid*)

마음으로 하는 나쁜 행위란 없습니다.

(31) 세 가지 장애[380] — 욕망의 장애, 성냄의 장애, 어리석음의 장애

(32) 세 가지 불(aggi)[381] — 욕망의 불, 성냄의 불, 어리석음의 불

(33) 다른 세 가지 불[382] — 헌공하는 불[383], 가장(家長)의 불[384], 보시의 불[385]

(34) 세 종류의 물질의 조합(rūpasaṅgaha) — 볼 수도 있고 부딪힘도 있는 물질, 볼 수는 없으나 부딪힘은 있는 물질, 볼 수도 없고 부딪힘

---

380) '장애'로 옮긴 원어는 kiñcanā(그 무엇)인데 주석서에서는 장애(palibodhā)라고 정의하고 있어서(DA.iii.994) 장애로 옮겼다.

381) "태운다(anuḍahana)는 뜻에서 불이다. 욕망 등이 일어나면 중생들을 태우고 화염에 휩싸이게 한다. 그러므로 불이라고 말한다."(DA.iii.994)

382) 불(agni)은 인도의 제사에서 헌공하는 공물을 신들에게 옮겨주는 중요한 수단이다. 그래서 베다 제사에서는 아하와니야(āhavanīya), 가르하빠띠야(gārhapatya), 닥시나(dakṣiṇa)의 세 가지 불을 피우는 제단을 만든다. 이 가운데 아하와니야는 제사 마당의 동쪽에 만들어진 정사각형으로 만든 불의 제단인데 신들에게 바치는 공물은 모두 이곳에 헌공한다. 가르하빠띠야는 제일 처음에 지피는 불인데 이곳에서 불을 피워서 아하와니야 제단으로 불을 옮겨간다. 닥시나는 제사 마당의 남쪽에 피우는 반원 모양의 불의 제단인데 아수라의 접근을 막는 역할을 한다고 한다.

383) "헌공(āhuna)이란 공경(sakkāra)이다. 헌공을 받을 만하다(arahanti)고 해서 헌공하는 불(āhuneyya)이다. 부모는 자식들에게 많은 도움을 주기 때문에 헌공을 받을 만하다."(DA.iii.994~995) 아하와니야(*Pāli.* 아후네야) 불을 불교 주석서에서는 부모로 해석하고 있다.

384) "가장(gahapati)이란 집의 주인(gehasāmika)을 말한다."(DA.iii.995) 가르하빠띠야 불을 불교 주석서에서는 이렇게 해석한다.

385) "여기서 보시(dakkhiṇa)란 네 가지 필수품(paccaya)들이다. 비구 승가는 보시받을 만하다(dakkhiṇeyya)."(*Ibid*) 네 가지 필수품은 음식, 의복, 거처, 약품이다. 닥시나(문자적으로는 보시와 남쪽을 뜻함) 불을 불교 주석서에서는 이렇게 해석하고 있다.

도 없는 물질[386]

(35) 세 가지 의도적 행위(saṅkhāra, 行) — 공덕이 되는 행위[功德行], 공덕이 되지 않는 행위[非功德行], 흔들림 없는 행위[387]

(36) 세 가지 인간(puggala) — 유학의 인간, 무학의 인간, 유학도 아니고 무학도 아닌 인간[388]

---

386) 주석서에서는 '볼 수도 있고 부딪힘도 있는 물질'은 형상(색깔)의 감각장소[色處]를 말하고, '볼 수는 없으나 부딪힘은 있는 물질'은 눈의 감각장소 등 아홉 가지 감각장소(즉 안·이·비·설·신과 성·향·미·촉)를 말하고, '볼 수도 없고 부딪힘도 없는 물질'은 이러한 열 가지 감각장소를 제외한 나머지 미세한 물질을 말한다고 설명한다.(DA.iii.997)
아비담마에 의하면 다섯 가지 감성과 일곱 가지 대상, 이 12가지는 거칠고 가깝고 부딪힘이 있는 물질이라 불린다. 아비담마에서는 감촉[觸, phoṭṭhabba]을 땅의 요소, 불의 요소, 바람의 요소 세 가지로 보기 때문에 대상은 모두 일곱 가지가 되는 것이다. 이런 미묘함을 없애기 위해서 본 문맥에 해당하는 주석서는 감각장소[處]라는 술어로 표현하고 있다. 아무튼 이들 12가지는 전오식(前五識)을 일으키는데 직접 관여하기 때문에 거칠고 가깝고 부딪힘이 있다고 하고 나머지 16가지는 전오식을 일으키는데 직접 관여하지 않으므로 미세하고 멀고 부딪침이 없다고 한다. 그러므로 여기서 말하는 거친 물질이란 바로 이러한 12가지 물질을 말한다. 여기에 대해서는 『아비담마 길라잡이』 6장 §5 이하를 참조할 것.

387) 『청정도론』에 의하면 "'공덕이 되는 행위'는 보시, 지계 등으로 생긴 여덟 가지 욕계의 유익한 의도(cetanā)와 수행으로 생긴 다섯 가지 색계의 유익한 의도 등 13가지 의도이다. '공덕이 되지 않는 행위'는 살생 등으로 생긴 12가지 해로운 의도이고, '흔들림 없는 행위'는 수행으로 생긴 네 가지 무색계의 유익한 의도이다. 이처럼 세 가지 상카라들은 29가지 의도들이다."(Vis.XVII.60) 그러므로 여기서 상카라[行]는 구체적으로는 의도적 행위(cetanā)를 말한다.

388) "[높은 계·정·혜] 삼학을 공부짓는다고 해서 유학(有學, sekkha)이라 한다. 번뇌 다한 자는 공부짓기를 다했기 때문에 다시 공부짓지 않을 것이라고 해서 무학(無學, asekkha)이라 한다. 범부(凡夫, puthujjana)는 공부지음의 밖에 있기 때문에 유학도 아니고 무학도 아니다."(DA.iii.998)

(37) 세 가지 장로(thera) — 연로한 [재가자],[389] 법다운 장로,[390] 인습적으로 부르는 장로[391]

(38) 세 가지 공덕행의 토대(puññakiriya-vatthu)[392] — 보시로 이루어진 공덕행의 토대, 계로 이루어진 공덕행의 토대, 수행으로 이루어진 공덕행의 토대

(39) 세 가지 질책의 토대(codanā-vatthu) — 본 것에 의해서, 들은 것에 의해서, 의심에 의해서[393]

---

389) "태어남에 의해서 연로한(jātimahallaka) 재가자(gihī)가 연로한 자(jāti-tthera)이다."(DA.iii.999)

390) 증지부에서는 계를 구족함(sīlavā), 많이 배움(bahussuta), 네 가지 禪을 얻음, 번뇌를 멸함을 네 가지 장로가 되게 하는 법이라고 열거하고 있다.(A.ii.22～23) 본경의 주석서는 이를 인용한 뒤 이런 법들 가운데 하나나 몇 가지를 구족한 자를 법다운 장로(dhamma-thera)라 한다고 설명하고 있다.(DA.iii.999)

391) "법다운 장로 이외의 장로라 이름하는 비구들이나, 혹은 사미 등이 연로하여 출가한 자를 보고 그냥 '장로(thera)님, 장로님'이라고 부르는 이런 것을 두고 인습적으로 부르는 장로(sammuti-thera)라 한다."(*Ibid*)

392) "공덕행과 공덕행의 여러 가지 이익이 되는 토대라고 해서 공덕행의 토대(puññakiriyavatthu)라 한다."(*Ibid*) 한편 법집론 주석서 등에서는 열 가지 공덕행의 토대를 들고 있는데 그것은 보시(dāna), 지계(sīla), 수행(bhāvanā), 존경(pacāyana), 가까이 섬김(veyyāvacca), 덕의 전이(pattidāna), 타인의 덕에 대하여 따라 기뻐함(pattānumodana), 법을 들음(dhammasavana), 법을 가르침(dhammadesana), 자기의 견해를 바로잡음(diṭṭhijjukamma)이다.(DhsA.157; PvA.54)

393) "'질책의 토대'란 질책의 이유(codanā-kāraṇa)이다. '본 것(diṭṭha)에 의해서'란 육안이나 천안으로 [남들의] 잘못(vītikkama)을 보고 질책하는 것이다. '들은 것(suta)에 의해서'란 자연적인 귀나 하늘 귀[천이]로 남의 소리를 듣고 질책하는 것이다. '의심(parisaṅkhā)에 의해서'란 본 것에 대한 의심이나 들은 것에 대한 의심을 통해서 생각한 의심으로 질책하는 것이다. 상세한 것은 율장 주석서(VinA)를 참조해야 한다."(DA.iii.1000)

⑷0) 세 가지 감각적 욕망의 일어남(kāmūpapatti) —

도반들이여, 감각적 욕망에 얽매인[394] 중생들이 있습니다. 그들은 감각적 욕망에 얽매여서 감각적 욕망에 종속되어 버립니다. 예를 들면 인간들과 일부 신들과 일부 악처에 떨어진 자들[395]입니다. 이것이 첫 번째 감각적 욕망의 일어남입니다.

도반들이여, [자기가] 창조한 것에 대한 감각적 욕망을 가진 중생들이 있습니다. 그들은 여러 가지 [색깔 등을] 창조해 놓고 [그런 것에 대한] 감각적 욕망에 종속되어 버립니다. 예를 들면 화락천(化樂天)[396]의 신들과 같습니다. 이것이 두 번째 감각적 욕망의 일어남입니다.

도반들이여, 남들이 창조한 것에 대한 감각적 욕망을 가진[397] 중생들이 있습니다. 그들은 남들이 창조한 감각적 욕망에 종속되어 버립니다. 예를 들면 타화자재천[398]의 신들과 같습니다. 이것이 세 번

---

394) '감각적 욕망에 얽매인 [자]'로 옮긴 원어는 paccupaṭṭhitakāma인데 문자적으로는 '일어난 감각적 욕망을 가진 자'라는 뜻이다. 주석서에서 감각적 욕망에 얽매인 자(nibaddhakāma), 대상에 얽매인 자(nibaddhārammaṇa)로 해석하고 있어서(*Ibid*) '감각적 욕망에 얽매인 자'로 옮겼다.

395) "일부 악처에 떨어진 자들이란 지옥에 떨어진 자(nerayika)들을 제외한 나머지 물고기와 자라(maccha-kacchapa) 등을 말한다."(*Ibid*)

396) "이처럼 자신이 거듭해서 만들고(nimmite) 창조한 것에 대해서(nimmāne) 즐거워하는(rati) 자들이라고 해서 화락천(化樂天, nimmānarati)이라 한다."(DA.iii.1001)

397) '남들이 창조한 것에 대한 감각적 욕망을 가진 [자들]'로 옮긴 원어는 paranimmita-kāmā인데 복주서에서 paranimmitā kāmā etesaṁ으로 바후워르히 합성어로 해석하고 있어서 이렇게 옮겼다.(DAṬ.iii.270)

398) 타화자재천(他化自在天, Paranimmitavasavatti)은 para(他)+nim-

째 감각적 욕망의 일어남입니다.

(41) 세 가지 행복의 일어남(sukhūpapatti) —

도반들이여, [초선의] 행복을 계속해서 일어나게 한 뒤 머무는 자들이 있습니다.399) 예를 들면 범중천400)의 신들입니다. 이것이 첫 번째 행복의 일어남입니다.

도반들이여, [2禪에 기인한] 행복401)을 흐르게 하고 흠뻑 젖게 하고 가득 채우고 가득 닿게 하는 자들이 있습니다. 그들은 언제 어디서든 '아! 행복한지고, 아! 행복한지고'라고 감흥어를 읊습니다. 예를

---

mita(위 주해에 나타난 단어)+ vasa-vatti의 합성어이다. 이것은 para-nimmita와 vasa-vatti의 둘로 나누어서 설명되는데 위에서 살펴봤듯이 para-nimmita는 '남에 의해서 창조된'의 뜻이다. vasa는 √vaś(*to control*)에서 파생된 남성명사로 '통제, 제어, 지배'의 뜻이고 vatti는 √vṛt(*to turn*)에서 파생된 형용사로서 '행하는, 개입된'의 뜻을 가지고 있다. 그래서 vasa-vatti는 '지배할 수 있는, 제어할 수 있는'의 뜻이다. 그래서 전체적으로는 '남에 의해서 창조된 것을 지배할 수 있는 [천신]'이란 의미이다. 이 단어의 뜻을 통해서도 알 수 있듯이 이곳에 거주하는 신들은 자기 스스로는 욕망의 대상을 창조하지 못하지만 시종들이 창조해 주는 것을 지배하고 제어할 수 있다고 한다. 중국에서는 他化自在天으로 직역했다.

399) "그들은 이전에 (인간이나 신이었을 때, DAṬ.iii.271) 초선의 행복(paṭhamajjhāna-sukha)을 닦은 뒤에 나중에 그 과보로 생긴 禪의 행복(vipākajjhānasukha)을 경험한다는 뜻이다."(DA.iii.1001)

400) 범중천(梵衆天, Brahma-pārisajjā)은 색계 초선천에 속하는 세 가지 천상 가운데 첫 번째이다. 나머지는 범보천(梵輔天, Brahma-purohitā)과 대범천(大梵天, Mahā-brahmā)이다. 범중천의 pārisajja는 pari(주위에)+√sad(*to sit*)에서 파생된 parisā(*Sk.* pariṣad, 회중, 무리, 모임)의 곡용형 형용사로서 '회중에 속하는, 무리에 속하는'이라는 뜻이다. 그래서 전체적으로 '범천의 무리들에 속하는 [천상]'의 뜻이다.

401) 주석서는 나머지 두 가지 행복을 각각 2선의 행복과 3선의 행복이라고 설명하고 있다.(DA.iii.1001)

들면 광음천[402]의 신들입니다. 이것이 두 번째 행복의 일어남입니다.

도반들이여, [3禪에 기인한] 행복을 흐르게 하고 흠뻑 젖게 하고 가득 채우고 가득 닿게 하는 자들이 있습니다. 그들은 지족하면서 [3禪에 기인한] 오직 평화로운 행복을 경험합니다. 예를 들면 변정천[403]의 신들입니다. 이것이 세 번째 행복의 일어남입니다.

(42) 세 가지 통찰지[般若, paññā] — 유학의 통찰지, 무학의 통찰지, 유학도 아니고 무학도 아닌 자의 통찰지[404]

(43) 또 다른 세 가지 통찰지 — 생각으로 얻은 통찰지, 들어서 얻은 통찰지, 수행으로 얻은 통찰지[405]

---

402) 색계 2선천은 소광천(少光天, Parittābhā)과 무량광천(無量光天, Appamāṇābhā)과 광음천(光音天, Ābhassarā)인데, 광음천은 이 중에서 맨 마지막이다. 여기서 볼 수 있듯이 2선천의 키워드는 광명(ābha)이다. 제2禪의 키워드가 희열과 행복이듯이 여기서 광명은 희열(pīti)과 자비(mettā)의 빛을 말한다. 임종시에 2禪에 들은 정도에 따라서 광명의 크기도 달라지는 것이다.

403) 색계 3선천은 소정천(少淨天, Parittasubhā)과 무량정천(無量淨天, Appamāṇasubhā)과 변정천(遍淨天, Subhakiṇhā)이다. 3선천의 키워드는 subha(깨끗함)이다. 이것은 3선에서 행복(sukha)과 평온(upekkha)과 마음챙김(sati)이 순정해지는 것과 일치한다 하겠다. 변정천의 kiṇha는 본래는 검은색을 뜻하는데 여기서는 '굳음, 덩어리'를 뜻한다고 이해하면 되겠다. 광명이 크게 덩어리져서 오직 광명뿐인 그런 경지라 생각하면 될 것이다.

404) 여기서도 유학도 아니고 무학도 아닌 자의 통찰지는 범부의 통찰지(puthu-jjana-paññā)이다.(DAṬ.iii.272)

405) 이 셋은 우리에게도 잘 알려진 통찰지의 분류이다. 주석서와 『청정도론』(XIV.14)은 분별론(Vbh)의 다음 구절을 인용하고 있다.
"이 가운데서 어떤 것이 생각으로 얻은 통찰지인가? 직업적인 일의 분야나 기술의 분야나 지식의 분야에서 업이 자신의 주인임에 대한, 혹은 진리[四諦]에 수순함에 대한, 혹은 물질[色]은 무상하다거나, 느낌[受]은 … 인식[想]은 … 심리현상들[行]은 … 알음알이[識]는 무상하다라고 하는

(44) 세 가지 무기(武器, āvudha)406) — 배움의 무기,407) 떨쳐버림의 무기,408) 통찰지의 무기

(45) 세 가지 기능[根, indriya] — 구경(究竟)의 지혜를 가지려는 기능[未知當知根], 구경의 지혜의 기능[已知根], 구경의 지혜를 구족한 자의 기능[具知根]409)

(46) 세 가지 눈(cakkhu) — 육체적인 눈[肉眼], 하늘의 눈[天眼], 통찰지의 눈[慧眼]

(47) 세 가지 공부지음(sikkhā) — 높은 계를 공부지음[增上戒學], 높은 마음을 공부지음[增上心學], 높은 통찰지를 공부지음[增上慧學]

(48) 세 가지 수행(bhāvanā) — 몸의 수행, 마음의 수행, 통찰지의 수

이치에 대한 수순, 인내, 견해, 선호, 의견, 판단, 현상을 사유하기를 좋아함 등을 타인으로부터 듣지 않고 얻은 것을 '생각으로 얻은 통찰지(cintā-mayā paññā)'라 한다. … 타인으로부터 들어서 얻은 통찰지를 '들어서 얻은 통찰지(sutamayā paññā)'라 한다. 체득한 자(즉 禪의 증득[等至], 道의 증득, 果의 증득을 이룬 자)의 통찰지는 모두 '수행으로 얻은 통찰지(bhāvanāmayā paññā)'라 한다."(Vbh.324~25)

406) "무기(武器, āvudha)란 적대적인 것을 부수어 버리는 것을 뜻한다.(paṭi-pakkhavimathanattha)"(DAṬ.iii.274)

407) "이것은 뜻으로는 삼장(三藏)에 [전승되어 오는] 부처님의 말씀이다.(te-piṭakaṁ buddhavacanaṁ)"(DA.iii.1002)

408) "몸으로 떨쳐버림(kāya-viveka), 마음으로 떨쳐버림(citta-viveka), 생성요인을 떨쳐버림(upadhi-viveka)이라는 세 가지의 떨쳐버림이 곧 무기이다."(*Ibid*)

409) 『청정도론』에서는 "한편 이들 세 기능(根)의 차이점은 이러하다. '알지 못했던 것을 알리라.'는 기능[未知當知根]은 예류도에 든 사람의 기능이고, 구경의 지혜의 기능(已知根)은 예류과 등에 든 사람의 기능이고, 구경의 지혜를 구족한 자의 기능(具知根)은 번뇌 다한 분(아라한)의 기능이다."(Vis.XVI.3)라고 이 세 기능을 설명하고 있다. 『청정도론』 XVI.3과 『아비담마 길라잡이』 7장 §22를 참조할 것.

행[410]

(49) 세 가지 위없음[無上, anuttariya] — 견해의 위없음, 도닦음의 위없음, 해탈의 위없음

(50) 세 가지 삼매(samādhi) — 일으킨 생각과 지속적인 고찰이 있는 삼매, 일으킨 생각은 없고 지속적인 고찰만 있는 삼매,[411] 일으킨 생각도 지속적인 고찰도 없는 삼매

(51) 또 다른 세 가지 삼매 — 공한 삼매[412], 표상 없는 삼매, 원함

---

410) "번뇌 다한 자의 다섯 가지 문들에 있는 [감각접촉 등의 법의 집적인(DAṬ.iii.276)] 몸이 몸의 수행이다. 여덟 가지 증득[等至]이 마음의 수행이다. 아라한과의 통찰지가 통찰지의 수행이다. 왜냐하면 번뇌 다한 자는 전적으로 다섯 문을 가진 몸을 잘 닦기 때문이다. 그의 여덟 가지 증득들은 [힘이 없게 만드는 오염원들이 모든 곳에서 다 버려졌으므로(DAṬ.iii.276)] 다른 것들처럼 힘이 없지 않기 때문이다. 그의 통찰지는 수행되었기 때문에 통찰지의 충만함을 증득하기 때문이다."(DA.iii.1003)
다섯 가지 문들에 있는 몸(pañcadvārika-kāya)이란 다섯 가지 문들에 있는 몸으로서 감각접촉 등의 법들의 집적(dhammasamūha)이다. 그 몸과 [그것을] 존재하게 함에 의한 수행이라고 해서 몸의 수행이라 한다. 번뇌 다한 자들은 최상의 도를 증득함에 의해서 모든 오염원들을 버렸기 때문에 버리는 순간으로부터 시작하여 모든 받들어 행해야 할 것이 존재하지 않는다. 따라서 그들을 존재하게 하는 눈과 귀로 알아야 할 법들도 존재하지 않는다. 하물며 더러운 것들이랴. 그러므로 다섯 가지 문들에 있는 몸이 잘 수행된다고 하는 것이다.(DAṬ.iii.276~277)

411) 이것은 [아비담마의 방법인] 오종선(五種禪)의 두 번째 삼매이다.(DA.iii.1003)
禪 혹은 삼매는 경장에서는 초선·2선·3선·4선의 넷으로 정형화 되어 나타나는데 논장에서는 초선의 일으킨 생각[尋]과 지속적인 고찰[伺]을 둘로 나누어서 전체적으로 다섯 가지로 분류하고 있다. 이 둘의 혼동을 피하기 위해서 주석서들에서는 '넷으로 분류한 禪'과 '다섯으로 분류한 禪'이라고 구분해서 언급한다. 초기불전연구원에서는 이를 각각 사종선(四種禪)과 오종선(五種禪)으로 옮기고 있다. 본경의 이 부분은 논장에서 선을 오종선으로 세분하는 경전적인 근거로 잘 알려져 있다.

없는 삼매

(52) 세 가지 깨끗이 함(soceyya)[413] — 몸을 깨끗이 함, 말을 깨끗이 함, 마음을 깨끗이 함

(53) 세 가지 성자에게 어울리는 행위(moneyya)[414] — 성자에게 어울리는 몸의 행위, 성자에게 어울리는 말의 행위, 성자에게 어울리는 마음의 행위

(54) 세 가지 능숙함(kosalla)[415] — 향상에 대해서 능숙함, 퇴보에 대해서 능숙함, 수단에 대해서 능숙함

---

412) "어떤 비구는 무아라고 천착하고 무아라고 본 뒤에 무아라고 일어나서 나온다. 그러면 그의 위빳사나는 공하다고 한다. 왜? 공하지 않은 행위자인 오염원들이 [더 이상] 존재하지 않기 때문이다. [이러한] 위빳사나로부터 오기 때문에 [이러한] 도의 삼매(magga-samādhi)는 공하다고 한다. [이러한] 도로부터 오기 때문에 [이러한] 과(果)의 삼매는 공하다고 한다." (DA.iii.1003~1004) 주석서는 표상 없는 삼매와 원함 없는 삼매도 같은 방법으로 설명하고 있다.
그리고 『증지부 주석서』에서는 다음과 같이 설명하고 있다. "공한 삼매 등의 세 가지 삼매는 단지 위빳사나를 말하는 것이다. 영원함(nicca, 常)을 천착(abhinivesa)하고 영원함에 대한 표상(nimitta)을 가지고 영원함을 원(paṇidhi)하는 등이 존재하지 않기 때문에 위빳사나는 이러한 [세 가지] 이름을 얻기 때문이다."(AA.ii.386) 즉 공한 삼매 등으로 '삼매(samādhi)'라는 술어를 사용하고 있지만 그 내용상 위빳사나를 뜻한다는 말이다. 위빳사나는 이처럼 무상·고·무아를 통찰해서 각각 無相·無願·空의 해탈을 실현하는 체계이다. 공·무상·무원의 해탈에 대해서는 『청정도론』 XXI.70 이하와 『아비담마 길라잡이』 9장 §36을 참조할 것.

413) 주석서에서는 불살생 등의 10선업도를 닦는 것을 들고 있다.(DA.iii.1004)

414) "성자에게 어울리는 행위란 성자가 되게 하며 성자에게 어울리는 도닦음(paṭipadā)의 법들이다."(*Ibid*)

415) 세 가지 능숙함은 『청정도론』 IV.16~18에 자세히 설명되어 있으므로 참조할 것.

(55) 세 가지 교만(mada) — 건강에 대한 교만, 젊음에 대한 교만, 목숨에 대한 교만

(56) 세 가지 우선한 것(ādhipateyya)416) — 자기를 우선한 것, 세상을 우선한 것, 법을 우선한 것417)

(57) 세 가지 이야기의 토대(kathā-vatthu) — 과거를 두고 '과거에 이러한 것이 있었다.'라고 이야기를 하는 것, 미래를 두고 '미래에 이러한 것이 있을 것이다.'라고 이야기를 하는 것, 현재를 두고 '지금 현재에 이러한 것이 있다.'라고 이야기를 하는 것

(58) 세 가지 영지(靈知, 明, vijjā) — 전생을 기억하는 지혜[宿命通], 죽음과 다시 태어남을 [아는] 지혜[天眼通], 번뇌를 소멸하는 지혜[漏盡通]

(59) 세 가지 머묾(vihāra) — 신성한 머묾, 거룩한 머묾, 성스러운 머묾418)

(60) 세 가지 신통의 기적(pāṭihāriya) — 신통변화[神足通], [남의 마음을 알아] 드러내는 기적[觀察他心神變], 가르침(예언)의 기적[敎誡神變]419)

도반들이여, 이것이 아시고 보시는 그분 세존·아라한·정등각께서 분명하게 설하신 세 가지로 구성된 법입니다. 그러므로 우리 모두

---

416) "우선한 것(ādhipateyya)이란 권위와 귀중함으로 간주하여 사악함(pāpa)을 행하지 않는 것이다."(DA.iii.1005)

417) "법을 우선한 것이란 출세간법을 우선한 것이다."(*Ibid*)

418) "여덟 가지 증득[等至]이 신성한 머묾이요, 네 가지 무량함[四無量]이 거룩한 머묾이요, 과(果)의 증득이 성스러운 머묾이다."(DA.iii.1006)

419) 세 가지 신통의 기적은 본서 제1권의 「께왓다 경」(D11)에 자세히 설하고 있으므로 참조할 것.

는 함께 합송해야 하며 분쟁을 해서는 안됩니다. 그래서 이 청정범행이 길이 전해지고 오래 머물게 해야 합니다. 이것이 많은 사람의 이익을 위하고 많은 사람의 행복을 위하고 세상을 연민하고 신과 인간의 이상과 이익과 행복을 위하는 것입니다."

네 가지로 구성된 법들

1.11. "도반들이여, 아시고 보시는 그분 세존·아라한·정등각께서는 네 가지로 구성된 법을 분명하게 설하셨습니다. 그러므로 우리 모두는 함께 합송해야 하며 분쟁을 해서는 안됩니다. 그래서 이 청정범행이 길이 전해지고 오래 머물게 해야 합니다. 이것이 많은 사람의 이익을 위하고 많은 사람의 행복을 위하고 세상을 연민하고 신과 인간의 이상과 이익과 행복을 위하는 것입니다.

그러면 어떤 것이 네 가지로 구성된 법입니까?

(1) 네 가지 마음챙김의 확립(satipaṭṭhāna, 四念處) —

도반들이여, 여기 비구는 ① 몸에서 몸을 관찰하며[身隨觀] 머뭅니다. 세상에 대한 욕심과 싫어하는 마음을 버리면서 근면하게, 분명히 알아차리고 마음챙기는 자 되어 머뭅니다.

② 느낌에서 느낌을 관찰하며[受隨觀] 머뭅니다. 세상에 대한 욕심과 싫어하는 마음을 버리면서 근면하게, 분명히 알아차리고 마음챙기는 자 되어 머뭅니다.

③ 마음에서 마음을 관찰하며[心隨觀] 머뭅니다. 세상에 대한 욕심과 싫어하는 마음을 버리면서 근면하게, 분명히 알아차리고 마음챙기는 자 되어 머뭅니다.

④ 법에서 법을 관찰하며[法隨觀] 머뭅니다. 세상에 대한 욕심과 싫어하는 마음을 버리면서 근면하게, 분명히 알아차리고 마음챙기는 자 되어 머뭅니다.

⑵ 네 가지 노력(sammappadhāna, 四正勤) —

도반들이여, 여기 비구는 ① 아직 일어나지 않은 삿되고 해로운 법들은 일어나지 못하도록 하기 위해서 의욕을 생기게 하고 정진하고 힘을 내고 마음을 다잡고 애를 씁니다.

② 이미 일어난 삿되고 해로운 법들은 제거하기 위하여 의욕을 생기게 하고 정진하고 힘을 내고 마음을 다잡고 애를 씁니다.

③ 아직 일어나지 않은 유익한 법들은 일어나도록 하기 위해서 의욕을 생기게 하고 정진하고 힘을 내고 마음을 다잡고 애를 씁니다.

④ 이미 일어난 유익한 법들은 지속하게 하고 사라지지 않게 하고 증장하게 하고 충만하게 하고 닦기 위해서 의욕을 생기게 하고 정진하고 힘을 내고 마음을 다잡고 애를 씁니다.

⑶ 네 가지 성취수단(ddhipāda, 四如意足) —

도반들이여, 여기 비구는 ① 열의를 [주로 한] 삼매와 정근의 의도적 행위(saṅkhāra, 行)를 갖춘 성취수단을 닦습니다.

② 정진을 [주로 한] 삼매와 정근의 의도적 행위를 갖춘 성취수단을 닦습니다.

③ 마음을 [주로 한] 삼매와 정근의 의도적 행위를 갖춘 성취수단을 닦습니다.

④ 검증을 [주로 한] 삼매와 정근의 의도적 행위를 갖춘 성취수단을 닦습니다.

⑷ 네 가지 선(禪, jhāna) —

도반들이여, 여기 비구는 ① 감각적 욕망들을 완전히 떨쳐버리고 해로운 법[不善法]들을 떨쳐버린 뒤, 일으킨 생각[尋]과 지속적인 고찰[伺]이 있고, 떨쳐버렸음에서 생겼고, 희열[喜]과 행복[樂]이 있는 초선(初禪)을 구족하여 머뭅니다.

② 일으킨 생각[尋]과 지속적인 고찰[伺]을 가라앉혔기 때문에 [더 이상 존재하지 않으며], 자기 내면의 것이고, 확신이 있으며 마음의 단일한 상태이고, 일으킨 생각과 지속적인 고찰은 없고, 삼매에서 생긴 희열과 행복이 있는 제2선(二禪)을 구족하여 머뭅니다.

③ 희열이 빛바랬기 때문에 평온하게 머뭅니다. 마음챙기고 알아차리며 몸으로 행복을 경험합니다. 이 [禪 때문에] '평온하고 마음챙기며 행복하게 머문다.'고 성자들이 묘사하는 제3선(三禪)을 구족하여 머뭅니다.

④ 행복도 버리고 괴로움도 버리고, 아울러 그 이전에 이미 기쁨과 슬픔을 소멸하였으므로 괴롭지도 즐겁지도 않으며, 평온으로 인해 마음챙김이 청정한 제4선(四禪)을 구족하여 머뭅니다.

(5) 네 가지 삼매 수행(samādhi-bhāvanā) —

도반들이여, ① 삼매 수행을 닦고 많이 [공부]지으면 지금여기에서 행복하게 머물게 됩니다. ② 삼매 수행을 닦고 많이 [공부]지으면 지(知)와 견(見)을 획득하게 됩니다. ③ 삼매 수행을 닦고 많이 [공부]지으면 마음챙기고 알아차리게 됩니다. ④ 삼매 수행을 닦고 많이 [공부]지으면 번뇌를 소멸하게 됩니다.

① 도반들이여, 그러면 어떤 삼매 수행을 닦고 많이 [공부]지으면 지금여기에서 행복하게 머물게 될까요? 도반들이여, 여기 비구는 감각적 욕망들을 완전히 떨쳐버리고 해로운 법[不善法]들을 떨쳐버린

뒤, 일으킨 생각[尋]과 지속적인 고찰[伺]이 있고, 떨쳐버렸음에서 생겼고, 희열[喜]과 행복[樂]이 있는 초선(初禪)을 구족하여 머뭅니다. … 제2선(二禪)을 구족하여 머뭅니다. … 제3선(三禪)을 구족하여 머뭅니다. … 제4선(四禪)을 구족하여 머뭅니다. 도반들이여, 이런 삼매 수행을 닦고 많이 [공부]지으면 지금여기에서 행복하게 머물게 됩니다.

② 도반들이여, 그러면 어떤 삼매 수행을 닦고 많이 [공부]지으면 지와 견을 획득하게 될까요? 도반들이여, 여기 비구는 광명상(光明想, āloka-saññā)을 마음에 잡도리합니다. 낮에 [광명을 보는 것]처럼 밤에도 [광명을 보고] 그런 밤처럼 낮에도 [광명을 보는] 낮의 인식을 확고하게 합니다.[420] 이처럼 열리고 덮이지 않은 마음으로 빛을 가진 마음을 닦습니다. 도반들이여, 이런 삼매 수행을 닦고 많이 [공부]지으면 지와 견을 획득하게 됩니다.

③ 도반들이여, 그러면 어떤 삼매 수행을 닦고 많이 [공부]지으면 마음챙기고 알아차리게 될까요? 도반들이여, 여기 비구는 체득하여 안(viditā) 느낌들이 일어나고 머물고 꺼집니다. 체득하여 안 인식(saññā)들이 일어나고 머물고 꺼집니다. 체득하여 안 생각(vitakka)들이 일어나고 머물고 꺼집니다. 도반들이여, 이런 삼매 수행을 닦고 많이 [공부]지으면 마음챙기고 알아차리게 됩니다.

④ 도반들이여, 그러면 어떤 삼매 수행을 닦고 많이 [공부]지으면

---

420) "'광명상을 마음에 잡도리한다.'는 것은 낮이나 밤에 태양이나 달이나 등불이나 보석 등의 광명을 광명이라고 마음에 잡도리하는 것이다. '낮의 인식을 확고하게 한다.'는 것은 이와 같이 마음에 잡도리한 뒤 낮이라는 인식을 확실하게 하는 것이다. '낮처럼 밤에도'라는 것은 낮에 광명을 보았던 것과 같이 밤에도 그것을 마음에 잡도리하는 것이다. '밤처럼 낮에도'라는 것은 마치 밤에 광명을 보았던 것과 같이 낮에도 마음에 잡도리하는 것이다."(DA.iii.1007)

번뇌를 소멸하게 될까요? 도반들이여, 여기 비구는 [나 등으로] 취착하는 다섯 가지 무더기[五取蘊]들을 관찰하며[隨觀] 머뭅니다. '이것이 물질이다. 이것이 물질의 일어남이다. 이것이 물질의 사라짐이다. 이것이 느낌이다. 이것이 느낌의 일어남이다. 이것이 느낌의 사라짐이다. 이것이 인식이다. 이것이 인식의 일어남이다. 이것이 인식의 사라짐이다. 이것이 상카라[行]들이다. 이것이 상카라들의 일어남이다. 이것이 상카라들의 사라짐이다. 이것이 알음알이다. 이것이 알음알이의 일어남이다. 이것이 알음알이의 사라짐이다.'라고 [관찰하며 머뭅니다]. 도반들이여, 이런 삼매 수행을 닦고 많이 [공부]지으면 번뇌를 소멸하게 됩니다.

(6) 네 가지 무량함[四無量, appamañña][421] —

도반들이여, 여기 비구는 ① 자애[慈]가 함께한 마음으로 한 방향을 가득 채우면서 머뭅니다. 그처럼 두 번째 방향을, 그처럼 세 번째 방향을, 그처럼 네 번째 방향을, 이와 같이 위로, 아래로, 주위로, 모든 곳에서 모두를 자신처럼 여기고, 모든 세상을 풍만하고, 광대하고, 무량하고, 원한 없고, 고통 없는 자애가 함께한 마음으로 가득 채우고 머뭅니다.

② 연민[悲]이 함께한 마음으로 …

③ 같이 기뻐함[喜]이 함께한 마음으로 …

④ 평온[捨]이 함께한 마음으로 한 방향을 가득 채우면서 머뭅니다. 그처럼 두 번째 방향을, 그처럼 세 번째 방향을, 그처럼 네 번째 방향을, 이와 같이 위로, 아래로, 주위로, 모든 곳에서 모두를 자신처럼

---

421) 네 가지 무량함(appamañña, 無量)은 경에서는 대부분 네 가지 거룩한 마음가짐(brahma-vihāra, 梵住)이라는 술어로 나타난다.

여기고, 모든 세상을 풍만하고, 광대하고, 무량하고, 원한 없고, 고통 없는 평온이 함께한 마음으로 가득 채우고 머뭅니다.

(7) 네 가지 무색의 경지(arūpa) —

도반들이여, 여기 비구는 ① 물질의 인식을 완전히 초월하고 부딪힘(paṭigha)의 인식이 사라지고 갖가지 인식을 마음에 잡도리하지 않기 때문에 '무한한 허공'이라 하면서 공무변처에 들어 머뭅니다.

② 공무변처를 완전히 초월했기 때문에 '무한한 알음알이'라 하면서 식무변처에 들어 머뭅니다.

③ 식무변처를 완전히 초월했기 때문에 '아무것도 없다.'고 하면서 무소유처에 들어 머뭅니다.

④ 무소유처를 완전히 초월했기 때문에 비상비비상처에 들어 머뭅니다.

(8) 네 가지 받침대(appasena) —

도반들이여, 여기 비구는 ① 숙고한 뒤에[422] 어떤 것은 수용합니다.

② 숙고한 뒤에 어떤 것은 감내합니다.

③ 숙고한 뒤에 어떤 것은 피합니다.

④ 숙고한 뒤에 어떤 것은 제거합니다.[423]

(9) 네 가지 성자들의 계보(ariya-vaṁsa) —

① 도반들이여, 여기 비구는 어떤 옷으로도 만족하고, 어떤 옷으로도 만족하는 것을 칭찬하는 자입니다. 그는 옷을 원인으로 하여 부적당하고 삿된 것을 구하지 않습니다. 옷을 얻지 못하더라도 안달복달

---

422) "숙고한 뒤(saṅkhāya)라는 것은 지혜(ñāṇa)로 안 뒤에라는 뜻이다." (DA.iii.1008)

423) 『중부』 「제번뇌단속경」(M2)에서 일곱 가지로 번뇌를 단속하는 것이 설명되어 있는데 이것은 그 가운데서 네 가지이다.

하지 않고 옷을 얻더라도 묶이지 않고 홀리지 않고 집착하지 않으며 위험을 보고 출구를 통찰하면서 사용합니다. 그리고 어떤 옷으로도 만족한다 해서 결코 자신을 칭송하지 않고 남을 업신여기지 않습니다. 도반들이여, 숙달되고 게으르지 않고 알아차리고 마음챙기는 이런 자를 두고 말하기를 '비구는 태고적 세상의 기원에서부터 비롯된 성자들의 계보에 서있다.'고 합니다.

② 다시 도반들이여, 여기 비구는 어떤 탁발 음식으로도 만족하고, 어떤 탁발 음식으로도 만족하는 것을 칭찬하는 자입니다. 그는 탁발 음식을 원인으로 하여 부적당하고 삿된 것을 구하지 않습니다. 탁발 음식을 얻지 못하더라도 안달복달하지 않고 탁발 음식을 얻더라도 묶이지 않고 홀리지 않고 집착하지 않으며 위험을 보고 출구를 통찰하면서 사용합니다. 그리고 어떤 탁발 음식으로도 만족한다 해서 결코 자신을 칭송하지 않고 남을 업신여기지 않습니다. 도반들이여, 숙달되고 게으르지 않고 알아차리고 마음챙기는 이런 자를 두고 말하기를 '비구는 태고적 세상의 기원에서부터 비롯된 성자들의 계보에 서있다.'고 합니다.

③ 다시 도반들이여, 여기 비구는 어떤 거처로도 만족하고, 어떤 거처로도 만족하는 것을 칭찬하는 자입니다. 그는 거처를 원인으로 하여 부적당하고 삿된 것을 구하지 않습니다. 거처를 얻지 못하더라도 안달복달하지 않고 거처를 얻더라도 묶이지 않고 홀리지 않고 집착하지 않으며 위험을 보고 출구를 통찰하면서 사용합니다. 그리고 어떤 거처로도 만족한다 해서 결코 자신을 칭송하지 않고 남을 업신여기지 않습니다. 도반들이여, 숙달되고 게으르지 않고 알아차리고 마음챙기는 이런 자를 두고 말하기를 '비구는 태고적 세상의 기원에

서부터 비롯된 성자들의 계보에 서있다.'고 합니다.

④ 다시 도반들이여, 여기 비구는 버림을 기뻐하고 버림에 몰두합니다. 수행을 기뻐하고 수행에 몰두합니다. 그가 버림을 기뻐하고 버림에 몰두하며 수행을 기뻐하고 수행에 몰두한다고 해서 결코 자신을 칭송하지 않고 남을 업신여기지 않습니다. 도반들이여, 숙달되고 게으르지 않고 알아차리고 마음챙기는 이런 자를 두고 말하기를 '비구는 태고적 세상의 기원에서부터 비롯된 성자들의 계보에 서있다.' 고 합니다.

⑽ 네 가지 노력(padhāna) — 단속하는 노력, 버리는 노력, 수행하는 노력, 보호하는 노력

① 도반들이여, 그러면 어떤 것이 단속하는 노력입니까? 여기 비구는 눈으로 형상을 봄에 그 표상[全體相]을 취하지 않으며, 또 그 세세한 부분상[細相, anubyañjana]을 취하지도 않습니다. 만약 그의 눈의 감각기능[眼根]이 제어되어 있지 않으면 탐욕스러움과 싫어하는 마음이라는 나쁘고 해로운 법[不善法]들이 그에게 [물밀듯이] 흘러들어 올 것입니다. 따라서 그는 눈의 감각기능을 잘 단속하기 위해 수행하며, 눈의 감각기능을 잘 방호하고, 눈의 감각기능을 잘 단속하기에 이릅니다. 귀로 소리를 들음에 … 코로 냄새를 맡음에 … 혀로 맛을 봄에 … 몸으로 감촉을 느낌에 … 마노[意]로 법을 지각함에 그 표상을 취하지 않으며, 그 세세한 부분상을 취하지도 않습니다. 만약 그의 마노의 기능[意根]이 제어되어 있지 않으면 탐욕스러움과 정신적 고통이라는 나쁘고 해로운 법[不善法]들이 그에게 [물밀듯이] 흘러들어 올 것입니다. 따라서 그는 마노의 기능을 잘 단속하기 위해 수행하며, 마노의 기능을 잘 방호하고, 마노의 기능을 [잘 방호하여] 잘 단속하

기에 이릅니다. 도반들이여, 이것이 단속하는 노력입니다.

② 도반들이여, 그러면 어떤 것이 버리는 노력입니까? 도반들이여, 여기 비구는 일어난 감각적 욕망에 대한 생각을 근원적으로 허용하지 않고 제거하고 내쫓고 끝장내고 존재하지 않게 합니다. 일어난 악의의 생각을 … 일어난 해코지하려는 생각을 … 계속적으로 일어나는 삿되고 해로운 법들을 근원적으로 허용하지 않고 제거하고 내쫓고 끝장내고 존재하지 않게 합니다.

③ 도반들이여, 그러면 어떤 것이 수행하는 노력입니까? 도반들이여, 여기 비구는 근원적으로 숙고하기 때문에 떨쳐버림(viveka)을 의지하고 [탐욕의] 빛바램을 의지하고 소멸을 의지하고 철저한 버림으로 기우는 마음챙김의 깨달음의 구성요소[念覺支]를 닦습니다. … 법을 간택하는 깨달음의 구성요소[擇法覺支]를 닦습니다. … 정진의 깨달음의 구성요소[精進覺支]를 닦습니다. … 희열의 깨달음의 구성요소[喜覺支]를 닦습니다. … 편안함의 깨달음의 구성요소[輕安覺支]를 닦습니다. … 삼매의 깨달음의 구성요소[定覺支]를 닦습니다. 근원적으로 숙고하기 때문에 떨쳐버림을 의지하고 [탐욕의] 빛바램을 의지하고 소멸을 의지하고 철저한 버림으로 기우는 평온의 깨달음의 구성요소[捨覺支]를 닦습니다. 도반들이여, 이것이 수행하는 노력입니다.

④ 도반들이여, 그러면 어떤 것이 보호하는 노력입니까? 도반들이여, 여기 비구는 일어난 경이로운 삼매의 표상을 잘 보호합니다. 즉 [시체가] 해골이 된 인식, 벌레가 버글거리는 인식, 검푸른 인식, 끊어진 인식, 부은 인식입니다. 도반들이여, 이것이 보호하는 노력입니다.[424)]

---

424) 이 다섯 가지는 시체를 관찰하는 열 가지 부정(不淨)의 명상주제에 포함

⑾ 네 가지 지혜(ñāṇa) — 법에 대한 지혜, 추론에 의한 지혜, 남들에 대한 지혜, 인습적인 지혜[425]

⑿ 또 다른 네 가지 지혜 — 괴로움에 대한 지혜, 괴로움의 일어남에 대한 지혜, 괴로움의 소멸에 대한 지혜, 괴로움의 소멸로 인도하는 도닦음에 대한 지혜

⒀ 네 가지 예류도를 얻기 위한 구성요소(sotāpattiyaṅga)[426] — 바른 사람을 섬김, 바른 법을 경청함, 지혜로운 주의[427], [출세간]법에 이르게 하는 법(dhamma-anudhamma)을 닦음[428]

⒁ 네 가지 예류[과]를 얻은 자의 구성요소(sotāpannassa aṅga) —

도반들이여, ① 여기 성스러운 제자는 '그분 세존께서는 아라한[應

되어 나타난다. 열 가지 부정의 명상주제에 대해서는 『청정도론』 VI장을 참조할 것.

425) "법에 대한 지혜란 하나의 꿰뚫음(통찰)에 의해서 네 가지 진리[四諦]의 법에 대한 지혜와 네 가지 진리에 포함되어 있는 소멸의 진리[滅諦]인 법에 대한 지혜이다.
추론에 의한 지혜란 네 가지 진리를 직접 본 뒤에 '이와 같이 과거에도 미래에도 오온은 괴로움의 진리[苦諦]요 이 갈애는 일어남의 진리[集諦]요 이 소멸은 소멸의 진리[滅諦]요 이 도는 도의 진리[道諦]이다.'라고 그 지혜를 통해서 추론하는(anugatiya) 지혜이다.
남들에 대한 지혜란 남의 마음을 분명히 아는 것에 대한 지혜이다. 이 셋을 제외한 나머지가 인습적인 지혜이다."(DA.iii.1019~20)

426) "원문 sotāpattiyaṅga란 예류도를 얻기 위한 구성요소라는 뜻이다.(sotā-pattimaggassa paṭilābhakāraṇānīti attho)"(DA.iii.1020)
"흐름(sota, 流)이란 성자들의 흐름(ariya-sota)인데 앞의 단어(즉 성자들)를 생략하여 [흐름이라고만] 한 것이다."(DAṬ.iii.307)

427) "지혜로운 주의(yoniso manasikāra, 如理作意)란 무상(無常) 등을 통해서 주의를 기울임(마음에 잡도리함)이다."(*Ibid*)

428) 본서 제2권 「대반열반경」(D16) §3.7의 해당 주해를 참조할 것.

供]이시며, 완전히 깨달은 분[正等覺]이시며, 영지와 실천이 구족한 분[明行足]이시며, 피안으로 잘 가신 분[善逝]이시며, 세간을 잘 알고 계신 분[世間解]이시며, 가장 높은 분[無上士]이시며, 사람을 잘 길들이는 분[調御丈夫]이시며, 하늘과 인간의 스승[天人師]이시며, 부처님[佛]이시며, 세존(世尊)이시다.'라고 부처님께 움직이지 않는 깨끗한 믿음을 지닙니다.

② '법은 세존에 의해서 잘 설해졌고, 스스로 보아 알 수 있고, 시간이 걸리지 않고, 와서 보라는 것이고, 향상으로 인도하고, 지자들이 각자 알아야 하는 것이다.'라고 법에 움직이지 않는 깨끗한 믿음을 지닙니다.

③ '세존의 제자들의 승가는 잘 도를 닦고, 세존의 제자들의 승가는 바르게 도를 닦고, 세존의 제자들의 승가는 참되게 도를 닦고, 세존의 제자들의 승가는 합당하게 도를 닦으니, 곧 네 쌍의 인간들이요[四雙] 여덟 단계에 있는 사람들[八輩]이시다. 이러한 세존의 제자들의 승가는 공양받아 마땅하고, 선사받아 마땅하고, 보시받아 마땅하고, 합장받아 마땅하며, 세상의 위없는 복밭[福田]이시다.'라고 승가에 움직이지 않는 깨끗한 믿음을 지닙니다.

④ 성자들이 좋아하며 훼손되지 않았고 뚫어지지 않았고 오점이 없고 얼룩이 없고 벗어나게 하는 것이고 지자들이 찬탄하는 것이고 들러붙지 않는 것이고 삼매에 도움이 되는 계를 구족합니다.429)

⒂ 네 가지 출가생활의 결실(sāmañña-phala) — 예류과, 일래과, 불환과, 아라한과

429) 불·법·승·계의 정형구는 『청정도론』 VII.2 이하에 상세하게 설명되어 있고 계에 해당하는 이 구문은 『청정도론』 I.152에 설명되어 있으니 참조할 것.

(16) 네 가지 요소(dhātu) — 땅의 요소, 물의 요소, 불의 요소, 바람의 요소

(17) 네 가지 음식(āhāra) — 거칠거나 부드러운 먹는 음식[段食], 감각접촉[觸]이 두 번째, 마음의 의도[意思]가 세 번째, 알음알이[識]가 네 번째

(18) 네 가지 알음알이의 거주처(viññāṇaṭṭhiti) —

① 도반들이여, 물질[色]을 방편으로 가질 때 알음알이는 거주하여 머물게 되는데, 그것은 물질을 대상으로 하고 물질을 머무는 곳으로 하며 즐기기 위한 양념거리로 삼아서 자라고 증가하고 충만하게 됩니다.

② 느낌[受]을 방편으로 가질 때 …

③ 인식[想]을 방편으로 가질 때 …

④ 상카라[行]들을 방편으로 가질 때 알음알이는 거주하여 머물게 되는데, 그것은 상카라들을 대상으로 하고 상카라들을 머무는 곳으로 하며 즐기기 위한 양념거리로 삼아서 자라고 증가하고 충만하게 됩니다.

(19) 네 가지 하지 않아야 할 것을 함(agati-gamana)430) — 열의 때문에 하지 말아야 할 것을 하고, 성냄 때문에 하지 말아야 할 것을 하고, 어리석음 때문에 하지 말아야 할 것을 하고, 두려움 때문에 하지 말아야 할 것을 함

(20) 네 가지 갈애의 일어남(taṇhuppāda) —

---

430) '하지 않아야 할 것을 함'으로 옮긴 원어는 agati-gamana로 '가지 않아야 할 곳을 감'으로 직역할 수 있다. 그러나 『청정도론』 XXII.55에는 이 넷을 성자들이 가서는 안 될 곳이라 하면서 akattabba-karaṇa(하지 않아야 할 것을 함)라고 설명하고 있다. 역자는 『청정도론』의 이 표현을 살려서 '하지 않아야 할 것을 함'으로 뜻을 살려서 의역하였다.

① 도반들이여, 옷을 원인으로 하여 비구에게 갈애가 거듭해서 일어납니다.

② 도반들이여, 탁발 음식을 원인으로 하여 비구에게 갈애가 거듭해서 일어납니다.

③ 도반들이여, 거주처를 원인으로 하여 비구에게 갈애가 거듭해서 일어납니다.

④ 도반들이여, 그 외 이런저런 것을 원인으로 하여 비구에게 갈애가 거듭해서 일어납니다.

(21) 네 가지 도닦음(paṭipadā)[431] — 도닦음도 어렵고 초월지(신통지)도 더딘 것, 도닦음은 어려우나 초월지는 빠른 것, 도닦음은 쉬우나 초월지가 더딘 것, 도닦음도 쉽고 초월지도 빠른 것

(22) 또 다른 네 가지 도닦음 — 인내하지 못하는 도닦음[432], 인내하는 도닦음, [감각기능들을] 길들이는 도닦음[433], 생각 등을 고요히 하는 도닦음[434]

(23) 네 가지 법의 부분(dhammapada)[435] — 욕심 없음으로 [성취되

---

431) 여기서 언급되는 네 가지 도닦음에 대해서는 『청정도론』 IV.§14 이하에 잘 설명되어 있다.

432) "정진을 할 때 추위 등을 인내하지 못하는 것이 인내하지 못함(akkhamā)이다."(DA.iii.1021)

433) "감각기능(indriya, 根)을 길들임이 길들임(damā)이다."(*Ibid*)

434) "이미 일어난 감각적 욕망에 대한 생각(kāma-vitakka)에 빠지지 않는 등의 방법으로 [이미] 일어난 생각(vitakka)을 고요히 하는 것이 고요히 함(samā)이다."(*Ibid*)

435) '법의 부분'으로 옮긴 원어는 dhamma-pada인데 법의 구절(法句)로 옮길 수 있다. 그러나 주석서에서는 이것을 법의 부분(dhamma-koṭṭhāsa)으로 설명하고 있고 문맥상으로도 맞기 때문에 '법의 부분'으로 옮겼다.

는][436] 법의 부분, 악의 없음으로 [성취되는] 법의 부분, 바른 마음챙김으로 [성취되는] 법의 부분, 바른 삼매로 [성취되는] 법의 부분[437]

(24) 네 가지 법의 실천(받아지님, samādāna) —

① 도반들이여, 현재에도 괴롭고 미래에도 괴로운 과보를 가져오는 법의 실천이 있습니다.

② 도반들이여, 현재에는 괴로우나 미래에는 즐거운 과보를 가져오는 법의 실천이 있습니다.

③ 도반들이여, 현재에는 즐거우나 미래에는 괴로운 과보를 가져오는 법의 실천이 있습니다.

④ 도반들이여, 현재에도 즐겁고 미래에도 즐거운 과보를 가져오는 법의 실천이 있습니다.[438]

---

436) adhigata(DA.iii.1022)

437) "'욕심 없음으로 [성취되는] 법의 부분'은 탐욕 없음이나 탐욕 없음을 머리(sīsa, 上首)로 하여 성취되는 禪, 위빳사나, 도, 과, 열반이다. '악의 없음으로 [성취되는] 법의 부분'은 성냄 없음이나 자애를 머리로 하여 성취되는 禪 등이다. '바른 마음챙김으로 [성취되는] 법의 부분'은 아주 잘 확립된 마음챙김이나 마음챙김을 머리로 하여 성취되는 禪 등이다. '바른 삼매로 [성취되는] 법의 부분'은 증득[等至]이나 여덟 가지 증득으로 성취되는 선, 위빳사나, 도, 과, 열반이다.
혹은 열 가지 부정함을 통해서 성취되는 禪 등이 '욕심 없음으로 [성취되는] 법의 부분'이고, 네 가지 거룩한 머묾[四梵住]으로 성취되는 것이 '악의 없음으로 [성취되는] 법의 부분'이고, 열 가지 계속해서 생각함[十隨念]과 음식에 혐오하는 인식을 통해서 성취되는 것이 '바른 마음챙김으로 [성취되는] 법의 부분'이고, 열 가지 까시나와 들숨날숨을 통해서 성취되는 것이 '바른 삼매로 [성취되는] 법의 부분'이다."(*Ibid*)

438) "첫 번째는 나체수행자(acelaka)의 도닦음이다. 두 번째는 혹독한 오염원(kilesa)들 때문에 아라한됨을 증득하지 못하여 눈물을 흘리고 울기까지 하는 지극히 청정한 범행(梵行)을 닦는 것이다. 세 번째는 감각적 욕망들에 탐닉하는 것(pātabyatā)이다. 네 번째는 네 가지 필수품들을 얻지 못

(25) 네 가지 법의 무더기[法蘊, dhamma-kkhandha] — 계의 무더기[戒蘊], 삼매의 무더기[定蘊], 통찰지의 무더기[慧蘊], 해탈의 무더기[解脫蘊][439]

(26) 네 가지 힘(bala) — 정진의 힘, 마음챙김의 힘, 삼매의 힘, 통찰지의 힘[440]

(27) 네 가지 토대(adhiṭṭhāna)[441] — 통찰지의 토대, 진리의 토대, 포기의 토대, 고요함의 토대[442]

(28) 네 가지 질문에 대한 설명(pañha-vyākaraṇa) — 전적으로 설명해야 하는 질문, 되물어서 설명해야 하는 질문, 분석해서 설명해야

하더라도 禪과 위빳사나를 통해서 행복함을 구족한 [불교]교단(sāsana)의 청정범행을 닦는 것이다."(*Ibid*)
한편 이런 네 가지 인간은 『중부』 「짧은 법의 실천 경」(Cūḷadhamma-samādāna Sutta, M45)과 「긴 법의 실천 경」(Mahādhamma-samādāna Sutta, M46)에 자세하게 설명되어 있다.

439) 다섯 가지 법의 무더기 가운데서 마지막인 해탈지견의 무더기를 제외한 네 가지이다.

440) 믿음·정진·마음챙김·삼매·통찰지[信·精進·念·定·慧]의 오력(五力) 가운데 첫 번째인 신력(信力, 믿음의 힘)을 제외한 나머지를 4력으로 언급하고 있다.

441) "[토대로 옮긴] adhiṭṭhāna에서 adhi는 단지 접두어일 뿐이다. 뜻으로는 이것에 의해서 선다거나, 거기에 선다거나, 이런저런 덕스러운 사람들의 토대인 장소라는 의미이다."(*Ibid*)
한편 네 가지 인간의 토대는 『중부』 제140경 §11 이하에 설명되어 있다.

442) "여기서 첫 번째는 최상의 과에 대한 통찰지, 두 번째는 말에 대한 진리, 세 번째는 세속적인 것을 버림, 네 번째는 오염원을 고요하게 함을 말한다. 그리고 첫 번째는 업이 자신의 주인임에 대한 통찰지나 위빳사나의 통찰지로부터 시작하여 과에 대한 통찰지를 설한 것이다. 두 번째는 말에 대한 진리로부터 시작하여 열반을, 세 번째는 세속적인 것을 버림으로부터 시작하여 최상의 도로써 오염원을 버림을, 네 번째는 증득[等至]을 흔들어 버리는 오염원들로부터 시작하여 최상의 도로써 오염원들을 고요하게 함을 설한 것이다."(DA.iii.1022~1023)

하는 질문, 제쳐 두어야 하는 질문

(29) 네 가지 업(kamma) —

① 도반들이여, 검은 과보443)를 가져오는 검은444) 업이 있습니다.

② 도반들이여, 흰 과보를 가져오는 흰 업이 있습니다.

③ 도반들이여, 검고 흰 과보445)를 가져오는 검고 흰446) 업이 있습니다.

④ 도반들이여, 검지도 희지도 않은 과보를 가져오는 검지도 희지도 않은447) 업이 있어서 이것은 업의 소멸로 인도합니다.

(30) 네 가지 실현해야 하는 법(sacchikaranīya dhamma) —

전생의 삶은 마음챙김으로 실현해야 하고, 중생들의 죽고 태어남은 눈(즉 天眼)으로 실현해야 하고, 여덟 가지 해탈[八解脫]은 몸으로 실현해야 하고, 번뇌의 소멸은 통찰지로 실현해야 합니다.448)

(31) 네 가지 폭류(ogha) — 감각적 욕망의 폭류, 존재의 폭류, 사견(邪見)의 폭류, 무명의 폭류449)

---

443) "검은 과보(kaṇhavipāka)란 비참한 곳(apāya)에 태어나는 나쁜 과보이다."(DA.iii.1023)

444) "검은 것(kaṇha)이란 열 가지 해로운 업의 길[十不善業道]인 업을 뜻한다."(*Ibid*)

445) "검고 흰 과보(kaṇhasukka-vipāka)란 괴롭고 즐거운 과보를 뜻한다."(*Ibid*)

446) "검고 흰(kaṇhasukka)이란 혼합된 업을 뜻한다."(*Ibid*)

447) "검지도 희지도 않은(akaṇhāsukka)이란 업을 소멸하게 하는 [예류도 등] 네 가지 도의 지혜와 동의어이다."(*Ibid*)

448) "눈이란 천안(dibbacakkhu)을 뜻하고 몸이란 함께 생긴 정신의 몸(nāma-kāya, 名身, 수·상·행·식)을 뜻하고 통찰지란 아라한과의 지혜(arahattaphalañāṇa)를 뜻한다."(*Ibid*)

449) 이 넷에 대해서는 『아비담마 길라잡이』 7장 §§3~4의 해설들을 참조할 것.

(32) 네 가지 속박(yoga) — 감각적 욕망의 속박, 존재의 속박, 사견의 속박, 무명의 속박

(33) 네 가지 풀림(visaṁyoga) — 감각적 욕망의 속박이 풀림, 존재의 속박이 풀림, 사견의 속박이 풀림, 무명의 속박이 풀림

(34) 네 가지 매듭(gantha) — 간탐의 몸의 매듭, 악의의 몸의 매듭, 계율과 의식에 대한 집착의 몸의 매듭, 이것만이 진리라는 독단적인 신조의 몸의 매듭

(35) 네 가지 취착(upādāna) — 감각적 욕망에 대한 취착, 사견에 대한 취착, 계율과 의식에 대한 취착, 자아의 교리에 대한 취착

(36) 네 가지 모태(yoni) — 난생의 모태, 태생의 모태, 습생의 모태, 화생의 모태

(37) 네 가지 입태(入胎, abbhāvakkhanti)[450] —

① 도반들이여, 여기 어떤 자는 알아차리지 못하면서 모태에 들어가고 알아차리지 못하면서 모태에 머물고 알아차리지 못하면서 모태에서 나옵니다. 이것이 첫 번째 태 속에 들어감입니다.

② 다시 도반들이여, 여기 어떤 자는 알아차리면서 모태에 들어가지만 알아차리지 못하면서 모태에 머물고 알아차리지 못하면서 모태에서 나옵니다. 이것이 두 번째 태 속에 들어감입니다.

③ 다시 도반들이여, 여기 어떤 자는 알아차리면서 모태에 들어가고 알아차리면서 모태에 머물지만 알아차리지 못하면서 모태에서 나옵니다. 이것이 세 번째 태 속에 들어감입니다.

④ 다시 도반들이여, 여기 어떤 자는 알아차리면서 모태에 들어가고 알아차리면서 모태에 머물고 알아차리면서 모태에서 나옵니다.

---

450) 이 정형구는 본서 제3권 「확신경」(D28) §5에 나타나 있다.

이것이 네 번째 태 속에 들어감입니다.

(38) 네 가지 자기 존재(attabhāva)의 획득 —

① 도반들이여, 자기 존재를 획득할 때 자신의 의도가 들어가고 남의 의도는 들어가지 않는 자기 존재의 획득이 있습니다.

② 도반들이여, 자기 존재를 획득할 때 남의 의도가 들어가고 자신의 의도는 들어가지 않는 자기 존재의 획득이 있습니다.

③ 도반들이여, 자기 존재를 획득할 때 자신의 의도도 들어가고 남의 의도도 들어가는 자기 존재의 획득이 있습니다.

④ 도반들이여, 자기 존재를 획득할 때 자신의 의도도 들어가지 않고 남의 의도도 들어가지 않는 자기 존재의 획득이 있습니다.451)

(39) 네 가지 베풂의 청정(dakkhiṇā-visuddhi) —

① 도반들이여, 베푸는 자는 청정하지만 받는 자가 청정하지 않은 베풂이 있습니다.

② 도반들이여, 받는 자는 청정하지만 베푸는 자가 청정하지 않은 베풂이 있습니다.

③ 도반들이여, 베푸는 자도 청정하지 않고 받는 자도 청정하지 않은 베풂이 있습니다.

④ 도반들이여, 베푸는 자도 청정하고 받는 자도 청정한 베풂이 있습니다.

(40) 네 가지 섭수하는 토대[四攝事, 四攝法 saṅgaha-vatthu]452) — 보

---

451) "유희로 타락해 버린 자라는 신이 첫 번째에 해당하고, 양을 도살하는 자 등에 의해서 죽임을 당하는 양 등이 두 번째에, 마음이 타락해 버린 자라는 신이 세 번째에, 사대천왕 이상의 나머지 신들은 네 번째에 해당한다. 이러한 [신들은] 자신의 의도에 의해서도 죽지 않고 남의 의도에 의해서도 죽지 않기 때문이다."(DA.iii.1024)

시, 사랑스런 말, 이로운 행위, 함께 함

(41) 네 가지 성스럽지 못한 표현(anariya-vohāra) — 거짓말, 중상모략, 욕설, 잡담

(42) 네 가지 성스러운 표현(ariya-vohāra) — 거짓말을 금함, 중상모략을 금함, 욕설을 금함, 잡담을 금함

(43) 다른 네 가지 성스럽지 못한 표현 — 보지 못했는데도 보았다고 말함, 듣지 못했는데도 들었다고 말함, 경험하지 못했는데도 경험했다고 말함,[453] 알지 못했는데도 알았다고 말함

(44) 다른 네 가지 성스러운 표현 — 보지 못했을 때 보지 못했다고 말함, 듣지 못했을 때 듣지 못했다고 말함, 경험하지 못했을 때 경험하지 못했다고 말함, 알지 못했을 때 알지 못했다고 말함

(45) 또 다른 네 가지 성스럽지 못한 표현 — 보았는데도 보지 못했다고 말함, 들었는데도 듣지 못했다고 말함, 경험하였는데도 경험하지 못했다고 말함, 알았는데도 알지 못했다고 말함

(46) 또 다른 네 가지 성스러운 표현 — 보았을 때 보았다고 말함, 들었을 때 들었다고 말함, 경험했을 때 경험했다고 말함, 알았을 때 알았다고 말함

(47) 네 가지 인간(puggala)[454] —

① 도반들이여, 여기 어떤 인간은 자신을 학대하여 자신을 학대하

---

452) 이것은 대승불교에서도 사섭법(四攝法)으로 잘 알려져 있으며 본서 「삼십이상경」(D30) §1.16에도 언급되어 있다.

453) "냄새의 감각장소와 맛의 감각장소와 감촉의 감각장소를 얻은 뒤에 취했기 때문에 경험한 것(muta)이라고 부른다."(MA.ii.110)

454) 여기서 언급한 네 가지 인간은 『중부』 「깐다라까 경」(M51)에 설명되어 있다.

는 짓에 몰두합니다.

② 도반들이여, 여기 어떤 자는 남을 학대하여 남을 학대하는 짓에 몰두합니다.

③ 도반들이여, 여기 어떤 사람은 자신을 학대하여 자신을 학대하는 짓에 몰두하고 남을 학대하여 남을 학대하는 짓에 몰두합니다.

④ 도반들이여, 여기 어떤 자들은 자신을 학대하지 않아서 자신을 학대하는 짓에 몰두하지 않고 남을 학대하지 않아서 남을 학대하는 짓에 몰두하지 않습니다. 그는 자신을 학대하지 않고 남을 학대하지 않으며 바로 지금여기에서 갈증이 풀리고, [삼독의 불이] 꺼지고, 시원하게 되어 행복을 체득하고 스스로 고결하게 되어 머뭅니다.

(48) 다른 네 가지 인간[455] —

① 도반들이여, 여기 어떤 인간은 자신의 이익을 위해서 도를 닦지만 남을 위해서는 도를 닦지 않습니다.

② 도반들이여, 여기 어떤 인간은 남의 이익을 위해서 도를 닦지만 자신의 이익을 위해서는 도를 닦지 않습니다.

③ 도반들이여, 여기 어떤 인간은 자신의 이익을 위해서도 남의 이익을 위해서도 도를 닦지 않습니다.

④ 도반들이여, 여기 어떤 인간들은 자신의 이익과 남의 이익을 위해서 도를 닦습니다.

(49) 또 다른 네 가지 인간[456] — 어둠에 있는 자가 어둠을 태어날 곳으로 가짐,[457] 어둠에 있는 자가 밝음을 태어날 곳으로 가짐, 밝음

455) 여기서 언급한 네 가지 인간은 『증지부』 『네 가지 모음』 (A.ii.96) 등에 설명되어 있다.

456) 여기서 언급한 네 가지 인간은 『상응부』 (S.i.94) 등에 설명되어 있다.

457) '어둠을 태어날 곳으로 가짐'으로 옮긴 원어 tama-parāyaṇa는 "어둠

에 있는 자가 어둠을 태어날 곳으로 가짐, 밝음에 있는 자가 밝음을 태어날 곳으로 가짐

(50) 또 다른 네 가지 인간 — 동요하지 않는 사문,[458] 청련(靑蓮)과 같은 사문,[459] 백련(白蓮)과 같은 사문,[460] 지극히 미묘한 사문[461]

도반들이여, 이것이 아시고 보시는 그분 세존·아라한·정등각께서 분명하게 설하신 네 가지로 구성된 법입니다. 그러므로 우리 모두는 함께 합송해야 하며 분쟁을 해서는 안됩니다. 그래서 이 청정범행이 길이 전해지고 오래 머물게 해야 합니다. 이것이 많은 사람의 이익을 위하고 많은 사람의 행복을 위하고 세상을 연민하고 신과 인간의 이상과 이익과 행복을 위하는 것입니다."

첫 번째 바나와라가 끝났다.

(tama)을 저 세상의 태어날 곳으로 가진 자(tamameva paraṁ ayanaṁ gati assāti)"(DA.iii.1025)라는 뜻이다.

458) "동요하지 않는 사문(samaṇamacalo)은 samaṇa-acalo로 [분석된다.] 여기서 -m-은 단지 연음을 위해서 넣은 것이다. 동요하지 않는 사문은 예류자(sotāpanna)라고 알아야 한다. 예류자는 성문 앞의 기둥(inda-khīla)이 네 방향에서 불어오는 거센 바람에 흔들리지 않는 것처럼 남들의 비난에 동요하지 않기 때문이다. 동요하지 않는 믿음을 구족했다고 해서 동요하지 않는 사문이라고 한다."(*Ibid*)

459) "탐욕과 성냄이 엷어졌기 때문에 일래자를 청련(靑蓮)과 같은 사문이라 한다.(samaṇa-paduma)"(*Ibid*)

460) "탐욕과 성냄이 더 이상 존재하지 않기 때문에 즉시에 꽃이 필 것이라고 해서 [불환자를] 백련(白蓮)과 같은 사문(samaṇa-puṇḍarīka)이라 한다."(DA.iii.1026)

461) "아라한은 매듭(gantha)을 만드는 모든 오염원들이 존재하지 않기 때문에 사문들 가운데서 지극히 미묘한 사문(samaṇa-sukhumāla)이라고 한다."(*Ibid*)

다섯 가지로 구성된 법들

2.1. "도반들이여, 아시고 보시는 그분 세존·아라한·정등각께서는 다섯 가지로 구성된 법을 분명하게 설하셨습니다. 그러므로 우리 모두는 함께 합송해야 하며 분쟁을 해서는 안됩니다. 그래서 이 청정범행이 길이 전해지고 오래 머물게 해야 합니다. 이것이 많은 사람의 이익을 위하고 많은 사람의 행복을 위하고 세상을 연민하고 신과 인간의 이상과 이익과 행복을 위하는 것입니다.

그러면 어떤 것이 다섯 가지로 구성된 법입니까?

(1) 다섯 가지 무더기[五蘊] — 물질의 무더기, 느낌의 무더기, 인식의 무더기, 상카라들의 무더기, 알음알이의 무더기

(2) [나 등으로] 취착하는 다섯 가지 무더기[五取蘊] — [나 등으로] 취착하는 물질의 무더기[色取蘊],[462] [나 등으로] 취착하는 느낌의 무더기[受取蘊], [나 등으로] 취착하는 인식의 무더기[想取蘊], [나 등으로] 취착하는 상카라들의 무더기[行取蘊], [나 등으로] 취착하는 알음알이의 무더기[識取蘊]

(3) 다섯 가닥의 감각적 욕망(kāma-guṇa) —

① 눈으로 인식되는 형상들이 있으니, 원하고 좋아하고 마음에 들고 사랑스럽고 달콤하고 매혹적인 것들입니다.

② 귀로 인식되는 소리들이 있으니 …

③ 코로 인식되는 냄새들이 있으니 …

④ 혀로 인식되는 맛들이 있으니 …

---

462) "물질과 그것을 취착하는 무더기라고 해서 [나 등으로] 취착하는 물질의 무더기[色取蘊]라고 한다. 이것은 모든 곳에 적용된다."(DA.iii.799)

⑤ 몸으로 인식되는 감촉이 있으니, 원하고 좋아하고 마음에 들고 사랑스럽고 달콤하고 매혹적인 것들입니다.

(4) 다섯 가지 태어날 곳(gati) — 지옥, 축생의 모태, 아귀계, 인간, 천신

(5) 다섯 가지 인색(macchariya) — 거주하는 곳에 대한 인색, 가문에 대한 인색463), 이득에 대한 인색, 용모에 대한 인색, 법에 대한 인색

(6) 다섯 가지 장애[五蓋, nīvaraṇa] — 감각적 욕망의 장애, 악의의 장애, 해태·혼침의 장애, 들뜸·후회의 장애, 의심의 장애

(7) 다섯 가지 낮은 단계의 족쇄[下分結]464) — 유신견(有身見), 의심, 계율과 의식에 대한 집착, 감각적 욕망, 악의

(8) 다섯 가지 높은 단계의 족쇄[上分結] — 색계에 대한 탐욕, 무색계에 대한 탐욕, 자만, 들뜸, 무명

(9) 다섯 가지 학습 계목(sikkhāpada) — 생명을 죽이는 것을 금함, 주지 않은 것을 가지는 것을 금함, 삿된 음행을 금함, 거짓말을 금함, 방일하는 근본이 되는 술과 중독성 물질을 금함

(10) 다섯 가지 범할 수 없는 경우(abhabbaṭṭhāna)465) —

도반들이여, ① 번뇌 다한 비구[阿羅漢]는 의식적으로 산 생명의 목숨을 빼앗을 수가 없습니다.

---

463) "이것을 가진 비구는 이것을 원인으로 해서 자신이 태어난 가문에 의해서 남들의 [집에] 들어가는 것조차 거부한다."(DA.iii.1026)

464) 열 가지 족쇄에 대해서는 『청정도론』 XXII.48; 64와 본서 제1권 「마할리경」(D6) §13의 주해 등에 잘 설명되어 있다.

465) 본서 「정신경」(D29) §26에 나타나는 아홉 가지 범할 수 없는 경우들 가운데 처음의 다섯 가지임.

② 번뇌 다한 비구는 주지 않은 것을 가지는 도둑질이라는 것을 할 수가 없습니다.

③ 번뇌 다한 비구는 성행위를 할 수가 없습니다.

④ 번뇌 다한 비구는 고의적인 거짓말을 할 수가 없습니다.

⑤ 번뇌 다한 비구는 전에 재가자였을 때처럼 축적해 두고 감각적 욕망을 즐길 수가 없습니다.

⑾ 다섯 가지 상실(vyasana) — 친척의 상실, 재물의 상실, 건강의 상실, 계의 상실, 견해의 상실

도반들이여, 중생들은 친척의 상실을 원인으로 하거나 재물의 상실을 원인으로 하거나 건강의 상실을 원인으로 하여 몸이 무너져 죽은 뒤에 처참한 곳, 불행한 곳, 파멸처, 지옥에 떨어지지는 않습니다. 도반들이여, 그러나 중생들은 계의 상실을 원인으로 하거나 견해의 상실을 원인으로 하여 몸이 무너져 죽은 뒤에 처참한 곳, 불행한 곳, 파멸처, 지옥에 떨어집니다.

⑿ 다섯 가지 융성(sampadā) — 친척의 융성, 재물의 융성, 건강의 융성, 계의 융성, 견해의 융성

도반들이여, 중생들은 친척의 융성을 원인으로 하거나 재물의 융성을 원인으로 하거나 건강의 융성을 원인으로 하여 몸이 무너져 죽은 뒤에 좋은 곳[善處], 천상세계에 태어나지는 않습니다. 도반들이여, 그러나 중생들은 계의 융성을 원인으로 하거나 견해의 융성을 원인으로 하여 몸이 무너져 죽은 뒤에 좋은 곳, 천상세계에 태어납니다.

⒀ 계행이 나쁜 자가 계를 파해서 얻는 다섯 가지 위험(ādīnava)466) —

466) 이것은 본서 제2권 「대반열반경」(D16) §1.23에 나타난다.

① 도반들이여, 여기 계행이 나쁘고 계를 파한 자는 방일한 결과로 큰 재물을 잃습니다. 이것이 계행이 나쁜 자가 계를 파해서 얻는 첫 번째 위험입니다.

② 다시 도반들이여, 계행이 나쁘고 계를 파한 자는 악명이 자자합니다. 이것이 계행이 나쁜 자가 계를 파해서 얻는 두 번째 위험입니다.

③ 다시 도반들이여, 계행이 나쁘고 계를 파한 자는 끄샤뜨리야의 회중이든, 바라문의 회중이든, 장자의 회중이든, 수행자의 회중이든, 그 어떤 회중에 들어가더라도 의기소침하여 들어갑니다. 이것이 계행이 나쁜 자가 계를 파해서 얻는 세 번째 위험입니다.

④ 다시 도반들이여, 계행이 나쁘고 계를 파한 자는 매(昧)해서 죽습니다. 이것이 계행이 나쁜 자가 계를 파해서 얻는 네 번째 위험입니다.

⑤ 다시 도반들이여, 계행이 나쁘고 계를 파한 자는 몸이 무너져 죽은 뒤에 처참한 곳, 불행한 곳, 파멸처, 지옥에 떨어집니다. 이것이 계행이 나쁜 자가 계를 파해서 얻는 다섯 번째 위험입니다.

⑭ 계를 가진 자가 계를 받아 지녀서 얻는 다섯 가지 이익 (ānisaṁsa)467) —

① 도반들이여, 여기 계를 가지고 계를 갖춘 자는 방일하지 않은 결과로 큰 재물을 얻습니다. 이것이 계를 가진 자가 계를 받아지님으로써 얻는 첫 번째 이익입니다.

② 다시 도반들이여, 계를 가지고 계를 갖춘 자는 훌륭한 명성을 얻습니다. 이것이 계를 가진 자가 계를 받아지님으로써 얻는 두 번째

467) 역시 「대반열반경」(D16) §1.24에 나타난다.

이익입니다.

③ 다시 도반들이여, 계를 가지고 계를 갖춘 자는 끄샤뜨리야의 회중이든 바라문의 회중이든 장자의 회중이든 수행자의 회중이든 그 어떤 회중에 들어가더라도 두려움이나 창피함이 없이 들어갑니다. 이것이 계를 가진 자가 계를 받아지님으로써 얻는 세 번째 이익입니다.

④ 다시 도반들이여, 계를 지니고 계를 갖춘 자는 매(昧)하지 않고 죽습니다. 이것이 계를 가진 자가 계를 받아지님으로써 얻는 네 번째 이익입니다.

⑤ 다시 도반들이여, 계를 지니고 계를 갖춘 자는 몸이 무너져 죽은 뒤에 선처 혹은 천상세계에 태어납니다. 이것이 계를 가진 자가 계를 받아지님으로써 얻는 다섯 번째 이익입니다.

⑮ [남을 책망하기 전에 확립해야 할 다섯 가지 법]468) —

도반들이여, 책망받는(codaka) 비구가 남을 책망하고자 하면 다섯 가지 법들을 안으로 확립한 뒤에 남을 책망해야 합니다. '① 적당한 시간에 말하고 적당하지 않은 때에 말하지 않을 것이다. ② 사실대로 말하고 사실이 아닌 것을 말하지 않을 것이다. ③ 온화하게 말하고 욕설을 하지 않을 것이다. ④ 이익을 줄 수 있게 말하고 이익을 줄 수 없게 말하지 않을 것이다. ⑤ 자애로운 마음으로 말하고 안에 성냄을 가지고 말하지 않을 것이다.'라고. 도반들이여, 책망받는 비구가 남을 책망하고자 하면 이러한 다섯 가지 법들을 안으로 확립한 뒤에 남을 책망해야 합니다.

⑯ 다섯 가지 노력의 구성요소(padhāniyaṅga) —

도반들이여, ① 여기 비구는 믿음이 있습니다. 그는 여래의 깨달음

---

468) PTS본 원문에는 [ ]안의 제목이 없는데 역자가 편의상 넣었다.

에 믿음을 가집니다. '이런 [이유로] 그분 세존께선 바로 아라한[應供]이시며, 완전히 깨달으신 분[正等覺]이시며, 영지와 실천이 구족한 분[明行足]이시며, 피안으로 잘 가신 분[善逝]이시며, 세간을 잘 알고 계신 분[世間解]이시며, 가장 높은 분[無上士]이시며, 사람을 잘 길들이는 분[調御丈夫]이시며, 하늘과 인간의 스승[天人師]이시며, 부처님[佛]이시며, 세존(世尊)이시다.'라고.

② 그는 병이 없고 건강하며 고른 소화력을 갖추어서 너무 차갑지도 않고 너무 덥지도 않은 중간으로 정진을 감내할 수 있습니다.

③ 그는 정직하고 성실하여 스승과 지자들과 동료 수행자들에게 있는 그대로 자신을 드러냅니다.

④ 그는 열심히 정진하며 머뭅니다. 그는 해로운 법[不善法]들을 버리고 유익한 법[善法]들을 구족하기 위해서 굳세고 분투하며 유익한 법들에 대한 짐을 내팽개치지 않습니다.

⑤ 그는 일어나고 사라짐에 대한 통찰지를 구족하였습니다. 그는 바르게 괴로움의 소멸로 인도하는 성스럽고 꿰뚫음을 갖춘 통찰지를 가진 자입니다.

(17) 다섯 가지 정거천(淨居天, Suddhāvāsa)469) — 무번천(無煩天, Avihā), 무열천(無熱天, Atappā), 선현천(善現天, Sudassā), 선견천(善見天, Sudassī), 색구경천(色究竟天, Akaniṭṭhā)

(18) 다섯 가지 불환자(不還者, Anāgāmi) — 수명의 중반쯤에 이르러 구경열반을 증득하는 자, 수명의 반이 지나서 구경열반을 증득하는 자, 자극 없이 구경열반을 증득하는 자, 자극을 통해서 구경열반을

---

469) 정거천은 불환자들이 태어나는 곳이다. 이들에 대한 설명은 『아비담마 길라잡이』 5장 §6의 해설 1을 참조할 것.

증득하는 자, 더 높은 세계로 재생하여 색구경천에 이르러 거기서 구경열반을 증득하는 자[470]

⒆ 다섯 가지 마음의 삭막함(ceto-khila)[471] —

① 도반들이여, 여기 비구는 스승에 대해 회의하고 의심하고 확신을 가지지 못하고 청정한 믿음을 가지지 못합니다. 그 비구는 스승에 대해 회의하고 의심하고 확신을 가지지 못하고 청정한 믿음을 가지지 못하기 때문에 그의 마음을 애쓰고 몰두하고 끈기 있고 노력하는 데로 기울이지 못합니다. 그의 마음을 애쓰고 몰두하고 끈기 있고 노력하는 데로 기울이지 못하는 이것이 그의 첫 번째 제거하지 못한 마음의 삭막함입니다.

② 다시 도반들이여, 여기 비구는 법에 대해 회의하고 의심하고 … 이것이 그의 두 번째 제거하지 못한 마음의 삭막함입니다.

③ 다시 도반들이여, 여기 비구는 승가에 대해 회의하고 의심하고 … 이것이 그의 세 번째 제거하지 못한 마음의 삭막함입니다.

④ 다시 도반들이여, 여기 비구는 학습[계목]에 대해 회의하고 의심하고 … 이것이 그의 네 번째 제거하지 못한 마음의 삭막함입니다.

⑤ 다시 도반들이여, 여기 비구는 동료 수행자들에게 화내고 마음으로 기뻐하지 않고 마음이 불쾌하고 삭막함이 생깁니다. 도반들이여, 그 비구는 동료 수행자들에게 화내고 마음으로 기뻐하지 않고 마음이 불쾌하고 삭막함이 생기기 때문에 그의 마음을 애쓰고 몰두하고 끈기 있고 노력하는 데로 기울이지 못합니다. 그의 마음을 애쓰고

---

470) 이 다섯은 『청정도론』 XXIII.56~57에 설명되어 있다.

471) 『중부』 「마음의 삭막함에 관한 경」(Cetokhila Sutta, M16) §3~6에 나타난다.

몰두하고 끈기 있고 노력하는 데로 기울이지 못하는 이것이 그의 다섯 번째 제거하지 못한 마음의 삭막함입니다.

⒇ 다섯 가지 마음의 속박(cetaso vinibandha)[472] —

① 도반들이여, 여기 비구가 감각적 욕망에 대해 탐욕을 여의지 못하고 의욕을 여의지 못하고 애정을 여의지 못하고 갈증을 여의지 못하고 열병을 여의지 못하고 갈애를 여의지 못합니다. 도반들이여, 그 비구가 감각적 욕망에 대해 탐욕을 여의지 못하고 의욕을 여의지 못하고 애정을 여의지 못하고 갈증을 여의지 못하고 열병을 여의지 못하고 갈애를 여의지 못하면, 그의 마음을 애쓰고 몰두하고 끈기 있고 노력하는 데로 기울이지 못합니다. 그의 마음을 애쓰고 몰두하고 끈기 있고 노력하는 데로 기울이지 못하는 이것이 그의 첫 번째 끊어 버리지 못한 마음의 속박입니다.

② 다시 도반들이여, 여기 비구가 몸에 대해 탐욕을 여의지 못하고 … 이것이 그의 두 번째 끊어 버리지 못한 마음의 속박입니다.

③ 다시 도반들이여, 여기 비구가 형상[色]에 대해 탐욕을 여의지 못하고 … 이것이 그의 세 번째 끊어 버리지 못한 마음의 속박입니다.

④ 다시 도반들이여, 여기 비구가 원하는 대로 배가 가득 차도록 먹고서는 자는 즐거움, 기대는 즐거움, 꾸벅꾸벅 조는 즐거움에 빠져 머뭅니다. 도반들이여, 비구가 원하는 대로 배가 가득 차도록 먹고서는 자는 즐거움, 기대는 즐거움, 꾸벅꾸벅 조는 즐거움에 빠져 머물면, 그의 마음을 애쓰고 몰두하고 끈기 있고 노력하는 데로 기울이지 못합니다. … 이것이 그의 네 번째 끊어 버리지 못한 마음의 속박입니다.

⑤ 다시 도반들이여, 여기 비구가 다른 천신의 무리를 갈구하여 독

---

472) 역시 『중부』 「마음의 삭막함에 관한 경」 (M16) §8~12에 나타남.

신수행을 합니다. '이러한 계나 서원이나 고행이나 독신수행으로 나는 [높은] 천신이나 [낮은] 천신이 되리라.'라고. 도반들이여, 비구가 다른 천신의 무리를 갈구하여 … 천신이 되리라라고 하면, 그의 마음을 애쓰고 몰두하고 끈기 있고 노력하는 데로 기울이지 못합니다. 그의 마음을 애쓰고 몰두하고 끈기 있고 노력하는 데로 기울이지 못하는 이것이 그의 다섯 번째 끊어 버리지 못한 마음의 속박입니다.

(21) 다섯 가지 기능[根, indriya] — 눈의 감각기능, 귀의 감각기능, 코의 감각기능, 혀의 감각기능, 몸의 감각기능

(22) 다른 다섯 가지 기능 — 즐거움의 기능, 괴로움의 기능, 정신적 즐거움의 기능, 정신적 괴로움의 기능, 평온의 기능

(23) 또 다른 다섯 가지 기능[五根] — 믿음의 기능, 정진의 기능, 마음챙김의 기능, 삼매의 기능, 통찰지의 기능

(24) 다섯 가지 벗어남의 요소(nissaraṇīyā dhātu) —

① 도반들이여, 여기 비구가 감각적 욕망들에 대해서 마음에 잡도리할 때473) 그의 마음은 감각적 욕망들에 들어가지 않고 [감각적 욕망들에] 청정한 믿음을 가지지 않고 안정되지 않고 확신하지 않습니다.474) 그러나 그가 출리를475) 마음에 잡도리할 때 그의 마음은 출

473) "감각적 욕망들에 대해서 마음에 잡도리한다는 것은 부정함을 [대상으로 한] 禪(asubhajjhāna)으로부터 출정한 뒤 마치 [부정상(不淨想)이라는] 약(agada)을 가지고 [감각적 욕망이라는] 독(visa)을 검증하는(vīmaṁsanta) 것처럼 검증을 하기 위해서 감각적 욕망을 향하여 마음을 적용시킨다는 뜻이다."(DA.iii.1031)

474) '확신하지 않다'로 옮긴 원어는 na vimuccati인데 주석서에서는 nādhimuccati(확신하지 않다)로 설명하고 있다.(DA.iii.1032) 실제로 『청정도론』 XVIII.30에서는 It.43~44를 인용하면서 adhimuccati로 나타나고 있다. 그래서 확신하지 않다로 옮겼다.

리에 들어가고 청정한 믿음을 가지고 안정되고 확신합니다. 이런 그의 마음은[476] [대상에] 잘 몰입되고 잘 수행되고 감각적 욕망들로부터 잘 나오고 잘 벗어나고 잘 풀리게 됩니다. 그리고 그는 감각적 욕망을 조건으로 일어나는 속상하고 열 받는[477] 번뇌들로부터 벗어나게 되고 그런 느낌을 느끼지 않습니다. 이것을 일러 감각적 욕망들을 벗어남이라 합니다.

② 다시[478] 도반들이여, 비구가 악의에 대해서 마음에 잡도리할 때 그의 마음은 악의에 들어가지 않고 [악의에] 청정한 믿음을 가지지 않고 안정되지 않고 확신하지 않습니다. 그러나 그가 악의 없음을 마음에 잡도리할 때 그의 마음은 출리에 들어가고 청정한 믿음을 가지고 안정되고 확신합니다. 이런 그의 마음은 [대상에] 잘 몰입되고 잘 수행되고 악의로부터 잘 나오고 잘 벗어나고 잘 풀리게 됩니다. 그리고 그는 악의를 조건으로 일어나는 속상하고 열 받는 번뇌들로부터 벗어나게 되고 그런 느낌을 느끼지 않습니다. 이것을 일러 악의를 벗어남이라 합니다.

③ 다시[479] 도반들이여, 비구가 잔인함에 대해서 마음에 잡도리할

---

475) "여기서 출리(出離, nekkhamma)란 열 가지 부정함을 [대상으로 한] 초선(初禪)이다."(*Ibid*)

476) "부정함을 [대상으로 한] 禪의 마음(asubhajjhāna-citta)이다."(*Ibid*)

477) '열 받는'으로 옮긴 원어는 pariḷhāha인데 pari(주위에) + √dah(*to burn*)에서 파생된 단어로 여기서는 형용사로 쓰였다. 본서 「십상경」(D34) §2.2.(7)에서는 명사로 쓰였고 열뇌(熱惱)로 옮겼다.

478) "두 번째는 자애를 통한 禪(mettā-jhāna)이 악의(vyāpāda)로부터 벗어나는 것(nissaraṇa)을 말한다."(*Ibid*)

479) "세 번째는 연민을 통한 禪(karuṇājhāna)이 잔인함(vihiṁsā)으로부터 벗어나는 것을 말한다.(*Ibid*)

때 그의 마음은 잔인함에 들어가지 않고 [잔인함에] 청정한 믿음을 가지지 않고 안정되지 않고 확신하지 않습니다. 그러나 그가 잔인하지 않음을 마음에 잡도리할 때 그의 마음은 출리에 들어가고 청정한 믿음을 가지고 안정되고 확신합니다. 이런 그의 마음은 [대상에] 잘 몰입되고 잘 수행되고 잔인함으로부터 잘 나오고 잘 벗어나고 잘 풀리게 됩니다. 그리고 그는 잔인함을 조건으로 일어나는 속상하고 열 받는 번뇌들로부터 벗어나게 되고 그런 느낌을 느끼지 않습니다. 이것을 일러 잔인함을 벗어남이라 합니다.

④ 다시[480] 도반들이여, 비구가 물질들에 대해서 마음에 잡도리할 때 그의 마음은 물질들에 들어가지 않고 [물질들에] 청정한 믿음을 가지지 않고 안정되지 않고 확신하지 않습니다. 그러나 그가 무색(無色)을 마음에 잡도리할 때 그의 마음은 출리에 들어가고 청정한 믿음을 가지고 안정되고 확신합니다. 이런 그의 마음은 [대상에] 잘 몰입되고 잘 수행되고 물질들로부터 잘 나오고 잘 벗어나고 잘 풀리게 됩니다. 그리고 그는 물질들을 조건으로 일어나는 속상하고 열 받는 번뇌들로부터 벗어나게 되고 그런 느낌을 느끼지 않습니다. 이것을 일러 물질들을 벗어남이라 합니다.

⑤ 다시 도반들이여, 비구가 자기 자신[有身, sakkāya, 五取蘊]에 대해서 마음에 잡도리할 때[481] 그의 마음은 자기 자신에 들어가지 않

---

480) "네 번째는 무색[계]의 禪(arūpajjhāna)이 물질로부터 벗어나는 것을 말한다. 그리고 여기서 완전히 벗어날 때 아라한과가 적용된다."(*Ibid*)

481) "다섯 번째로, 자기 자신(sakkāya, 有身, 오취온)에 대해서 마음에 잡도리한다는 것은 순수한 상카라[行]들을 파악한 뒤에 아라한됨을 얻은 순수 위빳사나를 하는 자(sukkha-vipassaka, 마른 위빳사나를 닦는 자, 乾觀者)가 과의 증득(phala-samāpatti)으로부터 출정한 뒤에 검증을 하기 위해서 [나 등으로] 취착하는 다섯 가지 무더기[五取蘊]를 향하여 마음을

고 [자기 자신에] 청정한 믿음을 가지지 않고 안정되지 않고 확신하지 않습니다. 그러나 그가 자기 자신의 소멸을 마음에 잡도리할 때 그의 마음은 출리에 들어가고 청정한 믿음을 가지고 안정되고 확신합니다. 이런 그의 마음은 [대상에] 잘 몰입되고 잘 수행되고 자기 자신으로부터 잘 나오고 잘 벗어나고 잘 풀리게 됩니다. 그리고 그는 자기 자신을 조건으로 일어나는 속상하고 열 받는 번뇌들로부터 벗어나게 되고 그런 느낌을 느끼지 않습니다. 이것을 일러 자기 자신을 벗어남이라 합니다.482)

(25) 다섯 가지 해탈의 장소[解脫處, vimuttāyatana] —

① 도반들이여, 여기 스승이나 어떤 존중할 만한 동료 수행자가 비구에게 법을 설합니다. 도반들이여, 스승이나 어떤 존중할 만한 동료 수행자가 비구에게 법을 설할 때, 그는 그 법에 대해서 의미를 체득하고 법을 체득합니다. 그가 [그 법의] 의미를 체득하고 법을 체득할 때 환희(pāmujja)가 생깁니다. 환희하는 자에게 희열이 생기고 희열하는 마음을 가진 자에게 몸은 경안하며 몸이 경안한 자는 행복을 느끼고 행복한 자는 마음이 삼매에 듭니다. 이것이 첫 번째 해탈의 장소입니다.

② 다시 도반들이여, 여기 스승이나 어떤 존중할 만한 동료 수행자가 비구에게 법을 설하지 않습니다. 그러나 그는 들은 대로 배운 대로 남들에게 자세하게 법을 설합니다. 비구가 들은 대로 배운 대로

적용시킨다는 뜻이다." (*Ibid*)

482) "이것은 비구가 아라한도와 [아라한]과와 열반을 보고나서 머물 때 다시 자기 자신(오취온)이란 것은 있지 않다라고 [꿰뚫어 알아서] 생긴 아라한과를 증득한 그 비구의 마음이 자기 자신(오취온)이라는 것으로부터 벗어남을 두고 말한 것이다."(*Ibid*)

남들에게 자세하게 법을 설할 때, 그는 그 법에 대해서 의미를 체득하고 법을 체득합니다. 그가 [그 법의] 의미를 체득하고 법을 체득할 때 환희가 생깁니다. 환희하는 자에게 희열이 생기고 희열하는 마음을 가진 자에게 몸은 경안하며 몸이 경안한 자는 행복을 느끼고 행복한 자는 마음이 삼매에 듭니다. 이것이 두 번째 해탈의 장소입니다.

③ 다시 도반들이여, 여기 스승이나 어떤 존중할 만한 동료 수행자가 비구에게 법을 설하지도 않고, 그가 들은 대로 배운 대로 남들에게 자세하게 법을 설하지도 않습니다. 그러나 그는 들은 대로 배운 대로 법을 자세하게 암송합니다. 비구가 들은 대로 배운 대로 법을 자세하게 암송할 때, 그는 그 법에 대해서 의미를 체득하고 법을 체득합니다. 그가 [그 법의] 의미를 체득하고 법을 체득할 때 환희가 생깁니다. 환희하는 자에게 희열이 생기고 희열하는 마음을 가진 자에게 몸은 경안하며 몸이 경안한 자는 행복을 느끼고 행복한 자는 마음이 삼매에 듭니다. 이것이 세 번째 해탈의 장소입니다.

④ 다시 도반들이여, 여기 스승이나 어떤 존중할 만한 동료 수행자가 비구에게 법을 설하지도 않고, 그가 들은 대로 배운 대로 남들에게 자세하게 법을 설하지도 않으며, 들은 대로 배운 대로 법을 자세하게 암송하지도 않습니다. 그러나 그는 들은 대로 배운 대로 마음으로 생각해 보고 지속적으로 고찰해 보고 마음으로 숙고해 봅니다. 비구가 들은 대로 배운 대로 마음으로 생각해 보고 지속적으로 고찰해 보고 마음으로 숙고해 볼 때, 그는 그 법에 대해서 의미를 체득하고 법을 체득합니다. 그가 [그 법의] 의미를 체득하고 법을 체득할 때 환희가 생깁니다. 환희하는 자에게 희열이 생기고 희열하는 마음을 가진 자에게 몸은 경안하며 몸이 경안한 자는 행복을 느끼고 행복한

자는 마음이 삼매에 듭니다. 이것이 네 번째 해탈의 장소입니다.

⑤ 다시 도반들이여, 여기 스승이나 어떤 존중할 만한 동료 수행자가 비구에게 법을 설하지도 않고, 그가 들은 대로 배운 대로 남들에게 자세하게 법을 설하지도 않으며, 들은 대로 배운 대로 법을 자세하게 암송하지도 않으며, 들은 대로 배운 대로 마음으로 생각해 보고 지속적으로 고찰해 보고 마음으로 숙고해 보지도 않습니다. 그러나 그는 어떤 한 가지 삼매의 표상을 잘 취하고 마음에 잘 새기고 잘 호지하고 통찰지로 잘 꿰뚫습니다. 비구가 어떤 한 가지 삼매의 표상을 잘 취하고 마음에 잘 새기고 잘 호지하고 통찰지로 잘 꿰뚫을 때, 그는 그 법에 대해서 의미를 체득하고 법을 체득합니다. 그가 [그 법의] 의미를 체득하고 법을 체득할 때 환희가 생깁니다. 환희하는 자에게 희열이 생기고 희열하는 마음을 가진 자에게 몸은 경안하며 몸이 경안한 자는 행복을 느끼고 행복한 자는 마음이 삼매에 듭니다. 이것이 다섯 번째 해탈의 장소입니다.

(26) 다섯 가지 해탈을 익게 하는 인식(saññā)[483] — 무상(無常)의 [관찰로 생긴] 인식,[484] 무상에서 괴로움[苦]의 [관찰로 생긴] 인식, 괴로움에서 무아의 [관찰로 생긴] 인식, 버림의 [관찰로 생긴] 인식, 탐욕이 빛바램의 [관찰로 생긴] 인식

도반들이여, 이것이 아시고 보시는 그분 세존·아라한·정등각께서 분명하게 설하신 다섯 가지로 구성된 법입니다. 그러므로 우리 모

483) "여기서 해탈(vimutti)은 아라한됨(arahatta, 아라한과)을 말한다."(DA.iii.1033)

484) "무상(無常)의 [관찰로 생긴] 인식(aniccasaññā)이란 무상을 관찰[隨觀]하는 지혜에서 생긴 인식(anicca-anupassanā-ñāṇe uppanna-saññā)이다."(*Ibid*) 주석서는 같은 방법으로 나머지 네 가지 인식도 풀이한다.

두는 함께 합송해야 하며 분쟁을 해서는 안됩니다. 그래서 이 청정범행이 길이 전해지고 오래 머물게 해야 합니다. 이것이 많은 사람의 이익을 위하고 많은 사람의 행복을 위하고 세상을 연민하고 신과 인간의 이상과 이익과 행복을 위하는 것입니다."

여섯 가지로 구성된 법들

2.2. "도반들이여, 아시고 보시는 그분 세존·아라한·정등각께서는 여섯 가지로 구성된 법을 분명하게 설하셨습니다. 그러므로 우리 모두는 함께 합송해야 하며 분쟁을 해서는 안됩니다. 그래서 이 청정범행이 길이 전해지고 오래 머물게 해야 합니다. 이것이 많은 사람의 이익을 위하고 많은 사람의 행복을 위하고 세상을 연민하고 신과 인간의 이상과 이익과 행복을 위하는 것입니다.

그러면 어떤 것이 여섯 가지로 구성된 법입니까?

(1) 여섯 가지 안의 감각장소[六內處, ajjhattika-āyatana] — 눈의 감각장소, 귀의 감각장소, 코의 감각장소, 혀의 감각장소, 몸의 감각장소, 마노의 감각장소

(2) 여섯 가지 밖의 감각장소[六外處, bāhira-āyatana] — 형상의 감각장소, 소리의 감각장소, 냄새의 감각장소, 맛의 감각장소, 감촉의 감각장소, 법의 감각장소

(3) 여섯 가지 알음알이의 무리[六識身, viññāṇa-kāya] — 눈의 알음알이, 귀의 알음알이, 코의 알음알이, 혀의 알음알이, 몸의 알음알이, 마노의 알음알이

(4) 여섯 가지 감각접촉의 무리[六觸身, phassa-kāya] — 눈의 감각접

촉, 귀의 감각접촉, 코의 감각접촉, 혀의 감각접촉, 몸의 감각접촉, 마노의 감각접촉

⑸ 여섯 가지 느낌의 무리[六受身, vedanā-kāya] — 눈의 감각접촉에서 생긴 느낌, 귀의 감각접촉에서 생긴 느낌, 코의 감각접촉에서 생긴 느낌, 혀의 감각접촉에서 생긴 느낌, 몸의 감각접촉에서 생긴 느낌, 마노의 감각접촉에서 생긴 느낌

⑹ 여섯 가지 인식의 무리[六想身, saññā-kāya] — 형상의 인식, 소리의 인식, 냄새의 인식, 맛의 인식, 감촉의 인식, 법의 인식

⑺ 여섯 가지 의도의 무리[六意思身, sancetanā-kāya] — 형상에 대한 의도, 소리에 대한 의도, 냄새에 대한 의도, 맛에 대한 의도, 감촉에 대한 의도, 법에 대한 의도

⑻ 여섯 가지 갈애의 무리[六愛身, taṇhā-kāya] — 형상에 대한 갈애, 소리에 대한 갈애, 냄새에 대한 갈애, 맛에 대한 갈애, 감촉에 대한 갈애, 법에 대한 갈애

⑼ 여섯 가지 존중하지 않음(agārava) —

도반들이여, 여기 비구는 ① 스승을 존중하지 않고 순응하지 않으며 머뭅니다.

② 법을 존중하지 않고 순응하지 않으며 머뭅니다.

③ 승가를 존중하지 않고 순응하지 않으며 머뭅니다.

④ 공부지음을 존중하지 않고 순응하지 않으며 머뭅니다.

⑤ 불방일(不放逸)을 존중하지 않고 순응하지 않으며 머뭅니다.

⑥ 친절함을 존중하지 않고 순응하지 않으며 머뭅니다.

⑽ 여섯 가지 존중함(gārava) —

도반들이여, 여기 비구는 ① 스승을 존중하고 순응하며 머뭅니다.

② 법을 존중하고 순응하며 머뭅니다.

③ 승가를 존중하고 순응하며 머뭅니다.

④ 공부지음을 존중하고 순응하며 머뭅니다.

⑤ 불방일을 존중하고 순응하며 머뭅니다.

⑥ 친절함을 존중하고 순응하며 머뭅니다.

(11) 여섯 가지 정신적 즐거움에 대한 지속적 고찰(somanassūpavicāra) —

① 눈으로 형상을 볼 때 정신적 즐거움의 기반이 되는 형상을 지속적으로 고찰합니다.[485)]

② 귀로 소리를 들을 때 …

③ 코로 냄새를 맡을 때 …

④ 혀로 맛을 볼 때 …

⑤ 몸으로 감촉을 촉감할 때 …

⑥ 마노로 법을 알 때 정신적 즐거움의 기반이 되는 법을 지속적으로 고찰합니다.

(12) 여섯 가지 정신적 괴로움에 대한 지속적 고찰(domanassūpavicāra) —

① 눈으로 형상을 볼 때 정신적 괴로움의 기반이 되는 형상을 지속적으로 고찰합니다.

② 귀로 소리를 들을 때 …

③ 코로 냄새를 맡을 때 …

④ 혀로 맛을 볼 때 …

---

485) "지속적으로 고찰한다(upavicarati)는 것은 일으킨 생각(vitakka, 尋)으로 생각을 일으킨 뒤에 지속적인 고찰(vicāra, 伺)로 분석하는(paricchindati) 것이다."(DA.iii.1035)

⑤ 몸으로 감촉을 촉감할 때 …

⑥ 마노로 법을 알 때 정신적 괴로움의 기반이 되는 법을 지속적으로 고찰합니다.

⒀ 여섯 가지 평온에 대한 지속적 고찰(upekkhūpavicāra) —

① 눈으로 형상을 볼 때 평온의 기반이 되는 형상을 지속적으로 고찰합니다.

② 귀로 소리를 들을 때 …

③ 코로 냄새를 맡을 때 …

④ 혀로 맛을 볼 때 …

⑤ 몸으로 감촉을 촉감할 때 …

⑥ 마노로 법을 알 때 평온의 기반이 되는 법을 지속적으로 고찰합니다.

⒁ 여섯 가지 기억해야 하는 법(sāraṇīyā dhammā)486) —

① 도반들이여, 여기 비구는 대중적으로나 개인적으로 동료 수행자들에 대해서 몸의 업으로 자애를 유지합니다. 이것이 기억해야 할 법이니 우애를 만들고 공경을 만들고 도움을 주고 분쟁을 없애고 화합하고 하나가 되게 합니다.

② 다시 도반들이여, 여기 비구는 대중적으로나 개인적으로 동료 수행자들에 대해서 말의 업으로 자애를 유지합니다. 이것이 기억해야 할 법이니 우애를 만들고 공경을 만들고 도움을 주고 분쟁을 없애고 화합하고 하나가 되게 합니다.

③ 다시 도반들이여, 여기 비구는 대중적으로나 개인적으로 동료 수행자들에 대해서 마음의 업으로 자애를 유지합니다. 이것이 기억

---

486) 이것은 『중부』 「꼬삼비 경」(Kosambi Sutta, M48) §6에 나타난다.

해야 할 법이니 우애를 만들고 공경을 만들고 도움을 주고 분쟁을 없애고 화합하고 하나가 되게 합니다.

④ 다시 도반들이여, 여기 비구는 법답게 얻은 법다운 것들은 비록 발우 안에 담긴 것일지라도 그렇게 얻은 것들을 혼자 두고 사용하지 않고 계를 잘 지키는 동료 수행자들과 함께 나누어서 사용합니다. 이것이 기억해야 할 법이니 우애를 만들고 공경을 만들고 도움을 주고 분쟁을 없애고 화합하고 하나가 되게 합니다.

⑤ 다시 도반들이여, 여기 비구는 파하지 않고 부수지 않고 얼룩지게 하지 않고 반점이 생기게 하지 않고 묶여 있지 않고 지자가 칭찬하며 타락하지 않고 삼매에 도움이 되는 그런 계들을 대중적으로나 개인적으로 동료 수행자들과 함께 구족하여 머뭅니다. 이것이 기억해야 할 법이니 우애를 만들고 공경을 만들고 도움을 주고 분쟁을 없애고 화합하고 하나가 되게 합니다.

⑥ 다시 도반들이여, 여기 비구는 그대로 실천하면 괴로움의 소멸로 인도하며 성스럽고 출리로 인도하는 견해에 대해서 대중적으로나 개인적으로 동료 수행자들과 함께 그런 견해를 구족하여 머뭅니다. 이것이 기억해야 할 법이니 우애를 만들고 공경을 만들고 도움을 주고 분쟁을 없애고 화합하고 하나가 되게 합니다.

(15) 여섯 가지 분쟁의 뿌리(vivāda-mūla)[487] —

① 도반들이여, 여기 비구는 분노하고 앙심을 품습니다. 도반들이여, 비구가 분노하고 앙심을 품으면 그는 스승을 존중하지 않고 순응하지 않으며 머뭅니다. 그는 법을 존중하지 않고 순응하지 않으며 머

487) 이것은 『중부』 「사마가마 경」(Samagama Sutta, M104) §6~11에 나타난다.

뭅니다. 그는 승가를 존중하지 않고 순응하지 않으며 머뭅니다. 그는 공부지음도 성취하지 못합니다.

도반들이여, 스승을 존중하지 않고 순응하지 않으며 머물고, 법을 존중하지 않고 순응하지 않으며 머물고 승가를 존중하지 않고 순응하지 않으며 머물고 공부지음도 성취하지 못하는 비구는 승가에 분쟁을 일으킵니다. 이런 분쟁은 많은 사람에게 이익이 되지 못하고 많은 사람에게 행복이 되지 못하고 많은 신과 인간들에게 손실이 되고 손해가 되고 괴로움이 됩니다.

도반들이여, 만일 그대들이 이런 분쟁의 뿌리를 안에서든 밖에서든 보게 되면 그런 사악한 분쟁의 뿌리를 제거하기 위해 노력해야 합니다. 도반들이여, 만일 그대들이 이런 분쟁의 뿌리를 안에서든 밖에서든 보지 못하면 거기서 그대들은 그런 사악한 분쟁의 뿌리가 미래에 분출하지 못하도록 수행해야 합니다. 이와 같이 하여 이런 사악한 분쟁의 뿌리는 제거됩니다. 이와 같이 하여 이런 사악한 분쟁의 뿌리는 미래에 분출하지 못합니다.

② 다시 도반들이여, 비구는 격분하고 원한을 품습니다. …

③ 다시 도반들이여, 비구는 질투하고 인색합니다. …

④ 다시 도반들이여, 비구는 속이고 간교합니다. …

⑤ 다시 도반들이여, 비구는 악한 원을 가지고 삿된 견해를 가집니다. …

⑥ 다시 도반들이여, 비구는 자기 견해를 고수(固守)하고 그것을 굳게 움켜쥐어서 폐기하기가 어렵습니다. 도반들이여, 비구가 자기 견해를 고수하고 그것을 굳게 움켜쥐어서 폐기하기가 어렵게 되면 그는 스승을 존중하지 않고 순응하지 않으며 머뭅니다. 그는 법을 존

중하지 않고 순응하지 않으며 머뭅니다. 그는 승가를 존중하지 않고 순응하지 않으며 머뭅니다. 그는 공부지음도 성취하지 못합니다.

도반들이여, 스승을 존중하지 않고 순응하지 않으며 머물고, 법을 존중하지 않고 순응하지 않으며 머물고, 승가를 존중하지 않고 순응하지 않으며 머물고, 공부지음도 성취하지 못하는 비구는 승가에 분쟁을 일으킵니다. 이런 분쟁은 많은 사람에게 이익이 되지 못하고 많은 사람에게 행복이 되지 못하고 많은 신과 인간들에게 손실이 되고 손해가 되고 괴로움이 됩니다.

도반들이여, 만일 그대들이 이런 분쟁의 뿌리를 안에서든 밖에서든 보게 되면 그런 사악한 분쟁의 뿌리를 제거하기 위해서 노력해야 합니다. 도반들이여, 만일 그대들이 이런 분쟁의 뿌리를 안에서든 밖에서든 보지 못하면 거기서 그대들은 그런 사악한 분쟁의 뿌리가 미래에 분출하지 못하도록 수행해야 합니다. 이와 같이 하여 이런 사악한 분쟁의 뿌리는 제거됩니다. 이와 같이 하여 이런 사악한 분쟁의 뿌리는 미래에 분출하지 못합니다.

⒃ 여섯 가지 요소[界, dhātu] — 땅의 요소, 물의 요소, 불의 요소, 바람의 요소, 허공의 요소, 알음알이의 요소.488)

⒄ 여섯 가지 벗어남의 요소(nissaraṇīyā dhātu) —

① 도반들이여, 여기 비구가 말하기를 '자애를 통한 마음의 해탈[慈心解脫]을 닦고 많이 [공부]짓고 수레로 삼고 기초로 삼고 확립하고

---

488) "땅의 요소는 견고함의 요소(patiṭṭhā-dhātu)이고 물의 요소는 응집의 요소(ābandhana-dhātu)이고 불의 요소는 익게 함의 요소(paripācana-dhātu)이고 바람의 요소는 퍼짐의 요소(vitthambhana-dhātu)이고 허공의 요소는 닿지 않음의 요소(asamphuṭṭha-dhātu)이고 알음알이의 요소는 앎의 요소(vijānana-dhātu)이다."(DA.iii.1036)

굳건히 하고 부지런히 정진할 때 악의가 마음을 사로잡아 머문다.'라고 할지도 모릅니다. 그러면 그에게 '그렇게 말하지 마시오. 세존을 비방하지 마시오. 세존을 비방하는 것은 좋은 일이 못됩니다. 세존은 그렇게 말씀하시지 않으셨습니다.'라고 말해 주어야 합니다. 도반들이여, 자애를 통한 마음의 해탈을 닦고 많이 [공부]짓고 수레로 삼고 기초로 삼고 확립하고 굳건히 하고 부지런히 정진하는데도 악의가 그의 마음을 사로잡아 머무는 것은 불가능하고 이치에 맞지 않습니다. 그런 경우는 없습니다. 도반들이여, 자애를 통한 마음의 해탈은 악의로부터 벗어나는 것입니다.

② 다시 도반들이여 여기 비구가 말하기를 '연민을 통한 마음의 해탈[悲心解脫]을 닦고 많이 [공부]짓고 수레로 삼고 기초로 삼고 확립하고 굳건히 하고 부지런히 정진할 때 잔인함이 마음을 사로잡아 머문다.'라고 할지도 모릅니다. 그러면 그에게 '그렇게 말하지 마시오. 세존을 비방하지 마시오. 세존을 비방하는 것은 좋은 일이 못됩니다. 세존은 그렇게 말씀하시지 않으셨습니다.'라고 말해 주어야 합니다. 도반들이여, 연민을 통한 마음의 해탈을 닦고 많이 [공부]짓고 수레로 삼고 기초로 삼고 확립하고 굳건히 하고 부지런히 정진하는데도 잔인함이 그의 마음을 사로잡아 머무는 것은 불가능하고 이치에 맞지 않습니다. 그런 경우는 없습니다. 도반들이여, 연민을 통한 마음의 해탈은 잔인함으로부터 벗어나는 것입니다.

③ 다시 도반들이여, 여기 비구가 말하기를 '같이 기뻐함을 통한 마음의 해탈[喜心解脫]을 닦고 많이 [공부]짓고 수레로 삼고 기초로 삼고 확립하고 굳건히 하고 부지런히 정진할 때 따분함이 마음을 사로잡아 머문다.'라고 할지도 모릅니다. 그러면 그에게 '그렇게 말하지

마시오. 세존을 비방하지 마시오. 세존을 비방하는 것은 좋은 일이 못됩니다. 세존은 그렇게 말씀하시지 않으셨습니다.'라고 말해 주어야 합니다. 도반들이여, 같이 기뻐함을 통한 마음의 해탈을 닦고 많이 [공부]짓고 수레로 삼고 기초로 삼고 확립하고 굳건히 하고 부지런히 정진하는데도 따분함이 그의 마음을 사로잡아 머무는 것은 불가능하고 이치에 맞지 않습니다. 그런 경우는 없습니다. 도반들이여, 같이 기뻐함을 통한 마음의 해탈은 따분함으로부터 벗어나는 것입니다.

④ 다시 도반들이여, 여기 비구가 말하기를 '평온을 통한 마음의 해탈[捨心解脫]을 닦고 많이 [공부]짓고 수레로 삼고 기초로 삼고 확립하고 굳건히 하고 부지런히 정진할 때 애욕이 마음을 사로잡아 머문다.'라고 할지도 모릅니다. 그러면 그에게 '그렇게 말하지 마시오. 세존을 비방하지 마시오. 세존을 비방하는 것은 좋은 일이 못됩니다. 세존은 그렇게 말씀하시지 않으셨습니다.'라고 말해 주어야 합니다. 도반들이여, 평온을 통한 마음의 해탈을 닦고 많이 [공부]짓고 수레로 삼고 기초로 삼고 확립하고 굳건히 하고 부지런히 정진하는데도 애욕이 그의 마음을 사로잡아 머무는 것은 불가능하고 이치에 맞지 않습니다. 그런 경우는 없습니다. 도반들이여, 평온을 통한 마음의 해탈은 애욕으로부터 벗어나는 것입니다.

⑤ 다시 도반들이여, 여기 비구가 말하기를 '표상 없는 마음의 해탈[489]을 닦고 많이 [공부]짓고 수레로 삼고 기초로 삼고 확립하고 굳건히 하고 부지런히 정진할 때 나에게 표상을 기억하는 알음알이

---

489) "표상 없는 마음의 해탈(animittā cetovimutti)은 아라한과의 증득을 말한다. 이것은 탐욕의 표상 등과 형상의 표상 등과 항상함[常] 등의 표상이 존재하지 않기 때문에 표상 없음(animitta)이라 한다."(*Ibid*)

가 있게 된다.'라고 할지도 모릅니다. 그러면 그에게 '그렇게 말하지 마시오. 세존을 비방하지 마시오. 세존을 비방하는 것은 좋은 일이 못됩니다. 세존은 그렇게 말씀하시지 않으셨습니다.'라고 말해 주어야 합니다. 도반들이여, 표상 없는 마음의 해탈을 닦고 많이 [공부]짓고 수레로 삼고 기초로 삼고 확립하고 굳건히 하고 부지런히 정진하는데도 그에게 표상을 기억하는 알음알이가 있게 될 것이라는 것은 불가능하고 이치에 맞지 않습니다. 그런 경우는 없습니다. 도반들이여, 표상 없는 마음의 해탈은 모든 표상들로부터 벗어나는 것입니다.

⑥ 다시 도반들이여, 여기 비구가 말하기를 '나에게는 내가 있다는 [자아의식이] 없어졌으며 '이러한 내가 있다.'는[490] 것을 찾아보지 못합니다. 그런데도 나에게는 의심이 되는 의문의 쇠살[491]이 마음을 사로잡아 머문다.'라고 할지도 모릅니다. 그러면 그에게 '그렇게 말하지 마시오. 세존을 비방하지 마시오. 세존을 비방하는 것은 좋은 일이 못됩니다. 세존은 그렇게 말씀하시지 않으셨습니다.'라고 말해 주어야 합니다. 도반들이여, 내가 있다는 [자아의식이] 없어졌으며 '이러한 내가 있다.'는 것을 찾아보지 못하는데도, 의심이 되는 의문의 쇠살이 그의 마음을 사로잡아 머무는 것은 불가능하고 이치에 맞지 않습니다. 그런 경우는 없습니다. 도반들이여, 내가 있다는 자아의식 [자만]을 뿌리 뽑는 것은 의심이 되는 의문의 쇠살로부터 벗어나는

---

490) "'내가 있다(asmi).'는 것은 내가 있다는 자만(asmimāna)이다. '이러한 내가 있다(ayam ahamasmi).'는 것은 다섯 가지 무더기들[五蘊]을 두고 '이것이 참으로 내가 있는 것이다.'라고 [잘못] 아라한됨을 설명하는 것을 말한다."(*Ibid*)

491) "의심이 되는 의문의 쇠살(vicikicchākathaṁkathāsalla)이라는 것은 의심이 되는 의문의 쇠살(vicikicchābhūtaṁ kathaṁkathāsallaṁ)로 [분석된다]."(*Ibid*)

것입니다.

(18) 여섯 가지 위없음(anuttariya) — 보는 것들 가운데서 위없음, 듣는 것들 가운데서 위없음, 얻는 것들 가운데서 위없음, 공부지음들 가운데서 위없음, 섬기는 것들 가운데서 위없음, 계속해서 생각하는 것들 가운데서 위없음.492)

(19) 여섯 가지 계속해서 생각함의 장소[隨念處, anussati-ṭṭhāna] — 부처님을 계속해서 생각함, 법을 계속해서 생각함, 승가를 계속해서 생각함, 계를 계속해서 생각함, 관대함을 계속해서 생각함, 천신을 계속해서 생각함493)

(20) 여섯 가지 영원히 머묾(satata-vihāra)494) —

도반들이여, 여기 비구는 ① 눈으로 형상을 볼 때 마음이 즐겁거나 괴롭지 않고 평온하고 마음챙기고 알아차리면서 머뭅니다.

② 귀로 소리를 들을 때 …

③ 코로 냄새를 맡을 때 …

④ 혀로 맛을 볼 때 …

⑤ 몸으로 감촉을 촉감할 때 …

---

492) "보는 것들 가운데서 위없음이란 까시나와 부정한 표상 등을 보는 것이다. 듣는 것들 가운데서 위없음이란 삼보의 공덕에 대한 말을 듣거나 삼장의 부처님 말씀을 듣는 것이다. 얻는 것들 가운데서 위없음이란 [믿음 등의 출세간의] 일곱 가지 성스러운 얻음이다. 공부지음들 가운데서 위없음이란 삼학을 가득 채우는 것이다. 섬기는 것들 가운데서 위없음이란 삼보를 섬기는 것이다. 계속해서 생각하는 것들 가운데서 위없음이란 삼보의 공덕을 계속해서 생각하는 것이다."(DA.iii.1037)

493) 이 여섯 가지 수행법은 『청정도론』 VII장에 잘 설명되어 있다.

494) "번뇌 멸한(khīṇāsava) [아라한]이 항상(njcca) 머무는 것이다."(DA.iii.1037)

⑥ 마노로 법을 알 때 마음이 즐겁거나 괴롭지 않고 평온하고 마음챙기고 알아차리면서 머뭅니다.

(21) 여섯 가지 태생(abhijāti)[495] —

① 도반들이여, 여기 어떤 자는 검은 태생이면서 검은 법을 생기게 합니다.

② 도반들이여, 여기 어떤 자는 검은 태생이면서 흰 법을 생기게 합니다.

③ 도반들이여, 여기 어떤 자는 검은 태생이면서 검지도 않고 희지도 않은 열반을 생기게 합니다.

④ 도반들이여, 여기 어떤 자는 흰 태생이면서 흰 법을 생기게 합니다.

⑤ 도반들이여, 여기 어떤 자는 흰 태생이면서 검은 법을 생기게 합니다.

⑥ 도반들이여, 여기 어떤 자는 흰 태생이면서 검지도 않고 희지도 않은 열반을 생기게 합니다.[496]

---

495) '태생'으로 옮긴 ābhijāti는 주석서(DA.iii.1038)에서 jāti(태생)라고 설명하고 있다. 그래서 태생이라고 옮겼다.

496) "'검은 태생(kaṇhābhijātika)'이란 낮은 가문(nīcakula)에 태어난 것을 말한다. '검은 법을 생기게 한다.'는 것은 열 가지 나쁜 계행의 법(dussīlyadhamma)을 생산한다는 뜻이다. 그는 이런 것을 생기게 한 뒤 지옥에 태어난다. '흰 법'이란 '전생에 나는 공덕을 짓지 못하여 낮은 가문에 태어났지만 이제 공덕을 지으리라.'라고 공덕이라 불리는 하얀 법을 생기게 하는 것이다. 만일 검은 것을 있게 하면 검은 과보를 주게 되고 흰 것을 있게 하면 흰 과보를 주게 될 것이지만 이러한 두 가지를 주지 않기 때문에 '검지도 않고 희지도 않은 열반'이라고 한다. 그리고 열반이란 이런 의미에서 아라한됨과 동의어이다. 흰 태생(sukkābhijātika)이란 높은 가문(uccakula)에 태어난 것을 말한다."(*Ibid*)
초기경에서 검은 법은 해로운[不善] 법을, 흰 법은 유익한[善] 법을 뜻한

(22) 여섯 가지 꿰뚫음에 동참하는(nibbedha-bhāgiya) 인식497) — 무상(無常)의 [관찰로 생긴] 인식, 무상에서 괴로움[苦]의 [관찰로 생긴] 인식, 괴로움에서 무아의 [관찰로 생긴] 인식, 버림의 [관찰로 생긴] 인식, 탐욕이 빛바램의 [관찰로 생긴] 인식, 소멸의 [관찰로 생긴] 인식

도반들이여, 이것이 아시고 보시는 그분 세존·아라한·정등각께서 분명하게 설하신 여섯 가지로 구성된 법입니다. 그러므로 우리 모두는 함께 합송해야 하며 분쟁을 해서는 안됩니다. 그래서 이 청정범행이 길이 전해지고 오래 머물게 해야 합니다. 이것이 많은 사람의 이익을 위하고 많은 사람의 행복을 위하고 세상을 연민하고 신과 인간의 이상과 이익과 행복을 위하는 것입니다."

일곱 가지로 구성된 법들

2.3. "도반들이여, 아시고 보시는 그분 세존·아라한·정등각께서는 일곱 가지로 구성된 법을 분명하게 설하셨습니다. 그러므로 우리 모두는 함께 합송해야 하며 분쟁을 해서는 안됩니다. 그래서 이 청정범행이 길이 전해지고 오래 머물게 해야 합니다. 이것이 많은 사람의 이익을 위하고 많은 사람의 행복을 위하고 세상을 연민하고 신과 인간의 이상과 이익과 행복을 위하는 것입니다.

그러면 어떤 것이 일곱 가지로 구성된 법입니까?

(1) 일곱 가지 성스러운 재산(dhana) — 믿음의 재산, 계의 재산, 양심의 재산, 수치심의 재산, 배움의 재산, 베풂의 재산, 통찰지의 재산

다. 본서 「확신경」(D28) §2의 주해와 본경 §1.11의 (29) 등을 참조할 것.

497) "꿰뚫음(nibbedha)이란 열반이고, 이것(꿰뚫음)에 참여한다, 다가간다고 하여 '꿰뚫음에 동참하는'이라 한다."(DA.iii.1038)

(2) 일곱 가지 깨달음의 구성요소[七覺支, sambojjhaṅga] — 마음챙김의 깨달음의 구성요소[念覺支], 법을 간택하는 깨달음의 구성요소[擇法覺支], 정진의 깨달음의 구성요소[精進覺支], 희열의 깨달음의 구성요소[喜覺支], 편안함의 깨달음의 구성요소[輕安覺支], 삼매의 깨달음의 구성요소[定覺支], 평온의 깨달음의 구성요소[捨覺支]

(3) 일곱 가지 삼매의 필수품(samādhi-parikkhāra) — 바른 견해[正見], 바른 사유[正思惟], 바른 말[正語], 바른 행위[正業], 바른 생계[正命], 바른 정진[正精進], 바른 마음챙김[正念]

(4) 일곱 가지 바르지 못한 법(asaddhamma) —

도반들이여, 여기 비구는 믿음이 없고, 양심이 없고, 수치심이 없고, 적게 배우고, 게으르고, 마음챙김을 놓아 버리고, 통찰지가 없습니다.

(5) 일곱 가지 바른 법(saddhamma) —

도반들이여, 여기 비구는 믿음이 있고, 양심이 있고, 수치심이 있고, 많이 배웠고, 활발하게 정진하고, 마음챙김을 확립하고, 통찰지를 가졌습니다.

(6) 일곱 가지 바른 사람의 법(sappurisa-dhamma) —

도반들이여, 여기 비구는 법을 알고, 의미를 알고, 자신을 알고, 적당함을 알고, 시기를 알고, 무리[會衆]를 알고 인간을 압니다.

(7) 일곱 가지 [아라한됨에 대한] 설명의 토대(niddesa-vatthu)[498)]—

---

498) [아라한됨에 대한] '설명'으로 옮긴 원어는 niddesa(미얀마본은 niddasa)인데 주석서에서는 "번뇌 다한 자(khīṇāsava, 아라한)를 두고 한 말이다."(DA.iii.1039)라고 설명하고 있어서 이렇게 옮겼다. 이 일곱 가지는 『증지부』(A7:20; 7:42; 7:43)에도 나타난다.

도반들이여, 여기 비구는 ① 공부지음을 받아지님[499]에 대한 강한 의욕이 있고 미래에도 공부지음을 받아지님에 대한 열정이 사라지지 않습니다.

② 법을 주시[500]하는데 대한 강한 의욕이 있고 미래에도 법을 주시하는데 대한 열정이 사라지지 않습니다.

③ 욕심을 길들이는데[501] 대한 강한 의욕이 있고 미래에도 욕심을 길들이는데 대한 열정이 사라지지 않습니다.

④ 홀로 앉음[502]에 대한 강한 의욕이 있고 미래에도 홀로 앉음에 대한 열정이 사라지지 않습니다.

⑤ 열심히 정진하는데 대한 강한 의욕이 있고 미래에도 열심히 정진하는데 대한 열정이 사라지지 않습니다.

⑥ 마음챙김과 슬기로움[503]에 대한 강한 의욕이 있고 미래에도 마음챙김과 슬기로움에 대한 열정이 사라지지 않습니다.

---

499) "공부지음을 받아지님(sikkhā-samādāna)이란 삼학(sikkhattaya)을 성취함이다."(DA.iii.1040)

500) "법을 주시함(dhamma-nisanti)이란 위빳사나와 동의어이다."(*Ibid*)

501) "욕심을 길들임(icchāvinaya)이란 갈애(taṇhā)를 길들임이다."(*Ibid*)

502) "홀로 앉음(paṭisallāna)이란 혼자 됨(ekībhāva)이다."(*Ibid*)

503) 마음챙김과 슬기로움(sati-nepakka)은 "마음챙기고 알아차리는 것이다.(satokāritāya ceva sampajānakāritāya ca)"(DAṬ.iii.335) "슬기로움이란 알아차림[正知]이다.(nipako sampajāno)"(Pm.4.)
한편 본서 제2권 「대반열반경」(D16)에 나타나는 부처님의 마지막 유훈인 불방일(不放逸, appamāda)을 '마음챙김의 현전(sati-avippavāsa)'이라고 주석서는 설명하고 있으며, 이것을 복주서는 "지혜를 수반한 마음챙김(ñāṇūpasañhitā sati)"이라고 설명하는데, 본문의 '마음챙김과 슬기로움'과 '마음챙김과 알아차림'은 모두 같은 의미라고 할 수 있겠다. 본서 제2권 「대반열반경」(D16) §6.7의 주해를 참조할 것.

⑦ 바른 견해로 꿰뚫음[504]에 대한 강한 의욕이 있고 미래에도 바른 견해로 꿰뚫음에 대한 열정이 사라지지 않습니다.

(8) 일곱 가지 인식(saññā) — 무상의 [관찰로 생긴] 인식, 무아의 [관찰로 생긴] 인식, 부정(不淨)의 [관찰로 생긴] 인식,[505] 위험의 [관찰로 생긴] 인식,[506] 버림의 [관찰로 생긴] 인식, 탐욕이 빛바램의 [관찰로 생긴] 인식, 소멸의 [관찰로 생긴] 인식

(9) 일곱 가지 힘(bala) — 믿음의 힘, 정진의 힘, 양심의 힘, 수치심의 힘, 마음챙김의 힘, 삼매의 힘, 통찰지의 힘

(10) 일곱 가지 알음알이의 거주처(viññāṇaṭṭhiti) —

① 도반들이여, 각자 다른 몸을 가지고 각자 다른 인식을 가진 중생들이 있습니다. 예를 들면 인간들과 어떤 신들과 어떤 악처에 떨어진 자들입니다. 이것이 첫 번째 알음알이의 거주처입니다.

② 도반들이여, 각자 다른 몸을 가졌지만 모두 같은 인식을 가진 중생들이 있습니다. 예를 들면 [여기서] 초선(初禪)을 닦아서 태어난 범중천의 신들입니다. 이것이 두 번째 알음알이의 거주처입니다.

③ 도반들이여, 모두 같은 몸을 가졌지만 각자 다른 인식을 가진 중생들이 있습니다. 예를 들면 광음천의 신들입니다. 이것이 세 번째

---

504) 견해로 꿰뚫음(diṭṭhi-paṭivedha)이란 "바른 견해로 꿰뚫음(sammādiṭṭhiyā paṭivijjhane)이다."(DAṬ.iii.335) 이것은 도에 대한 견(magga-dassana)을 말한다.(DA.iii.1040)

505) "부정의 [관찰로 생긴] 인식이란 10가지나 11가지 부정(asubha)의 관찰(anupassana, 隨觀)을 통해서 생긴 지혜이다. 이것은 괴로움의 관찰을 굳건하게 하는 지혜(paricayañāṇa)이다."(DAṬ.iii.335~36)

506) "형성된 것(saṅkhāra, 行)들은 무상이요 괴로움이요 변하기 마련이요 깨끗하지 않다고 그 위험(ādīnava)을 관찰함[隨觀]을 통해서 생긴 지혜이다."(DAṬ.iii.336)

알음알이의 거주처입니다.

④ 도반들이여, 모두 같은 몸을 가졌고 모두 같은 인식을 가진 중생들이 있습니다. 예를 들면 변정천의 신들입니다. 이것이 네 번째 알음알이의 거주처입니다.

⑤ 도반들이여, 물질[色]에 대한 인식(산냐)을 완전히 초월하고 부딪힘(paṭigha)의 인식을 소멸하고 갖가지 인식을 마음에 잡도리하지 않기 때문에 '무한한 허공'이라고 하면서 공무변처에 도달한 중생들이 있습니다. 이것이 다섯 번째 알음알이의 거주처입니다.

⑥ 도반들이여, 공무변처를 완전히 초월하여 '무한한 알음알이[識]'라고 하면서 식무변처(識無邊處)에 도달한 중생들이 있습니다. 이것이 여섯 번째 알음알이의 거주처입니다.

⑦ 도반들이여, 일체 식무변처를 완전히 초월하여 '아무 것도 없다.'라고 하면서 무소유처(無所有處)에 도달한 중생들이 있습니다. 이것이 일곱 번째 알음알이의 거주처입니다.

⑾ 일곱 가지 보시를 드려 마땅한(dakkhiṇeyya) 인간(puggala)[507] — 양면으로 해탈한 자, 통찰지로 해탈한 자, 체험한 자, 견해를 얻은 자, 믿음으로 해탈한 자, 법을 따르는 자, 믿음을 따르는 자

⑿ 일곱 가지 잠재성향(anussaya)[508] — 감각적 욕망의 잠재성향, 적의(敵意)의 잠재성향, 자만의 잠재성향, 사견(邪見)의 잠재성향, 의심의 잠재성향, 존재에 대한 탐욕의 잠재성향, 무명의 잠재성향

⒀ 일곱 가지 족쇄(saṁyojana)[509] — 찬사의 족쇄,[510] 적의의 족

---

507) 『청정도론』 XXI.74 이하에 설명되어 있음.

508) "이들은 고질적이기 때문에 잠재성향이라고 한다. 왜냐하면 이들은 반복해서 감각적 욕망 등이 일어날 원인의 상태로 잠재해 있기 때문이다." (『청정도론』 XXII.60)

쇄, 견해의 족쇄, 의심의 족쇄, 자만의 족쇄, 존재에 대한 탐욕의 족쇄, 무명의 족쇄

⒁ 일곱 가지 대중공사를 가라앉힘(adhikaraṇa-samatha)511) —

계속해서 발생하는 대중공사를 가라앉히고 해결하기 위해서,

① 직접 대면하는 율(sammukhā-vinaya)을 행해야 합니다.

② 회고하는 율(sati-vinaya)을 행해야 합니다.

③ 미치지 않았음에 대한 율(amūḷha-vinaya)을 행해야 합니다.

④ 고백(paṭiññā)을 해야 합니다.

⑤ 다수결로 결정해야(yebhuyyasikā) 합니다.

⑥ 나쁜 습성을 가졌다고 [선언해야 합니다.](pāpiyyasikā)

⑦ 짚으로 덮어야 합니다(tiṇa-vatthāraka).512)

---

509) 일반적으로 족쇄는 열 가지 족쇄로 정리되어 나타난다. 그러나 『증지부』(A7:8)에는 이처럼 일곱 가지로 정리되어 나타나기도 한다. 열 가지 족쇄에 대해서는 『아비담마 길라잡이』 7장 §§10~11을 참조할 것.

510) "찬사의 족쇄(anunaya-saṁyojana)란 감각적 욕망의 족쇄(kāmarāga-saṁyojana)이다. 이것들은 묶는 것(bandhana)이라는 뜻에서 족쇄라 한다고 알아야 한다."(AA.iv.2)

511) '대중공사'는 adhikaraṇa의 역어인데 중국에서는 쟁사(諍事)로 옮겼다. 이것은 승가의 중요한 일을 대중이 모여서 토론하고 확정하는 회합을 말하기 때문에 한국 승단에서 익숙한 용어인 대중공사(大衆公事)로 옮겼다. 율장에 의하면 네 종류의 대중공사가 있다. 그것은 언쟁에 대한 대중공사(vivāda-adhikaraṇa), 교계(教誡)를 위한 대중공사(anuvāda-adhikaraṇa), 범계(犯戒)에 대한 대중공사(āpatta-adhikaraṇa), 소임에 대한 대중공사(kicca-adhikaraṇa)이다.(Vin.iii.164 등)
여기서 정리되어 나타나는 대중공사를 해결하는 일곱 가지 방법을 칠멸쟁법(七滅諍法, satta adhikaraṇa-dhamma)이라 한다.

512) 이 일곱 가지는 대중공사를 해결하는 방법인데 율장 『소품』(Cūḷavagga)의 「가라앉힘의 건도(犍度)」(Samathakkhandhaka, Vin.ii.73*ff.*)에서 상세하게 설명하고 있다.

도반들이여, 이것이 아시고 보시는 그분 세존·아라한·정등각께서 분명하게 설하신 일곱 가지로 구성된 법입니다. 그러므로 우리 모두는 함께 합송해야 하며 분쟁을 해서는 안됩니다. 그래서 이 청정범행이 길이 전해지고 오래 머물게 해야 합니다. 이것이 많은 사람의 이익을 위하고 많은 사람의 행복을 위하고 세상을 연민하고 신과 인간의 이상과 이익과 행복을 위하는 것입니다."

두 번째 바나와라가 끝났다.

여덟 가지로 구성된 법들

3.1. "도반들이여, 아시고 보시는 그분 세존·아라한·정등각께서는 여덟 가지로 구성된 법을 분명하게 설하셨습니다. 그러므로 우리 모두는 함께 합송해야 하며 분쟁을 해서는 안됩니다. 그래서 이 청정범행이 길이 전해지고 오래 머물게 해야 합니다. 이것이 많은 사람의 이익을 위하고 많은 사람의 행복을 위하고 세상을 연민하고 신과 인간의 이상과 이익과 행복을 위하는 것입니다.

그러면 어떤 것이 여덟 가지로 구성된 법입니까?

(1) 여덟 가지 삿됨(micchatta) — 삿된 견해, 삿된 사유, 삿된 말, 삿된 행위, 삿된 생계, 삿된 정진, 삿된 마음챙김, 삿된 삼매

(2) 여덟 가지 올바름(sammatta = 八正道) — 바른 견해, 바른 사유, 바른 말, 바른 행위, 바른 생계, 바른 정진, 바른 마음챙김, 바른 삼매

한편 한역 『사분율』에서는 이 일곱을 각각 현전비니(現前毘尼), 억념비니(憶念毘尼), 불치비니(不癡毘尼), 자언치(自言治), 다인어(多人語), 멱죄상(覓罪相), 초복지(草覆地)로 옮겼다.

⑶ 여덟 가지 보시를 드려 마땅한 인간 — 예류자, 예류과를 실현하기 위해서 도닦는 자, 일래자, 일래과를 실현하기 위해서 도닦는 자, 불환자, 불환과를 실현하기 위해서 도닦는 자, 아라한, 아라한과를 실현하기 위해서 도닦는 자

⑷ 여덟 가지 게으른 경우(kusīta-vatthu) —

① 도반들이여, 여기 비구가 일을 해야 합니다.[513] 그런 그에게 '나는 일을 해야 한다. 그러나 내가 일을 하면 몸이 피곤할 것이다. 에라, 나는 드러누워야겠다.'라는 생각이 듭니다. 그는 드러누워서는 얻지 못한 것을 얻고 증득하지 못한 것을 증득하고 실현하지 못한 것을 실현하기 위해서 열심히 정진하지 않습니다. 이것이 첫 번째 게으른 경우입니다.

② 다시 도반들이여, 비구가 일을 했습니다. 그에게 '나는 일을 하였다. 내가 일을 하였기 때문에 몸이 피곤하다. 에라, 나는 드러누워야겠다.'라는 생각이 듭니다. 그는 드러누워서는 얻지 못한 것을 얻고 증득하지 못한 것을 증득하고 실현하지 못한 것을 실현하기 위해서 열심히 정진하지 않습니다. 이것이 두 번째 게으른 경우입니다.

③ 다시 도반들이여, 비구가 길을 가야 합니다. 그런 그에게 '나는 길을 가야 한다. 그러나 내가 길을 가면 몸이 피곤할 것이다. 에라, 나는 드러누워야겠다.'라는 생각이 듭니다. 그는 드러누워서는 얻지 못한 것을 얻고 증득하지 못한 것을 증득하고 실현하지 못한 것을 실현하기 위해서 열심히 정진하지 않습니다. 이것이 세 번째 게으른 경우입니다.

---

513) "일을 해야 한다(kammaṁ kattabbaṁ hoti)라는 것은 가사를 수선하는 것 등의 일을 해야 하는 것이다."(DA.iii.1043)

④ 다시 도반들이여, 비구가 길을 갔습니다. 그에게 '나는 길을 갔다. 내가 길을 갔기 때문에 몸이 피곤하다. 에라, 나는 드러누워야겠다.'라는 생각이 듭니다. 그는 드러누워서는 얻지 못한 것을 얻고 증득하지 못한 것을 증득하고 실현하지 못한 것을 실현하기 위해서 열심히 정진하지 않습니다. 이것이 네 번째 게으른 경우입니다.

⑤ 다시 도반들이여, 비구가 마을이나 읍으로 탁발을 하면서 거칠거나 좋은 음식을 원하는 만큼 충분히 얻지 못합니다. 그런 그에게 '나는 마을이나 읍으로 탁발을 하면서 거칠거나 좋은 음식을 원하는 만큼 충분히 얻지 못하였다. 그런 나의 몸은 피곤하고 아무것도 할 수가 없다. 에라, 나는 드러누워야겠다.'라는 생각이 듭니다. 그는 드러누워서는 얻지 못한 것을 얻고 증득하지 못한 것을 증득하고 실현하지 못한 것을 실현하기 위해서 열심히 정진하지 않습니다. 이것이 다섯 번째 게으른 경우입니다.

⑥ 다시 도반들이여, 비구가 마을이나 읍으로 탁발을 하면서 거칠거나 좋은 음식을 원하는 만큼 충분히 얻습니다. 그런 그에게 '나는 마을이나 읍으로 탁발을 하면서 거칠거나 좋은 음식을 원하는 만큼 충분히 얻었다. 그런 나의 몸은 [많이 먹어서] 무겁고 아무것도 할 수가 없으니 마치 [젖은] 콩 자루[처럼 무겁다는][514] 생각이 드는구나. 에라, 나는 드러누워야겠다.'라는 생각이 듭니다. 그는 드러누워서는 얻지 못한 것을 얻고 증득하지 못한 것을 증득하고 실현하지 못한 것을 실현하기 위해서 열심히 정진하지 않습니다. 이것이 여섯 번째 게으른 경우입니다.

---

514) "여기서 콩 자루(māsācita)란 젖은 콩(tintamāsa)이다. 마치 젖은 콩이 무거운 것처럼 그와 같이 무거운 것을 두고 한 말이다."(DA.iii.1044 = VbhA.510)

⑦ 다시 도반들이여, 비구가 사소한 병이 생깁니다. 그런 그에게 '나에게 사소한 병이 생겼으니 이제 드러누울 핑계가 생겼다. 에라, 나는 드러누워야겠다.'라는 생각이 듭니다. 그는 드러누워서는 얻지 못한 것을 얻고 증득하지 못한 것을 증득하고 실현하지 못한 것을 실현하기 위해서 열심히 정진하지 않습니다. 이것이 일곱 번째 게으른 경우입니다.

⑧ 다시 도반들이여, 비구가 병이 나아서 병[상]에서 일어난 지 오래되지 않았습니다. 그런 그에게 '나는 병이 나아서 병[상]에서 일어난 지 오래되지 않았다. 그러니 내 몸은 힘이 없고 아무것도 할 수가 없다. 에라, 나는 드러누워야겠다.'라는 생각이 듭니다. 그는 드러누워서는 얻지 못한 것을 얻고 증득하지 못한 것을 증득하고 실현하지 못한 것을 실현하기 위해서 열심히 정진하지 않습니다. 이것이 여덟 번째 게으른 경우입니다.

(5) 여덟 가지 열심히 정진하는 경우(ārabbha-vatthu) —

① 도반들이여, 여기 비구가 일을 해야 합니다. 그런 그에게 '나는 일을 해야 한다. 그러나 내가 일을 하면 부처님들의 가르침을 마음에 잡도리하기가 쉽지 않다. 그러니 이제 나는 얻지 못한 것을 얻고 증득하지 못한 것을 증득하고 실현하지 못한 것을 실현하기 위해서 열심히 정진하리라.'라는 생각이 듭니다. 그는 얻지 못한 것을 얻고 증득하지 못한 것을 증득하고 실현하지 못한 것을 실현하기 위해서 열심히 정진합니다. 이것이 첫 번째 열심히 정진하는 경우입니다.

② 다시 도반들이여, 비구가 일을 했습니다. 그에게 '나는 일을 하였다. 내가 일을 하였기 때문에 부처님들의 가르침을 마음에 잡도리할 수가 없었다. 그러니 이제 나는 얻지 못한 것을 얻고 증득하지 못

한 것을 증득하고 실현하지 못한 것을 실현하기 위해서 열심히 정진하리라.'라는 생각이 듭니다. 그는 얻지 못한 것을 얻고 증득하지 못한 것을 증득하고 실현하지 못한 것을 실현하기 위해서 열심히 정진합니다. 이것이 두 번째 열심히 정진하는 경우입니다.

③ 다시 도반들이여, 비구가 길을 가야 합니다. 그런 그에게 '나는 길을 가야 한다. 그러나 내가 길을 가면 부처님들의 가르침을 마음에 잡도리하기가 쉽지 않다. 그러니 이제 나는 얻지 못한 것을 얻고 증득하지 못한 것을 증득하고 실현하지 못한 것을 실현하기 위해서 열심히 정진하리라.'라는 생각이 듭니다. 그는 얻지 못한 것을 얻고 증득하지 못한 것을 증득하고 실현하지 못한 것을 실현하기 위해서 열심히 정진합니다. 이것이 세 번째 열심히 정진하는 경우입니다.

④ 다시 도반들이여, 비구가 길을 갔습니다. 그에게 '나는 길을 갔다. 내가 길을 갔기 때문에 부처님들의 가르침을 마음에 잡도리할 수가 없었다. 그러니 이제 나는 얻지 못한 것을 얻고 증득하지 못한 것을 증득하고 실현하지 못한 것을 실현하기 위해서 열심히 정진하리라.'라는 생각이 듭니다. 그는 얻지 못한 것을 얻고 증득하지 못한 것을 증득하고 실현하지 못한 것을 실현하기 위해서 열심히 정진합니다. 이것이 네 번째 열심히 정진하는 경우입니다.

⑤ 다시 도반들이여, 비구가 마을이나 읍으로 탁발을 하면서 거칠거나 좋은 음식을 원하는 만큼 충분히 얻지 못합니다. 그런 그에게 '나는 마을이나 읍으로 탁발을 하면서 거칠거나 좋은 음식을 원하는 만큼 충분히 얻지 못했다. 그런 나의 몸은 가볍고 일을 하기에 적합하다. 그러니 이제 나는 얻지 못한 것을 얻고 증득하지 못한 것을 증득하고 실현하지 못한 것을 실현하기 위해서 열심히 정진하리라.'라

는 생각이 듭니다. 그는 얻지 못한 것을 얻고 증득하지 못한 것을 증득하고 실현하지 못한 것을 실현하기 위해서 열심히 정진합니다. 이것이 다섯 번째 열심히 정진하는 경우입니다.

⑥ 다시 도반들이여, 비구가 마을이나 읍으로 탁발을 하면서 거칠거나 좋은 음식을 원하는 만큼 충분히 얻습니다. 그런 그에게 '나는 마을이나 읍으로 탁발을 하면서 거칠거나 좋은 음식을 원하는 만큼 충분히 얻었다. 그런 나의 몸은 [충분히 먹어서] 힘이 있고 일을 하기에 적합하다. 그러니 이제 나는 얻지 못한 것을 얻고 증득하지 못한 것을 증득하고 실현하지 못한 것을 실현하기 위해서 열심히 정진하리라.'라는 생각이 듭니다. 그는 얻지 못한 것을 얻고 증득하지 못한 것을 증득하고 실현하지 못한 것을 실현하기 위해서 열심히 정진합니다. 이것이 여섯 번째 열심히 정진하는 경우입니다.

⑦ 다시 도반들이여, 비구가 사소한 병이 생깁니다. 그런 그에게 '나에게 사소한 병이 생겼으니 어쩌면 이 병이 더 심해질 수도 있을 것이다. 그러니 이제 나는 얻지 못한 것을 얻고 증득하지 못한 것을 증득하고 실현하지 못한 것을 실현하기 위해서 열심히 정진하리라.'라는 생각이 듭니다. 그는 얻지 못한 것을 얻고 증득하지 못한 것을 증득하고 실현하지 못한 것을 실현하기 위해서 열심히 정진합니다. 이것이 일곱 번째 열심히 정진하는 경우입니다.

⑧ 다시 도반들이여, 비구가 병이 나아서 병[상]에서 일어난 지 오래되지 않았습니다. 그런 그에게 '나는 병이 나아서 병[상]에서 일어난 지 오래되지 않았다. 어쩌면 이 병이 다시 도질 수도 있을 것이다. 그러니 이제 나는 얻지 못한 것을 얻고 증득하지 못한 것을 증득하고 실현하지 못한 것을 실현하기 위해서 열심히 정진하리라.'라는 생각

이 듭니다. 그는 얻지 못한 것을 얻고 증득하지 못한 것을 증득하고 실현하지 못한 것을 실현하기 위해서 열심히 정진합니다. 이것이 여덟 번째 열심히 정진하는 경우입니다.

(6) 여덟 가지 보시하는 경우(dāna-vatthu) —

① 비난 때문에 보시합니다.

② 두려움 때문에 보시합니다.

③ 나에게 보시하였으므로 보시합니다.

④ 나에게 보시할 것이기 때문에 보시합니다.

⑤ 보시는 좋은 것이기 때문에 보시합니다.

⑥ '나는 음식을 만들지만 이들은 만들지 않는다. 음식을 만드는 자가 만들지 않는 자들에게 보시하지 않는 것은 어울리지 않는다.'라고 해서 보시합니다.

⑦ '내가 이 보시물을 보시함으로 해서 좋은 명성이 생길 것이다.'라고 해서 보시합니다.

⑧ 마음을 장엄하고 마음의 필수품을 위해서 보시합니다.515)

(7) 여덟 가지 보시로 인한 태어남 —

① 도반들이여, 여기 어떤 자는 사문이나 바라문에게 먹을 것과 마실 것과 입을 것과 탈것과 화환과 향수와 화장품과 침상과 숙소와 밝힐 것을 보시합니다. 그는 그가 보시한 [대가]를 기대합니다. 그는 부

---

515) "사마타와 위빳사나의 마음을 장엄(alaṅkhāra)하고 에워싸기(parivāra) 위해서 보시한다. 보시는 마음을 부드럽게 만들기 때문이다. 보시 받은 자도 '내가 보시물을 얻었다.'라고 마음이 부드러워지고(mudu-citta) 보시한 자도 '내가 보시를 했다.'라고 마음이 부드러워진다. 이처럼 [보시는 주고받는] 두 사람의 마음을 부드럽게 만든다. 그래서 '보시는 길들여지지 않은 것을 길들인다(adanta-damana).'라고 말한다. 이 여덟 가지 보시 가운데 마음을 장엄하는 보시가 최상이다."(DA.iii.1044~1045)

유한 왕족이나 부유한 바라문이나 부유한 장자가 다섯 가닥의 감각적 욕망에 빠지고 사로잡혀 탐닉하는 것을 봅니다. 그러자 그에게 '오, 참으로 나는 몸이 무너져 죽은 뒤에 부유한 왕족이나 부유한 바라문이나 부유한 장자나 그들의 일원으로 태어나리라.'라는 생각이 듭니다. 그는 그 마음을 집중하고 그 마음을 확고하게 하고 그 마음을 닦습니다. 그의 이런 마음은 낮은 곳으로 벗어나버린 것이며 높은 것을 닦지 않은 것입니다. 그는 거기에 태어나게 됩니다. 그러나 이런 것은 계를 가진 자에게 해당하지 계행이 나쁜 자에게는 해당하지 않는다고 나는 말합니다. 도반들이여, 계를 지닌 자는 마음의 소원을 성취하나니, 왜냐하면 청정하기 때문입니다.

② 도반들이여, 여기 어떤 자는 사문이나 바라문에게 먹을 것과 마실 것과 입을 것과 탈것과 화환과 향수와 화장품과 침상과 숙소와 밝힐 것을 보시합니다. 그는 그가 보시한 [대가]를 기대합니다. 그는 '사대천왕의 천신들은 긴 수명을 가졌고 아름답고 즐거움이 많다.'라고 듣게 됩니다. 그러자 그에게 '참으로 나는 몸이 무너져 죽고 나면 사대천왕의 천신들의 일원이 되어 다시 태어나리라.'라는 생각이 듭니다. 그는 그 마음을 집중하고 그 마음을 확고하게 하고 그 마음을 닦습니다. 그의 이런 마음은 낮은 곳으로 벗어나버린 것이며 높은 것을 닦지 않은 것입니다. 그는 거기에 태어나게 됩니다. 그러나 이런 것은 계를 가진 자에게 해당하지 계행이 나쁜 자에게는 해당하지 않는다고 나는 말합니다. 도반들이여, 계를 지닌 자는 마음의 소원을 성취하나니, 왜냐하면 청정하기 때문입니다.

③ 도반들이여, 여기 어떤 자는 사문이나 바라문에게 먹을 것과 마실 것과 입을 것과 탈것과 화환과 향수와 화장품과 침상과 숙소와 밝

힐 것을 보시합니다. 그는 그가 보시한 [대가]를 기대합니다. 그는 '삼십삼천의 천신들은 …

④ 야마천의 천신들은 …

⑤ 도솔천의 천신들은 …

⑥ 화락천의 천신들은 …

⑦ 타화자재천의 천신들은 …

⑧ 범중천의 천신들은 긴 수명을 가졌고 아름답고 즐거움이 많다.' 라고 듣게 됩니다. 그러자 그에게 '참으로 나는 몸이 무너져 죽고 나면 범중천의 천신들의 일원이 되어 다시 태어나리라.'라는 생각이 듭니다. 그는 그 마음을 집중하고 그 마음을 확고하게 하고 그 마음을 닦습니다. 그의 이런 마음은 낮은 곳으로 벗어나버린 것이며 높은 것을 닦지 않은 것입니다. 그는 거기에 태어나게 됩니다. 그러나 이런 것은 계를 가진 자에게 해당하지 계행이 나쁜 자에게는 해당하지 않는다고 나는 말합니다. 도반들이여, 계를 지닌 자는 마음의 소원을 성취하나니, 왜냐하면 청정하기 때문입니다.

(8) 여덟 가지 회중(parisā) — 끄샤뜨리야의 회중, 바라문의 회중, 장자의 회중, 사문의 회중, 사대천왕의 회중, 삼십삼천의 회중, 마라의 회중, 범천의 회중

(9) 여덟 가지 세속의 법(loka-dhammā) — 획득, 손실, 명성, 악명, 칭송, 비난, 즐거움, 괴로움

(10) 여덟 가지 지배의 경지[八勝處, abhibhāyatana] —

① 어떤 자는 안으로 물질[色]을 인식하면서, 밖으로 제한된 좋은 색깔이나 나쁜 색깔을 가진 물질들을 봅니다. 이것들을 지배하면서 '나는 알고 본다.'라고 이렇게 인식합니다. 이것이 첫 번째 지배의 경

지입니다.

② 어떤 자는 안으로 물질을 인식하면서, 밖으로 무량한 좋은 색깔이나 나쁜 색깔을 가진 물질들을 봅니다. 이것들을 지배하면서 '나는 알고 본다.'라고 이렇게 인식합니다. 이것이 두 번째 지배의 경지입니다.

③ 어떤 자는 안으로 물질을 인식하지 않으면서, 밖으로 제한된 좋은 색깔이나 나쁜 색깔을 가진 물질들을 봅니다. 이것들을 지배하면서 '나는 알고 본다.'라고 이렇게 인식합니다. 이것이 세 번째 지배의 경지입니다.

④ 어떤 자는 안으로 물질을 인식하지 않으면서, 밖으로 무량한 좋은 색깔이나 나쁜 색깔을 가진 물질들을 봅니다. 이것들을 지배하면서 '나는 알고 본다.'라고 이렇게 인식합니다. 이것이 네 번째 지배의 경지입니다.

⑤ 어떤 자는 안으로 물질을 인식하지 않으면서, 밖으로 푸르고 푸른 색깔을 가졌고 푸른 외양을 가졌고 푸른 광명을 가진 물질들을 봅니다. 마치 아마 꽃이 푸르고 푸른 색깔을 가졌고 푸른 외양을 가졌고 푸른 광명을 가진 것처럼, 마치 양면이 모두 부드럽게 된 와라나시 옷감이 푸르고 푸른 색깔을 가졌고 푸른 외양을 가졌고 푸른 광명을 가진 것처럼 어떤 자는 안으로 물질을 인식하지 않으면서 밖으로 푸르고 푸른 색깔을 가졌고 푸른 외양을 가졌고 푸른 광명을 가진 물질들을 봅니다. 이것들을 지배하면서 '나는 알고 본다.'라고 이렇게 인식합니다. 이것이 다섯 번째 지배의 경지입니다.

⑥ 어떤 자는 안으로 물질을 인식하지 않으면서, 밖으로 노랗고 노란 색깔을 가졌고 노란 외양을 가졌고 노란 광명을 가진 물질들을 봅

니다. 마치 깐니까라 꽃이 노랗고 노란 색깔을 가졌고 노란 외양을 가졌고 노란 광명을 가진 것처럼, 마치 양면이 모두 부드럽게 된 와라나시 옷감이 노랗고 노란 색깔을 가졌고 노란 외양을 가졌고 노란 광명을 가진 것처럼 어떤 자는 안으로 물질을 인식하지 않으면서 밖으로 노랗고 노란 색깔을 가졌고 노란 외양을 가졌고 노란 광명을 가진 물질들을 봅니다. 이것들을 지배하면서, '나는 알고 본다.'라고 이렇게 인식합니다. 이것이 여섯 번째 지배의 경지입니다.

⑦ 어떤 자는 안으로 물질을 인식하지 않으면서, 밖으로 빨갛고 빨간 색깔을 가졌고 빨간 외양을 가졌고 빨간 광명을 가진 물질들을 봅니다. 마치 월계꽃이 빨갛고 빨간 색깔을 가졌고 빨간 외양을 가졌고 빨간 광명을 가진 것처럼, 마치 양면이 모두 부드럽게 된 와라나시 옷감이 빨갛고 빨간 색깔을 가졌고 빨간 외양을 가졌고 빨간 광명을 가진 것처럼 어떤 자는 안으로 물질을 인식하지 않으면서 밖으로 빨갛고 빨간 색깔을 가졌고 빨간 외양을 가졌고 빨간 광명을 가진 물질들을 봅니다. 이것들을 지배하면서 '나는 알고 본다.'라고 이렇게 인식합니다. 이것이 일곱 번째 지배의 경지입니다.

⑧ 어떤 자는 안으로 물질을 인식하지 않으면서, 밖으로 희고 흰 색깔을 가졌고 흰 외양을 가졌고 흰 광명을 가진 물질들을 봅니다. 마치 샛별이 희고 흰 색깔을 가졌고 흰 외양을 가졌고 흰 광명을 가진 것처럼, 마치 양면이 모두 부드럽게 된 와라나시 옷감이 희고 흰 색깔을 가졌고 흰 외양을 가졌고 흰 광명을 가진 것처럼 어떤 자는 안으로 물질을 인식하지 않으면서 밖으로 희고 흰 색깔을 가졌고 흰 외양을 가졌고 흰 광명을 가진 물질들을 봅니다. 이것들을 지배하면서 '나는 알고 본다.'라고 이렇게 인식합니다. 이것이 여덟 번째 지배

의 경지입니다.

⑾ 여덟 가지 해탈[八解脫, vimokha] —

여기 비구는 ① 물질[色]을 가져 물질들을 봅니다. 이것이 첫 번째 해탈입니다.

② 안으로 물질이 없다고 인식하면서 밖으로 물질들을 봅니다. 이것이 두 번째 해탈입니다.

③ 청정하다고 확신합니다. 이것이 세 번째 해탈입니다.

④ 물질[色]에 대한 인식(산냐)을 완전히 초월하고 부딪힘의 인식을 소멸하고 갖가지 인식을 마음에 잡도리하지 않기 때문에 '무한한 허공'이라고 하면서 공무변처를 구족하여 머뭅니다. 이것이 네 번째 해탈입니다.

⑤ 공무변처를 완전히 초월하여 '무한한 알음알이[識]'라고 하면서 식무변처를 구족하여 머뭅니다. 이것이 다섯 번째 해탈입니다.

⑥ 식무변처를 완전히 초월하여 '아무것도 없다.'라고 하면서 무소유처를 구족하여 머뭅니다. 이것이 여섯 번째 해탈입니다.

⑦ 무소유처를 완전히 초월하여 비상비비상처를 구족하여 머뭅니다. 이것이 일곱 번째 해탈입니다.

⑧ 일체 비상비비상처를 완전히 초월하여 상수멸(想受滅, 인식과 느낌의 그침)을 구족하여 머뭅니다. 이것이 여덟 번째 해탈입니다.

도반들이여, 이것이 아시고 보시는 그분 세존·아라한·정등각께서 분명하게 설하신 여덟 가지로 구성된 법입니다. 그러므로 우리 모두는 함께 합송해야 하며 분쟁을 해서는 안됩니다. 그래서 이 청정범행이 길이 전해지고 오래 머물게 해야 합니다. 이것이 많은 사람의 이익을 위하고 많은 사람의 행복을 위하고 세상을 연민하고 신과 인간의 이상과 이익과 행복을 위하는 것입니다."

아홉 가지로 구성된 법들

3.2. "도반들이여, 아시고 보시는 그분 세존·아라한·정등각께서는 아홉 가지로 구성된 법을 분명하게 설하셨습니다. 그러므로 우리 모두는 함께 합송해야 하며 분쟁을 해서는 안됩니다. 그래서 이 청정범행이 길이 전해지고 오래 머물게 해야 합니다. 이것이 많은 사람의 이익을 위하고 많은 사람의 행복을 위하고 세상을 연민하고 신과 인간의 이상과 이익과 행복을 위하는 것입니다.

그러면 어떤 것이 아홉 가지로 구성된 법입니까?

⑴ 아홉 가지 원한의 원인(āghāta-vatthu) —

① '이 [사람이] 나에게 손해를 끼쳤다.'라고 해서 원한이 생긴다.[516)]

② '이 [사람이] 나에게 손해를 끼친다.'라고 해서 원한이 생긴다.

③ '이 [사람이] 나에게 손해를 끼칠 것이다.'라고 해서 원한이 생긴다.

④~⑥ '이 [사람이] 내가 좋아하고 마음에 드는 사람에게 손해를 끼쳤다 … 손해를 끼친다 … 손해를 끼칠 것이다.'라고 해서 원한이 생긴다.

⑦~⑨ '이 [사람이] 내가 좋아하지 않고 마음에 들지 않는 사람에게 이익을 주었다 … 이익을 준다 … 이익을 줄 것이다.'라고 해서 원한이 생긴다.

⑵ 아홉 가지 원한을 다스림(āghāta-paṭivinaya) —

---

516) "원한이 생긴다(aghātaṁ bandhati)는 것은 분노(kopa)가 생긴다, 만들어진다, 일어난다는 말이다."(DA.iii.1045)

① '이 [사람이] 나에게 손해를 끼쳤다. 그러나 이 경우에 그것이 [우리 둘의] 어디에 존재한단 말인가?'라고 원한을 다스린다.

② '이 [사람이] 나에게 손해를 끼친다. 그러나 이 경우에 그것이 [우리 둘의] 어디에 존재한단 말인가?'라고 원한을 다스린다.

③ '이 [사람이] 나에게 손해를 끼칠 것이다. 그러나 이 경우에 그것이 [우리 둘의] 어디에 존재한단 말인가?'라고 원한을 다스린다.

④~⑥ '이 [사람이] 내가 좋아하고 마음에 드는 사람에게 손해를 끼쳤다 … 끼친다 … 끼칠 것이다. 그러나 이 경우에 그것이 [우리 둘의] 어디에 존재한단 말인가?'라고 원한을 다스린다.

⑦~⑨ '이 [사람이] 내가 좋아하지 않고 마음에 들지 않는 사람에게 이익을 주었다 … 준다 … 줄 것이다. 그러나 이 경우에 그것이 [우리 둘의] 어디에 존재한단 말인가?'라고 원한을 다스린다.

(3) 아홉 가지 중생의 거처(sattāvāsa) —

① 도반들이여, 각자 다른 몸을 가지고 각자 다른 인식을 가진 중생들이 있습니다. 예를 들면 인간들과 어떤 신들과 어떤 악처에 떨어진 자들입니다. 이것이 첫 번째 중생의 거처입니다.

② 도반들이여, 각자 다른 몸을 가졌지만 모두 같은 인식을 가진 중생들이 있습니다. 예를 들면 [여기서] 초선(初禪)을 닦아서 태어난 범중천의 신들입니다. 이것이 두 번째 중생의 거처입니다.

③ 도반들이여, 모두 같은 몸을 가졌지만 각자 다른 인식을 가진 중생들이 있습니다. 예를 들면 광음천의 신들입니다. 이것이 세 번째 중생의 거처입니다.

④ 도반들이여, 모두 같은 몸을 가졌고 모두 같은 인식을 가진 중생들이 있습니다. 예를 들면 변정천의 신들입니다. 이것이 네 번째

중생의 거처입니다.

⑤ 도반들이여, 인식이 없고 느끼지 못하는 중생들이 있습니다. 예를 들면 무상유정천의 신들입니다. 이것이 다섯 번째 중생의 거처입니다.

⑥ 도반들이여, 물질[色]에 대한 인식(산냐)을 완전히 초월하고 부딪힘의 인식을 소멸하고 갖가지 인식을 마음에 잡도리하지 않기 때문에 '무한한 허공'이라고 하면서 공무변처(空無邊處, ākāsanañc-āyatana)에 도달한 중생들이 있습니다. 이것이 여섯 번째 중생의 거처입니다.

⑦ 도반들이여, 공무변처를 완전히 초월하여 '무한한 알음알이[識]'라고 하면서 식무변처(識無邊處, viññāṇañcāyatana)에 도달한 중생들이 있습니다. 이것이 일곱 번째 중생의 거처입니다.

⑧ 도반들이여, 일체 식무변처를 완전히 초월하여 '아무 것도 없다.'라고 하면서 무소유처(無所有處, ākiñcaññāyatana)에 도달한 중생들이 있습니다. 이것이 여덟 번째 중생의 거처입니다.

⑨ 도반들이여, 무소유처를 완전히 초월하여 비상비비상처(非想非非想處, nevasaññā-nāsaññāyatana)에 도달한 중생들이 있습니다. 이것이 아홉 번째 중생의 거처입니다.

(4) 아홉 가지 청정범행을 닦기(brahmacariya-vāsa)에 적당하지 않은 순간과 적당하지 않은 때 —

① 도반들이여, 여기 여래·아라한·정등각께서 세상에 출현하십니다. 그분은 고요함을 가져오고 완전한 열반을 실현하고 깨달음으로 인도하며 선서(善逝)517)에 의해서 체득된 법을 설하십니다. 그러

517) '선서(善逝)'는 sugata의 역어인데, 부처님의 열 가지 명호[如來十號] 가

나 이 사람은 지옥에 태어나 있습니다. 이것이 첫 번째 청정범행을 닦기에 적당하지 않은 순간이고 적당하지 않은 때입니다.

② 다시 도반들이여, 여래·아라한·정등각께서 세상에 출현하십니다. 그분은 고요함을 가져오고 완전한 열반을 실현하고 깨달음으로 인도하며 선서에 의해서 체득된 법을 설하십니다. 그러나 이 사람은 축생에 태어나 있습니다. 이것이 두 번째 청정범행을 닦기에 적당하지 않은 순간이고 적당하지 않은 때입니다.

③ 다시 도반들이여, 여래·아라한·정등각께서 세상에 출현하십니다. … 그러나 이 사람은 아귀계에 태어나 있습니다. 이것이 세 번째 청정범행을 닦기에 적당하지 않은 순간이고 적당하지 않은 때입니다.

④ 다시 도반들이여, 여래·아라한·정등각께서 세상에 출현하십니다. … 그러나 이 사람은 아수라의 무리에 태어나 있습니다. 이것이 네 번째 청정범행을 닦기에 적당하지 않은 순간이고 적당하지 않은 때입니다.

⑤ 다시 도반들이여, 여래·아라한·정등각께서 세상에 출현하십니다. … 그러나 이 사람은 어떤 긴 수명을 가진 신들의 무리에 태어나 있습니다. 이것이 다섯 번째 청정범행을 닦기에 적당하지 않은 순간이고 적당하지 않은 때입니다.

⑥ 다시 도반들이여, 여래·아라한·정등각께서 세상에 출현하십니다. 그분은 고요함을 가져오고 완전한 열반을 실현하고 깨달음으로 인도하며 선서에 의해서 체득된 법을 설하십니다. 그러나 이 사람

운데 하나이며 본서 전체에서 '잘 가신 분'으로 옮기기도 하였다. 『청정도론』 VII.33에 설명되어 있다.

은 비구와 비구니와 청신사와 청신녀가 가지 않는 변방에서 무지몽매한 멸려차(蔑戾車, milakkha)[518]들 가운데 태어났습니다. 이것이 여섯 번째 청정범행을 닦기에 적당하지 않은 순간이고 적당하지 않은 때입니다.

⑦ 다시 도반들이여, 여래·아라한·정등각께서 세상에 출현하십니다. 그분은 고요함을 가져오고 완전한 열반을 실현하고 깨달음으로 인도하며 선서에 의해서 체득된 법을 설하십니다. 이 사람은 중국에(majjhimesu janapadesu)[519] 태어났습니다. 그러나 그는 삿된 견해를 가졌고 전도된 소견을 가진 자입니다. '보시한 것도 없고 바친 것도 없고 제사(헌공)한 것도 없다. 선행과 악행의 업들에 대한 열매도 과보도 없다. 이 세상도 없고 저 세상도 없다. 어머니도 없고 아버지도 없다. 화생하는 중생도 없고 이 세상과 저 세상을 스스로 최상의 지혜로 실현하여 선언하는 바른 도를 구족한 사문·바라문들도 이 세

518) milakkha는 산스끄리뜨 mleccha의 빠알리어인데 이방인을 뜻한다. 브라흐마나(제의서)에 의하면 이방인들은 산스끄리뜨 발음을 정확히 못하고 믈레믈레(우물우물)하기 때문에 믈레차라고 부른다고 한다. 그러므로 아리야족이 아닌 모든 사람들은 믈레차이고 인도인들의 입장에서 보면 미개인이다. 불교 산스끄리뜨에도 많이 나타나는 표현이며 이를 중국에서는 멸려차(蔑戾車)나 미려차(彌戾車) 등으로 음역하였다. 화엄경 등 대승경전에도 변지하천 멸려차(邊地下賤 蔑戾車)라는 표현이 등장한다.

519) 원어는 majjhimesu janapadesu인데 '가운데 지역들에'로 직역할 수 있다. 우리에게 익숙한 중국으로 옮겼다. 주석서들에서는 별다른 해석이 없는데 부처님 가르침이 잘 보존되어 있고 승가가 잘 확립되어 있는 지역을 중국이라 이해해야 할 것이다. 영가현각 스님은 『영가집』에서 "먹는 그릇은 발우를 여의지 않고, 태어나는 곳마다 중국에 태어나고 …"라고 발원하고 있는데 태어나는 곳마다 불교 정법이 잘 보존된 나라에 태어나기를 발원하는 것은 역자를 포함한 모든 출가자들의 서원일 것이다. 역자가 '중국'으로 옮겼다고 해서 China 혹은 중화인민공화국으로 오해하지 말기를 바란다.

상에는 없다.'라고. 이것이 일곱 번째 청정범행을 닦기에 적당하지 않은 순간이고 적당하지 않은 때입니다.

⑧ 다시 도반들이여, 여래·아라한·정등각께서 세상에 출현하십니다. 그분은 고요함을 가져오고 완전한 열반을 실현하고 깨달음으로 인도하며 선서에 의해서 체득된 법을 설하십니다. 이 사람은 중국에 태어났습니다. 그러나 그는 통찰지가 없고 바보고 귀머거리와 벙어리여서 잘 설해진 것인지 잘못 설해진 것인지 그 뜻을 잘 아는 능력이 없습니다. 이것이 여덟 번째 청정범행을 닦기에 적당하지 않은 순간이고 적당하지 않은 때입니다.

⑨ 다시 도반들이여, 여래·아라한·정등각께서 세상에 출현하시지 않았습니다. 그분은 고요함을 가져오고 완전한 열반을 실현하고 깨달음으로 인도하며 선서에 의해서 체득된 법을 설하지 않으셨습니다. 그러나 이 사람은 중국에 태어났습니다. 그는 지혜를 가졌고 바보가 아니고 귀머거리도 벙어리도 아니어서 잘 설해진 것인지 잘못 설해진 것인지 그 뜻을 잘 아는 능력이 있습니다. 이것이 아홉 번째 청정범행을 닦기에 적당하지 않은 순간이고 적당하지 않은 때입니다.

(5) 아홉 가지 차례로 머묾[九次第住, anupubba-vihāra] —

① 도반들이여, 여기 비구는 감각적 욕망들을 완전히 떨쳐버리고 해로운 법[不善法]들을 떨쳐버린 뒤, 일으킨 생각[尋]과 지속적인 고찰[伺]이 있고, 떨쳐버렸음에서 생겼고, 희열[喜]과 행복[樂]이 있는 초선(初禪)을 구족하여 머뭅니다.

② … 제2선(二禪)을 구족하여 머뭅니다.

③ … 제3선(三禪)을 구족하여 머뭅니다.

④ … 제4선(四禪)을 구족하여 머뭅니다.

⑤ 물질[色]에 대한 인식(산냐)을 완전히 초월하고 부딪힘의 인식을 소멸하고 갖가지 인식을 마음에 잡도리하지 않기 때문에 '무한한 허공'이라고 하면서 공무변처를 구족하여 머뭅니다.

⑥ 공무변처를 완전히 초월하여 '무한한 알음알이[識]'라고 하면서 식무변처를 구족하여 머뭅니다.

⑦ 식무변처를 완전히 초월하여 '아무것도 없다.'라고 하면서 무소유처를 구족하여 머뭅니다.

⑧ 무소유처를 완전히 초월하여 비상비비상처를 구족하여 머뭅니다.

⑨ 일체 비상비비상처를 완전히 초월하여 상수멸(想受滅, 인식과 느낌의 그침)을 구족하여 머뭅니다.

(6) 아홉 가지 차례로 소멸함[九次第滅, anupubba-nirodha] —

① 초선을 증득한 자에게 감각적 욕망의 인식이 소멸합니다.

② 2선을 증득한 자에게 일으킨 생각과 지속적인 고찰이 소멸합니다.

③ 3선을 증득한 자에게 희열이 소멸합니다.

④ 4선을 증득한 자에게 들숨날숨이 소멸합니다.

⑤ 공무변처를 증득한 자에게 물질의 인식이 소멸합니다.

⑥ 식무변처를 증득한 자에게 공무변처의 인식이 소멸합니다.

⑦ 무소유처를 증득한 자에게 식무변처의 인식이 소멸합니다.

⑧ 비상비비상처를 증득한 자에게 무소유처의 인식이 소멸합니다.

⑨ 상수멸을 증득한 자에게 인식과 느낌이 소멸합니다.

도반들이여, 이것이 아시고 보시는 그분 세존·아라한·정등각께서 분명하게 설하신 아홉 가지로 구성된 법입니다. 그러므로 우리 모두는 함께 합송해야 하며 분쟁을 해서는 안됩니다. 그래서 이 청정범행이 길이 전해지고 오래 머물게 해야 합니다. 이것이 많은 사람의 이익을 위하고 많은 사람의 행복을 위하고 세상을 연민하고 신과 인간의 이상과 이익과 행복을 위하는 것입니다."

열 가지로 구성된 법들

3.3. "도반들이여, 아시고 보시는 그분 세존·아라한·정등각께서는 열 가지로 구성된 법을 분명하게 설하셨습니다. 그러므로 우리 모두는 함께 합송해야 하며 분쟁을 해서는 안됩니다. 그래서 이 청정범행이 길이 전해지고 오래 머물게 해야 합니다. 이것이 많은 사람의 이익을 위하고 많은 사람의 행복을 위하고 세상을 연민하고 신과 인간의 이상과 이익과 행복을 위하는 것입니다.

그러면 어떤 것이 열 가지로 구성된 법입니까?

(1) 열 가지 [자신을] 확고하게 하는 법[520] —

① 도반들이여, 여기 비구는 계를 잘 지닙니다. 그는 계목의 단속으로 단속하면서 머뭅니다. 바른 행실(ācāra)과 행동의 영역(gocāra)을 갖추고, 작은 허물에 대해서도 두려움을 보며, 학습계목을 받아 지녀 공부짓습니다. 도반들이여, 비구가 계를 잘 지니고, 계목의 단속으로 단속하면서 머물며, 바른 행실과 행동의 영역을 갖추고, 작은 허물에 대해서도 두려움을 보며, 학습계목을 받아 지녀 공부짓는 것

---

520) '[자신을] 확고하게 하는 법'으로 옮긴 원어는 nātha-karaṇā dhammā인데 '주인이 되게 하는 법'으로 직역할 수 있다. 주석서에서 "자신을 확고하게 하는 법(attano patiṭṭhākarā dhammā)"(DA.iii.1046)이라고 설명하고 있어서 이렇게 옮겼다.

도 [자신을] 확고하게 하는 법입니다.

② 다시 도반들이여, 비구는 많이 배우고[多聞] 배운 것을 잘 호지하고 배운 것을 잘 정리합니다. 법들은 시작도 훌륭하고 중간도 훌륭하고 끝도 훌륭하나니, 이러한 법들은 의미와 표현을 구족하고 더할 나위 없이 완벽하며 지극히 청정한 범행(梵行)을 확실하게 드러냅니다. 그는 이러한 법들을 많이 배우고 호지하고 말로써 친숙하게 되고 마음으로 숙고하고 견해로써 잘 꿰뚫습니다. 도반들이여, 비구가 많이 배우고 … 견해로써 잘 꿰뚫는 것도 [자신을] 확고하게 하는 법입니다.

③ 다시 도반들이여, 비구는 좋은 친구[善友]이고 좋은 동료이며 좋은 벗입니다. 도반들이여, 비구가 좋은 친구이고 좋은 동료이며 좋은 벗인 것도 [자신을] 확고하게 하는 법입니다.

④ 다시 도반들이여, 비구는 훈도하기 쉬운 자이어서 훈도하기 쉬운 성질들을 지니고 있고 인욕하고 교계를 공경하여 받아들입니다. 도반들이여, 비구가 훈도하기 쉬운 자이어서 훈도하기 쉬운 성질들을 지니고 있고 인욕하고 교계(敎誡)를 공경하여 받아들이는 것도 [자신을] 확고하게 하는 법입니다.

⑤ 다시 도반들이여, 비구는 동료 수행자들을 위한 것이라면 반드시 해야 할 여러 가지 소임들을 열심히 하는 자이어서 거기에 숙련되고 게으르지 않으며 그러한 검증을 구족하여 충분히 실행하고 충분히 준비하는 자입니다. 도반들이여, 비구가 동료 수행자들을 위한 것이라면 … 충분히 준비하는 것도 [자신을] 확고하게 하는 법입니다.

⑥ 다시 도반들이여, 비구는 법을 갈구하는 자여서 [법]담 나누기를 좋아하고 아비담마(對法)와 아비위나야(對律)에 대해서[521] 크나 큰

환희심을 가집니다. 도반들이여, 비구가 법을 갈구하는 자여서 … 크나큰 환희심을 가지는 것도 [자신을] 확고하게 하는 법입니다.

⑦ 다시 도반들이여, 비구는 이런저런 의복, 음식, 거처, 병구완을 위한 약품으로 만족합니다. 도반들이여, 비구가 이런저런 의복, 음식, 거처, 병구완을 위한 약품으로 만족하는 것도 [자신을] 확고하게 하는 법입니다.

⑧ 다시 도반들이여, 비구는 해로운 법들을 제거하고 유익한 법들을 두루 갖추기 위해서 불굴의 정진으로 머뭅니다. 그는 굳세고 분투하고 유익한 법들에 대한 짐을 내팽개치지 않습니다. 도반들이여, 비구가 해로운 법들을 제거하고 … 유익한 법들에 대한 짐을 내팽개치지 않는 것도 [자신을] 확고하게 하는 법입니다.

⑨ 다시 도반들이여, 비구는 마음챙김을 가진 자입니다. 그는 최상의 마음챙김과 슬기로움(nepakka = 알아차림)을 구족하여 오래 전에 행하고 오래 전에 말한 것일지라도 모두 기억하고 챙깁니다.[522] 도반

---

521) "여기서 '아비담마(abhidhamma)와 아비위나야(abhivinaya)에 대해서'란 담마(法)와 아비담마(對法)와 위나야(律)와 아비위나야(對律)의 네 가지라고 알아야 한다.
이 가운데서 담마(法)는 경장이요 아비담마(對法)는 칠론(七論)이요 위나야(律)는 [비구계와 비구니계의] 두 가지 분별이고 아비위나야(對律)는 칸다까(Khandhaka, 犍度)와 빠리와라(附錄, 補遺)이다. 혹은 경장과 논장이 담마(법)이고, 도(道)와 과(果)는 아비담마(대법)이며, 모든 율장은 위나야(율)이고, 오염원을 가라앉게 하는 것이 아비위나야(대율)이다. 이처럼 담마와 아비담마와 위나야와 아비위나야가 모두 여기에 해당된다." (DA.iii.1047)

522) "기억하고 챙긴다(sarati ceva anussarati ca)는 것은 마음챙김의 깨달음의 구성요소[念覺支]를 생기게 한다는 뜻이다. 깨달음의 구성요소를 생기게 하는 것이 마음챙김(sati)이라는 것이 여기서 뜻하는 것이기 때문이다. 그러한 마음챙김 때문에 이것은 기억(saraṇa)에 의해서 한번에

들이여, 비구가 마음챙김을 가진 자여서 …모두 기억하고 챙기는 것도 [자신을] 확고하게 하는 법입니다.

⑩ 다시 도반들이여, 비구는 통찰지를 가진 자입니다. 그는 꿰뚫음이 있으며 바르게 괴로움의 소멸로 인도하는, 일어나고 사라짐에 대한 성스러운 통찰지를 갖추어 있습니다. 도반들이여, 비구가 통찰지를 가진 자여서 … 성스러운 통찰지를 갖춘 것도 [자신을] 확고하게 하는 법입니다.

(2) 열 가지 까시나의 장소(kasiṇāyatana)[523] —

① 어떤 자는 위로 아래로 옆으로 둘이 아니며[524] 제한이 없는[525] 땅의 까시나를 인식합니다.

② … 물의 까시나를 인식합니다.

③ … 불의 까시나를 인식합니다.

④ … 바람의 까시나를 인식합니다.

⑤ … 푸른색의 까시나를 인식합니다.

(sakiṁ) 기억되고 계속해서(punappunaṁ) 기억에 의해서 챙겨진다고 알아야 한다."(MA.iii.30)

523) "전체(sakala)라는 뜻에서 '까시나(kasiṇā)'라 한다. 그 [까시나]를 대상으로 가지는 법들의 토양(khetta)이나 확고하게 머무는 곳(adhiṭṭhāna)이라는 뜻에서 '장소(āyatana)'라 한다."(DA.iii.1047)

524) "둘이 아니라는 것(advaya)은 하나가 다른 상태로 되지 않는다는 뜻이다. 예를 들면 물이 퍼질 때에 사방이 모두 물뿐이요 다른 것이 없는 것과 같다. 그와 같이 땅의 까시나에는 땅의 까시나만 있을 뿐이지 다른 까시나가 섞이지 못한다. 이것은 다른 까시나에도 다 적용된다."(DA.iii.1048)

525) "'제한이 없음(appamāṇa)'이란 그 까시나가 제한이 없이 충만함(pharaṇa-appamāṇa)을 말한다. 의도를 통해서(cetasā) 그것이 충만할 때 전체적으로(sakalaṁ) 충만하지 '이것은 처음이요 이것은 중간이다.'라고 제한을 취하지 않기 때문이다."(*Ibid*)

⑥ … 노란색의 까시나를 인식합니다.

⑦ … 빨간색의 까시나를 인식합니다.

⑧ … 흰색의 까시나를 인식합니다.

⑨ … 허공의 까시나를 인식합니다.

⑩ 어떤 자는 위로 아래로 옆으로 둘이 아니며 제한이 없는 알음알이의 까시나[526]를 인식합니다.

(3) 열 가지 해로운 업의 길[十不善業道, akusala-kammapatha] —

생명을 죽임, 주지 않은 것을 가짐, 삿된 음행, 거짓말, 중상모략, 욕설, 잡담, 탐욕, 악의, 삿된 견해

(4) 열 가지 유익한 업의 길[十善業道, kusala-kammapatha] —

생명을 죽이는 것을 금함, 주지 않은 것을 가지는 것을 금함, 삿된 음행을 금함, 거짓말을 금함, 중상모략을 금함, 욕설을 금함, 잡담을 금함, 탐욕 없음, 악의 없음, 바른 견해

(5) 열 가지 성스러운 삶(ariyavāsā) —

도반들이여, 여기 비구는 ① 다섯 가지 구성요소들을 버리고 ② 여섯 가지 구성요소들을 갖추고 ③ 한 가지의 보호를 가지고 ④ 네 가지 받침대를 가지고 ⑤ 독단적인 진리[527]를 버리고 ⑥ 추구를 완

---

526) "여기서 '알음알이의 까시나'라는 것은 까시나를 제거한(ugghāṭi) 허공에 대해서 생긴 알음알이이다."(*Ibid*) 까시나를 제거한 허공에 대해서는 『청정도론』 X.8 이하를 참조할 것.
『청정도론』 등에서 정리된 열 가지 까시나 가운데서 광명의 까시나 대신에 여기서는 알음알이의 까시나가 나타나고 있음에 유의해야 한다.

527) '독단적인 진리'는 pacceka-sacca의 역어인데 '개별적인 진리'로 직역할 수 있다. 주석서에서 "'이런 사상(dassana)만이 진리이다, 이런 사상만이 진리이다.'라고 개별적(pāṭiyekka)으로 거머쥐고 있는 많은 진리들이라는 뜻이다.(DA.iii.1051)"라고 설명하고 있어서 독단적인 진리라 옮겼다.

전히 포기하고 ⑦ 투명한 사유를 하고 ⑧ 몸의 상카라가 고요하고 ⑨ 마음은 잘 해탈하였고 ⑩ 잘 해탈한 통찰지를 가집니다.

① 도반들이여, 그러면 어떻게 비구는 다섯 가지 구성요소들을 버립니까? 도반들이여, 여기 비구는 감각적 욕망을 버리고, 악의를 버리고, 해태·혼침을 버리고, 들뜸과 후회를 버리고, 의심을 버립니다. 도반들이여, 이와 같이 비구는 다섯 가지 구성요소들을 버립니다.

② 도반들이여, 그러면 어떻게 비구는 여섯 가지 구성요소들을 갖춥니까? 도반들이여, 여기 비구는 눈으로 형상을 볼 때 마음이 즐겁거나 괴롭지 않고 평온하고 마음챙기고 정확하게 알아차리면서 머뭅니다. 귀로 소리를 들을 때 … 코로 냄새를 맡을 때 … 혀로 맛을 볼 때 … 몸으로 감촉을 촉감할 때 … 마노로 법을 알 때 마음이 즐겁거나 괴롭지 않고 평온하고 마음챙기고 정확하게 알아차리면서 머뭅니다. 도반들이여, 이와 같이 비구는 여섯 가지 구성요소들을 갖춥니다.[528]

③ 도반들이여, 그러면 어떻게 비구는 한 가지의 보호를 가집니까? 도반들이여, 여기 비구는 마음챙김의 보호를 가진 마음을 갖춥니다.[529] 도반들이여, 이와 같이 비구는 한 가지의 보호를 가집니다.

④ 도반들이여, 그러면 어떻게 비구는 네 가지 받침대를 가집니까? 도반들이여, 여기 비구는 숙고한 뒤에 어떤 것은 수용합니다. 숙고한 뒤에 어떤 것은 감내합니다. 숙고한 뒤에 어떤 것은 피합니다. 숙고한 뒤에 어떤 것은 제거합니다. 도반들이여, 이와 같이 비구는

---

528) 본경 §2.2의 (20)과 같다.

529) "'마음챙김의 보호를 가진(satārakkha) 마음'이라고 한 것은 번뇌 다한 자(khīṇāsava)는 세 가지 문에서 모든 시간(sabbakāla)에 마음챙김으로 보호하는 역할(kicca)을 성취하기 때문이다."(DA.iii.1051)

네 가지 받침대를 가집니다.

⑤ 도반들이여, 그러면 어떻게 비구는 독단적인 진리를 버립니까? 도반들이여, 여기 비구는 이런저런 범속한 사문·바라문들의 독단적인 진리를 모두 내던지고 버리고 없애고 토하고 몰아내고 풀어내고 제거하고 포기합니다. 도반들이여, 이와 같이 비구는 독단적인 진리를 버립니다.

⑥ 도반들이여, 그러면 어떻게 비구는 추구를 완전히 포기합니까?[530] 도반들이여, 여기 비구는 감각적 욕망을 추구하는 것을 제거합니다. 존재를 추구하는 것을 제거합니다. 청정범행을 추구하는 것을 철저하게 놓아버립니다.[531] 도반들이여, 이와 같이 비구는 추구를 완전히 포기합니다.

⑦ 도반들이여, 그러면 어떻게 비구는 투명한 사유를 합니까? 도반들이여, 여기 비구는 감각적 욕망에 대한 사유를 제거합니다. 악의에 대한 사유를 제거합니다. 해코지에 대한 사유를 제거합니다. 도반들이여, 이와 같이 비구는 투명한 사유를 합니다.

⑧ 도반들이여, 그러면 어떻게 비구는 몸의 상카라[身行]가 고요합니까? 도반들이여, 여기 비구는 행복도 버리고 괴로움도 버리고, 아

---

530) '추구를 완전히 포기한 [자]'로 옮긴 원어는 samavayasaṭṭhesana인데 주석서에서는 '추구함을 바르게 없애고 포기한 자(sammā avayā saṭṭhā esanā assa)'라고 설명하고 있어서 이렇게 옮겼다.(*Ibid*)

531) '철저하게 놓아버림'으로 옮긴 원어는 paṭippassaddhā이다. 이 단어의 추상명사 paṭippassaddhi는 '고요, 적멸, 방기(放棄)' 등으로 옮겨지는데 특히 『의석』(義釋, Niddessa)에서는 버림(pahāna), 고요(vūpasama), 놓아버림(paṭinissagga), 불사(不死, amata), 열반(nibbāna)과 함께 쓰이고 있다.(Nd2.429 등) 그러므로 '청정범행을 추구하는 것을 철저하게 놓아버림'이란 바로 열반의 실현을 뜻한다.

울러 그 이전에 이미 기쁨과 슬픔을 소멸하였으므로 괴롭지도 즐겁지도 않으며, 평온으로 인해 마음챙김이 청정한 제4선(四禪)에 들어 머뭅니다. 도반들이여, 이와 같이 비구는 몸의 상카라가 고요합니다.

⑨ 도반들이여, 그러면 어떻게 비구는 마음이 잘 해탈합니까? 도반들이여, 여기 비구의 마음은 애욕으로부터 해탈합니다. 그의 마음은 성냄으로부터 해탈합니다. 그의 마음은 어리석음으로부터 해탈합니다. 도반들이여, 이와 같이 비구는 마음이 잘 해탈합니다.

⑩ 도반들이여, 그러면 어떻게 비구는 잘 해탈한 통찰지를 가집니까? 도반들이여, 여기 비구는 '나의 애욕은 제거되었고 그 뿌리가 잘렸고 야자수 줄기처럼 만들어졌고[532] 멸절되었고 미래에 다시는 일어나지 않게끔 되었다.'라고 꿰뚫어 압니다. '나의 성냄은 제거되었고 그 뿌리가 잘렸고 야자수 줄기처럼 만들어졌고 멸절되었고 미래에 다시는 일어나지 않게끔 되었다.'라고 꿰뚫어 압니다. '나의 어리석음은 제거되었고 그 뿌리가 잘렸고 야자수 줄기처럼 만들어졌고 멸절되었고 미래에 다시는 일어나지 않게끔 되었다.'라고 꿰뚫어 압니다. 도반들이여, 이와 같이 비구는 잘 해탈한 통찰지를 가집니다.

(6) 열 가지 무학에 속하는 법(asekha dhamma)[533] —

무학에 속하는 바른 견해, 무학에 속하는 바른 사유, 무학에 속하는 바른 말, 무학에 속하는 바른 행위, 무학에 속하는 바른 생계, 무

---

532) "야자수 줄기처럼 만들어졌다(tālāvatthukata)는 것은 윗부분이 잘려나간 야자수처럼 되었다는 것이다. 혹은 야자수를 뿌리째 뽑아서 야자수 줄기만 남게 만든 것이다. 그러면 이 줄기만으로는 야자수라고 부르지 못하는 것처럼, 알려지지 않는 상태(apaññattibhāva)로 되었다는 뜻이다." (MA.ii.115)

533) "[여기서 언급되는] 모든 법들은 과(果)와 함께한 법들이다."(DA.iii. 1052)

학에 속하는 바른 정진, 무학에 속하는 바른 마음챙김, 무학에 속하는 바른 삼매, 무학에 속하는 바른 지혜, 무학에 속하는 바른 해탈

도반들이여, 이것이 아시고 보시는 그분 세존·아라한·정등각께서 분명하게 설하신 열 가지로 구성된 법입니다. 그러므로 우리 모두는 함께 합송해야 하며 분쟁을 해서는 안됩니다. 그래서 이 청정범행이 길이 전해지고 오래 머물게 해야 합니다. 이것이 많은 사람의 이익을 위하고 많은 사람의 행복을 위하고 세상을 연민하고 신과 인간의 이상과 이익과 행복을 위하는 것입니다."

맺는 말

3.4. 그러자 세존께서는 일어나셔서 사리뿟따 존자를 불러서 말씀하셨다.

"장하구나, 사리뿟따여. 장하구나, 사리뿟따여. 그대는 비구들에게 합송하는 방법을 잘 설하였다."

이와 같이 사리뿟따 존자는 설하였고 스승께서는 동의하셨다. 비구들은 마음이 흡족해져서 사리뿟따 존자의 설법을 크게 기뻐하였다.

「합송경」이 끝났다.

십상경(十上經)

열 개씩 열까지

Dasuttara Sutta(D34)

십상경(十上經)534)

열 개씩 열까지

Dasuttara Sutta(D34)

534) 본경의 빠알리어 제목은 다숫따라 숫따(Dasuttara Sutta)이다. 여기서 dasuttara는 dasa(十)+uttara(增)로 분해되는데 주석서에서는 "열 가지 마띠까(論母)를 설정한 뒤 분석한다고 해서 다숫따라라 한다. 그리고 일개조(ekaka)로부터 시작해서 십개조(dasaka)까지 갔다고 해서도 다숫따라라 한다. 그리고 각각의 부문에서 열 가지씩의 질문(pañhā)을 구분하였기 때문에도 다숫따라라 한다."(DA.iii.1054)라고 세 가지로 설명하고 있는데 본경의 구성 체계를 정확하게 표현하고 있다.
부처님의 가르침을 모으는 방법은 다양하겠지만 본경은 그 가운데서도 조금 특이한 방법을 취하고 있다. 사리뿟따 존자는 본경에서 비구들이 받아 지니고 공부해야할 주제를 먼저 ① 많은 것을 만드는 법 ② 닦아야 할 법 … ⑩ 실현해야 하는 법이라는 열 가지로 정리한다. 그런 다음 이 열 가지에 해당되는 법들을 각각 하나의 법수(法數)부터 시작해서 10까지 증가하면서 설하고 있다. 그래서 경의 제목을 다숫따라(Dasa-uttara, 열 가지를 하나씩 증가하며, 혹은 열까지 하나씩 증가하며)라고 붙였고 십상(十上)으로 한역한 것이다.
이렇게 해서 본경에서는 (1×10) + (2×10) + … + (10×10)하여 모두 550개의 가르침이 10가지 주제 하에 일목요연하게 정리되어 설해지고 있다. 왜 사리뿟따 존자를 법의 대장군이라 부르는지를 알 수 있는 경이라 하겠다.
본경은 중국에서 「십상경」(十上經)으로 옮겨서 『장아함』의 열 번째 경으로 전해온다. 역자도 이를 차용해서 「십상경」으로 옮겼다.

서언

1.1. 이와 같이 나는 들었다. 한때 세존께서는 500명 정도의 많은 비구 승가와 함께 짬빠에서 각가라 호수의 언덕에 머무셨다. 그곳에서 사리뿟따 존자는 "도반 비구들이여."라고 비구들을 불렀다. "도반이시여."라고 비구들은 사리뿟따 존자께 응답했다. 사리뿟따 존자는 이렇게 말하였다.

"하나씩 더하여 열까지 [증가하며]
모든 매듭을 풀어 버리는 법을
이제 나는 설할 것이니
열반을 증득하고 괴로움을 끝장내기 위해서입니다."

하나에 관계된 법들

1.2. "도반들이여, 한 가지 법은 많은 것을 만듭니다. 한 가지 법은 닦아야 합니다. 한 가지 법은 철저히 알아야 합니다. 한 가지 법은 버려야 합니다. 한 가지 법은 퇴보에 빠진 것입니다. 한 가지 법은 수승함에 동참하는 것입니다. 한 가지 법은 꿰뚫기 어렵습니다. 한 가지 법은 일어나게 해야 합니다. 한 가지 법은 최상의 지혜로 알아야 합니다. 한 가지 법은 실현해야 합니다.

(1) 어떤 한 가지 법은 많은 것을 만듭니까(bahu-kāra)? 유익한 법들에 대해서 방일(放逸)하지 않는 것입니다.535) 이 한 가지 법이 많은

535) "여기서 모든 것에 이익이 되고(sabbatthaka) [바른 도닦음(sammā paṭipatti - DAṬ.iii.357)]에 도움이 되는 것(upakāraka)을 방일하지 않음(appamāda, 불방일)이라 부른다.

것을 만듭니다.

(2) 어떤 한 가지 법을 닦아야 합니까(bhāvetabba)? 행복이 함께 한[536] 몸에 대한 마음챙김입니다. 이 한 가지 법을 닦아야 합니다.

(3) 어떤 한 가지 법을 철저히 알아야 합니까(pariññeyya)? 번뇌와 취착의 [조건이 되는][537] 감각접촉입니다. 이 한 가지 법을 철저히 알아야 합니다.

(4) 어떤 한 가지 법을 버려야 합니까(pahātabba)? 내가 존재한다는 자아의식[538]입니다. 이 한 가지 법을 버려야 합니다.

(5) 어떤 한 가지 법이 퇴보에 빠진 것입니까(hāna-bhāgiya)? 지혜롭지 못한 주의[非如理作意][539]입니다. 이 한 가지 법이 퇴보에 빠진

계를 구족함, 감각기능을 단속함, 음식에서 적당함을 앎, 깨어 있음에 몰두함, 일곱 가지 바른 법, 위빳사나의 모태를 취함, 의무애해 등 4무애해, 계의 무더기 등 다섯 가지 법의 무더기들, 옳은 경우와 옳지 않은 경우, [禪 등의] 큰 머묾의 증득[등지], 성스러운 진리, 마음챙김 등 깨달음의 편에 있는 것들[菩提分], 위빳사나의 지혜 등 여덟 가지 영지(vijjā)라는 이 모든 것들에 대해서 비난받지 않는다(anavajja)는 뜻에서 유익한 법들에 대해서 많은 도움이 되는 것이 바로 이 방일하지 않음이기 때문이다."(DA.iii.1056)

536) "'행복이 함께 한(sātasahagata)'이란 제4선을 제외한 다른 禪의 행복이 함께한 것이다. 즐거움(sukha, 樂)이 함께 한 것을 두고 한 말이다."(*Ibid*)

537) '번뇌와 취착의 [조건이 되는]'으로 옮긴 원문은 sāsavo upādāniyo인데 주석서에서 '번뇌들과 취착들의 조건이 되는(āsavānañceva upādānānañca paccayabhūto)'으로 설명하고 있어서 이렇게 옮겼다. 이처럼 이것은 오직 삼계에 속하는 법(tebhūmakadhamma)이다.(*Ibid*)

538) "'내가 존재한다는 자아의식(asmimāna)'이란 물질[色] 등에 대해서 내가 존재한다(asmi)는 자만(māna)이다."(*Ibid*)

539) "'지혜롭지 못한 주의'란 무상한 것에 대해서 항상하다는 등의 방법으로 전개하는 잘못된(uppatha) 마음에 잡도리함[作意]이다."(*Ibid*)

것입니다.

(6) 어떤 한 가지 법이 수승함에 동참하는 것입니까(visesa-bhāgiya)? 지혜로운 주의[如理作意]입니다. 이 한 가지 법이 수승함에 동참하는 것입니다.

(7) 어떤 한 가지 법이 꿰뚫기 어려운 것입니까(duppaṭivijjha)? [위빳사나에] 뒤따라오는 [도인] 마음의 삼매입니다.540) 이 한 가지 법이 꿰뚫기 어려운 것입니다.

(8) 어떤 한 가지 법이 일어나게 해야 하는 것입니까(uppādetabba)? 확고부동한(akuppā) 지혜입니다. 이 한 가지 법이 일어나게 해야 하는 것입니다.541)

(9) 어떤 한 가지 법이 최상의 지혜로 알아야 하는 것입니까(abhiññeyya)? 모든 중생들은 음식으로 생존한다는 것542)입니다. 이 한 가지 법이 최상의 지혜로 알아야 하는 것입니다.

(10) 어떤 한 가지 법이 실현해야 하는 것입니까(sacchikātabba)? 확고부동한 마음의 해탈입니다. 이 한 가지 법이 실현해야 하는 것입니다.543)

---

540) "다른 곳에서는 도(道)에 뒤따라오는 과(果)가 '뒤따라오는 마음의 삼매(ānantarika cetosamādhi)'이다. 그러나 여기서는 위빳사나에 뒤따라오는 도가 뒤따라오는 마음의 삼매라고 알아야 한다. 왜냐하면 [이 도는] 위빳사나의 뒤에 따라오기 때문이며, 혹은 자신을 뒤따라오는 과를 주는 자이기 때문이다."(*Ibid*)

541) "다른 곳에서는 과의 통찰지(phalapaññā)가 '확고부동한 지혜(akuppañāṇa)'이다. 여기서는 반조의 통찰지(paccavekkhaṇapaññā)를 의미한다."(*Ibid*)

542) "음식으로 생존한다는 것(āhāraṭṭhitika)은 조건[緣]으로 생존한다는 것(paccaya-ṭṭhitika)이다."(*Ibid*)

이와 같이 이들 열 가지 법은 사실이고, 옳고, 진실이고, 거짓이 아니며, 그렇지 않은 것이 아니며, 바르고, 여래께서 바르게 깨달으신 것입니다."

둘에 관계된 법들

1.3. "두 가지 법은 많은 것을 만듭니다. 두 가지 법은 닦아야 합니다. 두 가지 법은 철저히 알아야 합니다. 두 가지 법은 버려야 합니다. 두 가지 법은 퇴보에 빠진 것입니다. 두 가지 법은 수승함에 동참하는 것입니다. 두 가지 법은 꿰뚫기 어렵습니다. 두 가지 법은 일어나게 해야 합니다. 두 가지 법은 최상의 지혜로 알아야 합니다. 두 가지 법은 실현해야 합니다.

(1) 어떤 두 가지 법은 많은 것을 만듭니까? 마음챙김[正念]과 알아차림[正知]입니다. 이 두 가지 법이 많은 것을 만듭니다.

(2) 어떤 두 가지 법을 닦아야 합니까? 사마타[止]와 위빳사나[觀]입니다. 이 두 가지 법을 닦아야 합니다.

(3) 어떤 두 가지 법을 철저히 알아야 합니까? 정신[名]과 물질[色]입니다. 이 두 가지 법을 철저히 알아야 합니다.

(4) 어떤 두 가지 법을 버려야 합니까? 무명과 존재에 대한 갈애[有愛]입니다. 이 두 가지 법을 버려야 합니다.

(5) 어떤 두 가지 법이 퇴보에 빠진 것입니까? 머트럽게 말함(불순

---

543) "확고부동한 마음의 해탈(akuppā cetovimutti)이란 아라한과의 해탈(arahattaphalavimutti)이다."(DA.iii.1057)
"꿰뚫기 어려운 것(duppaṭivijjha)은 도를 말하고 실현해야 하는 것(sacchikātabba)은 과를 말한다. 도는 단 한 군데에 나타나고 과는 여러 곳에서 나타난다."(*Ibid*)

종)과 삿된 친구를 사귐입니다.[544] 이 두 가지 법이 퇴보에 빠진 것입니다.

(6) 어떤 두 가지 법이 수승함에 동참하는 것입니까? 유순함과 선우(善友)를 사귐입니다. 이 두 가지 법이 수승함에 동참하는 것입니다.

(7) 어떤 두 가지 법이 꿰뚫기 어려운 것입니까? 중생들의 오염에 있는 원인과 조건 그리고 중생들의 청정에 있는 원인과 조건입니다.[545] 이 두 가지 법이 꿰뚫기 어려운 것입니다.

(8) 어떤 두 가지 법이 일어나게 해야 하는 것입니까? 소멸에 대한 지혜와 일어나지 않음에 대한 지혜입니다. 이 두 가지 법이 일어나게 해야 하는 것입니다.

(9) 어떤 두 가지 법이 최상의 지혜로 알아야 하는 것입니까? 두 가지 요소[界]이니 형성된 요소[有爲界 = 有爲法]와 형성되지 않은 요소[無爲界 = 無爲法]입니다.[546] 이 두 가지 법이 최상의 지혜로 알아야 하는 것입니다.

(10) 어떤 두 가지 법이 실현해야 하는 것입니까? 영지(靈知)와 해탈[547]입니다. 이 두 가지 법이 실현해야 하는 것입니다.

이와 같이 이들 스무 가지 법은 사실이고, 옳고, 진실이고, 거짓이

---

544) 본서 제33경 「합송경」(D33) §1.9의 (6)과 같다.

545) "지혜롭지 못한 주의(ayonisa manasikāra)가 중생들의 오염원(saṁkilesa)의 원인(hetu, 因)이고 조건(paccaya, 緣)이다. 지혜로운 주의[如理作意]가 청정(visuddhi)의 [원인이고 조건이다.]"(*Ibid*)

546) "'형성된 요소(saṅkhatā dhātu)'는 조건(paccaya, 緣)들로 만들어진 다섯 가지 무더기[五蘊]이고 '형성되지 않은 요소'는 조건들로 만들어지지 않은 열반이다."(*Ibid*)

547) "영지는 세 가지 영지[三明]이고 해탈은 아라한과이다."(*Ibid*)

아니며, 그렇지 않은 것이 아니며, 바르고, 여래께서 바르게 깨달으신 것입니다."

셋에 관계된 법들

1.4. "도반들이여, 세 가지 법은 많은 것을 만듭니다. 세 가지 법은 닦아야 합니다. 세 가지 법은 철저히 알아야 합니다. 세 가지 법은 버려야 합니다. 세 가지 법은 퇴보에 빠진 것입니다. 세 가지 법은 수승함에 동참하는 것입니다. 세 가지 법은 꿰뚫기 어렵습니다. 세 가지 법은 일어나게 해야 합니다. 세 가지 법은 최상의 지혜로 알아야 합니다. 세 가지 법은 실현해야 합니다.

(1) 어떤 세 가지 법은 많은 것을 만듭니까? 바른 사람을 섬기고 바른 법을 경청하고 [출세간]법에 이르게 하는 법을 닦는 것입니다. 이 세 가지 법이 많은 것을 만듭니다.

(2) 어떤 세 가지 법을 닦아야 합니까? 세 가지 삼매이니 일으킨 생각[尋]과 지속적인 고찰[伺]이 있는 삼매, 일으킨 생각은 없고 지속적인 고찰만 있는 삼매, 일으킨 생각도 지속적인 고찰도 없는 삼매입니다. 이 세 가지 법을 닦아야 합니다.548)

(3) 어떤 세 가지 법을 철저히 알아야 합니까? 세 가지 느낌[受]이니 즐거운 느낌, 괴로운 느낌, 괴롭지도 즐겁지도 않은 느낌입니다. 이 세 가지 법을 철저히 알아야 합니다.

(4) 어떤 세 가지 법을 버려야 합니까? 세 가지 갈애이니 감각적 욕망에 대한 갈애[慾愛], 존재에 대한 갈애[有愛], 비존재에 대한 갈애

---

548) 여기에 대해서는 본서 「합송경」(D33) §1.11.(50)의 주해를 참조할 것.

[無有愛]입니다. 이 세 가지 법을 버려야 합니다.

(5) 어떤 세 가지 법이 퇴보에 빠진 것입니까? 세 가지 해로움의 뿌리[不善根]이니 탐욕은 해로움의 뿌리요, 성냄은 해로움의 뿌리요, 어리석음은 해로움의 뿌리입니다. 이 세 가지 법이 퇴보에 빠진 것입니다.

(6) 어떤 세 가지 법이 수승함에 동참하는 것입니까? 세 가지 유익함의 뿌리[善根]이니 탐욕 없음은 유익함의 뿌리요, 성냄 없음은 유익함의 뿌리요, 어리석음 없음은 유익함의 뿌리입니다. 이 세 가지 법이 수승함에 동참하는 것입니다.

(7) 어떤 세 가지 법이 꿰뚫기 어려운 것입니까? 벗어남의 요소이니 바로 출리(出離)가 감각적 욕망들로부터 벗어남이요, 바로 무색이 물질들로부터 벗어남이요, 어떤 것이든 형성되었으며 조건 따라 생겨난[緣起] 존재에게는 소멸이 그것으로부터 벗어남입니다. 이 세 가지 법이 꿰뚫기 어려운 것입니다.

(8) 어떤 세 가지 법이 일어나게 해야 하는 것입니까? 세 가지 지혜이니 과거에 대한 지혜와 미래에 대한 지혜와 현재에 대한 지혜입니다. 이 세 가지 법이 일어나게 해야 하는 것입니다.

(9) 어떤 세 가지 법이 최상의 지혜로 알아야 하는 것입니까? 세 가지 요소[三界]이니 욕계와 색계와 무색계입니다. 이 세 가지 법이 최상의 지혜로 알아야 하는 것입니다.

(10) 어떤 세 가지 법이 실현해야 하는 것입니까? 세 가지 영지[三明]이니 전생을 기억하는 지혜[宿命通]와 죽음과 다시 태어남을 [아는] 지혜[天眼通]와 번뇌를 소멸하는 지혜[漏盡通]입니다. 이 세 가지 법이 실현해야 하는 것입니다.

이와 같이 이들 서른 가지 법은 사실이고, 옳고, 진실이고, 거짓이 아니며, 그렇지 않은 것이 아니며, 바르고, 여래께서 바르게 깨달으신 것입니다."

넷에 관계된 법들

1.5. "도반들이여, 네 가지 법은 많은 것을 만듭니다. 네 가지 법은 닦아야 합니다. 네 가지 법은 철저히 알아야 합니다. 네 가지 법은 버려야 합니다. 네 가지 법은 퇴보에 빠진 것입니다. 네 가지 법은 수승함에 동참하는 것입니다. 네 가지 법은 꿰뚫기 어렵습니다. 네 가지 법은 일어나게 해야 합니다. 네 가지 법은 최상의 지혜로 알아야 합니다. 네 가지 법은 실현해야 합니다.

(1) 어떤 네 가지 법은 많은 것을 만듭니까? 네 가지 [번영의] 바퀴549)이니 적당한 지역에 사는 것, 바른 사람을 의지하는 것, 자신의 바른 소원550), 전생에 지은 공덕입니다. 이 네 가지 법이 많은 것을 만듭니다.

(2) 어떤 네 가지 법을 닦아야 합니까? 네 가지 마음챙김의 확립[四念處]입니다.

도반들이여, 여기 비구는 몸에서 몸을 관찰하며[身隨觀] 머뭅니다. 세상에 대한 욕심과 싫어하는 마음을 버리면서 근면하게, 분명히 알

549) "바퀴(cakka)에는 나무로 된(dāru) 바퀴와 보배(ratana)의 바퀴와 법(dhamma)의 바퀴와 자세(iriyāpatha)의 바퀴와 번영(sampatti)의 바퀴의 다섯 가지가 있다. 여기서는 번영의 바퀴를 말한다."(DA.iii.1058)

550) "만일 전에 불신(不信, asaddhā) 등을 가졌다면 그런 것들을 버린 뒤 믿음 등에 확고한 것을 말한다."(*Ibid*)

아차리고 마음챙기는 자 되어 머뭅니다. 느낌에서 느낌을 관찰하며[受隨觀] … 마음에서 마음을 관찰하며[心隨觀] … 법에서 법을 관찰하며[法隨觀] 머뭅니다. 세상에 대한 욕심과 싫어하는 마음을 버리면서 근면하게, 분명히 알아차리고 마음챙기는 자 되어 머뭅니다. 이 네 가지 법을 닦아야 합니다.

⑶ 어떤 네 가지 법을 철저히 알아야 합니까? 네 가지 음식이니 거칠거나 부드러운 먹는 음식[段食], 감각접촉[觸]이 두 번째, 마음의 의도[意思]가 세 번째, 알음알이가 네 번째입니다. 이 네 가지 법을 철저히 알아야 합니다.

⑷ 어떤 네 가지 법을 버려야 합니까? 네 가지 폭류이니 감각적 욕망의 폭류, 존재의 폭류, 사견의 폭류, 무명의 폭류입니다. 이 네 가지 법을 버려야 합니다.

⑸ 어떤 네 가지 법이 퇴보에 빠진 것입니까? 네 가지 속박이니 감각적 욕망의 속박, 존재의 속박, 사견의 속박, 무명의 속박입니다. 이 네 가지 법이 퇴보에 빠진 것입니다.

⑹ 어떤 네 가지 법이 수승함에 동참하는 것입니까? 네 가지 풀림이니 감각적 욕망의 속박이 풀림, 존재의 속박이 풀림, 사견의 속박이 풀림, 무명의 속박이 풀림입니다. 이 네 가지 법이 수승함에 동참하는 것입니다.

⑺ 어떤 네 가지 법이 꿰뚫기 어려운 것입니까? 네 가지 삼매이니 퇴보에 빠진 삼매, 정체하는 삼매, 수승함에 동참하는 삼매, 꿰뚫음에 동참하는 삼매입니다. 이 네 가지 법이 꿰뚫기 어려운 것입니다.

⑻ 어떤 네 가지 법이 일어나게 해야 하는 것입니까? 네 가지 지혜이니 법에 대한 지혜, 추론에 의한 지혜, 남의 마음에 대한 지혜,

인습적인 지혜입니다. 이 네 가지 법이 일어나게 해야 하는 것입니다.

(9) 어떤 네 가지 법이 최상의 지혜로 알아야 하는 것입니까? 네 가지 성스러운 진리[四聖諦]이니 괴로움의 성스러운 진리, 괴로움의 일어남의 성스러운 진리, 괴로움의 소멸의 성스러운 진리, 괴로움의 소멸로 인도하는 도닦음의 성스러운 진리입니다. 이 네 가지 법이 최상의 지혜로 알아야 하는 것입니다.

(10) 어떤 네 가지 법이 실현해야 하는 것입니까? 네 가지 출가생활(사문됨)의 결실[沙門果]이니 예류과, 일래과, 불환과, 아라한과입니다. 이 네 가지 법이 실현해야 하는 것입니다.

이와 같이 이들 마흔 가지 법은 사실이고, 옳고, 진실이고, 거짓이 아니며, 그렇지 않은 것이 아니며, 바르고, 여래께서 바르게 깨달으신 것입니다."

다섯에 관계된 법들

1.6. "도반들이여, 다섯 가지 법은 많은 것을 만듭니다. 다섯 가지 법은 닦아야 합니다. 다섯 가지 법은 철저히 알아야 합니다. 다섯 가지 법은 버려야 합니다. 다섯 가지 법은 퇴보에 빠진 것입니다. 다섯 가지 법은 수승함에 동참하는 것입니다. 다섯 가지 법은 꿰뚫기 어렵습니다. 다섯 가지 법은 일어나게 해야 합니다. 다섯 가지 법은 최상의 지혜로 알아야 합니다. 다섯 가지 법은 실현해야 합니다.

(1) 어떤 다섯 가지 법은 많은 것을 만듭니까? 다섯 가지 노력의 구성요소[五勤支]입니다.[551]

---

551) 본서 「합송경」(D33) §2.1의 (16)과 같음.

① 도반들이여, 여기 비구는 믿음이 있습니다. 그는 여래의 깨달음에 믿음을 가집니다. '이런 [이유로] 그분 세존께선 바로 아라한[應供]이시며, 완전히 깨달은 분[正等覺]이시며, 영지와 실천이 구족한 분[明行足]이시며, 피안으로 잘 가신 분[善逝]이시며, 세간을 잘 알고 계신 분[世間解]이시며, 가장 높은 분[無上士]이며, 사람을 잘 길들이는 분[調御丈夫]이시며, 하늘과 인간의 스승[天人師]이시며, 부처님[佛]이시며, 세존(世尊)이시다.'라고.

② 그는 병이 없고 건강하며 고른 소화력을 갖추어서 너무 차갑지도 않고 너무 덥지도 않은 중간으로 정진을 감내할 수 있습니다.

③ 그는 정직하고 성실하여 스승과 지자들과 동료 수행자들에게 있는 그대로 자신을 드러냅니다.

④ 그는 열심히 정진하며 머뭅니다. 해로운 법[不善法]들을 버리고 유익한 법[善法]들을 구족하기 위해서 굳세고 분투하고 유익한 법들에 대한 짐을 내팽개치지 않습니다.

⑤ 그는 일어나고 사라짐에 대한 통찰지를 구족하였나니 바르게 괴로움의 소멸로 인도하는 성스럽고 꿰뚫음을 갖춘 통찰지를 가진 자입니다.

이 다섯 가지 법이 많은 것을 만듭니다.

(2) 어떤 다섯 가지 법을 닦아야 합니까? 다섯 가지 구성요소를 가진 바른 삼매이니 희열이 충만함, 행복이 충만함, [남들의] 마음을 [아는 것이] 충만함[552], 광명이 충만함[553], 반조하는 표상[554]입니다.

---

552) "남들의 마음을 충만하면서 일어나는 [남의] 마음에 대한 통찰지가 '마음을 [아는 것이] 충만함(cetopharaṇatā)'이다."(DA.iii.1059) "'남들의 마음을 충만하면서(paresaṁ ceto pharamānā)'라는 것은 탐욕이 있거나 탐욕이 없는 등의 차이를 봄에 의해서 그러하다."(DAṬ.iii.364)

이 다섯 가지 법을 닦아야 합니다.

(3) 어떤 다섯 가지 법을 철저히 알아야 합니까? [나 등으로] 취착하는 다섯 가지 무더기[五取蘊]이니 [나 등으로] 취착하는 물질의 무더기, [나 등으로] 취착하는 느낌의 무더기, [나 등으로] 취착하는 인식의 무더기, [나 등으로] 취착하는 상카라들의 무더기, [나 등으로] 취착하는 알음알이의 무더기입니다. 이 다섯 가지 법을 철저히 알아야 합니다.

(4) 어떤 다섯 가지 법을 버려야 합니까? 다섯 가지 장애[五蓋]이니 감각적 욕망의 장애, 악의의 장애, 해태·혼침의 장애, 들뜸·후회의 장애, 의심의 장애입니다. 이 다섯 가지 법을 버려야 합니다.

(5) 어떤 다섯 가지 법이 퇴보에 빠진 것입니까? 다섯 가지 마음의 삭막함입니다.

① 도반들이여, 여기 비구는 스승에 대해 회의하고 의심하고 확신을 가지지 못하고 청정한 믿음을 가지지 못합니다. 그 비구는 스승에 대해 회의하고 의심하고 확신을 가지지 못하고 청정한 믿음을 가지지 못하기 때문에 그의 마음을 애쓰고 몰두하고 끈기 있고 노력하는 데로 기울이지 못합니다. 그의 마음을 애쓰고 몰두하고 끈기 있고 노력하는 데로 기울이지 못하는 이것이 그의 첫 번째 제거하지 못한 마음의 삭막함입니다.

② 다시 도반들이여, 여기 비구는 법에 대해 회의하고 의심하고 … 이것이 그의 두 번째 제거하지 못한 마음의 삭막함입니다.

---

553) "'광명이 충만함(ālokapharaṇatā)'이란 광명이 충만하여 일어난 천안통의 통찰지(dibbacakkhupaññā)이다."(DA.iii.1059)

554) "'반조하는 표상(paccavekkhaṇa-nimitta)'이란 이런저런 삼매로부터 출정한 자의 반조하는 지혜이다."(*Ibid*)

③ 다시 도반들이여, 여기 비구는 승가에 대해 회의하고 의심하고 … 이것이 그의 세 번째 제거하지 못한 마음의 삭막함입니다.

④ 다시 도반들이여, 여기 비구는 학습[계율]에 대해 회의하고 의심하고 … 이것이 그의 네 번째 제거하지 못한 마음의 삭막함입니다.

⑤ 다시 도반들이여, 여기 비구는 동료 수행자들에게 화내고 마음으로 기뻐하지 않고 마음이 불쾌하고 삭막함이 생깁니다. 도반들이여, 그 비구는 동료 수행자들에게 화내고 마음으로 기뻐하지 않고 마음이 불쾌하고 삭막함이 생기기 때문에 그의 마음을 애쓰고 몰두하고 끈기 있고 노력하는 데로 기울이지 못합니다. 그의 마음을 애쓰고 몰두하고 끈기 있고 노력하는 데로 기울이지 못하는 이것이 그의 다섯 번째 제거하지 못한 마음의 삭막함입니다.

이 다섯 가지 법이 퇴보에 빠진 것입니다.

(6) 어떤 다섯 가지 법이 수승함에 동참하는 것입니까? 다섯 가지 기능[五根]이니 믿음의 기능, 정진의 기능, 마음챙김의 기능, 삼매의 기능, 통찰지의 기능입니다. 이 다섯 가지 법이 수승함에 동참하는 것입니다.

(7) 어떤 다섯 가지 법이 꿰뚫기 어려운 것입니까? 다섯 가지 벗어남의 요소입니다.

① 도반들이여, 여기 비구가 감각적 욕망들에 대해서 마음에 잡도리할 때 그의 마음은 감각적 욕망들에 들어가지 않고, [감각적 욕망들에] 청정한 믿음을 가지지 않고 안정되지 않고 확신하지 않습니다. 그러나 그가 출리를 마음에 잡도리할 때 그의 마음은 출리에 들어가고 청정한 믿음을 가지고 안정되고 확신합니다. 이런 그의 마음은 [대상에] 잘 몰입되고 잘 수행되고 감각적 욕망들로부터 잘 나오고

잘 벗어나고 잘 풀리게 됩니다. 그리고 그는 감각적 욕망을 조건으로 일어나는 속상하고 열 받는 번뇌들로부터 벗어나게 되고 그런 느낌을 느끼지 않습니다. 이것을 일러 감각적 욕망들을 벗어남이라 합니다.

② 다시 도반들이여, 비구가 악의에 대해서 마음에 잡도리할 때 그의 마음은 악의에 들어가지 않고, [악의에] 청정한 믿음을 가지지 않고 안정되지 않고 확신하지 않습니다. 그러나 그가 악의 없음을 마음에 잡도리할 때 그의 마음은 출리에 들어가고 청정한 믿음을 가지고 안정되고 확신합니다. 이런 그의 마음은 [대상에] 잘 몰입되고 잘 수행되고 악의로부터 잘 나오고 잘 벗어나고 잘 풀리게 됩니다. 그리고 그는 악의를 조건으로 일어나는 속상하고 열 받는 번뇌들로부터 벗어나게 되고 그런 느낌을 느끼지 않습니다. 이것을 일러 악의를 벗어남이라 합니다.

③ 다시 도반들이여, 비구가 잔인함에 대해서 마음에 잡도리할 때 그의 마음은 잔인함에 들어가지 않고, [잔인함에] 청정한 믿음을 가지지 않고 안정되지 않고 확신하지 않습니다. 그러나 그가 잔인하지 않음을 마음에 잡도리할 때 그의 마음은 출리에 들어가고 청정한 믿음을 가지고 안정되고 확신합니다. 이런 그의 마음은 [대상에] 잘 몰입되고 잘 수행되고 잔인함으로부터 잘 나오고 잘 벗어나고 잘 풀리게 됩니다. 그리고 그는 잔인함을 조건으로 일어나는 속상하고 열 받는 번뇌들로부터 벗어나게 되고 그런 느낌을 느끼지 않습니다. 이것을 일러 잔인함을 벗어남이라 합니다.

④ 다시 도반들이여, 비구가 물질들에 대해서 마음에 잡도리할 때 그의 마음은 물질들에 들어가지 않고, [물질들에] 청정한 믿음을 가지지 않고 안정되지 않고 확신하지 않습니다. 그러나 그가 무색을 마

음에 잡도리할 때 그의 마음은 출리에 들어가고 청정한 믿음을 가지고 안정되고 확신합니다. 이런 그의 마음은 [대상에] 잘 몰입되고 잘 수행되고 물질들로부터 잘 나오고 잘 벗어나고 잘 풀리게 됩니다. 그리고 그는 물질들을 조건으로 일어나는 속상하고 열 받는 번뇌들로부터 벗어나게 되고 그런 느낌을 느끼지 않습니다. 이것을 일러 물질들을 벗어남이라 합니다.

⑤ 다시 도반들이여, 비구가 자기 자신[有身, sakkāya, 五取蘊]에 대해서 마음에 잡도리할 때 그의 마음은 자기 자신에 들어가지 않고, [자기 자신에] 청정한 믿음을 가지지 않고 안정되지 않고 확신하지 않습니다. 그러나 그가 자기 자신의 소멸을 마음에 잡도리할 때 그의 마음은 출리에 들어가고 청정한 믿음을 가지고 안정되고 확신합니다. 이런 그의 마음은 [대상에] 잘 몰입되고 잘 수행되고 자기 자신으로부터 잘 나오고 잘 벗어나고 잘 풀리게 됩니다. 그리고 그는 자기 자신을 조건으로 일어나는 속상하고 열 받는 번뇌들로부터 벗어나게 되고 그런 느낌을 느끼지 않습니다. 이것을 일러 자기 자신을 벗어남이라 합니다.

이 다섯 가지 법이 꿰뚫기 어려운 것입니다.

(8) 어떤 다섯 가지 법이 일어나게 해야 하는 것입니까? 다섯 가지 지혜를 가진 바른 삼매입니다.

① '이 삼매는 현재에도 행복한 것이고 미래에도 행복의 과보를 가질 것이다.'라고 스스로에게서 지혜가 일어납니다.

② '이 삼매는 성스럽고 세속을 여읜 것[555]이다.'라고 스스로에게

555) "오염원(kilesa)들로부터 멀리 있기 때문에 성스럽고(ariya) 감각적 욕망의 비린내(āmisa)와 윤회(vaṭṭa)의 비린내와 세상의 비린내가 없기 때문에 세속을 여의었다(nirāmisa)."(DA.iii.1060)

서 지혜가 일어납니다.

③ '이 삼매는 고귀한 분들이 받들어 행하는 것이다.'라고 스스로에게서 지혜가 일어납니다.

④ '이 삼매는 평화롭고 수승하고 고요함을 얻고 단일한 상태를 증득한 것이지 자극받거나 적대적이거나 방해받은 상태가 아니다[556]'라고 스스로에게서 지혜가 일어납니다.

⑤ '그런 나는 이러한 삼매를 마음챙겨서 꿰뚫어 알고 마음챙겨서 출정한다.'라고 스스로에게서 지혜가 일어납니다. 이 다섯 가지 법이 일어나게 해야 하는 것입니다.

(9) 어떤 다섯 가지 법이 최상의 지혜로 알아야 하는 것입니까? 다섯 가지 해탈의 장소입니다.[557]

① 도반들이여, 여기 스승이나 어떤 존중할 만한 동료 수행자가 비구에게 법을 설합니다. 도반들이여, 스승이나 어떤 존중할 만한 동료 수행자가 비구에게 법을 설할 때, 그는 그 법에 대해서 의미를 체득하고 법을 체득합니다. 그가 의미를 체득하고 법을 체득할 때 환희가 생깁니다. 환희하는 자에게 희열이 생기고 희열하는 마음을 가진 자에게 몸은 경안하며 몸이 경안한 자는 행복을 느끼고 행복한 자는 마음이 삼매에 듭니다. 이것이 첫 번째 해탈의 장소입니다.

② 다시 도반들이여, 여기 스승이나 어떤 존중할 만한 동료 수행자

---

556) "[이 삼매는] 공덕이 적고 번뇌와 함께 하는 삼매처럼 자극받아서(sa-saṅkhāra) 분투하는 마음으로 반대되는 법들에 적대감을 가지고 오염원들을 방해하고서 증득한 것이 아니다. 그래서 '자극받거나 적대적이거나 방해받은 상태가 아닌 것(na-sasaṅkhāra-niggayha-vārita-gata)'이라 한다."(*Ibid*)

557) 본서 「합송경」(D33) §2.1의 (25)와 같음.

가 비구에게 법을 설하지 않습니다. 그러나 그는 들은 대로 배운 대로 남들에게 자세하게 법을 설합니다. 비구가 들은 대로 배운 대로 남들에게 자세하게 법을 설할 때, 그는 그 법에 대해서 의미를 체득하고 법을 체득합니다. 그가 의미를 체득하고 법을 체득할 때 환희가 생깁니다. 환희하는 자에게 희열이 생기고 희열하는 마음을 가진 자에게 몸은 경안하며 몸이 경안한 자는 행복을 느끼고 행복한 자는 마음이 삼매에 듭니다. 이것이 두 번째 해탈의 장소입니다.

③ 다시 도반들이여, 여기 스승이나 어떤 존중할 만한 동료 수행자가 비구에게 법을 설하지도 않고, 그가 들은 대로 배운 대로 남들에게 자세하게 법을 설하지도 않습니다. 그러나 그는 들은 대로 배운 대로 법을 자세하게 암송합니다. 비구가 들은 대로 배운 대로 법을 자세하게 암송할 때, 그는 그 법에 대해서 의미를 체득하고 법을 체득합니다. 그가 의미를 체득하고 법을 체득할 때 환희가 생깁니다. 환희하는 자에게 희열이 생기고 희열하는 마음을 가진 자에게 몸은 경안하며 몸이 경안한 자는 행복을 느끼고 행복한 자는 마음이 삼매에 듭니다. 이것이 세 번째 해탈의 장소입니다.

④ 다시 도반들이여, 여기 스승이나 어떤 존중할 만한 동료 수행자가 비구에게 법을 설하지도 않고, 그가 들은 대로 배운 대로 남들에게 자세하게 법을 설하지도 않으며, 들은 대로 배운 대로 법을 자세하게 암송하지도 않습니다. 그러나 그는 들은 대로 배운 대로 마음으로 생각해 보고 지속적으로 고찰해 보고 마음으로 숙고해 봅니다. 비구가 들은 대로 배운 대로 마음으로 생각해 보고 지속적으로 고찰해 보고 마음으로 숙고해 볼 때, 그는 그 법에 대해서 의미를 체득하고 법을 체득합니다. 그가 의미를 체득하고 법을 체득할 때 환희가 생깁

니다. 환희하는 자에게 희열이 생기고 희열하는 마음을 가진 자에게 몸은 경안하며 몸이 경안한 자는 행복을 느끼고 행복한 자는 마음이 삼매에 듭니다. 이것이 네 번째 해탈의 장소입니다.

⑤ 다시 도반들이여, 여기 스승이나 어떤 존중할 만한 동료 수행자가 비구에게 법을 설하지도 않고, 그가 들은 대로 배운 대로 남들에게 자세하게 법을 설하지도 않으며, 들은 대로 배운 대로 법을 자세하게 암송하지도 않으며, 들은 대로 배운 대로 마음으로 생각해 보고 지속적으로 고찰해 보고 마음으로 숙고해 보지도 않습니다. 그러나 그는 어떤 한 가지 삼매의 표상을 잘 취하고, 마음에 잘 새기고, 잘 호지하고 통찰지로 잘 꿰뚫습니다. 비구가 어떤 한 가지 삼매의 표상을 잘 취하고, 마음에 잘 새기고 잘 호지하고 통찰지로 잘 꿰뚫을 때 그는 그 법에 대해서 의미를 체득하고 법을 체득합니다. 그가 의미를 체득하고 법을 체득할 때 환희가 생깁니다. 환희하는 자에게 희열이 생기고 희열하는 마음을 가진 자에게 몸은 경안하며 몸이 경안한 자는 행복을 느끼고 행복한 자는 마음이 삼매에 듭니다. 이것이 다섯 번째 해탈의 장소입니다.

이 다섯 가지 법이 최상의 지혜로 알아야 하는 것입니다.

(10) 어떤 다섯 가지 법이 실현해야 하는 것입니까? 다섯 가지 법의 무더기[法蘊]이니 계의 무더기, 삼매의 무더기, 통찰지의 무더기, 해탈의 무더기, 해탈지견의 무더기입니다. 이 다섯 가지 법이 실현해야 하는 것입니다.

이와 같이 이들 쉰 가지 법은 사실이고, 옳고, 진실이고, 거짓이 아니며, 그렇지 않은 것이 아니며, 바르고, 여래께서 바르게 깨달으신 것입니다."

여섯에 관계된 법들

1.7. "도반들이여, 여섯 가지 법은 많은 것을 만듭니다. 여섯 가지 법은 닦아야 합니다. 여섯 가지 법은 철저히 알아야 합니다. 여섯 가지 법은 버려야 합니다. 여섯 가지 법은 퇴보에 빠진 것입니다. 여섯 가지 법은 수승함에 동참하는 것입니다. 여섯 가지 법은 꿰뚫기 어렵습니다. 여섯 가지 법은 일어나게 해야 합니다. 여섯 가지 법은 최상의 지혜로 알아야 합니다. 여섯 가지 법은 실현해야 합니다.

(1) 어떤 여섯 가지 법은 많은 것을 만듭니까? 여섯 가지 기억해야 하는 법입니다.[558]

① 도반들이여, 여기 비구는 대중적으로나 개인적으로 동료 수행자들에 대해서 몸의 업으로 자애[慈]를 유지합니다. 이것이 기억해야 할 법이니 우애를 만들고 공경을 만들고 도움을 주고 분쟁을 없애고 화합하고 하나가 되게 합니다.

② 다시 도반들이여, 여기 비구는 대중적으로나 개인적으로 동료 수행자들에 대해서 말의 업으로 자애를 유지합니다. 이것이 기억해야 할 법이니 우애를 만들고 공경을 만들고 도움을 주고 분쟁을 없애고 화합하고 하나가 되게 합니다.

③ 다시 도반들이여, 여기 비구는 대중적으로나 개인적으로 동료 수행자들에 대해서 마음의 업으로 자애를 유지합니다. 이것이 기억해야 할 법이니 우애를 만들고 공경을 만들고 도움을 주고 분쟁을 없애고 화합하고 하나가 되게 합니다.

④ 다시 도반들이여, 여기 비구는 법답게 얻은 법다운 것들은 비록

---

558) 「합송경」(D33) §2.2의 (14)와 같다.

발우 안에 담긴 것일지라도 그렇게 얻은 것들을 혼자 두고 사용하지 않고 계를 잘 지키는 동료 수행자들과 함께 나누어서 사용합니다. 이것이 기억해야 할 법이니 우애를 만들고 공경을 만들고 도움을 주고 분쟁을 없애고 화합하고 하나가 되게 합니다.

⑤ 다시 도반들이여, 여기 비구는 파하지 않고 부수지 않고 얼룩지게 하지 않고 반점이 생기게 하지 않고 묶여 있지 않고 지자가 칭찬하며 타락하지 않고 삼매에 도움이 되는 그런 계들을 대중적으로나 개인적으로 동료 수행자들과 함께 구족하여 머뭅니다. 이것이 기억해야 할 법이니 우애를 만들고 공경을 만들고 도움을 주고 분쟁을 없애고 화합하고 하나가 되게 합니다.

⑥ 다시 도반들이여, 여기 비구는 그대로 실천하면 괴로움의 소멸로 인도하며 성스럽고 출리로 인도하는 견해에 대해서 대중적으로나 개인적으로 동료 수행자들과 함께 그런 견해를 구족하여 머뭅니다. 이것이 기억해야 할 법이니 우애를 만들고 공경을 만들고 도움을 주고 분쟁을 없애고 화합하고 하나가 되게 합니다.

이 여섯 가지 법이 많은 것을 만듭니다.

(2) 어떤 여섯 가지 법을 닦아야 합니까? 여섯 가지 계속해서 생각함[隨念][559]이니 부처님을 계속해서 생각함, 법을 계속해서 생각함, 승가를 계속해서 생각함, 계를 계속해서 생각함, 관대함을 계속해서 생각함, 천신을 계속해서 생각함입니다. 이 여섯 가지 법을 닦아야 합니다.

(3) 어떤 여섯 가지 법을 철저히 알아야 합니까? 여섯 가지 안의 감각장소[六內處][560]이니 눈의 감각장소, 귀의 감각장소, 코의 감각장

559) 「합송경」(D33) §2.2의 (19)와 같다.

소, 혀의 감각장소, 몸의 감각장소, 마노의 감각장소입니다. 이 여섯 가지 법을 철저히 알아야 합니다.

(4) 어떤 여섯 가지 법을 버려야 합니까? 여섯 가지 갈애의 무리[六愛身][561]이니 형상에 대한 갈애, 소리에 대한 갈애, 냄새에 대한 갈애, 맛에 대한 갈애, 감촉에 대한 갈애, 법에 대한 갈애입니다. 이 여섯 가지 법을 버려야 합니다.

(5) 어떤 여섯 가지 법이 퇴보에 빠진 것입니까? 여섯 가지 존중하지 않음[562]입니다.

도반들이여, 여기 비구는 ① 스승을 존중하지 않고 순응하지 않으며 머뭅니다.

② 법을 존중하지 않고 순응하지 않으며 머뭅니다.

③ 승가를 존중하지 않고 순응하지 않으며 머뭅니다.

④ 공부지음을 존중하지 않고 순응하지 않으며 머뭅니다.

⑤ 불방일을 존중하지 않고 순응하지 않으며 머뭅니다.

⑥ 친절함을 존중하지 않고 순응하지 않으며 머뭅니다.

이 여섯 가지 법이 퇴보에 빠진 것입니다.

(6) 어떤 여섯 가지 법이 수승함에 동참하는 것입니까? 여섯 가지 존중함[563]입니다.

도반들이여, 여기 비구는 ① 스승을 존중하고 순응하며 머뭅니다.

② 법을 존중하고 순응하며 머뭅니다.

---

560) 「합송경」(D33) §2.2의 (1)과 같다.

561) 「합송경」(D33) §2.2의 (8)과 같다.

562) 「합송경」(D33) §2.2의 (9)와 같다.

563) 「합송경」(D33) §2.2의 (10)과 같다.

③ 승가를 존중하고 순응하며 머뭅니다.

④ 공부지음을 존중하고 순응하며 머뭅니다.

⑤ 불방일을 존중하고 순응하며 머뭅니다.

⑥ 친절함을 존중하고 순응하며 머뭅니다.

이 여섯 가지 법이 수승함에 동참하는 것입니다.

(7) 어떤 여섯 가지 법이 꿰뚫기 어려운 것입니까? 여섯 가지 벗어남의 요소[564]입니다.

① 도반들이여, 비구가 말하기를 '자애를 통한 마음의 해탈을 닦고 많이 [공부]짓고 수레로 삼고 기초로 삼고 확립하고 굳건히 하고 부지런히 정진할 때 악의가 마음을 사로잡아 머문다.'라고 합니다. 그러면 그에게 '그렇게 말하지 마시오. 세존을 비방하지 마시오. 세존을 비방하는 것은 좋은 일이 못됩니다. 세존은 그렇게 말씀하시지 않으셨습니다.'라고 말해 주어야 합니다. 도반들이여, 자애를 통한 마음의 해탈을 닦고 많이 [공부]짓고 수레로 삼고 기초로 삼고 확립하고 굳건히 하고 부지런히 정진하는데도 악의가 그의 마음을 사로잡아 머무는 것은 불가능하고 이치에 맞지 않습니다. 그런 경우는 없습니다. 도반들이여, 자애를 통한 마음의 해탈은 악의로부터 벗어나는 것입니다.

② 다시 도반들이여, 비구가 말하기를 '연민을 통한 마음의 해탈을 닦고 많이 [공부]짓고 수레로 삼고 기초로 삼고 확립하고 굳건히 하고 부지런히 정진할 때 잔인함이 마음을 사로잡아 머문다.'라고 합니다. 그러면 그에게 '그렇게 말하지 마시오. 세존을 비방하지 마시오. 세존을 비방하는 것은 좋은 일이 못됩니다. 세존은 그렇게 말씀하시

564) 「합송경」(D33) §2.2의 (17)과 같다.

지 않으셨습니다.'라고 말해 주어야 합니다. 도반들이여, 연민을 통한 마음의 해탈을 닦고 많이 [공부]짓고 수레로 삼고 기초로 삼고 확립하고 굳건히 하고 부지런히 정진하는데도 잔인함이 그의 마음을 사로잡아 머무는 것은 불가능하고 이치에 맞지 않습니다. 그런 경우는 없습니다. 도반들이여, 연민을 통한 마음의 해탈은 잔인함으로부터 벗어나는 것입니다.

③ 다시 도반들이여, 비구가 말하기를 '같이 기뻐함을 통한 마음의 해탈을 닦고 많이 [공부]짓고 수레로 삼고 기초로 삼고 확립하고 굳건히 하고 부지런히 정진할 때 따분함이 마음을 사로잡아 머문다.'라고 합니다. 그러면 그에게 '그렇게 말하지 마시오. 세존을 비방하지 마시오. 세존을 비방하는 것은 좋은 일이 못됩니다. 세존은 그렇게 말씀하시지 않으셨습니다.'라고 말해 주어야 합니다. 도반들이여, 같이 기뻐함을 통한 마음의 해탈을 닦고 많이 [공부]짓고 수레로 삼고 기초로 삼고 확립하고 굳건히 하고 부지런히 정진하는데도 따분함이 그의 마음을 사로잡아 머무는 것은 불가능하고 이치에 맞지 않습니다. 그런 경우는 없습니다. 도반들이여, 같이 기뻐함을 통한 마음의 해탈은 따분함으로부터 벗어나는 것입니다.

④ 다시 도반들이여, 비구가 말하기를 '평온을 통한 마음의 해탈을 닦고 많이 [공부]짓고 수레로 삼고 기초로 삼고 확립하고 굳건히 하고 부지런히 정진할 때 애욕이 마음을 사로잡아 머문다.'라고 합니다. 그러면 그에게 '그렇게 말하지 마시오. 세존을 비방하지 마시오. 세존을 비방하는 것은 좋은 일이 못됩니다. 세존은 그렇게 말씀하시지 않으셨습니다.'라고 말해 주어야 합니다. 도반들이여, 평온을 통한 마음의 해탈을 닦고 많이 [공부]짓고 수레로 삼고 기초로 삼고 확립하

고 굳건히 하고 부지런히 정진하는데도 애욕이 그의 마음을 사로잡아 머무는 것은 불가능하고 이치에 맞지 않습니다. 그런 경우는 없습니다. 도반들이여, 평온을 통한 마음의 해탈은 애욕으로부터 벗어나는 것입니다.

⑤ 다시 도반들이여, 비구가 말하기를 '표상 없는 마음의 해탈을 닦고 많이 [공부]짓고 수레로 삼고 기초로 삼고 확립하고 굳건히 하고 부지런히 정진할 때 나에게 표상을 기억하는 알음알이가 있게 된다.'라고 합니다. 그러면 그에게 '그렇게 말하지 마시오. 세존을 비방하지 마시오. 세존을 비방하는 것은 좋은 일이 못됩니다. 세존은 그렇게 말씀하시지 않으셨습니다.'라고 말해 주어야 합니다. 도반들이여, 표상 없는 마음의 해탈을 닦고 많이 [공부]짓고 수레로 삼고 기초로 삼고 확립하고 굳건히 하고 부지런히 정진하는데도 그에게 표상을 기억하는 알음알이가 있게 될 것이라는 것은 불가능하고 이치에 맞지 않습니다. 그런 경우는 없습니다. 도반들이여, 표상 없는 마음의 해탈은 모든 표상들로부터 벗어나는 것입니다.

⑥ 다시 도반들이여, 비구가 말하기를 '나에게는 내가 있다는 [자아의식이] 없어졌으며 '이러한 내가 있다.'는 것을 보지 못한다. 그런데도 나에게는 의심이 되는 의문의 쇠살이 마음을 사로잡아 머문다.'라고 합니다. 그러면 그에게 '그렇게 말하지 마시오. 세존을 비방하지 마시오. 세존을 비방하는 것은 좋은 일이 못됩니다. 세존은 그렇게 말씀하시지 않으셨습니다.'라고 말해 주어야 합니다. 도반들이여, 내가 있다는 [자아의식이] 없어졌으며 '이러한 내가 있다.'는 것을 보지 못하는데도 의심이 되는 의문의 쇠살이 그의 마음을 사로잡아 머무는 것은 불가능하고 이치에 맞지 않습니다. 그런 경우는 없습니다.

도반들이여, 내가 있다는 자아의식을 뿌리 뽑는 것은 의심이 되는 의문의 쇠살로부터 벗어나는 것입니다.

이 여섯 가지 법이 꿰뚫기 어려운 것입니다.

(8) 어떤 여섯 가지 법이 일어나게 해야 하는 것입니까? 여섯 가지 영원히 머묾[565]입니다.

도반들이여, 여기 비구는 ① 눈으로 형상을 볼 때 마음이 즐겁거나 괴롭지 않고 평온하고 마음챙기고 정확하게 알아차리면서 머뭅니다.

② 귀로 소리를 들을 때 …

③ 코로 냄새를 맡을 때 …

④ 혀로 맛을 볼 때 …

⑤ 몸으로 감촉을 촉감할 때 …

⑥ 마노로 법을 알 때 마음이 즐겁거나 괴롭지 않고 평온하고 마음챙기고 정확하게 알아차리면서 머뭅니다.

이 여섯 가지 법이 일어나게 해야 하는 것입니다.

(9) 어떤 여섯 가지 법이 최상의 지혜로 알아야 하는 것입니까? 여섯 가지 위없음[六無上][566]이니 보는 것들 가운데서 위없음, 듣는 것들 가운데서 위없음, 얻는 것들 가운데서 위없음, 공부지음들 가운데서 위없음, 섬기는 것들 가운데서 위없음, 계속해서 생각하는 것들 가운데서 위없음입니다. 이 여섯 가지 법이 최상의 지혜로 알아야 하는 것입니다.

(10) 어떤 여섯 가지 법이 실현해야 하는 것입니까? 여섯 가지 초월지(신통지, 六神通)입니다.

---

565) 「합송경」(D33) §2.2의 (20)과 같다.

566) 「합송경」(D33) §2.2의 (18)과 같다.

① 도반들이여, 여기 비구는 여러 가지 신통변화[神足通]를 나툽니다. 하나인 채 여럿이 되기도 하고, 여럿이 되었다가 하나가 되기도 합니다. 나타났다 사라졌다 하고, 벽이나 담이나 산을 아무런 장애 없이 통과하기를 마치 허공에서처럼 합니다. 땅에서도 떠올랐다 잠겼다 하기를 물속에서처럼 합니다. 물 위에서 빠지지 않고 걸어가기를 땅 위에서처럼 합니다. 가부좌한 채 허공을 날아가기를 날개 달린 새처럼 합니다. 저 막강하고 위력적인 태양과 달을 손으로 만져 쓰다듬기도 하며 심지어는 저 멀리 범천의 세계에까지도 몸의 자유자재함을 발휘합니다.

② 그는 인간의 능력을 넘어선 청정하고 신성한 귀의 요소로 천상이나 인간의 소리 둘 다를 멀든 가깝든 간에 다 듣습니다[天耳通].

③ 그는 자기의 마음으로 다른 중생들과 다른 인간들의 마음에 대하여 꿰뚫어 압니다. 탐욕이 있는 마음은 탐욕이 있는 마음이라고 꿰뚫어 알고 … 해탈하지 않은 마음은 해탈하지 않은 마음이라고 꿰뚫어 압니다[他心通].

④ 그는 여러 가지 전생을 기억합니다. … 한량없는 전생의 갖가지 모습들을 그 특색과 더불어 상세하게 기억합니다[宿命通].

⑤ 그는 청정하고 인간을 넘어선 신성한 눈[天眼]으로 중생들이 죽고 태어나고 천박하고 고상하고 잘생기고 못생기고 좋은 곳[善處]에 가고 나쁜 곳[惡處]에 가는 것을 보고 중생들이 지은 바 그 업에 따라 가는 것을 꿰뚫어 압니다. … [天眼通].

⑥ 그는 모든 번뇌가 다하여 아무 번뇌가 없는 마음의 해탈[心解脫]과 통찰지의 해탈[慧解脫]을 바로 지금여기에서 스스로 최상의 지혜로 실현하고 구족하여 머뭅니다[漏盡通].

이 여섯 가지 법이 실현해야 하는 것입니다.

이와 같이 이들 예순 가지 법은 사실이고, 옳고, 진실이고, 거짓이 아니며, 그렇지 않은 것이 아니며, 바르고, 여래께서 바르게 깨달으신 것입니다."

일곱에 관계된 법들

1.8. "도반들이여, 일곱 가지 법은 많은 것을 만듭니다. 일곱 가지 법은 닦아야 합니다. 일곱 가지 법은 철저히 알아야 합니다. 일곱 가지 법은 버려야 합니다. 일곱 가지 법은 퇴보에 빠진 것입니다. 일곱 가지 법은 수승함에 동참하는 것입니다. 일곱 가지 법은 꿰뚫기 어렵습니다. 일곱 가지 법은 일어나게 해야 합니다. 일곱 가지 법은 최상의 지혜로 알아야 합니다. 일곱 가지 법은 실현해야 합니다.

(1) 어떤 일곱 가지 법은 많은 것을 만듭니까? 일곱 가지 성스러운 재산[567]이니 믿음의 재산, 계의 재산, 양심의 재산, 수치심의 재산, 배움의 재산, 베풂의 재산, 통찰지의 재산입니다. 이 일곱 가지 법이 많은 것을 만듭니다.

(2) 어떤 일곱 가지 법을 닦아야 합니까? 일곱 가지 깨달음의 구성요소[七覺支][568]이니 마음챙김의 깨달음의 구성요소[念覺支], 법을 간택하는 깨달음의 구성요소[擇法覺支], 정진의 깨달음의 구성요소[精進覺支], 희열의 깨달음의 구성요소[喜覺支], 편안함의 깨달음의 구성요소[輕安覺支], 삼매의 깨달음의 구성요소[定覺支], 평온의 깨달음의 구

567) 「합송경」(D33) §2.3의 (1)과 같다.

568) 「합송경」(D33) §2.3의 (2)와 같다.

성요소[捨覺支]입니다. 이 일곱 가지 법을 닦아야 합니다.

(3) 어떤 일곱 가지 법을 철저히 알아야 합니까? 일곱 가지 알음알이의 거주처569)입니다.

① 도반들이여, 각자 다른 몸을 가지고 각자 다른 인식을 가진 중생들이 있습니다. 예를 들면 인간들과 어떤 신들과 어떤 악처에 떨어진 자들입니다. 이것이 첫 번째 알음알이의 거주처입니다.

② 도반들이여, 각자 다른 몸을 가졌지만 모두 같은 인식을 가진 중생들이 있습니다. 예를 들면 [여기서] 초[禪]을 닦아서 태어난 범중천의 신들입니다. 이것이 두 번째 알음알이의 거주처입니다.

③ 도반들이여, 모두 같은 몸을 가졌지만 각자 다른 인식을 가진 중생들이 있습니다. 예를 들면 광음천의 신들입니다. 이것이 세 번째 알음알이의 거주처입니다.

④ 도반들이여, 모두 같은 몸을 가졌고 모두 같은 인식을 가진 중생들이 있습니다. 예를 들면 변정천의 신들입니다. 이것이 네 번째 알음알이의 거주처입니다.

⑤ 도반들이여, 물질[色]에 대한 인식(산냐)을 완전히 초월하고 부딪힘의 인식을 소멸하고 갖가지 인식을 마음에 잡도리하지 않기 때문에 '무한한 허공'이라고 하면서 공무변처(空無邊處)에 도달한 중생들이 있습니다. 이것이 다섯 번째 알음알이의 거주처입니다.

⑥ 도반들이여, 공무변처를 완전히 초월하여 '무한한 알음알이[識]'라고 하면서 식무변처(識無邊處)에 도달한 중생들이 있습니다. 이것이 여섯 번째 알음알이의 거주처입니다.

⑦ 도반들이여, 일체 식무변처를 완전히 초월하여 '아무 것도 없

---

569) 「합송경」(D33) §2.3의 (10)과 같다.

다.'라고 하면서 무소유처(無所有處)에 도달한 중생들이 있습니다. 이 것이 일곱 번째 알음알이의 거주처입니다.

이 일곱 가지 법을 철저히 알아야 합니다.

(4) 어떤 일곱 가지 법을 버려야 합니까? 일곱 가지 잠재성향[570]이니 감각적 욕망의 잠재성향, 적의의 잠재성향, 자만의 잠재성향, 사견의 잠재성향, 의심의 잠재성향, 존재에 대한 탐욕의 잠재성향, 무명의 잠재성향입니다. 이 일곱 가지 법을 버려야 합니다.

(5) 어떤 일곱 가지 법이 퇴보에 빠진 것입니까? 일곱 가지 바르지 못한 법[571]입니다. 도반들이여, 여기 비구는 믿음이 없고, 양심이 없고, 수치심이 없고, 적게 배우고, 게으르고, 마음챙김을 놓아 버리고, 통찰지가 없습니다. 이 일곱 가지 법이 퇴보에 빠진 것입니다.

(6) 어떤 일곱 가지 법이 수승함에 동참하는 것입니까? 일곱 가지 바른 법[572]입니다.

도반들이여, 여기 비구는 믿음이 있고, 양심이 있고, 수치심이 있고, 많이 배웠고, 활발하게 정진하고, 마음챙김을 확립하고, 통찰지를 가졌습니다. 이 일곱 가지 법이 수승함에 동참하는 것입니다.

(7) 어떤 일곱 가지 법이 꿰뚫기 어려운 것입니까? 일곱 가지 바른 사람의 법[573]입니다.

도반들이여, 여기 비구는 법을 알고 의미를 알고, 자신을 알고, 적당함을 알고, 시기를 알고, 무리[會衆]를 알고, 인간을 압니다. 이 일

---

570) 「합송경」(D33) §2.3의 (12)와 같다.

571) 「합송경」(D33) §2.3의 (4)와 같다.

572) 「합송경」(D33) §2.3의 (5)와 같다.

573) 「합송경」(D33) §2.3의 (6)과 같다.

곱 가지 법이 꿰뚫기 어려운 것입니다.

(8) 어떤 일곱 가지 법이 일어나게 해야 하는 것입니까? 일곱 가지 인식[574]이니 무상의 [관찰로 생긴] 인식, 무아의 [관찰로 생긴] 인식, 부정(不淨)의 [관찰로 생긴] 인식, 위험의 [관찰로 생긴] 인식, 버림의 [관찰로 생긴] 인식, 탐욕이 빛바램의 [관찰로 생긴] 인식, 소멸의 [관찰로 생긴] 인식입니다. 이 일곱 가지 법이 일어나게 해야 하는 것입니다.

(9) 어떤 일곱 가지 법이 최상의 지혜로 알아야 하는 것입니까? 일곱 가지 아라한의 토대[575]입니다.

① 도반들이여, 여기 비구는 공부지음을 받아지님에 강한 의욕이 있고 미래에도 공부지음을 받아지님에 열정이 사라지지 않습니다.

② 법을 주시하는데 강한 의욕이 있고 미래에도 법을 주시하는데 열정이 사라지지 않습니다.

③ 욕심을 길들이는데 강한 의욕이 있고 미래에도 욕심을 길들이는데 열정이 사라지지 않습니다.

④ 홀로 앉음에 강한 의욕이 있고 미래에도 홀로 앉음에 열정이 사라지지 않습니다.

⑤ 열심히 정진하는데 강한 의욕이 있고 미래에도 열심히 정진하는데 열정이 사라지지 않습니다.

⑥ 마음챙김과 슬기로움에 강한 의욕이 있고 미래에도 마음챙김과 슬기로움에 열정이 사라지지 않습니다.

⑦ 바른 견해로 꿰뚫음에 강한 의욕이 있고 미래에도 바른 견해로

---

574) 「합송경」(D33) §2.3의 (8)과 같다.

575) 「합송경」(D33) §2.3의 (7)과 같다.

꿰뚫음에 열정이 사라지지 않습니다.

이 일곱 가지 법이 최상의 지혜로 알아야 하는 것입니다.

⑽ 어떤 일곱 가지 법이 실현해야 하는 것입니까? 일곱 가지 번뇌 다한 자의 힘입니다.

① 도반들이여, 여기 번뇌 다한 비구는 모든 상카라들은 무상하다고 있는 그대로 바른 통찰지로 분명하게 봅니다. 도반들이여, 번뇌 다한 비구가 모든 상카라들은 무상하다고 있는 그대로 바른 통찰지로 분명하게 본 이것 역시 번뇌 다한 비구의 힘입니다. 이런 힘을 가져서 번뇌 다한 비구는 '나의 번뇌는 다하였다.'고 번뇌의 소멸을 천명합니다.

② 다시 도반들이여, 번뇌 다한 비구는 숯불구덩이의 비유로 감각적 욕망을 있는 그대로 바른 통찰지로 분명하게 봅니다. 도반들이여 … 이런 힘을 가져서 번뇌 다한 비구는 '나의 번뇌는 다하였다.'고 번뇌의 소멸을 천명합니다.

③ 다시 도반들이여, 번뇌 다한 비구의 마음은 멀리 여읨을 향하고 멀리 여읨으로 기울고 멀리 여읨에 기대고 멀리 여읨을 목표로 하고 출리를 기뻐하고 모든 곳에서 번뇌의 기반이 되는 법들을 끝나게 합니다. 도반들이여 … 이런 힘을 가져서 번뇌 다한 비구는 '나의 번뇌는 다하였다.'고 번뇌의 소멸을 천명합니다.

④ 다시 도반들이여, 번뇌 다한 비구는 네 가지 마음챙김의 확립[四念處]을 닦는 자여서 이를 분명하게 닦습니다. 도반들이여 … 이런 힘을 가져서 번뇌 다한 비구는 '나의 번뇌는 다하였다.'고 번뇌의 소멸을 천명합니다.

⑤ 다시 도반들이여, 번뇌 다한 비구는 다섯 가지 기능[五根]을 닦

는 자여서 이를 분명하게 닦습니다. 도반들이여 … 이런 힘을 가져서 번뇌 다한 비구는 '나의 번뇌는 다하였다.'고 번뇌의 소멸을 천명합니다.

⑥ 다시 도반들이여, 번뇌 다한 비구는 일곱 가지 깨달음의 구성요소[七覺支]를 닦는 자여서 이를 분명하게 닦습니다. 도반들이여 … 이런 힘을 가져서 번뇌 다한 비구는 '나의 번뇌는 다하였다.'고 번뇌의 소멸을 천명합니다.

⑦ 다시 도반들이여, 번뇌 다한 비구는 여덟 가지 구성요소를 가진 성스러운 도를 닦는 자여서 이를 분명하게 닦습니다. 도반들이여 … 이런 힘을 가져서 번뇌 다한 비구는 '나의 번뇌는 다하였다.'고 번뇌의 소멸을 천명합니다.

이 일곱 가지 법이 실현해야 하는 것입니다.

이와 같이 이들 일흔 가지 법은 사실이고, 옳고, 진실이고, 거짓이 아니며, 그렇지 않은 것이 아니며, 바르고, 여래께서 바르게 깨달으신 것입니다."

첫 번째 바나와라가 끝났다.

여덟에 관계된 법들

2.1. "도반들이여, 여덟 가지 법은 많은 것을 만듭니다. 여덟 가지 법은 닦아야 합니다. 여덟 가지 법은 철저히 알아야 합니다. 여덟 가지 법은 버려야 합니다. 여덟 가지 법은 퇴보에 빠진 것입니다. 여덟 가지 법은 수승함에 동참하는 것입니다. 여덟 가지 법은 꿰뚫기 어렵습니다. 여덟 가지 법은 일어나게 해야 합니다. 여덟 가지 법은

최상의 지혜로 알아야 합니다. 여덟 가지 법은 실현해야 합니다.

(1) 어떤 여덟 가지 법은 많은 것을 만듭니까? 여덟 가지 원인과 여덟 가지 조건이니 이것은 아직 얻지 못한 청정범행의 시작인 통찰지를 얻게 하고 이미 얻은 것을 더욱더 증가하게 하고 풍부하게 하고 닦게 하고 성취하게 합니다. 그러면 어떤 것이 여덟 가지입니까?

① 도반들이여, 여기 비구는 스승이나 어떤 존중할 만한 동료 수행자를 의지하여 머뭅니다. 거기서 그에게 강한 양심과 수치심과 흠모와 존경심이 확립됩니다. 이것이 첫 번째 원인이요 첫 번째 조건이니 이것은 아직 얻지 못한 청정범행의 시작인 통찰지를 얻게 하고 이미 얻은 것을 더욱더 증가하게 하고 풍부하게 하고 닦게 하고 성취하게 합니다.

② 그가 스승이나 어떤 존중할 만한 동료 수행자를 의지하여 머물 때 거기서 그에게 강한 양심과 수치심과 흠모와 존경심이 확립되면 그는 수시로 그들에게 다가가서 '존자시여, 이것은 어떻게 됩니까? 이것의 뜻은 무엇입니까?'라고 두루 물어 보고 두루 질문합니다. 그런 그에게 그 존자들은 드러나지 않은 것을 드러내어 주고 명백하지 않은 것을 명백히 해 주어서 여러 가지 그 뜻이 의문스러운 법들에 대해서 의문을 제거합니다. 이것이 두 번째 원인이요 두 번째 조건이니 이것은 아직 얻지 못한 청정범행의 시작인 통찰지를 얻게 하고 이미 얻은 것을 더욱더 증가하게 하고 풍부하게 하고 닦게 하고 성취하게 합니다.

③ 그는 그런 법을 배워서 몸의 차분함과 마음의 차분함이라는 두 가지 차분함을 구족합니다. 이것이 세 번째 원인이요 세 번째 조건이니 이것은 아직 얻지 못한 청정범행의 시작인 통찰지를 얻게 하고 이

미 얻은 것을 더욱더 증가하게 하고 풍부하게 하고 닦게 하고 성취하게 합니다.

④ 다시 도반들이여, 여기 비구는 계를 잘 지닙니다.[576] 그는 계목의 단속으로 단속하면서 머뭅니다. 바른 행실과 행동의 영역을 갖추고, 작은 허물에 대해서도 두려움을 보며, 학습계목을 받아 지녀 공부짓습니다. 이것이 네 번째 원인이요 네 번째 조건이니 이것은 아직 얻지 못한 청정범행의 시작인 통찰지를 얻게 하고 이미 얻은 것을 더욱더 증가하게 하고 풍부하게 하고 닦게 하고 성취하게 합니다.

⑤ 다시 도반들이여, 비구는 많이 배우고[多聞] 배운 것을 잘 호지하고 배운 것을 잘 정리합니다. 법들은 시작도 훌륭하고 중간도 훌륭하고 끝도 훌륭하나니, 이러한 법들은 의미와 표현을 구족하고 더할 나위 없이 완벽하며 지극히 청정한 범행을 확실하게 드러냅니다. 그는 이러한 법들을 많이 배우고 호지하고 말로써 친숙하게 되고 마음으로 숙고하고 견해로써 잘 꿰뚫습니다. 이것이 다섯 번째 원인이요 다섯 번째 조건이니 이것은 아직 얻지 못한 청정범행의 시작인 통찰지를 얻게 하고 이미 얻은 것을 더욱더 증가하게 하고 풍부하게 하고 닦게 하고 성취하게 합니다.

⑥ 다시 도반들이여, 비구는 해로운 법들을 제거하고 유익한 법들을 두루 갖추기 위해서 불굴의 정진으로 머뭅니다. 그는 굳세고 분투하고 유익한 법들에 대한 짐을 내팽개치지 않습니다. 이것이 여섯 번째 원인이요 여섯 번째 조건이니 이것은 아직 얻지 못한 청정범행의 시작인 통찰지를 얻게 하고 이미 얻은 것을 더욱더 증가하게 하고 풍부하게 하고 닦게 하고 성취하게 합니다.

576) 이하 5가지는 「합송경」(D33) §3.3의 (1)과 같다.

⑦ 다시 도반들이여, 비구는 마음챙김을 가진 자입니다. 그는 최상의 마음챙김과 슬기로움(알아차림)을 구족하여 오래 전에 행하고 오래 전에 말한 것일지라도 모두 기억하고 챙깁니다. 이것이 일곱 번째 원인이요 일곱 번째 조건이니 이것은 아직 얻지 못한 청정범행의 시작인 통찰지를 얻게 하고 이미 얻은 것을 더욱더 증가하게 하고 풍부하게 하고 닦게 하고 성취하게 합니다.

⑧ 다시 도반들이여, 비구는 [나 등으로] 취착하는 다섯 가지 무더기[五取蘊]들의 법에서 법을 관찰하며[法隨觀] 머뭅니다. 그는 '이것이 물질이다. 이것이 물질의 일어남이다. 이것이 물질의 사라짐이다. 이것이 느낌이다. 이것이 느낌의 일어남이다. 이것이 느낌의 사라짐이다. 이것이 인식이다. 이것이 인식의 일어남이다. 이것이 인식의 사라짐이다. 이것이 상카라[行]들이다. 이것이 상카라들의 일어남이다. 이것이 상카라들의 사라짐이다. 이것이 알음알이다. 이것이 알음알이의 일어남이다. 이것이 알음알이의 사라짐이다.'라고 [관찰하며 머뭅니다]. 이것이 여덟 번째 원인이요 여덟 번째 조건이니 이것은 아직 얻지 못한 청정범행의 시작인 통찰지를 얻게 하고 이미 얻은 것을 더욱더 증가하게 하고 풍부하게 하고 닦게 하고 성취하게 합니다.

이 여덟 가지 법이 많은 것을 만듭니다.

(2) 어떤 여덟 가지 법을 닦아야 합니까? 여덟 가지 성스러운 도[八支聖道]이니[577], 바로 바른 견해, 바른 사유, 바른 말, 바른 행위, 바른 생계, 바른 노력, 바른 마음챙김, 바른 삼매입니다. 이 여덟 가지 법을 닦아야 합니다.

(3) 어떤 여덟 가지 법을 철저히 알아야 합니까? 여덟 가지 세속의

577) 「합송경」(D33) §3.1의 (2)와 같다.

법[578]이니 획득, 손실, 명성, 악명, 비난, 칭송, 즐거움, 괴로움입니다. 이 여덟 가지 법을 철저히 알아야 합니다.

(4) 어떤 여덟 가지 법을 버려야 합니까? 여덟 가지 삿됨이니[579] 삿된 견해, 삿된 사유, 삿된 말, 삿된 행위, 삿된 생계, 삿된 정진, 삿된 마음챙김, 삿된 삼매입니다. 이 여덟 가지 법을 버려야 합니다.

(5) 어떤 여덟 가지 법이 퇴보에 빠진 것입니까? 여덟 가지 게으른 경우[580]입니다.

① 도반들이여, 여기 비구가 일을 해야 합니다. 그런 그에게 '나는 일을 해야 한다. 그러나 내가 일을 하면 몸이 피곤할 것이다. 에라, 나는 드러누워야겠다.'라는 생각이 듭니다. 그는 드러누워서는 얻지 못한 것을 얻고 증득하지 못한 것을 증득하고 실현하지 못한 것을 실현하기 위해서 열심히 정진하지 않습니다. 이것이 첫 번째 게으른 경우입니다.

② 다시 도반들이여, 비구가 일을 했습니다. 그에게 '나는 일을 했다. 내가 일을 했기 때문에 몸이 피곤하다. 에라, 나는 드러누워야겠다.'라는 생각이 듭니다. 그는 드러누워서는 얻지 못한 것을 얻고 증득하지 못한 것을 증득하고 실현하지 못한 것을 실현하기 위해서 열심히 정진하지 않습니다. 이것이 두 번째 게으른 경우입니다.

③ 다시 도반들이여, 비구가 길을 가야 합니다. 그런 그에게 '나는 길을 가야 한다. 그러나 내가 길을 가면 몸이 피곤할 것이다. 에라, 나는 드러누워야겠다.'라는 생각이 듭니다. 그는 드러누워서는 얻지

---

578) 「합송경」(D33) §3.1의 (9)와 같다.

579) 「합송경」(D33) §3.1의 (1)과 같다.

580) 「합송경」(D33) §3.1의 (4)와 같다.

못한 것을 얻고 증득하지 못한 것을 증득하고 실현하지 못한 것을 실현하기 위해서 열심히 정진하지 않습니다. 이것이 세 번째 게으른 경우입니다.

④ 다시 도반들이여, 비구가 길을 갔습니다. 그에게 '나는 길을 갔다. 내가 길을 갔기 때문에 몸이 피곤하다. 에라, 나는 드러누워야겠다.'라는 생각이 듭니다. 그는 드러누워서는 얻지 못한 것을 얻고 증득하지 못한 것을 증득하고 실현하지 못한 것을 실현하기 위해서 열심히 정진하지 않습니다. 이것이 네 번째 게으른 경우입니다.

⑤ 다시 도반들이여, 비구가 마을이나 읍으로 탁발을 하면서 거칠거나 좋은 음식을 원하는 만큼 충분히 얻지 못합니다. 그런 그에게 '나는 마을이나 읍으로 탁발을 하면서 거칠거나 좋은 음식을 원하는 만큼 충분히 얻지 못했다. 그런 나의 몸은 피곤하고 아무것도 할 수가 없다. 에라, 나는 드러누워야겠다.'라는 생각이 듭니다. 그는 드러누워서는 얻지 못한 것을 얻고 증득하지 못한 것을 증득하고 실현하지 못한 것을 실현하기 위해서 열심히 정진하지 않습니다. 이것이 다섯 번째 게으른 경우입니다.

⑥ 다시 도반들이여, 비구가 마을이나 읍으로 탁발을 하면서 거칠거나 좋은 음식을 원하는 만큼 충분히 얻습니다. 그런 그에게 '나는 마을이나 읍으로 탁발을 하면서 거칠거나 좋은 음식을 원하는 만큼 충분히 얻었다. 그런 나의 몸은 [많이 먹어서] 무겁고 아무것도 할 수가 없으니 마치 젖은 콩 [자루처럼 무겁다는] 생각이 드는구나. 에라, 나는 드러누워야겠다.'라는 생각이 듭니다. 그는 드러누워서는 얻지 못한 것을 얻고 증득하지 못한 것을 증득하고 실현하지 못한 것을 실현하기 위해서 열심히 정진하지 않습니다. 이것이 여섯 번째 게으

른 경우입니다.

⑦ 다시 도반들이여, 비구가 사소한 병이 생깁니다. 그런 그에게 '나에게 사소한 병이 생겼으니 이제 드러누울 핑계가 생겼다. 에라, 나는 드러누워야겠다.'라는 생각이 듭니다. 그는 드러누워서는 얻지 못한 것을 얻고 증득하지 못한 것을 증득하고 실현하지 못한 것을 실현하기 위해서 열심히 정진하지 않습니다. 이것이 일곱 번째 게으른 경우입니다.

⑧ 다시 도반들이여, 비구가 병이 나아서 병[상]에서 일어난 지 오래되지 않았습니다. 그런 그에게 '나는 병이 나아서 병[상]에서 일어난 지 오래되지 않았다. 그러니 내 몸은 힘이 없고 아무것도 할 수가 없다. 에라, 나는 드러누워야겠다.'라는 생각이 듭니다. 그는 드러누워서는 얻지 못한 것을 얻고 증득하지 못한 것을 증득하고 실현하지 못한 것을 실현하기 위해서 열심히 정진하지 않습니다. 이것이 여덟 번째 게으른 경우입니다.

이 여덟 가지 법이 퇴보에 빠진 것입니다.

(6) 어떤 여덟 가지 법이 수승함에 동참하는 것입니까? 여덟 가지 열심히 정진하는 경우[581]입니다.

① 도반들이여, 여기 비구가 일을 해야 합니다. 그런 그에게 '나는 일을 해야 한다. 그러나 내가 일을 하면 부처님들의 가르침을 마음에 잡도리하기가 쉽지 않다. 그러니 이제 나는 얻지 못한 것을 얻고 증득하지 못한 것을 증득하고 실현하지 못한 것을 실현하기 위해서 열심히 정진하리라.'라는 생각이 듭니다. 그는 얻지 못한 것을 얻고 증득하지 못한 것을 증득하고 실현하지 못한 것을 실현하기 위해서 열

581) 「합송경」(D33) §3.1의 (5)와 같다.

심히 정진합니다. 이것이 첫 번째 열심히 정진하는 경우입니다.

② 다시 도반들이여, 비구가 일을 했습니다. 그에게 '나는 일을 했다. 내가 일을 했기 때문에 부처님들의 가르침을 마음에 잡도리할 수가 없었다. 그러니 이제 나는 얻지 못한 것을 얻고 증득하지 못한 것을 증득하고 실현하지 못한 것을 실현하기 위해서 열심히 정진하리라.'라는 생각이 듭니다. 그는 얻지 못한 것을 얻고 증득하지 못한 것을 증득하고 실현하지 못한 것을 실현하기 위해서 열심히 정진합니다. 이것이 두 번째 열심히 정진하는 경우입니다.

③ 다시 도반들이여, 비구가 길을 가야 합니다. 그런 그에게 '나는 길을 가야 한다. 그러나 내가 길을 가면 부처님들의 가르침을 마음에 잡도리하기가 쉽지 않다. 그러니 이제 나는 얻지 못한 것을 얻고 증득하지 못한 것을 증득하고 실현하지 못한 것을 실현하기 위해서 열심히 정진하리라.'라는 생각이 듭니다. 그는 얻지 못한 것을 얻고 증득하지 못한 것을 증득하고 실현하지 못한 것을 실현하기 위해서 열심히 정진합니다. 이것이 세 번째 열심히 정진하는 경우입니다.

④ 다시 도반들이여, 비구가 길을 갔습니다. 그에게 '나는 길을 갔다. 내가 길을 갔기 때문에 부처님들의 가르침을 마음에 잡도리할 수가 없었다. 그러니 이제 나는 얻지 못한 것을 얻고 증득하지 못한 것을 증득하고 실현하지 못한 것을 실현하기 위해서 열심히 정진하리라.'라는 생각이 듭니다. 그는 얻지 못한 것을 얻고 증득하지 못한 것을 증득하고 실현하지 못한 것을 실현하기 위해서 열심히 정진합니다. 이것이 네 번째 열심히 정진하는 경우입니다.

⑤ 다시 도반들이여, 비구가 마을이나 읍으로 탁발을 하면서 거칠거나 좋은 음식을 원하는 만큼 충분히 얻지 못합니다. 그런 그에게

'나는 마을이나 읍으로 탁발을 하면서 거칠거나 좋은 음식을 원하는 만큼 충분히 얻지 못했다. 그런 나의 몸은 가볍고 일을 하기에 적합하다. 그러니 이제 나는 얻지 못한 것을 얻고 증득하지 못한 것을 증득하고 실현하지 못한 것을 실현하기 위해서 열심히 정진하리라.'라는 생각이 듭니다. 그는 얻지 못한 것을 얻고 증득하지 못한 것을 증득하고 실현하지 못한 것을 실현하기 위해서 열심히 정진합니다. 이것이 다섯 번째 열심히 정진하는 경우입니다.

⑥ 다시 도반들이여, 비구가 마을이나 읍으로 탁발을 하면서 거칠거나 좋은 음식을 원하는 만큼 충분히 얻습니다. 그런 그에게 '나는 마을이나 읍으로 탁발을 하면서 거칠거나 좋은 음식을 원하는 만큼 충분히 얻었다. 그런 나의 몸은 [충분히 먹어서] 힘이 있고 일을 하기에 적합하다. 그러니 이제 나는 얻지 못한 것을 얻고 증득하지 못한 것을 증득하고 실현하지 못한 것을 실현하기 위해서 열심히 정진하리라.'라는 생각이 듭니다. 그는 얻지 못한 것을 얻고 증득하지 못한 것을 증득하고 실현하지 못한 것을 실현하기 위해서 열심히 정진합니다. 이것이 여섯 번째 열심히 정진하는 경우입니다.

⑦ 다시 도반들이여, 비구가 사소한 병이 생깁니다. 그런 그에게 '나에게 사소한 병이 생겼으나 어쩌면 이 병이 더 심해질 수도 있을 것이다. 그러니 이제 나는 얻지 못한 것을 얻고 증득하지 못한 것을 증득하고 실현하지 못한 것을 실현하기 위해서 열심히 정진하리라.'라는 생각이 듭니다. 그는 얻지 못한 것을 얻고 증득하지 못한 것을 증득하고 실현하지 못한 것을 실현하기 위해서 열심히 정진합니다. 이것이 일곱 번째 열심히 정진하는 경우입니다.

⑧ 다시 도반들이여, 비구가 병이 나아서 병[상]에서 일어난 지 오

래되지 않았습니다. 그런 그에게 '나는 병이 나아서 병[상]에서 일어난 지 오래되지 않았다. 어쩌면 이 병이 다시 도질 수도 있을 것이다. 그러니 이제 나는 얻지 못한 것을 얻고 증득하지 못한 것을 증득하고 실현하지 못한 것을 실현하기 위해서 열심히 정진하리라.'라는 생각이 듭니다. 그는 얻지 못한 것을 얻고 증득하지 못한 것을 증득하고 실현하지 못한 것을 실현하기 위해서 열심히 정진합니다. 이것이 여덟 번째 열심히 정진하는 경우입니다.

이 여덟 가지 법이 수승함에 동참하는 것입니다.

(7) 어떤 여덟 가지 법이 꿰뚫기 어려운 것입니까? 여덟 가지 청정범행을 닦기에 적당하지 않은 순간과 적당하지 않은 때[582]입니다.

① 도반들이여, 여기 여래·아라한·정등각께서 세상에 출현하십니다. 그분은 고요함을 가져오고 완전한 열반을 실현하고 깨달음으로 인도하며 선서에 의해서 체득된 법을 설하십니다. 그러나 이 사람은 지옥에 태어나 있습니다. 이것이 첫 번째 청정범행을 닦기에 적당하지 않은 순간이고 적당하지 않은 때입니다.

② 다시 도반들이여, 여래·아라한·정등각께서 세상에 출현하십니다. 그분은 고요함을 가져오고 완전한 열반을 실현하고 깨달음으로 인도하며 선서에 의해서 체득된 법을 설하십니다. 그러나 이 사람은 축생에 태어나 있습니다. 이것이 두 번째 청정범행을 닦기에 적당하지 않은 순간이고 적당하지 않은 때입니다.

③ 다시 도반들이여, 여래·아라한·정등각께서 세상에 출현하십니다. … 그러나 이 사람은 아귀계에 태어나 있습니다. 이것이 세 번

---

582) 「합송경」(D33) §3.2의 (4)에는 9가지로 나타나는데 그 가운데서 4번째인 아수라로 태어나는 것이 빠져서 여기서는 8가지로 나타난다.

째 청정범행을 닦기에 적당하지 않은 순간이고 적당하지 않은 때입니다.

④ 다시 도반들이여, 여래·아라한·정등각께서 세상에 출현하십니다. … 그러나 이 사람은 어떤 긴 수명을 가진 신들의 무리에 태어나 있습니다. 이것이 네 번째 청정범행을 닦기에 적당하지 않은 순간이고 적당하지 않은 때입니다.

⑤ 다시 도반들이여, 여래·아라한·정등각께서 세상에 출현하십니다. 그분은 고요함을 가져오고 완전한 열반을 실현하고 깨달음으로 인도하며 선서에 의해서 체득된 법을 설하십니다. 그러나 이 사람은 비구와 비구니와 청신사와 청신녀가 가지 않는 변방에서 무지몽매한 멸려차들 가운데 태어났습니다. 이것이 다섯 번째 청정범행을 닦기에 적당하지 않은 순간이고 적당하지 않은 때입니다.

⑥ 다시 도반들이여, 여래·아라한·정등각께서 세상에 출현하십니다. 그분은 고요함을 가져오고 완전한 열반을 실현하고 깨달음으로 인도하며 선서에 의해서 체득된 법을 설하십니다. 이 사람은 중국에 태어났습니다. 그러나 그는 삿된 견해를 가졌고 전도된 소견을 가진 자입니다. '보시한 것도 없고 바친 것도 없고 제사(헌공)한 것도 없다. 선행과 악행의 업들에 대한 열매도 과보도 없다. 이 세상도 없고 저 세상도 없다. 어머니도 없고 아버지도 없다. 화생하는 중생도 없고 이 세상과 저 세상을 스스로 최상의 지혜로 실현하여 선언하는 바른 도를 구족한 사문·바라문들도 이 세상에는 없다.'라고. 이것이 여섯 번째 청정범행을 닦기에 적당하지 않은 순간이고 적당하지 않은 때입니다.

⑦ 다시 도반들이여, 여래·아라한·정등각께서 세상에 출현하십

니다. 그분은 고요함을 가져오고 완전한 열반을 실현하고 깨달음으로 인도하며 선서에 의해서 체득된 법을 설하십니다. 이 사람은 중국에 태어났습니다. 그러나 그는 통찰지가 없고 바보고 귀머거리와 벙어리여서 잘 설해진 것인지 잘못 설해진 것인지 그 뜻을 잘 아는 능력이 없습니다. 이것이 일곱 번째 청정범행을 닦기에 적당하지 않은 순간이고 적당하지 않은 때입니다.

⑧ 다시 도반들이여, 여래·아라한·정등각께서 세상에 출현하시지 않았습니다. 그분은 고요함을 가져오고 완전한 열반을 실현하고 깨달음으로 인도하며 선서에 의해서 체득된 법을 설하지 않으셨습니다. 그러나 이 사람은 중국에 태어났습니다. 그는 지혜를 가졌고 바보가 아니고 귀머거리도 벙어리도 아니어서 잘 설해진 것인지 잘못 설해진 것인지 그 뜻을 잘 아는 능력이 있습니다. 이것이 여덟 번째 청정범행을 닦기에 적당하지 않은 순간이고 적당하지 않은 때입니다.

이 여덟 가지 법이 꿰뚫기 어려운 것입니다.

(8) 어떤 여덟 가지 법이 일어나게 해야 하는 것입니까? 여덟 가지 대인의 생각입니다.

① 이 법은 소욕(少慾)하는 자를 위한 것이지 큰 욕심 가진 자를 위한 것이 아닙니다.

②이 법은 지족(知足)하는 자를 위한 것이지 지족하지 못하는 자를 위한 것이 아닙니다.

③ 이 법은 한거(閑居)하는 자를 위한 것이지 무리지어 살기를 즐기는 자를 위한 것이 아닙니다.

④ 이 법은 열심히 정진하는 자를 위한 것이지 게으른 자를 위한 것이 아닙니다.

⑤ 이 법은 마음챙김을 확립한 자를 위한 것이지 마음챙김을 놓아버린 자를 위한 것이 아닙니다.

⑥ 이 법은 삼매에 든 자를 위한 것이지 삼매에 들지 못한 자를 위한 것이 아닙니다.

⑦ 이 법은 통찰지를 갖춘 자를 위한 것이지 통찰지가 나쁜 자를 위한 것이 아닙니다.

⑧ 이 법은 사량분별(思量分別)이 없는 자[583]를 위한 것이지 사량분별을 즐기는 자를 위한 것이 아닙니다.

이 여덟 가지 법이 일어나게 해야 하는 것입니다.

(9) 어떤 여덟 가지 법이 최상의 지혜로 알아야 하는 것입니까? 여덟 가지 지배의 경지[八勝處][584]입니다.

① 어떤 자는 안으로 물질[色]을 인식하면서, 밖으로 좋은 색깔이나 나쁜 색깔을 가진 제한된 물질들을 봅니다. 이것들을 지배하면서 '나는 알고 본다.'라고 이렇게 인식합니다. 이것이 첫 번째 지배의 경지입니다.

② 어떤 자는 안으로 물질을 인식하면서, 밖으로 좋은 색깔이나 나쁜 색깔을 가진 무량한 물질들을 봅니다. 이것들을 지배하면서 '나는 알고 본다.'라고 이렇게 인식합니다. 이것이 두 번째 지배의 경지입니다.

③ 어떤 자는 안으로 물질을 인식하지 않으면서, 밖으로 좋은 색깔이나 나쁜 색깔을 가진 제한된 물질들을 봅니다. 이것들을 지배하면

583) "'사량분별이 없음(nippapañca)'이란 자만(māna)과 갈애(taṇhā)와 사견(diṭṭhi)의 사량분별이 없음이다."(DA.iii.1062)

584) 「합송경」(D33) §3.1의 (10)과 같다.

서 '나는 알고 본다.'라고 이렇게 인식합니다. 이것이 세 번째 지배의 경지입니다.

④ 어떤 자는 안으로 물질을 인식하지 않으면서, 밖으로 좋은 색깔이나 나쁜 색깔을 가진 무량한 물질들을 봅니다. 이것들을 지배하면서 '나는 알고 본다.'라고 이렇게 인식합니다. 이것이 네 번째 지배의 경지입니다.

⑤ 어떤 자는 안으로 물질을 인식하지 않으면서, 밖으로 푸른 색깔을 가졌고 푸른 외양을 가졌고 푸른 광명을 가진 푸른 물질들을 봅니다. 마치 아마 꽃이 푸르고 푸른 색깔을 가졌고 푸른 외양을 가졌고 푸른 광명을 가진 것처럼, 마치 양면이 모두 부드러운 와라나시 옷감이 푸르고 푸른 색깔을 가졌고 푸른 외양을 가졌고 푸른 광명을 가진 것처럼 어떤 자는 안으로 물질을 인식하지 않으면서 밖으로 푸른 색깔을 가졌고 푸른 외양을 가졌고 푸른 광명을 가진 푸른 물질들을 봅니다. 이것들을 지배하면서 '나는 알고 본다.'라고 이렇게 인식합니다. 이것이 다섯 번째 지배의 경지입니다.

⑥ 어떤 자는 안으로 물질을 인식하지 않으면서, 밖으로 노란 색깔을 가졌고 노란 외양을 가졌고 노란 광명을 가진 노란 물질들을 봅니다. 마치 깐니까라 꽃이 노랗고 노란 색깔을 가졌고 노란 외양을 가졌고 노란 광명을 가진 것처럼, 마치 양면이 모두 부드러운 와라나시 옷감이 노랗고 노란 색깔을 가졌고 노란 외양을 가졌고 노란 광명을 가진 것처럼 어떤 자는 안으로 물질을 인식하지 않으면서 밖으로 노란 색깔을 가졌고 노란 외양을 가졌고 노란 광명을 가진 노란 물질들을 봅니다. 이것들을 지배하면서 '나는 알고 본다.'라고 이렇게 인식합니다. 이것이 여섯 번째 지배의 경지입니다.

⑦ 어떤 자는 안으로 물질을 인식하지 않으면서, 밖으로 빨간 색깔을 가졌고 빨간 외양을 가졌고 빨간 광명을 가진 물질들을 봅니다. 마치 월계꽃이 빨갛고 빨간 색깔을 가졌고 빨간 외양을 가졌고 빨간 광명을 가진 것처럼, 마치 양면이 모두 부드러운 와라나시 옷감이 빨갛고 빨간 색깔을 가졌고 빨간 외양을 가졌고 빨간 광명을 가진 것처럼 어떤 자는 안으로 물질을 인식하지 않으면서 밖으로 빨간 색깔을 가졌고 빨간 외양을 가졌고 빨간 광명을 가진 빨간 물질들을 봅니다. 이것들을 지배하면서 '나는 알고 본다.'라고 이렇게 인식합니다. 이것이 일곱 번째 지배의 경지입니다.

⑧ 어떤 자는 안으로 물질을 인식하지 않으면서, 밖으로 흰 색깔을 가졌고 흰 외양을 가졌고 흰 광명을 가진 흰 물질들을 봅니다. 마치 샛별이 희고 흰 색깔을 가졌고 흰 외양을 가졌고 흰 광명을 가진 것처럼, 마치 양면이 모두 부드러운 와라나시 옷감이 희고 흰 색깔을 가졌고 흰 외양을 가졌고 흰 광명을 가진 것처럼 어떤 자는 안으로 물질을 인식하지 않으면서 밖으로 흰 색깔을 가졌고 흰 외양을 가졌고 흰 광명을 가진 흰 물질들을 봅니다. 이것들을 지배하면서 '나는 알고 본다.'라고 이렇게 인식합니다. 이것이 여덟 번째 지배의 경지입니다.

이 여덟 가지 법이 최상의 지혜로 알아야 하는 것입니다.

(10) 어떤 여덟 가지 법이 실현해야 하는 것입니까? 여덟 가지 해탈[八解脫]585) 입니다.

① 여기 비구는 물질[色]을 가져 물질들을 봅니다. 이것이 첫 번째 해탈입니다.

585) 「합송경」(D33) §3.1의 (11)과 같다.

② 안으로 물질에 대한 인식이 없이 밖으로 물질들을 봅니다. 이것이 두 번째 해탈입니다.

③ 청정하다라고 확신합니다. 이것이 세 번째 해탈입니다.

④ 물질[色]에 대한 인식(산냐)을 완전히 초월하고 부딪힘의 인식을 소멸하고 갖가지 인식을 마음에 잡도리하지 않기 때문에 '무한한 허공'이라고 하면서 공무변처를 구족하여 머뭅니다. 이것이 네 번째 해탈입니다.

⑤ 공무변처를 완전히 초월하여 '무한한 알음알이[識]'라고 하면서 식무변처를 구족하여 머뭅니다. 이것이 다섯 번째 해탈입니다.

⑥ 식무변처를 완전히 초월하여 '아무것도 없다.'라고 하면서 무소유처를 구족하여 머뭅니다. 이것이 여섯 번째 해탈입니다.

⑦ 무소유처를 완전히 초월하여 비상비비상처를 구족하여 머뭅니다. 이것이 일곱 번째 해탈입니다.

⑧ 일체 비상비비상처를 완전히 초월하여 상수멸(想受滅, 인식과 느낌의 그침)을 구족하여 머뭅니다. 이것이 여덟 번째 해탈입니다.

이 여덟 가지 법이 실현해야 하는 것입니다.

이와 같이 이들 여든 가지 법은 사실이고, 옳고, 진실이고, 거짓이 아니며, 그렇지 않은 것이 아니며, 바르고, 여래께서 바르게 깨달으신 것입니다."

아홉에 관계된 법들

2.2. "도반들이여, 아홉 가지 법은 많은 것을 만듭니다. 아홉 가지 법은 닦아야 합니다. 아홉 가지 법은 철저히 알아야 합니다. 아홉

가지 법은 버려야 합니다. 아홉 가지 법은 퇴보에 빠진 것입니다. 아홉 가지 법은 수승함에 동참하는 것입니다. 아홉 가지 법은 꿰뚫기 어렵습니다. 아홉 가지 법은 일어나게 해야 합니다. 아홉 가지 법은 최상의 지혜로 알아야 합니다. 아홉 가지 법은 실현해야 합니다.

(1) 어떤 아홉 가지 법은 많은 것을 만듭니까? 아홉 가지 지혜로운 주의[如理作意]를 뿌리로 가진 법입니다.

① 지혜로운 주의를 기울이는 자에게 환희가 생깁니다.

② 환희하는 자에게 희열이 생깁니다.

③ 희열하는 마음을 가진 자에게 몸은 경안합니다.

④ 몸이 경안한 자는 행복을 느낍니다.

⑤ 행복한 자는 마음이 삼매에 듭니다.

⑥ 마음이 삼매에 들 때 있는 그대로 알고 봅니다.

⑦ 있는 그대로 알고 보면 역겨워합니다.[厭惡]

⑧ 역겨워하면 욕망이 빛바랩니다.[離慾]

⑨ 욕망이 빛바래면 해탈합니다.[解脫]

이 아홉 가지 법이 많은 것을 만듭니다.

(2) 어떤 아홉 가지 법을 닦아야 합니까? 아홉 가지 청정의 주요한 원인이 되는 구성요소들입니다.

① 계청정은 청정의 주요한 원인이 되는 구성요소입니다.

② 마음청정은 청정의 주요한 원인이 되는 구성요소입니다.

③ 견청정은 청정의 주요한 원인이 되는 구성요소입니다.

④ 의심을 제거함에 의한 청정은 청정의 주요한 원인이 되는 구성요소입니다.

⑤ 도와 도 아님에 대한 지(知)와 견(見)에 의한 청정은 청정의 주

요한 원인이 되는 구성요소입니다.

⑥ 도닦음에 대한 지와 견에 의한 청정은 청정의 주요한 원인이 되는 구성요소입니다.

⑦ 지와 견에 의한 청정은 청정의 주요한 원인이 되는 구성요소입니다.

⑧ 통찰지586)에 의한 청정은 청정의 주요한 원인이 되는 구성요소입니다.

⑨ 해탈587)에 의한 청정은 청정의 주요한 원인이 되는 구성요소입니다.

이 아홉 가지 법을 닦아야 합니다.

(3) 어떤 아홉 가지 법을 철저히 알아야 합니까? 아홉 가지 중생의 거처588)입니다.

① 도반들이여, 각자 다른 몸을 가지고 각자 다른 인식을 가진 중생들이 있습니다. 예를 들면 인간들과 어떤 신들과 어떤 악처에 떨어진 자들입니다. 이것이 첫 번째 중생의 거처입니다.

② 도반들이여, 각자 다른 몸을 가졌지만 모두 같은 인식을 가진 중생들이 있습니다. 예를 들면 [여기서] 초[禪]을 닦아서 태어난 범중천의 신들입니다. 이것이 두 번째 중생의 거처입니다.

---

586) "여기서 통찰지(paññā)란 아라한과의 통찰지이다."(DA.iii.1062) 즉 계청정에서부터 지와 견에 의한 청정까지의 7청정을 통해서 성취된 아라한과의 통찰지라는 뜻이다. 7청정에 대해서는 『청정도론』 해제 §14 <칠청정의 측면에서 본 청정도론>과 『아비담마 길라잡이』 9장 §28 이하를 참조할 것.

587) "해탈(vimutti)도 아라한과의 해탈을 뜻한다."(*Ibid*)

588) 「합송경」(D33) §3.2의 (3)과 같다.

③ 도반들이여, 모두 같은 몸을 가졌지만 각자 다른 인식을 가진 중생들이 있습니다. 예를 들면 광음천의 신들입니다. 이것이 세 번째 중생의 거처입니다.

④ 도반들이여, 모두 같은 몸을 가졌고 모두 같은 인식을 가진 중생들이 있습니다. 예를 들면 변정천의 신들입니다. 이것이 네 번째 중생의 거처입니다.

⑤ 도반들이여, 인식이 없고 느끼지 못하는 중생들이 있습니다. 예를 들면 무상유정천의 신들입니다. 이것이 다섯 번째 중생의 거처입니다.

⑥ 도반들이여, 물질[色]에 대한 인식(산냐)을 완전히 초월하고 부딪힘의 인식을 소멸하고 갖가지 인식을 마음에 잡도리하지 않기 때문에 '무한한 허공'이라고 하면서 공무변처(空無邊處)에 도달한 중생들이 있습니다. 이것이 여섯 번째 중생의 거처입니다.

⑦ 도반들이여, 공무변처를 완전히 초월하여 '무한한 알음알이[識]'라고 하면서 식무변처(識無邊處)에 도달한 중생들이 있습니다. 이것이 일곱 번째 중생의 거처입니다.

⑧ 도반들이여, 일체 식무변처를 완전히 초월하여 '아무 것도 없다.'라고 하면서 무소유처(無所有處)에 도달한 중생들이 있습니다. 이것이 여덟 번째 중생의 거처입니다.

⑨ 도반들이여, 무소유처를 완전히 초월하여 비상비비상처(非想非非想處)에 도달한 중생들이 있습니다. 이것이 아홉 번째 중생의 거처입니다.

이 아홉 가지 법을 철저히 알아야 합니다.

(4) 어떤 아홉 가지 법을 버려야 합니까? 아홉 가지 갈애를 뿌리로

가진 법들입니다.

갈애를 조건으로 추구가, 추구를 조건으로 얻음이, 얻음을 조건으로 판별이, 판별을 조건으로 욕망[慾貪]이, 욕망을 조건으로 탐착이, 탐착을 조건으로 거머쥠이, 거머쥠을 조건으로 인색이, 인색을 조건으로 수호가, 수호를 원인으로 하여 몽둥이를 들고 무기를 들고 싸우고 말다툼하고 분쟁하고 상호비방하고 중상모략하고 거짓말하는 수많은 사악하고 해로운 법들이 생겨납니다.[589] 이 아홉 가지 법을 버려야 합니다.

(5) 어떤 아홉 가지 법이 퇴보에 빠진 것입니까? 아홉 가지 원한의 원인[590]입니다.

① '이 [사람이] 나에게 손해를 끼쳤다.'라고 해서 원한이 생깁니다.

② '이 [사람이] 나에게 손해를 끼친다.'라고 해서 원한이 생깁니다.

③ '이 [사람이] 나에게 손해를 끼칠 것이다.'라고 해서 원한이 생깁니다.

④~⑥ '이 [사람이] 내가 좋아하고 마음에 드는 사람에게 손해를 끼쳤다 … 손해를 끼친다 … 손해를 끼칠 것이다.'라고 해서 원한이 생깁니다.

⑦~⑨ '이 [사람이] 내가 좋아하지 않고 마음에 들지 않는 사람에게 이익을 주었다 … 이익을 준다 … 이익을 줄 것이다.'라고 해서 원한이 생깁니다.

이 아홉 가지 법이 퇴보에 빠진 것입니다.

(6) 어떤 아홉 가지 법이 수승함에 동참하는 것입니까? 아홉 가지

589) 이 문장은 본서 제2권 「대인연경」(D15) §9와 일치한다.

590) 「합송경」(D33) §3.2의 (1)과 같다.

원한을 다스림[591]입니다.

① '이 [사람이] 나에게 손해를 끼쳤다. 그러나 이 경우에 그것이 [우리 둘의] 어디에 존재한단 말인가?'라고 원한을 다스립니다.

② '이 [사람이] 나에게 손해를 끼친다. 그러나 이 경우에 그것이 [우리 둘의] 어디에 존재한단 말인가?'라고 원한을 다스립니다.

③ '이 [사람이] 나에게 손해를 끼칠 것이다. 그러나 이 경우에 그것이 [우리 둘의] 어디에 존재한단 말인가?'라고 원한을 다스립니다.

④~⑥ '이 [사람이] 내가 좋아하고 마음에 드는 사람에게 손해를 끼쳤다 … 손해를 끼친다 … 손해를 끼칠 것이다. 그러나 이 경우에 그것이 [우리 둘의] 어디에 존재한단 말인가?'라고 원한을 다스립니다.

⑦~⑨ '이 [사람이] 내가 좋아하지 않고 마음에 들지 않는 사람에게 이익을 주었다 … 이익을 준다 … 이익을 줄 것이다. 그러나 이 경우에 그것이 [우리 둘의] 어디에 존재한단 말인가?'라고 원한을 다스립니다.

이 아홉 가지 법이 수승함에 동참하는 것입니다.

(7) 어떤 아홉 가지 법이 꿰뚫기 어려운 것입니까? 아홉 가지 다양함입니다.

① 요소[界]의 다양함을 조건으로 ② 감각접촉[觸]의 다양함이 일어납니다.[592]

③ 감각접촉의 다양함을 조건으로 느낌[受]의 다양함이 일어납니다.

④ 느낌의 다양함을 조건으로 인식[想]의 다양함이 일어납니다.

---

591) 「합송경」(D33) §3.2의 (2)와 같다.

592) "눈 등의 요소들의 다양함(nānatta)을 조건으로 눈의 감각접촉 등의 다양함이 일어난다는 뜻이다."(DA.iii.1062))

⑤ 인식의 다양함을 조건으로 사유(思惟)의 다양함이 일어납니다.

⑥ 사유의 다양함을 조건으로 의욕[慾]의 다양함이 일어납니다.

⑦ 의욕의 다양함을 조건으로 열뇌(熱惱)의 다양함이 일어납니다.

⑧ 열뇌의 다양함을 조건으로 추구(追求)의 다양함이 일어납니다.

⑨ 추구의 다양함을 조건으로 얻음의 다양함이 일어납니다.

이 아홉 가지 법이 꿰뚫기 어려운 것입니다.

(8) 어떤 아홉 가지 법이 일어나게 해야 하는 것입니까? 아홉 가지 인식입니다.

부정에 대한 인식[不淨想], 죽음에 대한 인식, 음식에 혐오하는 인식, 모든 세상에 대해 즐거워하지 않는 인식, 무상의 [관찰로 생긴] 인식,[593] 무상에서 괴로움의 [관찰로 생긴] 인식, 괴로움에서 무아의 [관찰로 생긴] 인식, 버림의 [관찰로 생긴] 인식, 탐욕이 빛바램의 [관찰로 생긴] 인식입니다. 이 아홉 가지 법이 일어나게 해야 하는 것입니다.

(9) 어떤 아홉 가지 법이 최상의 지혜로 알아야 하는 것입니까? 아홉 가지 차례로 머묾[九次第住][594]입니다.

① 도반들이여, 여기 비구는 감각적 욕망들을 완전히 떨쳐버리고 해로운 법[不善法]들을 떨쳐버린 뒤, 일으킨 생각[尋]과 지속적인 고찰[伺]이 있고, 떨쳐버렸음에서 생겼고, 희열[喜]과 행복[樂]이 있는 초선(初禪)을 구족하여 머뭅니다.

② … 제2선(二禪)을 구족하여 머뭅니다.

③ … 제3선(三禪)을 구족하여 머뭅니다.

---

593) 이하 5가지는 「합송경」(D33) §2.1의 (26)과 같다.

594) 「합송경」(D33) §3.2의 (5)와 같다.

④ … 제4선(四禪)을 구족하여 머뭅니다.

⑤ 물질[色]에 대한 인식(산냐)을 완전히 초월하고 부딪힘의 인식을 소멸하고 갖가지 인식을 마음에 잡도리하지 않기 때문에 '무한한 허공'이라고 하면서 공무변처를 구족하여 머뭅니다.

⑥ 공무변처를 완전히 초월하여 '무한한 알음알이[識]'라고 하면서 식무변처를 구족하여 머뭅니다.

⑦ 식무변처를 완전히 초월하여 '아무것도 없다.'라고 하면서 무소유처를 구족하여 머뭅니다.

⑧ 무소유처를 완전히 초월하여 비상비비상처를 구족하여 머뭅니다.

⑨ 일체 비상비비상처를 완전히 초월하여 상수멸(想受滅, 인식과 느낌의 그침)을 구족하여 머뭅니다.

이 아홉 가지 법이 최상의 지혜로 알아야 하는 것입니다.

(10) 어떤 아홉 가지 법이 실현해야 하는 것입니까? 아홉 가지 차례로 소멸함[九次第滅][595] 입니다.

① 초선을 증득한 자에게 감각적 욕망의 인식이 소멸합니다.

② 2선을 증득한 자에게 일으킨 생각과 지속적인 고찰이 소멸합니다.

③ 3선을 증득한 자에게 희열이 소멸합니다.

④ 4선을 증득한 자에게 들숨날숨이 소멸합니다.

⑤ 공무변처를 증득한 자에게 물질의 인식이 소멸합니다.

⑥ 식무변처를 증득한 자에게 공무변처의 인식이 소멸합니다.

⑦ 무소유처를 증득한 자에게 식무변처의 인식이 소멸합니다.

⑧ 비상비비상처를 증득한 자에게 무소유처의 인식이 소멸합니다.

⑨ 상수멸을 증득한 자에게 인식과 느낌이 소멸합니다.

---

595) 「합송경」(D33) §3.2의 (6)과 같다.

이 아홉 가지 법이 실현해야 하는 것입니다.

이와 같이 이들 아혼 가지 법은 사실이고, 옳고, 진실이고, 거짓이 아니며, 그렇지 않은 것이 아니며, 바르고, 여래께서 바르게 깨달으신 것입니다."

열에 관계된 법들

2.3. "도반들이여, 열 가지 법은 많은 것을 만듭니다. 열 가지 법은 닦아야 합니다. 열 가지 법은 철저히 알아야 합니다. 열 가지 법은 버려야 합니다. 열 가지 법은 퇴보에 빠진 것입니다. 열 가지 법은 수승함에 동참하는 것입니다. 열 가지 법은 꿰뚫기 어렵습니다. 열 가지 법은 일어나게 해야 합니다. 열 가지 법은 최상의 지혜로 알아야 합니다. 열 가지 법은 실현해야 합니다.

(1) 어떤 열 가지 법은 많은 것을 만듭니까? 열 가지 [자신을] 확고하게 하는 법[596]입니다.

① 도반들이여, 여기 비구는 계를 잘 지닙니다. 그는 계목의 단속으로 단속하면서 머뭅니다. 바른 행실과 행동의 영역을 갖추고, 작은 허물에 대해서도 두려움을 보며, 학습계목을 받아 지녀 공부짓습니다. 도반들이여, 비구가 계를 잘 지니고, 계목의 단속으로 단속하면서 머물며, 바른 행실과 행동의 영역을 갖추고, 작은 허물에 대해서도 두려움을 보며, 학습계목을 받아 지녀 공부짓는 것도 [자신을] 확고하게 하는 법입니다.

② 다시 도반들이여, 비구는 많이 배우고[多聞] 배운 것을 잘 호지

596) 「합송경」(D33) §3.3의 (1)과 같다.

하고 배운 것을 잘 정리합니다. 법들은 시작도 훌륭하고 중간도 훌륭하고 끝도 훌륭하나니, 이러한 법들은 의미와 표현을 구족하고 더할 나위 없이 완벽하며 지극히 청정한 범행을 확실하게 드러냅니다. 그는 이러한 법들을 많이 배우고 호지하고 말로써 친숙하게 되고 마음으로 숙고하고 견해로써 잘 꿰뚫습니다. 도반들이여, 비구가 많이 배우고 … 견해로써 잘 꿰뚫는 것도 [자신을] 확고하게 하는 법입니다.

③ 다시 도반들이여, 비구는 좋은 친구[선우]이고 좋은 동료이며 좋은 벗입니다. 도반들이여, 비구가 좋은 친구이고 좋은 동료이며 좋은 벗인 것도 [자신을] 확고하게 하는 법입니다.

④ 다시 도반들이여, 비구는 훈도하기 쉬운 자여서 훈도하기 쉬운 성질들을 지니고 있고 인욕하고 교계(敎誡)를 공경하여 받아들입니다. 도반들이여, 비구가 훈도하기 쉬운 자여서 훈도하기 쉬운 성질들을 지니고 있고 인욕하고 교계를 공경하여 받아들이는 것도 [자신을] 확고하게 하는 법입니다.

⑤ 다시 도반들이여, 비구는 동료 수행자들을 위한 것이라면 반드시 해야 할 여러 가지 소임들을 열심히 하는 자여서 거기에 숙련되고 게으르지 않으며 그러한 검증을 구족하여 충분히 실행하고 충분히 준비하는 자입니다. 도반들이여, 비구가 동료 수행자들을 위한 것이라면 … 충분히 준비하는 것도 [자신을] 확고하게 하는 법입니다.

⑥ 다시 도반들이여, 비구는 법을 갈구하는 자여서 [법]담 나누기를 좋아하고 아비담마[對法]와 아비위나야[對律]에 대해서 크나큰 환희심을 가집니다. 도반들이여, 비구가 법을 갈구하는 자여서 … 크나큰 환희심을 가지는 것도 [자신을] 확고하게 하는 법입니다.

⑦ 다시 도반들이여, 비구는 이런저런 의복, 음식, 거처, 병구완을

위한 약품으로 만족합니다. 도반들이여, 비구가 이런저런 의복, 음식, 거처, 병구완을 위한 약품으로 만족하는 것도 [자신을] 확고하게 하는 법입니다.

⑧ 다시 도반들이여, 비구는 해로운 법들을 제거하고 유익한 법들을 두루 갖추기 위해서 불굴의 정진으로 머뭅니다. 그는 굳세고 분투하고 유익한 법들에 대한 짐을 내팽개치지 않습니다. 도반들이여, 비구가 해로운 법들을 제거하고 … 유익한 법들에 대한 짐을 내팽개치지 않는 것도 [자신을] 확고하게 하는 법입니다.

⑨ 다시 도반들이여, 비구는 마음챙김을 가진 자입니다. 그는 최상의 마음챙김과 슬기로움(알아차림)을 구족하여 오래 전에 행하고 오래 전에 말한 것일지라도 모두 기억하고 챙깁니다. 도반들이여, 비구가 마음챙김을 가진 자여서 …모두 기억하고 챙기는 것도 [자신을] 확고하게 하는 법입니다.

⑩ 다시 도반들이여, 비구는 통찰지를 가진 자입니다. 그는 꿰뚫음이 있으며 바르게 괴로움의 소멸로 인도하는 일어나고 사라짐에 대한 성스러운 통찰지를 갖추어 있습니다. 도반들이여, 비구가 통찰지를 가진 자여서 … 성스러운 통찰지를 갖춘 것도 [자신을] 확고하게 하는 법입니다.

이 열 가지 법이 많은 것을 만듭니다.

(2) 어떤 열 가지 법을 닦아야 합니까? 열 가지 까시나의 장소[597] 입니다.

① 어떤 자는 위로 아래로 옆으로 둘이 아니며 제한이 없는 땅의

597) 「합송경」(D33) §3.3의 (2)와 같다. 그런데 『청정도론』의 10가지 까시나 가운데서 광명의 까시나 대신에 「합송경」과 여기서는 알음알이의 까시나가 나타난다.

까시나를 인식합니다.

② … 물의 까시나를 인식합니다.

③ … 불의 까시나를 인식합니다.

④ … 바람의 까시나를 인식합니다.

⑤ … 푸른색의 까시나를 인식합니다.

⑥ … 노란색의 까시나를 인식합니다.

⑦ … 빨간색의 까시나를 인식합니다.

⑧ … 흰색의 까시나를 인식합니다.

⑨ … 허공의 까시나를 인식합니다.

⑩ 어떤 자는 위로 아래로 옆으로 둘이 아니며 제한이 없는 알음알이의 까시나를 인식합니다.

이 열 가지 법을 닦아야 합니다.

(3) 어떤 열 가지 법을 철저히 알아야 합니까? 열 가지 감각장소이니 눈의 감각장소, 형상의 감각장소, 귀의 감각장소, 소리의 감각장소, 코의 감각장소, 냄새의 감각장소, 혀의 감각장소, 맛의 감각장소, 몸의 감각장소, 감촉의 감각장소입니다. 이 열 가지 법을 철저히 알아야 합니다.

(4) 어떤 열 가지 법을 버려야 합니까? 열 가지 삿됨[598]이니 삿된 견해, 삿된 사유, 삿된 말, 삿된 행위, 삿된 생계, 삿된 정진, 삿된 마음챙김, 삿된 삼매, 삿된 지혜, 삿된 해탈입니다. 이 열 가지 법을 버려야 합니다.

(5) 어떤 열 가지 법이 퇴보에 빠진 것입니까? 열 가지 해로운 업

---

598) 「합송경」(D33) §3.1의 (1)에 나타나는 8가지에다 삿된 지혜와 삿된 해탈을 추가한 것이다.

의 길[十不善業道][599]이니 생명을 죽임, 주지 않은 것을 가짐, 삿된 음행, 거짓말, 중상모략, 욕설, 잡담, 탐욕, 악의, 삿된 견해입니다. 이 열 가지 법이 퇴보에 빠진 것입니다.

(6) 어떤 열 가지 법이 수승함에 동참하는 것입니까? 열 가지 유익한 업의 길[十善業道][600]이니 생명을 죽이는 것을 금함, 주지 않은 것을 가지는 것을 금함, 삿된 음행을 금함, 거짓말을 금함, 중상모략을 금함, 욕설을 금함, 잡담을 금함, 탐욕 없음, 악의 없음, 바른 견해입니다. 이 열 가지 법이 수승함에 동참하는 것입니다.

(7) 어떤 열 가지 법이 꿰뚫기 어려운 것입니까? 열 가지 성스러운 삶입니다.

도반들이여, 여기 비구는 ① 다섯 가지 구성요소들을 버리고 ② 여섯 가지 구성요소들을 갖추고 ③ 한 가지의 보호를 가지고 ④ 네 가지 받침대를 가지고 ⑤ 독단적인 진리를 버리고 ⑥ 추구를 완전히 포기하고 ⑦ 투명한 사유를 하고 ⑧ 몸의 상카라가 고요하고 ⑨ 마음은 잘 해탈하였고 ⑩ 잘 해탈한 통찰지를 가집니다.

① 도반들이여, 그러면 어떻게 비구는 다섯 가지 구성요소들을 버립니까? 도반들이여, 여기 비구는 감각적 욕망을 버리고 악의를 버리고 해태·혼침을 버리고 들뜸·후회를 버리고 의심을 버립니다. 도반들이여, 이와 같이 비구는 다섯 가지 구성요소들을 버립니다.

② 도반들이여, 그러면 어떻게 비구는 여섯 가지 구성요소들을 갖춥니까? 도반들이여, 여기 비구는 눈으로 형상을 볼 때 마음이 즐겁거나 괴롭지 않고 평온하고 마음챙기고 정확하게 알아차리면서 머뭅

599) 「합송경」(D33) §3.3의 (3)과 같다.

600) 「합송경」(D33) §3.3의 (4)와 같다.

니다. 귀로 소리를 들을 때 … 코로 냄새를 맡을 때 … 혀로 맛을 볼 때 … 몸으로 감촉을 촉감할 때 … 마노로 법을 알 때 마음이 즐겁거나 괴롭지 않고 평온하고 마음챙기고 정확하게 알아차리면서 머뭅니다. 도반들이여, 이와 같이 비구는 여섯 가지 구성요소들을 갖춥니다.

③ 도반들이여, 그러면 어떻게 비구는 한 가지의 보호를 가집니까? 도반들이여, 여기 비구는 마음챙김의 보호를 가진 마음을 갖춥니다. 도반들이여, 이와 같이 비구는 한 가지의 보호를 가집니다.

④ 도반들이여, 그러면 어떻게 비구는 네 가지 받침대를 가집니까? 도반들이여, 여기 비구는 숙고한 뒤에 어떤 것은 수용합니다. 숙고한 뒤에 어떤 것은 감내합니다. 숙고한 뒤에 어떤 것은 피합니다. 숙고한 뒤에 어떤 것은 제거합니다. 도반들이여, 이와 같이 비구는 네 가지 받침대를 가집니다.

⑤ 도반들이여, 그러면 어떻게 비구는 독단적인 진리를 버립니까? 도반들이여, 여기 비구는 이런저런 범속한 사문·바라문들의 독단적인 진리를 모두 내던지고 버리고 없애고 토하고 몰아내고 풀어내고 제거하고 포기합니다. 도반들이여, 이와 같이 비구는 독단적인 진리를 버립니다.

⑥ 도반들이여, 그러면 어떻게 비구는 추구를 완전히 포기합니까? 도반들이여, 여기 비구는 감각적 욕망을 추구하는 것을 제거합니다. 존재를 추구하는 것을 제거합니다. 청정범행을 추구하는 것을 놓아버립니다. 도반들이여, 이와 같이 비구는 추구를 완전히 포기합니다.

⑦ 도반들이여, 그러면 어떻게 비구는 투명한 사유를 합니까? 도반들이여, 여기 비구는 감각적 욕망에 대한 사유를 제거합니다. 악의에 대한 사유를 제거합니다. 해코지에 대한 사유를 제거합니다. 도반

들이여, 이와 같이 비구는 투명한 사유를 합니다.

⑧ 도반들이여, 그러면 어떻게 비구는 몸의 상카라가 고요합니까? 도반들이여, 여기 비구는 행복도 버리고 괴로움도 버리고, 아울러 그 이전에 이미 기쁨과 슬픔을 소멸하였으므로 괴롭지도 즐겁지도 않으며, 평온으로 인해 마음챙김이 청정한 제4선에 들어 머뭅니다. 도반들이여, 이와 같이 비구는 몸의 상카라가 고요합니다.

⑨ 도반들이여, 그러면 어떻게 비구는 마음이 잘 해탈합니까? 도반들이여, 여기 비구의 마음은 애욕으로부터 해탈합니다. 그의 마음은 성냄으로부터 해탈합니다. 그의 마음은 어리석음으로부터 해탈합니다. 도반들이여, 이와 같이 비구는 마음이 잘 해탈합니다.

⑩ 도반들이여, 그러면 어떻게 비구는 잘 해탈한 통찰지를 가집니까? 도반들이여, 여기 비구는 '나의 애욕은 제거되었고 그 뿌리가 잘렸고 야자수 줄기처럼 만들어졌고 멸절되었고 미래에 다시는 일어나지 않게끔 되었다.'라고 꿰뚫어 압니다. '나의 성냄은 제거되었고 그 뿌리가 잘렸고 야자수 줄기처럼 만들어졌고 멸절되었고 미래에 다시는 일어나지 않게끔 되었다.'라고 꿰뚫어 압니다. '나의 어리석음은 제거되었고 그 뿌리가 잘렸고 야자수 줄기처럼 만들어졌고 멸절되었고 미래에 다시는 일어나지 않게끔 되었다.'라고 꿰뚫어 압니다. 도반들이여, 이와 같이 비구는 잘 해탈한 통찰지를 가집니다.

이 열 가지 법이 꿰뚫기 어려운 것입니다.

(8) 어떤 열 가지 법이 일어나게 해야 하는 것입니까? 열 가지 인식[601]입니다.

601) 본경 §2.2의 (8)번째에 나타나는 아홉 가지 인식에다 소멸의 [관찰로 생긴] 인식을 더하여 열 가지가 되었다.

부정에 대한 인식[不淨想], 죽음에 대한 인식, 음식에 혐오하는 인식, 모든 세상에 대해 즐거워하지 않는 인식, 무상의 [관찰로 생긴] 인식, 무상에서 괴로움의 [관찰로 생긴] 인식, 괴로움에서 무아의 [관찰로 생긴] 인식, 버림의 [관찰로 생긴] 인식, 탐욕이 빛바램의 [관찰로 생긴] 인식, 소멸의 [관찰로 생긴] 인식[602]입니다. 이 열 가지 법이 일어나게 해야 하는 것입니다.

(9) 어떤 열 가지 법이 최상의 지혜로 알아야 하는 것입니까? 열 가지 다함의 토대입니다.[603]

① 바른 견해를 가진 자에게 그릇된 견해가 다하게 됩니다. 그러면 그릇된 견해를 조건으로 하여 일어난 여러 가지 삿되고 해로운 법들도 그에게서 다하게 됩니다.

② 바른 사유를 가진 자에게 그릇된 사유가 다하게 됩니다. …

③ 바른 말을 하는 자에게 그릇된 말이 다하게 됩니다. …

④ 바른 행위를 하는 자에게 그릇된 행위가 다하게 됩니다. …

⑤ 바른 생계를 가진 자에게 그릇된 생계가 다하게 됩니다. …

⑥ 바른 정진을 하는 자에게 그릇된 정진이 다하게 됩니다. …

⑦ 바른 마음챙김을 가진 자에게 그릇된 마음챙김이 다하게 됩니다. …

⑧ 바른 삼매를 가진 자에게 그릇된 삼매가 다하게 됩니다. …

⑨ 바른 지혜를 가진 자에게 그릇된 지혜가 다하게 됩니다. …

⑩ 바른 해탈을 가진 자에게 그릇된 해탈이 다하게 됩니다. 그러

602) "완전한 소멸의 상태인 열반에 대해서 생긴 인식이 소멸의 [관찰로 생긴] 인식(nirodhasaññā)이다."(SAṬ.ii.154)

603) 『중부』 「위대한 40가지에 관한 경」(Mahācattārīsaka Sutta, M117) §35에 나타난다.

면 그릇된 해탈을 조건으로 하여 일어난 여러 가지 삿되고 해로운 법도 그에게서 다하게 됩니다.

이 열 가지 법이 최상의 지혜로 알아야 하는 것입니다.

⑽ 어떤 열 가지 법이 실현해야 하는 것입니까? 열 가지 무학(無學)에 속하는 법이니[604] 무학에 속하는 바른 견해, 무학에 속하는 바른 사유, 무학에 속하는 바른 말, 무학에 속하는 바른 행위, 무학에 속하는 바른 생계, 무학에 속하는 바른 정진, 무학에 속하는 바른 마음챙김, 무학에 속하는 바른 삼매, 무학에 속하는 바른 지혜, 무학에 속하는 바른 해탈입니다. 이 열 가지 법이 실현해야 하는 것입니다.

이와 같이 이들 백 가지 법은 사실이고, 옳고, 진실이고, 거짓이 아니며, 그렇지 않은 것이 아니며, 바르고, 여래께서 바르게 깨달으신 것입니다."

「십상경」이 끝났다.

---

604) 「합송경」(D33) §3.3의 (6)과 같다.

빠띠까 품은

빠띠까 경, 우둠바리까 사자후경, 전륜성왕 사자후경, 세기경, 확신경, 정신경, 삼십이상경, 교계 싱갈라 경, 아따나띠야 경, 합송경, 십상경 — 이 11개 경들로 구성되어 있다.

빠띠까 품이 끝났다.

법왕의 곁에서
모든 괴로움 제거하기를
모든 행복 가져오기를
죽음 없는 안은(安隱) 증득하기를!

디가 니까야가 끝났다.

부록

디가 니까야 주석서 서문

그분 세존, 아라한, 정등각께 귀의합니다
namo tassa bhagavato arahato sammāsambuddhassa

디가 니까야 주석서 서문

서시(序詩)

1. [중생을] 연민하시는 시원한 가슴을 가지셨고
통찰지의 빛으로 어리석음의 어두움을 제거하셨고
인간과 불사(不死)의 영역을 포함한
모든 세상의 스승이시며
태어남을 벗어나신 선서(善逝)께 예배합니다.

부처님께서 부처됨(buddhabhāva)을
닦으시고 실현하신 뒤에 드러내어 주신
때가 없이 청정한
저 위없는 법에 예배합니다.

선서의 가슴에서 [자라난][605] 아들들이요

605) '가슴에서 [자라난]'은 orasa의 역어이다. orasa는 가슴을 뜻하는 산스끄

마라의 군대를 분쇄하신
여덟 가지 무리[八輩]606)로 된 성스러운 승가에
머리 조아려 예배합니다.

2. 이처럼 청정한 믿음을 가진 마음으로
이제 나는 삼보님을 칭송하여 공덕을 쌓았으니
[이러한 칭송과 공덕으로] 장애를 아주 잘 제거하여
그 힘으로 [시할라 주석서를 마가다어로 옮긴다.]

부처님과 부처님의 제자들이 칭송하셨고
믿음을 가득 실어서 덕스러우며
길게 설하신 경들로 구성된, 지혜로 가득하며 뛰어난
긴 길이의 전승된 가르침[長阿含]607)에 대한 주석서608)는

리뜨 uras(*Pāli.* ura)의 곡용형으로 베다에서부터 등장하는 단어 aurasa의 빠알리 형태인데 '자기 가슴에 속하는, 자신이 직접 키운, 선천적인' 등을 뜻하는 단어로 쓰인다. 주석서는 이 단어를 다음과 같이 설명한다.
"가슴에서 [자라남]이란 가슴에 올려놓고 키웠다는 뜻이다. 어머니가 가슴에서 [자란] 아들에게 깊은 연민을 가지고 그에게 생기는 위험을 없애기 위해서 애를 쓰는 것처럼 깊은 연민을 가진다는 뜻이다."(DA.ii.542)

606) 예류도, 예류과, 일래도, 일래과, 불환도, 불환과, 아라한도, 아라한과의 여덟이다.

607) 여기서 붓다고사는 『디가 니까야』를 『디가 아가마』(Dīgha Āgama)라고 부르고 있다. 아가마(āgama)는 중국에서 아함(阿含)으로 음사한 단어이며 Dīgha Āgama는 그래서 장아함(長阿含)이라 한역되었다. 여기서는 한역 『장아함』과의 혼동을 피하기 위해서 '긴 길이의 전승된 가르침'으로 옮겼는데 이것은 『디가 니까야』(Dīghanikāya, 長部)와 동의어이다. 빠알리에서도 이렇게 4부 니까야를 4아함으로 부르고 있다.

608) 물론 여기서 주석서(aṭṭhakathā)는 붓다고사가 지은 후대의 주석서가 아닌 마힌다 장로가 기원전 3세기 경에 삼장(三藏, Tipiṭaka)과 함께 스리랑카로 전승해온 고주석서를 말한다. 이를 붓다고사 등이 완성한 주석서

그 뜻을 밝히기 위해서
자재함을 성취하신 500명의 [아라한]들에 의해
처음부터 합송되었으며609)
그 후에도 계속해서 합송되었다.610)

대 마힌다 [장로]께서 [대주석서를] 다시
시할라 섬으로 가져왔고
섬에 사는 분들을 위해서611)
시할라 언어로 정착이 되었다.
이제 나는 그 [시할라 주석서]로부터
시할라 언어를 제거한 뒤
허물이 없는 [빠알리] 성전의 전통을 계승한
매혹적인 [마가다] 언어로612) [다시] 옮긴다.

들과 구분하기 위해서 후대 문헌들에서는 『대주석서』(Mahāṭṭhakathā) 라고 부르기도 하고 『시할라 주석서』(Sīhalāṭṭhakathā)라고 부르기도 한다.

609) 이처럼 『대주석서』 혹은 『시할라 주석서』의 최초 부분은 이미 일차결집에서 합송된 것으로 설명하고 있다.

610) '계속해서 합송되었다.'는 anusaṅgītā를 번역한 것이다. 복주서에서는 야사(Yasa) 장로 등에 의해서 그 후 이차합송과 삼차합송에서 계속 합송된 것을 말한다고 설명하고 있다.(DAṬ.i.20)

611) "여기서 섬에 사는 분(dīpavāsi)들이란 염부제 섬(Jambudīpa, 인도)에 사는 자들을 말한다. 혹은 시할라 섬(스리랑카)에 사는 자들을 위해서 시할라 언어로 정착이 되었다고 적용해도 된다."(*Ibid*) 역자는 후자를 따랐다.

612) 원어는 manorama bhāsa인데 문자적으로는 '매혹적인 언어'라는 뜻이다. 복주서에서 마가다 언어(Māgadhabhāsa)를 말한다고 설명하고 있어서(*Ibid*) '매혹적인 [마가다] 언어'로 풀어서 옮겼다.

나는 전통적인 교학 체계를 거스르지 않나니[613)]
장로들의 계보를 밝혀주시고
아주 현명하고 뛰어난 판별력을 가지신
대사(大寺, Mahāvihāra)에 머무는 장로들을 통해
거듭해서 전승되어온 의미를 모아서
이제 그 의미를 밝히고자 하나니
이는 여러 착한 사람들을 만족시키고
법이 오래 머물게 하기 위해서이다.

3. 계의 가르침들과 두타행의 법들과 모든 명상주제들과
기질의 분류와 함께 禪의 증득[等至]과
모든 초월지들과 통찰지[慧]의 정의를 내리는 것과
무더기[蘊]·요소[界]·감각장소[處]·기능[根]과
네 가지 성스러운 진리[諦]와
여러 조건[緣=緣起]의 가르침과
극히 청정하고 능숙한 방법과
성전을 벗어나지 않은 도(道)와
위빳사나 수행 — 이 모든 것은
내가 지은 『청정도론』에서 아주 청정하게 [설명되었다.]

그러므로 거기서 설한 것은
다시 여기서 고찰하지 않을 것이다.
『청정도론』은 네 가지 전승된 가르침[四阿含]들의

613) '전통적인 교학 체계를 거스르지 않는다.'는 samayaṁ avilomento를 의역한 것이다. 복주서에 의미를 잘못 전달하는 허물이 없음(atthadosābhāva)을 뜻한다고 설명하면서, 잘못을 범하지 않기 때문에 상좌부(theravādā)의 가르침을 여기서 분명하게 드러낼 것이라는 뜻이라고 밝히고 있어서(*Ibid*) 이렇게 옮겼다.

중앙에 서서 거기서 말씀하신 뜻을 드러내기 때문이다.
그러므로 이와 같이 [『청정도론』]을 가져와서
[『수망갈라윌라시니』614)라 이름하는] 본 주석서와 함께
긴 길이의 전승된 가르침(=장부)에 나타나는
의미를 파악할 것이다.615)

들어가는 말

4. 여기서 긴 길이의 전승된 가르침[長阿含 = 長部]이라는 것은 품(品, vagga)으로는 『계온품』(戒蘊品, Sīlakhandhavagga), 『대품』(大品, Mahāvagga), 『빠띠까 품』(Pāthikavagga)의 세 품이고 경(sutta)으로는 34개 경들의 모음이다. 품들 가운데서는 『계온품』이 처음이고 경들 가운데서는 「범망경」이 처음이다. 「범망경」에서는 '이와 같이 나는 들었다.'가 처음인데, 이것은 아난다 존자가 일차합송 때에 처음에 말한 [경이 설해진] 기원이다.

일차대합송의 기원

5. 이 일차대합송(一次大合誦, paṭhamamahāsaṅgīti)이라 불리는 것은 율장에 그 전체 과정이 드러나 있다. 여기서는 일차대합송의 기원에 대한 정확한 이해를 위해서 다음과 같이 설명하고자 한다.

---

614) 『수망갈라윌라시니』(Sumaṅgalavilāsinī)는 붓다고사 스님이 지은 이 『장부 주석서』의 이름이다. 문자적으로는 su(굉장히)-maṅgala(길상한)-vilāsinī(은총)란 의미인데 붓다고사 스님이 수망갈라 사원(Sumaṅgala-pariveṇa)에 주석하던 다타나가(Dāṭhanāga) 스님의 부탁으로 이 주석서를 지었기 때문에 이런 이름을 붙인 듯하다.

615) 『청정도론』과 경장과의 관계는 『청정도론』 서문 §2 <상좌부불교에서 차지하는 청정도론의 위치와 성격>을 참조할 것.

법륜을 굴리신 것을 시작으로 하고 수밧다 유행승을 인도하신 것까지[616] 부처의 의무를 [모두] 다하신 세상의 주인인 세존께서는 꾸시나라의 근처에 있는 말라들의 살라 숲에서 한 쌍의 살라 나무[娑羅雙樹] 사이에서 웨사카 달의 보름날[617] 새벽에 무여열반계로 반열반하셨다.[618]

마하깟사빠 존자의 발의

6. 세존의 사리를 배분하는 날에 모여든 중생들과 만 명의 비구 승가의 장로인 마하깟사빠 존자는 세존께서 반열반하신 지 칠 일째에 늙깎이 수밧다[619]가,

"도반들이여, 이제 그만 하십시오. 슬퍼하지 마십시오. 탄식하지 마십시오. 도반들이여, 우리는 이제 그러한 대사문으로부터 잘 해방되었습니다. 우리는 '이것은 그대들에게 적당하다. 이것은 그대들에게 적당하지 않다.'라고 늘 간섭받았습니다. 그러나 이제 우리들은 무엇이든 원하는 것은 하면 되고 무엇이든 원하지 않는 것은 하지 않으면 되게 되었습니

---

616) 수밧다가 부처님과 나눈 대화는 본서 제2권 「대반열반경」(D16) §§5.23~5.30에 잘 나타나 있으므로 참조할 것.

617) 원어는 visākha-puṇṇama-divasa인데 '위사카 보름날'로 직역할 수 있다. 이처럼 위사카 보름날로 언급이 될 때는 visākha로 쓰이지만 달의 이름으로 표기할 때는 이것의 곡용형인 웨사카(vesākha, *Sk.* vaiśākha)로 쓰인다. 그래서 '웨사카 달의 보름날'로 옮겼다. 웨사카 달은 음력 4월에 해당한다. 그러므로 웨사카 달의 보름날이란 음력 4월 15일이다. 상좌부 전통에 의하면 부처님께서는 이 날에 탄생하고 성도하고 반열반하셨다고 한다.(BvA.248; Mhv.iii.2) 그러므로 상좌부 불교에서는 가장 중요한 날이다.

618) 「대반열반경」(D16) §§6.7~6.10을 참조할 것.

619) 늙깎이 수밧다는 위에서 언급한 세존의 마지막 제자가 된 수밧다와는 전혀 다른 사람이다. 그래서 늙깎이라는 별칭을 붙여서 부르는 것이다.

다.”(D16 §6.20)라고 말했던 것을 기억하였다.

그는 이러한 승가의 모임이 다시 있기는 어려울 것이라고 판단하여 이와 같이 생각하였다.

'이러한 경우가 있을 것이니, 사악한 비구들이 '스승의 가르침은 끝이 났다.'라고 생각하여 기회를 포착한 뒤 오래지 않아서 정법을 사라지게 할 것이다. 그러나 법과 율이 확립되어 있는 한 스승의 가르침은 끝이 나지 않는다. 세존께서 “아난다여, 내가 가고난 후에는 내가 그대들에게 가르치고 천명한 법과 율이 그대들의 스승이 될 것이다.”(D16 §6.1)라고 말씀하셨기 때문이다. 그러니 나는 이 교법이 오랜 세월동안 오래오래 머물게 하기 위해서 법과 율을 합송하도록 하리라.'

7. '그리고 세존께서는 내게 “깟사빠여, 그대는 나의 이 삼베로 만든 다 떨어진 분소의를 입겠는가?”(S16:11/ii.210)라고 하시면서 [세존이 쓰시던] 가사를 함께 사용하도록 해주셨다. 그리고 세존께서는 “비구들이여, 나는 원하는 만큼 감각적 욕망들을 완전히 떨쳐버리고 해로운 법[不善法]들을 떨쳐버린 뒤, 일으킨 생각[尋]과 지속적인 고찰[伺]이 있고, 떨쳐버렸음에서 생겼으며, 희열[喜]과 행복[樂]이 있는 초선(初禪)을 구족하여 머문다. 비구들이여, 깟사빠도 역시 원하는 만큼 감각적 욕망들을 완전히 떨쳐버리고 해로운 법들을 떨쳐버린 뒤, 일으킨 생각과 지속적인 고찰이 있고, 떨쳐버렸음에서 생겼으며, 희열과 행복이 있는 초선(初禪)을 구족하여 머문다.”(S16:9/ii.202*f.*)라고 하셨다.'[620]

---

620) 『상윳따 니까야』(상응부) 『깟사빠 상응』(S16)의 9번째 경부터 11번째 경까지에 나타나는 이 두 가지 일화는 세존께서 깟사빠 존자를 얼마나 신뢰하고 계셨는가를 알게 하는 경들이다. S16:9 등에서 세존께서는 당신이 초선 등의 4선과 공무변처 등의 4처와 상수멸과 육신통을 구족하셨듯이, 깟사빠 존자도 그러하다고 인정하셨다. S16:10 등에는 깟사빠 존자가 자신의 좋은 가사를 세존께 드리자, 세존께서는 당신이 사용하시던 가사를 깟사빠 존자에게 주셨다는 일화가 나타나고 있다.

8. 이와 같은 방법으로 [세존께서는 가사를] 그와 평등하게 나누어 가짐을 통해서 그가 아홉 가지 차례로 머묾[九次第住=九次第定]과 여섯 가지 신통지[六神通]로 분류되는 인간을 넘어선 법들을 [갖추었음을] 인정하셨고, 허공에 손을 흔들어 보이시면서 그의 걸림 없는 마음을 칭송하셨고, 달의 비유621)를 통한 도닦음으로 그를 칭송하셨다. 그러니 그가 [법과 율을 합송하는 것] 이외에 다른 어떠한 것을 통해서 [세존에 대한] 빚을 갚겠는가?

9. 그래서 [율장 『소품』에는] "그러자 마하깟사빠 존자는 비구들을 불러서 말하였다. '도반들이여, 한때 나는 500명의 많은 비구 승가와 함께 빠와로부터 꾸시나라로 통하는 대로를 따라 가고 있었다.'"(Vin. ii.284)라고 설하고 있다. 여기에 대해서는 [늦깎이] 수밧다에 대한 부분(Subhaddakaṇḍa)에 상세하게 설명되어 있다. 그 뜻은 「대반열반경」을 통해서 앞으로 설명할 것이다.622)

그런 후에 그는 "도반들이여, 그러니 우리는 비법(非法)이 드러나고 법이 사라지기 전에, 비율(非律)이 드러나고 율이 사라지기 전에, 비법을 설하는 자들이 강성해지고 법을 설하는 자들이 힘을 잃기 전에, 비율을

621) 이것은 『상윳따 니까야』의 『깟사빠 상응』의 「달의 비유 경」(S16:3)을 말한다. 이 경에서 세존께서는 허공에 손을 흔들면 아무데도 걸림이 없는 사실과 달의 비유를 통해서 깟사빠 존자의 걸림 없는 마음을 칭송하셨다. 붓다고사는 『깟사빠 상응』에 나타나는 이러한 몇 가지 경들을 들어서 깟사빠 존자가 부처님으로부터 큰 칭송을 받았으니 법과 율을 결집할 만한 그릇이 됨을 서술하고 있다. 이런 전통을 중국 선종에서는 삼처전심(三處傳心)으로 확장하여 세존께서 가섭(깟사빠) 존자에게 정법안장(正法眼藏)을 부촉하신 것으로 주장하고 있음은 주지의 사실이다.

622) 다름 아닌 본서 제2권 「대반열반경」(D16) §§19~20에 나타나는 늦깎이 수밧다에 대한 일화이다. 위에서 인용한 늦깎이 수밧다의 충격적인 말이 깟사빠 존자로 하여금 결집을 서두르게 하였다.

설하는 자들이 강성해지고 율을 설하는 자들이 힘을 잃기 전에, 법과 율을 합송해야 합니다."(Vin.ii.285)라고 말하였다.

499명의 장로를 선출함

10. 비구들은 말했다. '존자시여, 그렇다면 장로께서 비구들을 선출하십시오.' 이에 [깟사빠] 장로는 모든 아홉 가지 구성요소를 가진 스승의 교법[九分敎][623]으로 구성된 가르침을 호지하는 범부와 예류자와 일래자와 불환자와 마른 위빳사나를 닦은[624] 번뇌 다한 비구들 수백 명

---

623) '아홉 가지 구성요소를 가진 스승의 교법[九分敎]'은 navaṅga-satthu-sāsana를 옮긴 것이다. 이것은 우리에게 구분교(九分敎)로 알려져 있는데 부처님의 가르침을 그 형식에 따라서 아홉 가지로 분류한 것이다. 그것은 ① 경(經, sutta), ② 응송(應頌, geyya), ③ 상세한 설명[記別, 授記, veyyākaraṇa], ④ 게송(偈頌, gāthā), ⑤ 감흥어(感興語, udāna), ⑥ 여시어(如是語, itivuttaka), ⑦ 본생담(本生譚, jātaka), ⑧ 미증유법(未曾有法, abbhūtadhamma), ⑨ 문답(方等, vedalla)으로 아홉 가지인데 아래 §67에 잘 설명되어 있으므로 참조할 것.
북방 소전에는 대부분 12분교로 나타난다. 중국에서는 역자마다 조금씩 달리 번역했는데 주로 契經, 應頌, 受記(記別), 自說, 諷誦(伽他), 譬喩, 因緣, 本事, 本生, 方廣, 希法, 論義로 번역하였다. 이 가운데 譬喩, 因緣, 本事의 셋을 빼면 구분교가 된다.

624) '마른 위빳사나를 닦은 [자]'는 sukkha-vipassaka의 역어이다. 이는 禪의 '습기'가 없이 위빳사나를 닦기 때문에 붙인 이름이라 한다.(『아비담마 길라잡이』 9장 §29의 해설 참조) 빠알리 주석서와 복주서 전반에서 禪 혹은 삼매를 닦지 않고 바로 위빳사나를 닦는 '마른 위빳사나를 하는 자'의 언급이 무수히 등장한다. 그리고 『청정도론』에서는 이런 사람을 '순수 위빳사나를 하는 자(suddhavipassaka, XVIII. §8)'라고 표현하기도 한다. 그리고 이렇게 해서 아라한이 된 자를 본문에 나타나듯이 '마른 위빳사나를 닦은 번뇌 다한 자(sukkhavipassaka-khīṇāsava)'라고 부른다. 이런 아라한들은 번뇌는 다했지만 삼매를 닦지 않았기 때문에 신통이 없다. 이런 아라한들은 500명을 뽑는데서 제외하였다는 말이다.

과 수천 명을 제외한 뒤, 삼장 전체에 대한 교설을 잘 구분하여 호지하고, 무애해625)를 얻었으며, 큰 위력을 가졌고, 대부분이 세존께서 최고의 경지라고 인정하셨으며, 세 가지 영지[三明] 등을 갖춘 번뇌 다한 비구들 499명을 선출하였다. 이것을 두고 [율장 『소품』에서는] "그러자 마하깟사빠 존자는 499명의 아라한들을 뽑았다"(Vin.ii.285)라고 하였다.

아난다 존자의 선출에 관한 일화

11. 그러면 왜 장로는 한 명이 모자라게 선출을 하였을까? 아난다 존자에게 기회를 주기 위해서였다. 아난다 장로가 없으면 법에 대한 합송을 할 수가 없고, 그렇다고 아난다 장로와 함께 법에 대한 합송을 할 수도 없기 때문이다. 아난다 존자는 아직 유학(有學)626)이어서 해야 할 바가 남아 있기 때문에 함께 할 수가 없다. 그러나 그가 없이 십력(十力)을 갖추신 부처님이 설하신 경과 응송 등을 직접 드러낸다는 것은 있을 수가 없다. 그래서 [그는 이렇게] 말한다.

> "8만 2천은 부처님으로부터 받은 것이고
> 2천은 비구들로부터 받은 것이니
> 나는 8만 4천 가지의
> 이러한 법들을 전개하노라."(Thag.92)

---

625) 무애해(無碍解)에는 의(義)무애해와 법(法)무애해와 사(詞)무애해와 변(辯)무애해의 네 가지가 있다. 상세한 것은 『청정도론』 XIV.21 이하를 참조할 것.

626) 유학(有學, sekha/sekkha)은 예류자부터 불환자까지를 지칭하는 술어이다. 그리고 예류자 이상의 성자(ariya)의 경지에 들지 못한 모든 중생은 범부(凡夫, puthujjana)라 하고, 아라한은 무학(無學, asekha/asekkha)이라 한다.

그러므로 아난다 존자가 없이도 불가능하다.

12. 만일 이처럼 그가 법의 합송에서 할 일이 많다면 유학일지라도 깟사빠 장로는 그를 뽑으면 될 것이다. 그런데 왜 뽑지 않았는가? 남들의 비난을 피하기 위해서이다. 장로는 참으로 아난다 존자에게 아주 강한 신뢰가 있었기 때문에 아난다 존자의 머리가 허옇게 세었음에도 불구하고 "이 어린애는 적당함도 모르는 것 같구나."(S16:11/ii.218)라고 어린애(kumāraka)라는 말로 훈도를 하였다. 아난다 존자는 사꺄 가문의 후손이요 여래의 사촌 동생이다.

여기서 어떤 비구들이 [깟사빠 존자가 아난다 존자를 뽑은 것을 두고] 애정(chanda, 열의) 때문에 하지 않아야 할 것[627]을 범한 것이라고 생각하여, '장로는 무애해를 갖춘 많은 무학의 비구들을 제외하고 무애해를 갖추지 못한 유학인 아난다를 뽑았다.'고 비난할 것이다. 그런 남들의 비난을 피하면서 '아난다 장로가 없이는 법에 대한 합송을 할 수가 없고, 그렇다고 아난다 장로와 함께 법에 대한 합송을 할 수도 없다. 비구들의 동의를 받아서 그를 선택할 것이다.'라고 생각하여 뽑지 않은 것이다.

13. 그러자 비구들이 스스로 아난다 존자를 위해서 장로에게 요청을 하였다. "비구들은 마하깟사빠 존자에게 이렇게 말하였다. '존자시여, 이분 아난다 존자는 비록 유학이어서 애정(chanda, 열의), 성냄(dosa), 어리석음(moha), 두려움(bhaya) 때문에 하지 않아야 할 것을 완전히 끊지는 못했지만 세존의 곁에서 법과 율을 많이 배웠습니다. 존자시여, 그러

627) 애정(열의) 때문에 하지 않아야 하는 것(chandāgati)은 아래 문단에 나타나듯이 네 가지 하지 않아야 하는 것(agati) 가운데 첫 번째이다. 그리고 이 넷은 본서 「정신경」(D29) §26 등에서는 아라한이 범할 수 없는 아홉 가지에 포함되어 있다. 그러므로 깟사빠 존자가 개인적인 애정(열의) 때문에 아난다 존자를 뽑았다고 한다면 깟사빠 존자는 아라한이 아닌 것이 되고 만다.

므로 장로께서는 아난다 존자를 뽑으셔야 합니다.'라고. 그러자 마하깟사빠 존자는 아난다 존자를 뽑았다."(Vin.ii.285)

라자가하를 합송 장소로 결정함

14. 이와 같이 비구들의 동의를 받아서 뽑은 아난다 존자를 포함하여 모두 500명의 장로들이 되었다. 그러자 장로 비구들에게 이런 생각이 들었다. '그러면 우리는 어디서 법과 율을 합송해야 할까?' 그러자 장로 비구들에게 이런 생각이 들었다. "라자가하는 [탁발할] 지역628)이 많이 있고 거처도 또한 많습니다. 그러니 우리는 라자가하에서 안거를 하면서 법과 율을 합송합시다. 다른 비구들은 라자가하로 안거를 하러 오지 못하게 합시다."(Vin.ii.285)라고.

15. 그러면 왜 그분들에게 그런 생각이 들었을까? '이것은 우리들에게 중차대한 갈마(羯磨)629)이다. 그러니 어떤 다른 사람이 승가 안에 들어와서 혼란을 야기시키면 안된다.'[라고 생각했기 때문이다.] 그러자 마하깟사빠 존자는 한 번으로 결정하는 갈마(ñatti-dutiya-kamma)630)를

---

628) "여기서 고짜라(gocara)란 탁발하는 장소(bhikkhācaraṇaṭṭhāna)를 뜻한다."(DAṬ.i.28)

629) 갈마(羯磨)는 kamma의 역어이다. 경장에서 kamma는 의도적 행위를 뜻하며 중국에서는 업(業)으로 옮겼다. 율장에서는 승가의 공식적인 일을 말하며 수계식, 출죄, 징벌, 사원의 운영이나 인사(人事) 등의 승가의 공식적인 모든 업무가 이 kamma에 포함된다. 중국에서는 갈마(羯磨)라 음역하여 율장의 전문술어로 정착이 되었다.

630) '한 번으로 결정하는 갈마'로 옮긴 ñāti-dutiya-kamma는 문자적으로는 상정(ñātti, 白)을 두 번째로(dutiya) 하는 갈마(kamma)이다. 이것은 안건을 상정하여 한 번만 대중의 의견을 물어본 뒤에 그 다음에 바로 결정하는 갈마를 말한다. 중국에서는 백이갈마(白二羯磨)로 직역을 하였다. 또 다른 갈마는 세 번으로 결정하는 갈마(ñatti-catuttha-kamma, 문자적

진행하였다. "도반들이여, 승가는 저의 말씀을 들으십시오. '만일 승가에게 적당하다면 승가는 이 500명의 비구들이 라자가하에서 안거를 하면서 법과 율을 합송하도록 하고 다른 비구들이 라자가하에서 안거를 하지 못하도록 하는데 동의해주십시오.'라는 이것이 그 결정을 위한 [상정]입니다."(Vin.ii.285)

16. "도반들이여, 승가는 저의 말씀을 들으십시오. 승가는 이 500명의 비구들이 라자가하에서 안거를 하면서 법과 율을 합송하도록 하고 다른 비구들이 라자가하에서 안거를 하지 못하도록 하는데 동의합니까? 승가가 이 500명의 비구들이 라자가하에서 안거를 하면서 법과 율을 합송하도록 하고 다른 비구들이 라자가하에서 안거를 하지 못하도록 하는 것에 동의하는 것을 인정하는 존자들은 침묵하십시오. 그리고 인정하지 않는 분은 말씀을 하십시오."

"승가는 이 500명의 비구들이 라자가하에서 안거를 하면서 법과 율을 합송하도록 하고 다른 비구들이 라자가하에서 안거를 하지 못하도록 하는 것에 동의하였고 승가는 인정하였습니다. 그래서 침묵합니다. 이와 같이 이것은 통과되었습니다."(Vin.ii.285)

17. 이 갈마는 여래께서 반열반하신지 21일째 되던 날에 거행되었다. 세존께서는 웨사카 달의 보름날 새벽에 반열반에 드셨는데[631] 칠

으로는 상정을 네 번째로 하는 갈마)이다. 즉 안건을 상정 혹은 고지하여 세 번을 물어본 뒤 그 다음 네 번째에 결정하는 갈마이다. 중국에서는 백사갈마(白四羯磨)로 직역하였다. 그 외 중요하지 않은 승가의 업무는 한 번의 상정 혹은 고지만으로 결정을 하였는데 이를 상정으로만 결정하는 갈마(ñatti-catuttha-kamma, 白羯磨)라 한다.(KankhvitrA 255~256 참조)

631) 우리의 음력으로 4월이다. 북방 전통에서는 부처님의 탄생, 출가, 성도, 입멸을 모두 다른 날로 보지만 상좌부 전통에서는 모두 웨사카 달의 보름(음

일간은 자금색 존체를 향과 화환 등으로 예배하였다. 이와 같이 칠 일은 존체에 예경을 하는 날이었다. 그 뒤 칠 일 동안은 화장을 하였으며 다시 칠 일간은 격자모양의 통을 만들어 집회소에서 사리에 예배하였다.632) 이렇게 하여 21일이 지나갔다. 젯타물라 달633)의 상현634)의 5일째 날에 사리를 분배하였다. 바로 이 사리를 분배하는 날에 많은 비구승가가 운집하였으며 마하깟사빠 존자는 늦깎이 수밧다가 한 바르지 못한 언행을 제기한 뒤 앞에서 설한 방법대로 비구들을 뽑아서 이 갈마를 진행하는 말을 한 것이다.

40일 후에 합송하기로 함

18. 이 갈마를 마친 뒤 마하깟사빠 장로는 비구들을 불러서 말하였다. "도반들이여, 이제 여러분들에게 40일의 기회를 드립니다. 그 후에는 '우리에게는 이런 어려운 일이 생겼습니다. [그러니 해결하러 가봐야겠습니다.]'라고 말하는 것은 받아들여지지 않습니다. 그러므로 이 40일 안에 자신에게 병이나 어려운 일이 생겼거나, 스승과 은사에게 어려운 일이 생겼거나, 부모에게 어려운 일이 생겼거나, 발우를 수선하거나, 가사를 만들 일이 있으면 그 어려운 일을 모두 해결하십시오."635)

력 4월 보름)으로 같은 날로 본다.

632) 본서 제2권 「대반열반경」(D16) §6.14와 §6.23을 참조할 것.

633) 줄여서 Jeṭṭha라고만 나타나기도 한다. 우리의 음력 5월에 해당한다. 산스끄리뜨는 Jyaiṣṭha이다.

634) 여기서 상현은 sukka-pakkha(문자적으로는 흰 부분)를 옮긴 것이다. 달이 커지는 때를 말한다. 반대는 kāḷa-pakkha(검은 부분)로 달이 줄어드는 때를 말하며 본서에서는 하현으로 옮기고 있다.

635) 즉 깟사빠 존자가 이 말을 하던 날이 젯타 달(음5월) 5일이었으니 40일간 해결할 일을 모두 해결한 뒤 아살하(Āsāḷha) 달 보름(음6월 보름)에 모여

19. 이와 같이 말을 한 뒤에 장로는 자신의 500명의 회중과 함께 라자가하로 갔다. 다른 대장로들도 각자 자신의 회중들과 함께 슬픔의 쇠살에 맞은 많은 사람들을 위로하기 위해서 이곳저곳으로 흩어졌다. 뿐나(Puṇṇa) 장로는 700명의 비구와 함께 '우리는 여래께서 반열반하신 곳을 방문하는 많은 사람들을 위로할 것이다.'라고 꾸시나라에 체류하였다.

아난다 존자의 40일간 행적

20. 아난다 존자는 세존께서 반열반하시기 전처럼, 반열반하신 후에도 세존의 발우와 가사를 자신이 지니고 500명의 비구들과 함께 사왓티로 유행을 떠났다. 그가 가는 곳마다 함께 하는 비구들의 숫자는 불어났다. 존자가 가는 곳마다 큰 탄식이 있었다. 차례차례 길을 따라서 장로가 사왓티에 도착하자 사왓티에 거주하는 사람들은 '장로가 오셨다.'는 소문을 듣고 향과 화환 등을 손에 들고 모여들어서 '아난다 존자시여, 전에는 세존과 함께 오셨는데 오늘은 세존을 어디로 보내시고 혼자 오셨습니까?'라는 등의 말을 하면서 슬피 울었다. 부처님 세존께서 반열반하시던 날처럼 큰 탄식이 있었다.

21. 거기서 아난다 존자는 무상함 등과 연결된 법문으로[636] 그 많은 사람들을 인식시킨 뒤 제따 숲에 들어가서 십력을 갖추신 부처님께서 머무시던 간다 토굴(간다꾸띠, 香室)[637]에 절을 올린 뒤 문을 열고 침

서 합송을 하자는 말이다. 지금도 남방에서는 이 아살하 달 보름부터 앗사유자(Assayuja) 달(음9월) 보름까지 석 달을 안거기간으로 삼고 있다.

636) 본서 제2권 「대반열반경」(D16) §5.14를 참조할 것.

637) 제따 숲의 급고독원에는 네 개의 큰 건물이 있었다고 한다. 그 가운데서 부처님께서 머무시던 곳이 바로 이 간다 토굴(Gandha-kuṭi, 香室)이

상과 좌대를 끄집어내어 먼지를 털었다. 간다 토굴을 청소하고 시든 화환더미를 내버린 뒤 침상과 좌대를 다시 가지고 들어가서 제자리에 놓은 후에 세존께서 머무시던 때처럼 해야 할 의무를 모두 다 실행하였다.

22. 의무를 행하면서 욕실에 씻는 물을 저장하는 등의 소임을 행할 때에 간다 토굴에 절을 한 뒤 '참으로 세존께서는 '이제 그대들이 목욕할 시간이 되었다. 이제 설법을 들을 시간이 되었다. 비구들에게 훈도할 시간이 되었다. 사자처럼 [우협으로] 누워서 쉴 시간이 되었다. 양치질 할 시간이 되었다.'고 말씀하셨는데.'라는 등으로 탄식을 하였다.

그는 덕의 무더기를 가지셨고 불사(不死)의 감로수에 대한 지혜를 갖추신 세존에 대한 사랑이 아직 남아있었고, 번뇌를 다하지 못하였으며, 그의 마음은 수천 생 동안을 [세존과] 서로서로 도우면서 지내온 사실을 잘 아는 부드러움에 젖어있었기 때문이다.

이런 그의 모습을 보고 어떤 신이 와서 '아난다 존자여, 당신이 이렇게 탄식을 하면 다른 사람들을 어떻게 위로하여 그들을 편안하게 하겠습니까?'라고 절박한 심정을 말하였다. 그는 이 말을 듣자 가슴에 절박함이 생겨서 마음을 다잡았다. 그런 후에 여래께서 반열반하신 뒤부터 자리에 오래 앉아있어서 체액이 과다하게 된 몸을 편안하게 하기 위해서 둘째 날에는 우유로 만든 소화제를 마시고 승방에서 쉬었다. 이것을 두고 수바 바라문 학도가 [그를 초청하기 위해서] 보낸 바라문 학도에게 "바라문 학도여, [오늘은] 적당한 시간이 아니오. 오늘 나는 약을 먹었다오. 내일 적당한 시간과 여건을 고려하여 가도록 하겠소."라고 말한 것이다.[638)]

다.(Jā.i.92) 이 터는 지금도 잘 보존되어 많은 순례자들의 심금을 울리고 있다. 자세한 것은 본서 제2권 「대전기경」(D14) §1.1의 주해를 참조할 것.

638) 본서 제1권 「수바 경」(D10) §1.4를 참조할 것.

23. 그 다음 날에 존자는 쩨따까 존자를 뒤따르는 사문으로 삼아서 수바 바라문 학도에게 가서 바라문 학도의 질문에 대해서 여기 『디가 니까야』(장부)의 열 번째 경인 「수바 경」을 설하였다. 그런 다음에 아난다 장로는 제따 숲의 큰 승원에서 부서지고 허물어진 곳을 수리하게 한 뒤 안거를 하기 위해서 모여든 비구 승가를 뒤로 하고 라자가하로 갔다. 법의 합송을 위해서 다른 비구들도 모여들었다. 이와 같이 간 것을 두고 [율장에서는] 이렇게 말하고 있다. "그러자 장로 비구들은 법과 율을 합송하기 위해서 라자가하로 갔다."(Vin.ii.286) 그들은 아살하 달(음6월)의 보름에 포살(우포사타)을 거행한 뒤 첫날에 모여서 안거에 들어갔다.639)

왕의 도움으로 라자가하의 승원들을 보수함

24. 그 무렵에 라자가하 주위에는 18개의 큰 승원이 있었는데 모두 폐허가 되다시피 하였다. 세존께서 반열반하시자 모든 비구들이 자신의 발우와 가사를 가지고 승원과 승방을 버리고 떠나버렸기 때문이다. 거기서 장로들은 일에 대한 논의를 하여 세존의 말씀을 공경하고 외도의 교설을 몰아내기 위해서 '첫 번째 달은 부서지고 허물어진 곳을 수리해야겠다.'고 작정하였다. 외도들이 '사문 고따마의 제자들은 스승이 계실 때는 승원을 돌보더니만 반열반하자 폐허로 만들었다. 여러 가문들에서 큰 재산을 보시한 것은 이제 파손되어 버렸다.'라고 말할 것이기

---

639) 부처님 당시부터 안거는 아살하(Āsāḷha) 달의 보름(우리의 음6월 보름)에 시작하였으며 지금도 남방의 모든 나라에서는 이날에 결제를 하여 석 달간 안거에 들어간다. 안거하는 달과 12달의 이름에 대해서는 본서 제1권 「사문과경」(D2) §1의 주해를 참조할 것.

때문이었다. 그리고 그런 외도들의 교설을 몰아내기 위해서 그렇게 작정하였다고도 말한다. 이와 같이 작정한 뒤 일에 대한 합의를 하였다. 이것을 두고 [율장에서는] "그러자 장로 비구들에게 이런 생각이 들었다. '도반들이여, 세존께서는 부서지고 허물어진 곳을 수리하는 것을 칭찬하셨습니다. 도반들이여, 그러니 우리는 첫 번째 달은 부서지고 허물어진 곳을 수리합시다. 중간 달에 모여서 법과 율을 합송합시다."(Vin.ii.286)라고 설하였다.

왕이 칠엽굴에 천막을 만들게 함

25. 그들은 이튿날에 왕궁의 대문으로 가서 서있었다. 왕은 나와서 인사한 뒤 '존자들이시여, 어떻게 오셨습니까?'라고 자신이 해야 할 일을 물었다. 장로들은 18개의 큰 승원을 수리하기 위해서 수작업(手作業)이 필요하다고 하였다. 왕은 수작업을 하는 사람들을 보내주었다. 장로들은 첫 번째 달에 모든 승원을 수리하게 한 뒤 왕에게 알렸다.

'대왕이여, 승원을 수리하는 일이 끝났습니다. 이제 우리는 법과 율을 합송할 것입니다.'

'존자들이여, 참으로 잘 결정하셨습니다. 우리에게는 왕명의 바퀴가 있어야 하고, 존자들에게는 법의 바퀴가 있어야 합니다. 존자들이여, 명령을 주십시오. 제가 무엇을 도와드릴까요?'

'대왕이여, 합송을 하는 비구들이 함께 모일 곳이 필요합니다.'

'존자들이여, 어디에 만들면 되겠습니까?'

'대왕이여, 웨바라(Vebhāra) 산허리에 있는 칠엽굴(七葉窟)640)에 만드

640) 칠엽굴(七葉窟)은 Sattapaṇṇi-guhā의 역어이다. 여기서 Sattapaṇṇi는 나무 이름이다. 문자적으로는 '일곱(satta)개의 잎사귀(paṇṇa)를 가진 [것]'이란 뜻이며 그래서 중국에서는 칠엽(七葉)으로 옮겼다. 이 나무의 잎사귀가 일곱 조각으로 나있었기 때문에 붙인 이름이며, 이 동굴(guhā)

는 것이 적당합니다.'

'존자들이여, 그렇게 하겠습니다.'라고 대답한 뒤 아자따삿뚜 왕은 도감(都監)을 시켜 천막을 만들게 하였다.

그 천막은 마치 측량이라도 한 듯 벽과 기둥과 계단으로 잘 구획이 되었고, 여러 가지 화환을 만들고 화초를 심어 장식을 하여서 왕의 거처의 위엄을 능가하는 것과 같았고, 신들의 궁전을 비웃기라도 하는 것과 같았고, 멋진 것으로는 신과 인간의 시선이 머물고 하나로 떨어진 곳과 같았고, 보기에 좋은 정수만을 골라 모아서 세상에 멋을 더한 것과 같았다. 다시 여러 가지 꽃 등으로 땅을 장식하여 범천의 궁전과 같이 장엄을 하게 하고, 그 큰 천막에 500명의 비구들을 위해서 값을 매길 수 없는 500개의 적당한 양탄자를 펴게 하였으며, 남쪽에서 북쪽을 향하게 장로들의 자리를 만들고, 천막의 가운데에는 동쪽을 향하여 부처님 세존의 자리에 어울리는 법좌를 만들게 하였으며, 상아를 아로새긴 부채를 여기에 놓게 한 뒤에 '존자들이여, 저의 의무가 완료되었습니다.'라고 비구 승가에 알렸다.

아난다 존자가 아라한이 된 이야기

26. 바로 그날에 어떤 비구들이 아난다 존자를 두고 '이 비구 승가에 한 비구가 비린내를 풍기면서 다니는구나.'[641]라고 말하였다. 아난다 존자는 그 말을 듣고 '이 비구 승가에 비린내를 풍기면서 다닐 다른 비구란 없다. 참으로 이들은 나를 두고 말을 하는구나.'라고 절박감이 생겼다. 어떤 자들은 그에게 '도반 아난다여, 내일이 모이는 날입니다. 그런데 그대는 유학이고 아직 해야 할 일이 남아있습니다. 그러니 그대가 회

주위에 이 나무가 많이 있었기 때문에 이 굴을 칠엽굴이라 불렀다.

641) 즉 아난다 존자는 아직 유학이므로 세속의 비린내를 완전히 없애지 못하였음을 빗대어서 한 말이다.

합에 가는 것은 어울리지 않습니다. 방일하지 마십시오.'라고 말하였다.

27. 그러자 아난다 장로는 '내일이 모이는 날이구나. 그러나 나는 유학이어서 회합에 가는 것이 내게는 어울리지 않는구나.'라고 생각하여 몸에 대한 마음챙김(kāyagatā sati)으로 온 밤을 [포행단 위에서] 지새운 뒤 밤이 지나고 새벽이 되어 포행단(caṅkama)에서 내려와 승방에 들어가서 '좀 누워야겠다.'라고 몸을 내려놓았다. 두 발이 땅에서 떨어지고 머리는 아직 베개에 닿지 않은 이런 중간에 취착이 없어져서 그의 마음은 번뇌들로부터 해탈하였다.

아난다 존자는 포행을 하면서 밖에서 지새웠지만 특별함이 생기게 할 수 없자 '세존께서는 나에게 "아난다여, 그대는 참으로 공덕을 지었다. 정진에 몰두하여라. 그대는 곧 번뇌 다한 [아라한이] 될 것이다."(D16 §5.14)라고 말씀하셨다. 부처님들께는 말씀을 함부로 하시는 결점이란 없다. 나는 너무 지나치게 정진을 하였다. 그래서 나의 마음은 들뜸으로 치우쳤다. 그러니 이제 나는 정진을 균등하게 적용시키리라.'라고 생각하여 포행단으로부터 내려와서 발 씻는 곳에 서서 두 발을 씻고 승방에 들어가서 침상에 앉아서 '조금 쉬어야겠다.'라고 몸을 침상으로 기울였다. 그리고 두 발이 땅에서 떨어지고 머리는 아직 베개에 닿지 않은 이런 중간에 취착이 없어져서 번뇌들로부터 마음이 해탈한 것이다.

그래서 장로의 아라한 됨은 [가고, 서고, 앉고, 눕는] 네 가지 자세[四威儀]와 상관이 없는 것이다. 그래서 '누가 이 교법에서 눕지 않고, 앉지 않고, 서지 않고, 걷지 않으면서 아라한이 되었습니까?'라고 물으면 '아난다 장로입니다.'라고 말하게 된 것이다.

28. 그러자 장로 비구들은 그 다음 날, 즉 하현의 다섯째 날642)에

642) 이것은 아마도 결제를 시작한 달인 아살하 달(음6월)이 아니라 사와나(Sāvaṇa) 달, 즉 우리의 음력 7월의 하현의 다섯째 날(20일)인 듯하다.

탁발하는 절차를 마치고 발우와 가사를 정돈한 뒤 법회소로 모여들었다. 그때 아난다 장로는 아라한이 되어서 모이는 곳으로 갔다.

어떻게 갔는가? '이제 나는 회합의 가운데 마땅히 들어갈 자격이 있다.'라고 기쁘고 지족한 마음으로 한 쪽 어깨가 드러나게 가사를 수하고 매임에서 떨어져 나온 야자열매처럼, 주황색 융단으로 만든 [신들의 왕 삭까의 왕좌에] 안치된 보배구슬처럼, 구름 한 점 없는 하늘에 둥실 떠오른 보름달처럼, 막 떠오른 태양의 광선에 닿아서 꽃가루를 내뿜는 빠알간 속내를 가진 연꽃처럼, 지극히 청정하고 지극히 깨끗하며 여러 부분으로 드러나고 영광으로 충만한 훤칠한 얼굴을 하여, 자신이 아라한과를 얻었음을 알리듯이 그렇게 갔다.

그러자 이런 그를 본 마하깟사빠 장로에게 이런 생각이 들었다. '오, 참으로 빛이 나는구나. 아난다는 아라한과를 얻었구나. 만일 스승님께서 계셨더라면 오늘 아난다에게 칭송의 말씀을 하셨을 것이다. 참으로 스승님께서 해주실 칭송의 말씀을 이제는 내가 그에게 해주어야겠다.'라고 세 번 '사~두(sādhu, 善哉)'라고 칭송의 말씀을 해주었다.

29. 그러나 『맛지마 니까야』(중부)를 독송하는 자들은 다음과 같이 말한다.

아난다 장로는 자신이 아라한과를 얻었음을 알리고자 하여 비구들과 함께 가지 않았다. 비구들은 법랍의 순서에 따라서 자신에게 배정된 자리에 앉으면서 아난다 장로의 자리를 남겨두고 앉았다. 거기서 어떤 분들이 이렇게 말하였다.

'이것은 누구의 자립니까?'

'아난다 존자입니다.'

왜냐하면 위 §24에 '[결제의] 첫 번째 달은 부서지고 허물어진 곳을 수리합시다. 중간 달에 모여서 법과 율을 합송합시다.'라고 언급이 되었기 때문이다.

'아난다 존자는 어디로 갔습니까?'

바로 그때 장로는 '이제 내가 갈 때가 되었구나.'라고 생각하였다. 그러자 자신의 위력을 보여주기 위해서 땅속으로 들어간 뒤에 자신의 자리로 올라와서 모습을 드러내었다. 어떤 자들은 허공으로 [날아]가서 자기 자리에 앉았다고 한다.

이렇든 저렇든 상관이 없다. 모든 곳에서 그에 대한 언급을 살펴볼 때 마하깟사빠 장로가 사~두(善哉)라고 칭송의 말을 한 것은 분명하다.

율장의 합송

30. 이렇게 하여 아난다 존자가 왔을 때 마하깟사빠 장로는 비구들을 불러서 말했다.

'도반들이여, 우리는 먼저 무엇을 합송해야 합니까? 법입니까 율입니까?'

비구들은 대답하였다.

'마하깟사빠 존자시여, 율은 부처님 교법의 생명(āyu)입니다. 율이 확립될 때 교법도 확립됩니다. 그러므로 율을 첫 번째로 합송해야 합니다.'

'누구를 지주(支柱)로 삼아야 합니까?'

'우빨리(Upāli) 존자입니다.'

'아난다 존자는 적당하지 않습니까?'

'적당하지 않습니다.'

사실 정등각께서 교단을 유지하시면서 율의 교학에 관한 한 우빨리 존자를 최상에 두셨다. 그래서 "비구들이여, 율을 호지하는 나의 제자 비구들 가운데 우빨리가 최상이다."(A.i.25)라고 하셨다.

'그러므로 우빨리 장로에게 물어본 뒤 율을 합송합시다.'

그러자 [마하깟사빠] 장로는 율에 대한 질문을 하는 역할을 자신이 하겠다고 동의하였고, 우빨리 장로는 그것을 풀이하는 역할에 동의하였다. 이것에 관한 성전[643]의 말씀은 이러하다. "그때 마하깟사빠 존자는 승가에게 선언하였다. '도반들이여, 승가는 저의 말씀을 들으십시오. 만일 승가에게 적당하다면 제가 우빨리 존자께 율을 질문하겠습니다.' 우빨리 존자도 승가에게 선언하였다. '존자들이시여, 승가는 저의 말씀을 들으십시오. 저는 마하깟사빠 존자께서 질문하신 율을 풀이하겠습니다.'"(Vin.ii.286)

31. 이와 같이 자신들의 [역할]에 대해서 동의를 한 뒤 우빨리 존자는 자리에서 일어나서 한 쪽 어깨가 드러나게 가사를 수하고, 장로 비구들에게 절을 올린 뒤, 법좌에 앉아서 상아를 아로새긴 부채를 들었다. 그러자 마하깟사빠 장로는 장로의 자리에 앉아서 우빨리 존자에게 율에 대해서 질문을 하였다.

'도반 우빨리여, 첫 번째 빠라지까(바라이죄)는 어디서 제정하였습니까?'

'존자여, 웨살리입니다.'

'누구로부터 시작되었습니까?'

'수딘나 깔란다뿟따로부터 시작되었습니다.'

'어떤 문제(vatthu)에 대해서 입니까?'

'음행의 법에 대해서 입니다.'

"그러자 마하깟사빠 존자는 우빨리 존자에게 첫 번째 빠라지까의 문제(vatthu)에 대해서 질문하고, 기원(nidāna)에 대해서 질문하고, 사람(puggala)에 대해서 질문하고, 규정(paññatti)에 대해서 질문하고, 부가규정(anupaññatti)에 대해서 질문하고, 범계(犯戒, āpatti)에 대해서 질문하고, 범계로부터 벗어남[悔過, anāpatti]에 대해서 질문하였다."(Vin.ii.286) 질문할 때마다 우빨리 존자는 풀이하였다.

---

643) '성전'은 pāḷi의 역어이다. 주석서에 나타나는 pāḷi(빠알리)는 단순히 빠알리 언어를 말하는 것이 아니다. 주석서에서 언급되는 빠알리는 모두 빠알리 삼장(Tipiṭaka)을 뜻한다. 그래서 '성전'이라고 옮겼다.

32. 그러면 여기 첫 번째 빠라지까에서 제외하거나 첨가해야 할 것이 있는가, 아니면 없는가? 제외해야 할 것이 없다. 참으로 부처님 세존께서 말씀하신 것 가운데서 제외해야 할 것이란 없다. 여래들은 단 한 음절이라도 의미가 없는 것은 말씀하시지 않기 때문이다. 그러나 제자들이나 신들의 말에는 제외시켜야 할 것이 있는데 이런 것은 법을 결집하는 장로들이 제외시켰다.644)

그러나 첨가해야 할 것은 모든 곳에 다 있다. 그러므로 첨가해야 할 곳에는 첨가를 하였다. 그러면 그것은 무엇인가? '그 무렵에(tena samayena)'라거나 '그런데 그 무렵에(tena kho pana samayena)'라거나 '그때(그러자, atha kho)'라거나 '이렇게 말씀하셨을 때(evaṁ vutte)'라거나 '이렇게 말씀하셨다(etadavoca)'라는 등의, 단지 문장을 연결하거나 매끄럽게 하는 단어들이다.645)

이와 같이 첨가해야 적당한 것을 첨가한 뒤에 '이것이 첫 번째 빠라지까입니다.'라고 확정하였다. 첫 번째 빠라지까를 결집(saṅgaha)하여 상정하였을 때 500명의 비구들은 결집을 상정하는 방법으로 대중이 함께 암송(gaṇa-sajjhāya)하였다. "그 무렵에 부처님 세존께서는 웨란자에 머무셨다. …"(Vin.iii.1)646)라고, 그들이 암송을 시작할 때에 사~두(善哉)라고 칭송의 말을 하는 것처럼 대지는 바다 끝까지 진동을 하였다.

---

644) 이것은 결집에 관한 중요한 진술이다. 부처님 말씀에 관한 한 들은 것을 모두 전승하려고 애썼으며, 제자들이나 다른 사람들의 말은 선택적으로 전승하고 있다고 말하고 있다.

645) 이런 단어나 구문들은 초기경의 도처에서 수없이 마주치는 것이다. 이런 단어들은 합송에서 첨가하였다는 말이다.

646) 이것은 율장의 제일 처음 시작 부분이다. PTS본에는 이 구절로 시작되는 『경분별』(經分別, 經分析, Suttavibhanga)을 율장의 세 번째 권에다 수록하였지만, 전통적으로 남북의 모든 교단에서는 경분별을 율장의 제일 처음으로 간주한다.

33. 이와 같은 방법으로 나머지 세 가지 빠라지까도 결집하여 제정한 뒤 '이것이 빠라지까(pārājika, 波羅夷罪)에 대한 부분입니다.'라고 확정하였다. 13가지 상가디세사(saṅghādisesa, 僧殘罪)들을 '13에 속하는 것(terasaka)'이라고 확정하였다. 두 가지 학습계목을 '부정(不定, aniyata)'이라고 확정하였다. 30가지 학습계목을 '압수하는(nissaggiya) 빠찟띠야(pācittiya, 單墮罪)'라고 확정하였다. 92가지 학습계목을 '빠찟띠야(pācittiya, 單墮罪)'라고 확정하였다. 네 가지 학습계목을 '빠띠데사니야(pāṭidesanīya, 悔過罪)'라고 확정하였다. 75가지 학습계목을 '세키야(sekhiya, 衆學)'라고 확정하였다. 일곱 가지 법에 대해서는 '가라앉히는 방법[滅爭, adhikaraṇa-samatha]'이라고 확정하였다. 이와 같이 227가지 학습계목들을 『마하위방가』(Mahāvibhaṅga, 大分別 = 『비구 위방가』)라고 선포한 뒤 확정하였다. 이렇게 『마하위방가』가 끝나자 앞에서처럼 대지가 진동을 하였다.

34. 그 다음에는 『비구니 위방가』(Bhikkhunī-vibhaṅga, 비구니 분석)에 여덟 가지 학습계목을 '이것이 빠라지까(波羅夷罪)에 대한 부분입니다.'라고 확정하였다. 17가지 학습계목을 '17에 속하는 것(sattarasaka)'이라고 확정하였다. 30가지 학습계목을 '압수하는 빠찟띠야(單墮罪)'라고 확정하였다. 166가지 학습계목을 '빠찟띠야'라고 확정하였다. 여덟 가지 학습계목을 '빠띠데사니야(悔過罪)'라고 확정하였다. 75가지 학습계목을 '세키야(衆學)'라고 확정하였다. 일곱 가지 법에 대해서는 '가라앉히는 방법[滅爭]'이라고 확정하였다. 이와 같이 304가지[647] 학습계목들을 『비구니 위방가』라고 선포한 뒤 '이 두 가지 위방가는 64바나와라[648]입니다.'라고 확정하였다. 이렇게 두 가지 위방가가 끝나자 앞에서

647) 총 311조문 가운데서 7멸쟁을 제외한 304가지를 들고 있다.

처럼 대지가 진동을 하였다.

35. 이러한 방법으로 80바나와라 분량의 『칸다까』(Khandhaka, 犍度, 品)649)와 25바나와라 분량의 『빠리와라』(Parivāra, 補遺)의 결집을 상정한 뒤 '이것이 율장입니다.'라고 확정하였다. 율장이 끝났을 때도 앞에서처럼 대지가 진동을 하였다. 그러자 [마하깟사빠 장로는] 우빨리 존자에게 '도반이여, 이것은 그대의 제자들에게 설해주시오.'650)라고 부탁하였다. 율장의 결집이 끝나자 우빨리 장로는 상아를 아로새긴 부채를 내려놓고 법좌에서 내려와서 장로 비구들에게 절을 올린 뒤 자신의 자리에 가서 앉았다.

경장의 합송

36. 율을 합송한 뒤에 법을 합송하기 위해서 마하깟사빠 존자는 비구들에게 물었다.

'법을 합송할 때 어떤 사람을 지주로 삼아서 법을 합송해야 합니까?'

비구들은 '아난다 장로을 지주로 삼아야 합니다.'라고 말하였다.

---

648) 바나와라(bhāṇavāra)는 문자 그대로 '암송(bhānā)의 전환점(vāra)'이라는 말인데 쉬지 않고 성전을 외울 수 있는 분량을 뜻한다. 한 바나와라는 8음절로 된 사구게(四句偈)로 250게송의 분량이라 한다. 그래서 총 4×8×250=8000음절이 된다. 한편 삼장은 모두 2547개에 해당되는 바나와라를 가진다고 한다.

649) 『칸다까』(Khandhaka, 犍度)는 총 10품의 『마하왁가』(Mahāvagga, 大品)와 총 12품의 『쭐라왁가』(Cullavagga, 小品)로 구성되어 있다.

650) 즉 율장은 우빨리 존자의 제자들이 외워서 전승하도록 그 책임을 지운 것이다. 아래(§39)에서 보듯이 같은 방법으로 『장부』는 아난다 존자의 제자들이, 『중부』는 사리뿟따 존자의 제자들이, 『상응부』는 깟사빠 존자의 제자들이, 『증지부』는 아누룻다 존자의 제자들이 외워서 전승하도록 책임을 지웠다.

그러자 마하깟사빠 존자는 승가에게 선언하였다.

'도반들이여, 승가는 저의 말씀을 들으십시오. 만일 승가에게 적당하다면 제가 아난다 존자에게 법을 질문하겠습니다.'

그러자 아난다 존자도 승가에게 선언하였다.

'존자들이시여, 승가는 저의 말씀을 들으십시오. 저는 마하깟사빠 존자께서 질문하신 법을 풀이하겠습니다.'

37. 그러자 아난다 존자는 자리에서 일어나서 한 쪽 어깨가 드러나게 가사를 수하고 장로 비구들에게 절을 올린 뒤 법좌에 앉아서 상아를 아로새긴 부채를 들었다. 그러자 마하깟사빠 장로는 비구들에게 물었다.

'도반들이여, 무슨 삐따까[藏]를 첫 번째로 합송해야 합니까?'

'존자시여, 경장입니다.'

'경장에는 네 가지 합송이 있습니다. 그 가운데 어떤 것을 첫 번째로 합송해야 합니까?'

'존자시여, 긴 합송(dīghasaṅgīti = 『디가 니까야』)입니다.'

'긴 합송에는 34가지 경들이 있고 세 가지 품이 있습니다. 그 가운데 무슨 품을 첫 번째로 합송해야 합니까?'

'존자시여, 『계온품』입니다.'

'『계온품』에는 13가지 경들이 있습니다. 그 가운데 무슨 경을 첫 번째로 합송해야 합니까?'

'존자시여, 「범망경」은 세 가지로 계를 장엄하고 9가지로 그릇된 생계와 속이는 말 등을 분쇄하고 62가지 사견의 그물을 풀어내어 십만의 세계를 진동하게 합니다. 이것을 첫 번째로 합송해야 합니다.'

38. 그러자 마하깟사빠 존자는 아난다 존자에게 이렇게 말하였다.

'도반 아난다여, 「범망경」은 어디서 설하셨습니까?'

'존자시여, 라자가하와 날란다 사이에 있는 암발랏타까의 왕의 객사

에서 설하셨습니다.'

'누구로부터 시작되었습니까?'

'유행승 숩삐야과 브라흐마닷따 바라문 학도입니다.'

'어떤 문제에 대해서 입니까?'

'칭송과 비난에 대해서 입니다.'

"그러자 마하깟사빠 존자는 아난다 존자에게 「범망경」의 기원도 질문하고 사람도 질문하고 문제도 질문하였다."(Vin.ii.287) 질문할 때마다 아난다 존자는 풀이하였다. 풀이가 끝나면 500명의 아라한들은 대중이 함께 암송하였다. 앞에서 설한 대로 대지가 진동하였다.

39. 이와 같이 「범망경」을 합송한 다음에 '도반 아난다여, 「사문과경」은 어디서 설하셨습니까?'라는 등의 방법으로 질문하고 풀이하는 순서대로 「범망경」을 포함하여 모두 13가지 경들을 합송한 뒤에 '이것이 『계온품』입니다.'라고 선포한 뒤 확정하였다. 그 다음에는 『대품』을, 그 다음에는 『빠띠까 품』을 확정해서 이와 같이 세 가지 품의 결집과 34가지 경의 부분과 64바나와라 분량의 성전들을 합송한 뒤에 '이것이 『디가 니까야』(장부, 긴 경모음)입니다.'라고 말한 뒤에 아난다 존자에게 '도반이여, 이것은 그대의 제자들에게 설해주시오.'라고 부탁하였다.

바로 다음에 계속해서 80바나와라 분량의 『맛지마 니까야』(중부, 중간 길이 경모음)를 합송한 뒤에 법의 대장군 사리뿟따 장로의 제자들에게 '이것은 그대들이 호지하십시오.'라고 부탁하였다.

바로 다음에 계속해서 100바나와라 분량의 『상윳따 니까야』(상응부, 주제별 경모음)를 합송한 뒤에 마하깟사빠 장로에게 '존자시여, 이것은 그대의 제자들에게 설해주십시오.'라고 부탁하였다.

바로 다음에 계속해서 120바나와라 분량의 『앙굿따라 니까야』(증지부, 숫자별 경모음)를 합송한 뒤에 아누룻다 장로에게 '이것은 그대의 제자들에게 설해주시오.'라고 부탁하였다.

논장의 합송

40. 바로 다음에 계속해서 『법집론』(法集論, Dhammasaṅgani), 『분별론』(分別論, Vibhaṅga), 『계론』(界論, Dhātukathā), 『인시설론』(人施設論, Puggalapaññatti), 『논사』(論事, Kathāvatthu), 『쌍론』(雙論, Yamaka), 『발취론』(發趣論, Paṭṭhāna)의 아비담마(論)를 설하였다.[651] 이와 같이 칭송되고 미묘한 지혜의 대상인 성전을 합송한 뒤에 '이것이 논장입니다.'라고 말한 뒤에 500명의 아라한들은 함께 암송하였다. 앞에서 설한 대로 대지가 진동을 하였다.

바로 다음에 계속해서 『본생담』(本生譚, Jātaka), 『의석』(義釋, Niddesa), 『무애해도』(無碍解道, Paṭisambhidāmagga), 『전기』(傳記, Apadāna), 『숫따니빠따』(經集, Suttanipāta), 『소송경』(小誦經, Khuddakapāṭha), 『법구경』(法句經, Dhammapāda), 『자설경』(自說經, Udāna), 『여시어경』(如是語經, Itivuttaka), 『천궁사』(天宮事, Vimānavatthu), 『아귀사』(餓鬼事, Petavatthu), 『장로게』(長老偈, Theragāthā), 『장로니게』(長老尼偈, Therīgāthā)의 성전들을 합송한 뒤에 '이것이 작은 전적[小典][652]입니다.'라고 말한 뒤에 '논장 안에다 결집을 상정하였다.'라고 『디가 니까야』(장부)를 독송하는 자들은 말한다.[653] 그러나 『맛지마 니까야』(중부)를

---

651) 이 상좌부 논장에 속하는 칠론(七論)에 대해서는 『아비담마 길라잡이』 서문 §5를 참조할 것.

652) '작은 전적(小典)'은 khuddaka-gantha의 역어이다. 『장부』를 전승하는 자들은 이것을 논장에 포함시키기 때문에 『쿳다까 니까야』(小部)라고 부르지 않고 그냥 '작은 전적(gantha)'이라고 불렀다.

653) 즉 『장부』를 전승해 내려온 전통에서는 이 『소부』(小部)를 경장에 넣지 않고 논장에 포함시킨다는 말이다. 『장부』를 전승해온 전통은 위에서 보듯이 아난다 존자의 제자들이었으므로 어찌 보면 이것이 정설일 수도 있

독송하는 자들은 '『행장』(行藏, Cariyapiṭaka)과 『불종성』(佛種姓, Buddhavaṁsa)과 더불어 이 모두를 『쿳다까 니까야』(소부, 小部)라고 하는 경장에 포함시켰다.'라고 말한다.654)

일곱 가지 부처님 말씀의 분류방법

41. 이와 같이 이 모든 부처님 말씀은 (1) 맛으로는 한 가지이고, (2) 법과 율에 의해서는 두 가지이고, (3) 처음과 중간과 마지막에 의해서는 세 가지이고, (4) 삐따까(藏)에 의해서도 세 가지이고, (5) 니까야(部)에 의해서는 다섯 가지이고, (6) 구성요소[分]에 의해서는 아홉 가지이고, (7) 법의 무더기[法蘊]에 의해서는 8만 4천 가지라고 알아야 한다.

는데 후대에는 『중부』를 전승해오는 자들의 견해대로 『소부』는 경장에 포함되었고 이것을 상좌부의 정설로 삼았다.

654) 이처럼 『소부』를 어디에 포함시킬 것인가는 니까야를 전승해온 문파의 전통에 따라서 이견을 보이고 있다. 이런 정황을 볼 때 『소부』는 일차합송 때에는 합송되지 않은 것이 아닌가 한다. 만일 일차합송에서 합송되었다면 그 위치가 분명하게 결정되었을 것이기 때문이다. 그리고 『소부』가 논장보다도 늦게 결집되었을 것이라고 보는 이유도 이런 정황을 반영하고 있다고 본다.
그렇다고 해서 『소부』를 아주 후대의 첨가로 보는 것도 무리가 많다. 특히 『숫따니빠따』는 이미 니까야들에서 당연한 것으로 인용되고 있기 때문에 일차합송 이전부터 즉 세존께서 계실 때부터 이미 경(sutta)으로 유통되고 있었다고 보는 것이 학자들의 정설이다. 그래서 이름도 '경(숫따, sutta)의 모둠(니빠따, nipāta)'이고 『경집』(經集)이라고 옮기기도 한다. 이것은 『비구 빠띠목카』(비구계본)와 『비구니 빠띠목카』(비구니계본)를 경(sutta)이라고 불렀던 율장의 태도와도 다르지 않다.
그리고 『법구경』 『본생담』(운문만) 『여시어』 『감흥어』 『장로게』 『장로니게』 등 게송으로 된 성전들도 고층(古層)에 속하는 것임은 재론의 여지가 없다. 단지 우리가 모르는 여러 이유 때문에 일차합송 때 4부 니까야에 포함되지 않았을 뿐이다.

(1) 한 가지로 분류함

어떻게 해서 맛(rasa)으로는 한 가지인가? 세존께서 무상의 정등각을 깨달으시고 무여열반계로 반열반하신 이 가운데서 45년간 신과 인간과 용과 약카 등에게 가르침과 반조로써 설하신 것은 모두 해탈의 맛(vimutti-rasa)이라는 하나의 맛이기 때문이다. 이와 같이 맛으로는 한 가지이다.

(2) 두 가지로 분류함

어떻게 해서 법과 율로는 두 가지인가? 이 모든 부처님 말씀은 법과 율이라는 이름을 가지기 때문이다. 여기서 율장이 율이고 나머지 부처님 말씀이 법이다. 그래서 "그러니 우리는 법과 율을 합송해야 합니다."(Vin.ii.285)라고 하였고 "나는 우빨리에게 율을 질문하고 아난다에게 법을 질문할 것이다."(Vin.ii.286)라고 하였다. 이와 같이 법과 율에 의해서 두 가지이다.

(3) 세 가지로 분류함(첫 번째 방법)

42. 어떻게 해서 처음과 중간과 마지막에 의해서 세 가지인가? 이 모든 부처님 말씀은 처음의 부처님 말씀, 중간의 부처님 말씀, 마지막의 부처님 말씀이라는 세 가지로 구분되기 때문이다. 여기서,

"많은 생을 윤회하면서
나는 헛되이 치달려왔다.
집 짓는 자를 찾으면서
거듭되는 태어남은 괴로움이었다.
집 짓는 자여, [드디어] 그대는 보아졌구나.
그대 다시는 집을 짓지 못하리.

그대의 모든 골재들은 무너졌고
집의 서까래는 해체되었기 때문이다.
[이제] 마음은 업형성을 멈추었고
갈애의 부서짐을 성취하였다."(Dhp. 153~4)

이것이 첫 번째 부처님 말씀이다. 어떤 자들은 "참으로 법들이 분명하게 드러날 때에 …"(Vin.i.2)라는 율장의 『칸다까』(犍度)에 나타나는 감흥어의 게송이 첫 번째 부처님 말씀이라고 한다. 그러나 이것은 [12연기의 순관·역관으로] 수행을 하시던 그날에 일체지(一切知)를 얻으셨기 때문에 기쁨으로 가득한 지혜로 조건(paccaya, 緣, 緣起)의 구조를 반조하실 때 일어난 감흥어의 게송이지, [깨달으신 후에 첫 번째로 읊으신 게송은 아니]라고 알아야 한다.655)

그리고 반열반하실 때에 "비구들이여, 참으로 이제 그대들에게 당부하노니 형성된 것들은 소멸하기 마련인 법이다. 방일하지 말고 [해야 할 바를] 성취하라."(D16 §6.7)고 말씀하신 것이 마지막의 부처님 말씀이다. 그리고 이 둘 사이에 설하신 것이 중간의 부처님 말씀이다. 이와 같이 부처님 말씀은 처음과 중간과 마지막의 부처님 말씀으로 세 가지이다.

(4) 세 가지로 분류함(두 번째 방법)

43. 어떻게 해서 삐따까(藏)에 의해서 세 가지인가? 이 모든 부처님 말씀은 율장과 경장과 논장의 세 가지로 분류되기 때문이다.

① 여기서 일차합송에서 합송되었거나 합송되지 않았거나656) 간에

---

655) 이것이 상좌부의 정설이다. 연기각지를 반조하는 것만으로는 깨달음으로 간주하지 않는다. 여기에 대해서는 본서 제2권 「대전기경」(D14) §2.22의 주해를 참조할 것.

656) "'일차합송에서 합송되지 않은 것'이란 합송의 [경위를 밝히고 있는] 『칸

모두를 한데 모아서 [합송한] 두 가지 『빠띠목카』, 두 가지 『위방가』(경분별), 22가지 『칸다까』(犍度), 16가지 『빠리와라』(補遺) — 이것을 율장(律藏)이라 한다.

② 「범망경」(D1) 등 34가지 경의 결집이 『디가 니까야』(장부)이다. 「근본문경」(根本門經, M1) 등 152가지 경의 결집이 『맛지마 니까야』(중부)이다. 「격류를 건너는 경」(S1:1) 등 7762가지 경의 결집이 『상윳따 니까야』(상응부)이다. 「마음의 유혹에 대한 경」(A1:1) 등 9557가지 경의 결집이 『앙굿따라 니까야』(증지부)이다. 『소송경』『법구경』『자설경』『여시어경』『숫따니빠따』『천궁사』『아귀사』『장로게』『장로니게』『본생담』『의석』『무애해도』『전기』『불종성』『행장』의 15가지 분류가 『쿳다까 니까야』(소부)이다. 이것을 경장(經藏)이라 한다.

③ 『법집론』『분별론』『계론』『인시설론』『논사』『쌍론』『발취론』— 이것을 논장(論藏)이라 한다.

율(律, 위나야, Vinaya)

44. ① 이 가운데서,

㉠ 다양하고 ㉡ 특별한 방법이기 때문에
㉢ 그리고 몸과 말을 길들이기 때문에
율의 의미에 능통한 자는
이것을 율이라고 부른다.

다까』와 [논장의] 『논사』(論事)와 [삼장에 포함되지 않는] 『빠까라나』(Pakaraṇa, 詳說) 등이다. 그런데 어떤 자들은 「수바」경(D10)도 일차 합송에서는 합송되지 않았다고 말한다. 그러나 그것은 적절하지 않다. 일차합송 이전에 아난다 존자가 제따 숲에서 머물 때에 수바 바라문 학도에게 설했기 때문이다."(DAṬ.i.31)

㉠ 여기서 다섯 가지 『빠띠목카』의 암송인 빠라지까(바라이죄) 등과 일곱 가지 범계(犯戒)에 대한 『칸다까』의 논모와 [비구, 비구니] 위방가 등으로 분류하는 것이 '다양한(vividha)' 방법(naya)이다. ㉡ 그리고 '특별한(visesa)' 방법이란 확정된 것을 조금 느슨하게 만드는 목적을 가진 부가규정(anupaññatti)의 방법을 말한다. ㉢ 몸에 속하고 말에 속하는 부차적인 행위를 막기 때문에 이것은 '몸과 말을 길들이는(vinayana)' 것이다. 그러므로 다양한 방법이고 특별한 방법이기 때문에, 그리고 몸과 말을 길들이기 때문에 '율(Vinaya)'이라고 부른다. 그래서 이러한 단어의 뜻에 능숙함을 보여주기 위해서 이렇게 설하였다.

다양하고, 특별한 방법이기 때문에
그리고 몸과 말을 길들이기 때문에
율의 의미에 능통한 자는
이것을 율이라고 부른다.

경(經, 숫따, Sutta)

45. ② 이제 경에 대해서는

㉠ 의미들을 드러내기 때문에 ㉡ 잘 설해졌기 때문에
㉢ 산출하기 때문에 ㉣ 방출하기 때문에
㉤ 경을 보호하기 때문에
㉥ 실 줄과 흡사하기 때문에 경이라 불린다.

이것은 ㉠ 자신의 의미(attha)와 다른 의미 등으로 분류되는 의미들을 드러내기(sūcana) 때문이다.

㉡ 또한 여기서는 의미들을 잘 설명(suvutta)하나니,657) 제도되어야 할 사람의 성향을 따라서 설하셨기(suvutta) 때문이다.

㉢ 이것은 마치 농작물이 결실을 맺듯이 결실을 산출(savana)하나니, 생기게 한다고 말한 것이다.

㉣ 이것은 마치 암소가 우유를 내어 놓듯이 방출(sūdana)한다고 말한 것이다.

㉤ 그들을 잘(suṭṭhu) 보존한다(tāyati)[658], 보호한다고 말한 것이다.

㉥ 실 줄과 유사하다는 것은[659] 마치 목수에게 실 줄이 그 표준이 되듯이 이것도 지자들에게 실 줄이 되기 때문이다. 그리고 실 줄에 의해서 꽃들이 결집되어서 흩어지지 않고 부서지지 않는 것과도 같다.

[경(經, sutta)이라는 술어는] 이와 같은 의미들을 포함하고 있다. 그래서 이러한 단어의 뜻에 능숙함을 보여주기 위해서 이렇게 설하였다.

---

657) sutta(經)에 대한 두 번째 설명을 suvutta로 하고 있다. 이것은 su(좋은)+√vac(*to speak*)의 과거분사이다. 그래서 '잘 설해진 [것]'이라는 의미이다. 이미 노만(K. R. Norman)이 지적했듯이 사실 빠알리 sutta는 산스끄리뜨 sūtra에 해당되는 단어라고 보기보다는 이처럼 su-ukta=sūkta로 보는 것이 타당하다.
이 단어는 su(좋은)+√vac(*to speak*)의 과거분사인데 명사로 쓰인 것이다. 특히 sūkta(숙따)는 『리그베다』에 나타나는 모든 찬미가(*hymn*)들을 지칭하는 술어로 정착이 되었다. 예를 들면 Puruṣa-sūkta(Rv.x.90, 「뿌루샤 찬미가」), Agni-sūkta(「아그니 찬미가」) 등으로 일찍부터 사용되고 있었다. 이것이 불교에 받아들여져서 sutta로 표기된 것으로 봐야 할 것이다.

658) 게송에서는 다섯 번째로 sutta를 suttāṇā로 해석하고 있다. 이것을 여기서는 su+tāṇa로 분해해서 잘(su) 보호함(tāṇa)으로 분해해서 suṭṭha tāyati(잘 보호하다)로 설명하고 있는 것이다.

659) 여기서 '실 줄'로 옮긴 원어도 sutta이다. 게송에서는 마지막 여섯 번째로 sutta(경)를 실 줄 즉 실로 된 줄을 뜻하는 sutta로 해석해서 목수에게 실 줄이 표준이 되고 꽃도 실에 묶여서 보존되는 것처럼 경도 그와 같은 의미를 지닌다고 해석한다. 사실 경으로서의 sutta는 바로 이 실로 된 줄이라는 의미의 산스끄리뜨 sūtra(수뜨라)에서 발전된 개념이다.

의미들을 드러내기 때문에, 잘 설해졌기 때문에,
산출하기 때문에, 방출하기 때문에,
경을 보호하기 때문에,
실 줄과 흡사하기 때문에 경이라 불린다.

논(論, 아비담마, Abhidhamma)

46. ③ 이제 아비담마(論)에 대해서는

여기서 ㉠ 증장이 있고 ㉡ 특징을 가졌고 ㉢ 공경과 ㉣ 한정과
㉤ 수승함을 설한 법들이라고 해서 아비담마(論)라고 불린다.

여기서 참으로 'abhi-'라는 단어는 증장과 특징을 가짐과 공경과 한정과 수승함을 보여준다.

이 가운데서[660] ㉠ "나에게는 극심한 괴로운 느낌들이 증가합니다(abhikkamanti), 줄어들지 않습니다."(M97/ii.192)라는 등에서는 증장의 의미로 쓰였다.

㉡ "밤들은 좋은 날로 특별히 인정되고(abhiññāta) 특별히 알려져(abhi-lakkhita) 있다."(M4/i/20)라는 등에서는 특징을 가짐의 의미로 쓰였다.

㉢ "왕 중의 왕(rājābhirāja)이요 인간의 우두머리"(Sn. *pp*109)라는 등에서는 공경의 의미로 쓰였다.

㉣ "아비담마와 아비위나야로 인도할 수 있다."(*cf.* Vin.i.64)라는 등에서는 한정의 의미로 쓰였는데 '서로서로 혼돈되지 않는 법과 율에 대해서'라고 [한정하고 구분하여] 말한 것이다.

㉤ "경이롭다는 칭송과 함께"(Vv.10)라는 등에서는 수승함의 의미로

660) '논(論)'으로 옮긴 abhidhamma의 접두어 'abhi-'를 다음의 다섯 가지로 설명하고 있다.

쓰였다.

47. 다시 여기서661) ㉠ "물질이 일어남을 통해서 도를 수행한다."(Dhs.31)라거나 "자애[慈]가 함께한 마음으로 한 방향을 가득 채우면서 머문다."(Vbh.272)라는 등의 방법으로 증장을 가진 법들을 설하셨다.

㉡ "형상의 대상이나 소리의 대상"(Dhs.9)이라는 등의 방법으로 대상 등을 특징지음에 의해서 특징을 가짐을 설하셨다.

㉢ "유학에 속하는 법들, 무학에 속하는 법들, 출세간에 속하는 법들"(Dhs.2)이라는 등의 방법으로 공경, 즉 공경할 만한 것을 밝히셨다.

㉣ "감각접촉이 있다. 느낌이 있다."(Dhs.9)라는 등의 방법으로 고유성질을 한정하기 때문에 한정을 설하셨다.

㉤ "고귀한 법들, 무량한 법들"(Dhs.2)이라는 등의 방법으로 수승한 법들을 설하셨다.

그래서 이러한 단어의 뜻에 능숙함을 보여주기 위해서 이렇게 설하였다.

> 여기서 증장이 있고 특징을 가졌고 공경과 한정과
> 수승함을 설한 법들이라고 해서 아비담마(論)라고 불린다.

장(藏, 삐따까, Piṭakā)

48. 그리고 여기서 다 적용되어 나타나는 [삐따까]에 대해서는

> 삐따까(藏)의 의미에 능통한 자들은 말하기를
> 삐따까는 교학을 분류하기 위한 것이라고 한다.
> 이러한 것을 한데 모아서

---

661) 위에서는 접두어 'abhi'를 중심으로 살펴보았고 여기서는 abhi-dhamma라는 술어가 다섯 가지 문맥에서 다 적용됨을 설명하고 있다.

율 등으로 세 가지라고 알아야 한다.

교학(pariyatti)은 "삐따까(藏, 聖典)에 전해내려 온다고 해서 [받아들이지] 말라."(A.i.189)[662]는 등에서 ㉠ 삐따까를 설하셨다. "그때 그 사람은 꾸달라 삐따까(바구니)를 가지고 올 것이다."(A.ii.198~199)라는 등에서는 어떤 ㉡ 그릇을 뜻한다. 그래서 '삐따까의 의미에 능통한 자들은 말하기를 삐따까는 교학을 분류하기 위한 것이라고 한다.'라고 하였다.

이제 '이러한 것을 한데 모아서 율 등으로 세 가지라고 알아야 한다.'라는 것은 방금 설명한 두 가지 뜻을 가진 삐따까라는 단어와 함께 합성어를 만들어서 교학의 입장에서는 위나야(율)와 그 ㉠ 삐따까(藏, 성전)라는 교학의 측면과, 이런 의미를 담는 ㉡ 그릇이라고 해서 위나야 삐따까(Vinaya Piṭaka, 律藏)라 한다. 이러한 방법에 의해서 경(숫딴따)과 그 삐따까라고 해서 숫딴따 삐따까(Suttanta Piṭaka, 經藏)[663]라 하며, 아비담마(논)와 그 삐따까라고 해서 아비담마 삐따까(Abhidhamma Piṭaka, 論藏)라 한다. 이것이 '율 등으로 세 가지라고 알아야 한다.'고 한 것이다.

---

662) 이것은 우리에게도 잘 알려진 『증지부』 「깔라마 경」에 나타나는 구절이다. 이 경에서 세존께서는 "거듭 들어 온 것이라 해서, 전승되어 오는 것이라 해서, 그렇다고 하더라고(소문) 해서, 성전(삐따까)에 전해온다고 해서, 논리에 의해서, 일반적 방식에 의한 것이라 해서, 형식을 갖춘 고찰에 의한 것이라 해서, 견해를 궁리하여 생기는 편견 때문에, 그럴듯한 능력을 가졌다고 해서, 이 사문은 우리의 스승이다라고 해서 그대로 따르지는 말라. 깔라마인들이여, 그대들이 스스로 이러한 법들은 해로운 것이고, 이러한 법들은 비난받을 일이며, 이러한 법들은 지자들에게 비난받을 것이고, 그대로 받들어 행하면 불행하게 되고 괴롭게 된다는 것을 알았을 때, 그것들을 버리도록 하라."(A.i.189)고 가르치고 계신다.

663) 경(經)은 빠알리어로 sutta라고 나타나기도 하고 suttanta라고 나타나기도 하는데 둘 다 동의어이다. suttanta는 sutta(경)+anta(끝)로 분해가 되는데 '경의 끝'이라 직역된다. 즉 '-anta'가 붙어서 '최종적으로 경으로 확정된 것'이란 뜻을 나타내는데 일종의 강조어법이다.

49. 이와 같이 안 뒤에 다시 이 삐따까들에 대해서 다양한 방법으로 능숙함을 드러내기 위해서

㈎ ① 가르침과 ② 교법과 ③ 설명의 구분에 따라
삼장에 대해서 적절하게 밝히고
㈏ ① 공부지음과 ② 버림과 ③ 심오함을 밝힌다.
㈐ 교학에 따른 구분에는 ① 성취와 ② 재난이 있나니
비구가 얻는 것을 따라 그 모두를 분석할 것이다.

50. 이제 이것이 [이 게송에 대한] 예시와 해설이다.

㈎ 이들 삼장은 순서대로 [① 가르침의 측면에서는] 보호와 인습적 표현과 궁극적 의미의 가르침이며, [② 교법의 측면에서는] 죄과에 따라서, 수순에 따라서, 법에 따라서 설한 교법이며, [③ 설명의 측면에서는] 여러 가지 단속과, 사견(邪見)을 풀어버림과, 정신·물질의 분석에 대한 설명이라고 말한다.

[① 가르침의 측면]: 이 가운데서 율장은 보호를 하실 수 있는 세존께서 보호를 많이 설하셨기 때문에 보호하는 가르침(āṇā-desanā)이라 한다. 경장은 인습적 표현에 능숙하신 세존께서 인습적 표현(vohāra-desanā)을 많이 설하셨기 때문에 인습적 표현의 가르침이라고 한다. 논장은 궁극적 의미에 능숙하신 세존께서 궁극적 의미를 많이 설하셨기 때문에 궁극적 의미의 가르침(paramattha-desanā)이라고 한다.

51. [② 교법의 측면]: 첫 번째인 율장은 많은 죄과(罪過)를 범한 중생들에게는 그 죄과에 따라서 가르치셨다고 해서 죄과에 따른 교법(yathāparādha-sāsana)이라고 한다. 두 번째인 경장은 여러 의향과 잠재성향과 기질과 성벽을 가진 중생들에게는 수순에 따라서 여기서 가르치

셨다고 해서 수순에 따른 교법(yathānuloma-sāsana)이라고 한다. 세 번째인 논장은 법들의 더미(dhamma-puñja)일 뿐인 것에 대해서 나니 내 것이니 하는 인식을 가진 중생들에게는 법에 따라서 여기서 가르치셨다고 해서 법에 따른 교법(yathādhamma-sāsana)이라고 한다.

52. [③ 설명의 측면]: 첫 번째인 율장은 [몸과 말에 수반되는] 부차적인 행위와 반대되는 여러 가지 단속을 여기서 설명하셨다고 해서 여러 가지 단속의 설명(saṁvarāsaṁvara-kathā)이라 한다. 여러 가지 단속이란 사소한 단속과 중대한 단속이니 여러 가지 업이라는 어법과 여러 가지 과일이라는 어법과 같다고 [이해해야 한다.]664) 두 번째인 경장은 62가지 사견(邪見)과 반대되는, 사견을 풀어버리는 것을 여기서 설명하셨다고 해서 사견을 풀어버리는 설명(diṭṭhi-viniveṭhana-kathā)이라 한다. 세 번째인 논장은 감각적 욕망 등과 반대되는 정신·물질의 분석을 여기서 설명하셨다고 해서 정신·물질의 분석에 대한 설명(nāmarūpa-pariccheda-kathā)이라 한다.

53. ㈏ 그리고 삼장의 각각에 대해서 ① 세 가지 공부지음과 ② 세 가지 버림과 ③ 네 가지 심오함을 알아야 한다.

[① 세 가지 공부지음의 측면:] 율장에서는 높은 계를 공부짓는 것[增上戒學, adhisīla-sikkhā]을 설하셨고, 경장에서는 높은 마음을 공부짓는 것[增上心學, adhicitta-sikkhā]을, 논장에서는 높은 통찰지를 공부짓는 것

---

664) 즉 '여러 가지 단속'으로 옮긴 원어 saṁvarāsaṁvara는 saṁvara-asaṁvara로 끊어서 단속(saṁvara)과 비단속(asaṁvara)으로 읽을 수도 있는데 그렇게 읽으면 안 된다는 말이다. 예를 들면 kammākamma를 업(kamma)과 업 아닌 것(akamma)으로 끊어서 해석하는 것이 아니라 여러 가지 업으로 해석하고, phalāphala를 과일(phala)과 과일 아닌 것(aphala)으로 끊어서 해석하는 것이 아니라 여러 가지 과일로 해석하는 것처럼 해석해야 한다는 말이다.

[增上慧學, adhipaññā-sikkhā]을 설하셨다.

[② 세 가지 버림의 측면:] 그리고 율장에서는 위범(違犯)을 버리는 것(vītikkama-ppahāna)을 설하셨나니 계는 오염원들의 위범하는 성질과 반대되기 때문이다. 경장은 얽매임을 버리는 것(pariyuṭṭhāna-ppahāna)을 설하셨나니 삼매는 얽매임과 반대되기 때문이다. 논장은 잠재성향을 버리는 것(anusaya-ppahāna)을 설하셨나니 통찰지는 잠재성향과 반대되기 때문이다.

그리고 율장은 반대되는 것으로 대체하여 버림(tadaṅga-ppahāna)665)으로 [오염원을] 버리는 것을 나타내고, 나머지 둘은 각각 억압(vikkha-mbhana)으로 [오염원을] 버림과, 근절함(samuccheda)으로 [오염원을] 버림을 나타낸다.

그리고 율장은 나쁜 행위[惡行]에 기인한 오염원을 버림(duccarita-saṁkilesa-ppahāna)을 나타내고, 경장은 갈애(taṇhā)에 기인한 오염원을 버림을, 논장은 견해(diṭṭhi)에 기인한 오염원을 버림을 나타낸다.

54. [③ 네 가지 심오함의 측면:] 여기서 이 [삼장의] 각각에 대해서 ㉠ 법과 ㉡ 의미와 ㉢ 가르침과 ㉣ 꿰뚫음이라는 네 가지로 심오함(gambhīrabhāva)을 알아야 한다. 여기서 ㉠ 법이란 성전(tanti)이고 ㉡ 의미(attha)란 이 성전의 의미이다. ㉢ 가르침(desanā)이란 마음으로 구분하는 성전의 가르침이다. ㉣ 꿰뚫음(paṭivedha)이란 성전과 성전의 의미를 있는 그대로[如實] 깨닫는 것이다. 그러므로 이것은 삼장에 대한 법

665) '반대되는 것으로 대체하여'라는 표현은 『청정도론』에도 몇 번 나타나고 있다. 이것의 원어는 tad-aṅga인데 『청정도론』 XXII.112에 의하면 여기서 aṅga는 '[반대편에 속하는] 구성요소'라는 의미다. 예를 들면 초선의 일으킨 생각, 지속적인 고찰 등의 구성요소들은 감각적 욕망 등의 다섯 가지 장애(五蓋)의 반대편에 있는 구성요소이다. 그래서 이렇게 의역하고 있다. 여기서 언급되는 세 가지 버림은 『청정도론』 XXII.110 이하에 잘 설명되어 있으므로 참조할 것.

과 의미와 가르침과 꿰뚫음이다. 마치 토끼 등이 큰 바다에 뛰어들기 어렵듯이, 우둔한 지성을 가진 자들은 여기에 뛰어들기 어렵고 확고하게 서기 어렵다. 그러므로 심오하다. 이와 같이 이 각각에 대해서 각각 네 가지로 심오함을 알아야 한다.

55. 다른 방법으로 설명한다. ㉠ 법이란 원인(hetu)이다. "원인에 대한 지혜가 법에 대한 무애해(法無碍解)이다."(Vbh.293)라고 말씀하셨기 때문이다.666) ㉡ 의미란 원인의 결과(hetu-phala)이다. "원인의 결과에 대한 지혜가 뜻(attha)에 대한 무애해(義無碍解)이다"(*Ibid*)라고 말씀하셨기 때문이다. ㉢ 가르침이란 개념(paññatti)이다. 법에 따라 법을 담론하는 것(dhammābhilāpa)과 동의어이다. 혹은 순서대로, 역순으로, 요약을 통해서, 상세하게 등으로 설명하는 것이다. ㉣ 꿰뚫음이란 관통(abhisamaya)667)이다. 이것은 세간적인 것에도 속하고 출세간적인 것에도 속한다. 이것은 대상을 통해서, 그리고 미혹하지 않음을 통해서 꿰뚫는 것을 말하며, 의미와 어울리는 법들에 대해서, 그리고 법과 어울리는 의미들에 대해서, 그리고 개념의 길과 어울리는 개념들에 대해서 깨닫는 것(avabodha)을 말한다. 여기저기에서 설하신 이런저런 모든 법들의 고유한 특징(salakkhaṇa)이라 불리는 고유성질(sabhāva, 自性)을 전도됨이 없이 꿰뚫어야 한다는 말이다.

56. 이제 이들 삼장들 가운데서 무엇이든지, 그것이 ㉠ 법에서 생겼거나 ㉡ 의미에서 생겼거나 간에, 듣는 사람들이 알게 되는 뜻은 그것

---

666) 무애해에 대해서는 『청정도론』 XIV.21 이하를 참조할 것.

667) 주석서들에서는 사성제를 철견하는 것 등을 관통(abhisamaya)이라는 술어와 꿰뚫음(paṭivedha)이라는 술어를 사용하여 표현한다. 이 둘은 동의어이다. 『청정도론』 XXII.92와 『아비담마 길라잡이』 2장 §8의 해설이 좋은 보기이다.

이 듣는 사람들의 지혜로 향할 때에 비로소 알아지게 된다. 이렇게 듣는 사람의 지혜로 향해서 [법이나 의미가 알아지도록] 그 뜻을 밝혀주는 것이 ㉢ 가르침이다. 여기서 ㉣ 꿰뚫음이란 전도됨이 없이 깨닫는 것인데, 이러한 모든 법들의 고유한 특징이라 불리는 고유성질을 전도됨이 없이 꿰뚫어 [안다]는 말이다. 그러나 이러한 모든 것에 대해서 능숙함[善]이 쌓이지 않아서 통찰지가 부족한 자들은 마치 토끼 등이 큰 바다에 뛰어들기 어렵듯이 여기에 뛰어들기 어렵고 확고하게 서기 어렵다. 그러므로 심오하다. 이와 같이 이 각각에 대해서 각각 네 가지로 심오함을 알아야 한다. 이런 것이

> '가르침과 교법과 설명의 구분에 따라
> 삼장에 대해서 적절하게 밝히고
> 공부지음과 버림과 심오함을 밝힌다.'(§49)

라는 이 게송이 설하는 의미이다.

57. ㈐ 교학에 따른 구분에는 ① 성취와 ② 재난이 있나니
비구가 얻는 것을 따라 그 모두를 분석할 것이다.(§49)

라고 하였다. 여기서 삼장에는 세 가지 교학이 있음을 알아야 한다. 세 가지 교학이란 ㉠ 뱀의 비유 ㉡ 벗어나고자 함 ㉢ 창고지기가 됨이다.

58. 이 가운데서 ㉠ 잘못 거머쥐고[把握] 배우는 것은 비난 등의 원인이 되나니 이것은 뱀의 비유(alagaddūpamā)이다. 이것을 두고 이렇게 말씀하셨다.

"비구들이여, 예를 들면 땅꾼이 뱀을 찾아다니다가 큰 뱀을 보았다 하자. 그 사람이 그 뱀의 몸통이나 꼬리를 거머쥔다면 그 뱀은 되돌아와서 손이나 팔이나 몸의 다른 부분을 물어버릴 것이다. 그 때문에 그 사람은

죽음에 이르기도 하고 죽음에 버금가는 괴로움을 당할 것이다. 그것은 무슨 이유 때문인가? 비구들이여, 뱀을 잘못 잡았기 때문이다.

비구들이여, 그와 같이 여기 어떤 쓸모없는 인간들은 법을 배우나니 … 그들은 법을 배우고서 통찰지로써 그 법의 뜻을 자세히 살펴보지 않는다. 그 법의 뜻을 통찰지로써 자세히 살펴보지 않으므로 정려하는 즐거움[禪悅]을 누리지 못한다. 그들은 오직 논박하는 업적과 이런저런 학설을 쏟아내는 업적을 위해서 법을 배운다. 궁극의 의미(attha)를 위해서 법을 배우는 그런 궁극의 의미를 체득하지 못한다. 그들에게는 그 법들을 잘못 거머쥐었기(파악했기) 때문에 오랜 세월 공덕이 없고 괴로움이 있을 뿐이다. 그것은 무슨 이유 때문인가? 비구들이여, 법을 잘못 거머쥐었기 때문이다."(M22/i.133~134)

59. ㉡ 잘 거머쥐고(파악하고) 『계온품』 등을 완전하게 이해하고자 하여 배우는 것은 비난 등의 원인이 되지 않나니 이것은 [윤회에서] 벗어나고자 함(nissaraṇatthā)[668]이다. 이것을 두고 이렇게 말씀하셨다.

"그들에게는 그 법을 잘 거머쥐기(파악하기) 때문에 오랜 세월 공덕이 있고 행복이 있다. 그것은 무슨 이유 때문인가? 비구들이여, 법을 잘 거머쥐었기(파악했기) 때문이다."(M22/i.134)

60. ㉢ 그런데 [고성제인] 오온을 철저히 알고(pariññā) [집성제인] 오염원을 버리고(pahīna) [도성제인] 도를 수행하고(bhāvita) 확고부동함을 꿰뚫고(paṭividdha) [멸성제인] 소멸(열반)을 실현하여(sacchikata) 번뇌가 다한 자는 오직 전통을 수호하고 [성자들의] 계보를 보호하기 위해서 [삼장을] 터득한다. 이것이 창고지기가 됨(bhaṇḍāgārika-pariyatti)이다.

---

668) 복주서들에 의하면 벗어남의 뜻은 윤회의 괴로움에서 벗어나고자 함(vaṭṭadukkhanissaraṇattha, DAṬ.i.468)이나 윤회에서 벗어나고자 함(saṁsāranissaraṇatthika, DAṬ.i.209)으로 이해되고 있다.

61. [① 성취(sampatti)에 대해서]: ㉠ 율에 대해서 잘 도닦은 비구는 계의 구족을 의지하여 세 가지 영지(靈知, tevijjā, 三明)를 얻는다. 위에서 말한 것은 이것을 구분하여 말한 것이다.

㉡ 경에 대해서 잘 도닦은 자는 삼매의 구족을 의지하여 여섯 가지 신통지[六神通, chaḷabhiññā]를 얻는다. 위에서 말한 것은 이것을 구분하여 말한 것이다.

㉢ 논에 대해서 잘 도닦은 자는 통찰지의 구족을 의지하여 네 가지 무애해[四無碍解, catuppaṭisambhidā]를 얻는다. 위에서 말한 것은 이것을 구분하여 말한 것이다.

이와 같이 이들에 대해서 잘 도닦은 자는 순서대로 ㉠ 세 가지 영지와 ㉡ 여섯 가지 신통지와 ㉢ 네 가지 무애해로 분류되는 성취를 얻게 된다.

62. [② 재난(vipatti)에 대해서]: ㉠ 그러나 율에 대해서 잘못 도닦은 자는 허락된 편안함과 접촉하는, 덮고 입는 등의 감각접촉을 다른 것에도 다 적용하여서, 금지된 것들에 대해서도 비난받지 않는다는 인식을 가진 자이다.669) 그래서 그는 "세존께서 장애가 되는(antarāyika) 법들이라고 설하신 그것을 그대로 따라도 아무런 장애가 되지 않는다고 그렇게 세존께서 법을 설하셨다고 나는 이해하고 있다."(M22/i.130)라고 말한다. 이렇게 해서 그는 나쁜 계행을 가지게 된다.

㉡ 경에 대해서 잘못 도닦은 자는 "비구들이여, 네 가지 인간들이 있

---

669) 부처님은 고행자들과는 달리 옷, 탁발음식, 거처, 약품의 네 가지 필수품을 허락하셨다. 이것을 수용하여 기본적으로 몸을 편안하게 하여 수행하라고 하셨다.(예를 들면 『중부』 「제번뇌단속경」(M2) 등) 그러나 이것을 잘못 적용하여, 때 아닌 때 먹는다든지 다섯 가닥의 감각적 욕망을 즐겨도 된다는 식으로 잘못 이해하는 경우를 말한다.

다.”(A.ii.5)라는 등에서 의도하신 것을 알지 못하면서 잘못 파악한 자이다. 이것을 두고 세존께서는 “그대는 자신이 스스로 잘못 파악하여 우리를 비난하고 자신을 망치고 많은 비공덕(apuñña)을 생기게 하는구나.”(M22/i.133)라고 말씀하셨다. 이렇게 해서 그는 삿된 견해를 가지게 된다.

㉢ 논장에 대해서 잘못 도닦은 자는 법에 대한 생각(dhammacinta)을 지나치게 치달려서 생각하지 않아야 할 것까지 생각한다. 그래서 마음의 혼란을 얻게 된다. “비구들이여, 생각을 하여서 그가 미치거나 혼미하게 되는 그런 네 가지 생각하지 않아야 할 것은 생각해서는 안된다.”(A.ii.80)라고 말씀하셨기 때문이다.

이와 같이 삼장에 대해서 잘못 도닦은 자는 차례대로 각각 ㉠ 나쁜 계행을 가짐(dussīlabhāva)과 ㉡ 삿된 견해를 가짐(micchādiṭṭhitā)과 ㉢ 마음의 혼란(cittakkhepa)이라는 재난을 얻게 된다.

63. 이것이 이제

교학에 따른 구분에는 성취와 재난이 있나니
비구가 얻는 것을 따라 그 모두를 분석할 것이다.(§57)

라는 이 게송에 대한 뜻을 설명한 것이다. 이와 같이 여러 가지 측면에서 삐따까(藏)에 대해서 안 뒤에 이런 것을 통해서 부처님 말씀을 세 가지로 알아야 한다.

(5) 다섯 가지로 분류함

64. 그러면 어떻게 해서 니까야(部)에 의해서는 다섯 가지인가? 이 모든 것은 ①『디가 니까야』(장부, 긴 경모음)와 ②『맛지마 니까야』(중

부, 중간 길이 경모음)와 ③ 『상윳따 니까야』(상응부, 주제별 경모음)와 ④ 『앙굿따라 니까야』(증지부, 숫자별 경모음)와 ⑤ 『쿳다까 니까야』(소부)의 다섯 가지로 분류되어 있다.

① 이 가운데 어떤 것이 『디가 니까야』(장부)인가? 세 가지 품(品, vagga)으로 결집된 「범망경」(D1)등의 34가지 경들이다.

> 34가지 경들이 세 가지 품으로 결집된
> 이것이 『디가 니까야』이니 순서에 따라 첫 번째가 된다.

65. 그러면 왜 이것을 『디가 니까야』라고 부르는가? 긴 길이(dīgha-ppamāṇāna)의 경들을 모아서 담고 있기 때문이다. 참으로 모아서(samūha) 담고 있기(nivāsa) 때문에 니까야(Nikāya)라고 부르기 때문이다. "비구들이여, 나는 어떤 한 부류(nikāya, 무리)도 이 축생으로 태어난 생명들보다 더 다양한 것은 관찰하지 못한다."(S22:100/iii.152)라고 하셨다. 기어다니는 [축생의] 부류, 진흙창의 더미라는 등의 표현은 교법에서도 통용되고 세상에서도 통용된다. 『맛지마 니까야』 등에 대해서도 이처럼 니까야라는 단어의 뜻을 알아야 한다.

66. ② 어떤 것이 『맛지마 니까야』(중부)인가? 중간 길이(majjhima-ppamāṇa)를 가진 15품으로 결집된, 「근본을 가르치는 경」(M1) 등의 152가지 경들이다.

> 150가지 경들과 다시 두 개의 경들이
> 15품으로 파악된 것이 『맛지마 니까야』이다.

③ 어떤 것이 『상윳따 니까야』(상응부)인가? 『천신상응』(S1) 등으로 설해진 「격류를 건넘에 대한 경」(S1:1) 등 7762개의 경들이다.

7000의 경들과 700의 경들과
62개의 경들이 주제별[相應]로 결집된 것이다.

④ 어떤 것이 『앙굿따라 니까야』(증지부)인가? [주요 주제의 숫자가] 하나씩, 하나씩 증가하면서 설해진 「마음의 유혹에 대한 경」(A1:1) 등의 9557개의 경들이다.

9000의 경들과 500의 경들과
57개의 경들이 『앙굿따라 니까야』에 있는 숫자이다.

⑤ 어떤 것이 『쿳다까 니까야』(소부)인가? 모든 율장과 논장과 앞에서 밝힌 『쿳다까빠타』 등 15가지로, 네 가지 니까야를 제외한 나머지 부처님 말씀이다.670)

『디가 니까야』 등 네 가지 니까야를 제외한
그 외의 부처님 말씀을 쿳다까 니까야라고 한다.

이와 같이 니까야에 의해서 다섯 가지이다.

(6) 아홉 가지로 분류함

67. 어떻게 구성요소[分, aṅga]에 의해서 아홉 가지[九分敎]인가? [삼장은] 모두 ① 경(經, sutta) ② 응송(應頌, geyya) ③ 상세한 설명(記別, 授記, veyyākaraṇa) ④ 게송(偈頌, gāthā) ⑤ 감흥어(感興語, udāna) ⑥ 여시어(如是語, itivuttaka) ⑦ 본생담(本生譚, jātaka) ⑧ 미증유법(未曾有法, abbhūtadhamma) ⑨ 문답(方等, vedalla)으로 아홉 가지이다.

---

670) 그러므로 니까야의 측면에서 분류하면 율장과 논장도 모두 『쿳다까 니까야』(소부)에 포함된다.

이 가운데 ① [율장의] 두 가지 『위방가』(『비구 위방가』와 『비구니 위방가』)와 [『소부』의] 『의석』(Niddesa)과 [율장의] 『칸다까』(犍度)와 『빠리와라』(補遺)와 [『소부』] 『숫따니빠따』의 「길상경」, 「보경」, 「날라까 경」, 「뚜왓따까 경」과 그 외에 경이라 이름하는 여래의 다른 여러 말씀이 바로 경(經, sutta)이라고 알아야 한다.

② 게송과 함께하는 경이 바로 응송(應頌, geyya)이라고 알아야 한다. 특히 『상윳따 니까야』의 『사가타 품』(Sagātha-vagga)671) 전체가 여기에 해당된다.

③ 전체 논장과 게송이 없는 경과 그 외에 다른 여덟 가지 구성요소에 포함되지 않는 부처님 말씀이 바로 상세한 설명(記別, 授記, veyyākaraṇa)이라고 알아야 한다.

④ 『법구경』과 『장로게』와 『장로니게』와 『숫따니빠따』에서 경이라는 이름이 없는 순수한 게송이 바로 게송(偈頌, gāthā)이라고 알아야 한다.

⑤ 기쁨에서 생긴 지혜로 충만한 게송과 관련된 82가지 경들이 바로 감흥어(感興語, udāna)라고 알아야 한다.

⑥ "세존께서는 이렇게 말씀하셨다."라는 등의 방법으로 전개되는 110가지 경들이 바로 여시어(如是語, itivuttaka)라고 알아야 한다.

⑦ 「아빤나까 본생담」 등 550개의 『본생담』이 바로 본생담(本生譚, jātaka)이라고 알아야 한다.

⑧ "비구들이여, 아난다에게는 네 가지 놀랍고 경이로운 법이 있다. 무엇이 넷인가?"(D16/ii.145)라는 등의 방법으로 전개되는 모든 놀랍고 경이로운 법과 관련된 경들이 바로 미증유법(未曾有法, abbhūtadhamma)

671) 『상윳따 니까야』의 첫째 권에 해당되는 품이다. 이 품에는 『천신 상응』(Devatāsaṁyutta, S1)부터 『삭까 상응』(Sakkasaṁyutta, S11)까지 모두 11개의 상응이 포함되어 있는데 산문과 운문이 함께 섞여있다. 그래서 이 품은 모두 응송에 해당된다고 설명하고 있다.

이라고 알아야 한다.

⑨ 「짧은 방등경」(M44), 「긴 방등경」(M43), 「정견경」(M9), 「제석문경」(D21), 「상카라 분석경」, 「대보름 경」(M109) 등 모든 신성한 지혜와 만족과 여러 가지 이익됨이 질문된 경들이 바로 문답(方等, vedalla)이라고 알아야 한다.

(7) 팔만 사천 가지로 분류함

68. 어떻게 해서 법의 무더기[法蘊]에 의해서는 8만 4천 가지인가? 모든 부처님 말씀은

> "8만 2천은 부처님으로부터 받은 것이고
> 2천은 비구들로부터 받은 것이니
> 나는 8만 4천 가지의
> 이러한 법들을 전개하노라."(Thag.92; 위 §11)

이와 같이 법온을 통해서는 8만 4천 가지로 설명이 된다. 여기서 ① 하나의 결론(anusandhika, 주제)을 가진 경은 하나의 법온이다. ② 여러 가지 결론을 가진 경은 여기서 그 결론이 몇 가지인가에 따라서 법온을 계산한다. ③ 게송이 묶여 있는 경우에는 질문들의 하나가 하나의 법온이고 그에 대한 설명이 하나의 법온이다. ④ 논장에서는 하나하나의 삼개조와 이개조의 구분과 하나하나의 마음의 설명이 각각 하나의 법온이 된다. ⑤ 율장에는 사건이 있을 때마다, 논모(論母, Mātika, 학습계목)가 있을 때마다, 문장의 구분이 있을 때마다, 무간(無間)의 범계(중한 범계)가 있을 때마다, 범계(犯戒)가 있을 때마다, 범계가 아닌 것이 있을 때마다, 세 가지 범계가 있을 때마다, 각각 하나의 부분이 각각 하나의 법온이 된다고 알아야 한다. 이와 같이 법온에 의해서 8만 4천 가지가 된다.

일곱 가지 부처님 말씀의 분류방법에 대한 결론

69. 이와 같이 부처님 말씀은 구분하지 않을 경우에는 맛에 의해서 한 가지이고, 구분할 경우에는 법과 율에 의해서 두 가지 등으로 구분된다. 이러한 부처님 말씀을 합송한 마하깟사빠 존자를 상수로 하는 자유자재한 무리는 '이것이 법이고 이것이 율이다. 이것이 첫 번째 부처님 말씀이고, 이것이 중간의 부처님 말씀이고, 이것이 마지막 부처님 말씀이다. 이것이 율장이고, 이것이 경장이고, 이것이 논장이다. 이것이 『디가 니까야』이고, 이것이 『맛지마 니까야』이고, 이것이 『상윳따 니까야』이고, 이것이 『앙굿따라 니까야』이고, 이것이 『쿳다까 니까야』이다. 이것이 경 등의 아홉 가지 구성요소들[九分]이고, 이것이 8만 4천 법온이다.'라고 이러한 구분을 확정하여 합송하였다.

이뿐만이 아니라 요약에 의한 결집[672], 품별 결집[673], 생략에 의한 결집, 한 개 조의 모둠과 두 개 조의 모둠 등의 모둠에 의한 결집[674], 주제별 결집[675], 50개씩의 결집[676] 등의 여러 가지가 있나니 이처럼 삼장

---

672) 율장에서 첫 번째 바라이죄 등에 대한 일화를 간략하게 요약하는 등의 방법을 말한다.(VinAṬ.i.107)

673) 품별 결집은 『계온품』, 『대품』 등으로 품별로 모은 결집 방법이다.(VinAṬ.i.108)

674) 이것은 『앙굿따라 니까야』(증지부)의 결집 방법이다.(*Ibid*) 『앙굿따라 니까야』는 하나와 관련된 가르침부터 11과 관련된 가르침까지 모두를 nipāta(모둠)라는 술어를 사용하여 모두 11개의 모둠으로 분리해서 결집하였다.

675) 주제별 결집은 『상윳따 니까야』(상응부)의 결집 방법이다.(*Ibid*) 『상윳따 니까야』는 모두 56개의 주제를 설정하여 여기에 관련된 가르침들을 주제별로 모은 니까야이다.

676) 이것은 『맛지마 니까야』(중부)의 결집 방법이다.(*Ibid*) 『맛지마 니까

가운데서 발견할 수 있는 결집의 구분을 확정한 뒤에 칠 개월 동안 합송을 하였다.

맺는 말

70. 합송이 끝나자 대지는 바다 끝까지 여러 가지로 진동하였고, 여러 가지 경이로움을 드러내었다. 그것은 마치 '마하깟사빠 장로는 이것을 통해서 십력(十力)을 가지신 부처님 교법을 5천 년 세월 동안 지속할 수 있도록 하였다.'라고 환희심이 생겨서 '사~두(善哉)'라고 칭송의 말을 하는 것과도 같았다. 이것을 두고 일차대합송이라 한다. 그래서 세상에서는,

오백 명이 합송하였다고 해서
오백[합송]이라 하기도 하고
장로들이 합송했다 하여
장로[합송]이라고도 부른다.

『장부 주석서』 서문이 끝났다.

야』는 152개의 경을 50개씩을 하나의 결집으로 하여 모두 3개의 결집으로 구성하였다.

역자 후기

이제 『디가 니까야』를 완역하여 세권으로 출간하게 되었다. 출간을 하면서 가지는 역자의 감회는 남다르다. 역자가 빠알리 삼장 완역의 원을 세운지 실로 17년 만에 처음으로 출간한 빠알리 삼장의 번역서이기 때문이다.

역자는 빠알리 삼장의 한글 완역이라는 원을 세우고 1989년에 인도로 유학을 떠났다. 1995년에 인도 뿌나 대학교(Pune University)에서 어렵사리 산스끄리뜨 석사학위를 받고부터 나름대로 빠알리 경장의 초역 작업을 시작하였다. 그래서 1995년 말에는 『상윳따 니까야』 초역을 마무리 지었고, 1996년에는 『디가 니까야』 초역작업을, 1997년에는 『맛지마 니까야』 초역작업을 마무리 지었다. 그리고 2001년 여름에는 다시 『맛지마 니까야』의 번역 출간을 목표로 미얀마의 사가잉에서 재번역을 하여 2002년 봄에 완성을 하였다. 그러나 경에 대한 통일적인 이해와 술어의 통일 작업 없이 경을 역출한다는 것이 큰 부담으로 느껴져서 출간을 무기한 연기하기로 하였다. 대신에 대림 스님과 『아비담맛타 상가하』(Abhidhammaṭṭha Saṅgaha)를 『아비담마 길라잡이』로 번역 출간하고, 대림 스님이 번역 출간한 『청정도론』을 교정하고 대역하면서 번역 용어의 통일 작업에 힘을 쏟았다.

이런 작업을 거쳐 2004년 여름 넉 달 동안에 본격적으로 『디가 니까야』를 완전히 새롭게 번역하였다. 그때 번역한 것을 가지고 초기불전연구원 까페를 통해서 교정 작업 자원봉사에 동참해준 28분의 불자님들의 도움을 받아서 같은 해 겨울에 1차 교정을 마무리 지었다. 이를 바탕으로 역자서문과 해제를 첨가하고 『디가 니까야 주석서』 서문을 번역하여 붙이고 다시 2차 교정을 거쳤으며, 대림 스님의 교정 작업이 마무리되어 다시 최종 교정을 거치면서 번역을 시작한지 1년 6개월 만에 이번에 전체를 세 권으로 출간하게 되었다.

역자가 빠알리 삼장 완역의 원을 세우고 인도로 간지 벌써 17년이 되었다. 그간 잊지 않고 간직해온 빠알리 삼장 한글완역의 첫 작품을 이제 『디가 니까야』 번역으로 출간하게 된 셈이니 감회가 남다른 것은 당연한 일일지도 모르겠다. 1989년 3월 8일에 난생처음으로 비행기를 타고 인도로 떠나던 일부터 인도에서 만난 훌륭한 선생님들과 뿌나 대학교에서 힘들게 공부하던 일들을 비롯하여 그동안 역자가 체험한 수많은 일들이 주마등처럼 스쳐 지나간다. 그리고 역자의 이러한 17년에는 일일이 이름을 다 밝히기에는 너무 많은 분들의 관심과 배려와 성원과 후원이 있었다. 역자의 이번 번역에 조금이라도 공덕이 있다면 모두 이분들께 바치고 싶다.

번역을 마무리하면서 감사드려야 할 분들이 많다. 먼저 초기불전연구원장 대림 스님께 감사드린다. 대림 스님이 원문과 대조하면서 정교한 교정을 해주지 않았다면 역자는 감히 책을 출간하지 못했을 것이다. 약한 몸을 추슬러 원문을 대조하면서 본서를 교정해 주셨고 아울러 본서의 출판비용을 마련하느라 고생을 많이 하신 대림 스님께 감사드린다.

2차 교정과 최종 교정을 해주신 김성경 거사님과 정양숙 불자님과 박정선 불자님께 감사드린다. 세 분의 정교한 교정은 오자와 탈자를 잡아내고 애매한 번역을 교정하는데 큰 힘이 되었다. 그리고 1차 교정에 자원봉사를 해주신 28분의 초기불전연구원 까페 회원님들께도 심심한 감사의 말씀을 전한다.

그리고 역자가 인도에서 공부하고 있을 때 1991년부터 약 3년간 매일 저녁 역자의 거처로 방문하여 여러 사전류를 비롯한 많은 빠알리와 산스끄리뜨 자료들을 컴퓨터로 입력시켜 준 청년이 있었다. 라훌(Rahul)이다. 그가 힘들여 입력시켜 준 많은 자료들은 역자의 번역 작업에 큰 도움이 되고 있다. 늦었지만 라훌에게 지면을 빌어서 고마운 마음을 전한다.

또한 초기불전의 국역불사의 중요성을 누구보다 깊이 이해하시고 초기불전연구원의 역경불사를 물심양면으로 전폭적인 후원을 아끼지 않으시는 본원의 상임연구위원 황경환 거사님과 먼 외국에서도 초기불전의 역경불사에 남다른 관심과 지원으로 힘을 실어주시는 김톨라니(보련화) 불자님께 감사드린다.

그리고 역경불사를 한다는 단 한 가지 이유 때문에 매달 후원금을 꼬박꼬박 보내주시는 김영민 거사님을 위시한 초기불전연구원 후원회원 여러분들과 김학현 불자님께 깊은 감사의 말씀을 드린다. 아울러 초기불전연구원의 궂은일을 마다 않고 몸소 도와주고 음으로 양으로 힘이 되어주는 조정란 불자님과 바쁜 회사 생활을 하면서도 부처님께 대한 잔잔한 믿음으로 본서의 얼굴인 표지 디자인을 멋지게 장엄해 준 황영수 불자님께도 지면을 빌어서 고마운 마음을 전한다.

역자가 편히 번역 작업에만 전념할 수 있도록 배려를 아끼지 않으시는 실상사의 도법 스님, 주지 종고 스님, 화엄학림 학장 재연 스님, 학감 해강 스님을 위시한 실상사의 여러 대중스님들, 물심양면으로 역자를 격려해주시는 모든 스님들과 불자님들, 그리고 역자와 인연 있는 모든 분들께 감사의 말씀을 드린다.

이제 초기불전연구원의 경전번역 불사는 본격적으로 시작되었다. 초기불전연구원이 존재하는 한, 역자의 목숨이 붙어있는 한, 역경 작업은 계속될 것이다. 부디 장애 없이 빠알리 삼장 완역 불사를 회향할 수 있도록 불보살님들과 호법선신들께 엎드려 빌면서 삼보님전에 한글 『디가 니까야』를 바친다.

불기 2549년 12월

화림원에서

각묵 삼가 씀

참고문헌

I. 『디가 니까야』 및 그 주석서와 복주서 빠알리 원본

(1) 빠알리 원본

The Dīgha Nikāya. 3 vols. edited by Rhys Davids, T. W. and Carpenter, J. E.. First published 1890. Reprint. London. PTS, 1975.

The Dīgha Nikāya, 3 vols. Igatpuri, Vipassana Research Institute (VRI), Devanagari edition, 1995.

The Dīgha Nikāya, 3 vols. edited by Kashyap, Bhikkhu J. Bihar, Nava Nalanda, Devanagari edition, 1958.

The Caṭṭha Saṅghāyana CD-ROM edition (3th version). Igatpuri: VRI, 1998.

Dīgha Nikāya Aṭṭhakathā (Sumaṅgalavilāsinī) 3 vols. edited by Rhys David, T. W. and Carpenter J. E. and Stede, W. PTS, 1886-1932.

The Dīgha Nikāya Aṭṭhakathā 3 vols. Igatpuri, VRI, Devanagari edition, 1995.

The Caṭṭha Saṅghāyana CD-ROM edition (3th version). Igatpuri: VRI, 1998)

Dīgha Nikāya Aṭṭhakathā Ṭīka (3 vols) ed. Lily de Silva, PTS, 1970.

The Dīgha Nikāya Aṭṭhakathā Ṭīka, 3 vols. Igatpuri, VRI, Devanagari edition, 1995.

The Caṭṭha Saṅghāyana CD-ROM edition (3th version). Igatpuri: VRI, 1998)

II. 빠알리 삼장 번역본

Dīgha Nikāya: T. W. Rhys Davids, *Dialogues of the Buddha* (3 vols). London: PTS, First Published 1899, Reprinted 1977.

Walshe, Maurice. *Thus Have I Heard: Long Discourse of the Buddha.* London: Wisdom Publications, 1987.

최봉수, 『디가 니까야』 (제1권), 서울, 2003.

片山一郎, 『長部』 (대품 1권까지 3권), 동경, 2003-2004.

Majjhima Nikāya: Ñāṇamoli, Horner, I. B. *The Collection of the Middle Length Sayings*, PTS, 1954-59.

Bhikkhu and Bodhi Bhikkhu. *The Middle Length Discourse of the Buddha*, Kandy: BPS, 1995.

전재성, 『맛지마니까야』 (전5권), 서울, 2002-3.

片山一郎, 『中部』 (전6권), 동경, 1997-2002.

Saṁyutta Nikāya: Woodward, F. L. *The Book of the Kindred Sayings,* PTS, 1917-27.

Bodhi, Bhikkhu. *The Connected Discourses of the Buddha* (2 Vol.s). Wisdom Publications, 2000.

전재성, 『상윳따니까야』 (전11권), 서울, 1999.

Aṅguttara Nikāya: Woodward and Hare. *Book of Gradual Sayings* (5 vols). London: PTS, 1932-38.

Vinaya Pitaka: Horner, I. B. *The Book of the Discipline.* 6 vols. London: PTS, 1946-66.

Dhammasaṅgaṇi: Rhys Davids, C.A.F. *A Buddhist Manual of Psychological Ethics.* 1900. Reprint. London: PTS, 1974.

Vibhaṅga: Thittila, U. *The Book of Analysis* London: PTS, 1969.

Dhātukathā: Nārada, U. *Discourse on Elements.* London: PTS, 1962.

Puggalapaññatti: Law, B.C. *A Designation of Human Types.* London: PTS, 1922, 1979.

Kathāvatthu: Shwe Zan Aung and C.A.F. Rhys Davids. *Points of Controversy* London: PTS, 1915, 1979.

Paṭṭhana: U Nārada. *Conditional Relations* London: PTS, Vol.1, 1969; Vol. 2, 1981.

Atthasālinī (Commentary on the Dhammasāṅganī): Pe Maung Tin. *The Expositor (*2 Vol.s), London: PTS, 1920-21, 1976.

Sammohavinodanī (Commentary on the Vibhaṅga): Ñāṇamoli, Bhikkhu. *The Dispeller of Delusion.* Vol. 1. London: PTS, 1987; Vol. 2. Oxford: PTS, 1991.

III. 사전류

(1) 빠알리 사전

Pāli-English Dictionary (PED), by Rhys Davids and W. Stede, PTS, London, 1923.

Pāli-English Glossary of Buddhist Technical Terms (NMD), by Ven. Ñāṇamoli, BPS, Kandy, 1994.

A Dictionary of the Pali Language (DPL), by R.C. Childers, London, 1875.

Buddhist Dictionary, by Ven. Ñāṇatiloka, Colombo, 1950.

Concise Pāli-English Dictionary (BDD), by Ven. A.P. Buddhadatta, 1955.

Dictionary of Pāli Proper Names (DPPN), by G.P. Malalasekera, 1938.

A Dictionary of Pāli (Part I: a - kh), by Cone, M. PTS. 2001.

(2) 기타 사전류

Buddhist Hybrid Sanskrit Grammar and Dictionary (BHD), by F. Edgerton, New Javen: Yale Univ., 1953.

Sanskrit-English Dictionary, by Sir Monier Monier-Williams, 1904.

Practical Sanskrit-English Dictionary (DVR), by Prin. V.S. Apte, Poona, 1957.

Dictionary of Pāṇini (3 vols), Katre S. M. Poona, 1669.

A Dictionary of Sanskrit Grammar, Abhyankar, K. V. Baroda, 1986.

A Dictionary of the Vedic Rituals, Sen, C. Delhi, 1978.

Puranic Encyclopaedia, Mani, V. Delhi, 1975, 1989.

Root, Verb-Forms and Primary Derivatives of the Sanskrit Language, by W. D. Wintney, 1957.

A Vedic Concordance, Bloomfield, M. 1906, 1990.

A Vedic Word-Concordance (16 vols), Hoshiarpur, 1964-1977.

An Illustrated Ardha-Magadhi Dictionary (5 vols), Maharaj, R. First Edition, 1923, Reprint: Delhi, 1988.

Abhidhāna Rājendra Kosh (*Jain Encyclopaedia,* 7 vols), Suri, V. First Published 1910-25, Reprinted 1985.

Prakrit Proper Names (2 vols), Mehta, M. L. Ahmedabad, 1970.

Āgamaśabdakośa (Word-Index of Aṅgasuttāni), Tulasi, A. Ladnun, 1980.

『梵和大辭典』鈴木學術財團, 동경, 1979.

『佛教 漢梵大辭典』平川彰, 동경, 1997.

『パーリ語佛教辭典』雲井昭善 著, 1997

Ⅳ. 기타 참고도서.

Banerji, S. Chandra. *A Companion to Sanskrit Literature,* Delhi, 1989.

Basham, *History and Doctrines of the Ājivikas,* London, 1951.

Barua, B. M. *History of Pre-Buddhist Indian Philosophy,* Calcutta, 1927.

__________, *Inacriptions of Aśoka(Translation and Glossary),* Calcutta, 1943, Second ed. 1990.

Bhandarkar Oriental Research Institute, edited, *The Mahābhārata* (4 vols), Poona, 1971-75.

Bodhi, Bhikkhu. *A Comprehensive Manual of Abhidhamma* (CMA). Kandy: BPS, 1993. (Pāli in Roman script with English translation)

__________, *The Discourse on the All-Embracing Net of Views: The Brahmajāla Sutta and Its commentaries.* BPS, 1978.

__________, *The Discourse on the Fruits of Recluseship: The Sāmaññaphala Sutta and Its Commentaries,* BPS, 1989.

Bronkhorst, J. *The Two Traditions of Meditation in Ancient India,* Delhi, 1993.

Chapple, Christopher. *Bhagavad Gita (English Tr.), Revised Edition* New York, 1984.

Collins, S. *Selfless Persons: Imagery and Thought in Theravāda Buddhism.* Cambridge 1982.

Eggeling, J. *Satapatha Brahmana* (5 Vol.s SBE Vol. 12, 26, 41, 43-44), Delhi, 1989.

Fahs, A. *Grammatik des Pali*, Verlag Enzyklopadie, 1989.

Fairservis W. A. *The Harappan Civilization and Its Writing,* Delhi, 1992.

Geiger, W. *Mahāvaṁsa or Great Chronicle of Ceylon.* PTS.

________. *Cūḷavaṁsa or Minor Chronicle of Ceylon (or Mahāvaṁsa Part II)*, PTS.

________. *Pali Literature and Language*, English trans. By Batakrishna Ghosh, 1948, 3th reprint. Delhi, 1978.

Gethin, R.M.L. *The Buddhist Path to Awakening,* 1992.

Horner I. B. *Early Buddhist Theory of Man Perfected,* 1937.

Hinüber, Oskar von. *A Handbook of Pāli Literature*, Berlin, 1996.

Jacobi, H. *Jaina Sūtras* (SBE Vol.22), Oxford, 1884, Reprinted 1989.

Jambuvijaya, edited by Muni, *Āyāraṅga-Suttam,* Bombay, 1976.

____________________________, *Sūyagaḍaṅga-Suttam,* Bombay, 1978.

Jayawardhana, Somapala. *Handbook of Pali Literature,* Colombo, 1994.

Jha, Ganganath. *Tattva-Kaumudi - Vacaspati Misra's Commentary on the Samkhya-Karika Text & English Translation.* Poona, 1965.

Kangle, R. P. *The Kauṭilīya Arthaśāstra* (3 vols), Bombay, 1969.

Kloppenborg, Ria. *The Paccekabuddha: A Buddhist Ascetic.* BPS Wheel No. 305/307, 1983.

Lalwani, K. C. *Kalpa Sūtra,* Delhi, 1979.

Law, B.C. *History of Pali Literature.* London, 1933 (2 Vol.s)

Mahāprajña, Yuvācārya, *Uvaṅga Suttāṇi* (IV, Part I), Ladnun, 1987.

Malalasekera, G. P. *The Pali Literature of Ceylon,* 1928. Reprint. Colombo, 1958.

Naimicandriya, Commented by, *Uttarādhyayana-Sūtra,* Valad, 1937.

Nārada Mahāthera. *A Manual of Abhidhamma.* 4th ed. Kandy: BPS, 1980. (Pāli in Roman script with English translation)

Norman, K.R. *Pāli Literature Including the Canonical Literature in Prakrit and Sanskrit of All the Hīnayāna Schools of Buddhism,*

Wiesbaden, 1983.

__________, *Collected Papers* (5 vols), Oxford, 1990-93.

Ñāṇamoli, Ven. *The Path of Purification.* Berkeley: Shambhala, 1976.

Nyanaponika Thera. Ven. *Abhidhamma Studies*, Kandy: BPS, 1998.

__________________ *The Heart of Buddhist Medition.* London, 1962; BPS, 1992.

Nyanatiloka Thera. *Guide through the Abhiddhamma Piṭaka*, Kandy: BPS, 1971.

Pruitt, W. edited by, Norman, K. R. translated by, *The Pātimokkha*, London: PTS, 2001.

Radhakrishnan, S. *Indian Philosophy*, 2 vols Oxford, 1991.

_____________. *Principal Upanisads*. Oxford, 1953, 1991.

Rāhula, Walpola Ven. *What the Buddha Taught*, Colombo, 1959, 1996.

___________. *History of Buddhism in Ceylon.* Colombo 1956, 1993.

Senart, edited, *Mahāvastu* (3 vols), Paris, 1882-1897.

Soma Thera, *The Way of Mindfulness,* 5th ed. BPS, 1981.

Thomas, E. J. *The Life of the Buddha,* 1917, reprinted 1993.

Umasvami, Acharya. *Tattvarthadhigama Sutra.* Delhi, 1953.

Vasu, Srisa Chandra. *Astadhyayi of Panini* (2 Vol.s). Delhi, 1988.

Warren, Henry C. & Dhammananda Kosambi. *Visuddhamagga,* Harvard Oriental Series (HOS), Vol. 41, Mass., 1950.

Winternitz, M. *History of Indian Literature* (3 vols), English trans. by Batakrishna Ghosh, Revised edition, Delhi, 1983.

Warder, A.K. *Indian Buddhism*, 2nd rev. ed. Delhi, 1980.

Yardi, M.R. *Yoga of Patañjali.* Delhi, 1979.

각묵 스님. *Develpment of the Vedic Concept of Yogakśema.* 『현대와

종교』 20집 1호, 대구, 1997

________. 『금강경 역해 — 금강경 산스끄리뜨 원전 분석 및 주해』 불광출판부, 2001, 3쇄 2004.

________. 『네 가지 마음챙기는 공부』 초기불전연구원, 2003, 개정판 2004.

권오민. 『아비달마 불교』 민족사, 2003.

냐나뽀니까 스님, 이준승 옮김, 『사리뿟따 이야기』 고요한소리, 1997.

______________, 재연 스님 옮김, 『다섯 가지 장애와 그 극복방법』 고요한소리, 1993.

대림 스님/각묵 스님, 『아비담마 길라잡이』 (전2권) 초기불전연구원, 2002, 4쇄 2004.

대림 스님, *A Study in Paramatthamañjūsa (With Special Reference to Paññā)*, Pune University, 2001.(박사학위 청구논문)

________, 『들숨날숨에 마음챙기는 공부』 초기불전연구원, 개정판 2005.

________, 『염수경 - 상응부 느낌편』 고요한소리, 1996.

________, 『청정도론』 (전3권) 초기불전연구원, 2004.

라다끄리슈난, 이거룡 옮김, 『인도 철학사』 (전4권) 한길사, 1999.

뿔라간들라 R. 이지수 역, 『인도철학』 민족사, 1991.

삐야다시 스님, 김재성 옮김, 『부처님, 그분』 고요한소리, 1990.

소마 스님, 현음 스님 옮김, 『구도의 마음, 자유 - 깔라마 경』 고요한소리, 1989.

이재숙, 『우파니샤드』 (전2권) 한길사, 1996.

赤沼智善, 『漢巴四部四阿含互照錄』 나고야, 소화4년.

中華電子佛典協會, CBETA 電子佛典集(CD-ROM), 台北, 2005.

平川 彰, 이호근 역, 『印度佛教의 歷史』 (전2권) 민족사, 1989, 1991.

빠알리 - 한글 색인

【A】

abbhatīta paricāraka 구참 신도
abbhūta-dhamma 미증유법
abhabba-ṭṭhāna 범할 수 없는 경우
abhibhāyatana 지배의 경지
abhidhamma 아비담마[對法]
abhijānāti 최상의 지혜로 알다
abhijāti 여섯 종류의 생
abhijjhā 욕심
 abhijjhā-domanassa 욕심과 싫어하는 마음
abhiññā 최상의 지혜, 신통지
 abhiññā-pādaka 신통지의 기초
 abhiññeyya 최상의 지혜로 알아야 하는
abhinivesa-mukha 천착해 들어가는 입구
abhinivisati 천착(穿鑿)
abhisamaya 관통
abhisambuddha 철저하고 바르게 깨달음
abhisamparāya 다음 생, 내세
abhisaṅkharoti 업을 형성하다
abhisaṅkhāra/visaṅkhāra 업형성
abhiseka 관정식
abhisiñcati 관정(灌頂)하다
abhivinaya 아비위나야[對律]
accanta-niṭṭhā 구경의 완성
acela/acelaka 나체수행자
acinteyya 사량(思量)할 수 없는
aḍḍhoṭṭhatā 언청이
addhā 시간
adhamma 비법(非法)
adhicca-samuppannika 우연발생
 adhicca-samuppannikā 우연발생론자
adhicitta-sikkhā 높은 심학
adhijegucchā 높은 금욕
adhikaraṇa-samatha 대중공사를 가라앉힘
adhimuccana 벗어남
adhimutta/adhimutti 확신/확고부동
adhimutti 의향
adhipaññā-sikkhā 높은 혜학
adhippaññatti 높은 개념
adhisīla-sikkhā 높은 계학
adhiṭṭhāna 토대
adhivacana 이름붙이기
 adhivacana-patha 이름을 얻는 길
adinnādāna 주지 않은 것을 가지는 것
agati 하지 않아야 할 것
agārava 존중하지 않음
agga sāvaka-yuga 상수제자(두명의)
aggañña 세상의 기원
aggikajaṭila-upamā 불 섬기는 자의 비유
agni 불

ahetuka-vāda 무인론자
ahirika 양심 없음
ajapāla-nigrodha 염소지기의
니그로다 나무
ajjava 정직함
ajjhattaṁ 안으로
ajjhatta-bahiddhā 안팎으로
ajjhatta-rūpa 안의 물질
ajjhattika-āyatana 안의
감각장소[六內處]
ajjhattika-bāhira āyatana 안팎의
감각장소[六內外處]
ajjhāyaka 베다를 공부하는 자
ajjhosāna 탐착
akiñcaññāyatana 무소유처
akiriya 업지음이 없음
akiriya-vāda 도덕부정론
akkha 주사위
akkha-dhuttaka-upamā 노름꾼의
비유
akuppā 확고부동한 지혜
akuppā ceto-vimutti 마음의 해탈
(확고부동한)
akusala-dhamma 불선법(不善法),
해로운 심리현상[不善法]
akusala-kamma-patha 해로운
업의 길[十不善業道]
akusala-mūla 해로움의 뿌리
alagaddūpamā 뱀의 비유
alasaka 소화불량
amahaggata 고귀하지 않은 마음
amanussa 비인간
amarā-vikkhepika 애매모호한 자들
amata 감로, 불사(不死)
amatassa dvāra 불사의 문
amba-vana 망고 숲
amūḷha-vinaya 미치지 않았음에
대한 율
aṅga 구성요소
Aṅguttara-nikāya 앙굿따라
니까야(증지부)
aññatitthiya 외도(外道)
aññā 구경의 지혜
aññātā 완전한 지혜를 가진 자
ananta attā 무한한 자아
anariya-vohāra 표현
anasana 금식, 배고픔
anāgato addhā 미래
anālaya 집착 없음
anāpatti 범계로부터 벗어남[悔過]
andhaveṇūpamā 장님 줄서기 비유
anekaṁsika dhamma 하나의
지향점을 가지지 못한 법
anicca 무상(無常)
anicca-saññā 인식 (무상하다는)
animittā ceto-samādhi 표상이 없는
마음의 삼매
animittā ceto-vimutti 마음의
해탈 (표상 없는)
animittā samādhi 표상 없는 삼매
aniyata 부정(不定)
anottappa 수치심 없음
anta 구분
antamanta 변두리
antānantika 유한함과 무한함을
설하는 자
antevāsī 도제(徒弟), 제자
anuāya 잘못된 방법
anubyañjana 세세한 부분상
anudhamma-cārī 법을 따라 행하는

자
anukula-yañña 대를 이어가는 제사
anumāna 추론지
anunaya-saṁyojana 찬사의 족쇄
anupaññatti 부가규정
an-upādi-sesa 무여(無餘)
an-upādi-sesa-nibbāna 무여열반
anuppāde ñāṇa 일어나지 않음에 대한 지혜
anupubba-abhisaññā-nirodha-sampajāna 알아차리는 인식이 차례대로 소멸하는 증득
anupubba-nirpdha 차례로 소멸함[九次第滅]
anupubba-vihāra 차례로 머묾[九次第住]
anusandhika 결론
anusāsana-vidhā 가르침의 분류
anussati 계속해서 생각함[隨念]
anussati-ṭṭhāna 계속해서 생각함의 장소
anussaya 잠재성향
anuttara 위가 없는 [마음]
anuttara saṅgāmavijaya 전쟁에서의 위없는 승리[無上戰勝]
anuttariya 위없음
anuvāda-adhikaraṇa 교계(敎誡)를 위한 대중공사
anvayabuddhi 추론을 통한 자각
anvaye ñāṇa 추론에 의한 지혜
apadāna 훈육
apanujjā 떨어져서
aparanta-kappikā 미래를 모색하는 자들
aparihāniya-dhamma 퇴보하지 않는 법
apāya-mukkha 타락의 입구
appamāṇa 무량한 [대상], 불방일(不放逸), 제한이 없음
appamāṇa-kata 무량한 업
appamañña 무량함, 사무량심
appamāda 방일(放逸)하지 않음
appaṇihita samādhi 원함 없는[無願] 삼매
appanā 본삼매
appasena 받침대
appicchatā 소욕(少慾)
arahan 아라한
arahatta-phala-paññā 아라한과의 통찰지
arahatta-phala-samādhi 아라한과의 삼매
arahatta-phala-vimutti 아라한과의 해탈
arañña 숲
arañña-vanapattha 숲이나 밀림
ariya 성스러운
ariya-aṭṭhaṅgika-magga 여덟 가지 성스러운 도[八支聖道]
ariya-dhana 성스러운 재산
ariya-magga 성스러운 도
ariya-magga-ñāṇa 성스러운 도의 지혜
ariya-paññā 성스러운 통찰지
ariya-puggala 성자
ariya-sacca 성스러운 진리, 네 가지 성스러운 진리, 사성제
ariya-sacca-dhamma 사성제의 법

ariya-samādhi 성스러운 삼매
ariya-sīla 성스러운 계
ariyassa vinaya 성자의 율
ariya-varṁsa 성자들의 계보
ariya-vāsā 성스러운 삶
ariya-vihāra 성스러운 머묾
ariya-vimutti 해탈 (성스러운)
aroga 병들지 않음
arūpa 무색의 경지
arūpajjhāna 무색의 禪
arūpa-kammaṭṭhāna 정신의 명상주제
arūpa-kasiṇa 무색의 까시나
arūpakkhandha 정신의 무더기
arūpa-rāga 무색계에 대한 집착
arūpa-samāpatti-nimitta 무색계 증득[等至]의 표상
arūpāvacara 무색계
arūpi 물질을 가지지 않은 자
asaddhamma 바르지 못한 법
asaṁvaro 단속하지 않음
asamāhita 삼매에 들지 않은 마음
asampajañña 알아차리지 못함
asamphuṭṭha-dhātu 닿지 않음의 요소
asaṅkhatā dhātu 형성되지 않은 요소
asañña-satta 무상유정(無想有情)
asaññī 인식이 없는 자
asekha 무학(無學)
asekha dhamma 무학(無學)에 속하는 법
asesa-virāga-nirodho 남김없이 빛바래어 소멸함
asmimāna 자아의식
assāsa 안식(安息), 안심입명처
asubha 부정(不淨)한 것
asubha-anupassana 부정의 관찰[부정관]
asubhajjhāna 부정함을 [대상으로 한] 禪
asubha-saññā 부정의 인식
asura 아수라
aṭhāna 바르지 못한 경우
aṭṭha vimokkhā 팔해탈
aṭṭhaṅgika-magga 팔정도
aṭṭha-pada 팔목장기
atīto addhā 과거
atta 자신, 자아
atta-bhāva 자기 자신, 자기 존재
atta-dīpa 자등명(自燈明)
attaniya 자아에 속하는 것
atta-paṭilābha 자아의 획득
atta-saraṇa 자귀의(自歸依)
attha-cariya 이로운 행위
atula 잴 수 없는 것
avaḍḍhetvā 확장하지 않고
avhayāma 소청하다
avihiṁsā 해코지 않음[不害]
avijjā 무명(無明)
avikkhepa 산란하지 않음
avimutta 해탈하지 않은 마음
avinaya 비율(非律)
avinipāta-dhamma 악취에 떨어지지 않는 법
avippavāsa 영민함(알아차림)
avīci-mahā-niraya 무간 대지옥
avīta-rāga 애정을 버리지 못한 [비구]
avyākata/abyā- 무기(無記)

avyāpāda 악의 없음
ayasa 황금
ayoniso manasikāra 지혜롭지 못한 주의[非如理作意]
ayyaputta 주인
ābandhana-dhātu 응집의 요소
ābhicetasika 높은 마음에 속하는
ābhoga 즐길 거리
ācariya-muṭṭhi 스승의 주먹[師拳]
ācariya-pācariya 스승들의 전통을 가진 [자]
ācāra 바른 행실
ādesana-vidhā 예언의 분류
ādesanā-pāṭihāriya 가르침의 기적[教誡神變], 남의 마음을 알아 드러내는 기적
ādhipateyya 우선한 것
ādicca 아디띠의 아들
ādīnava 위험
āghāta-paṭivinaya 원한을 다스림
āghāta-vatthu 원한의 원인
āhavanīya 아하와니야
āhāra 음식
āhāra-samudaya 음식이 일어남
āhuna 헌공
āhuneyya 헌공하는 불
ājānāti 남김없이 완전히 알다
ājīva 생계수단
ākāra 성질
ākāsanañcāyatana 공무변처
ālassa-anuyoga 게으름에 빠진 자
ālaya 감각적 쾌락
ālokasaññā 광명상(光明想)
āma-/vissa-gandha 비린내
āmagandha 세속의 비린내
āmisa 세속적
āṇatta 명령
āṇā-desanā 보호하는 가르침
ānāpāṇa 들숨과 날숨
ānāpāṇa-sati 들숨날숨에 대한 마음챙김[出入息念]
āneñja-abhisaṅkhāra 흔들림 없는 행위
ānisaṁsa 이익
ānupubbi-kathā 순차적인 가르침
āpattādhikaraṇa 범계(犯戒)에 대한 대중공사
āpatti 범계(犯戒)
āptavacana 성인의 말씀
ārabbha-vatthu 열심히 정진하는 경우
ārakkha 수호
ārama 원림
ārambhadhātu 정진을 시작하는 요소
ārammaṇa 대상
ārāma 원림(園林)
āsabhi 대장부다운, 황소같이 우렁찬 목소리
āsava 번뇌[漏]
āsavakkhaya-ñāṇa 번뇌를 소멸하는 지혜[漏盡通]
āsavānaṁ khayo 번뇌들의 소멸
ātāpī 근면한
āvāha 장가들임
āvudha 무기(武器)
āvuso 도반
āyasmā 장로
āyatana 감각장소[六外處] (밖의)
āyāsa 실망

āyoga 수행3
āyu 생명
āyu-saṅkhāra 수명의 상카라

【B】

badālatā 바달라따 덩굴
bahiddhā 밖
bahu-kāra 많은 것을 만듦
bala 힘[五力]
bali 봉납, 세금
bandhana 속박
barihisa 제사 풀
bāhira-āyatana 밖의 감각장소[六外處]
bāhiraka 외도(外道)
bāhira-rūpa 밖의 물질
beluva/beḷuva 벨루와가마
bhadda-kappa 행운의 겁
bhaṅga 해체
bhaṅga-ñāṇa 무너짐에 대한 지혜
bhaṇḍāgārika-pariyatti 창고지기가 됨
bhante 반떼
bhariyā 아내
bhassa-samācāra 말의 품행
bhava 존재[有]
bhava-diṭṭhi 존재에 대한 견해
bhava-taṇhā 존재에 대한 갈애
bhavaṅga 바왕가
bhāṇavāra 바나와라
bhāvanā 수행
bhāvanā-bala 수행의 힘
bhāvanāmayā paññā 수행으로 얻은 통찰지
bhāvetabba 닦아야 하는
bhāvita 감각적 욕망
bhesajja-parikkha 약품
bhikkhu 비구
Bhikkhu-pāṭimokkha 비구계목
bhikkhu-saṅgha 비구 승가
bho 존자들이여
bhonto 존자들
bhuñjati 빨아 먹다
bhūmi-pappaṭaka 땅의 부산물
bhūta 정령
bīraṇa 비라나 풀더미
bodhija ñāṇa 깨달음에서 생긴 지혜
bodhi-pakkha 깨달음의 편
bodhi-pakkhiya-dhamma 보리분법(菩提分法)
bodhi-pakkhiya-dhammā 깨달음의 편에 있는 법[菩提分法]
bodhi-rukkha 깨달음을 이룬 나무, 보리수(菩提樹)
brahma 범천
brahma-daṇḍa 천벌, 최고의 처벌
brahma-kāya 브라만을 몸으로 가진 자
brahma-loka 범천의 세상
brahma-sahavyatā 범천의 일원
brahma-vihāra 거룩한 마음가짐[四梵住], 거룩한 머묾, 신성한 머묾
brahma-vimāna 범천의 궁전
brahma-cariya 범행(梵行)
brahma-cariya/-cāri 청정범행
brahma-cariya-pariyosāna 청정범행의 완성/완결

brāhmaṇa 바라문
brāhmañña 바라문의 본업
brāhmaṇa-gahapati 바라문들과 장자들
buḍḍha-pabbajita 늦깎이
Buddha 부처님
Buddha-bhāva 부처됨
Buddha-cakkhu 불안(佛眼)
Buddha-vacana 부처님 말씀
Buddha-visaya 부처님의 영역

【C】

cakka-ratana 윤보(輪寶)
cakka-vatti 전륜성왕(轉輪聖王)
cakka-vatti-ariya-vatta 전륜성왕의 의무
cakkhu 눈
campaka 짬빠까 숲
caṅkama 포행단
candima-sūriya-upamā 태양과 달의 비유
candima-upamā 달의 비유
caraṇa 실천
cariya 기질
cataso parisā 사부대중
catuppaṭisambhidā 무애해
caturaṅginī senā 네 무리의 군대
cātuddisa saṅgha 사방승가
cetanā-kāya 의도의 무리
cetasika 마음부수법
cetaso vinibandha 마음의 속박
cetiya 탑묘
cetiya-cārika 성지순례
ceto-khila 마음의 삭막함
ceto-pariya-ñāṇa 남의 마음을 아는 지혜[他心通]
ceto-samādhi 마음의 삼매
ceto-vimutti 마음의 해탈 [心解脫]
chaddisā 육방(六方)
chanda 열의, 의욕, 애정
chanda-rāga 욕망, 욕탐(慾貪)
channa-paribbājaka 옷을 입는 유행승
cintāmaṇi 찐따마니
cintāmayā paññā 생각으로 얻은 통찰지
citta 마음
citta-anupassanā 심수관(心隨觀)
cittakkhepa 마음의 혼란
citta-sampadā 마음의 구족
cīvara 가사
codaka 책망받는
codanā 질책
codanā-vatthu 질책의 토대
cora 도둑
cora-upamā 도둑의 비유
cuti-citta 죽음의 마음
cutūpapāta-ñāṇa 죽음과 다시 태어남을 [아는] 지혜[天眼通]
cvi 쯔위

【D】

dabbhā/darbha 다르바 풀
dakkhiṇa 보시
dakkhiṇā-visuddhi 베풂의 청정
dakkhiṇeyya-puggala 보시를 드려

마땅한 인간
dakṣiṇa 닥시나
daliddiya 빈곤
dama 길들임
daṇḍa 몽둥이
dasa-bala 십력(十力)
dasa-kusala-kamma-patha
유익한 업의 길[十善業道]
dassana 사상
dassana-samāpatti 견의 증득
datti 닷띠
Dāmarika-devaputta 다마리까
천신
dāna 보시
dāna-kathā 보시의 가르침
dāna-vatthu 보시하는 경우
dānuppatti 보시로 인한 태어남
dārumaya patta 나무 발우
dārupattikantevāsi 목발우를 지닌
자의 제자
dāsa-kammakara 하인과 고용인
desanā 가르침
deva 신(神), 폐하
deva-loka 신들의 세상
deva-yāna 신들에게로 가는 길
devānam Inda 신들의 왕
dhamma 법
dhamma/adhamma 법과 비법
dhamma-anudhamma 법에서
[출세간]법에 이르게 하는 법
dhamma-anupassana 법수관
dhamma-cakka 법륜
dhamma-cakkhu 법안(法眼),
법의 눈
dhamma-desanā 법문(法門)
dhamma-dhātu 법의 요소[法界]
dhamma-kathā 법담(法談)
dhamma-kāya 법을 몸으로 가진
분
dhammakkhandha 법온(法蘊),
법의 무더기
dhammañca anudhammañca
법과 따르는 법
dhamma-nisanti 법을 주시함
dhammanvaya 법다운 추론
dhamma-pada 법의 부분
dhamma-pariyāya 법문(法門)
dhamma-rāja 법다운 왕
dhamma-samādāna 법의
실천(받아지님)
dhamma-saraṇa 법귀의(法歸依),
법등명(法燈明)
dhammatā 법다움, 정해진 법칙
dhamma-vinaya 법과 율
dhammābhilāpa 법을 담론하는 것
dhammādāsa 법의 거울[法鏡]
dhamme ñāṇa 법에 대한 지혜
dhammika 법다운 자
dhana 재산
dhātu 요소[界], 유골
dhik 저주
dhiratthu 혐오스럽구나
dibba sadda 천상의 소리
dibba-sotadhātu 신성한 귀의
요소[天耳界]
dibbattabhāva 천상의 자아
dibbā gabbhā 천상의 모태
diṭṭha 본 것
diṭṭha-dhamma-nibbāna-vāda
지금여기[現法]에서 열반을

실현한다고 주장하는 자
diṭṭhi 견해
diṭṭhi-gata 나쁜 견해
diṭṭhi-jāla 견해의 그물[見網]
diṭṭhi-nissayā 견해의 국집(局執)
diṭṭhi-paṭivedha 견해로 꿰뚫음
diṭṭhi-sampatti 견해의 구족
diṭṭhiṭṭhāna 확정적인 견해
diṭṭhi-vedana 견해의 느낌
diṭṭhi-viniveṭhana-kathā 사견을 풀어버리는 설명
diṭṭhi-vipatti 견해를 파함
diṭṭhi-visuddhi 견해의 청정
Dīgha-nikāya 디가 니까야(장부)
dīpa 등불, 섬
domanassa 싫어하는 마음, 정신적 고통
dosa 성냄, 잘못
dosa-carita 성내는 기질
dovacassatā 머트럽게 말함(불순종)
dubbhikkhantara-kappa 기근의 중간겁
dukkha 괴로움, 육체적 고통
dukkha-dukkhatā 고고성(苦苦性)
dukkha-nirodha 괴로움의 소멸
dukkha-sacca 괴로움의 진리
dukkhassa nissaraṇa 괴로움의 출구
dukkhatā 괴로움의 성질
duppaṭivijjha 꿰뚫기 어려운
dussīla sīla-vipatti 계행이 나쁘고 계를 파한 자
dussīla-bhāva 나쁜 계행을 가짐
dvāpara 드와빠라
dvāra 문

【E】

ejā 동요
ekacca-sassatika ekacca-asassatika 일부영속 일부비영속을 설하는 자
ekaggatā 한끝으로 됨
ekaṁsa-bhāvito 한 면만 닦은
ekaṁsika dhamma 하나로 확정된 법, 하나의 지향점을 가진 법
ekāyana 유일한 길
esana 추구하는 갈애
esita 추구된 [갈애]
etad ahosi 생각이 들었다
etarahi 현생에서

【G】

gabbha-avakkanti 입태(入胎)
gabbhinī-upamā 임산부의 비유
gaha-kāraka 집 짓는 자
gaha-pati 가장
gambhīra-bhāva 심오함
gamma 촌스러운
gaṇa 가나
gaṇa-sajjhāya 대중이 함께 암송
gaṇācariya 스승
gaṇṭha 묶임
gandha 향기나는 곳에 사는 신
gandhabba 간답바
gantha 매듭
ganthe karontā 베다를 만들다
garuḷa/garuḍa 가루다

gati 태어날 곳, 행처(行處)
gavapāna 가와빠나
gāma-dhamma 저속함
gārava 존중함
gāthā 게송(偈頌)
geyya 응송(應頌)
ghana-tāḷa 박수치기
gocara 대상3
gocāra 행동의 영역
gotta 족성(族姓), 종족
guṇa 구나(덕), 덕
guttadvāratā 감각기능들에서 대문을 단속함
gūtha-bhārika-upamā 똥을 이고 가는 사람의 비유
 gūtha-kūpa-purisa-upamā 분뇨구덩이에 빠진 사람의 비유

【H】

hadaya 가슴
havir-yajña 하위르 제사
hāna-bhāgiya 퇴보에 빠진 것
hetu 원인
 hetu paccaya 원인과 조건
hirī 양심
hita 이익
hīna 저열한 삶

【I】

icchā 소망
 icchā-vinaya 욕심을 길들임
iḍā 쌀떡
idappaccayatā 이것의 조건짓는 성질
iddhi 성취
 iddhi-pāda 성취수단[四如意足], 신통의 기초[四如意足]
 iddhi-pāṭihāriya 신통의 기적
 iddhi-vidha 신통변화[神足通]
indakhīla 성문 앞의 기둥
Indasāla-guhā 인다살라 동굴
indriya 감각기능[根], 기능[五根]
 indriya-saṁvaro 감각기능의 단속
iriyā-patha 네 가지 자세[四威儀]
isi 선인(仙人)
issara 자재천
issā 질투
iti-hāsa 역사(歷史)
iti-vuttaka 여시어(如是語)

【J】

jaccandha-upamā 선천적으로 눈이 먼 사람의 비유
janapada 지방
 janapada-kalyāṇī(-upamā) 경국지색(傾國之色)의 비유
jarā 늙음
 jarā-maraṇa 늙음죽음[老死]
jāla 그물
jānāti - passati 알다 - 보다
jāti 태어남[生]
 jāti/jacca 태생
Jetā-Kumāra 제따 왕자
jhāna 선(禪)

jhāna-cakkhu 禪의 눈
jhāna-mano 禪의 마음
jhānaṅga 禪의 구성요소
jhāna-saññā 禪의 인식
jhāyaka 정려하는 자
jhāyī 참선하는 [자]
jiṇṇa-purisa 노인
jīva 생명
jīvañjīvaka 지완지와까 새
jūta 노름

【K】

kalandakanivāpa 다람쥐 보호구역
kali 깔리
kalyāṇamittatā 선우(善友)를 사귐
kamma 업 갈마, 잡다한 일, 행위
kamma-bhava 업으로서의 존재
kamma-kilesa 업의 오염원
kammanta 직업
kamma-patha 업의 길
kammaṭṭhāna 명상주제
kamma-vipāka 업의 과보
kammaniya 일에 적합한, 활발발(活潑潑)
kammāraputta Cunda 대장장이의 아들 쭌다
kaṇha-sukka-sappaṭibhāga 검고 흰 부분들을 잘 갖춘 것
kaṇṭhaka 가시덤불
kappa 모색
karaja-kāya 육체
karaṇa 이유
karavīka 가릉빈가(迦陵頻伽), 미음조(美音鳥)
karuṇā 연민[悲]
karuṇā cetovimutti 마음의 해탈 (연민을 통한) [悲心解脫]
karuṇā-jhāna 연민하는/연민을 통한 禪
kasiṇa 까시나
kasiṇa-nimitta 까시나의 표상
kasiṇa-rūpa 까시나의 물질
kasiṇāyatana 까시나의 장소
kathā-vatthu 이야기의 토대
kāka-peyyā nadī 까마귀가 마실 수 있을 만큼 넘실대는 물
kāḷa-silā 검은 바위
kālass' eva 아침 일찍
kāma/kāma-guṇa/kāma-rāga 감각적 욕망, 욕망
kāma-deva 사랑의 신
kāma-taṇhā 감각적 욕망에 대한 갈애[慾愛]
kāmānaṁ ādīnava 감각적 욕망들의 위험
kāmāvacara 욕계
kāmāvacara-citta 욕계 마음
kāmāvacara-deva 욕계 천상[六欲天]
kāya 몸
kāya-anupassanā 신수관 (身隨觀)
kāya-gata-sati 몸에 대한 마음챙김
khaṇa 찰나
khandha 무더기[蘊], 다섯 가지 무더기[五蘊]
khanti 인욕

khattiya 끄샤뜨리야
khaya [갈애의] 소진
khaye ñāṇa 소멸에 대한 지혜
khādati 씹어 먹다
khāri-vividha 필수품을 나르는 막대기
khema 안은(安隱)
khiḍḍāpadosika deva 유희로 타락해 버린 자라는 신
khila 황무지
khiṇā jāti 태어남은 다했다
khīṇāsava-bala 번뇌 다한 자의 힘
khīṇāsava-devatā 번뇌 다한 신
khudda-anukhuddaka 사소한 것
khuddaka-gantha 작은 전적[小典]
kicca 작용
kicca-adhikaraṇa 소임에 대한 대중공사
kilesa 오염원
kilesa-badhana 오염원의 족쇄
kiriya 업지음
kora 안짱다리
Kosamba-kuṭi 꼬삼바 토굴
Kosamba-rukkha 님 나무
koṭṭhāsa 부분
kudrūsaka 꾸드루사까
kukkura-vatika 개처럼 사는 서계를 가진 자, 견서계(犬誓戒)
kula 가문
kumāra 동자
kumbha (sarīra-) 사리함
kusa 꾸사 풀
kusala 꾸살라[善], 능숙함[善], 능통한, 선(善)
kusala-dhamma 선법(善法)
kusala-mūla 유익함의 뿌리
kusīta-vatthu 게으른 경우
kuṭikā 토굴
kūṭaṭṭha 움직이지 않는
kūṭāgāra-sālā 중각강당(重閣講堂)

【L】

lajjava 부끄러워함
lābha 얻음
liṅga 성기, 특징
lohita-pakkhandikā 적리(赤痢)
loka 세상
loka-dhamma 세속의 법
loka-vināsa 세상의 파멸
lokuttara-citta 출세간의 마음
lokuttara-dhamma 출세간법
luddācāra 사냥하는 자
lūkhājīvi 난행고행의 삶을 사는 자

【M】

macchariya 인색
mada 교만
magga 도(道)
magga-citta 도의 마음
maggakkhaṇa 도의 순간
magga-ñāṇa 도의 지혜
magga-samādhi 도의 삼매
magga-sota 도의 흐름
mahā 큰, 대(大)
mahaggata 고귀한 마음
mahā-bhūta 근본물질[四大], 사대

mahā-niraya 대지옥
mahānubhāva 큰 위력
mahā-padesa 큰 권위
mahāparādhatā 죄의식
mahā-purisa-lakkhaṇa 대인상
mahā-purisa-vitakka 대인의 생각
mahā-vidugga 큰 홍수
mahā-yañña 큰 제사
majjhima janapada 중국
majjhima-paṭipadā 중도(中道)
maṅgala 결혼식
maṇḍala-māḷa 원형천막
maṇikā 마니까 주문
manasikaroti 마음에 잘 새기다
manasikāra 마음에 잡도리함
manāyatana 마노의 감각장소[意處]
mandārava-puppha 만다라와 꽃
mano 마노
manomaya 마음으로 이루어진
manomaya attapaṭilābha 마음으로 이루어진 자아의 획득
manomaya kāya 마음으로 만든 몸
mano-padosika 마음이 타락해 버린 자[라는 신]
manta-sajjhāya 만뜨라 공부
manussa 인간
manussa-loka 인간세상
manussatta-bhāva 인간의 자아
maraṇa 죽음
mattaññutā 음식에서 적당함을 앎
matthaluṅga 뇌
māṇava 바라문 학도
māna 자만[慢]
māraṇa-vadha 죽음의 파멸
Māra-sena 마라의 군대[魔軍]
mārisa 마리사
mātika 논모(論母), 마띠까
methuna 성행위
mettā 자비, 자애[慈]
mettā-ceto-vimutti 마음의 해탈 (자애를 통한) [慈心解脫]
mettā-jhāna 자애를 통한 禪
micchatta 삿됨
micchatta-niyata 그릇된 것으로 확정된 것
micchā-ājīva 삿된 생계
micchā-diṭṭhi 삿된 견해
miga-dāya 녹야원
milakkha 멸려차(蔑戾車)
mithu-bhedā 상호 불신
mittāmacca 친구와 동료
mogha-purisa 쓸모없는 인간
moha 어리석음
moha-carita 어리석은 기질
moneyya 성자에게 어울리는 행위
mora-nivāpa 공작 보호구역
muditā 같이 기뻐함[喜], 더불어 기뻐함
muñja 문자 풀
musā-vāda 거짓말
muṭṭhassati 마음챙김을 놓아버림

【N】

ñāṇa 지혜[智]
ñāṇa-dassana 지와 견(知見)
ñāṇa-vāda 지혜를 말하는 자

ñāṇiko sammā-samādhi 지혜를 가진 바른 삼매
ñāṇūpasañhitā sati 지혜를 수반한 마음챙김
ñāya 옳은 방법
na jānāti - na passati 알지 못하다 - 보지 못하다
nagara 도시
nagga-paribbājaka 나체수행자
nahāpita 이발사
nahātaka 기본과정을 마친 자, 목욕을 마친 자
namo 귀의하다
natthika-vāda 허무론자
navakatara bhikkhu 신참 비구
navaṅga-satthu-sāsana 구분교(九分敎), 아홉 가지 구성요소를 가진 스승의 가르침
nayaggāha 방법을 취함
nāga-sena 용의 군대
nāma 이름, 정신[名]
nāma-kāya 정신의 무리
nāma-rūpa 정신물질[名色]
nāma-rūpa-pariccheda-kathā 정신물질의 분석에 대한 설명
nānatta 다양함
nānatta-saññā 인식 (다양한)
nātha-karaṇā dhammā 자신을 확고하게 하는 법
necayika 축재한 자
nekkhamme ānisaṁsa 출리(出離)의 공덕
nemitta 관상술
nerayika 지옥에 떨어진 자
netti 사슬
nevasaññā-nāsaññāyatana 비상비비상처
nibbāna 열반
nibbāna sacchikiriya 열반의 실현
nibbāna-dhātu 열반의 요소
nibbedha-bhāgiya 꿰뚫음에 동참하는 인식
nibbidā 넌더리[厭惡], 역겨워함[厭惡], 염오(厭惡)
nibbuti 완전한 평화, 적멸
nidāna 근본원인, 기원(起源)
niddāyitabba 김을 매다
niddesa-vatthu 아라한됨에 대한 설명의 토대
nidhāna 근원
nigama 성읍
nigrodha 니그로다 나무
nijjara-vatthu 다함의 토대
nijjhāna 정려하는 즐거움[禪悅]
nikkama-dhātu 벗어나는 요소
nikkhanta-dantamattaka 뻐드렁니를 가진 자
nimitta 표상, 전체상, 암시, 조짐
nippariyāya 방편을 빌리지 않은
niraya 지옥
nirodha 소멸
nirodhaṁ phusati 소멸을 체험한다
nirodha-samāpatti 멸진정
nirodha-saññā 소멸의 [관찰로 생긴] 인식
nirodha-taṇhā 소멸에 대한 갈애
nirutti 언어
nirutti-patha 언어표현을 얻는 길
nissaggiya 압수하는 빠찟띠야

nissaraṇa 벗어남, 출구
nissaraṇatthā 벗어나고자 함
nissaraṇa-vimutti 벗어남의 해탈
nissaraṇīyā dhātu 벗어남의 요소
nisseṇī-upamā 사다리의 비유
niyata 해탈이 확실한
niyati 운명론
niyyāna 출구, 벗어남
niyyānika 벗어남으로 인도함, 출리(出離, 벗어남)로 인도함
nīla-kasiṇa 까시나 (푸른색의)
nīvaraṇa 다섯 가지 장애[五蓋]

【O】

odāta-vasana 흰 옷
oghā 폭류
okāsādhigama 기회의 터득
opapātika 화생(化生)
oram-bhāgiya saṁyojana 낮은 단계의 족쇄[下分結], 하분결(下分結)
orasa 가슴에서 [자라난]
ottappa 수치심
ovāda/anuvāda 교계(敎誡)

【P】

pabbaja/pabbajana/pabbajati 출가[하다]
pabbajita 출가자
paccavekkhaṇa 반조(返照)
paccavekkhaṇa-ñāṇa 반조의 지혜
paccavekkhaṇa-nimitta 반조하는 표상
paccaya 조건[緣], 필수품
paccaya-bhāva 조건짓는 상태
paccaya-visesa 조건의 특별함
pacceka Buddha 벽지불
pacceka-sacca 독단적인 진리
pacchā-samaṇa 뒤따르는 사문
pacchimā vācā 마지막 유훈
paccuppanno addhā 현재
padakajjhāna 기초가 되는 禪
padakkhiṇaṁ katvā 오른쪽으로 [세 번] 돌아 [경의를 표한] 뒤
padhāna 노력
padhāniyaṅga 노력의 구성요소
paggaha 분발
pahāna 버림
pahātabba 버려야 하는
pajā 백성들, 생명체들
pajānāti 꿰뚫어 안다
palibodhā 장애
paloka-dhamma 부서지기 마련인 법
paṁsukūla 분소의
pamādaṭṭhāna 방일하는 근본, 놀이
pamāṇa-kata 제한된 업
paṅka 진흙창
pañca kāmaguṇa 오욕락(五慾樂)
pañcaka-naya jhāna 오종선(五種禪)
pañca-satā 오백[합송]
pañca-sīla 오계(五戒)
pañca-vokāra 다섯 무더기를 가진 존재

pañha-vyākaraṇa 질문에 대한 설명
paññatti 개념, 개념적 존재, 규정, 시설(施設)
paññatti-patha 개념을 얻는 길
paññā 통찰지[慧]
paññā-pāripūri 통찰지의 완성
paññā-sampadā 통찰지의 구족
paññāvacara 통찰지의 영역
paññā-vimutti 통찰지의 해탈 [慧解脫]
panta-senāsana 변두리 외딴 처소
papañca 사량분별, 희론(戱論)
papañca-saññā-saṅkhā 사량분별을 가진 인식이라는 헤아림
papañca-saññā-saṅkhā-nirodha 사량분별을 가진 인식이라는 헤아림의 소멸
papaṭikappattā 지저깨비를 얻은 것
parakkama-dhātu 분발하는 요소
para-loka 다음 세상, 저 세상
parama-sukha 지복(至福)
paramattha 구경법(究竟法), 궁극적인 의미
paramattha-desanā 궁극적 의미의 가르침
para-puggala-vimutti-ñāṇa 다른 사람의 해탈을 아는 지혜
parāmāsa/parāmasati 집착[하다]
paribbājaka 유행승(遊行僧)
paricāraka 시중드는 자
paricāraka/upaṭṭhāka 신도
paricchede ñāṇa 남들에 대한 지혜
paricchinna-ākāsa-kasiṇa 제한된 허공의 까시나
pariggaha 거머쥠, 대상, 소유물, 파지(把持)
parikamma 준비단계
pariḷhāha 열 받는, 열뇌(熱惱)
parimukkhaṁ sati 전면에 마음챙김을 [확립함]
pariññā 철저히 앎
pariññeyya 철저히 알아야 함
parinibbāna 반열반(般涅槃), 완전한 열반
paripācana-dhātu 익게함의 요소
parisā 회중(會衆)
paritasita-vipphandita 동요된 것
paritassana 초조함
paritta 빠릿따, 제한된 대상, 제한된 마음, 호주(護呪)
paritta atta 유한한 자아
parivasati 견습기간을 가지다
parivitakka 분별심
pariyatti 교학(빠리얏띠)
pariyāya 방법
pariyesanā 추구(追求)
pariyosāna 목적
pasāda 청정한 믿음, 투명한 색깔
paṭhama-mahāsaṅgīti 일차대합송
paṭibhāga-kasiṇa 까시나 (닮은)
paṭibhāga-nimitta 닮은 표상
paṭicca-samuppāda 연기(緣起)
paṭigha 부딪힘, 적개심, 적의
paṭigha-nimitta 적의를 일으키는 표상
paṭijānāti 서원하다
paṭikūla 혐오스러움
paṭimokkha 정화제
paṭiññā 고백

paṭinissagga 놓아버림, 포기함
paṭipadā/paṭipatti 도닦음
paṭipajjati 수행하다
paṭipāda [네 가지] 도닦음
paṭippassaddhā 철저하게 놓아버림
paṭippassaddhi-vimutti 해탈
(편안히 가라앉음의)
paṭisallīna/paṭisallāṇa 홀로 앉음
paṭisaṁvedissanti 경험할 수 있다
paṭisaṅkhāna-bala 숙고의 힘
paṭisandhi-saññā 재생연결의 인식
paṭisandhi-viññāṇa 재생연결식
paṭisanthāra 친절함
paṭisotagāmi 흐름을 거스름
paṭivedha 꿰뚫음, 통찰
patiṭṭha 기반
patiṭṭhā-dhātu 견고함의 요소
pavatti 삶의 전개과정
paviveka 한거(閑居)
pavuṭa 융기물
pācittiya 빠찟띠야
pāhuna 손님접대
pāka-yajña 가정제사
pāḷi 성전(聖典)
pāṇātipāta 생명을 죽이는 것
pāpa 사악함, 악(惡)
pāpa-kamma 사악한 업
pāpa-mitta 사악한 친구
pāpa-mittatā 삿된 친구를 사귐
pāpiyyasikā 나쁜 습성을 가진
pāragu 능통
pārājikā 바라이죄
pārisuddhi-padhāniyaṅga 청정의
주요한 원인이 되는 구성요소
pāṭidesanīya 빠띠데사니야,
회과(悔過)죄
pāṭihāriya 기적[神變]
pāṭimokkha 계목(戒目), 바라제목차,
빠띠목카
pātimokkha-saṁvara 계목의
단속
pātimokkha-uddesa 계목을 배움
pesuñña 고자질, 중상모략
peta 아귀
pettika visaya 고향동네
petti-visaya 아귀계
peyyavāca 사랑스런 말[愛語]
phala 과(果)
phala-citta 과의 마음
phala-ñāṇa 과의 지혜
phala-samāpatti 과의 증득
phassa 감각접촉[觸]
phassa-kāya 감각접촉의 무리
phassa-paccaya 감각접촉[觸]을
조건한 것
pheggu 백목질(白木質)
piṇḍa-pāta 탁발 음식
pīti 희열
pokkhara 연못
poraṇa aggañña 태고적 세상의
기원
pubba-bhāga 예비단계
pubba-nimitta 전조
pubbanta-anudiṭṭhi 과거에 대한
견해를 가진 자
pubbanta-kappika 과거를
모색하는 자
pubbe-nivāsa-anussati-ñāṇa
전생을 기억하는 지혜[宿命通]
puggala 인간

puggala-paññatti 인간의 규정
puggala-saññā 인간이라는 인식
puñña-abhisaṅkhāra 공덕이 되는 행위[功德行]
puñña-kamma 공덕의 업
puñña-khetta 복밭(福田)
puñña-kiriya-vatthu 공덕행의 토대
punabbhava 다시 태어남
purindada 오래된 보시자
purisa-sīla-samācāra 인간의 도덕적 품행
purohita 궁중제관
puṭa 도시락
puthujjana 범부(凡夫)
puthu-sippāyatana 기술 분야
puttadārā 자식과 아내

【R】

rakkha 보호주
rakkhasa 락카사
rasa 맛
rasa-paṭhavī 달콤한 땅
rasāyana-vidhi 연금술
raṭṭha 왕국
ratanattaya 삼보
rāga 욕망, 애정
rāga-carita 탐하는 기질
rāja-bhogga 영지(領地)
rājadhāni 수도
rājañña 태수
rāsi 더미
rogantara-kappa 질병의 중간겁
rūpa 물질[色]
rūpajjhāna 색계선
rūpa-kammaṭṭhāna 물질의 명상주제
rūpa-kāya 물질의 무리, 물질적 몸
rūpa-rāga 색계에 대한 집착
rūpi 물질을 가진 자
rūpupadānakkhandha 취착하는 물질의 무더기[色取蘊]

【S】

sabbaññutaññāṇa 모든 것을 다 아는 지혜, 일체를 아는 지혜
sabhāva 고유성질[自性]
sabrahmacārī 동료 수행자
sacca-abhisamaya 사성제의 관통
sacchikiriya 실현
sacchikaranīya dhamma 실현해야 하는 법
saddha 믿음, 조령제(祖靈祭)
saddhamma 바른 법
sadosa 성냄이 있는 마음
sagga-kathā 천상의 가르침
saha-dhammika 법에 입각한
sakadāgāmī 한 번만 더 돌아올 자[一來者]
saka-saññī 고유한 인식을 가진 자
sakkāra 공경
sakkāya-diṭṭhi 유신견(有身見)
sakkhi-diṭṭha 직접 본
sakkhi-sāvaka 직계제자
sakya 사꺄
sakya-putta 사꺄무니(석가모니),

사꺄의 후예
sakya-puttiya 사꺄무니 교단에 속하는
salakkhaṇa 고유한 특징
salla 쇠살
saṁkilesikā dhammā 오염된 법
saṁsāra-suddhi 윤회를 통한 청정
saṁvarāsaṁvara-kathā 여러 가지 단속의 설명
saṁvaṭṭa-kappa 수축하는 겁
saṁvaṭṭa-vivaṭṭa 수축하고 팽창하는 [겁]
saṁvāra 단속
saṁvega 절박함
saṁyama 제어
saṁyojana [세 가지] 족쇄
samajja 공연
samakārī 바르게 행함
samaṇa 사문(沙門)
samaṇa-brāhmaṇa 사문·바라문
samaṇamacalo 동요하지 않는 사문
samaṇa-maṇḍala 사문의 구성원
samaṇuddesa/sāmaṇera 사미
samanta-cakkhu 보안(普眼)
samatha 사마타[止]
samatha-phala 사마타의 결실
samatha-yānika 사마타의 길을 가는 자
samavaya-saṭṭhesana 추구를 완전히 포기한 자
samaya 시기, 시점
samayappavādaka 강연장
samādhi 삼매
samādhi-bhāvana 삼매 수행
samādhi-parikkhāra 삼매의 필수품
samāhita 삼매에 든 마음
samānattatā 함께 함
samāpannaka 증득의 경지
samāpatti 증득[等至]
samāpatti-saññā 증득의 인식
sambheda 성도덕의 문란
sambodha 바른 깨달음
sambodhi 깨달음
sambodhi-parāyana 바른 깨달음으로 나아가는 자
sambojjhaṅgā 깨달음의 구성요소[七覺支]
sammasana 명상
sammata 합의
sammatta 올바름
sammatta-niyata 바른 것으로 확정된 것
sammā-ājīva 바른 생계[正命]
sammā-diṭṭhi 바른 견해[正見]
sammā-kammanta 바른 행위
sammā-manasikāra 바르게 마음에 잡도리함
sammā-padhāna 바른 노력
sammā-samādhi 바른 삼매[正定]
sammā-saṅkappa 바른 사유
sammā-sati 바른 마음챙김[正念]
sammā-vācā 바른 말[正語]
sammā-vāyāma 바른 정진
sammukhā-vinaya 직접 대면하는 율
sammuti-kathā 인습적인 표현
sammuti-ñāṇa 인습적인 지혜
samoha 미혹이 있는 마음

sampadā 융성
sampajañña 알아차림[正知]
sampajāna 분명하게 알아차림
sampatti-cakka 번영의 바퀴
samphappalāpa 잡담
samuccheda-vimutti 해탈 (근절의)
samudācāra-taṇhā 갈애 (실제로 벌어지고 있는)
samūha 무리[八輩], 집합
saṅgaha-vatthu 섭수하는 토대[四攝法]
saṅgha 승가
saṅghādisesa 상가디세사, 승잔죄
saṅkappa 사유(思惟)
saṅkha-dhama-upamā 고동 부는 비유
saṅkhata 형성된 것[行]
saṅkhata-dhamma 유위법들
saṅkhatā dhātu 형성된 요소
saṅkhā 명칭, 지혜의 말씀
saṅkhāra 상카라[行]
saṅkhāra-dukkhatā 행고성(行苦性)
saṅkhāya 숙고한 뒤
saṅkhitta 위축된 마음
sañjānana-hetu 인식의 원인
sañjānāti 인식하다
sañkhāra 의도적 행위[行]
saññā 산냐, 인식[想]
saññagga 인식의 구경
saññā-kāya 인식의 무리
saññā-nirodha 인식의 소멸
saññā-vedayita-nirodha 상수멸(想受滅)
saññī 인식하는 자

sandha-/āvasatha-āgāra 공회당
sandiṭṭhi-parāmāsī 자기 견해를 고수(固守)하는 자
santatta-ayo-guḷa-upamā 달구어진 철환의 비유
santuṭṭha 만족
santuṭṭhitā 지족(知足)
sapha 발굽
sappāṭihāriya 기적을 갖춘 [법]
sappurisa-dhamma 바른 사람의 법
sappurisa-saṁseva 바른 사람을 섬김
saraṇīya 기억할 만한
sarati ceva anussarati ca 기억하고 챙긴다
sarāga citta 탐욕이 있는 마음
sarīra 몸, 사리(舍利), 유골, 유체(遺體), 존체(尊體)
sassata-diṭṭhi 상견(常見)
sassata-vāda 영속론[常見], 영속론자
satata-vihāra 영원히 머묾
satānusāri-viññāṇa 이전의 것을 기억하는 알음알이
satārakkha 마음챙김의 보호를 가진 마음
sati 마음챙김, 기억
sati sammosa/ sati vihīna 마음챙김을 놓아버린
sati-avippavāsa 마음챙김의 현전
sati-bala 마음챙김의 힘
satimā 마음챙기는 자
sati-nepakka 마음챙김과 슬기로움(영민함)
satipaṭṭhāna 마음챙김의

확립[四念處]
sati-sambojjhaṅga 마음챙김의 깨달음의 구성요소[念覺支]
sati-sampajāna 마음챙김과 알아차림[正念正知]
sati-vinaya 회고하는 율
sati-vippavāsa 마음챙김이 현전하지 않음
satta 중생
satta-ratana 일곱 가지 보배[七寶]
satta-saññā 중생이라는 인식
sattānaṁ visuddhi 중생들의 청정
sattāvāsa 중생의 거처
Sattapaṇṇi-guhā 칠엽굴(七葉窟)
satthantara-kappa 무기(武器)의 중간겁
satthavāha-upamā 두 대상(隊商)의 비유
sa-upādi-sesa-nibbāna 유여열반
sa-uttara 위가 남아있는 마음
sābe dhammā 일체법(一切法)
sādhu 사두, 사~두(善哉), 좋습니다
sāka 사까 나무
sākhalya 부드러움
sāla 살라 나무
sāli 벼, 쌀
sāmañña 사문의 본업
sāmañña-phala 사문됨의 결실, 출가생활의 결실[沙門果]
sāmaññattha 출가생활의 목적
sāmīci-ppaṭipannā 합당하게 도를 닦음
sāṇa-bhārika-upamā 삼[麻]을 지고 가는 사람의 비유
sāra 심재(고갱이/핵심)
sāraṇīyā dhammā 기억해야 하는 법
sekha 유학(有學)
sekhiya 세키야(衆學)
senāsana 거처
sigāla 자칼
sikkhā 공부지음, 삼학(三學)
sikkhā-pada 학습계목
siṅgi-vaṇṇa 황금색 [옷]
sirīsa 시리사 나무
sivikā 상여, 관(棺)
sīha-nāda 사자후
sīla 계(戒), 습성
sīlabbata-parāmāsa 계율과 의례의식에 대한 집착[戒禁取]
sīla-kathā 계의 가르침
sīlakkhandha 계의 조목
sīla-saṁvara 계를 통한 단속
sīla-samācāra 도덕적 품행
sīla-sampada 계를 갖춘 자
sīla-sampadā 계의 구족
soceyya 깨끗함
soka 근심
somanassa 기쁨, 정신적 즐거움
soracca 온화함
sotāpanna 흐름에 든 자[預流者]
sotāpannassa aṅga 예류과를 얻은 자의 구성요소
sotāpatti-magga 예류도
sotāpatti-phala 예류과
sotāpattiyaṅga 예류도를 얻기 위한 구성요소
sovacassatā 유순함
sovaṇṇa 황금
subha vimokkha 청정한 해탈
subha-nimitta 아름다운 표상

sudda 수드라의 어원
suhada 가슴을 나누는 [친구]
suja 헌공주걱
sukha-vedanā 느낌 (즐거운)
sukhassa adhigama 행복의 성취
sukhūpapatti 행복의 일어남
sukhuma-sacca-saññā 미묘하고 참된 인식
sukka-pakkha 상현
sukkha-vipassaka 마른 위빳사나를 닦은 자, 순수 위빳사나를 하는 자
suññāgāra-hatā 빈 집에서 망가진
sunakha 개
supinaka-upamā 꿈의 비유
surā-meraya-majja 술과 중독성 물질
suta 들은 것
sutamaya-paññā 들어서 얻은 통찰지
sutta 경(經)
suttaguḷa/gaṇṭhika 실타래
sutta-piṭaka 경장(經藏)
sūkara 돼지고기
sūkara-maddava 부드러운 돼지고기로 만든 음식
sūriya 태양

【T】

taca 겉껍질
tadaṅga-vimutti 해탈 (반대를 대체함에 의한 해탈)
takkī 논리가
tama 암흑
tamatagge 최고 중의 최고
taṇḍula 쌀
taṇḍula-pphala 쌀열매
taṇhā 갈애(渴愛)[愛]
taṇhā-ejā 갈애에 의한 동요
taṇhā-kāya 갈애의 무리
taṇhā-mūlaka dhamma 갈애를 뿌리로 가진
taṇhā-saṅkhaya 갈애의 소멸
taṇhuppāda 갈애의 일어남
tanti 과정
tapassino upakkilesa 고행자의 오염원
tapo 고행
tapo-jigucchā 고행을 통한 금욕
taruṇa-sakka 어린 삭까
taruṇa-vipassanā 얕은(어린) 위빳사나
tathā-rūpaṁ 거기에 걸맞는
tāla 야자나무
tālā-vatthukata 야자수 줄기처럼 만들어진
tāta 얘야
tevijja 삼베다
tevijja brāhmaṇa 삼베다에 능통한 바라문
thāli-pāka 탈리빠까
ṭhāna 바른 경우
thāvara-kamma 중차대한 갈마
thera 장로
theratara bhikkhu 구참 비구
therikā 장로[합송]
thīna-middha 해태와 혼침
thūṇa 제사기둥
thūpa 투빠

ti-lakkhaṇa 삼특상
tiṇa-vatthāraka 짚으로 덮어야 함
tiracchāna-kathā 쓸데없는 이야기
tiracchāna-vijjā 하천한 지식
tiracchāna-yoni 축생의 모태
titikkhā 관용
tittha 성소(聖所)의 계단
titthiya 종교 지도자
tīra-dassi-sakuṇupamā 해안을 찾는 새의 비유

【U】

ubhato-bhāga-vimutti 양면해탈
uccheda 단멸
uccheda-diṭṭhi 단견(斷見)
uccheda-vāda 단멸론, 사후단멸론
udāna 감흥어(感興語)
uddesa 개요
uddhacca 들뜸(掉擧)
uddhacca-kukkucca 들뜸과 후회
uddhaṁ-sota 위로 흐르는 자
uddham-āghatanikā asaññi-vādā 사후에 자아가 인식 없이 존재한다고 설하는 자
uddham-āghātanikā saññi-vādā 사후에 [자아는] 인식과 함께 존재한다고 설하는 자
uddham-bhāgiyāni saṁyojanāni 높은 단계의 족쇄[上分結]
uggaha-nimitta 익힌 표상
uju-magga 곧은 도
upacāra-nimitta 근접의 표상
upacāra-samādhi 근접삼매
upadhi 생존
upajjhaya 은사 스님
upakkilesa 오염원
upalāpanā 기만
upamāna 비유지(比喩知)
upapatti-bhava 재생으로서의 존재
upasama 고요
upasampadā 구족계
upaṭṭhāka 시자
upādāna 취착[取]
upādānakkhandha 취착하는 다섯 가지 무더기[五取蘊]
upādā-rūpa 파생된 물질
upādi 업으로 받은 몸, 우빠디
upādi-sesa 취착의 자취
upekkhā 평온[捨]
upekkhā-sati-pārisuddhi 사념청정(捨念清淨)
uposatha 포살
uposatha-divaso 포살일
uposatha-kamma 포살의 준수
uppādetabba 일어나게 해야 하는
ussukka 간절한 원, 바람(願)
uttara-abhimukha 다시 태어남
uttari-manussa-dhammā 인간을 넘어선 법

【V】

vaḍḍhana 확장 (까시나의)
vagga 품(品)
vañjha 생산함이 없음
vaṇṇa 계급
vana-pattha 밀림

vana-varāha 멧돼지
vasippatta/vasavattī 자유자재
vasitā 자유자재한 경지
vassa 안거(安居), 우기철
vaṭṭa/saṁsāra 윤회
vaṭṭa-gāmī 윤회를 따르는 것
vaṭṭa-mūla-taṇhā 윤회의 뿌리가 되는 갈애
vaṭuma 행로
vata 의례의식
vatta 서계(誓戒)
vatthu 문제, 이유
vaya-dhamma-anupassī 사라지는 현상을 관찰하는 [자]
vebhūtiya 이간질
vedalla 문답[方等]
vedanā 느낌[受]
vedanā-kāya 느낌의 무리
vedanāva vedayati 느낌이 느낄 뿐이다
veda-paṭilābha 크나큰 만족
vedayita 느낀 것, 체험한 것
vedeti(veda) 알다
veḷuvana 대나무 숲
vessa 와이샤
vevacana 동의어
veyyākaraṇa 상세한 설명[記別]
vibhava-diṭṭhi 비존재에 대한 견해
vibhava-taṇhā 존재하지 않는 것에 대한 갈애[無有愛]
vibhāvana 해석
vicāra 지속적인 고찰
vicikicchā 의심[疑]
vidha 방법
viditā 분명하게 안
viggāhika-kathā 논쟁
vighāta 곤혹스러운 것
vihāra 머묾, 처소, 위하라
vihiṁsā 잔인함, 해코지
vijānana-dhātu 앎의 요소
vijjā 영지(靈知, 三明), 주문
vijjā-caraṇa-sampanna 영지와 실천을 구족한 자[明行足]
vikāla 때 아닌 때
vikkhambhana-vimutti 억압에 의한 해탈
vikkhepa 애매모호함
vikkhitta 산란한 마음
vimāna 천상의 궁전
vimutta 해탈한 마음
vimuttāyatana 해탈의 장소
vimutti/vimokkha 해탈
vimutti-ñāṇa-dassana 해탈지견(解脫知見)
vimutti-rasa 해탈의 맛
viññāṇa 알음알이[識]
viññāṇa-kasiṇa 알음알이의 까시나
viññāṇa-kāya 알음알이의 무리
viññāṇa-sota 알음알이의 흐름
viññāṇa-ṭṭhiti 알음알이의 거주처
viññāṇānañcāyatana 식무변처
viññu 지자/지혜로운 사람
Vinaya-mātika 율장의 마띠까
vinicchaya 판별
vipariṇāma-dukkhatā 괴고성(壞苦性)
viparīta-saññā 전도된 인식
vipassanā 위빳사나[觀]
vipassanā-citta 위빳사나의 마음

vipassanā-magga 위빳사나의 도
vipassanā-ñāṇa 위빳사나의 지혜
vipassanā-phala 위빳사나의 결실
vipassanāya magga 위빳사나와 함께한 도
vipassanā-yānika 위빳사나의 길을 가는 자
vipatti 계를 파함, 재난
vippaṭisāra 염려
virāga 욕망의 빛바램[離欲]
visa 독
visaṁyoga 풀림
visesa-bhāgiya 수승함에 동참함
visuddhi 계의 청정
vitakka 생각, 일으킨 생각
vitakka-carita 사색하는 기질
vitthambhana-dhātu 퍼짐의 요소
vivaṭṭa 팽창
vivaṭṭa-gāmi-kusala 윤회를 거스르는 유익함
vivaṭṭa-gāmī 윤회를 거스르는 것
vivaṭṭa-kappa 팽창하는 겁[成劫]
vivāda-adhikaraṇa 쟁론에 대한 대중공사
vivāda-mūla 분쟁의 뿌리
vivāha 시집보냄
viveka 떨쳐버림
vivitta senāsana 외딴 처소
viyatta 입지가 굳은
vījanī 불자(拂子)
vīmaṁsī 해석가
vīṇa 류트
vīriya 정진
vīta-dosa 성냄을 여읜 마음
vīta-moha 미혹을 여읜 마음
vjijā 영지(靈知)
vodāniyā dhammā 깨끗한 법들
vohāra 인습적 표현, 일상생활에서 통용되는 언어
vusita 삶의 완성
vyasana 상실
vyākaraṇa 수기(授記)
vyāpāda 악의

【Y】

yamaka-sālā 한 쌍의 살라 나무[娑羅雙樹]
yañña 제사
yañña-sāmi 제사의 주인
yantra 기계
yathā-dhamma-sāsana 법에 따른 교법
yācana 간청
yājetā 제관
yebhuyyasikā 다수결
yebhuyyena 대부분
yoga 속박, 수행
yogakkhema 유가안은(瑜伽安隱)
yogi 수행자
yojana 요자나
yoni 모태
yoniso manasikāra 요니소 마나시까라, 지혜로운 주의[如理作意]
yoniso padhāna 지혜로운 노력
yuga 시대
yutta 적절하다

찾아보기

주요술어 및 고유명사

【가】

가나 (gaṇa) D1.1.1주.
가루다 (garuḷa/garuḍa) D20.11주.
가르침 (desanā) D3.2.21 등, DA.54설명.
가르침의 기적[教誡神變] (ādesanā-pāṭihāriya) D11.3, D11.8, D33.1.10.
가르침의 분류 (anusāsana-vidhā) D28.13.
가릉빈가(迦陵頻伽, karavīka) D14.1.35주, D22.19주.
가문 (kula) D2.41, D3.1.2 등, D14.1.5주.
가사 (cīvara) D2.65, D3.2.20, D16.4.21 등.
가슴 (hadaya) D27.9주.
가슴에서 [자라난] (orasa) DA.1설명.
가슴을 나누는 [친구] (suhada) D31.21.
가시덤불 (kaṇṭhaka) D30.1.5.
가와빠나 (gavapāna) D16.4.17주.
가왐빠띠 존자 (Gavampati) D23.33설명.
가장 (gaha pati) D33.1.10설명.
가전연경 D1.3.32주.
가정제사 (pāka-yajña) D3.1.24주.
가치체계 D25.23주.
각가라 호수 (Gaggarā pokkharaṇī) D4.1설명, D34.1.1.
간다 토굴 (Gandha-kuṭi) D14.1.1주, DA.21설명.
간다라 (Gandhāra) D16.6.28.
간다리 주문 (Gandhārī) D11.5설명.
간답바 (gandhabba) D15.4설명, D19.1, D19.60, D21.1.11, D30.1.8, D32.1.
간절한 원 (ussukka) D21.1.1설명.
간청 (yācana) D16.3.38.
갈마 (kamma) DA.15설명.
갈애(渴愛)[愛] (taṇhā) D1.1.29주, D14.2.18, D15.18설명, D15.2설명, D15.9주, D22.19, D33.1.10, D34.1.4설명, DA.53.
　갈애를 뿌리로 가진 (taṇhā-mūlaka dhamma) D34.2.2설명.
　갈애에 의한 동요 (taṇhā-ejā) D20.3주.
　갈애의 기질을 가진 자 D22.1주.
　갈애의 무리[六愛身] (taṇhā-kāya) D33.2.2설명, D34.1.7설명.
　갈애의 소멸 (taṇhā-saṅkhaya) D21.2.6설명.
　갈애의 소진 (khaya) D14.3.1.
　갈애의 일어남 (taṇhuppāda) D33.1.11설명.
　실제로 벌어지고 있는 갈애

(samudācāra-taṇhā) D15.18주.
감각기능[根] (indriya) D1.3.12, D21.2.5주.
감각기능들에서 대문을 단속함 (guttadvāratā) D33.1.9.
감각기능의 단속 (indriya-saṁvaro) D2.63, D21.2.5.
감각장소[入, 處] (āyatana) D1.3.71설명, D21.2.5주, D28.4, D33.1.9, D34.2.3설명, DA.3.
  밖의 감각장소[六外處] D33.2.2설명.
감각적 욕망1 (kāma/kāma-guṇa /kāma-rāga) D6.13주, D22.1주, D22.19주, D33.1.10, D33.1.10, D33.2.1.
  감각적 욕망들의 위험 (kāmānaṁ ādīnava) D14.3.11.
  감각적 욕망에 대한 갈애[慾愛] (kāma-taṇhā) D22.19설명, D34.1.4.
감각적 욕망2 (bhāvita) D25.16설명.
감각적 쾌락 (ālaya) D14.3.1설명.
감각접촉[觸] (phassa) D14.2.18, D15.2설명, D22.11주, D34.1.2, D34.2.2.
  감각접촉[觸]**을 조건한 것** (phassa-paccaya) D1.3.45설명.
  감각접촉의 무리[六觸身] (phassa-kāya) D33.2.2설명.
감로 (amata) D14.3.7주.
감흥어(感興語, udāna) D2.1설명, D21.2.10, DA.67설명.
강가 강 (Gaṅgā) D16.1.1주, D19.8.
강연장 (samayappavādaka) D9.1설명.
같이 기뻐함[喜] (muditā) D13.76, D25.17.
개 (sunakha) D10.1.1주.
개꼬리 삼형제 이야기 (Śunaḥ-puccha) D5.18주.
개념 (paññatti) D15.20설명, D29.35설명, DA.55.
  개념적 존재 (paññatti) D9.35주, D9.37주, D15.23주.
  개념을 얻는 길 (paññatti-patha) D15.22설명.
개요 (uddesa) D15.20설명, D16.4.10주.
개종 D25.23주.
개처럼 사는 서계를 가진 자 (kukkura-vatika) D24.1.7설명.
거기에 걸맞는 (tathā-rūpaṁ) D1.1.31설명.
거룩한 마음가짐[四梵住] (brahma-vihāra) D13.15주, D13.25주, D13.39주, D17.2.13, D25.17주. □□ **사무량심**
거룩한 머묾 (brahma-vihāra) D33.1.10설명. □□ **거룩한 마음가짐**
거머쥠 (pariggaha) D15.12설명.
거짓말 (musā-vāda) D1.1.9, D26.14.
거처 (senāsana) D2.36, D16.1.6, D29.22. āvāsa: D16.4.10. nivesana: D17.1.24. vihāra: D14.12. □□ **처소**
건달바(乾達婆) D15.4주.
걸식자 D1.1.1주.

검고 흰 부분들을 잘 갖춘 것 (kaṇha-sukka-sappaṭibhāga) D28.2설명.
검은 바위 (kāḷa-silā) D16.3.42.
검은 부분 DA.17주.
겉껍질 (taca) D25.17.
게송(偈頌, gāthā) DA.67설명.
게으른 경우 (kusīta-vatthu) D33.3.1설명, D34.2.1설명.
게으름에 빠진 자 (ālassa-anuyoga) D31.13.
견고경(堅固經) D11.1.0주.
견고함의 요소 (patiṭṭhā-dhātu) D33.2.2주.
견서계(犬誓戒, kukkura-vatika) D24.1.7주.
견습기간을 가지다 (parivasati) D16.5.29, D27.1설명.
견의 증득 (dassana-samāpatti) D28.7설명.
견해 (diṭṭhi) D1.1.29주, D1.2.27주, D1.3.32주, D22.2주.
　견해로 꿰뚫음 (diṭṭhi-paṭivedha) D33.2.3설명.
　견해를 파함 (diṭṭhi-vipatti) D33.1.9설명.
　견해의 구족 (diṭṭhi-sampatti) D33.1.9설명.
　견해의 국집(局執, diṭṭhi-nissayā) D1.3.72주, D29.34.
　견해의 그물[見網] (diṭṭhi-jāla) D1.1.28주, D1.3.74설명.
　견해의 느낌 (diṭṭhi-vedana) D1.3.58주.
　견해의 청정 (diṭṭhi-visuddhi) D33.1.9.
결(結) ☞ **족쇄** D6.13주.
결론 (anusandhika) DA.68.
결정론 D2.27주.
결혼식 (maṅgala) D3.1.24주, D17.2.5주.
경(經, sutta) DA.4, DA.40주, DA.45설명, DA.67설명.
경국지색(傾國之色)**의 비유** (janapada-kalyāṇī(-upamā)) D9.35설명, D13.19주.
경장(經藏, sutta-piṭaka) DA.43설명.
경전적 증거 D21.2.3주.
경지 (āyatana) D21.2.3주.
경험할 수 있다 (paṭisaṁvedissanti) D1.3.58설명.
계(戒, sīla) D1.1.7설명, D13.39주, D17.2.1주. **긴 길이의 계** D1.1.27. **중간 길이의 계** D1.1.20. **짧은 길이의 계** D1.1.10.
　계를 갖춘 자 (sīla-sampada) D16.1.24, D33.2.1.
　계를 통한 단속 (sīla-saṁvara) D14.3.28주, D33.1.9주.
　계를 파함 (vipatti) D33.1.9설명.
　계의 가르침 (sīla-kathā) D3.2.21 등, DA.3.
　계의 구족 (sīla-sampadā) D5.27주, D8.18주, D33.1.9.
　계의 조목 (sīlakkhandha) D2.63.
　계의 청정 (visuddhi) D33.1.9.
　계행이 나쁘고 계를 파한 자 (dussīla sīla-vipatti) D16.1.23.
계(界) ☞ **요소**

계급 (vaṇṇa) D3.1.15설명, D27.3, 5.
계론(界論, Dhātukathā) DA.40.
계목(戒目, pāṭimokkha) D2.42설명, D14.3.22.
계목을 배움 (pātimokkha-uddesa) D14.3.22설명.
계목의 단속 (pātimokkha-saṁvara) D21.2.4설명, D26.28.
계속해서 생각함[隨念] (anussati) D21.2.3주, D34.1.7설명.
계속해서 생각함의 장소 (anussati-ṭṭhāna) D33.2.2설명.
계온품(戒蘊品, Sīlakkhandha-vagga) DA.37, DA.4.
계율과 의례의식에 대한 집착 [戒禁取] (sīlabbata-parāmāsa) D6.13주, D33.1.10설명.
고갱이 ☞ **심재**
고고성(苦苦性, dukkha-dukkhatā) D33.1.10설명. ㊟ **괴로움**
고귀하지 않은 마음 (amahaggata) D22.12설명.
고귀한 마음 (mahaggata) D13.77주, D22.12설명.
고동 부는 비유 (saṅkha-dhama-upamā) D23.18주.
고따마 존자 D3.1.2주.
고따마까 탑묘 (Gotamaka) D16.3.2, D24.1.11.
고백 (paṭiññā) D33.2.3.
고빠까 (Gopaka) D21.1.11.
고삐까 (Gopikā) D21.1.11.
고살라 (Gosala) D2.19주. ㊟ **막칼리 고살라**
고상한 마음 D22.12주.
고시따 원림 (Gositārāma) D6.15주.
고요 (upasama) D9.30주, D19.61.
고윈다 (Govinda) D19.29설명, D19.36주.
고유성질[自性] (sabhāva) D22.14주, DA.55.
고유성질을 가진 법 D22.6주.
고유한 인식을 가진 자 (saka-saññī) D9.17설명.
고유한 특징 (salakkhaṇa) DA.55.
고자질 (pesuñña) D26.15설명. ㊟ **중상모략**
고행 (tapo) D2.20, D3.2.3주, D8.2설명, D8.14, D14.3.28, D24.1.7주, D29.16주, D33.2.1.
고행을 통한 금욕 (tapo-jigucchā) D8.21설명, D25.24주, D25.7설명
고행자의 오염원 (tapassino upakkilesa) D25.9.
고행승 깟사빠 D25.24주.
고향동네 (pettika visaya) D26.1설명, D26.28.
곤혹스러운 것 (vighāta) D1.2.24설명, D1.2.25설명.
곧은 도 (uju-magga) D13.4.
공경 (sakkāra) D33.1.10주.
공공제사 (śrauta-jajñā) D5.1주. ㊟ **제사**
공덕의 업 (puñña-kamma) D5.13주.
공덕이 되는 행위[功德行] (puñña-abhisaṅkhāra) D33.1.10.
공덕행의 토대 (puñña-kiriya-vatthu)

D33.1.10설명.
공무변처(空無邊處,
ākāsanañcāyatana) D1.3.13,
D9.14설명, D15.33주.
공물 D4.13주, D5.19주, D16.1.4주.
공부지음 (sikkhā) D9.14, D9.7주,
D18.25주, D24.1.6,
D33.1.10설명, D33.1.10주.
공연 (samajja) D31.10.
공의파(空衣派, Digambara)
D29.1주.
공작 보호구역 (mora-nivāpa)
D25.6.
공평무사 D27.21주.
공화국 체제 D6.1주, D6.3주,
D16.1.1주, D24.1.1주.
공회당 (sandha-/āvasatha-āgāra)
D16.1.20, D19.43, D33.1.2.
과(果, phala) D2.97주, D9.20주.
과의 마음 (phala-citta) D22.12주.
과의 증득 (phala-samāpatti)
D21.1.10주, D33.2.1주.
과의 지혜 (phala-ñāṇa) D2.83주.
과거 (atīto addhā) D33.1.10설명.
과거를 모색하는 자
(pubbanta-kappika)
D1.1.29설명.
과거에 대한 견해를 가진 자
(pubbanta-anudiṭṭhi) D1.1.29.
과정 (tanti) DA.5.
곽시쌍부(槨示雙趺) D16.6.22주.
관(棺, sivikā) D14.2.10주.
관념(인식) D9.37주.
관념적 존재 D9.35주.
관상술 (nemitta) D14.1.31.
관용 (titikkhā) D14.3.28설명.
관정(灌頂)**하다** (abhisiñcati)
D2.63설명, D19.32설명.
관정식 (abhiseka) D3.1.24설명.
관통 (abhisamaya) DA.55설명.
광과천(廣果天, Vehapphaladeva)
D1.2.38주.
광명상(光明想, ālokasaññā)
D2.68설명, D25.16,
D33.1.11설명.
광음천(光音天, Ābhassarā)
D1.2.2설명, D15.33설명,
D24.2.15, D27.10, D33.1.10설명.
괴고성(壞苦性, vipariṇāma-
dukkhatā) D33.1.10설명.
괴로움 (dukkha) D22.18, D29.32.
괴로움[苦]**과 일어남**[集]**과
소멸**[滅]**과 도**[道] D14.3.11 등.
괴로움의 성질 (dukkhatā)
D33.1.10설명.
괴로움의 소멸 (dukkha-nirodha)
D24.1.4.
괴로움의 진리[苦諦] (dukkha-
sacca) D16.6.9주, D22.2주.
괴로움의 출구 (dukkhassa
nissaraṇa) D14.2.18.
교계 싱갈라 경 D31.0설명.
교계(教誡, ovāda/anuvāda)
D16.6.7주.
교계(教誡)를 위한 대중공사
(anuvāda-adhikaraṇa)
D33.2.3주.
교만 (mada) D33.1.10설명.
교학(**빠리얏띠**, pariyatti) D6.14주.
구경거리 ☞ **공연** D1.1.13, D31.10.

구경법(究竟法, paramattha) D16.3.20주.
구경의 완성 (accanta-niṭṭhā) D21.2.6설명.
구경의 지혜 (aññā) D14.3.3, D16.5.25, D22.22설명.
구나(덕, guṇa) D1.1.28주.
구라단두경(究羅檀頭經) D5.1.0주.
구분 (anta) D33.1.10설명.
구분교(九分敎) (navaṅga-satthu-sāsana) D1.3.74주, DA.10설명. ☞ **아홉 가지 구성요소를 가진 스승의 교법.**
구성요소 (aṅga) DA.67설명.
구족계 (upasampadā) D8.23, D9.56, D13.3, D14.3.12, D16.5.29, D29.2주.
구차제멸(九次第滅) D9.17주.
구참 비구 (theratara bhikkhu) D16.6.2.
구참(舊參) **신도** (abbhatīta paricāraka) D18.4.
궁극의 자아 D1.1.31주.
궁극적 실재 D2.25주.
궁극적 실체 D13.10주.
궁극적인 의미 (paramattha) D9.53주.
궁극적 의미의 가르침 (paramattha-desanā) DA.50.
궁중제관 (purohita) D5.10설명, D13.2주, D14.3.13, D19.29.
귀의하다 (namo) D2.99.
규정 (paññatti) DA.31.
그릇된 것으로 확정된 것 (micchatta-niyata) D33.1.10설명.
그물 (jāla) D1.1.28, D1.3.71, 74, D11.5주, D17.1.29, DA.37.
근(根) ☞ **감각기능/기능**
근면한 (ātāpī) D22.1설명.
근본물질[四大] (mahā-bhūta) D2.83주, D11.85주, D22.1주.
근본원인 (nidāna) D15.2주.
근심 (soka) D1.3.21, D14.29, D15.3, D22.18.
근원 (nidhāna) D21.2.2설명.
근원적으로 마음에 잡도리함 D14.2.18주. ㊟ **지혜로운 주의**
근접삼매 (upacāra-samādhi) D18.22주, D22.21주, D22.6주.
근접의 표상 (upacāra-nimitta) D15.35주.
금강경 D9.35주.
금강수 약카 (Vajirapāṇī yakkha) D3.1.21주.
금식 (anasana) D2.1주.
금욕 D8.21주.
급고독(給孤獨) **장자** (Anāthapiṇḍika) D9.1설명, D14.1.1주.
급고독원 (Anāthapiṇḍikassa ārama) D9.1설명, D10.1.1, D14.1.1, D30.1.1.
기계 (yantra) D4.13설명, D5.22주.
기근의 중간겁 (dubbhikkhantara-kappa) D26.21주.
기능[五根] (indriya) D14.3.31주, D16.3.50, D33.1.10설명, D33.2.1설명, D33.2.1설명,

D34.1.6설명, DA.3.
기둥 D22.2주.
기만 (upalāpanā) D16.1.5설명.
기반 (patiṭṭha) D29.1주.
기별(記別) ☞ **상세한 설명**
기본과정을 마친 자 (nahātaka) D19.37설명.
기쁨 (somanassa) D18.24주.
기술 분야 (puthu-sippāyatana) D2.14.
기억 (sati) D9.6설명.
기억하고 챙긴다 (sarati ceva anussarati ca) D33.3.3설명.
기억할 만한 (saraṇīya) D2.25 등.
기억해야 하는 법 (sāraṇīyā dhammā) D33.2.2설명, D34.1.7설명.
기원(起源, nidāna) DA.31.
기원정사(祇園精舍) D9.1주.
기적[神變] (pāṭihāriya) D11.3.
기적을 갖춘 [법] (sappāṭihāriya) D16.3.7설명, D29.8설명, D29.11.
기질 (cariya) D16.3.28주.
기초가 되는 禪 (padakajjhāna) D2.83주, D11.67주, D22.21주.
기회의 터득 (okāsādhigama) D18.23설명, D18.25설명.
긴 길이의 전승된 가르침[長阿含] (Dīghāgama) DA.2설명, DA.4.
긴 합송(= 長部, Dīghasaṅgīti) DA.37.
길게 설하신 경들 DA.2.
길들임 (dama) D17.2.1.
김을 매다 (niddāyitabba) D12.17설명.
까꾸산다 세존 (Kakusandha) D14.1.4.
까꿋타 강 (Kakuṭṭhā) D16.4.22.
까라위까 새 (Karavīkā) D14.1.35설명.
까레리 토굴 (Kareri-kuṭi) D14.1.1주, D14.1.1설명.
까마귀가 마실 수 있을 만큼 넘실대는 물 (kāka-peyyā nadī) D13.24설명.
까마데와 (Kāmadeva) D16.3.4주.
까삘라 선인(仙人, Kapila) D3.1.13주.
까삘라왓투 (Kapilavatthu) D3.1.1주, D3.1.13설명, D14.1.12, D16.6.24, D20.1설명, D24.1.1주.
까시 (Kāsi) D14.1.27설명.
까시나 (kasiṇa) D1.2.18주, D1.2.38주, D9.19주, D15.24주.
까시나의 물질 (kasiṇa-rūpa) D1.2.38주.
까시나의 장소 (kasiṇāyatana) D33.3.3설명, D34.2.3설명.
까시나의 표상 (kasiṇa-nimitta) D15.23주.
까시나의 확장 D15.23주.
닮은 까시나 (paṭibhāga-kasiṇa) D15.25주.
푸른색의 까시나 (nīla-kasiṇa) D15.35주.
까시와 꼬살라 (Kāsi-Kosala) D18.1.
까우띨랴 (Kautilya) D21.2.6주.
깐나깟탈라 (Kaṇṇakatthala) D8.1주.

깐다라마수까 (Kandaramasuka) D24.1.11설명.
깐하 (Kaṇha) D3.1.16설명, D16.3.7주.
깐하야나(깐하의 후예, Kaṇhāyana) D3.1.16설명.
깔라깐자 (Kālakañja) D20.12, D24.1.8.
깔라라맛따까 (Kaḷāramaṭṭaka) D24.1.11주.
깔루다이 (Kāḷudāyī) D28.21주.
깔리 (kali) D23.27설명.
깔링가 왕 (Kāliṅga) D16.6.28.
깔빠수뜨라 (Kalpa Sūtra) D6.1주.
깜마사 종족 D15.1주.
깜마사담마 (Kammāsadhamma) D15.1설명.
깜맛사담마 (Kammāssadhamma) D22.1.
깟띠까 달 (Kattikā) D2.1주.
깟사빠 (**나체수행자,** Kassapa) D8.1설명.
깟사빠 ☞ **꾸마라깟사빠 존자**
D14.1.4**깟사빠 부처님** D14.1.4, D23.33주.
깟사빠 사자후경 D8.1.0설명.
깟사빠 족성 D6.2주.
깟사빠 존자 ☞ **마하깟사빠** D8.1설명
깨끗한 법들 (vodāniyā dhammā) D9.40설명.
깨끗함 (soceyya) D33.1.10설명, D33.1.9설명.
깨달음 (sambodhi) D22.16주.
깨달음에서 생긴 지혜 (bodhija ñāṇa) D29.27설명.
깨달음을 이룬 나무 (bodhi-rukkha) D14.3.8설명.
㉾ **보리수**(菩提樹)
깨달음의 구성요소[七覺支] (sambojjhaṅgā) D16.3.50, D22.16주, D28.2, D28.9, D33.2.3설명, D34.1.8설명.
깨달음의 편 (bodhi-pakkha) D28.3주.
깨달음의 편에 있는 법[菩提分法] (bodhi-pakkhiya-dhammā) D26.1주, D27.30설명.
께뚜마띠 (Ketumatī) D26.23.
께사깜발리 (Kesakambalī) D2.22주.
㉾ **아지따 께사깜발리**
께왓다 (Kevaddha) D11.1설명.
께왓다 경 D11.1.0설명.
꼬나가마나 세존 (Koṇāgamana) D14.1.4.
꼬띠가마 (Koṭigāma) D16.2.1, D18.1주.
꼬락캇띠야 (Korakkhattiya) D24.1.7설명.
꼬마라밧짜 (Komārabhacca) D2.1주.
꼬무디 달 (Komudī) D2.1설명.
꼬살라 (Kosala) D1.1.1주, D3.1.1설명, D8.1주, D12.1, D13.1, D23.1, D23.1.
꼬살라데위 (Kosaladevī) D3.1.1주.
꼬살라의 왕 ☞ **빠세나디**
꼬삼바 토굴 (Kosamba-kuṭi) D14.1.1주.
꼬삼비 (Kosambī) D6.15설명, D23.1주.

꼬시나라까 (Kosināraka) D24.1.1주.
꼬시야 (Kosiya) D21.1.9설명.
꼰단냐의 종족 (Koṇḍañña) D14.1.16, D14.1.6.
꼴리야 (Koliya) D16.6.24.
꽃 화살 (마라의) D16.3.4설명.
꾸드루사까 (kudrūsaka) D26.19설명.
꾸따단따 (Kūṭadanta) D5.1설명.
꾸따단따 경 D5.1.0설명.
꾸루 (Kuru) D15.1설명, D22.1설명.
꾸루와 빤짤라 (Kuru-Pañcāla) D15.1주, D18.1.
꾸마라깟사빠 존자 (Kumārakassapa) D23.1설명.
꾸사 풀 (kusa) D5.18주, D19.47.
꾸사와띠 (Kusavātī) D16.5.18, D17.1.4.
꾸살라[善] (kusala) D5.18설명.
꾸숨바 (Kusumba) D6.15주.
꾸시나라 (Kusināra) D16.4.20, D17.1.1, D24.1.1주, DA.19, DA.5, DA.9.
꾸웨라 (Kuvera) D15.4주, D18.10주.
꾹꿋따 원림 (Kukkuṭārāma) D6.15주.
꿀라 (kula) D15.1주.
꿈반다 (Kumbaṇḍa) D32.1.
꿈의 비유 (supinaka-upamā) D23.14주.
꿰뚫기 어려운 (duppaṭivijjha) D34.1.2.
꿰뚫어 안다 (pajānāti) D1.1.36설명.
꿰뚫음 (paṭivedha) DA.54, DA.55주.
꿰뚫음에 동참하는 [인식] (nibbedha-bhāgiya) D33.2.2설명.
끄르따 (kṛta) D23.27주.
끄리슈나 (Kṛṣṇa) D3.1.16주, D19.29주.
끄샤뜨리야 (khattiya) D14.1.5.

【나】

나가세나 존자 (Nāgasena) D16.6.3주.
나기따 존자 (Nāgita) D6.2설명.
나디까 (Nādikā) D16.2.5, D18.1설명.
나따 (Nāta) D2.28주.
나라 안에서 제일가는 미녀 ☞ **경국지색**(傾國之色)
나무 발우 (dārumaya patta) D6.15주.
나무찌 (Namuci) D16.3.7주.
나쁜 견해 (diṭṭhi-gata) D23.2설명.
나쁜 계행을 가짐 (dussīla-bhāva) DA.62.
나쁜 습성을 가진 (pāpiyyasikā) D33.2.3.
나체수행자1 (acela/acelaka) D1.1.1주, D8.1설명, D24.1.11, D33.1.11주.
나체수행자2 (nagga-paribbājaka) D16.6.19주.
나형범지경(倮形梵志經) D8.1.0주.

난다나 (Nandana) D30.1.15설명.
난행고행의 삶을 사는 자 (lūkhājīvi) D8.2설명.
날라까 마을 (Naḷaka) D16.1.16주.
날란다 (Nālandā) D1.1.1, D11.1, D16.1.15, D28.1.
남김없이 빛바래어 소멸함 (asesa-virāga-nirodho) D22.20설명.
남김없이 완전히 알다 (ājānāti) D19.62설명.
남들에 대한 지혜 (paricchede ñāṇa) D33.1.11설명.
남의 마음을 아는 지혜[他心通] (ceto-pariya-ñāṇa) D2.91, D28.1, D34.1.5.
남의 마음을 알아 드러내는 기적 [觀察他心神變] (ādesanā-pāṭihāriya) D33.1.10.
내세 (abhisamparāya) D16.2.6, D18.7, D27.7 등. ㊟ **다음 생**
넌더리[厭惡] (nibbidā) D17.2.16주.
네 가지 도닦음 (paṭipāda) D28.10설명. ㊟ **도닦음**
네 가지 선[四種禪] D28.19.
네 가지 성스러운 진리 (ariya-sacca) D16.2.2, DA.3. ㊟ **사성제**
네 가지 자세[四威儀] (iriyā-patha) D22.6주, DA.27.
네 무리의 군대 (caturaṅginī senā) D5.13설명, D26.6설명.
네란자라 강둑 (Nerañjarā) D16.3.34, D21.1.6.
노력 (padhāna) D28.9설명, D33.1.11설명, D33.1.11설명, D33.1.9.
노력의 구성요소[五勤支] (padhāniyaṅga) D33.2.1설명, D34.1.6설명.
노름 (jūta) D1.1.14, D23.27설명, D31.11.
노름꾼의 비유 (akkha-dhuttaka-upamā) D23.26주.
노인 (jiṇṇa-purisa) D14.2.2.
노차경(露遮經) D12.1.0주.
녹야원 (miga-dāya) D8.1(**우준냐 깐나깟탈라의**), D14.3.8(**케마의**), D16.3.42(**맛다꿋치의**), D5.8(**와라나시의**).
녹자모 ☞ **미가라마따**
녹자모 강당 (Migāramātupāsāda) D9.1주, D27.1설명.
논리가 (takkī) D1.1.34설명, D1.2.13설명.
논리학 D28.2주.
논모(論母, mātika) D16.4.10주, DA.68. ㊟ **마띠까**
논사(論事, Kathāvatthu) DA.40, DA.43주.
논장(論藏, Abhidhamma-piṭaka) DA.43설명.
논쟁 (viggāhika-kathā) D1.1.18.
놀이 (pamādaṭṭhāna) D1.1.14.
농경제 의식 D29.16주.
높은 개념 (adhippaññatti) D29.35설명.
높은 계학 (adhisīla-sikkhā) D18.25주.
높은 금욕 (adhijegucchā) D8.21주.

높은 마음에 속하는 (ābhicetasika) D28.19설명.
높은 심학 (adhicitta-sikkhā) D18.25주.
높은 혜학 (adhipaññā-sikkhā) D18.25주.
놓아버림 (paṭinissagga) D22.20.
뇌 (matthaluṅga) D22.5주.
누진통(漏盡通) ☞ **번뇌를 소멸하는 지혜**
눈 (cakkhu) D33.1.10설명.
느낀 것 (vedayita) D1.3.32설명.
느낌[受] (vedanā) D14.2.18, D15.2설명, D21.2.3설명, D33.1.10설명, D34.1.4설명, D34.2.2.
  느낌으로부터 벗어남 D1.1.36설명.
  느낌의 달콤함 D1.1.36설명.
  느낌의 무리[六受身] (vedanā-kāya) D33.2.2설명.
  느낌의 사라짐 D1.1.36주.
  느낌의 위험 D1.1.36설명.
  느낌의 일어남 D1.1.36주.
  느낌이 느낄 뿐이다 (vedanāva vedayati) D22.11주.
  즐거운 느낌 (sukha-vedanā) D22.11설명.
늙음 (jarā) D22.18, D26.23.
늙음·죽음[老死] (jarā-maraṇa) D14.2.18, D15.2.
능숙함[善] (kusala) D5.18주, D33.1.10설명, D33.1.9설명, DA.56.
능엄주 D32.7주.
능통 (pāragu) D3.1.3, D4.13 등.
능통한 (kusala) D9.6.
늦깎이 (buḍḍha-pabbajita) D16.6.20설명.
니간타 (Nigaṇṭha) D27.1주.
니간타 나따뿟따 (Nigaṇṭha Nātaputta) D2.28설명, D16.5.26, D24.1.1주, D29.1, D33.1.6.
니그로다 나무 (nigrodha) D14.1.8.
니그로다 숲 D16.3.42.
니그로다 유행승 (Nigrodha) D25.1설명.
니까야 (Nikāya) DA.41, DA.65설명.
니로다사마빳띠 (nirodha-samāpatti) D15.35주. ㊟ **멸진정**(滅盡定)
님 나무 (Kosamba-rukkha) D6.15주.

【다】

다따랏타 대천왕 (Dhataraṭṭha) D11.68주, D18.12.
다람쥐 보호구역 (kalandakanivāpa) D16.3.42, D31.1.
다르바 풀 (dabbhā/darbha) D5.18설명.
다른 사람의 해탈을 아는 지혜 (para-puggala-vimutti-ñāṇa) D28.14.
다마리까 천신 (Dāmarika-devaputta) D16.3.4주.

다섯 가지 무더기[五蘊] (khandha) D16.3.10주.
다섯 가지 장애[五蓋] (nīvaraṇa) D2.68설명, D25.16주, D28.2.
다섯 무더기를 가진 존재 (pañca-vokāra) D15.33주.
다수결 (yebhuyyasikā) D33.2.3.
다시 태어남1 (punabbhava) D14.1.29, D16.2.2, D29.27. ☐☐ **재생**
다시 태어남2[再生] (uttara-abhimukha) D14.1.29.
다음 생 (abhisamparāya) D1.1.36해설 등. ㊟ **내세**
다양함 (nānatta) D22.21주, D34.2.2설명.
다원론 D2.25주.
다음 세상 (para-loka) D15.24주.
다자탑(多子塔) ☞ **바후뿟따 탑묘**
다함의 토대 (nijjara-vatthu) D34.2.3설명.
닥시나 (dakṣiṇa) D33.1.10.
닦아야 하는 (bhāvetabba) D34.1.2.
단견(斷見, uccheda-diṭṭhi) D22.19주.
단멸 (uccheda) D1.3.9설명.
단멸론 (uccheda-vāda) D1.3.9주, D6.15주, D6.19주, D29.30주.
단속 (saṁvāra) D2.29.
단속하지 않음 (asaṁvaro) D33.1.9주.
달구어진 철환의 비유 (santatta-ayo-guḷa-upamā) D23.16주.
달의 비유 (candima-upamā) DA.8.
달의 이름 D2.1주.
달콤한 땅 (rasa-paṭhavī) D27.11.
달하네미 왕 (Daḷhanemi) D26.2설명.
닮은 표상 (paṭibhāga-nimitta) D1.2.17주, D15.35주, D16.3.25주.
담마 연못 (Dhamma pokkharaṇī) D17.1.32.
담무참(曇無讖) D16.0주.
닷띠 (datti) D8.14설명.
닿지 않음의 요소 (asamphuṭṭha-dhātu) D33.2.2주.
대나무 숲 (veḷuvana) D31.1.
대념처경(大念處經) D22.0설명.
대를 이어가는 제사 (anukula-yañña) D5.22설명.
대반열반경(大般涅槃經) D16.0설명.
대범천 (Mahābrahma) D11.80설명, D11.81, D24.2.16.
대본경(大本經) D14.0설명.
대부분 (yebhuyyena) D27.10설명.
대상1 (ārammaṇa) D14.2.19주, D2.67주, D22.1주.
대상2 (pariggaha) D2.67주.
대상3 (gocara) D15.24주.
대선견왕경(大善見王經) D17.0주.
대아 D6.19주.
대연방편경(大緣方便經) D15.0주.
대율(對律) ☞ **아비위나야**
대인경(大因經) D15.0주.
대인상 (mahā-purisa-lakkhaṇa) D14.1.31. ㊟ **서른두 가지 대인상**

대인연경(大因緣經) D15.0설명.
대인의 생각(mahā-purisa-vitakka)
D34.2.1설명.
대자대비 D16.6.4주.
대장부다운 (āsabhi) D14.1.29설명.
대장엄 (Mahāvyūha) D17.2.2설명.
대장장이의 아들 쭌다 ☞ **쭌다**
(대장장이의 아들)
대주석서 (Mahāṭṭhakathā) DA.2주.
대중공사 D16.6.25주.
대중공사를 가라앉힘
(adhikaraṇa-samatha)
D33.2.3설명, DA.33.
대중이 함께 암송 (gaṇa-sajjhāya)
DA.32.
대지옥 (mahā-niraya) D16.2.8설명.
대품(大品, Mahāvagga) DA.4.
대합송 D16.6.25주. ㊟ **일차대합송**
대회경(大會經) D20.0설명.
더미 (rāsi) D33.1.10설명.
더불어 기뻐함 (muditā) D19.59.
덕(德, guṇa) D28.21주.
데와닷따 (Devadatta) D1.1.1주,
D16.1.1주.
데와닷따의 교단 D6.1주.
도(道, magga) D2.97주, D6.14,
D22.1설명, D22.20주, DA.3.
도의 마음 (magga-citta)
D22.12주.
도의 삼매 (magga-samādhi)
D33.1.10주.
도의 순간 (maggakkhaṇa)
D22.21주.
도의 인식 D9.20주.
도의 지혜 (magga-ñāṇa)
D2.83주, D29.27주.
도의 흐름 (magga-sota) D6.13주.
도나 바라문 (Doṇa brahmana)
D16.6.25설명.
도나의 환호 (Doṇagajjita)
D16.6.25주.
도닦음 (paṭipadā/paṭipatti)
D2.64주, D6.14, D6.14주,
D6.15주, D13.3주, D22.1주,
D33.1.11.
도덕부정론 (akiriya-vāda) D2.18주,
D2.24주.
도덕적 품행 (sīla-samācāra)
D28.12.
도둑 (cora) D30.1.5주.
도둑의 낭떠러지 (Corapapāta)
D16.3.42.
도둑의 비유 (cora-upamā) D23.6주.
도반 (āvuso) D16.6.2.
도솔천 (Tusitā) D11.72.~79.설명,
D14.1.17, D19.60.
도시 (nagara) D15.1주.
도시락 (puṭa) D4.7설명, D5.8.
도제(徒弟, antevāsī) D3.1.3.
독 (visa) D33.2.1주.
독단적인 진리 (pacceka-sacca)
D33.3.3설명.
독수리봉 산(**영취산**, Gijjhakūṭa
pabbata) D8.23, D16.1.1설명,
D16.3.41, D19.1, D25.1, D32.1.
독신수행 D13.31주.
독존(獨尊) D2.29주.
동료 수행자 (sabrahmacārī)
D16.1.6, D29.18설명, D33.2.1,
D34.1.6.

동문서답 D2.27주.
동물희생 D5.1주, D5.18주.
동요 (ejā) D21.2.7설명.
동요된 것 (paritasita-vipphandita) D1.3.32.
동요하지 않는 사문 (samaṇamacalo) D33.1.11설명.
동원림(東園林, Pubbārāma) D9.1주, D27.1설명.
동의어 (vevacana) D15.4주.
동자 (kumāra) D3.1.28주.
돼지고기 (sūkara) D16.4.17설명, 18.
두 대상(隊商)**의 비유** (satthavāha-upamā) D23.22주.
둣사빠와리까 (Dussapāvārika) D11.1주.
뒤따르는 사문 (pacchā-samaṇa) D10.1.5설명.
드와빠라 (dvāpara) D23.27주.
들뜸(掉擧, uddhacca) D6.13주, D22.12주, DA.27.
들뜸과 후회 (uddhacca-kukkucca) D2.68, D22.13설명.
들숨과 날숨 (ānāpāṇa) D22.2주.
들숨날숨에 대한 마음챙김[出入息念] (ānāpāṇa-sati) D22.2주.
들어서 얻은 통찰지 (sutamaya-paññā) D33.1.10설명.
들은 것 (suta) D33.1.10설명.
등불 (dīpa) D16.2.26주.
등지(等至) ☞ **증득**
디가 니까야(**장부**, Dīgha-nikāya) DA.39, DA.43설명, DA.64설명.
디가 니까야(**장부**)**를 독송하는 자들** (Dīgha-bhāṇaka/bhāṇika) DA.40.
디가까라야나 (Dīghakārāyana) D3.1.1주.
디가따빳시 (Dīghatapassi) D2.28주.
디삼빠띠 (Disampati) D19.29.
따룩카 (Tārukkha) D13.2.
따뽀다 원림 (Tapodārāma) D16.3.42.
딱까실라 (Takkasilā) D2.1주, D3.1.1주.
땀바빤니 섬 (Tambapaṇṇidīpa) D16.6.28주.
땃뜨와아르타아디가마 수뜨라 (Tattvārthādhigāma-sūtra) D2.29주.
땅의 부산물 (bhūmi-pappaṭaka) D27.14.
때 아닌 때 (vikāla) D1.1.10, D31.9.
떨어져서 (apanujjā) D19.9설명.
떨쳐버림 (viveka) D33.1.11.
또데야 (Todeyya) D10.1.1주, D13.2.
똥을 이고 가는 사람의 비유 (gūtha-bhārika-upamā) D23.24주.
뚜디 마을 (Tudigāma) D10.1.1주, D13.2주.
뜨레따 (tretā) D23.27주.
띤두까 나무/숲 (Tindukā) D9.1, D24.1.20.
띰바루 간답바 왕 (Timbaru) D21.1.6.

【라】

라마가마 (Rāmagāma) D16.6.24.
라마야나 (Rāmāyaṇa) D13.76주.
라자가하(왕사성, Rājagaha) D1.1.1설명, D2.1, D16.1.1, D16.3.41, D19.1, D25.1, D31.1, D32.1, DA.14, DA.19.
라후 (Rāhu) D20.12설명.
락카사 (rakkhasa) D30.1.9설명.
랄루다이 (Lāḷudāyī) D28.21주.
레누 왕자 (Reṇu) D19.29.
로힛짜 경 D12.1.0설명.
로힛짜 바라문 (Lohicca) D12.1.
루(漏) ☞ **번뇌**
룸비니 (Lumbinī) D16.5.8주.
류트 (vīṇa) D16.5.18, D21.1.2주.
릿차위 (Licchavī) D6.3설명, D6.5주, D16.1.1주, D16.2.15, D16.6.24.

【마】

마가다 (Māgadha) D1.1.1주, D5.1설명, D18.4, D26.1.
마가다 언어 (Māgadhabhāsa) DA.2주.
마꾸따반다나 (Makuṭabandhana) D16.6.15.
마나사까따 (Manasākaṭa) D13.1.
마노 (mano) D1.2.13, D21.2.5설명.
　마노의 감각장소[意處] (manāyatana) D1.3.71주.
마누 (Manu) D3.1.16주, D3.1.16주, D27.21주.
마니까 주문 (maṇikā) D11.7설명.
마딸리 (Mātali) D21.1.6.
마뚤라 (Mātulā) D26.1설명.
마띠까(論母, mātikā) D16.4.10설명.
마띠까를 호지하는 자 (Mātikadhāra) D16.4.10설명.
마라 (Māra) D11.72주, D16.3.4설명, D16.3.7, D25.24, D26.1설명, D26.28.
　마라 빠삐만 (Pāpiman) D16.3.34.
　마라의 군대[魔軍] (Māra-sena) D16.3.4주, D30.1.32주.
마른 위빳사나를 닦은 자 (sukkha-vipassaka) D6.13주, DA.10설명.
마리사 (mārisa) D9.34설명, D21.2.1설명.
마스까린 D2.19주.
마야 왕비 (Māyā devī) D14.1.12.
마음 (citta) D1.2.13, D6.13주, D22.11주, D22.12.
　마음에 잘 새기다 (manasikaroti) D2.39설명, D14.2.18주.
　마음에 잡도리함 (manasikāra) D14.2.18주, D33.1.9.
　마음으로 만든 몸 (manomaya kāya) D2.85설명, D9.22주.
　마음으로 이루어진 (manomaya) D1.2.2설명, D1.3.12설명, D9.22설명.
　마음으로 이루어진 자아의 획득 (manomaya attapaṭilābha) D9.39설명.

마음의 구족 (citta-sampadā) D8.18설명.
마음의 삭막함 (ceto-khila) D33.2.1설명, D34.1.6설명.
마음의 삼매 (ceto-samādhi) D1.1.31주, D28.7설명, D34.1.2설명.
마음의 속박 (cetaso vinibandha) D33.2.1설명.
마음의 혼란 (cittakkhepa) DA.62.
마음이 타락해 버린 재[라는 신] (mano-padosika) D1.2.10설명, D24.2.19,
마음의 해탈[心解脫] (ceto-vimutti) D6.13설명, D15.36, D28.3. D33.1.11주.
마음의 해탈 (같이 기뻐함을 통한) [喜心解脫] D33.2.2.
마음의 해탈 (연민을 통한) [悲心解脫] (karuṇā cetovimutti) D33.2.2, D34.1.7.
마음의 해탈 (자애를 통한) [慈心解脫] (mettā-ceto-vimutti) D22.13주, D33.2.2.
마음의 해탈 (표상 없는, animittā ceto-vimutti) D33.2.2설명.
마음의 해탈 (확고부동한, akuppā ceto-vimutti) D34.1.2.
마음부수법 (cetasika) D16.6.7주.
마음챙기는 자 (satimā) D22.1설명.
마음챙김 (sati) D1.2.7, D9.6주, D16.6.7주, D33.1.9, D34.1.3.
마음챙김과 슬기로움(영민함, sati-nepakka) D2.67주, D33.2.3설명.
마음챙김과 알아차림[正念正知] (sati-sampajāna) D2.65, D16.2.12, 3.51주 등.
마음챙김을 놓아버린 (sati sammosa/ sati vihīna) D1.2.7, D21.1.12, D24.2.18.
마음챙김을 놓아버림 (muṭṭhassati) D33.1.9설명, 2.3, D34.1.8, 2.1.
마음챙김의 고삐 D22.2주.
마음챙김의 깨달음의 구성요소 [念覺支] (sati-sambojjhaṅga) D33.3.3주 등.
마음챙김의 보호를 가진 마음 (satārakkha) D33.3.3설명.
마음챙김의 현전 (sati-avippavāsa) D16.3.51설명, 6.7설명.
마음챙김의 확립[四念處] (satipaṭṭhāna) D16.3.50, D18.26, D22.1설명, D26.1주, D28.2, D29.40, D33.1.11설명, D34.1.5설명.
마음챙김의 힘 (sati-bala) D33.1.9.
마음챙김이 현전하지 않음 (sati-vippavāsa) D33.1.9주.
마지막 유훈 (pacchimā vācā) D16.6.7.
마하고윈다 (Mahāgovinda) D19.31.
마하고윈다 경 D19.0설명.
마하깟사빠 존자 (Mahākassapa) D16.6.19, DA.6.
마하꼬살라 (Mahākosala) D3.1.1주.

마하꼿티따 장로 (Mahā-Koṭṭhita) D9.32주.
마하나마 (Mahānāma) D3.1.1주.
마하바라따 (Mahābhārata) D3.1.16주, D3.1.16주, D3.1.3주, D13.17주, D13.76주, D15.4주, D19.36주, D21.1.12주, D32.4주.
마하빠나다 (Mahāpanāda) D26.26설명.
마하삼마따 왕 (Mahāsammata) D27.21설명.
마하수닷사나 (Mahāsudassana) D16.5.18, D17.1.3.
마하수닷사나 경 D17.0설명.
마하시와 장로 (Mahāsīva) D22.21주.
마하우다이 (Mahāudāyī) D28.21주.
마하위라 (Mahāvīra) D2.28주, D6.1주.
마하위방가 (Mahāvibhaṅga) DA.33.
마하위지따 (Mahāvijita) D5.10설명.
마할리 (Mahāli) D3.1.1주, D6.3주.
마할리 경 D6.1.0설명.
막칼리 고살라 (Makkhaligosāla) D2.19설명, D2.24주, D16.5.26.
만다라와 꽃 (mandārava-puppha) D16.5.2설명.
만딧사 (Maṇḍissa) D6.15설명, D7.1.0주.
만뜨라 (mantra) D4.13주.
만뜨라 공부 (manta-sajjhāya) D13.2주.
만족 (santuṭṭha) D2.66설명.
많은 것을 만듦 (bahu-kāra) D34.1.2.
말라 (Malla) D16.4.13주, D16.4.26, D16.4.38, D16.6.24, D17.1.1, D24.1.1설명, D29.1주, D33.1.1, DA.5.
말룽꺄뿟따 경 D9.28주.
말리까 왕비 (Mallikā) D3.1.1주, D9.1주.
말의 품행 (bhassa-samācāra) D28.11.
맛 (rasa) DA.41.
맛다꿋치 (Maddakucchi) D16.3.42.
맛지마 니까야(**중부**, Majjhima-nikāya) DA.39, DA.43설명, DA.66설명.
맛지마 니까야(中部)**를 독송하는 자들** (Majjhima-bhāṇika) DA.29, DA.40.
맛차와 수라세나 (Maccha-Surasena) D18.1.
망고 숲 (amba-vana) D2.1, D13.1, D33.1.1.
매듭 (gantha) D33.1.11.
머묾 (vihāra) D33.1.10설명.
머트럽게 말함(**불순종**, dovacassatā) D33.1.9, D34.1.3.
멧돼지 (vana-varāha) D16.4.17주.
멧떼야 (Metteyya) D26.25설명.
멸계(滅界) D33.1.10주.
멸려차(蔑戾車, milakkha) D33.3.2설명, D34.2.1.
멸진정 (nirodha) D18.24주.
멸진정(滅盡定, nirodha-samāpatti) D9.17주, D15.35주, D18.24주. ㉾ **상수멸**

명(名) ☞ **정신**
명령 (āṇatta) D2.9주.
명상 (sammasana) D22.12주.
명상주제 (kammaṭṭhāna) D2.67주, D11.85주, D21.2.3주, D22.2주, D22.21주.
명칭 (saṅkhā) D9.49설명.
명행족(明行足) ☞ **영지**(靈知)**와 실천을 구족한 자**
모든 것을 다 아는 지혜 (sabbaññutaññāṇa) D1.1.4주.
모리야 (Moriyā) D16.6.26.
모색 (kappa) D1.1.29설명.
모태 (yoni) D28.5, D33.1.11.
모헨조다로 (Mohenjodaro) D20.14주.
목갈라나 (Moggallāna) D2.31주.
목발우를 지닌 자의 제자 (dārupattikantevāsi) D6.15설명.
목욕을 마친 자 (nahātaka) D19.37주.
목적 (pariyosāna) D21.2.6설명.
몸1 (kāya) D22.1설명, D22.2설명.
  몸에 대한 마음챙김 (kāya-gata-sati) D22.5주, D34.1.2, DA.27.
몸2 (sarīra) D6.15설명, D22.5설명.
몽둥이 (daṇḍa) D2.28주, D21.2.1.
무간 대지옥 (avīci-mahā-niraya) D26.23주.
  무간지옥 D16.2.8주.
무간업(無間業) D2.102주, D33.1.10주.
무기(武器, āvudha) D33.1.10설명.
무기(無記, avyākata/abyā-) D9.27.
무기(武器)**의 중간겁** (satthantara-kappa) D26.21설명.
무너짐에 대한 지혜 (bhaṅga-ñāṇa) D33.1.9설명.
무더기[蘊] (khandha) D33.2.1설명, DA.3.
무량광천(無量光天, Appamāṇābhā) D33.1.10주.
무량정천(無量淨天, Appamāṇasubhā) D33.1.10주.
무량한 대상 (appamāṇa) D16.3.28주.
무량한 업 (appamāṇa-kata) D13.77주.
무량함 (appamañña) D33.1.11설명.
무리[八輩] (samūha) DA.1.
무명(無明, avijjā) D6.13주, D33.1.10주, D33.1.9, D34.1.3.
무번천(無煩天, Aviha) D14.3.29설명, D33.2.1.
무상(無常, anicca) D16.6.10.
무상유정(無想有情, asañña-satta) D1.2.31설명, D15.33, D24.2.20, D33.1.8주.
무색계 (arūpāvacara) D13.77주.
  무색계 증득[等至]**의 표상** (arūpa-samāpatti-nimitta) D1.2.38주.
  무색계에 대한 집착 (arūpa-rāga) D6.13주.
  무색의 경지 (arūpa) D9.23주, D33.1.11설명.
  무색의 까시나 (arūpa-kasiṇa) D15.24주.

무색의 禪 (arūpajjhāna) D33.2.1주.
무소유처(無所有處, akiñcaññāyatana) D1.3.15, D9.16, D9.17주.
무애해 (catuppaṭisambhidā) DA.10설명, DA.61.
무애해도(無碍解道, Paṭisambhidāmagga) DA.40.
무여(無餘, an-upādi-sesa) D16.3.20설명.
무여열반(an-upādi-sesa-nibbāna) D11.85주, D16.3.20주.
무여열반의 요소 (an-upādi-sesa-nibbāna-dhātu) D29.29, DA.5.
무열천(無熱天, Atappā) D14.3.31설명, D33.2.1.
무위진인(無位眞人) D9.25주.
무유애(無有愛) ☞ **존재하지 않는 것에 대한 갈애**
무인론자 (ahetuka-vāda) D1.2.30주, D2.24주.
무학(無學, asekha) D1.1.7주, D16.5.13주, D33.1.10설명.
무학(無學)에 속하는 법 (asekha dhamma) D33.3.3설명, D34.2.3설명.
무한한 자아 (ananta attā) D15.23설명.
묶임 (gaṇṭha) D2.28주.
문 (dvāra) D21.2.5주.
문답[方等] (vedalla) DA.67설명.
문자 풀 (muñja) D15.1, D15.23주.
문제 (vatthu) DA.31.
물라빠리야야 숫따 (Mūlapariyāyasutta) D1.1.28주.
물질[色] (rūpa) D1.2.38설명, D6.15주, D33.1.9, D34.1.3.
물질을 가지지 않은 자 (arūpi) D15.24설명.
물질을 가진 자 (rūpi) D15.24설명.
물질의 명상주제 (rūpa-kammaṭṭhāna) D22.11주.
물질의 무리 (rūpa-kāya) D15.20주.
물질적인 몸 (rūpa-kāya) D1.3.10주.
물활론(物活論) D2.25주.
미가라마따(**녹자모**, Migāramātā) D27.1주.
미래 (anāgato addhā) D33.1.10설명.
미래를 모색하는 자들 (aparanta-kappikā) D1.2.37설명.
미륵(彌勒, Metteyya) D26.25주.
미묘하고 참된 인식 (sukhuma-sacca-saññā) D9.10설명, D9.21주.
미음조(美音鳥, karavīka) D14.1.35주.
미인 D9.35주.
미증유법(未曾有法, abbhūta-dhamma) DA.67설명.
미치지 않았음에 대한 율 (amūḷha-vinaya) D33.2.3.
미혹을 여읜 마음 (vīta-moha)

D22.12설명.
미혹이 있는 마음 (samoha)
D22.12설명.
믿음 (saddha) D2.41, D14.3.11,
D16.6.3주.
밀림 (vana-pattha) D23.11-2주.

【바】

바가완 (Bhagavan) D1.1.1주. ㊟ **세존**
바가왓기따 (Bhagavadgīta)
D1.1.31주, D3.1.16주, D19.29주.
바까 범천 (Baka) D3.1.28주.
바나와라 (bhāṇavāra) D1.1.37설명,
DA.34설명.
바달라따 덩굴 (badālatā)
D27.14설명.
바라드와자 (Bhāradvāja) D27.1.
바라드와자 바라문 학도 D13.3주.
바라따 (Bhārata) D19.36설명.
바라문 (brāhmaṇa) D27.3, 등.
바라문의 본업 (brāhmañña)
D8.14설명.
바라문의 어원 D27.22설명.
바라문들과 장자들
(brāhmaṇa-gahapati)
D4.2설명.
바라문 학도 (māṇava) D1.1.1,
D3.1.3설명, D10.1.1.
바라바당경(婆羅婆堂經) D27.0주.
바라이죄 (pārājikā) D16.6.3주.
바라제목차 (pāṭimokkha)
D1.1.27주. □□ **계목**
바람(願, ussukka) D21.1.1, 2.3주.
바르게 깨달은 자[正等覺]
(Sammāsambuddha) D29.4.
바르게 마음에 잡도리함 (sammā-manasikāra) D1.1.31설명. ㊟ **지혜로운 주의**
바르게 행함 (samakārī) D28.12설명.
바르구 (bhargu) D24.1.1주.
바르지 못한 경우 (aṭhāna)
D33.1.9설명.
바르지 못한 법 (asaddhamma)
D33.2.3설명, D34.1.8설명.
바른 것으로 확정된 것 (sammatta-niyata) D33.1.10설명.
바른 견해[正見] (sammā-diṭṭhi)
D22.21, D29.35주.
바른 경우 (ṭhāna) D33.1.9설명.
바른 깨달음 (sambodha) D9.30주,
D19.61.
바른 깨달음으로 나아가는 자
(sambodhi-parāyana) D6.13주,
D28.13.
바른 노력[四正勤]
(sammā-padhāna) D16.3.50.
바른 마음챙김[正念] (sammā-sati)
D22.1주, 21. ㊟ **마음챙김**
바른 말[正語] (sammā-vācā)
D22.21.
바른 법 (saddhamma) D33.2.3설명,
D34.1.4, D34.1.8설명.
바른 사람을 섬김 (sappurisa-saṁseva) D33.1.11, D34.1.4.
바른 사람의 법
(sappurisa-dhamma)

D33.2.3설명, D34.1.8설명.
바른 사유[正思惟] (sammā-saṅkappa) D22.21.
바른 삼매[正定] (sammā-samādhi) D22.21.
바른 생계[正命] (sammā-ājīva) D22.21.
바른 정진[正精進] (sammā-vāyāma) D5.18주, D22.21.
바른 행실 (ācāra) D2.42, D26.28.
바른 행위[正業] (sammā-kammanta) D22.21.
바와리 (Bāvarī) D23.1주.
바왕가 (bhavaṅga) D16.6.9주.
바후뿟따 탑묘[多子塔] (Bahuputta) D16.3.2, D24.1.11.
박가범(薄伽梵, bhagavā) D1.1.1주. ㊟ **세존**
박가와 (bhaggava) D24.1.1설명.
박가와곳따 유행승 (Bhaggavagotta) D24.1.1설명.
박수치기 (ghana-tāḷa) D1.1.13주.
밖 (bahiddhā) D22.2설명.
  밖의 감각장소[六外處] (bāhira-āyatana) D33.2.2.
  밖의 물질 (bāhira-rūpa) D15.35주, D16.3.25주, D22.15주.
반다가마 (Bhaṇḍagāma) D16.4.1.
반두마 왕 (Bandhumā) D14.1.31.
반둘라 왕자 (Bandhula) D3.1.1주.
반떼 (bhante) D8.23설명. ㊟ **세존이시여**
반열반(般涅槃, parinibbāna) D16.3.20주, D16.3.34, D16.3.7설명, D16.6.8, D17.1.1, D29.29. ㊟ **무여열반**
반조(返照, paccavekkhaṇa) D16.6.9주.
  반조의 지혜 (paccavekkhaṇa-ñāṇa) D2.83주, D29.27주.
  반조하는 표상 (paccavekkhaṇa-nimitta) D34.1.6설명.
받침대 (appasena) D33.1.11.
발굽 (sapha) D32.7.
발취론(發趣論, Paṭṭhāna) DA.40.
방등(方等) ☞ **문답**
방법1 (pariyāya) D1.1.1설명.
방법2 (vidha) D33.1.10설명.
방법을 취함 (nayaggāha) D28.2주.
방일(放逸)**하지 않음** (appamāda) D16.3.51, D34.1.2.
방일하는 근본 (pamādaṭṭhāna) D5.26, D23.10, D31.8, D33.2.1.
방편을 빌리지 않은 (nippariyāya) D33.1.8주.
배고픔 (anasana) D26.23설명.
백목질(白木質, pheggu) D25.18.
백성들 (pajā) D31.31주. ㊟ **생명체들**
백의파(白衣派, Śvetāmbara) D29.1주.
뱀 못의 비탈 (Sappasoṇḍika-pabbhāra) D16.3.42.
뱀의 비유 (alagaddūpamā) DA.58.
버려야 하는 (pahātabba) D34.1.2.
버림 (pahāna) D22.20.
  버림 (세 가지, pahāna) DA.53설명.
번뇌[漏] (āsava) D2.97설명, D16.1.12, D33.1.10설명.

번뇌 다한 신 (khīṇāsava-devatā) D16.5.6주.
번뇌 다한 자의 힘 (khīṇāsava-bala) D34.1.8설명.
번뇌들의 소멸 (āsavānaṁ khayo) D2.97설명.
번뇌를 소멸하는 지혜[漏盡通] (āsavakkhaya-ñāṇa) D2.96, D33.1.10, D34.1.4.
번영의 바퀴 (sampatti-cakka) D34.1.5설명.
범계(犯戒, āpatti) D16.6.1주, D33.1.9, DA.31.
범계(犯戒)**에 대한 대중공사** (āpattādhikaraṇa) D33.2.3주.
범계로부터 벗어남[悔過] (anāpatti) DA.31.
범동경(梵動經) D1.1.0주.
범망경(梵網經) D1.1.0설명.
범보천(梵輔天, Brahma-purohitā) D21.1.11설명.
범부(凡夫, puthujjana) D1.1.7설명, D16.5.13주, D33.1.10설명.
범신천(梵身天, Brahmakāyikā) D11.72.~79.주.
범아일여(梵我一如) D13.10주.
범중천(梵衆天, Brahma-pārisajjā) D15.33설명, D33.1.10설명.
범천 (brahma) D1.1.1주, D11.80주, D13.10주, D19.42, D24.2.14, D24.2.15.
범천의 궁전 (brahma-vimāna) D1.2.3설명.
범천의 세상 (brahma-loka) D1.2.2설명, D9.39주, D11.72.~79.주, D13.15주, D19.60.
범천의 일원 (brahma-sahavyatā) D13.4설명.
범할 수 없는 경우 (abhabbaṭṭhāna) D33.2.1설명.
범행(梵行, brahma-cariya) D2.40설명. ㊟ **청정범행**
법 (dhamma) D1.1.1설명, D1.1.28, D2.40설명, D9.37주, DA.54.
법의 정형구 D16.2.9주.
법과 따르는 법 (dhammañca anudhammañca) D16.3.7주.
법과 비법 (dhamma/adhamma) D27.8.
법과 율 (dhamma-vinaya) D1.1.18, DA.41주.
법에 대한 지혜 (dhamme ñāṇa) D33.1.11설명, D34.1.5.
법에 따른 교법 (yathā-dhamma-sāsana) DA.51.
법에 입각한 (saha-dhammika) D3.1.20설명.
법에서 [출세간]법에 이르게 하는 법 (dhamma-anudhamma) D29.4.
법을 담론하는 것 (dhammābhilāpa) DA.55.
법을 따라 행하는 자 (anudhamma-cārī) D16.3.7설명.
법을 몸으로 가진 분 (dhamma-kāya) D27.9주.
법을 주시함 (dhamma-nisanti)

D33.2.3설명.
법의 거울[法鏡] (dhammādāsa) D16.2.8.
법의 눈[法眼] (dhamma-cakkhu) D3.2.21설명, D14.3.11.
법의 무더기[法蘊] (dhammakkhandha) D16.1.12주, D33.1.11설명, D34.1.6설명, DA.41.
법의 부분 (dhamma-pada) D33.1.11설명.
법의 실천(**받아지님**, dhamma-samādāna) D33.1.11설명.
법의 요소[法界] (dhamma-dhātu) D14.1.13.
법의 조화로움 D22.16주.
법구경(法句經, Dhammapāda) DA.40.
법귀의(法歸依, dhamma-saraṇa) D16.2.26, D26.1, D29.40주.
법다움 (dhammatā) D14.1.17주.
법다운 왕 (dhamma-rāja) D3.1.5설명.
법다운 자 (dhammika) D3.1.5설명.
법다운 추론 (dhammanvaya) D28.2설명.
법담(法談, dhamma-kathā) D14.1.1설명.
법등명(法燈明, dhamma-saraṇa) D16.2.26, D26.1.
법륜 (dhamma-cakka) DA.5.
법문(法門)1 (dhamma-pariyāya) D1.1.1주, 3.74, D16.2.8, D28.22, D29.41.
법문(法門)2 (dhamma-desanā) D3.2.21, D5.29, D14.3.2.
법수관(法隨觀, dhamma-anupassana) D16.2.12.
법안(法眼, dhamma-cakkhu) D3.1.5주.
법온(法蘊, dhammakkhandha) DA.68설명. ㊟ **법의 무더기**
법집론(法集論, Dhammasaṅgani) DA.40.
벗어나고자 함 (nissaraṇatthā) DA.59설명.
벗어나는 요소 (nikkama-dhātu) D22.13주.
벗어남1 (nissaraṇa) D1.1.36, D15.34, D33.2.1(24),
벗어남의 요소 (nissaraṇīyā dhātu) D33.2.1설명, D33.2.2설명, D34.1.4설명, D34.1.6설명, D34.1.7설명.
벗어남2 (adhimuccana) D15.35주.
벗어남으로 인도함 (niyyānika) D13.11설명, D29.8주.
베다를 공부하는 자 (ajjhāyaka) D3.1.3설명.
베다를 만들다 (ganthe karontā) D27.23설명.
베다문헌 D3.1.3주.
베단따 학파 D13.10주.
베당가 (Vedāṅga) D3.1.3주.
베시까 (Bhesikā) D12.4설명.
베풂의 청정 (dakkhiṇā-visuddhi) D33.1.11설명.

벨루와가마 (beluva/beḷuva) D16.2.21.
벨루와빤두 류트 (Beluvapaṇḍu-vīṇā) D21.1.2설명.
벼 (sāli) D27.18.
벽돌집 (Giñjakāvasatha) D18.1설명.
벽지불 (pacceka Buddha) D16.5.12.
변두리 (antamanta) D25.5설명.
변두리 외딴 처소 (panta-senāsana) D25.5주.
변정천 (Subhakiṇhā) D15.33설명, D33.1.10설명.
병들지 않음 (aroga) D1.2.38설명, D9.34, D22.20주, D29.37.
보가나가라 (Bhoganagara) D16.4.5, D24.1.1주.
보드가야 D16.5.8주.
보리분법(菩提分法, bodhi-pakkhiya-dhamma) D16.3.50설명, D28.3주, D29.17주.
보리수(菩提樹, bodhi-rukkha) D14.1.8주, D14.3.8주, D25.5주.
보살 D29.16주.
보시1 (dāna) D10.1.1주, D17.2.1, D23.32, D30.1.16.
  보시로 인한 태어남 (dānuppatti) D33.3.1설명.
  보시의 가르침 (dāna-kathā) D14.3.11.
  보시하는 경우 (dāna-vatthu) D33.3.1설명.
보시2 (dakkhiṇa) D33.1.10설명.
  보시를 드려 마땅한 인간 (dakkhiṇeyya-puggala) D33.2.3설명, D33.3.1설명.
보안(普眼, samanta-cakkhu) D3.1.5주.
보유(補遺) ☞ **빠리와라**(補遺/附錄)
보호주 (rakkha) D32.2설명.
보호하는 가르침 (āṇā-desanā) DA.50.
복밭(福田, puñña-khetta) D33.1.11.
본 것 (diṭṭha) D33.1.10설명.
본삼매 (appanā) D16.3.25주, D22.21주, D22.6주, D24.2.13주.
본생담(本生譚, Jātaka) DA.40, DA.67설명.
본자청정 D6.19주.
봉납 (bali) D16.1.4설명.
부가규정 (anupaññatti) DA.31.
부끄러워함 (lajjava) D33.1.9.
부드러운 돼지고기로 만든 음식 (sūkara-maddava) D16.4.17설명.
부드러움 (sākhalya) D33.1.9.
부딪힘 (paṭigha) D1.3.13설명, D15.20주.
부무 (Bumū) D24.1.7설명.
부분 (koṭṭhāsa) D33.1.10주.
부분상 ☞ **세세한 부분상**
부서지기 마련인 법 (paloka-dhamma) D16.3.48주.
부정(不定, aniyata) DA.33.
부정(不淨)**한 것** (asubha) D22.5.
  부정의 관찰[부정관] (asubha-anupassana) D22.10주, D33.2.3주.

부정의 인식 (asubha-saññā) D21.2.5주.
부정함을 [대상으로 한] 禪 (asubhajjhāna) D33.2.1주.
부처님 (**두 분 이상의**, Buddha) D19.14.
부처님 말씀 (Buddha-vacana) D27.9주, D33.1.10주.
부처님 일대시교(一大示敎) D10.1.5주.
부처님의 영역 (Buddha-visaya) D24.1.9주.
부처됨 (Buddha-bhāva) DA.1.
분뇨구덩이에 빠진 사람의 비유 (gūtha-kūpa-purisa-upamā) D23.8주.
분명하게 안 (viditā) D1.1.36설명.
분명하게 알아차림 (sampajāna) D22.1설명, D22.4주.
분발 (paggaha) D33.1.9설명.
분발하는 요소 (parakkama-dhātu) D22.13주.
분별론(分別論, Vibhaṅga) DA.40.
분별심 (parivitakka) D4.8설명, D5.10, D9.2주.
분소의 (paṁsukūla) DA.7.
분자띠 (Bhuñjatī) D21.1.10.
분쟁의 뿌리 (vivāda-mūla) D33.2.2설명.
분쟁의 정형구 D29.1주.
분해 D22.1주.
불 (agni) D4.13주, D33.1.10설명.
불 섬기는 자의 비유 (aggikajaṭila-upamā) D23.20주.
불가지론(不可知論) D1.2.23주, D2.31주.
불리 (Bulī) D16.6.24.
불방일(不放逸, appamāṇa) D16.3.51주, D16.6.7설명, D21.1.1주, D29.40주, D33.2.2.
불사(不死, amata) D14.3.7설명, DA.1.
불사의 문 (amatassa dvāra) D14.3.7설명, D18.27설명.
불선법(不善法, akusala-dhamma) D8.5주, D25.23주, D26.28주, D27주.
불설범망육십이견경(佛說梵網六十二見經) D1.1.0주.
불설시가라월육방예경(佛說尸迦羅越六方禮經) D31.0주.
불성(佛性) D1.2.13주, D6.19주.
불안(佛眼, Buddha-cakkhu) D3.1.5주.
불의 까시나 D24.2.13주.
불자(拂子, vījanī) D1.1.16설명.
불전문학(佛傳文學) D14.1.17주.
불종성(佛種姓, Buddhavaṁsa) DA.40.
불환과를 얻은 신 D16.5.6주.
불환자(不還者, Anāgāmī) D6.13, D21.1.12주, D21.2.8주, D33.2.1설명.
붓다고사 (Buddhaghosa) D1.1.28주.
브라만 D13.10주.
브라만을 몸으로 가진 자 (brahma-kāya) D27.9.
브라흐마나 (Brāhmaṇa) D3.1.16주.

㊟ **제의서**
브라흐마닷따 (Brahamadatta) D1.1.1설명, D3.1.1주.
브라흐마닷따 바라문 학도 DA.38.
브라흐마와띠 (Brahmavati) D26.25주.
비구 (bhikkhu) D1.1.1설명, D1.1.1주, D11.68주, D22.1설명.
비구 승가 (bhikkhu-saṅgha) D1.1.1설명.
비구계목 (Bhikkhu-pāṭimokkha) D1.1.27주, D16.4.10주, 6.3주.
비구의 수명, 재산, 행복, 힘 D26.28.
비구니 위방가 (Bhikkhunī-vibhaṅga) DA.34.
비구니계본 (Bhikkhunī-pāṭimokkha) D16.4.10주.
비라나 풀더미 (bīraṇa) D24.1.8.
비린내 (āma-/vissa-gandha) D19.45, DA.26.
비밀리에 전수함[秘傳] D16.2.25주.
비법(非法, adhamma) DA.9.
비상비비상처 (nevasaññā-nāsaññāyatana) D1.3.16, D9.17주, D15.33주.
비유지(比喩知, upamāna) D28.2주.
비율(非律, avinaya) DA.9.
비인간 (amanussa) D15.4주.
비존재에 대한 견해 (vibhava-diṭṭhi) D33.1.9설명.
빈 집에서 망가진 것 (suññāgāra-hatā) D25.5설명.
빈곤 (daliddiya) D26.10.
빔비사라 왕 (Bimbisāra) D2.1주, D4.1주, D18.10.
빠까라나 (Pakaraṇa) DA.43주.
빠꾸다 깟짜야나 (Pakudha Kaccāyana) D2.25설명, D16.5.26.
빠니니 D13.24주, D21.2.2주.
빠딸리 나무 (pāṭalī) D14.1.8.
빠딸리 마을 (Pāṭali-gāma) D16.1.19, D16.1.2.
빠딸리뿟따 (Pāṭaliputta) D2.1주, D16.1.28.
빠뜨나 (Patna) D16.1.28주.
빠띠까 경 D24.0설명.
빠띠까뿟따 (Pāṭikaputta) D24.1.15설명.
빠띠데사니야 (pāṭidesanīya) DA.33.
빠띠목카 (pāṭimokkha) DA.43.
빠띠목카 ☞ **계목**
빠라지까(**바라이 죄**, pārājikā) DA.31, DA.33.
빠란따빠 (Parantapa) D6.15주.
빠리와라(補遺/附錄, Parivāra) D16.6.1주, DA.35, DA.43.
빠릿따 (paritta) D32.2주.
빠삐만 (Pāpiman) D16.3.7설명, D25.24.
빠세나디 왕 (Pasenadi) D3.1.1설명, D9.1주, D12.1, D14.1.1주, D23.1, D27.8.
빠야시 경 D23.0설명.
빠에시 왕 D23.1주.
빠와 (Pāva) D16.4.13설명, D16.6.19, D16.6.24, D24.1.1주,

D29.1, D33.1.1, DA.9.
빠와리까 망고 숲 (Pāvārikambavana) D6.15주, D11.1주, D16.1.15, D28.1.
빠와리까 장자 (Pāvārika) D11.1설명.
빠웨이야까말라 (Pāveyyaka-Malla) D24.1.1주.
빠찟띠야 (pācittiya) DA.33.
빠티까 품 (Pāthikavagga) DA.4.
빤디따우다이 (Paṇḍitaudāyī) D28.21주.
빤짜시카 (Pañcasikha) D18.18, D19.1설명, D19.17, D21.1.2.
빨아 먹다 (bhuñjati) D24.1.7.
빳타나[發趣論] (Paṭṭhāna) D16.6.1주.
뻐드렁니를 가진 자 (nikkhanta-dantamattaka) D24.1.11주.
뽁카라사띠 (Pokkharasāti/-sādi) D3.1.1, D13.2.
뽓**타빠다** (Poṭṭhapāda) D9.1.
뽓**타빠다 경** D9.1.0설명.
뿌라나 깟사빠 (Pūraṇa Kassapa) D2.17설명, D2.24주, D16.5.26.
뿌라나 문헌 (Purāṇa) D3.1.3주.
뿌란다라 (Purandara) D20.14주.
뿌루샤 (puruṣa, 眞人) D2.29주.
뿌루샤 숙따 (Puruṣa Sūkta) D3.1.10주.
뿍꾸사 말라뿟따 (Pukkasa Mallaputta) D16.4.26.
뿐나 장로 (Puṇṇa) DA.19.
뿐다리까 나무 (puṇḍarīka) D14.1.8.
쁘라끄르띠(自然, Prakṛti) D2.29주.
삐따까(藏, Piṭaka) DA.37, DA.41, DA.43, DA.48설명.
삐사짜 (Piśāca) D15.4주.
삡팔리 숲 (pipphali-vana) D16.6.26.

【사】

사~두 (sādhu) DA.28.
사가타 품 (Sagātha-vagga) DA.67설명.
사견우치(邪見愚癡) D25.24주.
사견을 풀어버리는 설명 (diṭṭhi-viniveṭhana-kathā) DA.52.
사견의 기질을 가진 자 D22.1주.
사권(師拳) ☞ **스승의 주먹**
사까 나무 (sāka) D3.1.16설명.
사꺄 (sakya) D3.1.16설명, D16.6.24, D20.1, D27.8, DA.12.
사꺄의 후예 (sakya-putta) D3.1.2설명, D24.1.7주.
사꺄무니(**석가모니**, sakya-putta) D32.3설명.
사꺄무니 교단에 속하는 (sakya-puttiya) D24.1.7설명.
사낭꾸마라 (Sanaṅkumāra) D3.1.28설명, D18.17설명, D19.17, D19.44.
사냥하는 자 (luddācāra) D27.25.
사념처(四念處) ☞ **마음챙김의 확립**
사념청정(捨念淸淨, upekkhā-sati-pārisuddhi)

D2.81 등.
사니사경(闍尼沙經) D18.0주.
사다리의 비유 (nisseṇī-upamā) D9.37, D13.19주.
사대(四大, mahā-bhūta) D1.3.10. ㊟ **근본물질**
사대왕천 (Cātummahārājika) D11.68설명, D15.4주, D19.60.
사대천왕(四大天王, Catumahārāja) D11.68설명, D18.12, D19.2, D32.1, D33.1.11주.
사두 (sādhu) D2.2설명, D16.5.26.
사뜨라 (satra) D5.1주.
사라지는 현상을 관찰하는 [자] (vaya-dhamma-anupassī) D22.2설명.
사란다다 탑묘 (Sārandada) D6.1주, D16.3.2, 3.46.
사랑스런 말[愛語] (peyyavāca) D30.1.16, D33.1.11.
사랑의 신 (kāma-deva) D16.3.4주.
사량(思量)**할 수 없는** (acinteyya) D24.1.9주.
사량분별 (papañca) D21.2.2설명.
  사량분별을 가진 인식이라는 헤아림 (papañca-saññā-saṅkhā) D21.2.2설명.
  사량분별을 가진 인식이라는 헤아림의 소멸 (papañca-saññā-saṅkhā-nirodha) D21.2.3설명.
사리 배분 D16.6.25주.
사리(舍利, sarīra) D16.5.10주, D16.6.23, DA.17.
  사리함 (kumbha (sarīra-)) D16.6.25.
사리뿟따 존자 (Sāriputta) D2.31주, D16.1.16, D16.4.39, D28.1, D33.1.7, D34.1.1.
사마가마 (Sāmagāma) D29.1.
사마디 ☞ **삼매**
사마타[止] (samatha) D9.40주, D15.33주, D16.3.10주, D33.1.9설명, D33.3.1주, D34.1.3.
  사마타의 결실 (samatha-phala) D6.13주.
  사마타의 길을 가는 자 (samatha-yānika) D22.1주.
사명외도(邪命外道) D16.6.19주. ㊟ **아지와까**
사무량심(四無量心, appamaññā) D13.77주. ㊟ **거룩한 마음가짐**
사문(沙門, samaṇa) D8.13주, D16.5.27.
  사문의 구성원 (samaṇa-maṇḍala) D27.26.
  사문의 본업 (sāmañña) D8.14설명.
  사문됨의 결실 (sāmañña-phala) D2.1.0주. ㊟ **출가생활의 결실**
  백련(白蓮)**과 같은 사문** D33.1.11.
  청련(青蓮)**과 같은 사문** D33.1.11.
  사문바라문 (samaṇa-brāhmaṇa) D17.2.17 등.
사문과경(沙門果經) D2.1.0설명.
사미 (samaṇuddesa/sāmaṇera) D6.4설명, D29.2설명.
사방승가 (cātuddisa saṅgha) D5.24설명.

사범주(四梵住) ☞ **거룩한 마음가짐**
사부대중 (cataso parisā) D4.6설명.
사상 (dassana) D33.3.3주.
사색하는 기질 (vitakka-carita) D16.3.28주.
사섭법(四攝法) ☞ **섭수하는 토대**
사성(四姓)**계급** D11.70주.
사성제 (ariya-sacca) D6.15주, D9.29주, D15.9주, DA.55주.
사성제의 관통 (sacca-abhisamaya) D2.97설명.
사성제의 법 (ariya-sacca-dhamma) D3.2.22주.
사소한 것 (khudda-anukhuddaka) D16.6.3설명.
사슬 (netti) D1.3.73설명.
사악한 업 (pāpa-kamma) D31.3, 1.5주.
사악한 친구 (pāpa-mitta) D31.12.
사악함 (pāpa) D25.7주.
사여의족(四如意足) ☞ **성취수단**, ☞ **신통의 기초**
사와나 달 (Sāvaṇa) DA.28주.
사왓티 (Sāvatthi) D9.1주, D10.1.1, D13.2주, D14.1.1, D27.1, D30.1.1, DA.20.
사유(思惟, saṅkappa) D21.2.9주, D33.1.10, D34.2.2.
사자후 (sīha-nāda) D8.1.0설명, D8.22, D24.2.7, D28.1.
사종선(四種禪) D33.1.10주. ㉾ **네 가지 선**, ㉾ **선**(禪)
사함빠띠 범천 (Sahampati) D3.1.28주, D16.6.10.
사후단멸론 (uccheda-vāda) D1.3.9, D2.24설명, D2.27주.
사후에 [자아는] 인식과 함께 존재한다고 설하는 자 (uddham-āghātanikā saññi-vādā) D1.2.38설명.
사후에 자아가 인식 없이 존재한다고 설하는 자 (uddham-āghatanikā asaññi-vādā) D1.3.1.
삭까(**석가족**, Sakkā) D3.1.12설명, D29.1. ㉾ **사꺄**
삭까(**인드라**, Sakka) D11.70설명, D13.25주, D16.6.10, D19.3, D20.14주, D21.1.1주. ㉾ **인드라**
산냐(**인식**, saññā) D9.35주, D9.7. ㉾ **인식**
산냐 척파 D9.35주.
산다나 장자 (Sandhāna) D25.1설명.
산란하지 않음 (avikkhepa) D33.1.9설명.
산란한 마음 (vikkhitta) D22.12설명.
산자야 벨랏티뿟따 (Sañjaya) D1.1.1주, D2.31설명, D16.5.26.
산타나경(散陀那經) D25.0주.
살라 나무 (sāla) D14.1.8, DA.5. ㉾ **한 쌍의 살라 나무**
살라와띠 (Sālavati) D2.1주.
살라와띠까 (Sālavatikā) D12.1설명.
살랄라 건물 (Salaḷāgāra) D14.1.1주.
살생 D5.27주.
삶의 완성 (vusita) D3.1.11설명.
삶의 전개과정 (pavatti) D15.22주.
삼[麻]**을 지고 가는 사람의 비유** (sāṇa-bhārika-upamā)

D23.28주.
삼매 (samādhi) D6.12주, D6.13주, D22.13주, D33.1.10설명, D33.1.9주, D34.1.4설명, D34.1.5설명, D34.1.6설명.
삼매 수행 (samādhi-bhāvana) D6.12, D25.19주, D33.1.11설명.
삼매에 든 마음 (samāhita) D22.12설명.
삼매에 들지 않은 마음 (asamāhita) D22.12설명.
삼매의 경지 D18.27주.
삼매의 필수품 (samādhi-parikkhāra) D18.27, D33.2.3설명.
삼매의 힘 D33.1.9.
세 가지 삼매 D33.1.10설명. ㊟공한 삼매, 표상 없는 삼매, 원함 없는 삼매.
삼명경(三明經) D13.1.0설명.
삼베다 (tevijja) D3.1.3, D4.10설명, D13.11, D27.23주.
삼베다에 능통한 바라문 (tevijja brāhmaṇa) D13.12설명.
삼보 (ratanattaya) DA.2.
삼사화합위촉(三事化合爲觸) D1.3.45주, D15.2주.
삼세양중인과(三世兩重因果) D14.2.19주.
삼십삼천 (Tāvatiṁsa) D11.69주, D16.1.28, D16.2.17, D19.16, D19.60, D21.1.7.
삼십삼천의 신들의 비유 (Tāvatiṁsadevaupamā) D23.10주.
삼십이상경(三十二相經) D30.0설명.
삼십칠조도품(三十七助道品) D28.3주.
삼장 (Tipiṭaka) DA.50설명.
삼차결집 D16.6.27주.
삼처전심(三處傳心) D16.6.22주, DA.8주.
삼특상 (ti-lakkhaṇa) D22.2주.
삼학(三學) ☞ **세 가지 공부지음**
삿된 견해 (micchā-diṭṭhi) D12.10, D22.2설명, D33.1.9주, DA.62.
삿된 생계 (micchā-ājīva) D1.1.21, D22.21설명.
삿된 친구를 사귐 (pāpa-mittatā) D33.1.9, D34.1.3.
삿됨 (micchatta) D33.3.1설명, D34.2.1설명, D34.2.3설명.
삿땀바까 탑묘 (sattambaka) D16.3.2, D24.1.11.
상가디세사 (saṅghādisesa) DA.33.
상견(常見, sassata-diṭṭhi) D22.19주.
상세한 설명[記別] (veyyākaraṇa) D1.3.74설명, D18.2, D21.2.1, D28.22, DA.67설명.
상수멸(想受滅, saññā-vedayita-nirodha) D1.2.31주, D9.17주, D15.33주, D15.35주, D15.35설명, D16.6.8.
상수제자 (두 명의) (agga sāvaka-yuga) D14.1.9.
상실 (vyasana) D33.2.1설명.
상여 (sivikā) D14.2.10설명.
상윳따 니까야(**상응부**, Saṁyutta-nikāya) DA.39,

DA.43설명, DA.66설명.
상좌부 (Theravādā) DA.2주.
상카 왕 (Saṅkha) D26.24.
상카라[行] (saṅkhāra) D33.1.8설명.
상캬 학파 D2.29주.
상현 (sukka-pakkha) DA.17설명.
상호 불신 (mithu-bhedā) D16.1.5설명.
상호의존 D16.6.1주.
색(色) ☞ **물질**
색계 D13.77주.
색계 천상 D11.72.~79.주.
색계선 (rūpajjhāna) D1.2.38주, D15.35주.
색계에 대한 집착 (rūpa-rāga) D6.13주.
색구경천(色究竟天, Akaniṭṭhā) D14.3.31설명, D21.2.8, D33.2.1.
색깔의 까시나 D24.2.21주.
생각 (vitakka) D33.1.10. ㊟ **일으킨 생각**
생각으로 얻은 통찰지 (cintāmayā paññā) D33.1.10설명.
생각이 들었다 (etad ahosi) D9.2설명.
생계수단 (ājīva) D16.6.19주, D25.23.
생명1 (jīva) D2.25주, D6.15설명, D23.2주. ㊟ **영혼**
생명2 (āyu) DA.30.
생명을 죽이는 것 (pāṇātipāta) D1.1.8.
생명체들 (pajā) D16.4.19, D17.2.17설명, D29.29. ㊟ **백성들**
생사유전(生死流轉) D15.9주.
생산함이 없음 (vañjha) D1.1.31설명.
생존 (upadhi) D14.3.1.
샤꾼딸라 D13.76주.
샤따빠타 브라흐마나 (Śatapatha Brāhmaṇa) D5.1주.
샤따얏냐 (Śata-yajña) D4.13주.
서계(誓戒, vatta) D24.1.11, D24.1.7주.
서른두 가지 대인상(大人相, mahā-purisa-lakkhaṇa) D30.1.1.
서원하다 (paṭijānāti) D24.1.7설명.
석가모니(釋迦牟尼) D3.1.2주.
석씨문중(釋氏門中) D24.1.7주.
석제(釋提) D11.70주.
석제환인문경(釋帝桓因問經) D21.0주.
선(善, kusala) D5.18주, D31.28.
선(禪, jhāna) D1.3.18주, D16.3.24주, D33.1.11**설명 등.**
초선의 정형구 D2.75, D18.23주, 등.
제2선의 정형구 D2.77 등.
제3선의 정형구 D2.79 등.
제4선의 정형구 D2.81 등.
선(禪)의 구성요소 (jhānaṅga) D22.2주.
선(禪)의 눈 (jhāna-cakkhu) D15.35주.
선(禪)의 마음 (jhāna-mano) D1.3.12주, D9.22주.
선(禪)의 인식 (jhānasaññā) D9.20주.

선(禪)의 즐거움[禪悅] D29.23주, 25주. ㉾ **정려하는 즐거움**
선견천(善見天, Sudassī) D14.3.31설명, D33.2.1.
선법(善法, kusala-dhamma) D8.5주, D26.28주.
선생경(善生經) D31.0주.
선서(善逝, Sugata) D14.1.3설명, D24.1.17, DA.1.
선우(善友)를 사귐 (kalyāṇamittatā) D33.1.9, D34.1.3.
선인(仙人, isi) D3.1.23설명, D13.13, D16.4.41, D26.3.
선천적으로 눈이 먼 사람의 비유 (jaccandha-upamā) D23.11-1주.
선현천(善現天, Sudassā) D14.3.31설명, D33.2.1.
설일체유부 D33.1.10주.
섬 (dīpa) D16.2.26설명.
섭수하는 토대[四攝法] (saṅgaha-vatthu) D30.1.16, D33.1.11설명.
성기 (liṅga) D27.16설명.
성냄 (dosa) D1.2.25주, D33.1.10, D34.1.4.
성내는 기질 (dosa-carita) D16.3.28주.
성냄을 여읜 마음 (vīta-dosa) D22.12설명.
성냄이 있는 마음 (sadosa) D22.12설명.
성도덕의 문란 (sambheda) D26.20.
성문 앞의 기둥 (indakhīla) D33.1.11주.
성소(聖所)의 계단 (tittha) D11.85설명.
성스러운 (ariya) D22.21설명.
성스러운 계 (ariya-sīla) D16.4.2.
성스러운 도 (ariya-magga) D18.27주, D33.1.9주.
성스러운 도의 지혜 (ariya-magga-ñāṇa) D11.85주.
성스러운 머묾 (ariya-vihāra) D33.1.10설명.
성스러운 삶 (ariya-vāsā) D33.3.3설명, D34.2.3설명.
성스러운 삼매 (ariya-samādhi) D16.4.2.
성스러운 재산 (ariya-dhana) D16.1.8주, D33.2.3설명, D34.1.8설명.
성스러운 진리[四聖諦] (ariya-sacca) D34.1.5설명.
성스러운 통찰지 (ariya-paññā) D16.4.2.
성읍 (nigama) D15.1설명.
성인의 말씀 (āptavacana) D28.2주.
성자 (ariya-puggala) D6.12주, D15.25설명.
성자들의 계보 (ariya-vaṁsa) D33.1.11설명.
성자에게 어울리는 행위 (moneyya) D33.1.10설명.
성자의 율 (ariyassa vinaya) D31.2설명.
성전(聖典, pāḷi) DA.30설명.
성지순례 (cetiya-cārika) D16.5.8.
성질 (ākāra) D15.20설명.
성취 (**네 가지**, iddhi) D17.1.18. ㉾

성취수단
성취수단[四如意足] (iddhi-pāda) D16.3.3, D16.3.40, D16.3.50, D18.22, D33.1.11설명.
성행위 (methuna) D1.1.8, D13.31주, D19.45, D27.16, D33.2.1.
세 가지 공부지음[三學] (sikkha) DA.53설명.
세 가지 족쇄 (saṁyojana) D6.13설명. ㊟ **족쇄**
세금 (bali) D5.19설명, D16.1.4주.
세기경(世紀經) D27.0설명.
세니야 빔비사라 ☞ **빔비사라 왕** (Seniya Bimbisāra)
세따뱌 (Setavya) D23.1설명.
세리사까 (Serīsaka) D23.33설명.
세상 (loka) D2.68설명, D15.32주, D22.1설명, D22.2, D30.1.21설명.
세상의 기원 (aggañña) D24.1.5, D24.2.14, D27.10주, D27.4주.
세상의 파멸 (loka-vināsa) D26.21주.
세세한 부분상 (anubyañjana) D2.64설명 등.
세속의 법 (loka-dhamma) D33.3.1, D34.2.1설명.
세속의 비린내 (āmagandha) D19.46.
세속적 (āmisa) D33.1.9주.
세우(世友)의 설 D33.1.10주.
세존 (Bhagavā) D1.1.1설명.
세키야(衆學, sekhiya) DA.33.
소광천(少光天, Parittābhā) D33.1.10주.
소나단다 (Soṇadaṇḍa) D4.1설명.
소나단다 경 D4.1.0설명.
소마제사 (soma-yajña) D5.1주.
소망 (icchā) D26.23설명.
소멸 (nirodha) D9.30주, D11.85, D14.3.1, D19.61.
소멸에 대한 갈애 (nirodha-taṇhā) D33.1.10설명.
소멸에 대한 지혜 (khaye ñāṇa) D2.97주, D34.1.3.
소멸을 체험한다 (nirodhaṁ phusati) D9.17설명.
소멸의 [관찰로 생긴] 인식 (nirodha-saññā) D34.2.3설명.
소부(小部, Khuddaka-nikāya) DA.40설명.
소송경(小誦經, Khuddakapāṭha) DA.40.
소아과 전문의 (Kaumārabhṛtya) D2.1주.
소연경(小緣經) D27.0주.
소욕(少慾, appicchatā) D28.21, D34.2.1.
소유물 (pariggaha) D13.31설명, D13.80.
소임에 대한 대중공사 (kicca-adhikaraṇa) D33.2.3주.
소정천(少淨天, Parittasubhā) D33.1.10주.
소청하다 (avhayāma) D13.25설명.
소화불량 (alasaka) D24.1.7설명.
속박1 (bandhana) D6.13주.
속박2 (yoga) D33.1.11, D34.1.5설명.
손님접대 (pāhuna) D3.1.24.
쇠살 (salla) D21.2.7, D33.2.2설명, D34.1.7, DA.19.

수(受) ☞ **느낌**
수기(授記, vyākaraṇa) D1.3.74주.
수낙캇따 (Sunakkhatta Licchaviputta) D6.5설명, D24.1.2주.
수니다 (Sunidha) D16.1.2주, D16.1.26.
수담마 의회 (Sudhammā sabhā) D18.12설명, D19.2, D21.1.7.
수도 (rājadhāni) D14.1 등, D15.1주.
수드라의 어원 (sudda) D27.25주.
수딘나 깔란다뿟따 (Sudinna Kalandakaputta) DA.31.
수루찌 본생담 (Suruci Jātaka) D26.26주.
수마가다 연못 (Sumāgadha) D25.6.
수마나 (Sumanā) D3.1.1주.
수망갈라윌라시니 (Sumaṅgala-vilāsinī) DA.3설명.
수명동자(壽命童子) D2.1주.
수명의 감소 D26.10설명.
수명의 상카라 (āyu-saṅkhāra) D16.3.10주, D16.3.32주.
수명의 한계 D14.1.7.
수바 경 D10.1.0설명.
수바 바라문 학도 (Subha) D10.1.1설명, DA.22.
수밧다 (**늦깎이**, Subhadda) D16.6.20, DA.6, DA.17.
수밧다 왕비 (Subhaddā) D17.2.7.
수밧다 유행승 (Subhadda) D16.5.23, DA.5.
수브라흐마 (Subrahma) D26.25주.
수순에 따른 교법 (yathānuloma-sāsana) DA.51.
수승함에 동참하는 것 (visesa-bhāgiya) D34.1.2.
수축하고 팽창하는 [겁] (saṁvaṭṭa-vivaṭṭa) D1.1.32.
수축하는 겁[壞劫] (saṁvaṭṭa-kappa) D1.1.32설명, D26.21주.
수치심 (ottappa) D33.1.9.
수치심 없음 (anottappa) D33.1.9.
수행1 (bhāvanā) D33.1.10설명, DA.60.
수행으로 얻은 통찰지 (bhāvanāmayā paññā) D33.1.10설명.
수행의 힘 (bhāvanā-bala) D33.1.9.
수행2 (yoga) D26.28주.
수행자 (yogi) D16.3.24주.
수행3 (āyoga) D9.24설명.
수행삼경(修行三經) D22.0주.
수행하다 (paṭipajjati) D2.64설명.
수호 (ārakkha) D15.10설명.
숙고의 힘 (paṭisaṅkhāna-bala) D33.1.9.
숙고한 뒤 (saṅkhāya) D33.1.11설명.
순관(順觀) D14.2.18주.
순수 위빳사나를 하는 자 (sukkha-vipassaka) D33.2.1주, DA.10주.
순차적인 가르침 (ānupubbi-kathā) D3.2.21설명, D5.29, D14.3.11.
술과 중독성 물질 (surā-meraya-majja) D25.26, D23.10, D31.8.
숩삐야 (Suppiya) D1.1.1설명,

DA.38.
숫도다나 왕 (Suddhodana) D14.1.12.
숫따니빠따(經集, Suttanipāta) DA.40설명.
숲 (arañña) D23.11-2주.
숲이나 밀림 (arañña-vanapattha) D25.4설명.
스마라 D16.3.4주.
스승 (gaṇācariya) D8.5설명, D16.6.1, D31.27.
스승들의 전통을 가진 [자] (ācariya-pācariya) D3.1.10, D13.31, D16.5.23, D19, 38.
스승의 주먹[師拳] (ācariya-muṭṭhi) D16.2.25설명, D18.27주.
습성 (sīla) D16.3.7주. ㊟ **계**(戒)
승가 (saṅgha) D1.1.1설명.
승가의 정형구 D16.2.9주.
승잔죄(僧殘罪, saṅghādisesa) D14.1.1주.
시간 (addhā) D33.1.10설명.
시갈라 (Sigāla) D31.1주.
시기 (samaya) D27.10설명.
시대 (yuga) D23.27주.
시동(侍童) D23.15주.
시리사 나무 (sirīsa) D14.1.8, D23.33주.
시설(施設, paññatti) D15.20주.
시자 (upaṭṭhāka) D9.1주, D14.1.11.
시점 (samaya) D27.10주.
시중드는 자 (paricāraka) D3.2.3설명.
시집보냄 (vivāha) D3.2.1.
시칸디 (Sikhaṇḍī) D21.1.6.
시키 세존 (Sikhī) D14.1.4.
시하 사미 (Sīha) D6.2주, D6.4설명.
시할라 주석서 (Sīhalāṭṭhakathā) DA.2주.
식(識) ☞ **알음알이**
식무변처(識無邊處,) (viññāṇānañcāyatana) D1.3.14, D9.15.
신(神, deva) D2.35, D14.1.15.
신들에게로 가는 길 (deva-yāna) D13.17주.
신들의 세상 (deva-loka) D1.3.11주, D21.2.8.
신들의 왕 (devānam Inda) D11.70주, D21.1.1주.
신념체계 D25.23주.
신도 (paricāraka/upaṭṭhāka) D16.2.23, D18.1설명.
신성한 귀의 요소[天耳界] (dibba-sotadhātu) D2.89, D25.6.
신성한 머묾 (brahma-vihāra) D33.1.10설명. ㊟ **거룩한 마음가짐**[四梵住]
신수관(身隨觀, kāya-anupassanā) D16.2.12.
신참 비구 (navakatara bhikkhu) D16.6.2.
신통 D6.12주, D11.67주.
신통변화[神足通] (iddhi-vidha) D2.87, D11.1주, D24.1.4주, D28.18, D33.1.10.
신통의 기적 (iddhi-pāṭihāriya) D11.1설명, D24.1.15,

D24.1.4설명, D33.1.10설명.
신통의 기초[四如意足] (iddhi-pāda) D26.28.
신통의 기초가 되는 禪 D6.6주.
신통지 (abhiññā) D1.1.28주, D2.83주, D18.22주, DA.61, DA.8.
신통지의 기초 (abhiññā-pādaka) D16.6.22주.
실망 (āyāsa) D22.18설명.
실참수행 D22.0주.
실천 (caraṇa) D3.2.1.
실타래 (suttaguḷa/gaṇṭhika) D2.20, D15.1설명.
실현 (sacchikiriya) D1.1.28설명, D13.12주, D34.1.2설명, DA.60.
실현해야 하는 법 (sacchikaranīya dhamma) D33.1.11설명.
싫어하는 마음 (domanassa) D22.1설명.
심리현상 D16.6.7주.
심사빠 숲 (Siṁsapāvana) D6.15주, D23.1설명.
심사빠 잎사귀 D29.33주.
심수관(心隨觀, citta-anupassanā) D16.2.12.
심오함 (gambhīra-bhāva) DA.54.
심재(**고갱이/핵심**, sāra) D25.19.
십력(十力, dasa-bala) DA.11.
십바라밀 D16.3.48주.
십불선업도(十不善業道) ☞ **해로운 업의 길**
십사무기(十事無記) D6.15주, D9.28주.
십상경(十上經) D34.0설명.
십선업도(十善業道) D13.25주. ㉾ **유익한 업의 길**
싱갈라 (Siṅgāla) D31.1.
쌀1 (taṇḍula) D1.1.21, D2.56, D22.5.
쌀2 (sāli) D27.17.
쌀떡 (iḍā) D5.18주.
쌀열매 (taṇḍula-pphala) D27.16, D32.7.
쌍론(雙論, Yamaka) DA.40.
쓸데없는 이야기 (tiracchāna-kathā) D1.1.17, D9.3, D25.2.
쓸모없는 인간 (mogha-purisa) D24.1.3.
씹어 먹다 (khādati) D24.1.7.

【아】

아가마 (Āgama) DA.2설명.
아귀 (peta) D32.5설명.
아귀계 (petti-visaya) D16.2.8설명.
아귀사(餓鬼事, Petavatthu) DA.40.
아나타삔디까 장자 D9.1주. ㉾ **급고독 장자**
아난다 존자 (Ānanda) 서문.3, D16.1.2주, D16.6.10, DA.36.
아내 (bhariyā) D31.30.
아노마 (Anomā) D24.1.1주.
아누룻다 존자 (Anuruddha) D16.6.10.
아누삐야 (Anupiyā) D24.1.1설명.

아누이경 D24.0주.
아디띠의 아들 (ādicca) D32.4설명.
아따나따 (Āṭānāṭa) D32.2설명.
아따나따 보호주 D32.3.
아따나띠야 경 D32.0설명.
아뚜마 (Ātumā) D16.4.30.
아라한 (arahan) D3.1.5주, D16.5.27, D18.25주, D21.2.3주.
아라한과의 삼매 (arahatta-phala-samādhi) D6.13주.
아라한과의 통찰지 (arahatta-phala-paññā) D6.13주.
아라한과의 해탈 (arahatta-phala-vimutti) D34.1.2주.
아라한됨에 대한 설명의 토대 (niddesa-vatthu) D33.2.3설명, D34.1.8설명.
아라한이 행할 수 없는 아홉 가지 법 D29.26설명.
아르타샤스뜨라 (Arthaśāstra) D21.2.6주.
아름다운 표상 (subha-nimitta) D22.13주.
아마주경(阿摩晝經) D3.1.0주.
아비담마(論, Abhidhamma) DA.46설명.
아바야 왕자 (Abhaya) D2.1주.
아베스타 D11.69주, D18.12주.
아부소 (āvuso) D29.2설명.
아비담마[對法] (abhidhamma) D33.3.3설명, D34.2.3.
아비세까 (abhiseka) D2.63주.
아비위나야[對律] (abhivinaya) D33.3.3설명, D34.2.3.
아살하 달 (Āsāḷha) D16.6.25주, DA.18주, DA.23.
아상(我相) D9.34주.
아소까 대왕 (Asoka) D16.6.19주.
아수라 (asura) D18.12설명, D19.3, D24.1.7, D30.1.9.
아야랑가 숫따 (Āyaraṅga-sutta) D2.28주.
아이따레야 브라흐마나 (Aitareya Brāhmaṇa) D5.18주.
아자따삿뚜 왕 (Ajātasattu) D2.1주, D2.1설명, D2.102주, D3.1.1주, D4.1주, D16.1.1, D16.6.24, DA.25.
아자빨라 니그로다 나무 ☞ **염소지기의 니그로다 나무**
아지따 (Ajita) D24.1.18.
아지따 께사깜발리 (Ajita Kesakambalī) D2.22설명, D2.24주, D16.5.26.
아지와까(邪命外道, Ājīvaka) D1.1.3주, D1.2.38주, D2.19주, D16.6.19설명.
아찌라와띠 강 (Aciravatī) D13.1.
아찌라와띠 강의 비유 (Aciravatī-nadī-upamā) D13.24.
아침 일찍 (kālass' eva) D31.1설명.
아타르와베다 (Athabbaṇa veda (Atharva -)) D3.1.3주.
아하와니야 (āhavanīya) D33.1.10주.
아함(阿含) DA.2주.
아홉 가지 구성요소를 가진 스승의 교법[九分敎] (navaṅga-satthu-sāsana) DA.10설명, DA.67설명. ☞ **구분교**

아후루 (ahuroo) D18.12주.
악(惡, pāpa) D14.3.28설명.
악기웨사나 (Aggivesana)
D2.28설명.
악의 (vyāpāda) D2.68, D22.1주,
D33.1.10, D33.2.1주.
악의 없음 (avyāpāda) D22.21,
D33.1.10.
악취에 떨어지지 않는 법
(avinipāta-dhamma)
D6.13설명, D18.1 등.
안거(安居, vassa) D16.2.22설명.
안따까 (Antaka) D16.3.7주.
안식(安息, assāsa) D21.2.6주,
D25.6주.
안심입명처 (assāsa) D25.6설명.
안으로 (ajjhattaṁ) D22.2설명.
안의 감각장소[六內處]
(ajjhattika-āyatana) D1.3.71,
D33.2.2설명, D34.1.7설명.
안의 물질 (ajjhatta-rūpa)
D16.3.25주.
안은(安隱, khema) D21.2.6주,
D29.22.
안지혜명광 D14.2.22주.
안짱다리 (kora) D24.1.7주.
안팎으로 (ajjhatta-bahiddhā)
D22.2설명.
안팎의 감각장소[六內外處]
(ajjhattika-bāhira āyatana)
D22.15, D28.4.
알다 (vedeti(veda)) D1.1.3주.
알다 - 보다 (jānāti - passati)
D1.1.3설명.
알라까만다 (Āḷakamandā)
D16.5.18, D17.1.3, D32.7.
알라깝빠 (Allakappa) D16.6.24.
알라라 깔라마 (Aḷāra Kalāma)
D16.4.26.
알라위 (Āḷavi) D23.1주.
알라하바드 (Allahabad) D6.15주.
알아차림[正知] (sampajañña)
D22.4주, D28.5설명, D33.1.9,
D34.1.3.
알아차리는 인식이 차례대로 소멸하는 증득 (anupubba-abhi-saññā-nirodha-sampajāna)
D9.17설명.
알아차리지 못함 (asampajañña)
D33.1.9.
알음알이[識] (viññāṇa) D1.2.13,
D14.2.18.
알음알이의 거주처
(viññāṇa-ṭṭhiti) D15.33설명,
D33.1.11설명, D33.2.3설명,
D34.1.8설명.
알음알이의 까시나
(viññāṇa-kasiṇa) D33.3.3설명.
알음알이의 무리[六識身]
(viññāṇa-kāya) D33.2.2설명.
알음알이의 흐름 (viññāṇa-sota)
D28.7설명.
알지 못하다 - 보지 못하다 (na
jānāti - na passati)
D1.3.32설명. ㊟ **알다 - 보다**
앎의 요소 (vijānana-dhātu)
D33.2.2주.
암바가마 (Ambagāma) D16.4.5.
암바빨리 기녀 (Ambapālī) D16.2.14.
암바빨리 숲 D16.2.11.

암바산다 (Ambasaṇḍā) D21.1.1설명.
암발랏티까 (Ambalaṭṭhikā) D1.1.2설명, D5.1설명, D16.1.13.
암밧타 (Ambaṭṭha) D3.1.3.
암밧타 경 D3.1.0설명.
암시 (nimitta) D1.1.20, D2.55, D16.3.4, D22.3주, D28.12.
암흑 (tama) D33.1.10설명.
압수하는 빳찟띠야 (nissaggiya) DA.33.
앗사유자 달 (Assayuja) DA.18주.
앗삿타 나무 (Assattha) D14.1.8.
앗자야까 D27.23. ㊟ **베다를 공부하는 자**
앙가 (Aṅga) D4.1설명.
앙굿따라 니까야(**증지부**, Aṅguttara-nikāya) DA.39, DA.43설명, DA.66설명.
앙기라사 (Aṅgirasa) D32.3설명.
애(愛) ☞ **갈애**
애매모호한 자들 (amarā-vikkhepika) D1.2.23설명.
애매모호함 (vikkhepa) D2.31설명.
애어(愛語) ☞ **사랑스런 말**
애정1 (chanda) DA.12.
애정2 (rāga) D16.6.10.
애정을 버리지 못한 [**비구**] (avīta-rāga) D16.6.10설명.
야마천 (Yāmā) D11.72.~79.설명, D19.60.
야무나 강 (Yamunā) D6.15주, D19.8.
야사 존자 (Yasa) D23.33주.
야자나무 (tāla) D17.1.6.
야자수 줄기처럼 만들어진 (tālā-vatthukata) D33.3.3설명.
야차(夜叉) D15.4주. ㊟ **약카**
약카 (Yakkha) D6.1주, D15.4설명, D16.3.2주, D23.23, D32.1, D32.2.
약품 (bhesajja-parikkha) D2.36, D29.22, D33.1.10주, 3.3.
얀뜨라 ☞ **기계** (yantra) D4.
양면해탈 (ubhato-bhāga-vimutti) D6.13주, D9.17주, D15.33주, D15.36.
양심 (hirī) D33.1.9.
  양심 없음 (ahirika) D33.1.9.
얕은(**어린**) **위빳사나** (taruṇa-vipassanā) D14.2.19주.
얘야 (tāta) D3.1.4.
어리석음 (moha) D33.1.10, D34.1.4.
  어리석은 기질 (moha-carita) D16.3.28주.
어린 삭까 (taruṇa-sakka) D21.2.3주.
억새풀 D5.18주.
언어 (nirutti) D9.49주.
  언어표현을 얻는 길 (nirutti-patha) D15.22설명.
언청이 (aḍḍhoṭṭhatā) D6.3주.
얻음 (lābha) D15.16설명, D34.2.2.
업 (kamma) D1.2.27, D23.2, D33.1.11설명.
  업과 윤회 D23.0주.
  업으로서의 존재 (kamma-bhava) D15.2주, D28.7주.
  업의 과보 (kamma-vipāka)

D21.2.8주.
업의 길 (kamma-patha)
D21.2.4주.
업의 오염원 (kamma-kilesa)
D31.3.
업지음 (kiriya) D2.19주, D2.20주.
업지음이 없음 (akiriya)
D2.18설명.
업형성 (abhisaṅkhāra <->
visaṅkhāra) D16.3.4주, DA.42.
업을 형성하다 (abhisaṅkharoti)
D9.17설명.
업으로 받은 몸 (upaadi)
D29.29설명. ㊟**우빠디**
여덟 가지 성스러운 도[八支聖道]
(ariya-aṭṭhaṅgika-magga)
D16.3.50, D16.5.27, D19.61,
D34.2.1설명. ㊟**팔정도**
여래 (Tathāgata) D1.1.7설명,
D29.28설명.
여래십호 D2.8주.
여래장 D1.2.13주, D6.19주.
여러 가지 단속의 설명
(saṁvarāsaṁvara-kathā)
DA.52.
여섯 가지 안팎의
감각장소[六內外處]
(ajjhattika-bāhira āyatana)
D22.15설명. ☞ **안팎의 감각장소**
여섯 감각장소 D14.2.18. ㊟
감각장소
여섯 종류의 생 (abhijāti) D2.20설명.
여시어(如是語, iti-vuttaka)
DA.67설명.
여시어경(如是語經, Itivuttaka)
DA.40.
여의족(如意足) ☞ **신통의 기초**
역겨워함[厭惡] (nibbidā)
D17.2.16주, D19.61.
역관(逆觀) D14.2.18주.
역사(歷史, iti-hāsa) D3.1.3.
연(緣) ☞ **조건**
연금술 (rasāyana-vidhi)
D16.4.17주.
연기(緣起, paṭicca-samuppāda)
D14.3.1, D15.1설명, D22.2주,
D33.1.9 **등**.
8지 연기 D1.3.71주.
9지 연기 D15.2주.
10지 연기 D14.2.19주.
12지 연기 D14.2.18주, D15.2주.
연기법의 구성요소[緣起各支]
D14.2.18주.
연못 (pokkhara) D17.1.22.
연민[悲] (karuṇā) D13.76, D19.59,
D25.17, D33.1.9주.
연민하는/연민을 통한 禪
(karuṇā-jhāna) D19.42,
D33.2.1주.
열 받는 (pariḷhāha) D33.2.1설명.
열뇌(熱惱, pariḷhāha) D33.2.1주,
D34.2.2.
열반 (nibbāna) D2.97주, D9.30주,
D11.85주, D12.16주, D14.3.1,
D19.61, D21.2.2주, D22.20주,
D33.1.10주, D33.1.10주,
D33.1.9주. ㊟ **무여열반**, ㊟
유여열반
열반의 실현 (nibbāna
sacchikiriya) D9.33주,

D22.1설명.
열반의 요소 (nibbāna-dhātu) D16.3.20설명.
열심히 정진하는 경우 (ārabbha-vatthu) D33.3.1설명, D34.2.1설명.
열의 (chanda) D1.2.25주, D21.2.2설명.
염라대왕 D11.72.~79.주.
염려 (vippaṭisāra) D5.16.
염부제(閻浮提) D26.23주.
염소지기의 니그로다 나무 (ajapāla-nigrodha) D16.3.34, D21.1.6.
염오(厭惡, nibbidā) D9.30주. ㊟ **넌더리, □□ 역겨워함**
염처경(念處經) D22.0주.
영민함(**알아차림**, avippavāsa) D16.3.51주, D16.6.7주. ㊟ **알아차림을 수반한 마음챙김**
영속론[常見], **영속론자** (sassata-vāda) D1.1.30설명, D6.15주, D6.19주, D28.15설명, D29.30주.
영속하는 자아와 세상 D1.1.30설명.
영원히 머묾 (satata-vihāra) D33.2.2설명, D34.1.7설명.
영지(靈知, vjijā) D3.2.2설명, D18.25주, D33.1.10설명, D33.1.9, D34.1.3, DA.61.
영지(靈知)**와 실천을 구족한 자**[明行足] (vijjā-caraṇa-sampanna) D27.32.
영지[三明] (vijjā) D34.1.4설명.
영지(領地, rāja-bhogga) D12.1.
영취산 ☞ **독수리봉 산**
영혼(jīva) D1.3.9주, D2.20, 25주, D9.35주, D23.2주. ㊟ **생명**
예류과 (sotāpatti-phala) D21.2.3주.
예류과를 얻은 자의 구성요소 (sotāpannassa aṅga) D33.1.11설명.
예류도 (sotāpatti-magga) D2.102주.
예류도를 얻기 위한 구성요소 (sotāpattiyaṅga) D33.1.11설명.
예류자(預流者) ☞ **흐름에 든 자**
예류자의 정형구 D6.13주.
예비단계 (pubba-bhāga) D22.1주, 21주.
예언의 분류 (ādesana-vidhā) D28.6설명.
오개(五蓋) ☞ **다섯 가지 장애**
오계(五戒, pañca-sīla) D13.25주, D21.1.11주, D23.10주. ㊟ **계**
오래된 보시자 (purindada) D20.14설명.
오력(五力) ☞ **힘**
오른쪽으로 [**세 번**] **돌아** [**경의를 표한**] **뒤** (padakkhiṇaṁ katvā) D2.101주.
오백[**합송**] (pañca-satā) DA.70.
오빠사다 (Opāsāda) D13.2주.
오역중죄(五逆重罪) D2.102주.
오염된 법 (saṁkilesikā dhammā) D9.40설명.
오염원1 (kilesa) D18.25주, D22.1주, D33.1.11주, D34.1.6주, DA.53.
오염원의 족쇄 (kilesa-badhana)

D6.13주.
오염원2 (upakkilesa) D2.84, D8.20, D10.2.22, D12.62, D16.1.17, D25.8, D28.2.
오온(五蘊) ☞ **다섯 가지 무더기**
오욕락(五慾樂, pañca kāmaguṇa) D1.3.20설명, D14.1.20주, D29.23주.
오종선(五種禪, pañcaka-naya jhāna) D33.1.10주. ㊂ **선**(禪)
옥까까 왕 (Okkāka) D3.1.16.
온화함 (soracca) D33.1.9설명.
올바름 (sammatta) D33.3.1설명.
옳은 방법 (ñāya) D22.1설명.
옷을 입는 유행승 (channa-paribbājaka) D24.1.1주.
옷탓다 (Oṭṭhaddha) D6.3설명.
와라나시 (Varanasi) D3.1.1주, D26.23.
와라나시의 녹야원 D16.5.8주.
와르다마나 (Vardhamāna) D2.28주.
와르시까 (Varṣikā) D9.1주.
와사바캇띠야 (Vāsabhakhattiyā) D3.1.1주.
와사와 (Vāsava) D21.1.12설명.
와사왓띠(자재천) D11.72.~79.주, D11.72.~79.설명.
와셋타 (Vāseṭṭha) D16.5.19설명, D24.1.1주, D27.1, D33.1.4.
와셋타 바라문 학도 (Vāseṭṭha) D13.3주.
와수데와따 (Vasudevatā) D21.1.12주.
와이샤(vessa)**의 어원** D27.24주.
와지라 공주 (Vajirā) D3.1.1주.
와지리 공주 (Vajīrī) D9.1주.
완전한 열반 (parinibbāna) D25.21.
완전한 지혜를 가진 자 (aññātā) D21.2.8설명.
완전한 평화 (nibbuti) D1.1.36설명, D24.2.14.㊂ **적멸**
왈라하까 (Valāhaka) D17.1.13.
왐사 (Vaṁsa) D6.15주.
왓사까라 바라문 (Vassakāra brāhmaṇa) D16.1.2설명.
왓지 (Vajjī) D2.28, D6.1주, D6.3주, D16.1.1설명, D24.1.11.
왓지뿟따까 (Vajjiputtakā) D6.1주.
왓지와 말라 (Vajji-Malla) D18.1.
왕국 (raṭṭha) D15.1주.
왕권신수설 D27.21주.
왕도정치 D21.2.6주.
외도(外道)1 (aññatitthiya) D29.30주, DA.24.
외도(外道)2 (bāhiraka) D30.1.3설명.
외도적 사상 D24.2.21주.
외딴 처소 (vivitta senāsana) D2.67.
요니소 마나시까라 (yoniso manasikāra) D14.2.18설명. ㊂ **지혜로운 주의**
요소[界] (dhātu) D22.6, D33.1.10, D33.1.11, D33.1.9, D33.2.2설명, D34.1.4설명, D34.2.2, DA.3.
요자나 (yojana) D4.7설명.
욕계 (kāmāvacara) D13.77주.
  욕계 마음 (kāmāvacara-citta) D28.19주.
  욕계 천상[六欲天] (kāmāvacara-deva) D15.33주, D18.20주.

욕망1 ☞ **감각적 욕망**(kāma)
욕망2 (chanda-rāga) D15.14설명.
욕망3 (rāga) D1.2.25주.
욕망의 빛바램[離慾] (virāga) D9.30주, D14.3.1, D17.2.16주, D19.61.
욕심 (abhijjhā) D2.68설명, D22.1설명.
욕심과 싫어하는 마음 (abhijjhā-domanassa) D2.64설명.
욕심을 길들임 (icchā-vinaya) D33.2.3설명.
욕애(慾愛) ☞ **감각적 욕망에 대한 갈애**
욕탐(慾貪, chanda-rāga) D15.14주, D28.7주. · **욕망2**
용의 군대 (nāga-sena) D32.1.
우기철 (vassa) D2.1주, D14.1.35, D16.2.22설명, D17.1.30. D19.3.8.
우기철은 다섯 달 D16.2.22설명.
우다이 존자 (Udāyī) D28.21설명.
우다이밧다 (Udāyībhadda) D2.1주.
우데나 (Udena) D6.15주.
우데나 탑묘 (Udena) D16.3.2, D24.1.11.
우둠바라 나무 (Udumbara) D14.1.8.
우담바라경(優曇婆邏經) D25.0주.
우둠바리까 사자후경 D25.0설명.
우둠바리까 왕비 (Udumbarika) D25.1.
우루웰라 (Uruvelā) D16.3.34, D21.1.6.
우루웰라깝빠 (Uruvelakappa) D24.1.1주.
우빠니샤드 D13.10주, D13.17주, D16.2.25설명.
우빠디 (upādi) D16.3.20설명. ㊟ **무여**(無餘), **업으로 받은 몸**
우빠와나 존자 (Upavāṇa/Upavāna) D16.5.4설명, D29.41설명.
우빨리 장자 (Upāli gahapati) D2.28주.
우빨리 존자 (Upāli) D23.1주, DA.30.
우뽀사타 ☞ **포살**
우선한 것 (ādhipateyya) D33.1.10설명, D33.1.10설명.
우연발생 (adhicca-samuppannika) D24.2.20.
우연발생론자 (adhicca-samuppannikā) D1.2.30설명, D24.2.20.
우준냐 (Ujuññā) D8.1설명.
욱깟타 (Ukkaṭṭha) D3.1.1, D13.2주, D23.1주.
운명론 (niyati) D2.19주.
움직이지 않는 (kūṭaṭṭha) D1.1.31설명.
웁바따까 공회당 (Ubbhaṭaka) D33.1.2.
웃다까 라마뿟따 (Uddaka Rāmaputta) D29.16설명.
웃따라 바라문 학도 (Uttara) D23.32.
웃따라까 (Uttarakā) D24.1.7설명.
원림(園林, ārāma) D3.1.6, D9.1주.
원인 (hetu) DA.55.
원인과 조건 (hetu paccaya) D16.3.13, D34.2.1설명.

원한을 다스림 (āghāta-paṭivinaya) D33.3.2설명, D34.2.2설명.
원한의 원인 (āghāta-vatthu) D33.3.2설명, D34.2.2설명.
원함 없는[無願] **삼매** (appaṇihita samādhi) D33.1.10설명.
원형천막 (maṇḍala-māḷa) D1.1.3, D14.1.1설명, 1.14.
웨단냐 (Vedhañña) D29.1설명.
웨데히뿟따 (Vedehiputta) D2.1설명, D16.1.1.
웨디야 산 (Vediyaka) D21.1.1설명.
웨바라 산 (Vebhāra) DA.25.
웨바라 산비탈 (Vebhārapassa) D16.3.42.
웨사카 달 (Vesākha) D16.6.25주, DA.17, DA.5설명.
웨살리 (Vesāli) D2.28, D2.28, D6.1설명, D6.3주, D16.1.1주, D16.2.11, D16.2.22, D16.4.1, D16.6.24, D24.1.11, DA.31.
웨자얀따 궁전 (Vejayanta) D11.70주.
웨타디빠 (Veṭhadīpa(ka)) D16.6.24.
웰루와나 (Veḷuvana) D4.1주, D16.3.42.
웻사부 세존 (Vessabhū) D14.1.4.
웻사와나 대천왕 (Vessavaṇa) D18.10설명, D32.2.
위가 남아있는 [**마음**] (sa-uttara) D22.12설명.
위가 없는 [**마음**] (anuttara) D22.12설명.
위데하 (Videha) D16.1.1주.
위두다바 왕자 (Viḍūḍabha/Vidūdabha) D3.1.1주, D9.1주.
위로 흐르는 자 (uddhaṁ-sota) D21.2.8주.
위루빡카 대천왕 (Virūpakkha) D11.68주, D18.12, D20.9, D32.6.
위룰하까 대천왕 (Virūḷhaka) D11.68주, D18.12, D20.9, D32.6.
위방가[分別論] (Vibhaṅga) DA.43설명.
위빳사나[觀] (vipassanā) D9.40주, D15.33주, D16.3.10주, D21.2.3주, D22.16주, D22.2주, D22.21주, D28.7주, D33.1.9설명, D33.2.3설명, D33.3.1주, D34.1.3, DA.3.
위빳사나와 함께 한 도 (vipassanāya magga) D21.2.3주.
위빳사나의 결실 (vipassanā-phala) D6.13주.
위빳사나의 길을 가는 자 (vipassanā-yānika) D22.1주.
위빳사나의 도 (vipassanā-magga) D14.2.21설명.
위빳사나의 마음 (vipassanā-citta) D2.97주.
위빳사나의 지혜 (vipassanā-ñāṇa) D9.20주, D14.2.19주.
위빳시 세존 (Vipassi) D14.1.4, 1.15.
위사카 (Visākhā) D27.1주.
위슈누 D19.36주.
위없음 (anuttariya) D33.1.10설명,

D33.2.2설명, D34.1.7설명.
위축된 마음 (saṅkhitta) D22.12설명.
위하라 (vihāra) D16.3.1주.
위험 (ādīnava) D33.2.1설명.
윗사깜마 (Vissakamma) D17.1.25설명.
유가안은(瑜伽安隱, yogakkhema) D21.2.6설명, D29.11, D30.2.4.
유골1 (dhātu) D16.6.23주.
유골2 (sarīra) D16.5.10주. ㉾ **사리**, ㉾ **존체**
유순 D4.7주. ㉾ **요자나**
유순함 (sovacassatā) D33.1.9, D34.1.3.
유식(唯識) D14.3.1주.
유신견(有身見, sakkāya-diṭṭhi) D1.1.7주, 3.19주, D6.13주, 19주, D15.27주, D33.1.10설명.
유여열반 (sa-upādisesa-nibbāna) D11.85주, D16.3.20설명.
유위법 (saṅkhata-dhamma) D11.85주.
유익한 업의 길[十善業道] (dasa-kusala-kamma-patha) D18.25주, D26.5주, 19, D23.8주, D33.3.3설명, D34.2.3설명.
유익함의 뿌리[善根] (kusala-mūla) D34.1.4설명.
유일한 길 (ekāyana) D22.1설명.
유체(遺體, sarīra) D16.5.10주.
유통분 D1.3.73주.
유학(有學, sekha) D1.1.7주, D16.5.13설명, D19.9, D33.1.10설명, DA.11설명.
유한한 자아 (paritta atta) D15.23설명.
유한함과 무한함을 설하는 자 (antānantika) D1.2.16.
유행경(遊行經) D16.0주.
유행승(遊行僧, paribbājaka) D1.1.1설명 등.
유희로 타락해 버린 자라는 신 (khiḍḍāpadosika deva) D1.2.7설명, D24.2.18, D33.1.11주.
육내외처(六內外處) ☞ **안팎의 감각장소**, ☞ **여섯 가지 안팎의 감각장소**
육내처(六內處) ☞ **안의 감각장소**
육대원소 D1.1.11주.
육도(六道) D1.1.36주.
육방(六方, chaddisā) D31.2.
육방예경 D31.0주.
육사외도 D2.17주, D9.1주.
육외처(六外處) ☞ **감각장소 (밖의)**
육욕천(六欲天) ☞ **욕계 천상**
육체 (karaja-kāya) D22.2주.
육체적 고통 (dukkha) D22.18. ㉾ **괴로움**
윤보(輪寶, cakka-ratana) D14.1.31, D17.1.7, D26.3.
윤회 (vaṭṭa/saṁsāra) D1.1.1주, D3.1.5주, D6.13주, D9.33주, D15.1, D15.22주, D16.2.2, D16.4.2, D34.1.6주, DA.42.
윤회를 거스르는 것 (vivaṭṭa-gāmī) D26.1주.
윤회를 거스르는 유익함 (vivaṭṭa-gāmi-kusala)

D26.27주.
윤회를 따르는 것 (vaṭṭa-gāmī) D26.1주.
윤회를 통한 청정 (saṁsāra-suddhi) D2.19설명, D2.21.
윤회의 뿌리가 되는 갈애 (vaṭṭa-mūla-taṇhā) D15.18주.
윤회전생(輪廻轉生) D2.29주.
율 (Vinaya) DA.9, 44설명.
율장(律藏, Vinaya-piṭaka) DA.43설명.
율장의 마띠까 (Vinaya-mātika) D16.4.10설명.
융기물 (pavuṭa) D2.20설명.
융성 (sampadā) D33.2.1설명.
은사 스님 (upajjhaya) D29.2주.
음식 (āhāra) D33.1.11, D33.1.8설명, D34.1.2, D34.1.5설명.
음식에서 적당함을 앎 (mattaññutā) D33.1.9.
음식이 일어남 (āhāra-samudaya) D1.3.71주.
응송(應頌, geyya) DA.67설명.
응집의 요소 (ābandhana-dhātu) D33.2.2주.
의도의 무리[六意思身] (cetanā-kāya) D33.2.2설명.
의도적 행위 (saṅkhāra) D33.1.10설명.
의례의식 (vata) D8.3주.
의석(義釋, Niddesa) DA.40.
의심[疑] (vicikicchā) D2.68, D6.13주, D22.13설명, D33.1.10설명, D33.1.10설명.
의욕[慾] (chanda) D21.2.2설명, D34.2.2.
의처(意處) ☞ **마노의 감각장소**
의향 (adhimutti) D1.1.3설명, D21.2.6주. □□ **확신**
이간질 (vebhūtiya) D28.11.
이것의 조건짓는 성질 (idappaccayatā) D14.3.1설명. ㊟ **연기**(緣起)
이로운 행위 (attha-cariya) D30.1.16설명.
이름 (nāma) D9.49주.
이름붙이기 (adhivacana) D15.20설명.
이름을 얻는 길 (adhivacana-patha) D15.22설명.
이발사 (nahāpita) D12.4설명.
이시길리 (Isigili) D16.3.42.
이야기의 토대 (kathā-vatthu) D33.1.10설명.
이욕(離慾) ☞ **욕망의 빛바램**
이유1 (karaṇa) D2.8주, D15.4주.
이유2 (vatthu) D1.1.29설명.
이익1 (hita) D32.3설명.
이익2 (ānisaṁsa) D33.2.1설명.
이적(異蹟) D24.1.4주.
이전의 것을 기억하는 알음알이 (satānusāri-viññāṇa) D29.27설명.
익게함의 요소 (paripācana-dhātu) D33.2.2주.
익슈와꾸 (Ikṣvāku) D3.1.16주.
익힌 표상 (uggaha-nimitta) D15.35 ㊟ **표상**
인간1 (manussa) D22.2주, D33.1.11설명.

인간세상 (manussa-loka) D21.2.8주.
인간을 넘어선 법 (uttari-manussa-dhammā) D11.1설명.
인간의 도덕적 품행 (purisa-sīla-samācāra) D28.12.
인간의 자아 (manussatta-bhāva) D1.3.10주.
인간2 (puggala) D33.1.10설명.
인간의 규정 (puggala-paññatti) D28.8설명.
인간이라는 인식 (puggala-saññā) D22.6주.
인간희생 D5.18주.
인다살라 동굴 (Indasāla-guhā) D21.1.1설명.
인도 중원의 16국 (Mahājanapada) D4.1설명.
인도사상 D2.25주.
인도신화 D3.1.16주, D14.1.35주, D20.12주, D21.1.1주, D23.5주, D27.21주, D32.4주.
인드라 (Indra) D11.69주, D13.25주, D21.1.1주. ㉾ **삭까(인드라)**
인색 (macchariya) D15.11설명, D21.2.1설명, D33.2.1설명.
인습적 표현 (vohāra) D9.49주, D15.22주, DA.50.
인습적인 지혜 (sammuti-ñāṇa) D33.1.11설명, D34.1.5.
인습적인 표현 (sammuti-kathā) D9.53주.
인시설론(人施設論, Puggalapaññatti) DA.40.
인식[想] (saññā) D9.20, D9.21주, D16.4.28, D29.35주, D33.1.10, D33.2.3설명, D34.1.8설명, D34.2.2설명, D34.2.2, D34.2.3설명.
인식의 구경 (saññagga) D9.17설명.
인식의 무리[六想身] (saññā-kāya) D33.2.2설명.
인식의 소멸 (saññā-nirodha) D9.6설명.
인식의 원인 (sañjānana-hetu) D15.20주.
인식이 없는 자 (asaññī) D9.6.
인식하는 자 (saññī) D9.6.
인식하다 (sañjānāti) D9.37주.
다양한 인식 (nānatta-saññā) D1.2.38주, D1.2.38설명.
무상하다는 인식 (anicca-saññā) D21.2.5주.
인욕 (khanti) D14.3.28주, D33.1.9.
일곱 가지 보배[七寶] (satta-ratana) D3.1.5, D14.1.31설명, D17.1.3, D17.1.7설명, D26.2, D30.1.1.
일래자의 정형구 D6.13주.
일부영속 일부비영속을 설하는 자 (ekacca-sassatika ekacca-asassatika) D1.2.1.
일상생활에서 통용되는 언어 (vohāra) D22.3주. ㉾ **인습적 표현**
일어나게 해야 하는 것 (uppādetabba) D34.1.2.
일어나지 않음에 대한 지혜

(anuppāde ñāṇa) D2.97주, D33.1.9, D34.1.3.
일에 적합한 (kammaniya) D2.83설명. ㊟ **활발발**
일으킨 생각[尋] (vitakka) D21.2.2설명, D21.2.3주.
일차결집 D16.6.25주.
일차대합송 (paṭhama-mahāsaṅgīti) DA.5, DA.70.
일체를 아는 지혜 (sabbaññutaññāṇa) D2.83주.
일체법(一切法, sābe dhammā) D16.3.20주.
임산부의 비유 (gabbhinī-upamā) D23.12주.
임제 스님 D1.3.32주.
임종 D16.6.9주.
입(入) ☞ **감각장소**
입정(入定) D6.6주.
입지가 굳은 (viyatta) D16.3.7설명.
입태(入胎, gabbha-avakkanti) D28.5설명, D33.1.11설명.
잇차낭깔라 (Icchānaṅkala) D3.1.1설명, D13.2주.
잉카문명 D5.18주.

【자】

자귀의(自歸依, atta-saraṇa) D16.2.26.
자기 견해를 고수(固守)**하는 자** (sandiṭṭhi-parāmāsī) D25.12설명, D29.35주, D29.35, D33.2.2.
자기 자신 (atta-bhāva) D28.19주.
자기 존재 (atta-bhāva) D33.1.11설명.
자나까 왕 (Janaka) D16.1.1주.
자나와사바 (Janavasabha) D18.9설명.
자나와사바 경 D18.0설명.
자등명(自燈明, atta-dīpa) D16.2.26, D26.1.
자만[慢] (māna) D6.13주.
자만하는 방법 (vidha) D33.1.10설명.
자비 (mettā) D33.1.10주. ㊟ **자애**
자설경(自說經, Udāna) DA.40.
자성(自性) ☞ **고유성질**
자식과 아내 (puttadārā) D31.27.
자신 (atta) D16.2.26설명.
자신을 확고하게 하는 법 (nātha-karaṇā dhammā) D33.3.3설명, D34.2.3설명.
자씨(慈氏) D26.25주.
자아 (atta) D1.3.10주, D6.15주, D6.19주, D9.21주, D9.35주, D15.23주, D22.2주.
  자아를 인식하다 D9.34설명.
  자아에 속하는 것 (attaniya) D22.2주.
  자아와 세계 D9.28주.
  자아의 획득 (atta-paṭilābha) D9.39설명.
  자아이론 D1.1.31주.
자아의식 (asmimāna) D34.1.2설명.
자애[慈] (mettā) D13.76, D19.59, D25.17, D33.1.9주.
  자애를 통한 禪 (mettā-jhāna) D33.2.1주.

자애심 D8.15주.
자유자재 (vasippatta/vasavattī) D13.31 등, D16.3.14.
자유자재한 경지 (vasitā) D6.12주.
자이나교 D2.28주.
자재천 (issara) D24.2.14설명.
자칼 (sigāla) D24.2.7.
자환희경(自歡喜經) D28.0주.
작용 (kicca) D33.1.10주.
작은 전적[小典] (khuddaka-gantha) DA.40설명.
잔뚜 왕자 (Jantu) D3.1.16주.
잔인함 (vihiṁsā) D33.2.1주.
잘리야 (Jāliya) D6.15설명, D7.1.0주, D24.2.4.
잘리야 경 D7.1.0설명.
잘못 (dosa) D29.4주.
잘못된 방법 (anuāya) D22.13주.
잠부 나무 (Jambu) D29.16주.
잠부가마 (Jambugāma) D16.4.5.
잠부디빠 (Jambudīpa) D26.23설명.
잠재성향 (anussaya) D33.2.3설명, D34.1.8설명.
잡다한 일 (kamma) D16.1.7설명.
잡담 (samphappalāpa) D1.1.9설명 등.
장(藏) ☞ **삐따까**
장가들임 (āvāha) D3.2.1.
장님 줄서기 비유 (andhaveṇūpamā) D13.15설명.
장로1 (thera) D33.1.10설명.
장로[합송] (therikā) DA.70.
장로2 (āyasmā) D16.6.2.
장로게(長老偈, Theragāthā) DA.40.
장로니게(長老尼偈, Therīgāthā) DA.40.
장아함(長阿含) DA.2주.
장애1[五蓋] D22.1주, D33.2.1설명.
장애2 (palibodhā) D33.1.10주.
재난 (vipatti) DA.62설명.
재산 (dhana) D33.2.3설명.
재생(再生) ☞ **다시 태어남**
재생연결식 (paṭisandhi-viññāṇa) D14.2.18주, D15.21주, D15.33주, D15.33주, D33.1.10주.
재생연결의 인식 (paṭisandhi-saññā) D1.2.31주.
재생으로서의 존재 (upapatti-bhava) D15.2주.
잴 수 없는 것 (atula) D16.3.10설명.
쟁론에 대한 대중공사 (vivāda-adhikaraṇa) D33.2.3주.
저 세상 (para-loka) D1.2.27, D23.2.
저속함 (gāma-dhamma) D1.1.8, D27.13. ㉾ **촌스러운**
저열한 삶 (hīna) D24.1.6.
저주 (dhik) D13.76주, D14.2.2주.
적개심 (paṭigha) D1.2.25주.
적리(赤痢, lohita-pakkhandikā) D16.4.13주, D16.4.20주.
적멸 (nibbuti) D22.2주.
적의 (paṭigha) D6.13주.
적의를 일으키는 표상 (paṭigha-nimitta) D22.13주.
적절하다 (yutta) D6.16주.
적취설(積取說) D2.25주, D2.29주.
전기(傳記, Apadāna) DA.40.
전도된 인식 (viparīta-saññā)

D22.1주, D24.2.21설명.
전륜성왕 사자후경 D26.0설명.
전륜성왕(轉輪聖王, cakka-vatti)
D3.1.5, D14.1.31설명, D16.5.12, D16.6.17, D17.1.3, D30.1.1.
전륜성왕의 의무
(cakka-vatti-ariya-vatta)
D26.1주, 5설명.
전륜성왕경(轉輪聖王經) D26.0주.
전륜성왕수행경(轉輪聖王修行經)
D26.0주.
전면에 마음챙김을 [확립함]
(parimukkhaṁ sati) D2.67설명,
D22.2설명.
전법(傳法) D14.3.1주.
전변설(轉變說) D2.25주.
전생을 기억하는 지혜[宿命通]
(pubbe-nivāsa-anussati-ñāṇa)
D1.1.31설명, D2.93, D25.18, D28.16, D33.1.10, D34.1.4.
전승된 가르침 (Āgama) DA.2주.
전유경(箭喩經) D9.28주.
전쟁에서의 위없는 승리[無上戰勝]
(anuttara saṅgāmavijaya)
D1.3.74설명.
전조 (pubba-nimitta) D21.1.1주.
전존경(典尊經) D19.0주.
전체상 (nimitta) D2.64설명 등.
절박함 (saṁvega) D33.1.9.
점(占) D1.1.26주.
정(定) ☞ **삼매**
정거천(淨居天, Suddhāvāsa) D6.13,
D14.3.29설명, D16.5.6주,
D20.2설명, D33.2.1설명.
정려하는 자 (jhāyaka) D27.22.
정려하는 즐거움[禪悅] (nijjhāna)
DA.58.
정령 (bhūta) D15.4설명.
정명(正命) ☞ **바른 생계**
정법안장(正法眼藏) DA.8주.
정사유(正思惟) ☞ **바른 사유**
정신[名] (nāma) D11.85주, D22.2주,
D33.1.9, D34.1.3.
정신경(淨信經) D29.0설명.
정신·물질[名色] (nāma-rūpa)
D11.85, D14.2.18, D15.2설명.
정신·물질의 분석에 대한 설명
(nāma-rūpa-pariccheda-kathā
) DA.52.
정신의 명상주제
(arūpa-kammaṭṭhāna)
D22.11주.
정신의 무더기 (arūpakkhandha)
D15.24주.
정신의 무리 (nāma-kāya)
D15.20주.
정신적 고통 (domanassa) D2.64주,
D14.19, D22.18.
정신적 즐거움 (somanassa)
D2.64주, D21.2.3.
정업(正業) ☞ **바른 행위**
정정(正定) ☞ **바른 삼매**
정정진(正精進) ☞ **바른 정진**
정직함 (ajjava) D33.1.9설명.
정진 (vīriya) D22.1주, D33.1.9주.
정진을 시작하는 요소
(ārambhadhātu) D22.13주.
정해진 법칙 (dhammatā)
D14.1.17설명.
정화제 (paṭimokkha) D1.1.27설명.

제관 (yājetā) D5.21설명.
제따 숲 (Jetāvana) D9.1설명, D10.1.1, D14.1.1, D30.1.1, DA.21.
제따 왕자 (Jetā-Kumāra) D3.1.1주, D9.1주.
제사 (yañña) D3.1.24, D4.13주, D19.47, D23.31, D27.22주.
제사 만능주의 D4.13주.
제사 풀 (barihisa) D5.18설명.
제사공정 D4.13주.
제사기둥 (thūṇa) D5.1설명.
제사음식 D3.1.24주.
제사의 주인 (yañña-sāmi) D5.21설명.
제사의식 D5.18주.
제석(帝釋) D11.70주.
제석문경(帝釋問經) D21.0설명.
제어 (saṁyama) D2.17, D16.4.43, D17.2.1, D30.1.6.
제자 (antevāsī) D1.1.1설명.
제한된 대상 (paritta) D16.3.28주.
제한된 마음 (paritta) D13.77주.
제한된 업 (pamāṇa-kata) D13.77설명.
제한된 허공의 까시나 (paricchinna-ākāsa-kasiṇa) D15.24주.
제한이 없음 (appamāṇa) D33.3.3설명.
젯타물라 달 (Jeṭṭhamūla) D16.6.25주, DA.17설명.
조건[緣] (paccaya) D14.2.19주, D15.2, D34.1.3주, DA.3.
조건의 특별함 (paccaya-visesa) D15.2주.
조건짓는 상태 (paccaya-bhāva) D15.4주.
조띠빨라 (Jotipāla) D19.29.
조령제(祖靈祭, saddha) D3.1.24설명.
조로아스터교(拜火敎) D3.2.3주, D18.12주.
조상들에게로 가는 길 (pitṛ-yāna) D13.17주.
조짐 (nimitta) D30.1.5.
족성(族姓, gotta) D2.17주, D14.1.6설명 등. ㊟ **종족**
족쇄 (saṁyojana) D5.22주, D6.13설명, D18.1, D22.15설명, D33.1.10설명, D33.2.3설명.
낮은 단계의 족쇄[下分結] (oram-bhāgiya saṁyojana) D6.13설명, D33.2.1설명.
높은 단계의 족쇄[上分結] (uddham-bhāgiyāni saṁyojanāni) D33.2.1설명.
존자 (bhante) D16.6.2.
존자들 (bhonto) D1.1.11설명.
존자들이여 (bho) D3.1.2설명.
존재[有] (bhava) D2.98, D14.2.18, D15.2설명.
존재에 대한 갈애[有愛] (bhava-taṇhā) D1.3.73주, D22.19설명, D33.1.9, D34.1.3, D34.1.4.
존재에 대한 견해 (bhava-diṭṭhi) D33.1.9설명.
존재하지 않는 것에 대한 갈애 [無有愛] (vibhava-taṇhā)

D22.19설명, D34.1.4.
존재론적 실재 D9.24주, D9.35주.
존재론적 실체 D14.3.7주, D15.25주.
존재론적인 단정 D1.1.7주, D6.19주.
존중하지 않음 (agārava)
D33.2.2설명, D34.1.7설명.
존중함 (gārava) D33.2.2설명,
D34.1.7설명.
존체(尊體, sarīra) D16.5.10설명,
DA.17. ⓐ **사리**
종교 지도자 (titthiya) D24.1.19,
D25.10.
종교인 D13.76주.
종덕경(種德經) D4.1.0주.
종족 (gotta) D14.1.6설명.
좋습니다 (sādhu) D29.21.
좌선 지상주의 D6.1.0주.
죄과에 따른 교법
(yathāparādha-sāsana) DA.51.
죄의식 (mahāparādhatā) D2.1주.
주문1 (mantra) D4.13설명,
D5.1설명, D32.2주.
주문2 (vijjā) D11.5.
주사위 (akkha) D23.27.
주인 (ayyaputta) D3.1.16설명.
주인공 D1.2.13주, D6.19주.
주지 않은 것을 가지는 것
(adinnādāna) D1.1.8.
죽림정사 D4.1주.
죽음 (maraṇa) D22.18설명 등.
죽음과 다시 태어남을 [아는]
지혜[天眼通]
(cutūpapāta-ñāṇa) D2.95,
D3.2.2, D28.17, D33.1.10,
D34.1.4 등.
죽음의 마음 (cuti-citta) D11.85주,
D14.2.18주, D15.21주,
D33.1.10주.
죽음의 신 D11.72.~79.주.
죽음의 파멸 (māraṇa-vadha)
D30.2.9설명.
준비단계 (parikamma) D16.3.25주.
중각강당(重閣講堂, kūṭāgāra-sālā)
D6.1설명, D16.3.48설명,
D16.3.49, D24.1.11, D29.1.
중국 (majjhima janapada)
D33.3.2설명, D34.2.1.
중도(中道, majjhima-paṭipadā)
D6.14주, D6.15주.
중상모략 (pesuñña) D1.1.9,
D26.15주.
중생 (satta) D22.2주.
중생들의 청정 (sattānaṁ
visuddhi) D22.1설명,
D34.1.3설명.
중생의 거처 (sattāvāsa)
D33.3.2설명, D34.2.2설명.
중생이라는 인식 (satta-saññā)
D22.6주.
중집경(衆集經) D33.0주.
중차대한 갈마 (thāvara-kamma)
DA.15.
즉시현금 갱무시절(卽是現今
更無時節) D1.3.32주.
즐길 거리 (ābhoga) D15.35주.
증득[等至] (samāpatti) D14.3.28주,
D16.3.10주, D33.1.9설명.
증득의 경지 (samāpannaka)
D1.2.38주.
증득의 인식 (samāpatti-saññā)

D1.2.38주.
지(止) ☞ **사마타**
지금여기[現法]**에서 열반을 실현한다고 주장하는 자** (diṭṭha-dhamma-nibbāna-vāda) D1.3.19설명.
지방 (janapada) D15.1주.
지배의 경지[八勝處] (abhibhāyatana) D16.3.24설명, D16.3.25, D33.3.1설명, D34.2.1설명.
지복(至福, parama-sukha) D1.3.20주.
지속적인 고찰 (vicāra) D21.2.3주, D33.2.2.
지옥 (niraya) D2.95, D3.2.15, D12.10, D16.2.8설명, D23.6, D33.2.1.
지옥에 떨어진 자 (nerayika) D33.1.10주.
지와 견(知見, ñāṇa-dassana) D2.19주, D2.28주, D2.83설명, D9.37주.
지와까 꼬마라밧짜 (Jīvaka Komārabhacca) D2.1설명.
지와까의 망고 숲 D2.1주, D16.3.42.
지완지와까 새 (jīvañjīvaka) D32.7주.
지자/지혜로운 사람 (viññu) D8.5, D9.31, D16.1.11, D19.6, D23.9, d24.1.6, D25.21
지저깨비를 얻은 것 (papaṭikappattā) D25.15설명.
지족(知足, santuṭṭhitā) D34.2.1.
지혜의 말씀 (saṅkhā) D19.19설명.
지혜[智] (ñāṇa) D9.20, D33.1.11설명, D33.1.9주, D34.1.4설명, D34.1.5설명.
지혜로운 노력 (yoniso padhāna) D33.1.9.
지혜로운 주의[如理作意] (yoniso manasikāra) D1.1.31주, D14.2.18설명, D18.23, D33.1.11설명, D34.1.2, D34.2.2설명.
지혜롭지 못한 주의[非如理作意] (ayoniso manasikāra) D14.2.18주, D22.13설명, D34.1.2설명.
지혜를 가진 바른 삼매 (ñāṇiko sammā-samādhi) D34.1.6설명.
지혜를 말하는 자 (ñāṇa-vāda) D24.1.15.
지혜를 수반한 마음챙김 (ñāṇūpasañhitā sati) D16.6.7주.
직계제자 (sakkhi-sāvaka) D16.5.30.
직업 (kammanta) D27.24.
직접 대면하는 율 (sammukhā-vinaya) D33.2.3.
직접 본 (sakkhi-diṭṭha) D13.12설명.
직접지 (pratyakṣa) D28.2주.
진아 D15.25주.
진흙창 (paṅka) D13.36주.
질문에 대한 설명 (pañha-vyākaraṇa) D33.1.11설명.
질병의 중간겁 (rogantara-kappa) D26.21주.

질책 (codanā) D12.16, D21.1.12.
질책의 토대 (codanā-vatthu) D33.1.10설명.
질투 (issā) D15.11주, D21.2.1설명.
집 짓는 자 (gaha-kāraka) DA.42.
집착 없음 (anālaya) D22.20.
집착[하다] (parāmāsa/parāmasati) D1.1.36, D6.16주, D9.53,
집합 (samūha) D22.1주.
짚으로 덮어야 함 (tiṇa-vatthāraka) D33.2.3.
짜빨라 탑묘 (Cāpāla) D16.3.2.
짬빠 (Campā) D4.1설명, D34.1.1.
짬빠까 숲 (campaka) D4.1주.
짱끼 바라문 (Caṅkī) D13.2.
쩨따까 존자 (Cetaka) D10.1.5설명, DA.23.
쩨띠와 왐사 (Ceti-Vaṁsa) D18.1.
쭌다 (대장장이의 아들) (kammāraputta Cunda) D16.4.13설명, D24.1.1주, D33.1.1.
쭌다 사미 (Cunda Samaṇuddesa) D16.4.39주, D29.2설명.
쭌다까 존자 (Cundaka) D16.4.39.
쯔위 (cvi) D1.1.28주.
찐따마니 (cintāmaṇi) D11.7.
찟따 (Citta) D9.32설명, D9.55.

【차】

차가운 숲 (Sītavana) D16.3.42.
차례로 머묾[九次第住] (anupubba-vihāra) D33.3.2설명, D34.2.2설명, DA.8.
차례로 소멸함[九次第滅] (anupubba-nirpdha) D33.3.2설명, D34.2.2설명.
찬나 (Channa) D16.6.4설명.
찬도갸 우빠니샤드 (Chāṇḍogya Upaniṣad) D3.1.28주.
찬사의 족쇄 (anunaya-saṁyojana) D33.2.3설명.
찰나 (khaṇa) D27.10주.
참선하는 [자] (jhāyī) D21.1.4, D27.23, D28.12.
창고지기가 됨 (bhaṇḍāgārika-pariyatti) DA.60설명.
창조설 D1.2.1주.
책망받는 (codaka) D33.2.1.
처(處) ☞ **감각장소**
처소 (vihāra) D3.1.8설명.
천궁사(天宮事, Vimānavatthu) DA.40.
천묘화(天妙華) D16.5.2주. ㊟ **만다라와 꽃**
천벌 (brahma-daṇḍa) D3.1.23설명.
천상 D5.27주, D14.3.7주.
천상의 가르침 (sagga-kathā) D3.2.21, D5.29, D14.3.11.
천상의 궁전 (vimāna) D23.33주.
천상의 모태 (dibbā gabbhā) D12.13설명.
천상의 소리 (dibba sadda) D6.5주.
천상의 자아 (dibbattabhāva) D1.3.11주.

천수대비주 D32.7주.
천안통(天眼通) ☞ **죽음과 다시 태어남을 아는 지혜**
D25.19**천이통**(天耳界) ☞ **신성한 귀의 요소**
천자설 D27.21주.
천착(穿鑿)하다 (abhinivisati) D21.2.6, D22.21주.
천착해 들어가는 입구 (abhinivesa-mukha) D21.2.3주.
철저하게 놓아버림 (paṭippassaddhā) D33.3.3설명.
철저하고 바르게 깨달음 (abhisambuddha) D29.29.
철저히 알아야 함 (pariññeyya) D34.1.2.
철저히 앎 (pariññā) DA.60.
청불주세원(請佛住世願) D16.3.4주.
청정 (visuddhi) D9.37주.
청정경(淸淨經) D29.0주.
청정도론 (Visuddhimagga) DA.3.
청정범행(淸淨梵行, brahma-cariya/-cāri) D2.20설명, D2.98, D16.3.8설명, D21.2.6설명, D24.1.6, D27.7주, D29.16, D33.3.2설명, D34.2.1설명.
청정범행의 완성/완결 (brahma-cariya-pariyosāna) D2.97주, D8.24, D9.56, D16.5.30, D25.22, D29.10
청정의 주요한 원인이 되는 구성요소 (pārisuddhi-padhāniyaṅga) D34.2.2설명.
청정한 믿음 (pasāda) D3.22, D16.47, D24.2.21, D28.1, D29.41, D32.2.
청정한 해탈 (subha vimokkha) D24.2.21설명.
체험 D1.3.45주.
체험한 것 (vedayita) D1.3.72설명.
초월지 (abhiññā) D1.1.28주, D34.1.7설명, DA.3.
초조함 (paritassana) D1.2.4설명.
촉(觸) ☞ **감각접촉**
촌스러운 (gamma) D28.19설명, D29.16. ㊟ **저속함**
최고 중의 최고 (tamatagge) D16.2.26설명.
최고의 처벌 (brahma-daṇḍa) D3.1.23주, D16.6.4설명.
최상승 D15.25주.
최상의 제사 D5.27주. ㊟ **제사**
최상의 지혜 (abhiññā) D1.1.28설명, D6.13, D9.30주, D16.3.50, D16.5.26, D19.61, D24.2.14, D25.23.
최상의 지혜로 알다 (abhijānāti) D1.1.28설명, D8.24설명, D16.5.30.
최상의 지혜로 알아야 하는 (abhiññeyya) D34.1.2.
추구(追求, pariyesanā) D15.17설명, D21.2.4설명, D34.2.2.
추구된 갈애 (esita) D15.18주.
추구하는 갈애 (esana) D15.18주.
추구를 완전히 포기한 자 (samavaya-saṭṭhesana) D33.3.3설명.

추론에 의한 지혜 (anvaye ñāṇa)
D33.1.11 (11)설명, D34.1.5.
추론을 통한 자각 (anvayabuddhi)
D28.2주.
추론지 (anumāna) D28.2주,
D28.2주.
축생의 모태 (tiracchāna-yoni)
D12.10, D16.2.8설명.
축재한 자 (necayika) D24.1.19설명.
출가[하다] (pabbaja/pabbajana/
pabbajati) D1.2.6, D2.41,
D3.1.5, D9.55주, D19.46,
D19.58, D24.2.17, D26.3,
D27.26, D30.1.8.
출가생활의 결실[沙門果]
(sāmañña-phala) D2.14, D2.34,
D33.1.11설명, D34.1.5설명.
출가생활의 목적 (sāmaññattha)
D12.16설명.
출가자 (pabbajita) D14.2.14, 3.19,
D16.4.26, D30.2.31.
출격장부 D9.25주, D14.3.7주,
D15.23주.
출구1 (nissaraṇa) D14.2.18,
D25.13, D33.1.11. ㊟**벗어남**
출구2 (niyyāna) D2.67주,
D13.11설명.
출리(出離)**의 공덕** (nekkhamme
ānisaṁsa) D3.21, D5.29,
D14.3.11 등.
출리(出離, **벗어남**)**로 인도하는**
(niyyānika) D13.4, D16.1.11,
D21.2.3주, D22.21, D33.1.10,
D33.1.7, 2.1설명, D34.1.7.
출세간법 (lokuttara-dhamma)
D9.28주.
[출세간]법에 이르게 하는 법
(dhamma-anudhamma)
D16.3.7설명, D16.5.3, D18.23,
D34.1.4.
출세간의 마음 (lokuttara-citta)
D22.12주.
출정(出定) D6.6주, D16.6.8,
D16.6.9주, D22.2주, D22.21주,
D33.1.9.
취착[取] (upādāna) D1.2.25주,
D14.2.18, D15.2설명, D33.1.11.
취착의 자취 (upādi-sesa) D22.22.
취착하는 다섯 가지 무더기[五取蘊]
(upādānakkhandha)
D14.2.22설명, D22.1주,
D22.14설명, D22.18,
D33.2.1설명, D34.1.6설명.
취착하는 물질의 무더기[色取蘊]
(rūpupadānakkhandha)
D22.18설명.
친구와 동료 (mittāmacca) D31.27.
친절함 (paṭisanthāra) D33.1.9설명.
칠각지(七覺支) D16.1.9주,
D27.30주, D28.9주. ㊟ **깨달음의
구성요소**
칠보(七寶) ☞ **일곱 가지 보배**
칠보경(七寶經) D17.1.7주.
칠불 D14.1.14주.
칠엽굴(七葉窟, Sattapaṇṇi-guhā)
D16.3.42, D16.6.25주,
DA.25설명.

【카】

카누마따 (Khāṇumata) D5.1설명, D5.1.
칸다까(犍度, Khandhaka) D16.6.1주, DA.35설명, DA.42, DA.43.
코끼리 조련사의 아들 (hatthisāriputta) D9.32. ㉶ **찟따**
쿳다까 니까야(소부, Khuddaka-nikāya) DA.40, DA.43설명, DA.66설명.
큐피드 D16.3.4주.
크나큰 만족 (veda-paṭilābha) D18.17설명.
큰 권위 (mahā-padesa) D16.4.7설명.
큰 숲[大林] (Mahāvana) D6.1설명, D20.1.
큰 위력 (mahānubhāva) D25.1주.
큰 제사 (mahā-yañña) D5.1설명. ㉶ **제사**
큰 홍수 (mahā-vidugga) D24.2.13설명.

【타】

타락의 입구 (apāya-mukkha) D3.2.3설명, D31.7.
타화자재천(他化自在天, Paranimmitavasavatti) D11.72.~79.주, D16.3.4주, D19.60, D33.1.10설명.
탁발 음식 (piṇḍa-pāta) D16.4.42, D29.22, D33.1.11(9).
탈리빠까 (thāli-pāka) D3.1.24설명, D17.2.5설명.
탐욕이 있는 마음 (sarāga citta) D22.12설명.
탐착 (ajjhosāna) D15.13설명.
탐하는 기질 (rāga-carita) D16.3.28주.
탑묘 (cetiya) D6.1주, D16.1.4, D16.3.1설명.
태고적 세상의 기원 (porāṇa aggañña) D27.4설명, 15,
태생1 (jāti/jacca) D14.1.5, D27.5주.
태생2 (abhijāti) D33.2.2설명.
태수 (rājañña) D23.1설명.
태양과 달의 비유 (candima-sūriya-upamā) D23.4주.
태양 (sūriya) D32.4주.
태어날 곳 (gati) D1.1.36설명, D33.2.1설명.
태어남[生] (jāti) D14.2.18, D15.2, D22.18.
  태어남은 다했다 (khiṇā jāti) D2.97 등.
테크닉 D8.3주.
토굴 (kuṭikā) D14.1.1설명.
토대 (adhiṭṭhāna) D33.1.11.
통찰 (paṭivedha) D6.14주.
통찰지[慧] (paññā) D33.1.10설명, D33.1.9주, DA.3.
  통찰지의 구족 (paññā-sampadā)

D5.27주, D8.18주.
통찰지의 영역 (paññāvacara) D15.22설명.
통찰지의 완성 (paññā-pāripūri) D9.40, D25.23.
통찰지의 해탈[慧解脫] (paññā-vimutti) D6.13설명, D15.36, D28.3.
퇴보에 빠진 것 (hāna-bhāgiya) D34.1.2.
퇴보하지 않는 법 (aparihāniya-dhamma) D16.1.6설명.
투명한 색깔 (pasāda) D22.19주.
투빠 (thūpa) D16.3.1주.
툴루 (Thūlū) D24.1.7주.
특징 (liṅga) D15.20설명.

【파】

파생된 물질 (upādā-rūpa) D11.85주, D22.1주.
파지(把持, pariggaha) D2.67주.
판별 (vinicchaya) D15.15설명, D21.2.2주.
팔목장기 (aṭṭha-pada) D1.1.14설명.
팔정도 (aṭṭhaṅgika-magga) D6.12주, 14, D8.13, D14.3.7주, D19.61주.
팔해탈 (aṭṭha vimokkhā) D15.33설명, D16.3.33주. ㉿ **해탈패 (노름의 네 가지 패)** D23.27설명.
팽창 (vivaṭṭa) D1.1.32설명, D2.93, D24.2.15.
팽창하는 겁[成劫] (vivaṭṭa-kappa) D1.1.32설명.
퍼짐의 요소 (vitthambhana-dhātu) D33.2.2주.
평온[捨] (upekkhā) D1.3.23, D13.76, D19.59, D25.17 등.
평화 ☞ **완전한 평화**
폐숙경(弊宿經) D23.0주.
폐하 (deva) D2.2설명.
포기함 (paṭinissagga) D14.3.1.
포살 (uposatha) D2.1설명, D26.4.
포살의 준수 (uposatha-kamma) D17.2.1주.
포살일 (uposatha-divaso) D2.1설명, D14.3.22주.
포타바루경(布婆樓經) D9.1.0주.
포행단 (caṅkama) DA.27.
폭류 (oghā) D24.2.13주, D33.1.11, D34.1.5설명.
표상 (nimitta) D2.64, D15.20설명, D15.35주, D22.2주. ㉿ **익힌 표상**, ㉿ **닮은 표상**
표상 없는 삼매 (animittā samādhi) D33.1.10설명.
표상 없는 마음의 삼매 (animittā ceto-samādhi) D16.2.25설명.
표현 (anariya-vohāra) D33.1.11.
풀림 (visaṁyoga) D33.1.11, D34.1.5설명.
품(品, vagga) DA.4.
필수품 (paccaya) D2.66주, D33.1.10주, D33.1.11주.
네 가지 필수품 D29.22, 23주.

필수품을 나르는 막대기 (khāri-vividha) D3.2.3설명.
필추(苾芻) D1.1.1주.

【하】

하나로 확정된 법 (ekaṁsika dhamma) D9.28설명, 31.
하나의 지향점을 가지지 못한 법 (anekaṁsika dhamma) D9.33설명.
하나의 지향점을 가진 법 (ekaṁsika dhamma) D9.33설명.
하랍파 (Harappa) D20.14주.
하분결(下分結, oram-bhāgiya saṁyojana) D6.13주. ㊟ **낮은 단계의 족쇄**
하위르 제사 (havir-yajña) D5.1주.
하인과 고용인 (dāsa-kammakara) D31.27.
하지 않아야 할 것 (agati) D31.5설명, D33.1.11설명, DA.12설명.
하천(下賤)**한 지식** (tiracchāna-vijjā) D1.1.21설명.
학습계목 (sikkhā-pada) D2.42주, D21.2.4주, D33.2.1설명, DA.33.
한 면만 닦은 (ekaṁsa-bhāvito) D6.6설명.
한 번만 더 돌아올 자[一來者] (sakadāgāmī) D29.25.
한 쌍의 살라 나무[娑羅雙樹] (yamaka-sālā) D16.4.38, D17.1.1, DA.5.
한거(閑居, paviveka) D6.2주, D19.47, D34.2.1.
한끝으로 됨 (ekaggatā) D33.1.9주.
함께 함 (samānattatā) D30.1.16설명.
합당하게 도를 닦음 (sāmīci-ppaṭipannā) D16.3.7설명.
합송경(合誦經) D33.0설명.
합의 (sammata) D27.21주.
핫티가마 (Hatthigāma) D16.4.5.
해로운 심리현상[不善法] (akusala-dhamma) D25.12주.
해로운 업의 길[十不善業道] (akusala-kamma-patha) D18.25주, D23.6주, D26.19, D33.3.3설명, D34.2.3설명.
해로움의 뿌리[不善根] (akusala-mūla) D33.1.10, D34.1.4설명.
해석 (vibhāvana) D24.1.10주.
해석가 (vīmaṁsī) D1.1.34설명.
해안을 찾는 새의 비유 (tīra-dassi-sakuṇa-upamā) D11.85.
해체 (bhaṅga) D2.97주.
해코지 (vihiṁsā) D17.2.2, D32.9, D33.1.10, D34.2.3.
해코지 않음[不害] (avihiṁsā) D22.21, D33.1.9설명, 10.
해탈 (vimutti/vimokkha) D2.98, D9.30주, D15.35설명, D17.2.16주, D21.2.6, D33.1.9설명, 3.1설명, D34.1.3, 2.1설명. ㊟ **팔해탈**, ㊟ **마음의 해탈**, ㊟ **통찰지의 해탈**, ㊟

양면해탈
해탈을 익게 하는 인식 (saññā) D33.2.1.
해탈의 맛 (vimutti-rasa) DA.41.
해탈의 장소 (vimuttāyatana) D33.2.1설명, D34.1.6설명.
해탈이 확실한 (niyata) D6.13주.
해탈지견(解脫知見, vimutti-ñāṇa-dassana) D9.30주, D16.1.12주.
해탈하지 않은 마음 (avimutta) D22.12설명.
해탈한 마음 (vimutta) D22.12설명.
근절의 해탈 (samuccheda-vimutti) D22.12주.
반대를 대체함에 의한 해탈 (tadaṅga-vimutti) D22.12주.
벗어남의 해탈 (nissaraṇa-vimutti) D22.12설명.
성스러운 해탈 (ariya-vimutti) D16.4.2.
억압에 의한 해탈 (vikkhambhana-vimutti) D22.12주.
편안히 가라앉음의 해탈 (paṭippassaddhi-vimutti) D22.12설명.
해태와 혼침 (thīna-middha) D2.68, D22.12주, D22.13설명.
행고성(行苦性) (saṅkhāra-dukkhatā) D33.1.10설명. ㉿**괴로움**
행동의 영역 (gocāra) D2.42, D26.1, D26.28.
행로 (vaṭuma) D14.1.13설명.
행복의 성취 (sukhassa adhigama) D18.23.
행복의 일어남 (sukhūpapatti) D33.1.10설명.
행운의 겁 (bhadda-kappa) D14.1.4설명, D26.25주.
행위 (kamma) D27.5주, D33.1.10.
행장(行藏, Cariyapiṭaka) DA.40.
행처(行處, gati) D2.35설명.
향기나는 곳에 사는 신 (gandha) D15.4주.
허무론자 (natthika-vāda) D2.24주.
허무적멸 D16.3.20주.
허무주의 D9.53주, D15.23주.
헌공 (āhuna) D33.1.10설명.
헌공주걱 (suja) D4.13설명.
헌공하는 불 (āhuneyya) D33.1.10설명.
현법열반론자(現法涅槃論者) ☞ **지금여기**[現法]**에서 열반을 실현한다고 주장하는 자**
현생에서 (etarahi) D15.24설명.
현재 (paccuppanno addhā) D33.1.10설명.
혐오스러움 (paṭikūla) D28.7주.
혐오스럽구나 (dhiratthu) D14.2.2설명.
형성된 것[行] (saṅkhata) D3.2.21주, D16.6.10, D17.2.16, D33.1.9주.
형성되지 않은 요소 (asaṅkhatā dhātu) D34.1.3설명.
형성된 요소 (saṅkhatā dhātu) D34.1.3설명.
형이상학적인 문제 D2.31주.

혜(慧) ☞ **통찰지**
혜해탈(慧解脫) D15.33주. ㊢ **통찰지의 해탈**
호주(護呪, paritta) D32.2주. ㊢ **보호주**
호칭 D16.6.2주.
홀로 앉음 (paṭisallīna/paṭisallāṇa) D6.2설명, D14.1.14설명, D29.22, D33.2.3설명.
화가라나(和伽羅那) D1.3.74주.
화락천(化樂天, Nimmānarati) D11.72.~79설명, D19.60, D33.1.10설명.
화생(化生, opapātika) D1.2.27설명, D23.2.
확고부동한 지혜 (akuppā) D34.1.2.
확신/확고부동 (adhimutta/ adhimutti) D15.35, D16.33, D19.45, D33.1.9주, 3.1, D34.2.1. ㊢ **의향**
확신경(確信經) D28.0설명.
확장 (**까시나의**, vaḍḍhana) D1.2.17주 등, D15주, D16.3.25주.
확장하지 않고 (avaḍḍhetvā) D1.2.17주 등.
확정적인 견해 (diṭṭhiṭṭhāna) D1.1.36설명 등.
환경 파괴 D5.27주.
환속 D9.32주, D9.55주, D24.1.4주.
활발발(活潑潑, kammaniya) D2.83.
황금1 (sovaṇṇa) D16.5.11주.
황금2 (ayasa) D16.5.11설명.
황금색 [**옷**] (siṅgi-vaṇṇa) D16.4.35.
황무지 (khila) D30.1.5.
황소같이 우렁찬 목소리 (āsabhi) D16.1.16설명, D28.1설명.
회고하는 율 (sati-vinaya) D33.2.3.
회과(悔過, pāṭidesanīya) D16.6.1주.
회의론 D1.2.23주, D2.31주.
회중(會衆, parisā) D4.6주, D14.1.10, D33.3.1설명.
훈육 (apadāna) D24.2.7.
흐름 D9.52주.
흐름을 거스름 (paṭisotagāmi) D14.3.2설명.
흐름에 든 자[預流者] (sotāpanna) D6.13, D16.2.7, D18.1, D21.2.7, D29.25 등.
흔들림 없는 행위 (āneñja-abhisaṅkhāra) D33.1.10 (35).
희(喜) ☞ **같이 기뻐함**
희론(戱論, papañca) D21.2.2주.
희열 (pīti) D1.2.2, D2.75 등, D33.1.10주.
흰 옷 (odāta-vasana) D29.1.
히란냐와띠 강 (Hiraññavati) D16.5.1.
힘[五力] (bala) D16.3.50, D33.1.11.

『디가 니까야』 출판은 초기불전연구원을 후원해주시는 아래 신심단월님들의 보시가 있었기에 가능하였습니다. 깊이 감사드립니다.

설파스님, 흥륜스님, 계현스님
황경환, 보련화, 김영민, 김정애(법륜심), 김학현, 차분남, 김수정, 박정선(법등명), 주봉환, 이완기, 최영주, 김자년
임수희(진여성), 김종복, 전복희, 차곡지, 이향숙, 윤윤호, 안희찬, 성예원, 조문성, 김순종, 이학우, 김명옥(수연행), 허종범, 김정자, 최은영, 신영천, 성기서, 김준우, 이병서, 김명희, 유혁환, 이지선, 강상명, 울산 선우회.

역자 · 각묵스님

1957년 밀양생. 1979년 화엄사 도광 스님을 은사로 사미계 수지. 1982년 범어사에서 자운 스님을 계사로 비구계 수지. 7년간 제방 선원에서 안거 후 인도로 유학, 인도 뿌나 대학교(Pune University)에서 10여 년간 산스끄리뜨, 빠알리, 쁘라끄리뜨 수학. 현재 실상사 한주, 대한불교조계종 교육아사리, 초기불전연구원 지도법사.
역 · 저서로 『금강경 역해』(2001, 9쇄 2017), 『아비담마 길라잡이』(전2권, 대림 스님과 공역, 2002, 전정판 1쇄 2017), 『네 가지 마음챙기는 공부』(2003, 개정판 8쇄 2020), 『상윳따 니까야』(전6권, 2009, 6쇄 2021),『초기불교 이해』(2010, 7쇄 2020), 『니까야 강독』(I/II, 2013), 『담마상가니』(전2권, 2016),『초기불교 입문』(2017), 『위방가』(전2권, 2018),「간화선과 위빳사나 무엇이 같고 다른가」 『선우도량』제3호, 2003) 외 다수의 논문과 글이 있음.

디가니까야 제3권

2005년 12월 20일 초판 1쇄 인쇄
2024년 2월 6일 초판 8쇄 발행

옮긴 이 | 각묵 스님
펴낸 이 | 대림스님
펴낸 곳 | 초기불전연구원
경남 김해시 관동로 27번길 5-79
전화 (055)321-8579
홈페이지 | http://tipitaka.or.kr
http://cafe.daum.net/chobul
이 메 일 | chobulwon@gmail.com
등록번호 | 제13-790호(2002.10.9)
계좌번호 | 국민은행 604801-04-141966 차명희
하나은행 205-890015-90404 (구.외환 147-22-00676-4) 차명희
농협 053-12-113756 차명희
우체국 010579-02-062911 차명희

ISBN 89-91743-04-8 04220
ISBN 89-91743-01-3 (세트)

값 30,000원